奉贤年鉴

2006

上海市奉贤区史志编纂委员会　编

汉语大词典出版社

图书在版编目(CIP)数据

奉贤年鉴.2006/奉贤区史志编纂委员会编.
上海:汉语大词典出版社,2006.9
ISBN 7-5432-1282-X

Ⅰ.奉...　Ⅱ.奉...　Ⅲ.区(城市)-上海市-2006
-年鉴　Ⅳ.Z525.13

中国版本图书馆CIP数据核字(2006)第084413号

奉贤年鉴(2006)
《奉贤年鉴》编纂委员会编
世纪出版有限公司
汉语大词典出版社　出版、发行
(上海市福建中路193路)
各地新华书店经销
商务印书馆上海印刷股份有限公司 印刷
2006年9月第1版　2006年9月第1次印刷
开本889×1240(毫米)1/16　印张30.5　字数100.74万字

ISBN 7-5432-1282-X/K·158

印数1~2000　定价200元
《奉贤年鉴》网址
http://www.fxtong.gov.cn

奉贤区史志编纂委员会

热烈祝贺奉贤区创建

为上海市园林城区！

2005奉贤区 主要数据

区域面积 704.94平方千米

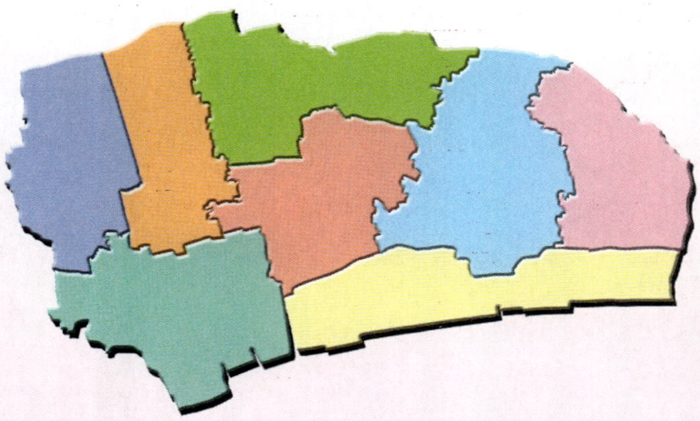

增加值 增长22.5%

社会消费品零售总额 增长20.1%

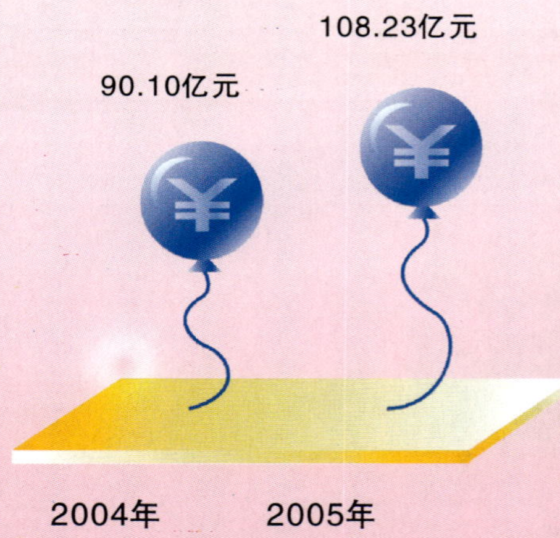

外贸进出口总额 增长8.1%

全社会固定资产投资总额 增长48.4%

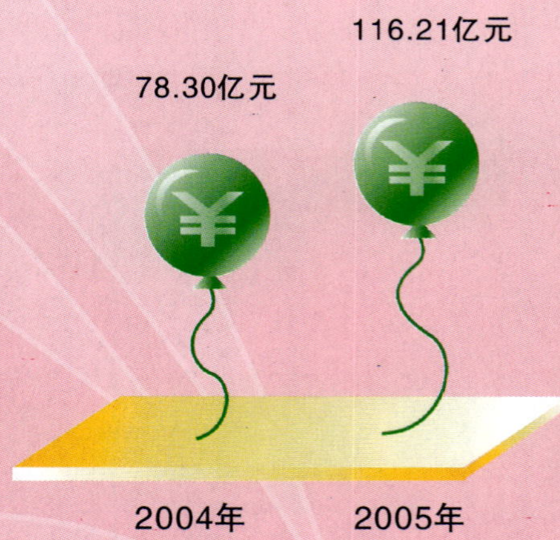

人口状况 密度726.2/平方千米

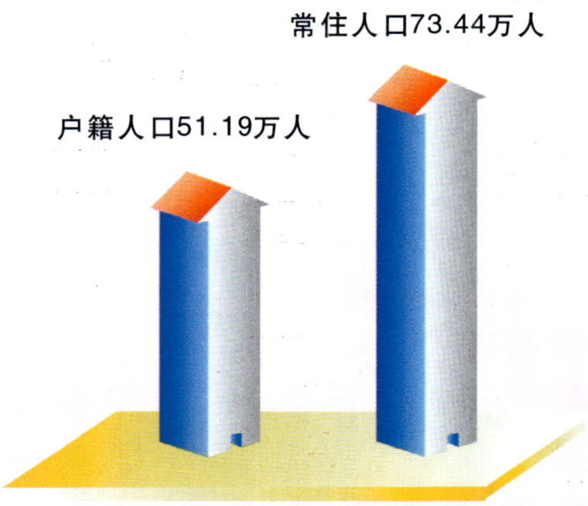

国内生产总值结构比重

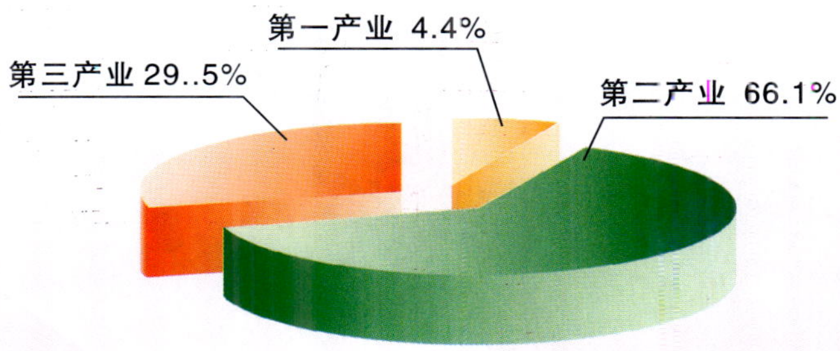

财政收入 增长39.49%

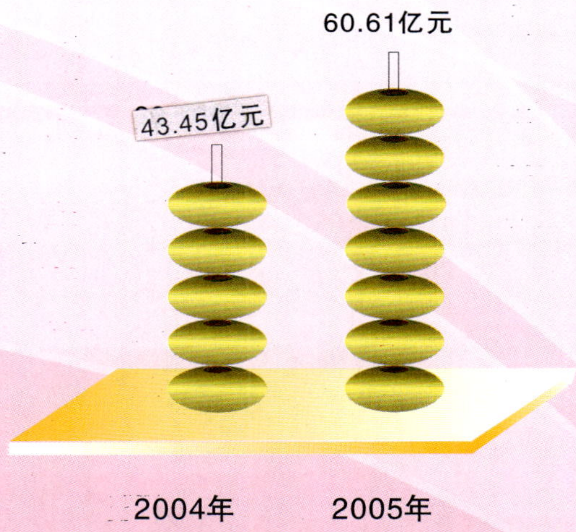

城镇职工平均工资 增长9.1%

农民人均收入 增长12.8%

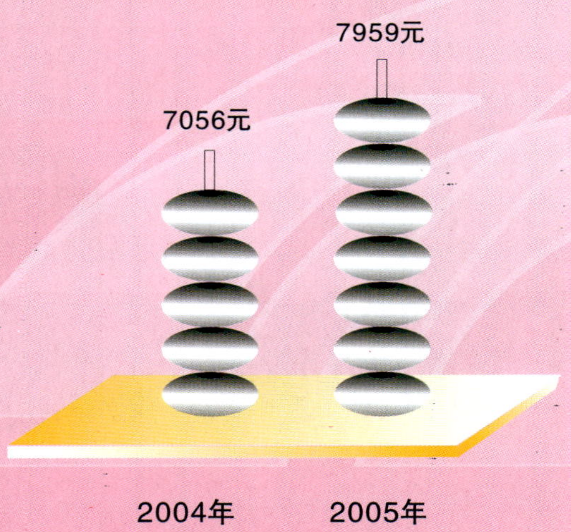

年末城乡居民储蓄 增长21.9%

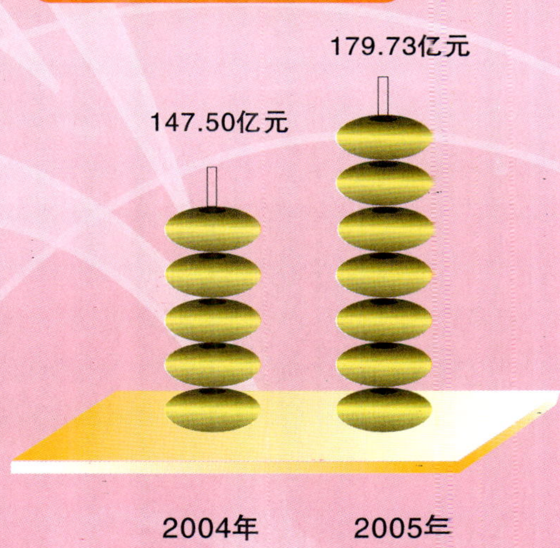

2005奉贤区 重要政务

5月26日，全国政协副主席、民建中央常务副主席张榕明（右二）视察上海中华职业技术学院。（景　岚　摄）

11月18日，中国科协主席、原全国人大常委会副委员长周光召院士（前排中）携夫人访问神力科技有限公司。
（神力科技有限公司　供稿）

7月7日，南京军区政治委员雷鸣球上将（中）、南京军区副司令员林炳尧中将（右）、南京军区副政委熊自仁中将（左）在预备役部队演练大会上检阅部队。（预备役部队 供稿）

8月1日，上海市市长韩正（中）到奉贤区调查“三农”问题。（余童欢 摄）

重要政务

8月15日，上海市政协主席蒋以任视察柘中集团燃气发电工程。
（王 伟 摄）

11月29日，中共上海市委副书记刘云耕（右二）视察庄行镇农民宅基地置换试点工作。
（王 英 摄）

11月17日，中共上海市委常委、副市长周禹鹏（左二）视察神力科技有限公司。
（余童欢　摄）

6月15日，中共上海市委常委、上海警备区政委戴长友（右一）视察海湾旅游区。
（石建英　摄）

7月27日，全国工商联副主席、市人大常委会副主任任文燕（左二）到奉贤调研劳动用工情况。
（黄兴安　摄）

9月17日，上海金汇游艇城开工典礼在金汇镇举行，国务院台湾事务办公室主任陈云林（左三）出席典礼仪式。
（余以铭　摄）

10月1日，中国残联理事长汤小泉（左）考察奉贤区残疾人工作。（区残联　供稿）

5月9日，中央保持共产党员先进性教育活动第六督导组朱成林(前排中)等在区委和区教育局领导陪同下视察奉贤中学。（区先教办　供稿）

彭沉雷区长在奉贤区第二届人民代表大会第六次全体会议上。（方国政 摄）

12月20日~21日，中共上海市奉贤区第一届委员会第六次全体会议在区会议中心召开。（王昌年 摄）

1月25日，上海市奉贤区第二届人民代表大会第四次会议在区会议中心召开。
（区人大办　供稿）

1月24日，区政协二届三次会议在区会议中心召开。　（区政协　供稿）

2005奉贤区 十大要闻

（张虎龙　摄）

（区绿化局　供稿）

一、全面超额完成“十五”计划，明确“十一五”发展目标。综合经济实力大幅度提升，人民生活水平进一步提高，2005年实现增加值和财政收入分别达到223.4亿元和60.61亿元，城镇职工年平均工资和农民家庭收入分别比2000年增长62.5%和122%。在“十一五”期间，将重点推进“三区一基地”建设，实现地区国民生产总值年均增长速度高于全市平均水平6个~8个百分点，城市化水平达到70%。

（区先教办　供稿）

二、深入开展保持共产党员先进性教育活动，从1月22日起，全区38000多名党员参加了先进性教育活动，认真查找和切实解决问题，收到了“党员受教育、群众得实惠”的成效。

三、上海市园林城区创建成功，11月1日通过专家组验收。通过全区发动，各方参与植绿护绿，全区人均公共绿地达到9.98平方米，绿地率40.84%，绿化覆盖率增加到41.45%，形成“点、线、面”相结合的城乡绿化一体化体系。

四、9月16日，奉贤区海湾镇挂牌成立。区域范围包括原五四、星火农场、上海海湾国家森林公园，星火工业区和奉贤海湾旅游区，总面积为90.25平方千米，总人口52592人，户籍人口10586人。

五、大力推进“三个集中”，加速城乡一体化进程，青村、庄行镇率先启动农民宅基地置换试点工程。全区14万农业人口通过参加“镇保”成为城镇居民，农村城镇化和农民市民化取得重大进展。

（海湾镇　供稿）

（庄侠民　摄）

2005奉贤区十大要闻

（庄侠民　摄）

六、南桥镇创建成为全国首批文明镇，江海村和上海鼎丰酿造食品有限公司、上海实业振泰化工有限公司分别被授予全国创建文明村镇先进单位和全国精神文明建设先进单位称号。

七、11月4日，贯穿奉贤全境的浦东铁路一期工程通车。浦东铁路在境内长度为33.33千米，填补了奉贤区没有铁路的历史空白。

八、大力推进“科教兴区”战略，制定实施《奉贤区科教兴区规划纲要》，积极扶持民营企业，加大科技创新投入，氢能燃料电池等一批示范项目取得重要成果，神力公司胡里清博士获得“上海市科技精英”称号。

九、不断推进“海”、“农”特色海滨旅游业。7月11日，上海市民游奉贤专线车在海湾旅游区举行首发仪式，首批200名上海市民游览了风景秀丽的海湾旅游区和申隆生态园。

十、建立完善综合防灾应急机制，“麦莎”、“卡努”台风先后来袭，成功实施历史上规模最大的人员安全大转移。9月发生“稻飞虱”虫害，广大农民群众和科技人员打胜“虫口夺粮”战役，秋粮有增无减获得丰收。

7

（王昌年　摄）

8

（神力科技有限公司　供稿）

9

（余童欢　摄）

10

（水务局　供稿）

2005奉贤区 政府实事

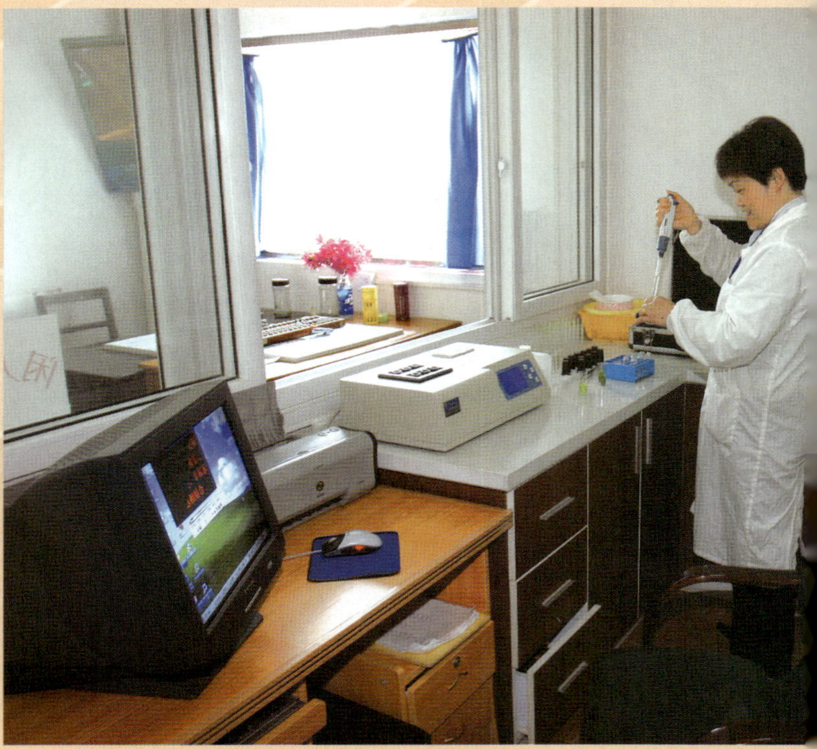

一、在全区35家农贸市场设立农药残留检测室并投入运转，检测人员通过每天随机抽样检测，确保市民吃上安全菜、放心菜。

二、完成旧房综合改造83.41万平方米，为年计划的139.02%，其中非成套改造面积6770.26平方米，为年计划的169.3%，涉及居民小区32个，居民住房344幢，受益居民11824户。投入资金2568万元，完成“平改坡”工程26.22万平方米，为年计划的262.2%，涉及居民小区9个，住宅楼105幢，受益居民3400余户、1万余人。

三、为贫困家庭提供日常物资捐助。在全区建成“爱心超市”8家、经常性捐赠点10个。

（庄侠民　摄）

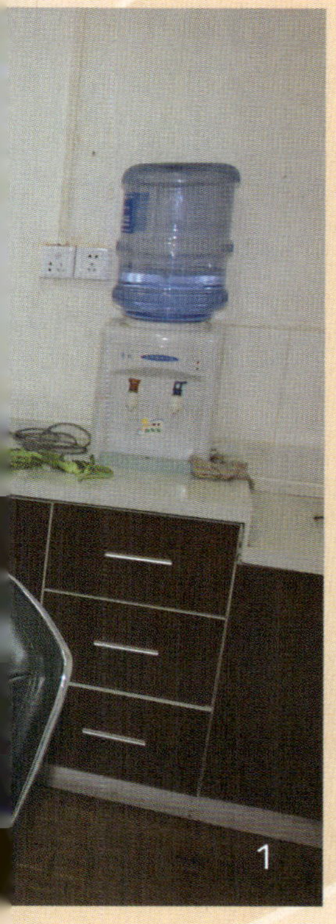

1

（庄侠民　摄）

4

（公安奉贤分局　供稿）

3

（庄侠民　摄）

四、在全区120所中小学、成人学校、幼儿园和进城务工农民子女学校安装报警按钮650只，在16所寄宿制学校安装周界红外线报警设备，并与“110”处警系统联网。在全区公办学校对外主要联系电话上安装带录音和设置来电显示功能。全区所有中小学校配备专职保安人员。完成头桥、邵厂、平安、西渡、泰日、四团、实验、齐贤、南桥9所中学和柘林学校改扩建工程。南桥中学、解放路小学于暑期完成校址搬迁。

2005奉贤区政府实事

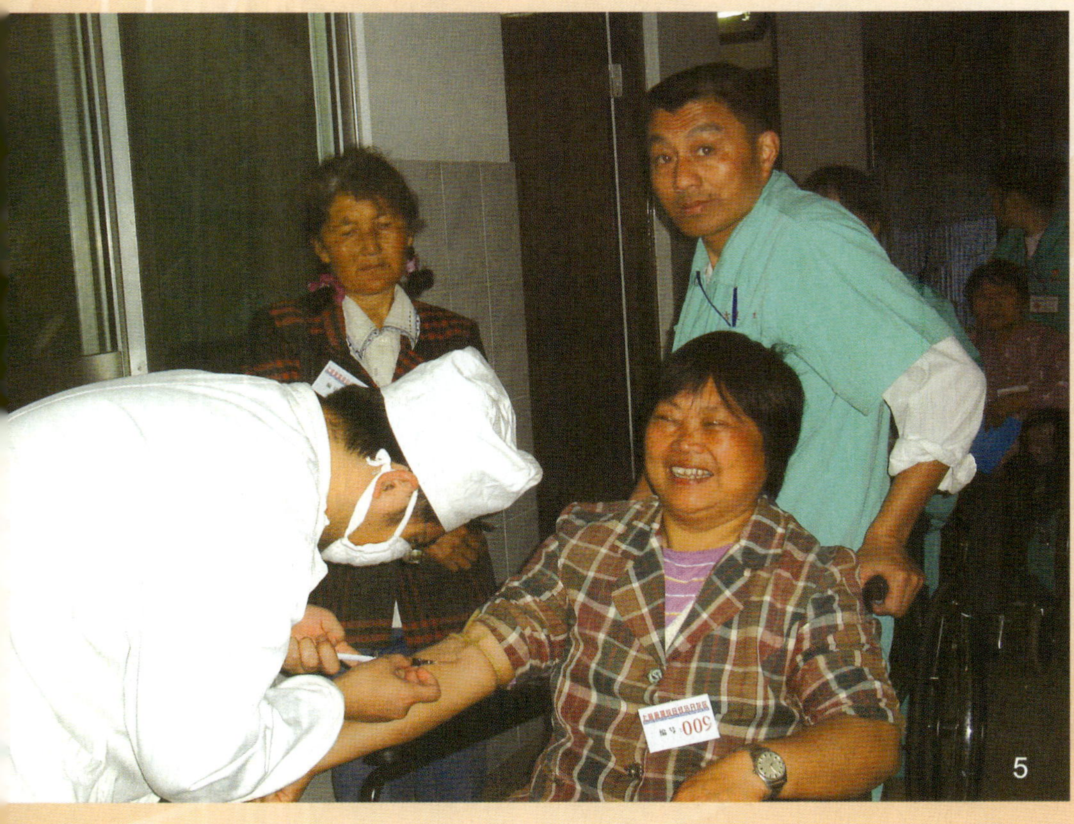

（区残联　供稿）

五、从多方面开展为残疾人服务工作，全年完成持证残疾人健康体检2150人；寄养重残无业人员74人；落实养护床位100张；资助贫困白内障患者实施复明手术234人；为5138名残疾人提供上门康复服务；完成无障碍设施改造公共场所135个、缘石坡道铺设工程913处。2003年~2005年底，全区共完成无障碍设施改造项目372个，改造市政主要道路盲道18.5千米，开设缘石坡道1616处，共投入资金1200万元，成为全市第一家全面达标区县。

六、先后建成江海、金港、五宅、永益、冯家、周家、楮家、小荡、庄行新苑、团泾等10家社区卫生服务站，为农村居民提供综合卫生服务。完成南桥、奉城、

（庄侠民　摄）

金汇、青村、柘林、庄行、四团镇和上海市工业综合开发区、海湾旅游区9个计划生育优质综合服务站创建工作。庄行卫生院标准化建设通过市验收。

七、创建市、区标准化老年活动室32家并对外开放，增加老年人活动场所，改善老年人活动环境。

八、建成南桥老街住宅小区、奉城镇兰博路、南桥镇秀龙路和正阳小区生活垃圾压缩站4座；全面取消村级垃圾填埋场，30处村垃圾临时堆场全部覆土、推平；完成旱厕改造工程48座，为年计划的369.2%。

九、完成“万户家庭网上行”培训计划9507人，为年计划的100%。至年末，“万户家庭网上行”三年培训计划完成，共培训25686人，完成总任务107.03%。

6

（庄侠民　摄）

8

（庄侠民　摄）

（区妇联　供稿）

2005奉贤区重要活动

（区经委　供稿）

（区水务局　供稿）

（项龙官　摄）

一、5月19日，由市经委、市外经贸委、市科委、区人民政府联合主办并召开上海市光仪电产业专题招商会暨新闻发布会，上海市政协主席蒋以任（中）出席会议。

二、9月2日，举办永远的丰碑——纪念抗日战争胜利60周年歌咏比赛。

三、5月20日，完成杭州湾北岸保滩工程。图为保滩工程施工现场。

四、6月1日～7月18日，驻奉预备役高炮王团组织“五全”（全员额、全装备、全过程、全要素、全物资）演练，图为实弹射击靶场。

五、6月28日，举办奉贤区第一届特殊奥林匹克运动会。

六、9月5日，区人民政府召开水稻穗期病虫防治工作紧急会议，要求打好防治稻飞虱攻坚战。

（丁惠义　摄）

（张虎龙　摄）

（王吕年　摄）

2005奉贤区文化生活

（方国政　摄）

（陈　燕　摄）

一、11月28日，奉贤区图书馆举行开工典礼。

二、7月15日，“相约滨海之夏”广场文化系列活动开幕。

三、海湾旅游区日新月异的变化倍受社会各界的关注。图为中国作家协会副主席叶辛（中）到海湾旅游区采风。

四、奉贤素有“山歌之乡”的美称，为弘扬奉贤独特的山歌剧传统文化，国庆黄金周期间，一台山歌剧专场在南桥镇江海花园演出。

五、8月17日，南桥小学学生周琳在德国德累斯顿艺术节中，她的独舞《小卜少》和群舞《红伞》获得一等奖。图为她与国家一级演员周洁（右）合影。

六、建于1578年（明万历六年）的继芳桥在2005年底搬迁至青村镇西市河上（原文星桥桥址）。

（庄侠民　摄）

（景　岚　摄）

（景　岚　摄）

（张士荣　摄）

2006年奉贤区委史志办修志工作纪实

5月25日，代区长彭沉雷（右三）、中国地方志指导小组副秘书长田嘉（左三）、上海市地方志办公室副主任沙似鹏（右二）等领导出席《奉贤县续志》评审会议。

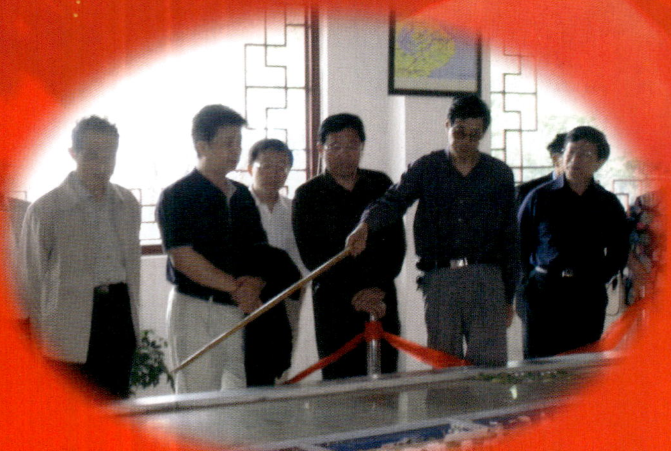

5月24日~26日，中国地方志指导小组副秘书长田嘉（左二）到奉贤参加《奉贤县续志》评审会，上海市地方志办公室副主任朱敏彦（左四）陪同。

部分领导和专家评审实录：

中国地方志指导小组副秘书长　田嘉

《中国地方志年鉴》编辑部主任　王熹

《中国地方志》主编　于伟平

3月14日，区长沈慧琪（左一）到区委史志办看望修志人员，丁惠义（左二）主任向沈区长汇报修志工作。

上海市地方志审定委员会主任　李家齐

上海市地方志办公室副主任　沙似鹏

上海市地方志办公室副主任　朱敏彦

上海市地方志办公室原副主任　姚金祥

上海市人民政府发展研究中心咨询部主任　张兆安

上海市农业委员会副调研员　卞关涛

- 2002年5月，《奉贤县续志》启动
- 2005年8月，《奉贤县续志》分总纂
- 2006年5月，《奉贤县续志》评审
- 2006年10月，《奉贤县续志》总纂
- 2007年，《奉贤县续志》出版

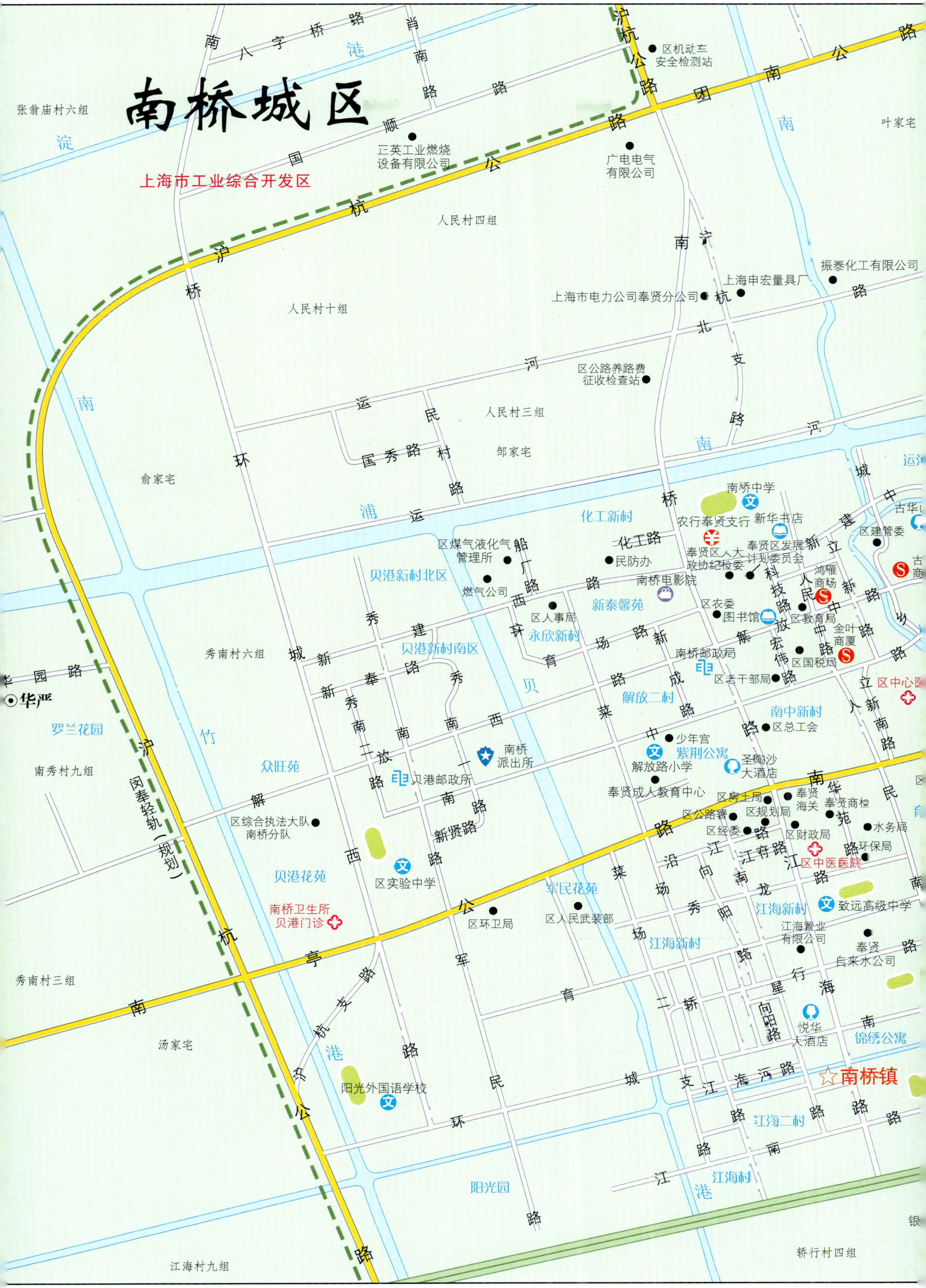
南桥城区
上海市工业综合开发区
张翁庙村六组
区机动车安全检测站
三英工业燃烧设备有限公司
广电电气有限公司
叶家宅
人民村四组
人民村十组
振泰化工有限公司
上海申宏量具厂
上海市电力公司奉贤分公司
区公路养路费征收检查站
人民村三组
邹家宅
俞家宅
南桥中学
化工新村
农行奉贤支行
新华书店
区建管委
区煤气液化气管理所
民防办
奉贤区人大
政协纪检委
奉贤区发展计划委员会
贝港新村北区
燃气公司
南桥电影院
鸿雁商场
新泰馨苑
区人事局
区农委
图书馆
区教育局
永欣新村
金叶商厦
秀南村六组
贝港新村南区
南桥邮政局
区国税局
区老干部局
区中心医院
华严
罗兰花园
解放二村
南中新村
区总工会
少年宫
紫荆公寓
圣陶沙大酒店
解放路小学
南桥派出所
众旺苑
南秀村九组
贝港邮政所
奉贤成人教育中心
区房土局
奉贤海关
奉贤商检
区公路署
区规划局
区经委
区财政局
水务局
环保局
区综合执法大队南桥分队
贝港花苑
区实验中学
军民花苑
区中医医院
江海新村
致远高级中学
南桥卫生所贝港门诊
区环卫局
区人民武装部
江海置业有限公司
奉贤自来水公司
秀南村三组
汤家宅
悦华大酒店
锦绣公寓
阳光外国语学校
南桥镇
江海二村
阳光园
江海村
江海村九组
轿行村四组
闵奉轻轨（规划）
沪杭公路
南亭公路
南桥环城路
解放路
人民路
江海路
浦南运河
贝港
竹港

奉贤区政区图
南汇区
新场镇
黄路
大团镇
青村镇
奉城镇
四团镇
上海海港综合经济开发区
上海海湾国家森林公园
浦东铁路
杭州湾
图例
区政府驻地
镇政府驻地
集镇
社区办事处
村委会驻地
居委会驻地
旅游景点
自然村
立交桥
高速公路出入口
轨道交通及车站
区界
镇界
高速公路及编号
国道及编号
主要道路
一般道路
铁路及车站
河流
审图号：沪S（2006）107号

2006年7月

闵行区
南桥镇
奉贤区
金汇镇
青村镇
柘林镇
庄行镇
金山区
松江区
上海奉贤现代农业园区
上海市工业综合开发区
闵行出口加工区
上海新申工业区
上海化学工业园区奉贤分区B区
上海化学工业园区奉贤分区A区
上海化学工业区
柘林新镇区
星火开发区
上海奉贤海湾旅游区
碧海金沙水上乐园
漕泾镇
山阳镇
古华园
奉贤区
浦东铁路
黄浦江
大叶公路
南桥社区办事处
邬桥社区办事处
齐贤社区办事处
胡桥社区办事处
钱桥社区办事处
新寺社区办事处
产品标识：ZN-WT-QH-FX-C08K（1）-06.07

上海市测绘院编制

奉浦四
绿地南桥新苑
沈家宅
宋家塘
新场头
上海奉贤现代农业园区
顾家宅
树园
宋家宅
顾家宅
九华
区排水运行管理中心
南桥污水厂
浦南电焊机厂
万龙新村
奉苑新村
蓝天苑
曙光九组
区会议中心
华亭学校
奉贤区
区文化广播
电视管理局
新村
区航务所
良友新村
古华园
古华新村B区
曙光四组
宋家宅
奉贤博物馆
区科学
技术委员会
电信局
区疾病预防
控制中心
华龙公寓
区绿化局
古华新村
古华新村A区
曙光小区
区质量技术监督局
易初莲花
南奉店
古华医院
医学高等
专科学校
南桥汽车站
上海杭州湾建材交易市场
奉贤保安分公司
正阳世纪星城
住宅局
区法院
反贪局
区检察院
卫生局
区公安局
曙光
秀公寓
古华南区
育秀东区
育秀实验学校
育秀西区
普康苑
江海花园
奉贤体育中心
江海第三小学
弘久电器厂有限公司
胡家宅
梦花园酒家
轿行村二组
青龙庵
黄家埭
A4
A30
莘奉金高速公路
奉城路

撰稿单位分管领导名单

（以姓氏笔画为序）

于海生	卫连清	王少峰	王炳海	王银仙
王德火	冯冬春	包蓓英	卢顺秀	乔爱平
刘德仁	孙连进	朱山荣	毕道鹏	阮德君
严永良	吴沛萍	吴益红	宋志红	张　杰
张正林	张伟伟	张秀珍	张德葵	李志宏
杨军民	杨安安	杨金章	汪正明	沈　黎
沈文君	沈明飞	肖栋明	迟岳峰	邵丹华
邵慧娟	陆　琴	陆纪平	陆建国	陈洪明
周克勤	周晓春	金国强	金春元	俞友裕
俞永兴	姚香帆	施新官	胡其星	费秀莲
赵林生	钟洪葵	项智庄	唐耀兴	徐　俊
徐正文	徐明云	徐育清	郭延风	钱罗宇
钱鹤葵	陶永平	陶建雄	顾　卫	高洁萍
屠　晓	曹国平	曹爱明	章一鸣	黄保卫
程云华	葛兆康	蒋仁军	蒋新甜	谢栋兴
谢敬党	廖玉明	潘寿林	瞿　军	

编辑说明

一、《奉贤年鉴》是由奉贤区人民政府主办、奉贤区史志编纂委员会主持编纂、奉贤区委史志办公室编辑的具有政府公报性质的地方性综合年鉴。他全面、系统、翔实地汇辑上年度奉贤政治、经济、文化、社会等领域的信息资料，是各级干部及专业人士案头必备的资料性工具书。

二、《奉贤年鉴》以马列主义、毛泽东思想、邓小平理论和 三个代表”重要思想为指导，实事求是地记载奉贤三个文明建设取得的新成就、新经验以及出现的新情况、新问题，着力体现时代特征、年度特点、奉贤特色，为奉贤社会主义现代化建设服务。

三、《奉贤年鉴》创刊于2000年。本年鉴为第七卷，记事时间从2005年1月1日至2005年12月31日。框架结构为栏目、分目、条目三级排列，条目是信息的主要载体。

四、《奉贤年鉴（2006）》的框架设计突出经济工作，充分反映奉贤之长，及时载录行业（部门）变化信息。卷首彩色照片分重要数据、重要政务、十大要闻、政府实事、重大活动、文化生活六个部分，形象展示奉贤风貌。专文“保持共产党员先进性教育”、“创建成上海市园林城区”、“让游艇成为奉贤的新名片”等，重点记述了2005年发生在奉贤土地上的三件大事。

五、《奉贤年鉴（2006）》栏目编排原则按事类排序，考虑到政治部类篇幅较大，故作二段安排。编排中一般将较重要和富具奉贤特色的栏目靠前排列。栏目设置较2005版《奉贤年鉴》有部分调整，调整后的本卷年鉴共设栏目37个，分目176个，收录条目1378条，图表125张，随文照片123幅，资料8篇。

六、本年鉴的有关数据为区统计局提供，各种数据均以2006年出版的《奉贤区统计年鉴》为准。

七、《奉贤年鉴》的编辑出版，得到区领导的高度重视和各撰稿单位领导以及撰稿员的关心、支持，谨此致谢并请不吝赐教。

八、《奉贤年鉴》编辑部地点在南桥镇456号2楼，邮政编码201400，电话021-57411272，传真021-57420260，历年出版的《奉贤年鉴》已经载入“奉贤史志”网站，网址www.fxtong.gov.cn。欢迎广大读者和年鉴界同行与我们加强联系和协作。

《奉贤年鉴》编辑部

2006年8月

目　　录

特　　载

大事记

专　　文

概　　貌

中共上海市奉贤区委员会

上海市奉贤区人民代表大会

上海市奉贤区人民政府

政协上海市奉贤区委员会

中共上海市奉贤区纪律检查委员会

招商引资

产业园区

私营·个体经济

工业经济

农业经济

对外经济

商贸 · 旅游

银行·证券·保险

民主党派(工商联)·人民团体

政法·综治·保密

公安·司法

军事·民防

人事·劳动

城乡建设与管理

交通·邮政·电力·燃气

环保·水务

经济行政管理

财政·税务·审计

科技·信息化

教　育

文 化

卫生·体育

社会生活

镇

人　物

荣誉榜

统计资料

附　　录

索　　引

宣传彩页目录

Main Contents

Specials

Major Events

Special Articles

General Introduction

Fengxian District Committee of CPC

Fengxian District People's Congress

Fengxian District People's Government

Fengxian District Committee of the Chinese People's Political Consultative Conference

Fengxian District Committee for Discipline Inspection of the Communist Party of China

Merchant – inviting and Fund – introducting

Development Zones

Private and Individual Economy

Industrial Economy

Agricultural Economy

Foreign Economy and Trade

Commerce trade and Tourism

Banking · Securities · Insurance

Democratic Parties · Mass Organization

Political and Legal · Comprehensive Control · Secrecy Maintenance

Public Security · Judicatory

Military · Civil Defense

Personnel · Labor

Urban and Rural Construction

Traffic · Postal Service · Electric Power · Gas

Environment Protection · Water Conservancy

Economy Administrative Management

Finance · Taxation · Auditing

Science andTechnology · Information Construction

Education

Culture

Public Health · Sports

Social Life

Towns

Personality

Honor List

Statistical Materials

Appendices

Index

中共上海市奉贤区委常委会 2005 年工作报告

中共上海市奉贤区委书记　张立平

即将过去的 2005 年，是“十五”计划全面完成和“十一五”规划谋划之年；是协调推进物质文明、精神文明、政治文明建设，努力构建社会主义和谐社会，不断改善城镇形象的重要一年。

一年来，我们深入学习领会党的十六届四中、五中全会精神，认真贯彻市委、市政府对奉贤工作的要求，牢固树立和落实科学发展观，以构建社会主义和谐社会为目标，不断强化奉贤是国际化都市城郊和世界级城市海滨的观念，带领全区领导干部和党员群众齐心协力，务实开拓，负重拼搏，全面推进各项工作。抓住全党开展保持共产党员先进性教育活动的契机，进一步改进和完善党的领导，推进党建各项工作再上新台阶。针对宏观调控和经济形势的新变化，深入分析形势，探索发展规律，研究部署应对措施，保持了经济发展良好势头。全面把握改革发展稳定中的难点、热点问题，发挥组织优势，聚合各方力量，妥善处置了各类矛盾，确保了奉贤的社会稳定。

区委书记张立平在中共奉贤区第一届委员会第六次全体会议上作工作报告。（张虎龙　摄）

一、坚持围绕正在做的事，深入开展先进性教育活动

我们以邓小平理论和“三个代表”重要思想为指导，根据“提高党员素质、加强基层建设、服务人民群众、促进各项工作”的目标要求，以“平时看得出、关键时刻站得出、危难时刻豁得出”为衡量标准，在全区各级党组织和全体党员中开展先进性教育活动。

1、加强组织领导，带头开展活动。坚持从自身做起，坚持把学习贯穿始终，带头联系实际学习，围绕党的十六届五中全会精神以及构建社会主义和谐社会的内容，分六个专题开展了学习，把理论学习与研究推进重点工作相结合，查找影响我区经济和社会发展的突出问题，努力探求解决的办法。带头参加“高兴、放心、凝聚、覆盖”主题实践活动和“双结对”活动，推动所在单位、分管部门以及联系点的党员先进性教育活动。切实加强对全区先进性教育活动的领导，周密部署，精心组织，弘扬先进，认真把好质量关，促使全体党员增强党的意识，确保先进性教育活动的针对性和有效性。全区各级党组织和广大党员立足岗位、围绕主题，创新载体、深化内涵，努力服务基层、服务群众，确保了先进性教育活动取得实效。许多单位在先进性教育活动中创造了好的经验，公安分局的党员民警周末义务巡逻、南桥镇的"我给同志写封信"等做法都取得良好效果。

2、找准存在问题，扎实搞好整改。紧紧围绕正在推进的重点工作，从群众最关心、最希望解决的问题着手，在解决实际问题上下功夫。认真召开民主生活会进行批评和自我批评，坚持开门搞教育，积极听取党代会代表、人大代表、政协委员等各方面的意见和建议，把反映比较集中的六个方面问题作为年内要整改的重点。对完善规划审批规范、精简会议和简报等工作，立即落实措施，边议边改，边整边改。对于解决失地农民"镇保"后就业问题、完善南桥新城管理等十个问题，由常委牵头开展调研，并提出针对性措施。全区广大党员干部从身边事做起，为民排忧解难，有效解决和缓解了一些涉及群众切身利益的问题。

3、巩固教育成果，健全长效机制。先进性教育活动的开展不仅提高了党员素质、加强了基层建设，还有力推动了各项工作开展，达到了"两不误、两促进"的目标。为了巩固先进性教育成果，更好地加强党的先进性建设，努力将先进性教育活动过程中的有效做法和经验规范化、制度化。进一步规范常委会议事规则和工作程序、党内情况通报制度、社情民意反映制度；建立健全重大决策前深入调查研究、决策中广泛征求意见的决策机制。全区各级党组织建立健全了"双结对"制度，全区处级以上现职领导干部结对346个村、居民区基层组织，有关单位与困难群众结对超过2500户，进一步完善了加强基层组织建设、扶贫帮困等长效工作机制。

二、牢牢把握发展方向，推进经济健康快速发展

我们始终坚持以科学发展观为指导，注意加强对全区经济运行形势的分析，带领全区人民想方设法突破工作瓶颈，顺利完成各项经济指标。预计今年全区可实现增加值223亿元，比上年增长22.5%；可实现财政总收入60亿元，比上年增长39%以上，其中地方财政收入超过31亿元，比上年增长43%以上。

1、组织各方力量，深入研究战略性问题。把区域功能定位研究和"十一五"规划编制工作作为确定奉贤新一轮发展方向的重要抓手，纳入重要议事日程，倾注大量精力梳理区域发展思路。在市有关部门的指导下，遵循"两个不排斥"①的方针，围绕发挥通江达海的区位优势，在区县错位发展中选择具有奉贤特色的重点产业，集思广益形成了功能定位的上报方案。在年初形成奉贤区国民经济和社会发展第十一个五年规划基本思路的基础上，结合功能定位研究成果，进一步明确了"十一五"期间我区经济社会发展的指导思想、发展主线、发展布局，提出了奉贤"十一五"规划建议。专题听取了"三区联动"、商业、旅游等规划方案汇报，要求注重区域规划与总体规划相互衔接、各专项规划相互协调，有序推进各镇、开发区及各专业规划编制工作。

2、增强创新意识，形成推进科教兴区的合力。明确"科教兴区"主战略的范畴和措施，组织制定《奉贤区科教兴区规划纲要（2005年～2010年）》，并分解阶段性工作目标任务。把提高自主创新能力作为提升区域综合竞争力的重要抓手，认真贯彻市委关于"区县抓活力，企业抓动力"的要求，把中小企业创新、校企协作互动、人才培养使用、信息技术推广应用等作为工作重点，积极鼓励、支持民营企业加大科技创新投入力度，抓好氢能燃料电池等一批示范项目，努力构建具有奉贤特色的科技创新体系。加强宣传引导，大力推进科普"六进"②工程的实施，切实增强各级领导干部和广大群众的科学文化素养。

3、突出招商引资，加快经济发展。继续把招商引资作为经济工作的重中之重，采取实业型和商贸型招商并重措施，强调集约发展、节约发展。加大园区基础设施建设和功能开发力度，进一步提高引进项目的品位和档次，提升四大产业板块承载大项目特别是外资项目的能力。围绕游艇、光仪电、现代物流等重点产业，组织力量赴欧洲、日本、韩国等地举办招商会，引进了一批高质量、高科技的项目。继续狠抓"三早"活动，推进日野发动机、中远物流等项目建成投产。鼓励"无地招商"，支持企业增资扩股，探索发展"总部经济"，盘活土地存量，提高土地利用率。成功举办风筝节、赶海节等特色旅游活动，挖掘海文化，做足水文章，大力推介奉贤，扩大招商成果。

4、推进职能转变，落实深化改革措施。深入贯彻落实《行政许可法》，强化法治、信用、宗旨和效能意识，推动落实重大决策公开、听证和通过媒体征集意见等措施，加快推进建设服务政府、责任政府、法治政府步伐。按照公开、公正、公平的原则，积极稳妥地做好区级机构改革和人事制度改革工作。严格按照"服从大局、理顺关系、稳步推进"的工作方针，加强与农工商集团的沟通合作，顺利实施市属农场行政管理属地化，正式成立海湾镇。落实鼓励支持和引导非公有制经济发展26条措施，鼓励非公有资本参与投资基础设施和市政公用事业。全面完成对2005户已改制企业的"回头看"专项检查工作，加快推进国有和区属集体企业改制工作。

三、强化城镇建设管理，提升城镇功能形象

我们坚持把加强城镇建设和管理同推进经济社会协调发展紧密结合起来，立足于推进"三个集中"，加快城市化进程，不断完善城镇功能，改善群众生活环境。

1、千方百计推进重大工程项目建设。把重大项目建设作为经济社会发展的基础性工作来抓，密切关注并大力推进重大项目启动和建设。以质量第一、安

全第一为要求，抢时间、争速度，顺利完成“保滩”一期工程，启动金汇游艇城建设。加强指导，高标准、高质量推进青村、庄行两镇的农民宅基地置换试点工作。指导浦东铁路沿线各镇、开发区配合铁路建设，合力完成动拆迁工作。加快奉城自来水厂新建、第三水厂扩建工程，完成南桥路北段改建、环城东路南延伸段等区内道路建设，配合做好 A30 高速公路各项协调工作。积极做好黄浦江越江工程及闵奉轻轨建设的前期工作。协调编制金汇港综合整治规划方案，并列入市水务系统“十一五”规划。

老干部在听取工作报告。 （张虎龙 摄）

2、全力以赴创建上海市园林城区。把创建市园林城区作为优化投资环境、美化生活环境、提升城市形象的重要抓手。坚持少花钱、多办事、办好事的原则，加强组织领导，形成全区上下联动的创建工作网络，发动各方力量共同参与植绿、护绿工作，营造了浓厚的创建氛围。注重规划建绿，实施科技兴绿，拓展绿地功能，形成了特色鲜明的“点、线、面”相结合的城乡一体的绿化体系。结合市政建设、旧区改造，辟出空间建设绿地，推进古华公园和文化广场等绿化改扩建工程，真正达到了创建成果惠及百姓的目的。

3、协调推进城镇综合管理工作。始终把建立健全规范高效的城镇管理长效机制作为推进城市化的关键任务。健全规划管理机制，加强规划执法监督，大力整治违法建设。强调发挥南桥地区城管办“合署办公、联合执法”的作用，针对南桥地区交通拥堵、乱停车等问题，采取职能部门与志愿者队伍相结合、宣传引导与严肃惩处相结合的方式，开展专项集中整治活动，交通状况得到了有效改善；针对群众反映强烈的非法夜排档、黑色广告、破墙开店等现象，通过“管理、执法、服务”三管齐下，城镇市容环境面貌有了新的改观。推动实施第二轮环保三年行动计划，编制了第三轮环保三年行动计划，全面启动了水环境综合治理工作。积极推进平改坡工程、亮灯工程，加强物业管理，不断改善居民的居住条件。

四、高度关注民生问题，切实安排好群众生产生活

维护最广大人民的根本利益，是我们党坚持立党为公、执政为民的必然要求。我们坚持把维护群众利益作为制定政策的基本着眼点，加强对农民增收、促进就业、落实“镇保”等工作的研究，采取有效措施解决好群众生产生活问题，让广大人民群众分享改革发展的成果。

1、落实农民增收各项措施。研究制定《关于进一步促进农民增收的若干意见》。以工业化理念抓农产品品牌建设，提高农业综合生产能力，促进农业增效。进一步鼓励发展农民专业合作社等规模化经营组织和专业协会，不断提高农业组织化水平，大力推进农业产业化经营。稳定、完善各项支农政策，取消或降低与“三农”相关的收费，大力清查治乱，切实减轻农民负担。坚持招商引资与农民非农就业相结合，努力拓宽农民就业渠道。免费开展实用技术培训，提高农村劳动力的生产经营和转岗就业能力。预计今年农民人均纯收入比上年增长 12.8%。

2、推进就业保障各项工作。继续采用“引、借、买、创、腾”等促进就业的渠道，采取分级考核等办法，推进完善“能进能出”的政府购买岗位用人机制。强调加大对就业困难人员的扶持力度，鼓励企业招用包括失地无业人员在内的“双困”人员。预计今年全区新增就业岗位可达 40992 个，完成年度计划的 157%；城镇登记失业率控制在 4.5% 以内。坚持做好新办企业、新从业人员、新征用地人员的“镇保”纳保工作，不断扩大参保面，预计全区参加“镇保”总人数可超过 14 万人。推动农村合作医疗管理模式改革，基本实现全覆盖。实施多层次的社会救助，缓解弱势群体的生活困难。

3、提高社会公共服务水平。落实各项措施保障人民群众的身体健康和生命安全。成立突发公共事件应急管理委员会，不断健全覆盖全社会的综合防灾应急机制。面对台风“麦莎”、“卡努”来袭，紧急动员，成功实施了 5 万多人的大撤离行动，落实抗台自救、生产自救的各项措施，使群众所受损失降到最低程度。防治稻飞虱虫害期间，迅速组织力量反复查虫治虫，打胜了“虫口夺粮”攻坚战。认真落实科学防控措施，全面查找和堵塞防疫漏洞，切实做好禽流感防控工作。强化安全意识，大力推进食品、药品和安全生产专项检查工作的开展。进一步推进社会诚信体系建设，依法维护广大人民群众的合法权益。

五、切实加强精神文明建设，推动社会各项事业蓬勃发展

社会是否和谐，国家能否实现长治久安，很大程

度上取决于全体社会成员的思想道德素质。我们以创建文明城区为抓手，倡导科学文明健康的生活方式，不断提升城乡文明程度和市民整体素质。

1、切实加强宣传思想工作。以党委(党组)中心组学习为载体，加强领导干部理论学习。利用上海市“东方讲坛”等宣教资源，办好面向区管干部的理论辅导讲座和形势报告会。建立了积极有效的社会舆情分析制度，定期分析干部群众思想动态和社情民意。不断完善“群众工作下乡员”等群众思想政治工作载体和方法，倡导各级领导干部开展与群众面对面的形势政策任务宣传活动，“宣传大篷车”活动被评为市宣传思想政治工作的特色项目。坚持正确的舆论导向，按照“树根立魂”的要求，广泛开展“永远的丰碑”系列主题教育活动，以各种形式纪念抗日战争胜利60周年，强化以爱国主义为核心的民族精神和理想信念教育，进一步加强和改进未成年人思想道德建设。

2、深入推进系列文明创建工作。紧紧围绕“两年有突破”的阶段性创建目标，按照“巩固、提高、延伸、辐射”的创建要求，加大分类指导力度，进一步提升六大系列创建水准。环境文明“四五六”工程完成整治工作并逐步转入常态管理。积极实施“迎世博文明行动计划”，大力开展“与文明同行，做可爱的上海人，做文明的奉贤人”系列主题实践活动，组织近200家机关和文明单位的上万名志愿者开展护绿保洁等活动，倡导市民养成文明健康的行为规范，营造全社会关心、人人都参与文明创建的氛围。不断深化群众性精神文明建设活动，“相约滨海之夏”广场文化系列活动被评为“上海市群众文化优秀项目”。南桥镇创建成为全国文明镇。

3、大力发展文化教育卫生等各项社会事业。把文化建设作为打造全社会“精、气、神”的重要抓手，制定《奉贤区文化发展规划纲要(2005年～2010年)》。高标准推进公共文化设施建设，启动区图书馆新馆等文化基础设施建设，推进四团、庄行等镇的社区活动中心建设。实施教育优先发展战略，进一步优化教育资源配置，加大对边远地区学校的倾斜力度，促进全区义务教育均衡发展。重视提高区域医疗水平，积极推进区中心医院委托市第六人民医院经营管理工作。继续优化配置卫生资源，推进区中心医院改建工程，实施镇级卫生院、社区卫生服务站标准化建设。加强公共体育设施建设，大力推进全民健身运动。建成“2005年～2010年全国实施妇女儿童发展纲要示范单位”。推进史志、档案、老龄等各项工作取得新进展。

六、全面启动“平安奉贤”创建工作，努力维护社会稳定

我们高度重视稳定工作，正确把握新形势下社会治安的特点、规律和发展趋势，以“平安奉贤”创建工作为载体，凝聚各方力量，创新工作机制，巩固基层基础，落实各项措施，维护了全区的政治安定和社会稳定。

1、加强维稳机制建设。积极贯彻“预防为主”的工作思路，不断完善区、镇、村三级矛盾纠纷排查工作机制，筑牢党委、政府、职能部门归口办理、分级调处的三道防线，健全信访首问责任制、领导包案责任制及调处责任追究制。认真贯彻执行新修订的《信访条例》，加强基层司法信访服务“窗口”规范化、制度化建设。坚持以法律和政策为依据，相关职能部门形成合力，共同做好群众思想政治工作，帮助群众解决实际困难，妥善化解了化工分区原冯桥村部分群众持续闹访等重大群体性事件。切实加强应急处置工作机制建设，维护了重大节日、重要节点、敏感时期的社会政治稳定。

2、深化严打整治工作。坚持以提高打击惩处的针对性和实效性为工作着眼点，重点突出打击严重刑事犯罪活动，基本形成政法部门与基层组织联动、集中行动与专项整治互补、日常打击与长效管理结合的工作格局。坚持全面治理与重点整治、联合执法与交叉执法、面上指导与明查暗访、集中整治与长效管理“四个结合”，进一步推进构建预防和减少犯罪工作体系。精心组织社会治安突出问题专项整治工作，适时开展打击“两抢一盗”、“滨海铁锤”等专项行动，社会治安秩序有了进一步改观。

12月20日，区委一届六次全会召开。（张虎龙　摄）

3、夯实社会稳定基础。不断推进“四五”普法教育活动，继续深化依法治区工作，组织开展“法治建设先进单位”创建活动。把做好来奉人员的管理服务工作作为奉贤服务全国的一个重要举措，研究出台了《关于加强来奉人员管理服务共建平安奉贤的工作意见》，总结推广金汇镇、青村镇来奉人员集中居住点建设、南桥镇推行居住证制度等成功经验和做法，建立健全综合管理体制。着力推进村级治安联防队和护村护楼队等群防群治队伍建设。进一步完善审务、检务、警务、所务公开制度，加强执法诸环节上的法律监督，切实提

高公正执法水平。落实从严治警各项要求，弘扬正气，树立政法队伍良好形象。

七、以加强党的执政能力建设为重点，全面推进党的建设新的伟大工程

提高党的执政能力，关键是要加强党的领导、搞好党的建设。我们深入贯彻党的十六届四中全会和市委八届六次、七次全会精神，从思想、组织、作风和制度上全面加强党建工作，切实增强全体党员党的意识，进一步夯实党的执政基础。

1、不断完善"总揽全局、协调各方"的领导体制和方式。进一步加强常委会自身建设，认真贯彻民主集中制原则，实行民主决策，体现集体领导。进一步提高区委常委会会议质量，会前调查研究，会中议深议透，会后及时贯彻，强有力地推进重点工作的落实。研究制定了《关于发挥处级单位党委（党组）核心作用的实施意见》，把"总揽全局、协调各方"的要求延伸到处级单位党组织。进一步加强和改善党对人大工作的领导，支持人大依法履行职权，充分发挥人大代表联系人民群众的作用。认真贯彻中央5号文件、市委11号文件精神，积极推进多党合作和政治协商的制度化、规范化、程序化建设，重视各民主党派、工商联等在改革发展稳定中的作用，巩固和发展了最广泛的爱国统一战线。深入推进"双拥"工作，加强军地合作，全力配合预备役五团，圆满完成"五全"③演练任务。

2、切实加强各级领导班子建设和人才工作。坚持配备干部与区委重点工作相结合的原则，结合区级机构改革，进一步优化区级机关班子建设。积极探索建立体现科学发展观和正确政绩观要求的干部考核评价体系，完善对处级领导班子及其成员的考核方案。制定并试行镇党政正职拟任、推荐由全委会票决的制度。注重学以致用，结合干部工作实际，继续发挥党校培训干部的阵地作用，开展大规模培训干部工作，全年共举办班次15期，培训干部1560人次。积极推进干部在线学习，1348名学员注册并参加在线学习。高度重视青年干部的健康成长，定期召开座谈会与青年干部谈心交流，激励青年干部在本职岗位上争创一流，并加大青年干部交流轮岗、挂职锻炼等的工作力度。大力做好人才工作，加强区拔尖人才、青年尖子人才的管理和服务工作，开展青年人才储备工作，探索人才引进新模式。

3、大力加强基层党组织和党员队伍建设。坚持围绕发展抓党建、抓好党建促发展，按照"接、组、派"等方式，全力推进"两新"组织"双达标"工作，全面实现"三年任务两年完成"的要求，达标率都已超过95%。积极探索"镇管社区"的工作新路，健全机构，配强人员，理顺关系，充分发挥社区党组织在社区管理服务工作中的领导核心作用。切实抓好"班长工程"，通过举办村党支部书记、村委会主任和居民区党支部书记、居委会主任培训班等形式，不断提高基层干部素质。结合先进性教育活动，扎实做好村党支部"两推一选"的各项准备工作。扎实推进基层工、青、妇组织的组建工作，并把来奉建设者纳入工、青、妇工作范围。

4、不断加大党风廉政建设和反腐败工作力度。深入学习贯彻《建立健全教育、制度、监督并重的惩治和预防腐败体系实施纲要》，研究制定我区贯彻落实《实施纲要》的意见，扎实推进反腐倡廉各项工作。两次召开加强党风廉政建设干部大会，及时传达中央和市委的决定、指示和要求，部署和落实党风廉政建设工作。调整完善区党风廉政建设责任制工作领导小组，并将全年党风廉政建设重点工作进行责任分工。坚持教育在先，在领导干部中开展"写警言警句、促廉政勤政"教育活动，举办了交通、财务、土地等方面的法规教育。不断加强干部监督管理工作，加大领导干部任期经济责任审计力度。开展领导干部收送现金、有价证券、支付凭证等问题及制止党员干部参与赌博等专项治理。加大案件查处力度，严肃查处各类违纪违法案件，认真落实"一案两报告"制度，加强对党员干部违纪违法案件情况的剖析，充分发挥查办案件的治本功能。坚持寓管理于服务之中，推行首问责任、服务承诺、限时办结等制度，增强机关工作人员服务意识，促进机关工作作风的进一步转变。

同志们，以上报告是常委会今年以来的主要工作。这些成绩的取得，离不开广大党员、干部和全区人民的辛勤工作和艰苦奋斗，离不开各级各方的大力支持。在总结工作的时候，我们也分析了工作中存在的不足，提出了进一步改进工作的思考，主要是：突破发展瓶颈的能力需要进一步增强；城镇管理工作力度需要进一步加大；群众性思想政治工作水平需要进一步提高；机关作风需要进一步转变；各级领导干部克服困难谋发展的精神状态需要进一步振奋；新形势下党的建设需要进一步加强。今后，我们要加强对存在问题的研究，采取有效的措施，认真改进工作。

希望同志们对区委常委会的工作提出意见和建议，以利集思广益、群策群力，帮助我们更好地改进和加强各项工作。

·相关链接·

①"两个不排斥"：是市委常委会在听取区县功能定位汇报时提出的要求，一是明确一个区县主导功能，并不排斥这个区县发展其他功能；二是推动产业相对集聚，但也不排斥其他区县同类产业的发展和重大项目的安排。

②"六进"：即进农村、进社区、进企业、进学校、进军营、进家庭。

③"五全"：即全员额、全装备、全过程、全要素、全物资。

关于上海市奉贤区国民经济和社会发展第十一个五年规划纲要（草案）的报告

——2006年1月10日在上海市奉贤区第二届人民代表大会第五次会议上

上海市奉贤区区长　沈慧琪

各位代表：

奉贤区国民经济和社会发展第十一个五年规划，是全面贯彻科学发展观，落实市委、市政府对奉贤发展的新要求，加快把奉贤建设成为与上海国际大都市相匹配的社会主义新郊区，体现奉贤跨越式发展的重要规划。根据《中共上海市奉贤区委关于制定奉贤区国民经济和社会发展第十一个五年规划的建议》，奉贤区人民政府编制了《上海市奉贤区国民经济和社会发展第十一个五年规划纲要（草案）》。现在，我代表上海市奉贤区人民政府向大会作报告，请各位代表连同《纲要（草案）》一并审议，并请各位政协委员和其他列席人员提出意见。

“十五”计划确定的目标和任务全面完成

“十五”时期是不平凡的五年，是继往开来、与时俱进的五年。全区人民在市委、市政府和区委的正确领导下，坚持以邓小平理论和“三个代表”重要思想为指导，认真贯彻科学发展观和构建社会主义和谐社会的战略思想，落实“科教兴区”战略，解放思想，开拓创新，圆满完成了“十五”计划确定的目标和任务，全区经济社会发展迈上了新台阶。

（一）国民经济保持快速健康发展，综合经济实力大幅度提升。把贯彻中央宏观调控决策与本区经济发展实际结合起来，保持了速度、效益相统一，实现了连续五年高位增长。2005年全区实现增加值223亿元，五年年均递增21%；工农业总产值790.5亿元，年均递增26%；地方财政收入31.1亿，年均递增43.4%；外贸直接出口总额12.04亿美元，年均递增40.2%；社会消费品零售总额108亿元，年均递增21.3%；全社会固定资产投资110亿元，年均递增34.2%。

（二）着力推进经济结构调整，产业结构进一步优化。坚持“二、三、一”产业发展方针，重点发展第二产业，大力发展第三产业，不断优化第一产业，新型产业体系建设进程加快，产业布局得到合理、有效的调整。2005年全区一、二、三产业实现增加值分别比2000年增长了21.5%、196%、133%，三次产业结构得到进一步优化，基本形成了第二产业领先增长，二、三产业共同推动经济发展的格局。

（三）改革开放继续深化，多种经济成分共同发展。不断加大招商引资力度，五年累计引进内资到位

区长沈慧琪在区第二届人民代表大会第五次会议上作政府工作报告。　（方国政　摄）

资金290亿元。外资引进力度也在逐步加大，2005年引进合同外资5.5亿美元，是2000年的4.7倍。多种经济成分取得较快发展，到2005年，外商及港澳台投资工业企业产值占全区25%，私营经济工业企业产值占全区55%。2005年全区税收中的95%由非公经济完成，其中私营企业占全区税收56%。

（四）城镇化建设步伐加快，基础设施建设不断推进。按照“三个集中”要求，加快行政区划调整，有效推进城镇化建设，稳步提高城镇化水平，初步形成城镇发展新格局。坚持基础设施先行，加快路桥建设，相继建成一批重大基础设施项目，完善了公路交通网络，健全了乡村公路网络管理机制，推进了农村危桥改建。启动了燃气网络建设，万户居民用上了天然气。完成了200多个无障碍设施建设项目。

（五）全面加快社会事业发展，城乡文明程度明显提高。社会事业投入不断加大，集中建设了一批社会事业功能性项目和公益性设施。积极实施“科教

兴区”战略，组织各类科技计划申报立项，推动科技产业化进程和科普事业发展，创新环境得到进一步优化。实施教育综合改革，加快教育布局结构调整，改善了全区114所各类学校的教学设施，基础教育办学条件明显改善，职业、技术教育得到加强。全面完成了加强公共卫生体系建设和健康城区建设两个三年行动计划，公共卫生应急处置和医疗服务水平有所提高。计生人口服务质量明显改善，妇女儿童工作迈上新台阶。文化和广播电视事业取得新成果，进一步扩大了奉贤的影响。加大体育设施建设，推动全民健身和竞技体育协调发展。精神文明创建活动扎实开展，不断取得新的成效。

（六）着力解决关系群众切身利益的实际问题，人民生活水平和质量不断改善。把促进就业和完善社会保障体系放在十分突出的位置。实施积极的就业政策，加大了政府扶持创业和就业援助的力度，新增了大量就业岗位。社会保障体系建设全面推进，包含养老、医疗、失业、工伤、生育等险种的城乡社会保险制度基本建立。全区参加“镇保”人数达到14.1万人，大部分历史遗留问题得到了妥善解决。加强社会救助工作，基本形成了以最低生活保障为主，义务教育阶段“两免一补”、大重病医疗联动救助等为补充的救助体系，基本实现了应保尽保。大力发展残疾人事业，残疾人就业、保障和康复工作取得新进展。全面推行农村税费改革，基本实现农民“零负担”。努力提高城乡居民生活水平，五年来，城镇职工收入年均增长10.2%，农民纯收入年均增长8.1%。

在五年的工作实践中，我们积极应对各种严峻挑战，克服困难，抓住机遇，奋力拼搏。前期，中央出台扩大内需方针，积极实施稳健的财政和货币政策，促使投资、消费、出口需求不断扩大，经济进入新一轮上升期；中期，面对突如其来的“非典”冲击，全区人民众志成城，守望相助，坚持一手抓疫情防治不放松、一手抓经济建设不动摇，夺取抗“非典”、促发展的双胜利；后期，坚持落实中央宏观调控措施，在调整中求发展，在发展中求提高，保持了经济持续快速健康发展的好势头。

各位代表，回顾“十五”发展历程，我们深感成绩来之不易，总结五年的基本经验：

一是着力于坚持招商引资。树立亲商、安商、富商的理念，开展形式多样、各具特色的产业发展和投资环境推介会，强化驻外办事处自主招商的功能和作用，进一步改善投资环境，提高了服务水平，形成全方位、多层次的招商引资新局面。

二是着力于坚持区划调整与规划对接。以科学规划为龙头，完成两次乡镇行政区划调整，整合土地、基础设施和人力资源，提升区域功能，为奉贤经济和社会可持续发展奠定了基础。

三是着力于坚持开发与管理并重。在突出重点、推进开发的同时，优化城镇体系，加大城镇管理力度。以开展“环保三年行动计划”和创建上海市园林城区等为抓手，努力提高城镇现代化管理水平。

四是着力于坚持城乡互动、协调发展。注重城乡统筹，积极推进农保、镇保、城保“三位一体”的保障体系建设，大力发展教育、卫生、文化、体育等社会各项事业，不断满足人民群众的物质生活和精神文化需求，使人口、产业、经济协调发展。

五是着力于坚持政府职能的转变。推行公开办事制度，强化政府的社会管理和公共服务职能，提高行政效能，不断完善干部考核制度，提高公务员队伍整体素质，积极推进服务政府、责任政府、法治政府建设。

2006年1月10日，奉贤区第二届人民代表大会第五次会议召开。（方国政　摄）

五年来,全区人民用辛劳与智慧、激情与汗水谱写了奉贤发展史册新篇章。在此,我谨代表奉贤区人民政府,向在各个领域和岗位上辛勤劳动、无私奉献的全区人民,向给予政府工作大力支持的人大代表和政协委员,向各民主党派、工商联和社会各界人士以及关心、支持和参与奉贤建设的同志们、朋友们,致以崇高的敬意和衷心的感谢!

回顾过去的五年,我们清醒地看到,前进中还有不少的困难和问题,主要表现为:优势产业规模不大,产业集聚效应未能充分体现,产业集群的整体带动作用不强;城乡二元结构状态依然存在,城镇建设与管理水平、农村基础设施建设和社会事业发展水平亟待进一步提高;农村富余劳动力转移压力较大,农民收入水平与周边发达地区相比仍有一定差距。对此,我们将高度重视,进一步增强忧患意识和责任意识,通过加快发展和深化改革切实加以解决。

"十一五"时期的奋斗目标和主要任务

"十一五"时期既是奉贤创新发展的机遇期,又是新的发展考验期。长三角地区联手打造世纪制造业基地,上海洋山深水港和上海化学工业区的建设,中心城区产业和人口向郊区转移,以及 2010 年上海世博会的辐射效应,为奉贤的产业发展和城镇建设提供了广阔的空间。我们要保持坚韧不拔、奋发有为的精神状态,紧紧抓住发展机遇,积极应对新的挑战,充分发挥奉贤的区位优势与资源优势,积极实施科教兴区和人才强区战略,切实增强区域综合实力,加快城乡统筹协调发展,努力打造与国际大都市相匹配的上海新郊区。

根据《中共上海市奉贤区委关于制定奉贤区国民经济和社会发展第十一个五年规划的建议》,"十一五"时期,我们要围绕上海建设"四个中心"的总体发展战略和市委、市政府对郊区发展的总体要求,坚持以邓小平理论和"三个代表"重要思想为指导,全面贯彻落实科学发展观,构建和谐社会,紧紧围绕实施奉贤区域总体规划,以增强综合实力和竞争力为主线,不断提高自主创新能力,推进产业结构调整,加快经济增长方式转变,走节约、清洁、安全、可持续发展之路,使经济发展与人口、资源、环境相协调,保持经济社会又快又好的发展势头,努力把奉贤建设成为布局合理、功能协调、环境优美、实力强劲的现代化滨海新城。

"十一五"时期,要在坚持效益的基础上,保持经济较快的发展速度。按 2000 年价格同口径计算,预期到 2010 年全区实现生产总值年均递增 18%;工农业总产值年均递增 17.2%;社会消费品零售总额年均递增 20%;固定资产投资累计达到 750 亿元以上;万元生产总值能耗比"十五"期末下降 15% 以上;科技创新有新的突破,全社会研究与开发经费支出相当于生产总值的比重达到 2% 以上;城镇登记失业率控制在 4.5% 左右;新增劳动力平均受教育年限为 13.5 年;城乡居民人均可支配收入有较大幅度增长。

未来五年,我们要坚持以经济建设为中心,转变发展观念,创新发展模式,提高发展质量,落实"五个统筹",把经济社会发展切实转入全面协调可持续发展的轨道。为实现总体奋斗目标,我们要坚持以下六大原则:

——必须保持经济持续快速健康发展,实现经济增长方式转变。坚持把招商引资放在重中之重,正确处理经济快速发展与质量效益的关系,积极探索节约发展、集约发展的模式,促进经济增长方式的转变。

——必须实施"科教兴区"战略,增强区域创新能力。以消化、吸收为核心,以创新为主体,力争在自主创新上有所突破,推进"科教兴区"战略,提升区域创新能力和水平。

——必须不断深化改革,增强区域经济发展的活力。坚持正确处理改革、发展和稳定的关系,用发展的办法和改革的思路来解决前进中的问题,形成以改革促发展的新局面。

——必须坚持科学规划引领,大力推进城乡统筹协调发展。按照"优化开发、重点开发、限制开发和禁止开发"的管理原则,强化规划的导向作用,加快推进"三个集中",基本形成层次清晰、布局合理、梯度辐射、功能互补的三级城镇体系。

——必须发挥良好的生态优势,构建资源节约型、环境友好型社会。坚持经济与人口、资源、社会、环境的协调发展,既要合理有序安排大项目、大基地、大水系的开发,又要重视区域资源承载能力和生态平衡。

——必须注重解决民生问题,努力构建和谐奉贤。突出以人为本的理念,切实解决人民群众最关注、最直接、最现实的利益问题,更加注重社会公平,努力使全体人民共享改革发展成果。

《上海市奉贤区国民经济和社会发展第十一个五年规划纲要(草案)》已发给各位代表,请大家审议。这里,着重围绕纲要报告十四个部分中的七个重点问题,作如下说明:

(一)关于经济发展、产业布局方面

坚持"两个优先发展"的方针,构建以"四大工业板块"和海湾旅游开发区、现代农业园区为载体,以优势企业为支撑的特色产业集群,形成"二、三、一"产业相互融合、相互渗透、互动互补、同步推进、不断优化的产业发展体系。

1、第二产业,重点发展七大产业集群。一是游艇制造业集群。要积极引进国际级游艇制造企业,发展游艇设计、游艇制造、游艇维修保养等产业,形成生产、经营、服务为一体的游艇产业链。二是光仪电产业集群。要发挥上海市工业综合开发区现有光仪电知名企业的带动效应,集中发展微电子、数控机床、智能仪器仪表等综合性光仪电产业。三是输配电产业集群。要重点发展大型成套电气设备,加快机电一体化进程,建成全国性的输配电设备研发、制造和营销基地。四是精细化工集群。要借助上海化学工业区的辐射优势,以上海化学工业区奉贤分区为依托,重点发展精细化工、合成材料等高附加值的化工延伸和配套系列产品。五是汽车配件产业集群。要积极开展与国内大型汽车制造公司紧密合作，加快形成一批技术含量高、经济效益好、创新能力强的汽车配件企业。六是现代物流装备制造业集群。要重点发展先进的单机和成套装备，改造和提升现有的机械制造和金属制造业。七是信息通信制造业产业集群。要加大引进和扶持力度，推进集成电路、新型软件、新一代数字视听技术等信息化产品的产业化、规模化发展，形成现代信息及设备的制造业基地。同时以高新技术改造为突破口，稳步发展轻工机械、服装、金属制品等均势产业，淘汰一批工艺落后、设备陈旧的劣势产业。

南桥镇代表团在审议政府工作报告。　　（方国政　摄）

2、第三产业，重点发展现代物流、滨海旅游、房地产业、商贸餐饮等四大行业。生产性物流业的发展，要重点依托洋山深水港和上海化学工业区两大基地的辐射效应，积极引进国内外大型物流企业，构筑以仓储运输为重点、专业化为特色的现代物流体系。滨海旅游业的发展，要以滨海度假、观光旅游、生态旅游等为特色，构筑“四区一带”旅游产业发展格局，即南部滨海会展休闲度假区、西部现代服务娱乐休闲区、东部文化风情休闲旅游区、中部现代农业生态观光区、金汇港杭州湾水上游艇旅游带。房地产业的发展，要重点依据城镇体系及海湾大学园区的建设，适度开发商品房住宅和生态型的居住社区，合理开发一批高档商务楼宇。现代商贸流通业的发展，要完善各类市场，引进现代连锁服务业龙头企业落户，结合城镇规划体系，形成不同层次的新型商业业态，做大做强特色餐饮业，完善社区各类服务业。

3、第一产业，重点推进农业先行区域建设，大力发展现代都市农业。要坚持工业化手段、商业化理念，实现功能多元、业态新颖、整体联动错位发展，不断优化农业区域产业布局，使本区成为上海郊区的农业先行区域。以现代农业园区为依托，重点建设国家级农产品加工示范基地，大力发展农产品深加工、农业科技研发孵化以及农产品贸易物流，集聚国内外农业龙头企业，辐射、带动区内外种养基地。其他农业基地各有重点地发展创汇农业、有机农业、生态农业和观光农业等，构筑现代都市农业发展新格局。围绕率先实现农业现代化的目标，加强农业基础设施建设，完善动物防疫、植保、水利灌溉、农机、种子等综合服务体系，扩大农业保险覆盖面，加快农业科技进步，实施农产品品牌战略，提高农业综合生产能力。积极探索农业经营新机制和管理新体制，不断推进生产经营方式的转变，努力实现农业与经济社会融为一体、协调发展。

（二）关于公共服务体系建设、构建和谐社会方面

按照统筹经济社会发展的要求，以人为本，更加注重社会管理和公共服务体系，特别是农村公共服务体系的建设，努力实现“安居就业有保障”，不断提高人民的生活水平和质量，是建设和谐社会的基础。

1、全面提高人口整体素质，构建良好的人口环境。加强人口综合调控和综合管理，合理控制人口总量，改善人口结构，调整人口分布。深化现居住地和源头相结合的综合管理服务体系，进一步完善流动人口“源头管理、有序流动”的新机制，健全现有人口信息管理体系。推进计划生育利益导向机制，全面实现计划生育优质服务。

2、坚持实施积极就业政策，完善社会保障体系。坚持把促进就业和完善社会保障放在更加突出的位置，不断加大就业和再就业的工作力度，建立产业政策与就业政策联动机制，强化就业责任制。加快完善基本社会保障制度体系，强化“城保”、“镇保”和“农保”的制度衔接。坚持以公益性为主导，为低收入人群、贫困人群和特殊人群提供基本的医疗服务，发展残疾人康复事业，着力构建农民合作医疗保障制度和未成年人基本医疗保险制度。深化完善社会救助制度，确保企业下岗职工的基本生活，确保离退休人员的养老金发放，确保城镇和农村最低生活保障的落实。进一步加大执行外来从业人员参加综合保险政策的力度，努力实现全区范围社会保障的全覆盖。

3、丰富精神文化生活，提高人民群众健康水平。大力发展群众文化，完成公共图书馆、博物馆等文化标志性设施建设。加强历史文化研究和遗产保护。深入推进健康城区建设。进一步完善医疗预防、疾病控制、保健和卫生监督体系，提高公共卫生突发事件的处置能力。建立和完善以区中心医院为区域医疗中心、新市镇和中心村为医疗服务网络的体系。完成建设一批标准化社区卫生服务站，切实解决农村群众“看病难、看病贵”的实际问题。增加社区体育公共设施，广泛开展群众性体育活动和全民健身运动，提高竞技体育水平。

4、推进城乡统筹发展，加快和谐村镇建设。按照“规划布局合理、经济实力增强、人居环境良好、人文素质提高、民主法制加强”的要求，推进和谐村镇建设。高度重视农村、农业、农民问题，逐步增加财政对农村的投入，进一步加大村镇体系建设力度。强化村

镇组织建设和社会管理职能，发挥村级组织作用，千方百计增加农民收入，减轻农民负担，鼓励农业劳动力向二、三产业转移，逐年减少农业人口。

（三）关于城镇发展、提高建设和管理水平方面

以大力推进“三个集中”为载体，进一步完善城镇体系，加快功能性、网络化重大基础设施建设，不断提升城镇现代化管理水平，是未来五年的重要任务。

1、努力提升城镇形象和功能。按照“政府引导、市场运作、依托产业、形成特色”的原则，积极有序地推进城镇建设，努力提高城市化水平，初步形成“1750”滨海城镇体系，即南桥新城、7个特色新市镇和50个左右的中心村，为最终形成以金汇港为纵轴，以滨海岸线和大亭公路为横轴的“干”字型城镇带奠定基础；到“十一五”期末，全区城市化率达到70%以上。在此基础上，遵循城镇发展规律，合理城镇布局，凸现城镇功能“亮点”，促进城镇之间的分工协作，实现城镇优势互补，发展城镇带的积聚经济和规模经济，提高城市整体经济效益。

2、加强区域综合基础设施建设。道路交通建设重点实施沪闵路—沪杭路越江工程和轻轨工程，配合实施A3、B2高速公路奉贤段建设，完善省道干线公路，着重改造区级的“一环、二横、四纵”道路网络，延伸乡村公路，完成交通部通村公路建设目标，加快改造农村危桥。市政公用设施建设重点完善自来水管网系统，扩大和实现区域自来水并网供应；进一步加快东、西部污水处理厂建设，扩大城镇污水的收集率和处理率，分步实施水污染截流、治理规划。燃气设施建设要积极配合国家“西气东输”工程、东海平湖天然气开发工程及进口液化气登陆工程，实现“东气”与“西气”并网，提高清洁能源使用率。通信设施建设要紧紧围绕建设上海信息港的目标，进一步建立适应多层次需要的现代化通信网，加快推进信息化步伐。城市防洪排涝设施建设要完成海堤保滩工程和黄浦江岸线加固工程，全面提高江、海、堤和泵站设施的防洪排涝能力，提升城市防灾、抗灾应急水平。

3、进一步提升城镇现代化管理水平。继续实行“两级政府、两级管理”的体制，坚持高起点规划、高标准建设、高效益管理的有机统一，使城镇管理的积极性得到充分发挥。加强交通、市容市貌、广告经营、环境卫生等方面的综合治理。建立和完善“发现及时、处置快速、解决有效、监督有力”的城镇管理长效机制，加快城镇管理信息系统建设，全面推进城镇管理网络化。严格规范管理和执法，强化规划对建设和管理的调控、引导作用。

（四）关于发展循环经济、生态环境保护方面

发展循环经济、保护生态环境是实现可持续发展的重要途径。今后五年，我们要按照“减量化、再利用、资源化”的原则和优化生态平衡空间、提高环境综合素质的要求，积极探索发展循环经济和保护生态环境的有效模式，加快建设资源节约型、环境友好型郊区。

1、大力发展循环经济。努力提高资源生产率，鼓励和支持企业使用清洁能源，采用先进的工艺技术设备，减少废弃物排放，循环利用资源。突出加强节能节水，全面推广节能节水产品，扩大中水回用，提高废渣、废水、废气的综合利用率。推动造纸、钢铁、建材等行业的资源再生利用，促进机电、轻纺、汽车及包装等行业产品的回收和循环利用。

2、加强绿化林地建设与保护。按照“点上绿化成景，线上绿化成荫，面上绿化成林”的要求，加强生态林、生态园、生态村镇和生态社区建设，重点推进沿“江、海、路、线”的造林工程，建设海湾国家森林公园、金汇港沿线林带、黄浦江水源涵养林、申隆生态园、现代农业园区、杭州湾沿岸防护林等大型生态林。结合城市规划，建设一批城镇公园。进一步完善绿化长效管理机制，将绿化林地保护纳入法治轨道。

3、强化环境治理和保护。以水、气治理和生活垃圾、固体废弃物处置为重点，完善环保体制和政策，滚动实施环保三年行动计划。全面落实新的水网规划，加强河道综合治理。有效控制大气污染，建设基本无燃煤区和烟尘控制区。实行污染物总量控制和配额制度，推进工业废弃物的再生利用和无害化处理，推广废弃物减量化及环境无害化技术，对污染企业和污染点逐步实行“关停并转”。建立生活垃圾分类回收和无害化处理系统，加大农村环境卫生基础设施投入。严格环境监管执法，创造良好的生产和生活环境。

4、合理开发土地资源。贯彻土地资源开发和节约并举的方针，努力提高土地资源利用率，改进土地利用方式。在保证农业用地的同时，满足经济社会发展和生态环境建设用地需求，并按区域功能定位进一步调整不合理的用地结构和布局。

（五）关于科教兴区、人才强区战略方面

科教兴区、人才强区战略是调整经济结构、转变经济增长方式的重要支撑，是依靠“创新驱动”，实现综合实力提升和跨越的战略选择。我们要进一步整合资源、明确目标、重视人才，形成更加有利于科技创新的体制机制和社会氛围。

1、全面推进科技创新，构筑区域创新体系。加快传统产业的高新技术改造步伐，建立和完善若干个功能互补的高科技园区，以游艇产业、输配电、光仪电产业和现代通信设备制造业为龙头，以现代物流装备、精细化工、生物医药为主体，以都市型生态农业技术为特色，实现高新技术产业的有效集聚、信息化与工业化的相互促进。

2、积极培育创新载体，参与市产业化重大技术攻关项目建设。依托各类产业园区和制造业基地，抓紧引进或建设一批企业技术研究中心、市级重点实验室、市级重点工程研究中心等机构，推进高科技成果转化和孵化基地的建设，确立企业技术创新主体地位，开发一批具有自主知识产权和核心竞争力的技术成果和优势产品，大幅度提高具有自主知识产权的高新技术产品比重。

3、推进“产、学、研”战略联盟。以全面实现校区、园区、社区“三区联动”为核心，探索实践“科教兴区”战略的新路径，充分发挥高校人才优势和科技优

势,放大高校知识创新的溢出效应,促进高校、科研院所和重点企业之间建立战略联盟,推动人才、技术和资本的有效结合,争取建设成为科技、教育、经济互动发展的重要示范基地。

4、确立教育优先发展的战略地位。深化教育改革,构建完善国民终身教育体系,全面实施以德育为核心的素质教育,依法加大教育投入,高起点规划、高标准设计、高质量建设各级各类学校,继续整合优化教育资源,完善教师培养和激励机制,提高师资整体水平,鼓励社会力量办教育,促进教育与社会、人与社会的和谐发展。

5、实施人才战略,打造人才高地。结合人才发展行动计划的贯彻实施,积极引进各类优秀人才和紧缺人才。建设开放、灵活的人才流动机制,推进人才的"柔性流动"。有重点地建设一批高技能人才和紧缺技能人才培训基地,稳步有序地开展紧缺人才社会培训工程。创新人才使用制度,发挥优秀人才对产业、经济发展的促进和支持作用。为创业者提供宽松的环境和氛围。

(六)关于深化改革、扩大开放方面

加强体制机制创新是增强综合竞争力的制度保障。我们要坚持社会主义市场经济的改革方向,坚持更大范围、更广领域和更高层次的扩大开放,提高区域经济的外向度,增强在扩大开放条件下加快发展的能力。

1、促进多种所有制经济发展。支持和引导非公有制经济发展,大力发展混合型所有制经济。深化企业改革,鼓励改制企业做大做强。鼓励民间资本投入优势产业和重大基础设施项目,并积极引导进入现代服务业、基础设施、公用事业、社会事业等领域。深化国有(集体)企业改制,进一步完善国有(集体)企业的法人治理结构,健全国有(集体)资产监管体系。

2、深化事业单位体制改革。全面推行事业单位聘用合同制,合理设置岗位,逐步搞活用人机制,实施分流减员,形成人员能进能出的用人机制。深化事业单位内部分配制度改革,采取绩效挂钩,实行严格考核,按照工作业绩、责任风险等实施奖励。推进事业单位管理与运作分离,逐步将运作转向市场化。

3、加快建立公共财政体制框架。加大财政资金对社会公共基础设施和社会事业的投入,特别要向重点建设的城镇和中心村倾斜。推行对政府性投资项目预算、审计的全过程管理,提高政策性资金的使用效率,完善补偿机制。

4、加大对外开放力度。进一步强化外事管理,扩大对外交流,提升对外形象。继续把招商引资作为对外开放、加快发展的重要抓手,不断改善投资环境,降低商务成本,提高服务水平,主动承接国内外市场现代服务业和高新技术产业的转移。实施"走出去"战略,主动参与国际市场竞争,扩大区域产品出口,优化外贸结构,形成全方位、多层次、宽领域开放新局面。

(七)关于加强政治文明、精神文明建设方面

"十一五"期间,我们要积极推进社会主义政治文明和精神文明的建设,并把政治文明和精神文明作为重要任务纳入经济社会发展总体规划,认真加以实施。

1、加强政治文明建设。坚持和完善人民代表大会制度,坚持和完善中国共产党领导下的多党合作和政治协商制度,自觉接受人大的法律监督、政协的民主监督和社会的舆论监督。充分发挥各方面积极性,为奉贤建设作贡献。坚持和完善政务公开、厂务公开、村务公开等公开办事制度,以及基层政权、基层自治组织、企事业单位的民主管理制度,坚持民主选举、民主决策、民主管理和民主监督。推进管理体制改革,不断提高干部队伍的整体素质和行政能力。积极贯彻依法治国的基本方略,全面推进依法治区工作,为实现社会公平和正义提供法制保障。

2、加强思想道德建设。大力弘扬以爱国主义为核心的民族精神、以改革创新为核心的时代精神,使全体人民始终保持昂扬向上的精神状态。以加强未成年人思想道德为重点,推进公民道德建设,在全社会倡导爱国守法、明礼诚信、团结友爱、勤俭自强、敬业奉献的基本道德规范。进一步加强社会公德、职业道德和家庭美德教育,提高全民思想道德素质,努力形成文明守法、平等互助、公平竞争、勤奋好学的社会风气。

3、加强精神文明建设。坚持"两手抓,两手都要硬"的方针,围绕培育社会主义"四有"新人的要求,以科学的理论武装人,以正确的舆论引导人,以高尚的情操塑造人,以优秀的作品鼓舞人,进一步形成有利于社会主义现代化建设的共同理想、精神力量、舆论环境和文化氛围。加强国防教育,开展"双拥"工作,完善国防动员体系。倡导科学、文明、健康的生活方式,围绕"安、居、乐、业"的目标,深入开展文明小区、文明社区、文明村镇、文明城区等群众性精神文明创建活动。建立与完善城乡居民文明教育体系,建设文明标志示范区。进一步丰富精神文明建设内涵,切实提高城乡居民素质和城区文明程度。

大力推进服务政府、责任政府、法治政府建设,为"十一五"规划顺利实施提供保障

围绕建设服务政府、责任政府、法治政府的目标,深入推进政府管理体制改革,进一步强化经济调节、市场监管、社会管理、公共服务的职能,坚持科学执政、民主执政、依法执政,切实加强政府自身建设。

(一)加快政府职能转变,推进管理创新

依法全面履行政府职能,继续完善经济调节,加强市场监管,强化社会管理和公共服务职能,改进政府管理经济社会的方式,提高科学调控经济社会发展的能力,有效解决发展中的突出问题。不断扩大社会服务平台,坚持政务信息公开,加快电子政务建设步伐,推进政府信息资源的整合与利用,为公众提供公开、透明、高效的公共服务。

(二)深入推进依法行政,自觉接受监督

深入贯彻《行政许可法》,完善行政处罚听证和罚、没、缴分离制度,实施行政执法责任制度和行政过

错责任追究办法。深化行政审批制度改革，推进综合执法，提高政府依法行政能力。健全法律监督、民主监督、舆论监督和政府系统内部监督机制。强化对预算执行、国有企业产权转让、社会保障资金运用、土地交易、重大建设项目等方面的审计，确保权力在阳光下运行。

（三）坚持科学民主决策，规范运作规程

建设和实施政府管理“议决行”制度，健全公众参与、专家咨询和政府决策相结合的决策机制。对涉及经济社会发展全局的决策事项，深入调查研究，广泛征求意见；对专业性、技术性较强的决策事项，认真组织专家论证和决策评估；对涉及面广、事关群众切身利益的决策事项，实行公告、听证。高度重视代表书面意见和政协提案的办理工作，提高办理速度和质量。

（四）从严治政、廉洁从政，提高政府公信力

认真落实廉政建设责任制，完善教育、制度、监督并重的预防和惩治腐败体系。强化制度建设，更好地用制度和法律规范政府工作人员，特别是领导干部的从政行为，严厉查处违法违纪案件。以实施《中华人民共和国公务员法》为契机，进一步规范政府公务员队伍管理，完善公务员选人用人机制和考核指标体系，强化教育培训。努力建设一支政治坚定、业务精通、清正廉洁、作风优良的公务员队伍。

全力以赴做好“十一五”开局工作

今年是实施“十一五”规划的第一年，是深入贯彻落实科学发展观、推进“科教兴区”战略和建设社会主义和谐社会的一年，同时也是面临国内外各种因素变化较多的一年。做好今年的政府工作，对于实现“十一五”良好开局，继续保持经济社会协调发展，具有十分重要的意义。

2006年全区经济社会发展的主要预期目标是：全区增加值比上年增长18%以上；工农业总产值增长20%以上；外贸直接出口总额增长20%以上；社会消费品零售总额增长20%以上；固定资产投资增长25%以上；财政收入增长20%以上，其中地方财政收入增长11%以上；农民人均纯收入增长7%以上；综合能耗比上年下降5%。社会各项事业取得新的进步，人民群众的根本利益得到有效维护和切实保障。

围绕上述总体要求和工作目标，我们要着力推进五个方面工作。一是优化产业发展结构，加快转变经济增长方式，提高经济可持续发展能力。加大招商引资力度，积极有效利用内外资。坚持将招商引资作为经济工作的重中之重，着力吸纳具有产业带动力和经济支撑作用的项目，推动区域经济健康发展。培育壮大产业集群，优先发展先进制造业。继续以园区建设为平台，加快形成自主创新、重点跨越、支撑发展的优势产业基地。大力发展循环经济，建设资源节约型城市。加快发展现代服务业，提升第三产业整体水平。推进现代农业建设，为农民稳定增收巩固基础。二是优化生态平衡空间，努力营造良好生活环境，提升城乡建设和管理水平。提高环境综合素质，塑造现代城区新形象。认真做好第三轮“环保三年行动计划”的启动工作，实施“水环境综合治理三年行动计划”。完善长效管理机制，实行整治与管理并举。巩固市容环卫示范街的创建成果，重点整治城郊结合部市容环境。落实各项发展规划，稳步推进基础设施建设。三是优化经济主体行为，加强现代市场体系建设，进一步深化经济体制改革。完善国有、集体资产管理机制和监管机制，探索国有企业投资主体多元化模式。推进财税体制改革，促进和引导镇、开发区财力更多用于“三农”、科教、卫生、社会保障等公共领域。规范市场经济秩序，营造公平竞争的市场环境。四是优化公共服务平台，大力发展社会各项事业，提高全民素质和文明程度。立足科技教育进步，增强自主创新能力。繁荣社会各项事业，强化公共服务体系建设，为社会提供更多的公共服务产品，促进人的全面发展。加强社会主义精神文明建设，扎实推进建设社会主义新郊区，不断深化文明村镇和模范、示范社区创建活动。五是优化社会环境秩序，立足维护社会安定团结，构建社会主义和谐社会。实施积极的就业政策，千方百计扩大就业。深化城保，推进镇保，完善农保，提高社会保障工作水平。建立健全社会预警体系，提高政府保障公共安全和处置突发公共事件的能力。加强社会治安综合治理，深入推进“平安奉贤”创建工作。积极开展“五五”普法教育，保障人民群众生命财产安全，确保社会稳定有序。

各位代表：“十一五”建设序幕已经拉开，新的发展目标已经确立，我们要紧密团结在以胡锦涛同志为总书记的党中央周围，坚持以邓小平理论和“三个代表”重要思想为指导，立足于科学发展观，认真贯彻落实中央精神和市委、市政府以及区委的工作部署，正确把握和判断当前形势，保持奋发有为的精神状态，切实增强机遇意识，着力构筑新的发展优势，为开创奉贤美好未来而努力奋斗！

（本栏目编辑　丁惠义）

大事记

1月

11日 上海市慈善基金会奉贤分会召开一届一次全会，宣布上海市慈善基金会奉贤分会正式成立，胡镇寰为奉贤分会会长。

15日 区长沈慧琪会见以柬埔寨奉辛比克党秘书长、王国政府副首相诺罗敦·西里武亲王为团长的柬埔寨奉辛比克党代表团一行。

22日 区召开保持共产党员先进性教育活动动员大会，区委书记张立平作动员，并对开展保持共产党员先进性教育活动进行具体部署。

24日～27日 举行中国人民政治协商会议上海市奉贤区第二届委员会第三次会议。

25日～27日 举行区第二届人民代表大会第四次会议，会议补选包蓓英、陈勇为区二届人大常委会委员。

29日 “蓝天下的至爱——2005年慈善一日捐暨文艺义演”在区会议中心举行，共募集捐款412万余元。

2月

2日 总投资2500万美元的日资企业新生电子株式会社在闵行出口加工区举行项目签约仪式。

4日～6日 市委第十一督导组组长聂少犁携全体组员到奉贤进行为期3天的调研。

18日 区举行统战工作暨统一战线建功立业竞赛活动先进表彰会议。

22日 首期投资3000万美元的台湾创见资汛有限公司与闵行出口加工区举行签约仪式。

同日 在市“科技与投资沙龙”首场活动中，区政府聘任首批10位光仪电专家，副区长倪耀明作《在奉贤设立上海光仪电产业基地的设想方案》主题演讲。

23日 浙江省副省长茅临生等到奉贤，考察庄行镇农民宅基地置换试点工作。

3月

3日 区举行计划生育协会第一次会员代表大会，区委副书记韦源当选为会长。

7日 区举行纪念三八国际妇女节95周年大会，大会表彰区“十大巾帼标兵”、百名三八红旗手和30家三八红旗集体。

8日 上海出入境检验检疫局闵行出口加工区办事处揭牌仪式在闵行出口加工区举行。

22日 市经委、区政府联合举办“上海输配电产业战略合作推进会”，副市长胡延照出席并讲话。

29日 举行南桥镇灵芝村、吴塘村划归上海市工业综合开发区行政管理职能划转交接仪式。

4月

7日 区第二批医疗队启程赴摩洛哥阿齐拉医疗点，第二批援摩医疗队由针灸、儿科、心内科、普外科、骨科、妇产科、麻醉科、五官科等专业11人组成。

7日～8日 浙江省德清县政协主席柴志良一行12人到奉贤考察。

12日 西班牙穆尔西亚大区政府工商业协会代表团一行到奉贤奉城镇考察，并与该镇签订友好往来协议。

21日 芬兰国家议会农业代表团一行到奉贤考察蔬菜和食用菌种植情况。

22日 德国马勒技术投资（中国）有限公司总部项目及所属的技术研发中心项目在上海市工业综合开发区举行开工奠基仪式。

22日 上海滨海国际物流装备城专家指导委员会成立仪式在北京钓鱼台国宾馆举行，标志着奉城中心镇支撑产业上海滨海国际物流装备城项目进入实质性启动阶段。

25日 国务院安全委员会督导组一行，在组长、国家安监总局专员章苏东率领下到奉贤，听取区长沈慧琪有关安全工作情况汇报，实地考察金汇镇天河化工厂等企业。

26日 区举行庆祝五一国际劳动节暨表彰大会。

同日 区工业合作协会召开第一届会员代表大会。

5月

9日 中央督导组到奉贤检查保持共产党员先进性教育活动开展情况。

19日 市经委、外经贸委、科委、奉贤区人民政府联合举办上海市光仪电产业专题招商会暨新闻发布会。市政协主席蒋以任，市政府副秘书长徐建国，市经委、外经贸委、科委、奉贤区四套班子有关领导以及各国驻沪机构代表等300多人参加会议。

26日 全国政协副主席、民建中央常务副主席张榕明一行，到上海中华职业技术学院视察。

6月

1日 总投资1.2亿元的上海华谊集团装备工程有限公司签约落户上海化学工业区奉贤分区。

15日～16日 安徽省池州市委常委、政法委书记李祝安率领池州市政法部门及市、县政法委负责人，到奉贤考察开展创建、构建和谐社会工作。

16日 区在香港洲际酒店举行第三产业专题推介会。

23日 上海中远化工物流有限公司、上海中远物流配送有限公司和上海中远物流重大件运输公司在区举行开业揭牌仪式。

同日 新疆昌吉州委副书记、州长马明成率党政代表团一行19人，到奉贤考察城市建设、工业园区开发、经济发展等工作。

25日 "漕河泾杯"上海市首届开发区运动会在区体育馆拉开帷幕。副市长胡延照等领导出席开幕式。此届运动会共有100支运动队参赛，历时3个月。

28日 区举行第一届特殊奥林匹克运动会开幕式。13个代表队405名运动员参加田径、自行车、羽毛球、足球、篮球、乒乓球、举重等7个大项14个小项的角逐。

同日 世界500强企业之一的德国德马格起重机械有限公司上海生产基地在庄行工业园区落成投产。

7月

13日 总投资2.5亿元的上海普利兴房屋制造有限公司和一期总投资1980万美元的创见资讯（上海）有限公司，分别在闵行出口加工区奠基开工。

15日 "相约滨海之夏"广场文化系列活动开幕，历时一个月，共举行19场广场文化展演。

26日 副市长周太彤到奉贤调研促进就业工作。

27日 全国工商联副主席、市人大常委会副主任、市工商联会长任文燕到奉贤，就贯彻落实国务院非公经济"36条"、市政府"38条"的具体情况开展调研。

28日 区委副书记周林官接待云南省泸西县党政代表团一行并进行座谈。

8月

1日 市委副书记、市长韩正，副市长胡延照、市政府秘书长杨定华等到奉贤调研经济运行情况和"三农"工作。

5日 副市长杨雄到奉贤考察迎战"麦莎"台风准备情况，并赴海滨大道、保滩工程等地察看实情。

8日 举行韩国韩进物流公司落户海港综合开发区签约仪式。

14日 中央第四巡回检查组组长朱成林一行5人，到奉贤就先进性教育活动进展情况进行专题调研。

15日 市政协主席蒋以任到奉贤视察柘中燃气发电工程和上海日野发动机有限公司。

16日 召开中共奉贤区委一届五次全体会议，全会审议并通过《中共上海市奉贤区委关于发挥处级单位党委（党组）核心作用的实施意见》。

同日 甘肃省天水市副市长张国华一行到奉贤，参观大山、丰科两大食用菌生产基地。

同日 市政府举行奉贤区域内市属农场行政管理属地化移交总协议签字仪式。

17日 南桥小学11岁学生周琳参加在德国德累斯顿艺术节上举行的舞蹈比赛中，舞蹈《小卜少》获独舞一等奖，踢踏舞《红伞》获群舞一等奖。

18日 上海陆军预备役高射炮兵师在区举行军事演练总结表彰大会。此次演练涉及奉贤区、南汇区、金山区和上海石化股份公司的预备役官兵，历时52天。

25日 区委书记张立平、区长沈慧琪率有关部门负责人到金山区、青浦区学习考察水环境综合治理工作。

26日 召开区台胞台属联谊会会员代表大会，选举产生区台联会第一届理事会理事，蔡台山当选为会长。

9月

5日 区人民政府召开水稻穗期病虫害防治工作紧急会议，要求切实抓好当前稻飞虱、纵卷叶螟等水稻病虫害防治工作。

13 日、16 日 区人民政府分别在日本、韩国联合主办上海光仪电产业基地投资环境说明会。

16 日 海湾镇举行成立大会暨揭牌仪式。

17 日 总投资 47 亿元的金汇游艇城一期工程举行开工典礼，国务院台湾事务办公室主任陈云林、副市长唐登杰以及区四套班子有关领导出席开工典礼。

28 日 位于奉城经济园区的上海德圣米高电梯有限公司制造出第一台抗风浪船用电梯，填补了国内空白。

10 月

1 日 中国残联理事长汤小泉到奉贤考察残疾人工作。

同日 上海市第六届特奥会自行车比赛在区举行。全市 19 个区(县)代表队 230 名特奥运动员参加男子成年组 6 个组别 10 个小项比赛。

4 日 上海市第六届特殊奥林匹克运动会闭幕，区有 203 名男女运动员参加了 13 个项目比赛，共取得个人赛金牌 67 枚、银牌 48 枚、铜牌 31 枚。获团体项目一等奖 4 个、二等奖 8 个、三等奖 6 个

1 日～6 日 区举行 2005 年上海旅游节第八届旅游风筝会，来自全国 9 个省、市 10 支代表队参加风筝比赛，共有 4.5 万名游客前来旅游。

12 日 全球著名加工技术和设备供应商英国 APV 公司在西渡工业园举行奠基仪式。

18 日 举行公安奉贤分局海港派出所成立揭牌仪式。

26 日 区举行上海市第六人民医院奉贤分院挂牌暨苏州大学教学医院揭牌仪式。

11 月

1 日 区通过上海市园林城区考核验收。

6 日 区功能定位调研准备会在区会议中心召开，市委常委、市委秘书长范德官，市人大常委会副主任朱晓明、市政协副主席王新奎，市委副秘书长、市政府秘书长杨定华以及市有关部门领导和专家出席会议。

7 日 市人大常委会主任龚学平到奉贤作《坚持和完善人民代表大会制度》专题报告。

同日 市委常委、副市长周禹鹏就实施科教兴市战略、推进新能源开发，到奉贤神力科技有限公司视察调研。

9 日 区通过市无障碍设施示范城区验收。

17 日 区人民政府聘请张敏为奉贤区人民政府决策咨询专家。

18 日 全国科协主席、中国科学院院士周光召视察上海神力科技有限公司。

21 日 中央文明委授予南桥镇“全国文明镇”称号；授予南桥镇江海村“全国创建文明村镇工作先进单位”称号；授予上海鼎丰酿造食品有限公司、上海实业振泰化工有限公司“全国精神文明建设工作先进单位”称号。

28 日 区图书馆新馆举行开工典礼。

29 日 市委副书记刘云耕就社会稳定工作到奉贤调研，刘云耕视察庄行镇农民宅基地置换集中居住小区建设工地、南桥镇司法所，听取区有关情况汇报。

30 日 坦桑尼亚农业考察团到奉贤视察大山合集团公司。

12 月

1 日 国务院食品安全检查组一行 3 人，到上海农工商肉食品有限公司“爱森”牌肉食品奉贤生产基地检查指导工作，对“爱森”牌肉食品的安全、卫生、优质给予肯定。

2 日 成立中国民主促进会奉贤区支部，金哲民当选为主任委员。

5 日 区召开第三批保持共产党员先进性教育活动工作会议。参加第三批先进性教育活动共涉及 16 个单位，1014 个党支部，28019 名党员。

20 日～21 日 举行中共上海市奉贤区第一届委员会第六次全体会议。

21 日 中共上海市奉贤区纪律检查委员会举行第四次全体会议。

22 日 市政协主席蒋以任到奉贤作《人民政协基本理论》专题报告。

23 日 召开区见义勇为表彰大会，49 名见义勇为先进分子获荣誉证书。

24 日 区学生联合会第一次代表大会闭幕，大会选举产生区学生联合会第一届委员会委员单位。

(本栏目编辑　富　晔)

专 文

开展保持共产党员先进性教育活动

自2005年1月起，奉贤区保持共产党员先进性教育活动，严格按照三个批次、三个阶段的总体安排和方法步骤进行。每批次为6个月时间，第一批为区级机关，第二批为镇、开发区机关，第三批为基层村和企事业单位。全区共有116个单位、1669个党支部、38064名党员参加活动。

一、基本做法

组织领导坚强有力。全区组建先进性教育办公室117个，工作人员655名，督导组266个，基本形成各级党委组织领导、第一责任人具体负责、工作机构协调沟通、督导组督查指导的工作运行格局，为教育活动的开展提供了坚强有力的保证。

干部带头作用明显。坚持做到"六带头"：带头完成学习任务；带头联系实际学习思考，围绕专题学；带头搞好辅导，帮助基层释疑解惑；带头参加支部活动，不无故缺席；带头做好联系点工作，为党员上党课；带头参加结对活动，投身于"高兴、放心、凝聚、覆盖"主题实践活动和"双结对"活动。据统计，全区各级领导干部为基层上党课2317场，其中处级以上领导干部上党课1004场；建立联系点1160个，深入联系点调研3788人次。

突出重点分类指导。一是针对不同的教育对象分类指导，对区级机关、乡镇、企业、农村提出不同的要求。二是在解决突出问题上分类指导，解决不同行业、不同岗位、不同人群存在的问题。三是在方式方法上分类指导，不搞"齐步走"，使教育活动规定动作和自选动作有机结合。

注重创新形式多样。开展"以史为鉴，资政育人"以及其他主题教育活动，选编《红色足迹》一书，开辟中共奉贤县委旧址等教育基地，全区共有12800多名党员前去参观学习。运用"循环深入法"总结提炼不同单位、不同层面党员先进性的具体要求8600多条。组建宣讲团，听讲党员和入党积极分子28500余人次。组织"让党旗在奉贤创业中飘扬"主题征文赛、主题演讲赛、党史和党性知识竞赛、党章知识竞赛、"光辉的历程——从'一大'到'十六大'"党史图片展。在第三批活动中，向全区270个村选派驻村干部，协助村党组织推进先进性教育活动。驻村干部共走访党员2439人次，走访群众3321人次，开展助学2241人次，帮助不会书写的党员整理学习笔记2676篇，辅导撰写党性分析材料1158篇。

围绕中心深化教育。区级机关和事业单位结合作风的改进，切实把深入学习、自我教育，严格要求、落实责任，联系实际、服务群众，整改提高、务求实效贯彻始终。镇级机关围绕发展主旋律，构建和谐社会，做到"五结合"：与探索适合各镇经济发展的新途径相结合，与解决工作中的瓶颈问题相结合，与探索新形势下党建工作新途径相结合，与加强干部队伍管理相结合，与关注群众利益相结合。开发区的教育重点放在开发水平上，提高发展档次和发展质量，提倡和谐开发。企业集团紧紧依靠和关心企业职工，教育党员爱岗敬业、遵章守纪、加强企业管理、提升产品质量。农村做到"三个着眼于"：着眼于生产发展、生活宽裕和农村改革发展稳定，努力促进农村经济发展和农民增收；着眼于乡风文明、村容整洁和群众最关心的重点问题的解决，积极推动和谐农村建设；着眼于农村党组织与党员队伍中存在突出问题的解决，切实加强基层组织，提高党员素质，确保村党支部"两推一选"换届成功。

宣传引导氛围浓厚。为使教育活动体现时代特征、奉贤特色、单位特点，用先进典型的榜样示范效应引导和激励广大党员干部，挖掘身边党员的先进事迹和闪光点，推出54名身边的先进典型，每周安排2名优秀共产党员事迹在新闻媒体上宣传，组织高祖明先进事迹巡回报告会、周月章先进事迹报告会、山歌剧《江姐》展演等活动。编发简报210期，上传网上信息3000余条，在“两台一报”上开辟专栏，定期报道先进性教育活动进展情况。

二、初步成效

1、增强学习与实践“三个代表”重要思想的自觉性，党员素质进一步提高。全区共举办基层党组织负责人培训班193期，8107人次受训；对26个软弱涣散的基层党组织进行整顿，调整基层党组织负责人48名；投入2359.2万元帮助基层党组织解决办公和活动场所，面积12274平方米；树立先进典型335名，对984名优秀党员进行表彰，教育帮助落后党员137名，处置不合格党员5名。

2、夯实党的组织基础，基层组织建设进一步加强。各级党组织认真对照中央、市委、区委的要求，查找自身存在的突出问题，制定整改措施，边学、边查、边改，解决学习制度、工作作风、精神状态等方面存在的问题。据统计，全区各级党组织共查摆问题6211个，其中4648个已经整改，934个正在整改，对629个暂时不具备条件整改的问题已经向群众作了说明。为加强处级单位领导班子建设，区委制定《关于发挥处级单位党委（党组）核心作用的实施意见》。为加强“两新”组织党建工作，企业“双达标”，50人～99人企业有党员的有334家，达到99.7%；100人以上企业建立党组织的有322家，组建率为97.6%。为切实加强农村基层组织建设，制定《奉贤区加强农村党建工作若干意见》，同时出台加强农村后备干部培养、农村党的阵地建设等若干配套文件。为深入推进社区党建工作，招聘18名专职党群工作者，制定《关于进一步加强社区在职党员管理，推进社区党建工作的意见》，完善社区在职党员的教育、监督和管理。

3、解决群众关心的热点难点问题，党群干群关系进一步改善。把为群众办实事、解难事、做好事作为活动的出发点和落脚点。围绕“保障难”，采取措施予以解决，目前全区参加“镇保”14.3万人，参加“农保”12.9万人。为解决“就业难”，通过招商引资“引”岗位、劳务输出“借”岗位、政府出资“买”岗位、自谋职业“创”岗位、规范用工“腾”岗位，新增就业岗位40992个。推进旧城区、老公房改造，完成26.5万平方米“平改坡”工程和60万平方米旧住房综合改造工程。开展“双结对”活动，全区475名处级以上干部结对346个村、居委会，75家单位结对679名（户）困难群众，建立联系点5121次，帮困钱物折合人民币1771.8万元，帮助解决实际困难1829件。

4、推动社会主义新郊区建设，农村面貌进一步改观。牢牢把握“取得实效”和“成为群众满意工程”两个根本，积极投身奉贤现代化滨海新城建设，实现三个文明建设全面协调发展。成功创建上海市园林城区，高标准推进青村、庄行宅基地置换试点工作，有效推进有线电视“村村通”工作，积极落实义务教育阶段“两免一补”工作，加大对公益性文化事业的扶持力度，建设四级医疗卫生服务体系。

5、建立健全先进性教育长效机制，党建工作进一步加强。着眼于建立健全以党员准入、教育培训、党员队伍管理监督、党员激励引导、党内关怀服务等机制，进一步促进党员学习经常化、教育规范化、管理科学化。建立民主管理、民主决策、民主监督的机制，制定“党员联户”“首问责任制”等制度，确保党的活动正常有序开展。建立健全以提高服务质量和效率、联系群众、帮扶基层等机制，如农村无职党员设岗定责活动制度、社区楼道党小组活动制度、企业党员模范员工建设制度，开拓了党员服务群众的新途径。

三、主要体会

加强组织领导、领导干部带头，是搞好先进性教育活动的关键；深入学习、自我教育，是搞好先进性教育活动的重要前提；发扬民主、依靠群众，是搞好先进性教育活动的重要基础；勇于探索、大胆创新，是搞好先进性教育活动的重要动力；围绕中心、服务群众，是搞好先进性教育活动的重要体现；加强督导检查，是搞好教育活动的重要保障。（吴利春）

创建成为上海市园林城区

2003年3月，奉贤区委、区政府提出争创上海市园林城区的目标，2005年11月，通过上海市园林管理部门考核验收。

一、创建成果

为了营造人与自然和谐共存、经济社会与环境协调发展的现代化滨海新城，区委、区政府坚持实施可持续发展战略，把生态环境建设作为造福于民的民心工程。自2003年以来，在全区范围内开展以“阳光海湾、自然森林、绿色家园”为主题的创建上海市园林城区活动，使绿化总量和绿化水平有了大幅度提高，初步形成以城区外围生态绿化为基础，以路网水系绿化为骨架，以公园、广场、居住区、单位绿化为重点，“点、线、面”相结合的城乡一体的绿化体系。

2005年，全区创建区域绿地面积2644.57万平方米，比2002年增加1496.89万平方米；公共绿地面积147.53万平方米，比2002年增加89.83万平方米；绿化覆盖面积达2684.45万平方米，比2002年增加1511.21万平方米；绿化三大指标分别为：人均公共绿地面积9.98平方米、绿地率40.84%、绿化覆盖率41.45%。已达到上海市园林城区标准，其他各项指标也基本达标。

公共绿地。坚持“以人为本，规划建绿”的指导思想，安排调整老城区公共绿地布局。三年来，南桥新城范围共拆除各类旧房面积2.5万平方米，新建和扩建大型公共绿地9块，先后建成原住宅层基地绿地、区中心医院北侧绿地、二严寺南侧绿地等公共绿

地，扩建了文化广场，共增加公共绿地面积 6.2 万平方米，为南桥新城市民营造了良好的生活空间。随着育秀路贝港西侧绿地的开工建设，南桥城区市民出行 500 米有一块 3000 平方米以上公共绿地的目标可望实现。

道路、河道绿化。道路绿化和滨河绿化是绿化建设的重要内容。近年来，先后建成 A30 南桥段南侧宽 400 米、面积 108 万平方米的林带，A4 高速公路南桥段宽 50 米的绿带；南亭公路、航南公路、金海公路、解放东路、环城北路、奉浦大道等道路的绿化带宽度均在 15 米以上，绿化美化了城市道路景观。结合河道疏浚整治，实施滨河绿化工程。目前，竹港西岸长 3900 米计 16 万平方米的绿化带基本建成；浦南运河景观工程全长 3800 米、绿化面积 3 万平方米已告竣工。经过 3 年的建设，贝港、横泾港、新横泾港、江海河等河道两岸绿树葱郁，成为市民休憩的好去处。

单位、居住区绿化。开展绿化合格单位、园林式小区的创建活动，3 年来，先后对解放新村、育秀小区等绿地进行调整，改造面积 30 万平方米，并对原有的公共设施进行更新。新建居住小区增加绿地面积 21.14 万平方米，为居民提供良好的生活环境。制订"园林式小区"考核办法，加强对专用绿地单位的服务指导，进一步提高绿化管理水平。全区创建市园林式小区 7 个，区园林式小区 25 个。

绿地改造。政府投资 4000 多万元，对古华公园东区进行大规模升级改造，改造中坚持以水治园的理念，保持古典园林的风格，优化植物品种的配置，达到"碧水环园近市民，滴翠青山留游人"的景观效果。文化广场改造拆除两幢大楼，增设舞台及户外电子显示屏，调整喷泉及地面铺砌，使广场功能更加完善，与周边环境更加协调。此外还对城区各街头小游园进行调整改造，增加服务设施，完善绿地功能。

片林建设。大面积营造人工生态林、水源涵养林、江海防护林、工业区隔离林带及各种经济林地，新增造林面积 819 公顷，育苗面积 149 公顷，田旁植树 16.9 万株。经过 3 年的建设，上海海湾国家森林公园一期工程（占地 9100 亩）基本完成，城市生态森林的雏形初步显现。园内选用植树有 80 科达 345 种，其中沉水樟、舟山新木姜子、黄檗等 18 种为国家珍稀濒危植物。申隆生态园集休闲旅游、苗木生产、生态养殖等功能于一体，现已营造生态林 400 公顷，成为南上海的"绿色明珠"。黄浦江水源涵养林（庄行段）共造林 108.5 公顷，树木长势良好，吸引大量鸟类栖息，生态效应逐渐显现。

古树名木保护。全区现存古树名木 65 株，以古银杏为最多。为了保护这些"生命活化石"，采取圈地、砌墙、筑护岸、拆除障碍物等措施，改善其生长环境。区林业部门组织对境内古树进行全面调查，并对古树后续资源进行复查，建立古树名木保护网络，使古树名木得到有效保护。

环境综合治理。全区实施第二轮环保"三年行动计划"，目前区内的大气环境、地表水、环境噪声等三大指标基本保持稳定。其中，环境空气质量属清洁水平；地表水质按功能枢纽基本达到国家水质考核标准，饮用水源质量达Ⅲ类水标准；区域环境噪声达到国家Ⅱ类标准。全区生活垃圾收集处理系统建设步伐加快。泰日生活垃圾焚烧厂日处理垃圾 75 吨，胡桥生活垃圾填埋场已投入使用，在江海花园、玫瑰苑、南桥老街等居住小区新建生活垃圾压缩站共 6 座。

二、创建做法

领导高度重视。区委、区政府成立创建工作领导小组，形成全区上下联动的创建工作网络，制定《工作目标责任书》，将各项任务层层分解，并与各镇、开发区和有关部门签订协议，落实责任。区委书记张立平多次听取创建工作推进情况汇报，在全区党委（组）书记会议上强调创建工作的重要性，并对各责任单位提出明确要求；区长沈慧琪多次召开区政府常务会议、区长办公会议，研究解决创建工作中的问题；区人大、区政协组织视察创建工作，对推进情况提出意见和建议。3 年全区筹措近 5 亿元资金用于绿化建设。

市民广泛参与。每年植树节，有上千人参加义务植树活动，150 名癌症患者种下象征生命与希望的"绿谷生命林"；举办"绿色婚典"，20 对新人携手种下象征幸福与爱情的“同心树”；历时一个月的“园林城区杯”百科知识竞赛吸引大批群众踊跃参与；由50名各阶层市民代表组成的市民绿化环境巡访团定期检查绿化环境。还先后举办“播种绿色、播撒文明”征文竞赛、“青少年绿色文明园”绿地认建认养、“十优百佳”绿阳台评比、“奉贤市民绿色之旅”等大型宣传活动，赢得广大人民群众的支持。

实施规划建绿。坚持高起点规划、高品位设计、高标准建设的宗旨，突出抓好绿地系统规划和生物多样性规划的编制工作，为生态环境建设奠定扎实的基础。按照规划的总体布局和城区的绿化现状，采取打造“金边银角”策略，大力推进主要道路交叉口和城区出入口的景观绿地建设。

注重科技兴绿。根据奉贤地区地势低平、地下水位高、土壤呈弱碱性、夏季高温酷热的特点，坚持适地适树原则，以乡土树种为主，适当引进部分边缘及外来树种。加强各类技术指导和培训，为新优品种推广和示范点建设提供技术支持。

健全管理机制。建立绿化专管员制度，在各镇、开发区配备绿化专管员，将管理重心下移到基层；建立“三位一体”管理模式，将专职人员、志愿者、社区绿化管理员组织起来，定期开展保洁护绿工作；实行绿地养护招投标制度，建立了适应市场经济要求的绿地养护招投标制度。

拓展绿地功能。按照可持续发展的要求，在绿化建设中合理利用自然资源。在文化广场、南桥路新建路绿地建设中增设地下停车库，以缓解城区停车难问题；在A4高速公路南桥段绿化工程中，设计建造地下蓄水池，收集雨水用于绿化灌溉，以降低养护成本，减少水资源的浪费；在竹港西侧绿地规划建设了篮球场、门球场等体育设施，在居民集中的公共绿地中设置健身器材，以满足群众体育锻炼的需求。

（罗兰萍）

让游艇成为奉贤的新名片

奉贤发展游艇经济，有独特的区位优势。长期从事旅游发展研究的上海师范大学旅游学科建设委员会主任刘住说：“奉贤北接黄浦江，西达淀山湖、太湖，南通大海，出海可达杭州湾内的原始生态岛屿滩浒岛，乃至舟山群岛，海岸线长达31.6千米，大部分地段没有经历工业开发，是上海仅存的可供大规模旅游开发的海岸线。”通江达海的区位优势，触动了奉贤打造游艇城的商业神经。

2005年4月，奉贤邀请有关专家，策划奉贤发展游艇产业的发展思路，并设计规划。按照规划，金汇游艇城项目将分两期建设。一期工程核心是依托金汇港而建的中央游艇岛、游艇泊位码头、游艇俱乐部以及可以承办F1赛艇和国际游艇展销活动的水上运动区和商业活动区，在两年内具备游艇活动服务和消费的基本功能，到2010年初步建成。

设想利用金汇游艇城的区位特点，在上海举办世博会之前开通黄浦江——金汇港水上航线，直通世博会园区，利用先进、快捷、安全的水上交通工具使东南滨海乃至浙江地区的游客能够方便地通过水路直达世博会场馆，也可以使参加世博会的游客乘坐水上交通工具到杭州湾、海岛旅游观光。届时，奉贤地区将成为2010年上海世博会的“南水门”，开辟一条游艇黄金水道。

奉贤游艇产业的总体目标：把握国际中高端游艇制造业向亚洲转移的趋势，积极引进国际游艇制造大企业落户奉贤的工业园区，构筑游艇制造基地；形成中国重要的游艇对外贸易基地，构筑跨国公司在华最大的游艇展示展销及零配件、附件批发零售贸易中心；积极引进国际顶级游艇商务、会展、俱乐部经营商，引进全球领先的商务旅游经营商，建立上海乃至长三角地区游艇商务与会展母公司，并积极加入国际品牌体系，参与全球连锁经营；依托上海优质的知识集聚资源，积极吸纳国际游艇及相关专业领域的研发和院校、培训机构入驻奉贤海湾大学园区，构建与国际先进水平同步的游艇研发和培训基地；在金汇港沿线地区形成上海F1国际游艇娱乐赛事、上海国际游艇母港基地两个标志性品牌，把F1国际游艇娱乐赛事打造成与F1赛车相呼应的标志性品牌，把上海国际游艇母港基地打造成集游艇会展、娱乐、开放式生产中心、物流中心、游艇物业、游艇地产于一身的国际化综合性城区，构成上海“北车南艇”的产业战略格局。

发展思路：坚持游艇制造与游艇服务并重，通过游艇产业的先导作用，提升传统基础产业，促进新兴游艇配套服务业和传统服务业快速发展；坚持陆域开发与海上服务互动，全面加强与舟山群岛的旅游业合作，逐步从滨海旅游走向海上旅游；坚持游艇经济与游艇文化共荣，努力搭建游艇旅游、商务、会展、人居、竞技等方面平台，构筑游艇文化产业链；坚持游艇产业与功能开发并举，通过游艇经济的引领，将本地资源的潜在优势，转化为区域功能性产业发展的现实优势。

游艇同汽车一样，附加值高，会对其他产业形成拉动作用。“虽然私人游艇产业在全球的年产值不足400亿美元，但是隐藏其身后的配套产业的经济总量却要大得多。”刘住介绍说，“目前中国游艇出口额仅有1700多万美元，如果游艇出口能和船舶工业一样，每年占有国际市场5% ~7%的份额，那么仅船舶、游艇每年就能给国家创汇数十亿美元。”

正是看到了游艇产业链之长、市场之大，奉贤设想通过游艇城项目来发展游艇服务业和制造业。2005年9月17日，总投资47亿元的金汇游艇城一期工程举行开工典礼，国务院台湾事务管理办公室主任陈云林、上海市副市长唐登杰以及奉贤区四套班子领导出席开工典礼。年底酝酿成立奉贤区海洋开发办公室，专业编制奉贤海洋发展规划，争取海洋产业项目落户奉贤。目前游艇的一部分装备配件、内外部装饰以及各种通信、导航、仪表和生活设备等，奉贤已有与之对应的配套工业。同时已在上海化学工业园区奉贤分区内，规划了76.6公顷的“游艇工业园区”，已落户来自美国和中国台湾的3家游艇制造企业。2005年上海游艇制造业60%以上的销售额是由奉贤区完成的。若干年后，游艇将成为奉贤甚至上海的一张新名片。

（蒋德川）

·相关链接·

一、上海金汇游艇城

上海金汇游艇城是奉贤区发展游艇产业战略的第一站。位于金汇镇境内，规划用地面积674.7公顷，居住人口规模8万人。金汇游艇城被纳入上海“北车南艇”的总体产业规划布局和发展战略之一。

金汇游艇城将通过最高级生活形态，来配置资源和锻造产业链条，打造游艇主题生活城区，使游艇产业成为奉贤城市经济综合协调大发展的引爆剂和催化剂。金汇游艇城主要包括：游艇销售、展示、制造、会展、F1水上赛以及游艇度假、居住等产业链。具体分为七个功能分区：游艇赛事活动区、游艇城核心发展区、绿色生态平衡区、游艇港口居住区、游艇生态别墅区、生态水网北片居住区、生态水网南片居住区。金汇游艇城的目标是努力打造成为国际游艇产业转移的游艇制造业总部、亚太地区游艇零部件与附件的供应总部、中国游艇出口的贸易总部、上海游艇商务与会展总部和上海国际游艇母港基地。一期工程核心是依托金汇港而建的中央游艇岛、游艇泊位码头、游艇俱乐部以及可以承办F1赛艇和国际游艇展销活动的水上运动区和商业活动区，在两年内具备游艇活动服务和消费的基本功能。

二、碧海金沙水上乐园

位于杭洲湾北岸，海湾镇境内，有13.7千米长的海岸线横亘东西，一期围堰工程全长6592米，2005年6月完工，碧海金沙水上乐园于2006年7月13日建成对外开放。2.81平方千米的碧海金沙景区，海水经过24小时泥沙沉淀和除菌治污后变得清澈透明湛蓝；岸边为宽50米的人工金沙滩。蓝天碧水白云金沙海风绿树，圆了上海人畅游大海的一个梦。

碧海金沙水上乐园划分为两大区域：东区为46.5万平方米的海水沉淀

区、海上垂钓区及海滨泳场；西区为151.8万平方米的游艇区，设有动力艇码头、非动力艇码头和摩托艇码头，游客可参与冲浪、摩托艇、气垫船和动力伞艇等水上游乐项目。

海湾旅游区开发总体规划以金汇港为界，规划陆地区域为68.6平方千米，其中围海造湾30平方千米。分为东西两块，西部规划10.2平方千米，东部规划8平方千米。金汇港内河直达黄浦江，游艇可以把港城——舟山——宁波联成一线。海湾旅游区滨海旅游资源和清新的自然环境为奉贤游艇旅游的发展创造了条件。

三、上海国际游艇文化中心

上海国际游艇文化中心是奉贤游艇产业链中的一个重要亮点，位于金汇港与浦南运河的交汇处，属于奉贤现代农业园区，占地26.66公顷，约2.5平方千米，项目总投资150亿元。经过一年多的实地考察和研究，初步方案把其功能分为七大类：一是国际游艇文化博览中心，包括国际游艇文化展、国际游艇展示展销平台、丰富的国内外游艇展览。二是游艇俱乐部，包括租售游艇、自驾游艇、高端服务中的餐饮、娱乐、SPA理疗、休闲运动、游艇个性化装饰、游艇个性用具。三是游艇培训基地，包括驾驶培训中心、技术学习、专业技术培训，游艇服务培训。四是水上主题游乐中心——水上自由岛，在湖上设立一座标志型山体建筑，内部为多功能娱乐中心，包括室内水上乐园、儿童专属领地、时尚运动、水上赛事、水上活动。五是现代服务商业圈，包括五星级会议酒店、威尼斯小镇。六是水上交通，包括水上巴士、水上观光景观路线、沿岸经济及商贸。七是游艇度假区，包括高级别墅假区、企业会所、康复疗养中心、老年养生基地、职业护理培训机构。

四、上海奉贤游艇工业园

位于上海化学工业区和海湾旅游区之间，南临杭州湾，北与华东理工大学奉贤新校区相连，开发总面积为76.6公顷，可吸引50余家游艇制造及相关企业，吸引总投资约2亿美元，是奉贤区与中国船舶总公司合作开发的中国游艇制造基地。这个项目的启动将进一步实现奉贤区游艇制造功能，有力地推动游艇产业的发展。游艇工业园区分为游艇制造、维修保养、仓储商务、港池作业四大功能区。游艇制造占地38.2公顷，具备建设大型游艇船坞的条件，适合各种规模的游艇厂商入住；仓储商务占地10公顷，沿港池分布，具备游艇整船和配件储存、保税仓库等功能；维修保养区位于港池的尽端，占地2.3公顷；港池作业区占地11.5公顷，其中港池面积400×200米，设计有大中型游艇泊位供企业使用。

2005年6月始，上海化学工业区奉贤分区着手研究发展游艇工业园建设工作，初步确定园区功能；8月进行游艇工业园的规划设计；2006年5月，总体规划经奉贤区人民政府常务会议通过；6月开挖港池，建设完成几个形象泊位，争取在年底前有1家～2家游艇企业开工。

（本栏目编辑　丁惠义）

概 貌

地理建置

【地理位置】 奉贤区位于上海市南部，距上海市中心人民广场42千米，浦东国际机场30千米。是一个风光秀丽的海滨城市，北倚黄浦江，南临杭州湾，有13千米长的江岸线和31.6千米的海岸线。全区土地面积704.94平方千米，区属耕地面积26791公顷。境内水陆交通便捷，浦南运河横亘东西，金汇港纵贯全境；公路铺展成网，总长560千米，已经形成十纵六横的公路网络，密度达到每平方千米1.1千米；越黄浦江交通，有奉浦大桥和西渡、邬桥两个轮渡口。

（史　志）

【历史沿革】 奉贤因相传孔子弟子言偃来境讲学后人为敬奉贤人而得名。距今约4000年，境内已有人类栖息。清雍正四年（1726年）置奉贤县，辖原华亭县东南部白沙乡和云间乡一部分。民国年间隶江苏省第三区行政督察专员公署。1933年冬，南汇县15个乡镇的3.5万余亩农田划入奉贤县，县境从此滨浦。解放后隶属于苏南行政公署松江专区，1952年隶属江苏省松江专区，1958年3月，撤松江专区，改隶苏州专区。1958年11月划归上海市。2001年8月24日，奉贤撤县设区。（史　志）

【行政区划】 解放初期，全县设6个区、1个县属镇（南桥）、72乡。1957年撤区并乡，全县领1个镇（南桥）、15个大乡、290个农业生产合作社。1958年起建立人民公社，实行“政社合一”。次年建奉贤盐场。1961年，由新寺公社析出胡桥建胡桥公社。1962年，增设齐贤、塘外公社。1979年建新海公社（1984年5月改名奉新乡，今海湾旅游区）。至1983年初，全县有1个县属镇、18个公社、1个盐场。是年5月，政社分设；新寺乡析5村1队（海洋渔业队）和盐场组建为柘林乡。1985年奉城改为县属镇。1985年～1986年，农民集资建成邵厂、洪庙集镇，邵厂乡、洪庙乡同时成立。1994年～1995年，全县各乡渐次改为建制镇。2002年4月，奉贤区镇级行政区划调整，22个镇撤并为16个镇。2003年11月，奉贤区级行政区划又一次调整，16个镇撤并为7个镇。2005年9月16日，海湾镇挂牌成立。2005年末，全区共有8个镇，5个开发区，270个村，75个居民委员会。（史　志）

【开发区】 1998年9月28日，上海奉贤区海湾旅游区挂牌。2000年4月5日，上海市奉浦工业区更名为上海市工业综合开发区，江海镇的韩村村、树园村、九华村和西渡镇的公谊村、陈湾村整机制划入开业区。2005年3月29日，南桥镇的灵芝村、吴塘村划入上海市工业综合开发区。2000年12月18日，上海化学工业区奉贤分区管理委员会挂牌，柘林镇的冯桥村、渔业村及镇办养殖西场、实验场，胡桥镇的胡滨村、朱家村、公平村、林海村及镇办胡桥养殖场，奉贤区畜牧水产总公司的林场、珍禽养殖场整机制先后划入化工区奉贤分区。2004年12月，柘林镇的漴缺、黄沙2个行政村划入上海化学工业区奉贤分区。2002年2月，成立奉贤现代农业园区管理委员会，丁家村、屠家村、陈家村、石家村、三长村、龙潭村、韩树村、齐贤村、陈谊村先后整机制划入农业园区。2003年7月18日，上海海港综合经济开发区成立，区域面积为原平安、邵厂地区的18.26平方千米。2004年12月，四团镇的平北村、平南村、农展村、红卫村、民福村、红庄村、邵靴村等7个行政村划入上海海港综合经济开发区。

（史　志）

民族人口

【民族】 全区有35个少数民族成分，有1453名少数民族同胞，其中常住的少数民族人口为723人，分布在全区7个镇、5个开发区。全区少数民族中有市政协委员1人，区政协副主席1人，区政协常委2人，政协委员4人，区人大代表1人。奉贤区少数民族联合会成立于1995年6月，现任会长朱全忠。

（黄　燕）

【人口】 年末，全区户籍总户数20.94万户，户籍总人口为51.19万人，比上年增加0.11万人。出生人口3475人，出生率6.8‰，死亡人口为3583人，死亡率7.01‰，人口自然增长率为负0.21‰。全区常住人口为73.44万人，比上年减少5.64万人，年内常住出生人口为6122人，出生率8.42‰，死亡率4.93‰，人口自然增长率为3.49‰。 （胡菊萍）

气候水文

【自然条件】 奉贤区临江濒海，属于亚热带季风气候，常年主导风为东南风，气候温和，日照充足，四季分明，雨水充沛。空气质量是上海内陆部分最好的，空气降尘量是上海市中心的十分之一。区内地势平坦，属于长江三角洲冲积平原。年降雨量为1162.0毫米，无霜期为225天，年平均气温为15.7℃。 （丁惠义）

【年度气候】 全区年平均气温为16.1℃，较常年偏高0.4℃，为近5年最低；年内气温最高月为7月，平均气温为28.7℃；气温最低月为1月，平均气温为2.1℃，气温年较差达26.6℃，为1988年全球气候变暖以来气温年变化最大的一年。全年35℃以上高温日数出现10天，比常年偏多6.7天，年极端最高气温为37.5℃，出现在7月5日。日最低气温≤-5℃的严寒天气日数达到13天，比常年偏多10天，为1968年以来严寒天气日数最多的一年，年极端最低气温为-6.8℃，分别出现在1月2日和12月19日。全年降水量为1037.2毫米，较常年偏少124.8毫米，年降水日数为110天，比常年偏少26天。全年日照时数达2084.8小时，较常年偏多11.1%，为近10年日照最多的一年。年内晴天日数为144天，与常年相同；年阴天日数为102天，比常年偏少20天。年内台风、暴雨、高温、雷击、大风等气象灾害的影响较大，尤其是“麦莎”和“卡努”2个台风造成的经济损失较大，为奉贤区解放以来影响最大的台风之一。综合分析，2005年度总体气候特征是：气温偏高、降水总量略偏少、日照较充足，气象灾害偏重，属气候略偏差年景。 （顾品强）

【年度主要天气气候事件与气象灾害评述】 （1）连续18年暖冬暂时中断。冬季平均气温为4.6℃，比常年偏低0.5℃，是1988年进入暖冬以来的首个冷冬年。（2）年初和年末均出现暴冷天气。1月份的平均气温为2.1℃，比常年偏低1.6℃，为1985年以来同期气温的最低值；12月份的平均气温为4.1℃，比常年偏低2.2℃，为奉贤1959年有气象记录以来气温的次低值。（3）雷暴天气光顾早。2月6日的初雷天气，比常年提早一个半月，是历史上雷暴出现最早的年份之一；全年雷暴天气出现23天，其中7月28日下午2时许的雷暴天气，导致行人死伤各1人。（4）6月中旬至7月中旬出现“干黄梅”。其间降水总量仅93.4毫米，雨量不足常年的4成。在梅汛期，仅在7月6日～13日出现一波持续8天的降水相对集中期，降雨量为75.7毫米。（5）霜期和初冰期相近。年度日最低气温≤4℃的终霜期为4月4日，初霜期为10月31日，全年无霜冻天数为209天，比常年短半个月。日最低气温≤0℃的初冰期为11月30日，与常年相近。（5）夏季气温偏高高温天数多。夏季平均气温为27.1℃，比常年偏高1.0℃，是历史上夏季气温第3个高值年。6月30日出现首个≥35℃高温天气，至8月16日高温结束，历时1个半多月，全年高温日数出现10天，比常年偏多6.7天，较上年偏多4天。年极端最高气温为37.5℃，出现在7月5日。（6）出现2次强台风。8月5日傍晚至7日凌晨，奉贤遭受“麦莎”强台风袭击，出现10级以上大风，并伴有大暴雨天气，大风持续31个小时，最大风速为25.3米/秒，台风过程总雨量为235.7毫米，为1963年12号台风影响以来最为严重的一个台风。9月11日夜间至12日凌晨，奉贤遭受“卡努”强台风的影响，全区普遍出现大暴雨并伴有大风天气，柘林镇等部分地区还出现龙卷风天气，台风影响时最大风速为23.0米/秒，降水量达149.4毫米。（7）受北方强冷空气的影响。12月21日12时05分，奉贤出现8级以上大风，大风持续近4个小时，最大风速为19.6米/秒，造成农用管棚设施损坏严重，棚内部分作物、花卉等遭受冻害。（8）11月～12月出现秋冬连旱天气。11月7日～12月31日连续54天不下透雨，其间降水量仅为46.5毫米，比常年偏少4.3成，连续少雨加大绿化管理成本，部分越冬作物、蔬菜品种生长减慢。 （顾品强）

【水位情况】 2005年黄浦江最高水位为4.66米，出现在8月7日；杭州湾最高潮位为5.59米，出现在8月7日。均属于平均水年份的正常潮位。代表奉贤中部地区的南桥站最高水位为3.71米，达到历史最高水位，年平均水位为2.62米；代表夹塘地区的中港水文站年最高水位为3.64米，年平均水位为2.63米；两者最高水位均出现在汛期的8月份，由强雨形成。 （杨 杰）

【水质】 2005年，奉贤区域骨干河道水质评价总体为V类水，其中金汇港、泰青港河道水质污染相对较轻，属V类水。从污染类型来看，属有机污染为主。点源污染是全区河道水质污染的重要因素，工矿企业废水及城镇生活污水的排放量的增加，处理率与达标率低下，是导致区内河道水体污染严重的直接原因。随着2006年水环境整治力度的加大，区内河道水质会有所改善。 （杨 杰）

国民经济

【概况】 全年实现增加值223.4亿元，按可比价格计算（以下简称可比）比上年增长22.5%，占全市GDP2.5%。其中：第一产业增加值9.9亿元，可比下降3.8%；第二产业增加值147.7亿元，比上年增长23.6%，对GDP贡献率68.8%；实现第三产业的增加值65.8亿元，可比增长24.8%，对GDP贡献率32.2%。一、二、三产业的结构比重为4.4:66.1:29.5。完成商业销售总额208.11亿元，比上年增长31.6%，完成社会消费品零售总额108.23亿元，比上年增长20.1%。外贸进出口总额17.58亿美元，比上年增长8.1%。固定资产投资总额完成116.21亿元，比上年增长48.4%。（胡菊萍）

【财政收入60.61亿元】 全区财政收入60.61亿元，比上年增长39.49%，其中区级财政收入31.15亿元，同比增长43.4%。税收收入56.5亿元，其中第二产业税收28.20亿元，第三产业的税收28.30亿元。增值税23.04亿元，营业税15.18亿元，所得税10.78亿元，其中个人所得税4.23亿元，房产税1825万元。全年地方财政支出40.40亿元，比上年增长45.0%。其中，基本建设支出4.71亿元，比上年增长203.9%；教育事业支出3.57亿元，比上年增长14.0%，文化、体育、广播事业费支出3017万元，比上年增长18.48%；科学事业费支出为474.6万元，比上年增长23.3%；农业支出1.14亿元，比上年增长18.8%，其中水利和气象等事业费3965万元，比上年增长64.0%。

（胡菊萍）

【固定资产投资保持适度增长】 按投资项目管理分，城镇投资完成42.34亿元，比上年增长61.8%；房地产开发投资完成29.79亿元，比上年增长20.6%。农村非农户投资总额44.08亿元，比上年增长60.0%。三种投资项目的比例36:26:38。从产业投向看，第三产业投资增速最快。第一产业投资仅为0.1亿元；第二产业投资53.02亿元，比上年增长28.7%；其中，工业投资完成53.02亿元，增长28.7%，对全区投资增长的贡献率47.1%；第三产业投资63.08亿元，增长81.3%。第三产业的投资比重比上年提高36.2个百分点。

（胡菊萍）

【农业产业化步伐加快】 全年完成农业总产值30.53亿元，比上年增长0.2%。粮食播种面积15334公顷，粮食总产11.06万吨，油菜种植面积3043.8公顷，水产品产量3.90万吨，生猪出栏数37.78万头，牛奶产量1.35万吨，家禽产量1334万只。依托龙头企业，引进农产品加工领域的大企业、知名品牌与本地农产品嫁接，引进国内外知名农业加工企业34个，已初步形成蔬菜、食用菌、水产品等产业链，打造了一批知名农产品品牌；建立行业协会9个，农民专业合作社69家；制定各类农产品生产技术规范32个，培育标准化品牌基地59个，完善了农业标准化、农产品检测、农业综合执法三大体系，促进优势产业在高起点上发展；继续实施万名农民科技培训及科技人员与2000多户农户科技结对，提高了农民科技素质，建立科技示范基地103个，并与市农科部门合作建立虾业、黄桃等科研基地，给农产品品牌建设提供了有力的科技支撑。（胡菊萍）

【工业生产增长23.7%】 全年实现工业增加值147.7亿元，比上年增长23.6%，对全区经济增长的贡献率63.96%。全年完成工业总产值707.1亿元，比上年增长36.5%，其中规模以上企业1167户，比上年增加101户，规模以上的企业工业总产值为530.7亿元，比上年增长16.0%，占全区工业总产值的比重75.1%。工业产品产销衔接良好，产销率96.4%，实现销售收入692.9亿元，比上年增37.6%；工业利润30.00亿元，比上年增长56.3%；实现税金22.9亿元。高新技术产业增长加快，拥有高新技术企业514户，比上年增加75户，实现工业产值197.2亿元。产业结构调整加快，重点行业对全区工业生产拉动作用明显，电器、机械、信息、化工、金属、服装、物流装备等重点发展工业行业完成工业总产值373.90亿元，比上年增长46.6%，拉动全区工业增长22.9个百分点。一业特强输配电产值为34.74亿元，比上年增长7.0%，占全区规模以上企业完成产值的6.5%。（胡菊萍）

【建筑业继续保持增长势头】 全年完成建筑业增加值11.06亿元，比上年增长32.8%。全年建筑企业完成施工产值72.02亿元，比上年增长17.1%；施工面积638.67万平方米，比上年增长29.2%，竣工面积308.7万平方米。经营效

文化广场一角 （庄侠民　摄）

益进一步提高，按施工产值计算的全员劳动生产率人均15.0万元，比上年提高3.8%。建设工程质量提升，全年有61个工程项目入选奉贤区建设工程曙光杯奖，102个工程项目入选奉贤区优质工程优质结构，15个工程项目入选奉贤区建设工程文明工地，4项工程入选上海市建设工程“白玉兰”奖，3项工程入选上海市金属结构建设工程“金刚奖”。（胡菊萍）

【金融业市场化进程加快】 全年实现金融保险业增加值6.27亿元。全区有银行机构9家，银行各项存款余额300.9亿元，新增存款31.5亿元，比年初增长11.7%，贷款余额234.1亿元，新增贷款21亿元，比年初增10.7%，个人消费贷款余额50.7亿元，增53.4%，占贷款总额的21.7%。资本市场在改革和规范中稳步发展，各类金融机构的外汇存款、贷款余额分别为8630万美元和5710万美元。在奉贤的2家上海市证券交易所各类证券成交额46.5亿元，比上年增长7.2%，股票成交额32.5亿元，比上年下降12.44%。（胡菊萍）

【消费需求增长快】 全年实现批零业和住宿餐饮业增加值为14.95亿元，可比增长12.1%。市场销售平稳增长，消费结构升级、能级提升对消费的推动作用进一步增强，全年吃穿用烧等消费全面增长，其中吃的商品为40.00亿元，比上年增长32.5%；穿的商品为19.15亿元，比上年增长11.9%；用的商品为40.28亿元，比上年增长13.2%；烧的商品为1.38亿元，比上年增长78.5%。集市贸易成交额为7.41亿元，比上年增长15.3%。市场消费热点向轿车、家居类商品、通信类商品集中的趋势进一步显现。移动电话、家用电脑、建筑装潢材料、化妆品等耐用消费品和小型家用电器销售量均有不同程度增长。餐饮消费旺盛，全年完成营业额20.18亿元，比上年增长30.6%。（胡菊萍）

【交通运输、仓储和邮政业加快发展】 全年实现交通运输、仓储和邮政业增加值2.32亿元。邮政业务加快发展，服务质量进一步提高，全年完成邮政业务总量0.95亿元，比上年增长11.8%。年内全区投递路线长度为2696公里，比上年增长17.6%，为日益扩大的镇区提供良好的用邮环境。全年发送信函495.8万件，比上年增长9.9%，国内国际特快专递17.6万件，比上年增长23.9%。全年各类报刊订销1964.6万份。（胡菊萍）

【房地产市场进入平稳发展期】 全年实现房地产业增加值11.90亿元，比上年增长49.1%。完成房地产开发投资29.79亿元，比上年增长20.8%；商品房施工面积225.74万平方米，比上年下降17.5%；商品房竣工面积131.11万平方米，比上年增长20.4%，销售面积140.73万平方米，比上年下降4.0%。其中：住宅竣工面积118.91万平方米，住宅销售面积125.98万平方米。空置面积30.10万平方米，比上年增加21.42万平方米。全年成交过户面积525.87万平方米，成交数量2.04万套，分别比上年减少30.4%和50.3%。国家宏观调控政策作用显现，房地产市场进入平稳发展期。（胡菊萍）

【非公有制经济加快发展】 在全区56.5亿元税收中，非公经济占87.6%，其中私营企业上缴的税收31.97亿元，比上年增长33.8%，占全区税收的比重达56.6%。非公有制工业企业发展势头较好，股份及股份合作制工业企业产值63.28亿元，比上年增长50.8%；外商及港澳台投资工业企业产值301.2亿元，比上年增长21.4%；私营经济工业企业产值294.90亿元，比上年增长78.9%。非国有商业企业快速发展，在全区社会消费品零售额100.23亿元中，国有商业为1.82亿元，仅占1.8%；集体商业企业零售额为19.68亿元，占19.52%；私营经济零售额达53.78亿元，占53.3%；其他经济零售额为25.54亿元，占全区零售额25.3%。（胡菊萍）

【批准外资项目173项】 年内共批准外资项目173项，比上年增长27.2%，投资总额10.69亿美元，比上年增长31.8%，外资企业项目平均规模617.7万美元；注册资本金为6.22亿美元，比上年增长13.5%；合同外资金额达5.51亿美元，比上年增长14.1%；实际到位金额2.5亿美元，比上年增长45.0%。外商直接投资呈现大项目多、增资项目多的特点，全年总投资在1000万美元以上的外商投资大项目有22户，投资总额达7.09亿美元，占总量的66.3%；合同金额3.29亿美元，占全区合同外资的59.7%。外商投资企业以独资和合资方式为投资主体，年内独资118个、合资55个。到奉贤投资的国家和地区有23个，居前7位的有：日本40个、中国香港38个、美国17个、中国台湾16个、德国9个、维尔京群岛和韩国8个。（胡菊萍）

【外贸进出口总额17.58亿美元】 外贸出口企业326家，外贸出口稳定增长，进出口总额17.58亿美元。其中进口总额5.54亿美元，比上年下降0.85%；出口总额12.04亿美元，比上年增长12.8%。外商投资企业出口额为10.40亿美元，比上年增长8.8%。出口产品的多样化是持续增长的主要因素，机电类产品出口继续保持适度增长。全年机电、音像类产品出口5.06亿美元，比上年增长2.7%，占全区出口总额的42.0%；而食品类、金属类、化工类、塑料制品类等产品出口也有较快的增长。出口市场多元化战略取得新成效，在保持对亚洲出口稳定增长的基础上，年内对欧洲、北美洲、非洲等地区的出口量增长较快。全年对欧洲出口32349万美元，比上年增长38.8%；对北美洲出口37509万美元，比上年增长23.9%。（胡菊萍）

【国内旅游收入3.32亿元】 把握上海市举行2010年世博会和大力发展现代服务业的契机，全面推进旅游产业的发展。全年国内旅游收入3.32亿元，比上年增长

24.22%。至年末,全区共有旅游饭店13家,旅行社22家,全年接待国内旅游者22.88万人次,接待国际旅游入境人数7243人次,比上年减少2.9%。其中,入境外国人5879人次,比上年减少34.6%;港、澳、台同胞1346人次,比上年增长22.0%。组织城乡居民外出旅游10.21万人次,比上年增长15.6%。旅游资源得到进一步挖掘。海湾旅游区、青村世外桃园、申隆生态园等景区(点)共接待国内外游客223.6万人次,比上年增长164.5%,营业收入6079万元,比上年增长178.0%。其中海湾旅游区和申隆生态园接待国内外游客分别为60万人次和15万人次。（胡菊萍）

城市化建设

【基础设施进一步完善】 年内完成南桥路(A30～亭大路辅道)、环城东路南段(A30～新林公路)、川南奉改线段(青村于庄～瓦洪公路)、平庄公路(环城东路～沿钱路)、金海公路南段拓宽(南奉公路～平庄公路)等工程。完成青村环西路、庄行新苑路,为宅基地置换做好道路配套工程。完成60所中小学(幼儿园)、33个政府机关及公安派出所、12所敬老院、卫生院及8个住宅小区的无障碍设施改造,铺设市政道路缘石坡道813处,顺利通过全国无障碍设施建设示范城区的创建验收。（胡菊萍）

【公用事业服务能力提高】 加快实施天然气网络环区管网建设,完成环城东路、平庄公路等22项道路天然气管道工程敷设。完成正阳小区等32项街坊管道工程和上海市工会干部学院等30个单位用户工程,并为奉城中心镇及海港工业开发区等实施燃气配套。全区天然气管网总长度达255千米,居民用户达到21474户、单位用户有91户。全年自来水售水总量为6237.5万立方米,比上年增长14.2%;其中生活用水售水量为2486.8万立方米,比上年增长15.7%;家庭用水1985.9万立方米,比上年增长9.4%。全年用电量28.75亿千瓦/时,比上年增长25.4%;城乡居民住宅用电2.29亿千瓦/时,比上年增长26.9%;天然气及液化气总用户数为27.56万户。（胡菊萍）

【城市环境保护进一步加强】 水环境污染趋势得到有效遏制,完成南排污水处理工程及其管网建设,建成日处理3万吨的南排终端污水处理厂,投资18606万元建成管网收集系统,接纳服务面积达77.5平方千米。全区主要河道基本消除黑臭,城镇污水集中处理率提高到30%以上。固体废物治理得到加强,中心城区实现了生活垃圾简易分类收集处置,全区危险物实现全过程管理和无害化处置,建成22个废旧物资交投站,累计建设生活垃圾小型压缩站9座,基本完成了城镇生活垃圾分类收集、密闭运输和无害化处置任务。农业污染治理得到加强,加大了禽畜牧场关闭整治力度,农业生态系统得以改善。（胡菊萍）

【城市信息化快速发展】 全年信息传输计算机服务和软件业实现增加值为7.21亿元,比上年增长1.1倍。全区各党政机关普及网络办公系统(OA),实现部门电子简报和公务邮件的全区网络化,开通在线消息及声视频对话和VOD视频点播功能,并于12月1日实现公文网上交换。新版“上海奉贤”政府门户网站于8月31日与广大公众见面,信息公开专栏的访问量达到32.4万人次。年内,建设完成对外招商电子商务信息服务平台、国防动员指挥系统、检察院涉密业务信息系统、预备役高炮五团信息门户系统、地理信息系统基础数据平台、奉贤诚信网等6个信息化项目。（胡菊萍）

社会发展

【社会保障体系进一步完善】 全区有9.7万人参加城镇基本养老保险,有6.59万人参加城镇失业保险,有6.37万人参加城镇职工工伤保险,参加职工生育保险的人数为6.37万人,外来从业人员参保人数有6.8万人,参加小城镇社会保险的人数2.02万人(不含涉地农民13.81万人),参加小城镇养老保险和医疗保险有1.74万人(不包括退休人员),参加失业保险的有1.95万人。按月领取养老金人数3.98万人(其中涉地农民3.93万人);按月领取生活补贴的有8.96万人。不断完善农村养老制度,有10.06万农民参加农村基本养老,发放人数6.05万人,其中发放养老保险金的有3.49万人。（胡菊萍）

【新增就业岗位3.92万个】 落实13个万人就业项目,4个千人就业项目。成立146个奉贤帮业服务社,至年末从业人员上岗人数7066人,正式上岗6832人,其中就业特困1241人、困难人员2546人。积极拓展多渠道的就业形式,至年末,全区非正规就业劳动组织1094家,从业人员12331人,认定公益性劳动组织15家,从业人员702人。全区城镇登记失业人员5496人,登记失业率4.4%。（胡菊萍）

【社会福利和救助事业蓬勃发展】 全区有养老机构27家,床位2155张。增加助老服务员150名,增加服务对象500名,创建8所慈善爱心超市,设立10个物资捐赠点,下发1500张慈善医疗问诊卡。切实做好城乡居民最低生活保障,对1966户农村特困户发放救助资金473.5万多元,对36220人(次)的城镇居民特困对象发放救助资金662.2万元。规范城乡低保、低收入对象大病、重病医疗救助工作,年内对1632名患重、大病患者实行医疗救助,救助资金243.9万元;对54名大病、重病患者实施医疗联动救助,救助资金52.2万元。（胡菊萍）

【城乡居民储蓄存款余额179亿元】 城乡居民收入水平不断呈上升趋势,全区城镇从业人员的平均劳动报酬23666元,比上年增长

9.8%；职工平均工资为20461元，比上年增长9.1%。据农村家庭700户抽样调查，农村居民家庭人均纯收入7959元，比上年增长12.8%。居民储蓄继续增加，年末全区城乡居民储蓄存款余额达179.73亿元，当年新增32.23亿元，比年初增长21.9%。

（胡菊萍）

【居住条件和环境继续改善】 住宅建设和旧区改造协调并进，居民居住条件和居住环境不断改善，至年末，南桥、奉城的城镇住宅面积累计达794.34万平方米，其中南桥镇为732.42万平方米；8层以上的高层面积累计达81.07万平方米，其中当年度建成的有41.76万平方米，比上年增长32.56万平方米。当年颁证拆除旧住宅建筑面积11.00万平方米。年内投资的市政公建配套项目26项，总投资为2.0亿元。其中市政工程6项、总投资额8042.8万元；公建公用配套工程13个，投资9346.9万元。（胡菊萍）

【申报各类科技项目190多项】 积极实施“科教兴区”战略，组织实施科技项目，年内申报科技型中小企业创新基金计划项目、国家级新产品、国家级火炬计划项目、科技部农业科技成果转化项目、国家星火计划重点项目等各类项目达190多项。申报上海市科技精英1人；上海市农业科技创新人1人。创建上海市高新技术成果转化（奉贤）基地1个，区级农业科技示范基地5个。科技企业发展较快，全区高新技术企业108家，其中上海市高新技术企业60家，年内认定12家；奉贤区高新技术企业48家，年内认定15家。奉贤区科技领军企业1家。年内民营科技企业换取上海市科技服务证292家。积极推进知识产权工作，年内批准上海市专利试点企业2家，市级培育专利试点企业5家，批准市专利新产品及专利技术再创新科研计划项目8项，建立企业专利数据库2家，全年完成专利申请2667件。

（胡菊萍）

上海奉贤中等专业学校 （韩 毅 摄）

【各类在校学生71605人】 现有普通教育学校79所，全年参加中考人数4717人，高中阶段各类学校的实际录取人数4675人，中招录取率达99.11%。各类在校学生71605人，比上年增长2.7%。成人教育参与本科学历培训的有840人。职业培训机构迅速增加，由上年的25所增加至39所，成人技术学校7所。年内参加成人技术岗位培训人数达6.7万人，比上年增长58.9%。有外来务工子弟学校31所，外来务工子女学生数有27707人。（胡菊萍）

【文化事业蓬勃发展】 全区共有图书馆20个，藏书总量69.13万册。电影放映单位18家，全年放映电影4317场次，观众219.2万人次。书场5家，观众10万人次。区博物馆藏品2850件。有区广播电视台1个，镇文化广播电视中心9个，有线电视用户达12.22万户。“相约滨海之夏”广场文化系列活动演出19场，参与活动人数达5000人次，观众超过20万人，广场活动被命名为上海市群众文化特色项目。区第二届创作节目汇演，涌现出29部具有奉贤特色、贴近群众生活的精彩作品。全区共有各类群众性文艺团队52支，摄影协会、书法协会、美术协会、收藏协会、王海诗歌艺术普及中心等文化社团活动日趋活跃。（胡菊萍）

【卫生事业加快发展】 全区各类医疗卫生机构43所，其中区及区级以上医疗卫生机构5所、镇级卫生院15所、农场医院2所。卫生技术人员3017人，其中医师1411人，护士1040人，实有病床4302张。各级医疗机构共完成诊疗212.24万人次，比上年增长13.22%。参加合作医疗农村人口20.60万人，参加医保、镇保、少儿基金、养老保障、商业保险等其他医疗保障的4.41万人，镇、村合作医疗覆盖率100%。全面实施建设健康城区7121工程，年内建成健康村庄示范点7个、健康小区示范点10个、健康单位示范点20家、健康家庭示范户100家。

（胡菊萍）

【全民健身活动丰富多彩】 南桥地区的广场健身舞发展到10个点，增建健身点10个。启动2个社区公共运动场建设工程。全年投入基建、维修资金1200多万元，新建一批羽毛球馆、射击馆、小足球场、乒乓球馆、飞碟射击靶房等体育设施。奉城镇、南桥镇代表区参加第八届社区健身大会“徐家汇杯”排舞比赛；参加“川沙杯”太极拳比赛，获得二等奖。有4支队伍参加上海市门球百队大赛，南桥镇队获得第七名。举行全区机关、企事业单位干部职工各类体育比赛，参加1320人次以上。（胡菊萍）

（本栏目编辑 丁惠义）

中共上海市奉贤区委员会

综　　述

2005年，区委工作抓住以实践"三个代表"重要思想为主要内容的保持共产党员先进性教育活动（简称先进性教育活动）契机，进一步改进和完善党的领导，总揽全局，探索经济发展规律，研究部署应对措施，努力发展奉贤经济及社会各项事业。全面把握改革发展稳定中的难点、热点问题，发挥组织优势，聚合各方力量，妥善处置各类矛盾，保持党建工作、经济和社会发展良好态势。

坚持围绕正在做的事，深入开展先进性教育活动。区委一班人坚持从自身做起，把学习贯穿始终，注重理论学习与研究推进重点工作相结合，查找影响全区经济和社会发展的突出问题，探求解决的办法。带头参加"高兴、放心、凝聚、覆盖"主题实践活动和"双结对"活动。紧紧围绕正在推进的重点工作，从群众最关心、最希望解决的问题着手，在解决实际问题上下功夫。坚持开门搞教育，积极听取党代会代表、人大代表、政协委员等各方面的意见和建议，把反映比较集中的六个方面问题作为年内整改重点。对规范规划审批、精简会议和简报等工作，立即落实措施，边议边改，边整边改。进一步规范常委会议事规则和工作程序、党内情况通报制度、社情民意反映制度；建立健全重大决策前深入调查研究、决策中广泛征求意见的决策机制。

以科学发展观为指导，推进经济健康快速发展。加强对全区经济运行形势分析，带领全区上下想方设法突破工作瓶颈，顺利完成各项经济指标。全区实现增加值223.4亿元，比上年增长22.6%；实现财政总收入60.61亿元，比上年增长39.49%，其中区级财政收入31.15亿元，比上年增长43.4%。把区域功能定位研究和"十一五"规划编制工作作为确定奉贤新一轮发展方向的重要抓手，遵循"两个不排斥"的方针，围绕发挥通江达海的区位优势，在区县错位发展中选择具有奉贤特色的重点产业，形成功能定位上报方案。结合功能定位研究成果，进一步明确"十一五"期间区经济社会发展指导思想、发展主线、发展布局，提出奉贤"十一五"规划建议。

强化城镇建设管理，提升城镇功能形象。把加强城镇建设和管理同推进经济社会协调发展紧密结合，推进"三个集中"（工业向园区集中、人口向城镇集中、土地向规模经营集中），加快城市化进程，不断完善城镇功能，改善群众生活环境。把重大项目建设作为经济社会发展的基础性工作来抓，顺利完成"保滩"一期工程，启动金汇游艇城建设。高标准、高质量推进青村、庄行两镇的农民宅基地置换试点工作。做好浦东铁路、奉城自来水厂、第三水厂、A30高速公路、黄浦江越江工程及闵奉轻轨等重大工程的协调和建设工作。协调编制金汇港综合整治规划方案，列入市水务系统"十一五"规划。把创建市园林城区作为优化投资环境、美化生活环境、提升城市形象的重要抓手。发动各方力量共同参与植绿、护绿工作，营造浓厚的创建氛围。注重规划建绿，实施科技兴绿，拓展绿地功能，形成特色鲜明的"点、线、面"相结合的城乡一体绿化体系。

高度关注民生问题，切实安排好群众生产生活。坚持把维护群众利益作为制定政策的基本着眼点，加强对农民增收、促进就业、落实"镇保"等工作的研究，制定《关于进一步促进农民增收的若干意见》。采取有效措施解决好群众生产生活问题，让广大人民群众分享改革发展的成果。以工业化理念抓农产品品牌建设，提高农业综合生产能力，促进农业增效。鼓励发展农民专业合作社等规模化经营组织和专业协会，不断提高农业组织化水平，大力推进农业产业化经营。取消或降低与"三农"相关的收费，切实减轻农民负担。拓宽农民就业渠道。采取"引、借、买、创、腾"等措施促进就业，推进完善"能进能出"的政府购买岗位用人机制。加大对就业困难人员的扶持力度，鼓励企业招用包括失地无业人员在内的"双困"人员。

切实加强精神文明建设，推动社会各项事业蓬勃发展。以创建文明城区为抓手，倡导科学文明健康的生活方式，不断提升城乡文明程度和市民整体素质。加强领导干部理论学习。建立积极有效的社会舆情分析制度，不断完善“群众工作下乡员”等群众思想政治工作载体和方法，坚持正确的舆论导向，按照“构根立魂”的要求，广泛开展“永远的丰碑”系列主题教育活动，以各种形式纪念抗日战争胜利60周年，强化以爱国主义为核心的民族精神和理想信念教育，进一步加强和改进未成年人思想道德建设。

全面启动“平安奉贤”创建工作，努力维护社会稳定。正确把握新形势下社会治安特点、规律和发展趋势，以“平安奉贤”创建工作为载体，凝聚各方力量，创新工作机制，巩固基层基础，落实各项措施，维护全区政治安定和社会稳定。积极贯彻“预防为主”工作思路，不断完善区、镇、村三级矛盾纠纷排查研判工作机制，筑牢党委、政府、职能部门归口办理、分级调处三道防线，健全信访首问责任制、领导包案责任制及调处责任追究制。加强基层司法信访服务“窗口”规范化、制度化建设。坚持以提高打击惩处的针对性和实效性为工作着眼点，重点突出打击严重刑事犯罪活动，基本形成政法部门与基层组织联动、集中行动与专项整治互补、日常打击与长效管理结合的工作格局。

以加强党的执政能力建设为重点，全面推进党的建设新的伟大工程。深入贯彻党的十六届四中、五中全会和市委八届六次、七次、八次全会精神，从思想、组织、作风和制度上全面加强党建工作，切实增强全体党员党的意识，进一步夯实党的执政基础。进一步加强常委会自身建设，认真贯彻民主集中制原则，实行民主决策，体现集体领导。进一步提高区委常委会会议质量，会前调查研究，会中议深议透，会后及时贯彻，强有力地推进重点工作的落实。研究制定《关于发挥处级单位党委（党组）核心作用的实施意见》，把“总揽全局、协调各方”的要求延伸到处级单位党组织。进一步加强和改善党对人大工作的领导，支持人大依法履行职权，充分发挥人大代表联系人民群众的作用。积极推进多党合作和政治协商的制度化、规范化、程序化建设，重视各民主党派、工商联等在改革发展稳定中的作用，巩固和发展最广泛的爱国统一战线。坚持围绕发展抓党建、抓好党建促发展，按照“接、纳、派”等方式，全力推进“两新”组织“双达标”工作，全面实现“三年任务两年完成”的要求，达标率95%。积极探索“镇管社区”的工作思路，健全机构，配强人员，理顺关系，充分发挥社区党组织在社区管理服务工作中的领导核心作用。深入学习贯彻《建立健全教育、制度、监督并重的惩治和预防腐败体系实施纲要》，研究制定区贯彻落实《实施纲要》的意见，扎实推进反腐倡廉各项工作。坚持教育在先，在领导干部中开展“写警言警句、促廉政勤政”教育活动，不断加强干部监督管理工作，加大领导干部任期经济责任审计力度。坚持寓管理于服务之中，推行首问责任、服务承诺、限时办结等制度，增强机关工作人员服务意识，促进机关工作作风进一步转变。（屠志强）

区委全会

【一届五次全会】 8月16日召开。会议听取区委副书记、区长沈慧琪关于经济工作的汇报和区委副书记韦源关于《中共上海市奉贤区委关于发挥处级单位党委（党组）核心作用的实施意见（讨论稿）》的说明。全会充分肯定上半年全区经济工作取得的成绩，并对下半年工作作出部署。全会审议并通过《中共上海市奉贤区委关于发挥处级单位党委（党组）核心作用的实施意见》（简称意见）。区委书记张立平在会上作重要讲话。对贯彻《意见》要求把握好三点：即要进一步增强党的意识；要把握好执行规范和讲究效率的关系；要正确处理好党政关系，围绕工作重点形成合力，同唱一台戏。要求提高党领导发展的能力，把握好三个环节：即既要深化功能定位研究，更要抓紧推进有关项目建设；既要高度重视“三农”，更要坚持二、三产业加快发展；重大项目既要争取市里支持，更要加强自身工作。他还要求进一步搞好保持共产党员先进性教育活动，有力推进正在做的事。第一批单位要做好整改“回头看”有关工作，第二批单位要切实抓好转段工作，并提早做好第三批单位各项准备工作。要围绕正在做的事，找准存在的突出问题，切实落实应对措施，使先进性教育活动成为实效工程、满意工程。强调做好五项工作：经济工作要实现“两个确保”（确保全年经济两位数增长、确保全面完成“十五”计划）；认真做好“十一五”规划编制工作；确保园林城区创建工作取得成功；高度重视“平安奉贤”建设工作；要在调研基础上构划明年工作。会议由常委会主持。

（屠志强）

【一届六次全会】 12月20日～21日召开。全会审议《中共上海市奉贤区委常委会2006年工作要点》，审议并通过《中共上海市奉贤区委关于制定国民经济和社会发展第十一个五年规划的建议》、《中共上海市奉贤区委关于贯彻落实〈建立健全教育、制度、监督并重的惩治和预防腐败体系实施纲要〉的意见》。递补区人事局局长康品官为区委委员。区委书记张立平代表区委常委会作报告。区委副书记、区长沈慧琪作《中共上海市奉贤区委常委会关于制定国民经济和社会发展第十一个五年规划的建议（讨论稿）的说明》。区委委员、候补委员出席全会，区纪委委员、有关方面负责人和部分老干部代表列席会议。在全会闭幕式上，张立平就贯彻全会精神提出要求：一要抓住建设社会主义新郊区这个总目标；二要抓住转变经济增长方式这条主线；三要抓住惠及百姓这个出发点和落脚点；四要抓住思想政治建设这个根本。结合第三批先进性教育活动，进一步形成“双结对”长效机制，加强基层组织建设。沈慧琪提出2006年全区经济工作主要任务：要优化产业发展结构，加快转变经济增长方式，提高经济可持续发展能力；要优化生态平衡空间，努力营造良好生活环境，提升城乡建设和管理水平；要优化经济主体行为，加强现代市场体系建设，进一步深化经济体制改革；要优化公共服务平台，大力发展社会各项事业，提高全民素质和文明程度；要优化社会环境秩序，立足维护社会安定团结，构建社会主义和谐社会。会议由常委会主持。（屠志强）

重要决策及重要活动

【全面启动水环境综合治理】 年初，区委、区政府根据市政府召开的水环境治理工作会议及第二轮环保三年行动计划水环境治理专题推进会的精神，把治理水环境工作摆上重要工作议程。8月5日，区政府召开第五十次常务会议对水环境治理进行专题研究，确立由三位副区长为召集人、各相关委办局行政负责人组成的联席会议制度，明确区水务局作为职能部门组建区水环境综合治理推进办公室，主持区水环境综合治理日常工作。8月9日，区政府下发《关于建立奉贤区水环境治理工作联席会议制度的通知》。8月25日，区委书记张立平、区长沈慧琪带队赴金山、青浦学习考察水环境治理工作。9月30日，区政府召开第五十八次常务会议作水环境治理工作研究。10月12日，区委召开第六十九次常委会会议专题研究水环境治理工作，并原则通过《奉贤区水环境综合治理三年行动方案》，确定水环境三年综合治理主要目标和任务。10月24日，区委、区政府召开全区水环境治理动员大会，区委副书记、区长沈慧琪作专题动员报告，区委书记张立平参加会议并讲话，要求全党动员、全民参与、组织力量打好水环境治理这场硬仗，还老百姓一个满意的水环境。会上，区长沈慧琪代表区政府与各镇、开发区签订《2005年～2006年水环境综合治理工作责任书》。至年底，全区共疏浚河道123条（段），疏浚长度135千米，疏浚土方185万立方米；东、西部污水处理厂工程建设完成前期各项准备工作，进入实质性启动阶段。（屠志强）

【开展先进性教育活动】 2005年1月22日～2006年6月，奉贤区委根据《中共中央关于在全党开展以实践“三个代表”重要思想为主要内容的保持共产党员先进性教育活动的意见》和《中共上海市委关于在全市党员中开展以实践“三个代表”重要思想为主要内容的保持共产党员先进性教育活动的实施意见》的要求，分三批在全区中共党员中开展先进性教育活动。参加第一批先进性教育活动共60个单位208个党支部、3025名党员，其中区级机关59个，包括部分机关管理的企事业单位，共203个支部2925名党员；市试点单位新高潮集团，共5个党支部100名党员。参加第二批先进性教育活动共38个单位447个党支部、7020名党员。参加第三批先进性教育活动共18个单位、1014个党支部、28019名党员。整个先进性教育活动期间，区委以“提高党员素质、加强基层建设、服务人民群众、促进各项工作”为目标，针对不同批次教育对象特点，开展形式多样教育方式，丰富“自选”动作，选派驻村干部270人，协助各村开展先进性教育活动。紧紧围绕正在开展的重点工作，从群众最关心、最希望解决的问题入手，在解决实际问题上下功夫，形成双结对长效机制。各级党组织精心部署，广大党员积极参与，立足本职岗位，围绕正在做的事，扎实有效推进先进性教育活动各阶段工作，取得较好成效。（屠志强）

【王仲伟到奉贤作文化建设报告】 3月19日，市委常委、宣传部长王仲伟到奉贤作关于加强文化建设的报告。他围绕文化建设要增进共识、形成合力，抓住重点、扎实推进，市区联动、加强服务等三个方面，用大量的事实和数据阐述开展文化建设的重要性、必要性和紧迫性。区委书记张立平主持报告会。区四套班子领导和全区各处级单位班子全体成员及中层以上干部参加报告会。报告会后，王仲伟在张立平等领导陪同下视察奉贤中学校园、上海神力科技有限公司和奉贤现代农业园区。（屠志强）

【纪念中国共产党成立84周年大会】 6月30日召开。纪念大会上对第一批保持共产党员先进性教育活动进行总结，对第二批保持共产党员先进性教育活动进行工作部署。区委副书记韦源通报区委常委会整改方案落实情况；区委书记张立平代表区委向为党的事业作出贡献的老干部、老党员致以崇高的敬意，向全区各级党组织和广大共产党员表示节日的祝贺和亲切的问候。并指出：纪念党的生日，要进一步认识保持共产党员先进性教育重大意义，最好的实际行动就是进一步搞好保持共产党员先进性教育活动。第一批先进性教育活动的单位，要在建立长效机制上下功夫，要在坚持学习、深化“双结对”活动、围绕中心抓党建以及转变作风等方面进一步形成长效机制。第二批先进性教育活动要精心组织，务求实效，各单位要找准问题、抓好“两不误”，要建立健全组织、做到全覆盖，要加强领导、务求实效。纪念党的生日，就是要求每一位共产党员发挥先锋模范作用，以先进性教育活动的成果促进奉贤持续快速健康发展。要鼓足干劲，以先进性教育的新成果促进全年各项任务的完成。市委先进性教育活动第十一督导组组长聂少犁到会并讲话。会议由区委副书记、区纪委书记顾顺祥主持。（屠志强）

【区域功能定位和发展游艇经济专题研讨会】 7月7日在市政大厦5号会议厅召开。市有关职能部门负责人以及游艇经济研究领域的专家教授就奉贤区功能定位课题研究成果展开研讨。专家们认为，奉贤确立“游艇奉贤”的功能定位，符合国际产业发展趋势，有利于提升上海国际大都市产业能级和生活品质。奉贤具备快速启动的良好条件和基础，可成为上海发展游艇经济的先试先行区。区委书记张立平围绕发展游艇经济提出四方面工作意见：即科学编制规划，包括《奉贤区游艇发展产业规划》、《金汇港“双添双治”概念规划》、《金汇游艇岛城规划》等；加大全区游艇招商力度，年内奉贤有游艇制造企业 3 家，另有 4 家企业正在洽谈之中；启动一系列重要项目，包括保滩工程一期、金汇游艇岛城建设、洽谈开通水上巴士以及游艇驾照培训事宜等；奉贤区的市人大代表已草拟有关完善上海发展游艇经济相关地方性法规的书面意见。（屠志强）

【开展“两新”组织党建工作专题调研】 7 月 25 日～27 日，区委书记张立平牵头就奉贤区“两新”组织党建工作开展专题调研。通过走访企业和召开座谈会，就进一步加强“两新”（新经济、新社会）组织党建工作形成五点意见：即要进一步深刻认识“两新”组织党建工作的重要性；要切实提高“两新”组织党建工作的有效性，树立围绕发展抓党建、抓好党建促发展的理念和抓好党建带群建、抓好群建保党建的理念；“两新”组织党建要进一步注重创新、注重特色，努力创造党建工作新经验；要把加强“两新”组织党建工作作为先进性教育取得的主要成果；要建立健全“两新”组织党建工作网络和体系。在调研基础上，提出加强“两新”组织党建工作部署和措施。10 月前要把具有 3 名以上党员尤其是 100 人以上具有 3 名以上党员“两新”组织的建党工作作为重中之重，各镇、开发区要以此作为第二批先进性教育活动要解决的主要问题，主要领导要亲自抓好这项工作，确保取得实效。对具备条件的“两新”组织，提倡建立独立党支部，以利于党组织结合本单位实际开展工作，提倡在中层以上干部中选拔党支部书记；对暂无合适支部书记人选的，可通过选派享受“阳光政策”又具备一定基层工作经验的干部担任党支部书记；对确实不具备条件建立独立党支部的，可以编入联合支部。对其他不具备成立党组织的，要指导、督促其建立工会。有 3 名以上团员的要成立团组织。对新成立的“两新”组织，要从源头上统一思想、达成共识，同步做好建党工作。并按照“接、纳、派”等方式，不断壮大党的力量，积极吸纳“两新”组织中的优秀人员为新党员，及时接转外来党员组织关系，动员“隐性”党员公开政治身份。已建党组织的“两新”组织要以先进性教育准备工作为抓手，在健全组织、完善制度、保障有活动场所和活动经费的基础上，保证党的“三会一课”等活动正常进行。区级层面要充分发挥好由组织部牵头的“两新”组织党建工作协调指导小组作用，区工商局、民政局、外经委、工商联、台办等部门要积极配合做好有关工作，镇、开发区要明确分管书记，社区、经济园区要有专人负责，全区要形成一支优秀、高素质党建联络员队伍。（屠志强）

【韩正到奉贤调研】 8 月 1 日，市委副书记、市长韩正，副市长胡延照，市政府秘书长杨定华等领导及市政府有关部门负责人到奉贤区调研经济运行情况和“三农”工作。在视察日野发动机公司、高榕公司后召开座谈会，听取奉贤区有关工作情况汇报。韩正对奉贤区各项工作取得的成绩给予肯定，并强调奉贤是上海“三农”工作最具代表性和最有特点的区县，奉贤在道路建设、乡镇区划调整、“三个集中”试点、招商引资等方面有很好的基础，具有后发优势。同时指出奉贤发展存在的四个方面问题：一是产业定位问题。在“十一五”期间，郊区还是第一、第二产业的主战场，在发展第二产业的同时要注重第三产业的衔接，充分考虑土地和产业链的发展。二是“三个集中”问题。要以居民向城镇集中为抓手，全面推进“三个集中”；要进一步促进非农就业，使农民长期稳定实现增收。三是农业、农村和食品安全问题。要进一步加强食品安全工作，为上海的主副食品安全作出贡献。四是基层组织问题。要进一步重视基层集体经济组织建设，增强基层集体经济组织的实力。副市长胡延照指出，农业是弱势产业，各方面要高度重视和关心；奉贤发展农业大有可为；要依托上海化学工业区，把精细化工做大做强，同时，进一步加强协调，使光仪电、输配电等产业形成集聚效应；要进一步加大力度发展物流产业，把物流作为发展服务业的重要内容。区委书记张立平主持会议，区委副书记、区长沈慧琪汇报奉贤经济运行情况。（屠志强）

【纪念抗日战争胜利 60 周年座谈会】 8 月 26 日召开。区委副书

8 月 31 日，区委召开纪念抗日战争胜利 60 周年抗战老同志座谈会。图为区委书记张立平等区领导与参加座谈会的抗战老同志一起合影留念。（景　岚　摄）

记韦源代表区四套班子和全区人民向在抗日战争中牺牲的革命先烈和抗日志士表示深切的悼念，向参加、支持抗战的老同志、军烈属和社会各界人士致以崇高的敬意和亲切的慰问。区委常委、宣传部长姚海主持会议。崔永进、陈友新、顾火全等参加过抗战的老同志和抗战烈士家属、现役军人、学生代表参加座谈会。（屠志强）

【党政负责干部会议】 10月17日召开。会议主要内容传达学习和贯彻落实五中全会精神，并传达全市党员负责干部会议精神。区委副书记、区长沈慧琪和区委副书记韦源分别传达中共中央总书记胡锦涛在五中全会上的讲话精神和国务院总理温家宝所作的《中共中央关于制定国民经济和社会发展第十一个五年规划的建议（讨论稿）》说明的主要精神。区委书记张立平就奉贤区贯彻落实全会精神提出要求：即各级要认真传达学习五中全会精神；要科学编制“十一五”规划，做好区委一届六次全会各项准备工作；要以五中全会精神为指导推动奉贤“十五”计划和年内各项任务顺利完成。第一，要千方百计把财税等经济工作各项指标抓到手，为“十一五”开局打好基础，努力实现可持续发展。第二，要紧抓不懈，确保园林城区创建工作取得成功；启动水环境综合治理工作，要坚持突出重点、分类指导的原则，打造水清岸绿的水环境。第三，全区各部门要形成合力、全力以赴推进越江工程等重大项目进展，力争年内启动。第四，要特别重视群众生产生活问题，继续抓好稻飞虱防治工作不放松，抓好“镇保”资金流量平衡及“镇保”实施后有关问题解决预案的落实，进一步做好安全与稳定工作。第五，要紧紧围绕正在做的事，全面推进党的建设各项工作，第一、第二批先进性教育活动单位要以学习五中全会精神为契机，结合“双结对”工作，促进突破瓶颈，形成先进性长效机制，同时要做好第三批先进性教育活动的启动工作。要高度重视开展增强团员意识主题教育活动。要进一步加强党风廉政建设，研究制定奉贤区贯彻《建立健全教育、制度、监督并重的惩治和预防腐败体系实施纲要》的意见，要切实转变作风、务求实效，进一步减少会议和活动，精简各类调研、评比、考核，确保集中精力抓好年终收尾工作和明年启动工作。会议由张立平主持。（屠志强）

【龚学平到奉贤作人代会制度辅导报告】 11月7日，奉贤区举行“坚持和完善人民代表大会制度专题报告会”。邀请市人大常委会主任龚学平作专题辅导报告。龚学平就“如何认识人民代表大会制度是我国的根本政治制度”和“在新形势下如何坚持和完善人民代表大会制度”，向市人大奉贤代表组的代表和区四套班子领导，各镇、开发区、部委办局负责人，以及区、镇人大代表作专题辅导。区委书记张立平主持报告会。市人大常委会副主任朱晓明和区四套班子领导参加报告会。（屠志强）

【蒋以任到奉贤作人民政协基本理论辅导报告】 12月22日，奉贤区举行学习人民政协基本理论专题报告会。邀请市政协主席蒋以任作专题辅导报告。蒋以任指出，加强人民政协工作是提高党的执政能力建设的需要，是坚持和完善中国共产党领导的多党合作和政治协商制度的需要，是发展社会主义民主政治建设的需要，是构建社会主义和谐社会的需要，是贯彻落实科学发展观的需要。政协要把解决人民群众最关心、最直接、最现实的利益问题作为构建和谐社会的重要着力点，把维护好广大人民群众的根本利益作为政协工作的落脚点，以人为本，关注民生，深入实际，畅通渠道，协助党和政府消除社会的不和谐因素，为努力形成社会合力，营造心平气顺、和睦相处的和谐上海作出应有的贡献。区委书记张立平主持报告会。

（屠志强）

组织工作

【概况】 至12月20日，全区共有党组织1920个，其中党委（党工委）47个，党组29个，二级党委18个，党总支86个，党支部1740个。全区共有党员39491人，其中女党员9136人，占党员总数23.1%；预备党员525人，占党员总数1.3%；35岁以下4757人，36岁～45岁6386人，46岁～54岁8807人，55岁～59岁5306人，60岁以上14235人；文化程度研究生128人、大学本科2866人，大学专科5002人，高中（中专）8294人，初中及以下23201人。全年新发展党员512人，其中女党员228人，占新发展党员总数44.5%。全区处级领导干部519人，平均年龄47.5岁，其中女干部64人，占总数12.33%；党外干部9人，占总数1.73%；大专以上学历425人，占总数81.88%。年内组织工作以加强党的执政能力建设和党的先进性建设为主线，围绕区委中心工作，推进六项重点工作。（1）组织开展保持共产党员先进性教育活动。把深入学习、自我教育贯穿始终；把严格要求、落实责任贯穿始终；把学习先进、创新实践贯穿始终；把倾听民意、实践宗旨贯穿始终；把整改提高、务求实效贯穿始终。（2）加强领导班子针对性培训。拟定《关于发挥处级单位党委（党组）核心作用的实施意见》，举办社会保障、经济管理、公务员依法行政、WTO知识培训班以及区第一期、第二期领导干部理论培训班、区第二期青年知识分子读书班和区第三期中青年干部培训班。（3）规范干部选拔任用管理和监督工作。严格按照干部任用条例规定程序选拔任用干部，提拔11人，晋级20人，交流轮岗99人次；对处级后备干部进行集中补充和梳理工作，调整并产生副处级后备干部187人，选派处级后备干部、优秀青年知识分子、新进机关公务员、新进事业单位大学生、储备人才共270人“驻村”锻炼；选派援疆、援滇、驻哈尔滨办事处干部4人；试行全委会票决制，制订《中共上海市奉贤区委员会全体会议对镇党委书记、镇长拟任人选和推荐人选表决办法》；联合区纪委、区人事局对12家单位《干部任用条例》执行情况进行专项检查，对2004年下半年以来提任干部的办件材料进行抽查；对13名领导干部进行经济责任审计；联合区纪委举办新进领导班子干部廉政学习班，对23名新提任的副处级领导干部进行集体廉政谈话。（4）做好人才工作。制订《奉贤区吸引优秀人才的若干意见》、《关于建立奉贤区事业单位优秀人才分配激励机制的意见（试行）》、《关于引进高级专业人才管理服务工作办法》和《奉贤区人才发展资金管理暂行办法》等配套政策；按照市委要求，认真编制"十一五"人才规划；会同区人事局、统计部门开展区内人力资源现状调查工作；设立人才工作科，建立由区财政投入为主体的奉贤区人才发展资金；启动青年人才储备工作，选拔优秀青年人才40人，以人才派遣的方式充实到机关事业单位工作。（5）加强基层党组织和党员队伍建设。不断加大"两新"组织党建工作力度，形成《奉贤区"两新"组织党建工作调研报告》，对各镇、开发区和区综合党委所属集团公司的"双达标"工作进行专项督查；落实工作举措，推进"双达标"工作，至11月底，全区50人～99人企业有党员达标率为99.7%，100人以上企业建立党组织达标率为97.6%；制订下发《关于进一步做好向非公企业选派党建工作指导员、党建工作联络员工作的意见》；举办区第一、二期企业党务干部培训班、全区村党支部书记、村委会主任培训班、居民区干部培训班；向社会招聘社区专职党群工作者18人，安排到各镇、开发区组织人事部门或党员服务中心工作；制定下发《奉贤区发展党员票决制实施办法》。

（组织部供稿）

【调整党组织设置】 年内，因部分区级机构设置调整或工作需要，党组织设置有较大变动，全年撤销党组3个：即中共上海市奉贤区海湾镇筹备组党组、中共上海市奉贤区住宅发展局党组、中共上海市奉贤区人民政府协作办公室党组。撤销党委1个：即中共上海市奉贤区商业委员会。撤销党工委1个：即中共上海市奉贤区经济工作委员会。新成立党组1个：即中共上海市奉贤区安全生产监督管理局党组。新成立党工委3个：即中共上海市奉贤区社会工作委员会、中共上海市奉贤区经济工作委员会、中共上海市奉贤区海湾镇工作委员会。新成立党委1个：即中共上海市电子工程设计研究院有限公司委员会（隶属于区综合工作党委）。

（组织部供稿）

【组织实施先进性教育活动】 年内，贯彻落实《中共上海市奉贤区委关于在全区党员中开展以实践"三个代表"重要思想为主要内容的保持共产党员先进性教育活动的实施办法》。1月22日起，全区1669个党支部38064名党员分三批参加先进性教育活动。在先进性教育活动中，全区各级党组织和广大党员做到"五个贯穿始终"：（1）把深入学习、自我教育贯穿始终。区委先教办在精心设计并落实各阶段学习方案的基础上，通过举办系列党课、知识竞赛、主题征文和演讲等活动，推进党员深入学习。（2）把严格要求、落实责任贯穿始终。区四套班子领导坚持"六带头"（带头完成学习任务、带头联系实际学习思考、带头搞好辅导、带头参加所在支部活动、带头做好联系点工作、带头参加结对活动），各单位第一责任人切实履行职责，各支部负责人积极落实各项工作，确保先进性教育活动深入推进。（3）把学习先进、创新实践贯穿始终。在"两台、两报、两网"上进行集中宣传身边先进典型33人。先后组织高祖明、周月章先进事迹报告会，举办山歌剧《江姐》展演、先进性教育活动群众创作节目展演，开展"以史为鉴，资政育人"等主题实践活动。（4）把倾听民意、实践宗旨贯穿始终。全区第一、二批单位共设立意见箱698个、公布热线电话662个、公布电子邮箱232个，下发征求意见表21907份，召开座谈会1156个，开展谈心活动43869人次，共征求到意见16279条，查摆出问题2451个。在"双结对"活动中，全区475名处级以上现职领导干部与全区346个村、居民区基层党组织开展结对。（5）把整改提高、务求实效贯穿始终。全区各级党组织和广大党员坚持边学边议边改，解决一批群众关心的热点、难点问题，制定加强党组织和党员队伍建设、保持共产党员先进性等长效机制，推进党组织和党员队伍建设的规范化、制度化和科学化。

（组织部供稿）

12月5日，区委召开第三批保持共产党员先进性教育活动工作会议。（组织部　供稿）

2005 年~2006 年奉贤区先进性教育活动主要工作情况表

	内　　　　容
1 月 18 日	区委先进性教育活动领导小组及其督导组、办公室成立
1 月 19 日	区委先进性教育活动领导小组第一次会议
1 月 22 日	奉贤区保持共产党员先进性教育活动动员大会
1 月 24 日	区委常委会讨论通过奉委[2005]2 号文《中共上海市奉贤区委关于在全区党员中开展以实践“三个代表”重要思想为主要内容的保持共产党员先进性教育活动的实施办法》
2 月 4 日~6 日	市委先进性教育活动第十一督导组到奉贤开展督导工作，先后与审计局、妇联、检察院、建交委、财政局领导班子和党员代表进行座谈和访谈，并参加区四套班子领导参观奉贤县委旧址活动
2 月 16 日	区委保持共产党员先进性教育活动领导小组召开第二次会议
2 月 24 日~25 日	区委保持共产党员先进性教育活动领导小组分别召开四次座谈会，听取第一批开展先进性教育活动单位第一责任人工作汇报
3 月 17 日	举行“让党旗在奉贤创业中飘扬”演讲赛
3 月 18 日	区委保持共产党员先进性教育活动领导小组召开第三次会议，讨论《分析评议阶段实施方案》
3 月 21 日	区委召开保持共产党员先进性教育活动转段工作会议
4 月 19 日	区委先进性教育活动领导小组办公室在会议中心第一会议厅举行奉贤区党史和党性知识竞赛决赛
5 月 16 日	区委先进性教育活动领导小组召开第四次会议，总结分析评议阶段工作，研究制定整改提高阶段工作的实施方案，部署有关转段工作
5 月 16 日	区委召开保持共产党员先进性教育活动转段工作会议
6 月 20 日	区委保持共产党员先进性教育活动领导小组召开第五次会议，对全区第一批先进性教育活动进行总结，并对第二批先进性教育活动有关准备工作进行研究和部署
6 月 30 日	区委召开纪念中国共产党成立 84 周年大会暨奉贤区第一批先进性教育活动总结和第二批先进性教育活动部署
7 月 15 日	在区文化广场举行“党在我心中——上海市保持共产党员先进性教育活动群文创作节目展演”，区委书记张立平、区委副书记韦源等区领导观看演出
7 月 28 日	在区会议中心举行上海市第二批保持共产党员先进性教育活动推荐资源奉贤地区展示活动
8 月 3 日~5 日	举办高祖明先进事迹报告会
8 月 11 日	召开区委保持共产党员先进性教育活动领导小组第六次会议，讨论第二批先进性教育活动学习动员阶段工作总结，研究第二批先进性教育活动分析评议阶段有关工作
8 月 14 日	中央第四巡回检查组副组长朱成林等一行 5 人在市委组织部助理巡视员杨建荣、组织处副处长王治勇陪同下，到奉贤就先进性教育活动进展情况进行专题调研
8 月 15 日	奉贤区第二批保持共产党员先进性教育活动转段工作会议在奉贤中学报告厅举行
9 月 1 日	区委保持共产党员先进性教育活动领导小组办公室举办“让党旗在奉贤创业中飘扬”为主题的演讲比赛决赛
9 月 7 日~8 日	市委指导协调二组副组长陆琪，市委第五巡回检查组全体成员在杨惠德组长带领下，抽查奉贤区参加第一批先进性教育活动单位——区水务局先进性教育活动巩固和扩大整改成果及“回头看”工作
9 月 20 日	区委先进性教育活动领导小组召开第七次工作会议
9 月 21 日	第二批保持共产党员先进性教育活动转段工作会议在区会议中心大礼堂举行
9 月 30 日	举办“奉贤区党史与党性知识网上决赛”
10 月 19 日	区委书记张立平组织区委组织部、先进性教育活动办公室、政研室、民政局等部门对村党支部进行调研，了解第三批先进性教育活动准备工作及碰到的实际困难
10 月 24 日	区委召开常委会会议讨论研究先进性教育活动

续 表

	内　　容
11月28日	召开区委先进性教育活动领导小组第八次会议,部署第三批先进性教育活动
12月1日	市委组织部副部长冯小敏到奉贤进行先进性教育活动调研
12月5日	召开"奉贤区第三批先进性教育活动工作会议",主要内容为第二批先进性教育总结活动暨第三批先进性教育活动动员
12月6日	召开第三批先进性教育活动培训工作会议
12月12日	召开第三批先进性教育驻村干部实践锻炼工作会议
12月21日	市巡回检查一组成员陈月芹、吴继华和市指导协调二组成员帅良余等到奉贤检查指导第三批农村保持共产党员先进性教育活动
2006年1月17日	由市委组织部、市委宣传部、市文广局主办的"党在我心中"上海市先进性教育活动巡回演出分别在区会议中心和金汇镇影剧院举行。
2月23日	中央第四巡回检查组一行6人在市委组织部领导和市巡回检查一组领导的陪同下到南桥镇灯塔村进行座谈,听取"设岗定责"活动专题汇报
3月3日	召开第三批先进性教育活动转段工作会议,区委常委、组织部长钱城乡对分析评议阶段工作进行总结,区委副书记韦源对做好整改提高阶段工作进行部署
4月5日	召开"第三批先进性教育活动总结会议"
6月6日	区委先进性教育活动领导小组召开第九次会议,通报区第三批先进性教育活动"回头看"工作情况,讨论《奉贤区保持共产党员先进性教育活动总结(征求意见稿)》
6月7日	区委常委会专题听取先进性教育活动情况汇报
6月11日	区委召开保持共产党员先进性教育活动情况通报暨群众满意度测评大会
6月30日	奉贤区纪念中国共产党成立85周年暨保持共产党员先进性教育活动总结大会在区会议中心举行

(屠志强)

【1348人参加上海干部在线学习】 3月,开通"上海干部在线学习城"网络。通过建立联络员制度、开展知识竞赛以及学习情况与年度考核结合等多种措施,推进全区干部在线学习。至年底,共有68个处级单位1348名学员登记注册,实际参加网上学习1342人,在学率99.55%,达到学分、学时要求的948人,通过率70.64%。

(组织部供稿)

【试行全委会票决制】 年内,根据《中国共产党章程》、《中国共产党地方委员会工作条例(试行)》、《党政领导干部选拔任用工作条例》和有关规定,拟定《中共上海市奉贤区委员会全体会议对镇党委书记、镇长拟任人选和推荐人选表决办法》,3月起试行。

(组织部供稿)

【招聘社区专职党群工作者18人】 年内,根据市委组织部、市人事局《关于加强社区专职党群工作者队伍建设的意见》,7月,由区委组织部、区人事局向社会公开招聘社区专职党群工作者18人,其中事业编制5人,聘用制13人。18名社区专职党群工作者安排到各镇、开发区,从事"两新"组织党建和社区党建专职工作。

(组织部供稿)

【推进发展党员票决制】 年内,为提高党员发展工作质量,保持党员队伍的先进性和纯洁性,在金汇、青村镇试行发展党员工作票决制基础上,根据《中国共产党章程》、《中国共产党发展党员工作细则(试行)》等有关规定,3月,制订下发《奉贤区发展党员票决制实施办法》,在全区推行发展党员票决制工作。通过实行票决制,使发展党员工作更加透明、民主、公正,提高发展党员质量。

(组织部供稿)

【成立社会工作党委】 8月1日,区委常委会讨论决定成立中共上海市奉贤区社会工作委员会,负责对全区"两新"组织及社区党建工作的指导、协调、研究和督查。党工委班子由6人组成,区委组织部副部长陆建国兼任党工委书记,汪瑜蓉任专职副书记,区民政局副局长王士林、工商局奉贤分局副局长乔爱平、区工商联合会副会长张杰、区委组织员顾卫兴兼任党工委委员。(组织部供稿)

【举办四期"班长工程"培训班】 年内,为贯彻市委组织部关于"班长工程"要求,坚持把党的思想建设牢牢抓在手中,切实加强农村、社区和企业党务干部教育,为基层党组织建设构建人才支撑体系,举办四期"班长工程"培训班。9月27日~28日、10月13日举办村党支部书记、村委会主任培训班,全区338名村党支部书记、村委会主任参加。培训内容涉及先进性教育活动、奉贤经济形势与任务、“三农”问题、农村外来人口管理、基层政权建设、农村社会稳定、农村精神文明建设等。区委、区政府有6名领导为培训班学员授课。11月16日～17日，举办居委会党支部书记、主任培训班，共105人参加。培训内容涉及先进性教育活动、政治文明建设与社区建设、居民区党建工作等。培训班下发区委组织部《关于进一步加强社区在职党员管理，推进社区党建工作的意见》文件。4月20日～22日，举办企业党务干部培训班，培训对象为区“四好”企业党支部书记，全区67家企业党组织负责人参加培训。10月9日～11日，举办第二期企业党务干部培训班，培训对象为新成立的企业党支部初任书记，全区78家企业党组织负责人参加培训。企业党务干部培训班突出培训的针对性和实效性，第一期培训班主要提高企业党务干部的理论水平和工作能力，进一步加强企业党务干部队伍建设，促进企业党建工作上新台阶；第二期培训班主要推进“双达标”任务企业由完成“双达标”建立党组织向发挥党组织作用转变，着力提高企业党务干部的业务水平，增强党组织的凝聚力、战斗力和号召力，并为开展第三批先进性教育活动作准备。

（组织部供稿）

【完成部分区级机构人事调整】 8月，区对部分委办局机构进行调整，涉及机构精简、职能调整处级单位共8家，联动相关委办局处级干部76人次，其中提拔到正职岗位5人，交流轮岗32人，单位更名或整合组建后继续在新单位留任26人，重新任命非领导职务12人，辞职1人。（组织部供稿）

【检查《干部任用条例》贯彻执行情况】 10月18日～19日，区纪委、区委组织部、区人事局联合组成3个检查组，分别对南桥、四团、柘林、金汇、上海市工业综合开发区、海湾旅游区、建交委、房地局、农委、劳动局、文广局、司法局12家单位进行《干部任用条例》贯彻执行情况专项检查。对上述单位2003年6月至2005年6月提拔的97名干部中46名干部的档案材料进行抽查，抽查率47.4%。与上年度检查结果比，有民主推荐记载的提高41.7%；发布考察预告提高51.7%；征求纪检部门意见提高4.3%；发布任职公示提高65.2%。

（组织部供稿）

【拟定《关于发挥处级单位党委（党组）核心作用的实施意见》】 年内，为加强和改善党的领导，充分发挥党组织在该地区、单位、部门政治、经济、文化和社会发展等各项工作中的核心作用，区委组织拟定《关于发挥处级单位党委（党组）》核心作用的实施意见》，于8月16日在中共上海市奉贤区委第一届委员会第五次全体会议上讨论通过。（组织部供稿）

【选拔任用干部163人次】 年内，严格按照《干部任用条例》规定选拔任用干部，选拔任用前坚持召开民主推荐会、民主测评会，征询广大干部群众对拟提任人选意见，落实群众对干部选拔任用的知情权、参与权、选择权和监督权。全年出台干部任免方案共14个，涉及干部163人次，其中提拔11人，正常晋级23人，轮岗交流129人次。

（组织部供稿）

【选派外援干部、教师4人】 年内，根据市委组织部统一安排和要求，开展援滇、援疆、驻哈尔滨办事处干部的选派工作。通过动员、自愿报名、初选、体检、考察、讨论等程序，选派外援干部3人、外援教师1人。区建委党工委委员聂琦担任云南红河州发展和改革委员会副主任职务，区科委党组成员、副主任、科协副主席宋正担任新疆阿瓦提县副县长职务，青村镇党委委员屠国文担任上海市人民政府驻哈尔滨办事处业务处处长职务，区教育局金汇中学副校长万建平担任新疆阿克苏地区师资培训中心教师。（组织部供稿）

【推进干部教育培训】 年内，为更新、提高领导干部和机关工作人员知识、管理水平，举办从事社会保障、经济管理工作的干部培训班各1期，举办领导干部理论培训、中青年干部培训、青年知识分子读书班等主题培训班共4期，全年共培训各级干部382人次（其中处级干部141人次）。选送参加市委组织部、市委党校、市行政学院组织的各类培训54人，选送处级领导干部出国培训7人。

（组织部供稿）

【招聘青年储备人才38人】 年内，首次启动青年人才储备工作。8月颁布青年人才招聘公告，来自全国各地青年人才报名应聘343人，通过笔试128人，经面试、体检、政审，录用38人，并签订为期2年的聘用合同，以人才派遣的方式到机关事业单位工作。

（组织部供稿）

【完成“两新”组织“双达标”任务】

年内，区委把“两新”组织党建工作纳入全区“三级联创”活动总体布局，提出“双达标”工作“三年任务两年完成”目标。先后成立区“两新”组织党建工作协调指导小组和区综合工作党委、区社会工作党委，建立“两新”组织“双达标”信息月报制度以及正式党员3名以上企业建立党组织情况周报制度，加强对全区“两新”党建工作的协调、指导和推进力度。各基层党委建立健全“两新”组织党建工作领导小组，形成主要领导亲自抓、分管领导重点抓、组织部门具体抓、行政部门配合抓的工作格局。通过建立“培、推、梳”联动机制和“党、政、群”联动机制，采取在宣传引导中抓组建、在沟通服务中抓组建、探索下派模式抓组建、突破难点抓组建和群团先行促组建等措施，至12月，全区组建“两新”组织党组织184个，全区实业型非公企业中50人～99人企业332家，有党员的331家，达标率99.7%；100人以上企业336家，有党组织的328家，达标率97.6%。全区新社会组织中20人～49人和50人以上的各1家，均已建立党组织，达标率100%。提前一年基本完成市委组织部提出的“双达标”工作任务。（组织部供稿）

宣传工作

【概况】 年内,区委宣传思想工作以深入学习贯彻党的十六届四中、五中全会精神为主题,全面把握和宣传构建社会主义和谐社会理论,加强各级中心组理论学习针对性。围绕区委、区政府中心工作,以加强党的执政能力建设、先进性建设为重点,扎实推进党员干部思想理论建设,举办先进典型事迹报告会;以围绕中心、服务大局为主题,为区新一轮发展营造团结鼓劲、昂扬向上的舆论氛围;按照宣传群众、教育群众的要求,不断创新区群众思想政治工作载体,开展"宣传大篷车"巡回下乡活动和"城乡牵手共建文明"活动,召开群众思想政治工作经验交流会等。以创建园林城区为聚焦点,不断推进文明城区创建工作,开展"创建上海市园林城区"志愿者行动周活动,召开文明社区联片创建工作推进会,举办"相约滨海之夏"广场文化系列活动。开展纪念抗日战争胜利60周年系列活动。

(石 瑛)

【召开"城乡牵手共建文明"工作会议】 1月18日,召开"城乡牵手共建文明"工作会议,回顾、总结开展"城乡牵手共建文明"试点工作情况。区委常委、宣传部长姚海参加会议,并对文明单位和文明村结对共建精神文明提出要求:要进一步充分认识结对共建的目的意义,站在打造国际化大都市郊区、加快奉贤城乡一体化进程的高度,把结对共建工作作为落实上海市迎世博文明行动计划和奉贤区创建上海市文明城区目标的有效抓手,全力推进"城乡牵手共建文明"活动;进一步完善结对共建工作机制,不断丰富同创共建内容,围绕"三个突出",力求工作实效;进一步加强对结对共建工作的领导和指导,各党委要把联手互动同创共建活动摆上工作议事日程,纳入精神文明建设考核重要内容。会上,奉贤区第二批共25对结对共建单位负责人进行结对共建签约。

(张 锋)

【开展"创建上海市园林城区"志愿者行动周活动】 3月5日,区文明办组织的"爱绿植绿护绿洁绿"创建上海市园林城区志愿者行动周活动拉开序幕。全区各类志愿者和部队官兵2000多人参加植树和洁绿活动。5月起,全区各文明单位开展每周奉献1小时志愿者护绿洁绿活动。8月中旬,组织120多家市、区两级文明单位开展爱绿护绿志愿者服务活动。9月14日~20日,为配合园林城区迎检工作,在"公民道德建设日"到来之际,又发动近200家文明单位志愿者,围绕全区重点迎检线路开展洁绿护绿集中整治活动。

(卫晓安)

【举办先进典型事迹报告会】 3月24日,在区会议中心举行"俯首甘为孺子牛"——高祖民先进事迹报告会,同时拉开奉贤区先进典型事迹报告团下基层巡回宣讲的帷幕。年内,宣传思想工作加大先进典型的培养和推广力度,先后推出社区民政干部高祖明四十年如一日、俯首甘为孺子牛的生动事迹;6月,推出"爱心谱写和谐乐章"——残联干部、全国优秀残联理事长周月章先进事迹;12月,推出"情真意切谱先进"——化学工业区奉贤分区党建工作专场报告会。在全区努力营造学典型、树正气、争一流、保先进的浓厚氛围。

(项 华)

【召开文明委全会】 4月4日,召开区精神文明建设委员会全体委员会议,提出2005年度奉贤区精神文明建设四项主要任务:(1)把迎接园林城区创建工作的考评验收作为年内文明城区创建工作聚焦点;(2)继续加强和改进未成年人思想道德建设;(3)加强精神文明建设设施建设;(4)精神文明创建工作要注重基础建设。会议听取区文明办工作报告和有关创建工作说明,审议并通过2004年度上海市文明村、文明小区以及2003年~2004年度上海市文明单位、上海市军民共建先进集体和奉贤区文明单位申报名单。

(吴永强)

【开展"宣传大篷车"巡回下乡活动】 4月18日,举行以"传播先进文化、构建和谐奉贤"为主题的2005年度"宣传大篷车"巡回下乡活动开幕式。"宣传大篷车"巡回下乡活动以党员先进性教育和集中开展形势政策宣传教育为背景,以树立和落实科学发展观,推进"三个集中",全面加快奉贤发展,努力构建和谐社会为主线,以围绕服务群众、帮助群众、提高群众为主题展开,在往年形势政策、医疗卫生、科普知识、计划生育、法律法规等多种现场咨询服务和文艺演

9月20日,区卫生系统志愿者在清理绿化带内的垃圾。

(蒋 苹 摄)

出、电影下乡的基础上，增设信访条例、揭批“法轮功”和创建园林城区等内容的宣传咨询，共计16大类、42个小项。宣传活动共历时11天，利用晚上时间巡回至各镇和开发区，出动工作人员1300人次，接受群众咨询3.6万人次，观看文艺演出的群众超6万。同时，各镇(开发区)和“三下乡”成员单位的“三下乡”工作也不断掀起高潮，并形成“轻骑队、小舢板”、科技结对致富、电话随访等新载体，把党的方针政策和声音传遍到奉贤的每个角落，把先进的理念和科学的恩惠送到群众身边。年内全区共开展各层面“三下乡”集中活动80轮次，活动506次，设置服务项目209个，出动工作人员15392人次，发放各类图书及宣传资料34.81万份，制作宣传版面725块，受服务群众30.8万人次。

(杨洁斌)

【召开精神文明建设工作会议】 5月30日召开。会议由区委副书记、区长沈慧琪主持，区委书记张立平出席会议并讲话。他强调年内的文明城区创建任务十分艰巨，必须集聚党力、民力、社会力量“三力合一”，全力推进奉贤地区的三个文明建设。要求把文明城区创建工作与落实奉贤区总体规划结合起来，与区委、区政府中心工作结合起来，与“保持共产党员先进性教育活动”结合起来，与贯彻上海市精神文明建设新版标准结合起来，通过扎实有效地创建工作，使城市文明程度和市民素质明显提高。会上表彰了各个系列的精神文明创建工作先进集体。

(吴永强)

【举办市级文明单位创建成果版面巡回展】 6月7日～30日，为庆祝建党84周年，推动精神文明创建工作，展示精神文明创建工作成果，区文明办举办上海市文明单位创建成果版面巡回展览活动。全区54家市级文明单位参展，54块精心制作的版面展示了近年来这些单位三个文明建设成果，从一个视角反映全区开展精神文明创建活动的情况。 (张　锋)

【召开文明社区联片创建工作推进会】 6月22日，召开文明社区联片创建工作推进会。古华地区和贝港地区的有关街道、居委、辖区单位、共建单位领导和市民代表出席会议，并就推进文明社区创建工作进行讨论和交流。 (张　锋)

【召开群众思想政治工作经验交流会】 7月8日，召开群众思想政治工作经验交流会，回顾总结全区近年来群众思想政治工作的基本经验，分析研究当前存在的问题和不足。几年来，奉贤区已形成以党委为核心、行政部门和工青妇等部门共同参与，上下联动的群众思想政治工作网络，先后形成群众工作下乡员(联络员)、干群对话制度，科技结对致富、“宣传大篷车”等一系列具有地域特色的群众思想政治工作载体和方法，发挥了加强群众思想政治工作的作用。

(薛志军)

【举办“相约滨海之夏”广场文化系列活动】 7月15日～8月15日，区文明办和区文广局联合举办2005年“相约滨海之夏”广场文化系列活动。活动历时一个月，其间共举行文艺演出19场，参与活动的演职人员和工作人员5000人次，观众超20万人次。是年举办的“相约滨海之夏”广场文化系列活动，在主题活动的组织策划、表演艺术水准、运行机制方面均有所创新和突破，充分体现了把握时代主题、发挥文化艺术宣传教育作用，凸现文化与企业联手发展的特点。

(卫晓安)

【开展纪念抗战胜利60周年系列活动】 8月20日～9月2日，奉贤区以“永远的丰碑”为主题开展形式多样的纪念中国人民抗日战争暨反法西斯战争胜利60周年系列活动。通过举办老干部座谈会、专家专题讲座、美术书法展、青少年巡访爱国主义教育基地、读书征文活动、电影电视节目展映，千人大合唱等形式，推进爱国主义教育，进一步弘扬民族精神，激励全区人民把奉贤建设成为社会主义现代化国际大都市新城郊而共同奋斗。

(项　华)

【举行新闻界朋友恳谈会】 完善对外新闻发布机制，加强与媒体的联系和沟通，已经成为奉贤区对外宣传、推介奉贤发展新形象的重要载体。年内，围绕发挥“通江达海”区域优势，重点推进现代制造业和现代服务业以及新一轮城镇建设等发展亮点，有效利用光仪电产业投资说明会、国际风筝会、海湾赶海节等活动，精心组织5次新闻界朋友恳谈会和12次媒体集体采访活动，规范化地通过各类媒体发布新闻，增强对外宣传的有效性和持续性，取得整体效应和事半功倍的效果。

(项　华)

【加强中心组理论学习针对性】 区委理论学习中心组坚持每月一次集中学习研讨制度，带头联系实际学习，围绕党的十六届四中、五中全会精神以及建设社会主义和谐社会的内容，分六个专题开展学习研讨活动，在学习研讨中带着问题学，把理论学习与研究推进重点工作相结合，查找影响区经济和社会发展突出问题，努力探求解决的办法。扩大学习参与面，吸收基层单位领导干部参加中心组学习研讨，由区委领导挂帅组织课题组开展调研，形成9项决策咨询调研成果。全区基层党委(党组)抓住保持共产党员先进性教育活动契机，在学习中把学习贯彻党的十六届四中、五中全会精神与学习领会党的先进性建设理论、社会主义和谐社会理论结合起来，组织集中学习研讨2469次。中心组成员在带头参加“高兴、放心、凝聚、覆盖”主题实践活动中，以“双结对”活动为载体，与挂钩的结对单位开展理论宣讲活动，下基层上党课和开展形势政策宣传300多人次，下发各种形势政策宣传资料13000余份，直接受教育的基层干部和群众8万多人，推动了所在单位、分管部门以及联系点的党员先进性教育活动。

(薛志军)

统一战线

【概况】 年内，统一战线工作以构建社会主义和谐社会为重点，围绕中心服务大局，整合统战各界人士资源优势，发挥统一战线协调关系、化解矛盾、理顺情绪的作用，务实创新，奋发有为，争取人心，凝聚力量。从巩固党的执政基础高度，认真贯彻落实统一战线系列文件精神，加强多党合作和政治协商制度建设，稳步推进社会主义民主政治建设，依法加强宗教民族管理，认真做好社会团结稳定工作，集聚海内外统战力量，进一步拓展联谊交流渠道，强化工商联服务功能，积极引导非公经济人士健康成长，完善社区统战工作机制，不断形成各具特色的社区统战格局，发挥大统战优势，努力提升统战工作整体水平。（倪晓玲）

【召开对口联系工作恳谈会】 1月11日下午，区民主党派与政府职能部门对口联系工作恳谈会在区会议中心召开。区委副书记韦源，区委常委、政协副主席、区委统战部部长程云华及区政府有关职能部门和区各民主党派负责人出席会议。程云华主持会议。朱国平介绍区各民主党派与政府职能部门建立对口联系的有关情况，与会人员对召开对口联系工作恳谈会这一形式加强统战工作做法表示肯定，并提出进一步改进工作的意见和建议。（倪晓玲）

【召开民主党派负责人学习会】 3月10日下午召开。会上学习《中共中央关于进一步加强中国共产党领导的多党合作和政治协商制度建设的意见》和中央领导有关讲话精神。区委常委、区政协副主席、区委统战部部长程云华参加学习活动。（倪晓玲）

【张立平参加党外文化艺术界人士座谈会】 3月21日下午，区委召开党外艺术界人士座谈会。区委书记张立平，区委常委、区政协副主席、区委统战部部长程云华和区委统战部、区文广局的有关领导参加座谈会。程云华主持会议。会上，张立平感谢各位文化艺术界朋友为奉贤的文化发展提出许多真知灼见，希望继续为奉贤文化事业发展献计出力，并监督好《奉贤区文化发展规划纲要草案（2005～2010）》的具体落实。（倪晓玲）

【统一战线理论研究会第二届会员大会】 5月13日召开。区委副书记韦源，区委常委、区政协副主席、区委统战部部长程云华及各镇、开发区、委办局负责统战工作干部共70人参加会议。上海统一战线理论研究会副会长、市委统战部副局级巡视员徐海鹰到会祝贺并讲话。会议由程云华主持。区委统战部副部长朱国平当选为新一届区统一战线理论研究会会长。（倪晓玲）

【举办区统战干部培训班】 5月19日，区统战干部培训班在区会议中心举办。市委统战部副部长周箴、市工商联副会长唐豪、市侨联副主席俞位恩到培训班分别就学习《中共中央关于进一步加强中国共产党领导的多党合作和政治协商制度建设的意见》、当前非公经济发展问题和新形势下侨务工作的思考等讲课。各镇、开发区和委、办、局统战干部60多人参加培训班学习。（倪晓玲）

【张榕明到奉贤视察】 5月26日下午，全国政协副主席、民建中央常务副主席张榕明一行，到坐落在金汇镇的上海中华职业技术学院视察工作。张榕明对学院近几年在各级领导关心下，不断发展职业技术教育所取得的成绩表示祝贺，并希望积极借鉴国外先进的教学理念，使职业技术教育在国内蒸蒸日上。区委书记张立平、区政协主席胡镇寰等有关区领导陪同视察。（倪晓玲）

【徐力到奉贤调研】 6月10日下午，市委统战部副局级巡视员徐力一行到奉贤，就学习贯彻《中共中央关于进一步加强中国共产党领导的多党合作和政治协商制度建设的意见》情况进行调研。强调学习贯彻文件精神要和奉贤实际相结合，认真分析党派换届过程中存在的问题，加强调研，确保明年换届工作顺利进行。区委常委、区政协副主席、区委统战部部长程云华等参加调研。（倪晓玲）

【举办第三期民主党派新成员培训班】 6月9日～11日，区委统战部在区社会主义学院组织举办区第三期民主党派新成员培训班，来自各民主党派的新成员35人参加培训。统战部副部长朱国平作培训动员。（倪晓玲）

【召开党外知识分子纪念“七一”座谈会】 7月1日下午，为进一步学习贯彻《中共中央关于进一步加强中国共产党领导的多党合作和政治协商制度建设的意见》，加强新一代党外知识分子队伍建设，切实做好党外知识分子工作，区委统战部召开党外知识分子纪念“七一”座谈会。区委副书记韦源，区委常委、区政协副主席、区委统战部部长程云华以及党外干部、党外知识分子等30多人参加座谈会。座谈会由程云华主持。（倪晓玲）

【区委召开党外代表人士座谈会】 12月1日，区委召开党外代表人士座谈会，专题协商讨论《中共上海市奉贤区委关于制定国民经济和社会发展第十一个五年规划的建议》（讨论稿）。区委书记张立平，区政协主席胡镇寰，区委副书记韦源，区委常委、区政协副主席、区委统战部部长程云华参加座谈会。（倪晓玲）

政策研究

【概况】 年内，区委政策研究部门继续以社会难点、群众热点和舆论焦点为着手点开展调研活动。年初以农民增收为课题，调查后拟定区委《关于进一步促进农民增收的若干意见》文件，着力探索农民增收长效机制的建立。第四季度针对上述文件执行情况开展调研，就区内农民增收现状、存在问题及对策写出《我区农民增收情况的调研报告》，总结经验，寻找差距。继续组织开展局村挂钩和扶持经济薄弱村工作，以上年区委《关于进一步扶持经济薄弱村工作的若干意见》执行情况为跟踪研究对象，加大区财政转移支付中对经济薄弱村的扶持力度，提出推动产业结构调整扶持经济薄弱村的新思路。3月~7月，组织开展农业龙头企业与经济薄弱村帮扶结对活动，促使7个农业龙头企业与15个经济薄弱村签定五年帮扶协议。年内通过各方联动，全区有18个经济薄弱村脱贫，脱贫率34%。7月~10月，围绕构建社会主义和谐社会主题，组织开展区社会事业发展决策咨询调研，主要内容有"功能定位"、"科教兴区"、"宅基地置换"、"征地留用地政策"、"镇保人员就业"、"南桥新城管理"、"外来人员管理"、"村级集体经济发展"、"都市型农业发展"以及"公务员队伍管理"等十大课题。通过走访、座谈等形式形成调研报告，于10月整理成《决策咨询调研成果汇编》，为各级领导和有关部门推进和谐社会建设提供借鉴。完成2004年考评工作及财富100强的评比和表彰工作。在此基础上，拟定区委、区政府2005年关于对乡镇、经济开发区、集团公司的考核及财富百强评选等文件。开展行政区划调整调研工作。年内，根据区政府《关于南桥镇行政区域和规划对接的通知》精神，听取南桥、金汇、青村镇意见，在涉及金汇、庄行、青村镇的15个行政村已整机制划入南桥镇后，又把金汇港西侧企业以及光明社区划转至南桥镇。根据区政府3月19日协调会议精神，把南桥镇灵芝、吴塘村行政管理职能整机制划转工业综合开发区，使2004年行政区划调整和规划对接工作在2005年得到深化和完善。 （罗　磊）

【完成政策调研报告17篇】 年初，以深化各项农村村级体制改革为课题，以不断壮大村级集体经济为目的，在考察、吸收江苏、浙江以及市内兄弟区县经验后，结合奉贤自身情况，先后撰写《关于村级集体资产产权制度改革可行性探讨》、《关于我区农村集体股份合作制改革的调查》、《浙江省宁波、杭州两市推行征地留用地制度基本情况》、《撤制村资产情况的调查》等调研文章；4月~5月，重点调研区宅基地置换试点工作，就其工作中的难点问题撰写《宅基地置换过程中新建小区物业管理问题初探》等调研报告4篇，及时对试点工作进行总结和探讨；11月~12月，以建设社会主义新农村为课题，就奉贤新郊区建设问题于第四季度开展专题调研，形成相关调研报告2篇。围绕领导关注、群众关心的重点、热点问题开展专题调研，先后撰写《关于申隆生态园区体制转换的有关问题调研》、《关于建立风险责任奖管理制度的实施办法》、《如何有效推进"科教兴区"实施》、《奉贤区关于村镇体系建设情况的汇报》、《以南桥镇光明村为例探讨村级集体资产产权制度改革新模式》、《关于南桥镇杨王村发展中瓶颈的调研》等调研报告，为领导决策提供依据，为基层排忧解难。 （罗　磊）

【拟定政策文件8件】 年内，根据区委、区政府工作思路和要求，在总结经验和开展调研基础上，共为区委、区政府拟定文件8份：即《关于表彰2004年度奉贤财富100强的通知》、《关于评选2005年度奉贤区财富100强活动的通知》、《关于2005年对各镇党政班子领导成员考核奖励的意见》、《关于2005年度对各开发区党政领导班子成员考核奖励的意见》、《关于2005年度对区直属公司（社）领导班子考核奖励的意见》、《关于表彰2004年度经济薄弱村脱贫工作的决定》、《关于进一步促进农民增收的若干意见》、《关于南桥镇、青村镇行政区域划转相关事宜协调会议纪要》。 （罗　磊）

党校工作

【概况】 年内，围绕区委中心工作开展宣讲辅导、党政干部培训和学历教育等工作。全年共举办各类培训班15期，受训学员1560名。其中会同区委组织部举办中青年干部培训班1期，为期2个月，学员36人；区党政领导干部理论培训班2期，为期各1个月，学员72名；入党积极分子培训班3期，学员270名；村党支部书记、主任培训班1期，学员338名。组织部分教师到镇、开发区、有关局等单位宣讲辅导党的十六届五中全会精神和保持共产党员先进性教育专题讲座。 （钱凤顺）

【承办公务员培训班】 5月9日~6月25日、10月12日~11月27日，承办以《国家公务员公共管理（MPA）核心课程》为教学内容的培训班，参加培训学员共272人。 （钱凤顺）

【学历教育稳步发展】 年内，完成中央党校函授学院7个班520名学员的教学辅导任务。学习期满，经考试有57名学员获得大专毕业证书，78名学员获得本科毕业证书。招收2005届中央党校函授本科生84人。至年末在校生共有469人。 （钱凤顺）

老干部工作

【概况】 至年末，全区共有离休干部217人。年内，全区各级党政领导和老干部工作者继续按照市、区老干部工作会议及《上海老干部工作领导责任制》精神要求，认真落实老干部政治、生活待遇。重视政治理论学习，组织老同志学习"三个代表"重要思想和十六届五中全会精神，先后举办离休干部政治理论读书班、离休干部党支部骨干培训班各1期，举办国内外形势报告会3次。配合先进性教育活动，组织开展庆"七一"党史知识竞赛活动、"踏红色足迹重温革命史、看城乡变迁永葆先进性"主题考察活动。在先进性教育活动中，还开展争做"三个代表"重要思想实践者结对共建活动，有21对老干部与青年干部结为共建对子。结合纪念抗战胜利60周年开展系列活动。各单位组织老同志学习《上海市离休干部党支部工作条例》，积极为老同志学习活动创造条件，主动做好服务工作，提供必要的经费订阅学习资料和报刊杂志；定期召开离休干部党支部书记例会，每月召开部分老干部座谈会；配合有关党委做好离休干部党支部换届改选工作。认真做好落实离休干部生活待遇工作。年内，为区内"抗战后期"离休干部办妥医疗进"干部保健"的手续；及时调整、增加离休干部护工费、生活补贴费标准；认真落实离休干部配偶无固定收入、子女残疾且丧失劳动能力、生活不能自理的有关补贴和已故离休干部配偶生活困难补助。组织全区离休干部健康体检；继续实行离休干部特殊用药经费分担"三个一点"（即离休干部本人支付一点、家属子女承担一点、组织上补贴一点）办法，解决部分老干部特殊医疗困难；走访慰问生病住院、生活相对困难的离休干部及遗属1178人次；继续为离休干部免费安装"安康通"；为全区离休干部发送贺年明信片和生日卡片；调整老干部兴趣小组、老干部活动室等措施为老干部活动进一步创造条件；落实"四联系"（即老干部局每个工作人员与离休干部支部、与生活不能自理、与离休干部所在单位、与所在社区居委会的联系）制度，加大对老干部工作的协调和指导；继续落实离休干部凭离休证免费乘坐公交车、观看电影，看病挂号及老干部病房床位差价等。为提高老同志自我保健修养，年内还举办卫生心理健康知识讲座3次。区关心下一代工作紧密结合实际，年内开展一系列较具特色工作取得明显成效。区关心下一代工作委员会、区关工委副主任兼秘书长张明勋分别被中国关心下一代工作委员会、中央精神文明建设指导委员会办公室授予"全国关心下一代工作先进集体"和"全国关心下一代先进工作者"荣誉称号；区关心下一代工作委员会、中共上海市奉贤区委老干部局、离休干部俞德贵、区老干部活动室等7家单位和22位个人分别被上海市关心下一代工作委员会授予"上海市社区老少结对共建活动优胜奖"、"老干部同优秀青年干部结对争做'三个代表'重要思想实践者活动优秀组织奖、优秀个人奖"、"老干部同青少年结对创建示范文明小区活动忘年好友奖"、"老干部同青少年结对读书忘年交活动优秀组织奖、优秀指导奖"、"老干部社会帮教志愿者活动优秀组织奖及优秀老干部社会帮教志愿者"、"老干部同青少年结对共建'爱心信息工程'活动优秀组织奖"等6个奖项。

（董丽红）

【开展离休干部主题教育活动】 年内，根据区委要求，在全区离休干部中开展"保持共产党员先进性、为党旗增光添彩"主题教育活动，通过组织致一封公开信、发一本辅导书、上一堂辅导课、作一次报告会、办一次讲座、进行一次大讨论、开展一次考察活动、组织一次测试的"八个一"活动，引导广大离休干部在先进性教育活动中带头做"可敬的老干部、先进的共产党员"，配合离休干部所在单位党组织开展先进性教育活动取得较好效果。

（董丽红）

【举办纪念抗战胜利60周年8项活动】 年内，开展离休干部纪念抗日战争胜利8项纪念活动，焕发离休干部的革命激情：（1）开展走访慰问抗日老同志活动。张立平、沈慧琪、周伟民、胡镇寰、韦源、钱城乡等区四套班子领导分别走访慰问在奉抗战老战士、老干部。（2）8月31日，区委召开纪念抗战胜利60周年抗战老同志座谈会。（3）开展"抗战歌曲大家唱"活动，并参与全区纪念抗战胜利60周年歌咏会。（4）举行一次电影招待会。（5）举办"牢记历史，珍爱和平"离休干部书画、摄影展，16块版面500多张照片参与展出。（6）组织部分离休干部参加实弹射击，并在全市老干部射击比赛中获得团体第六名和个人第三名的好成绩。（7）举办纪念抗战胜利知识竞赛活动。（8）开展纪念抗战胜利60周年宣讲活动。老干部深入机关、学校、工厂和社区开展纪念抗战胜利60周年革命传统和爱国主义宣讲，受到各界欢迎和好评。

（董丽红）

机关党工委工作

【概况】 至年底，区机关党工委直属党组织共55个。其中，部门机关党委3个，党总支部6个。年内，按照《中国共产党章程》和《中国共产党党和国家机关基层组织工作条例》有关规定，调整部分党组织设置，共撤销党支部2个、划转党支部1个、接收党支部1个、新建党总支1个，新增基层党支部5个。对6个届满基层党组织进行换届选举，对因机构改革而发生人事变动的3个党组织书记进行调整。发展新党员46人，办理中共预备党员转正手续54人。"七一"举行有52名新党员参加的入党宣誓仪式。参加由区委组织部举办的建党积极分子培训班68人。开展《中共中央关于建立健全教育、制度、监督并重的惩治和预防腐败体系实施纲要》学习教育活动，在每季度下发的党组织学习计划中，安排党风廉政建设教育专题，拟定研讨课题。开展区直机关《领导干部不准收受现金和有价证券的规定》自查工作，加强礼金、礼品和有价证券的上缴、登记、保管、使用管理工作。查处违反党纪案件2起，对违纪党员分别作出党纪处分，并对受党纪处分人员进行回访教育。努力为基层党组织学习创造条件，制订和下发4期季度学习计划，赠送订阅《市级机关动态》、《支部生活》等10多种报刊杂志，编印《奉贤机关动态》12期。根据区先教办《关于形成合力共同配合区委常委会落实整改措施的通知》精神，发出《遵守道路交通安全》倡议书，组织发动50多个基层党组织、288名机关干部参加南桥镇四条文明路段早、晚两小时的值勤活动，历时2个月。组队参加"奉贤区创建上海市园林城区百科知识竞赛"，获一等奖。组织16个单位50多名机关干部与区四套班子领导参加绿化保洁养护活动。制订下发《关于在区直机关开展建设"节约型机关"活动的通知》和《关于加强机关内部防范工作的通知》，要求各基层党组织完善各项制度，落实负责人员，采取有效措施，将工作落到实处。年内，有55个区直机关单位、101个基层党组织、1566名党员参加第一、第二、第三批保持共产党员先进性教育活动，各基层党组织和广大党员积极参加“双结对”主题实践活动，将“双结对”工作与社区共建、局村挂钩相结合，做好结对帮困送温暖工作。区直机关团工委有基层团组织16个、156名团员参加“增强团员意识”主题教育活动。至年底，有18家单位被评为“创建学习型机关”，表彰先进党支部43个、“三优”文明科室51个、“三满意”好干部58人。下发《关于进一步做好发展党员工作意见》，积极推行票决制，规范发展党员手续和程序18项，确保党员发展质量。做好离退休干部工作，从政治、生活上关心他们，努力解决实际困难和问题。（高　玲）

【调整部分党组织隶属关系】 年内，按照《中国共产党章程》、《中国共产党党和国家机关基层组织工作条例》有关规定调整组织设置，撤销“上海市食品药品监督局奉贤分局”党支部，建党总支；划出区公积金运用中心党支部；吸收区生产安全监督管理党支部；新增上海市食品药品监督局奉贤分局和区税务局基层党支部共5个。对任期届满的发改委退休党支部、投资服务中心党支部、“610”办党支部、科委党支部、第二离休干部党支部、人大离退休干部党支部进行换届选举工作。对因机构改革而发生人事变动的区产权经纪公司党支部、发改委党支部、残联党支部、南变公司党总支等班子人员作出调整。（高　玲）

【加强区直机关党风廉政建设】 年内，开展《中共中央关于建立健全教育、制度、监督并重的惩治和预防腐败体系实施纲要》学习活动；结合先进性教育活动，开展远学郑培民、牛玉儒，近学姚少波、沈燕芳活动；组织区直机关党员干部观看《内蒙古第一贪萧占武》反腐教育警示片。开展《领导干部不准收受礼金和有价证券的规定》自查工作，印发机关干部“五个不准”通知，下发自查表，做好礼金、礼品、有价证券和贵重物品上交、登记、保管、使用制度的落实工作，全年各基层单位党员干部主动向机关党工委上交礼金、礼品、有价证券和贵重物品20人，其中局级干部10人次，处级干部9人次，科级干部1人次。查处区档案局违反组织人事纪律案件和区税务局妨害社会管理秩序嫖娼案件各1起，分别给予党内警告和开除党籍处分。并对受党纪处分2人进行回访教育。（高　玲）

【推进区直机关工会工作】 年内，区直机关工会加强基层工会班子建设，对任期届满的区会议中心、人事局和上海市食品药品监督局奉贤分局、国资委、外经委基层工会进行换届改选。组建食品生产监督所工会，划转区公积金运用中心、奉源原水公司工会组织隶属关系。举办基层单位工会主席、女工委员培训班两天，有17个单位20人参加培训。组织机关干部参加体育活动，先后获得第一届“电信杯”篮球赛团体第三名、“迎五一供销杯”乒乓球赛第七名、第一届“悦华杯”羽毛球赛女单第三名，组队参加区第三届职工文体展示活动，获得优秀组织奖。五一和国庆节期间，组织中国象棋、乒乓球、飞镖、自行车慢速、双人桥牌赛等一系列适合机关特点的文体活动，丰富机关文体生活，提高健康素质。（高　玲）

史志工作

【概况】 年内，区委史志办开展党员先进性教育活动，加强以“三苦精神”和“三自境界”为主线的职业道德教育，史志工作者“追求卓越、锐意创新、齐心协力、奋发向上、爱岗敬业、精益求精”的精神风貌得到进一步发扬，承担着繁重的编史修志任务并取得阶段性成果。年内召开《奉贤县续志》志稿内部评稿会9次，评议志稿23卷。修改后形成初纂稿，到基层召开初纂稿志稿评审会20次20卷。8月，志稿进入总纂阶段，至年底完成第一轮总纂稿26卷。为在时间节点内保质保量完成《奉贤县续志》的编辑出版任务，2月28日，每位编辑与史志办签订责任协议书，明确双方的权利与义务，采取奖罚措施，确保修志进度和志稿质量。为搞好总纂工作，8月5日召开《奉贤县续志》总纂征询意见会。全区正在修志的单位31家，采用多种方式指导基层修志工作。全年除不定期按小组分头联络、或下基层指导编修镇续志、部门（专业）志外，举办为期两天的基层修志人员培训班一次，召开基层修志工作研讨会一次，并组织部分镇续志编纂主笔参加市地方志办公室举办的续志编修培训班。按时间节点编辑出版《奉贤年鉴》。4月，《奉贤年鉴（2005）》的编辑任务摆上案头。为处理好与修志工作的关系，年鉴编辑工作采取相对集中时间和精力的办法，统筹安排组织实施。8月底，《奉贤年鉴（2005）》出版，全书109万文字，用5个月时间完成，篇幅比上年增加近10万字数，所用时间比上年减少3个月，期间还包括宣传彩页的组稿工作。为提高年鉴编纂质量，结合年鉴出版发行工作，下发各单位分管领导和撰稿员《奉贤年鉴》质量意见征询表，从反馈统计情况看，“总体评价”好的占96.6%，“反映奉贤特色和时代特点”好的占93.2%，“装帧设计”满意的占86.4%，“框架设计和条目内容”反映好的占91.5%。党史工作。年内向市委党史研究室上报奉贤“上海党史大事”18件，录用15件。配合区委党员先进性教育活动编辑出版《红色足迹》小册子，印数5万册；参与组织举办“党史与党性知识竞赛”活动。为《奉贤报》“古华春秋”栏目撰写奉贤革命斗争史资料等，并在全区开展“抗日战争时期人口伤亡和财产损失调查”工作。《奉贤百年纪事》等2项成果被评为2001年～2004年上海市党史优秀成果奖。年内，蒋新甜被中国地方志指导小组办公室评为全国方志先进工作者和2001年～

2005年度上海市地方志系统先进工作者。（辛　田）

【《红色足迹》编辑出版】 2月5日，为配合区委开展以实践"三个代表"重要思想为主要内容的保持共产党员先进性教育活动（简称先进性教育活动），区委史志办和组织部联合编辑出版《红色足迹》小册子。共印5万册，区委书记张立平为该书作序。《红色足迹》一书记述奉贤部分革命遗址、遗迹、革命前辈、英烈人物、战斗故事等史料，文字生动，图文并茂，可读性强，受到读者欢迎，为利用党史资源开展奉贤特色先进性教育活动作出努力。（辛　田）

【"奉贤史志"网站改版成功】 3月，"奉贤史志"网站进行全面改版。新版的"奉贤史志网站"突出奉贤地情资料，增加"风俗语言"、"古华人物"、"奉贤大事"等栏目，并在页面用色、音乐衬托等方面设计出更舒适的浏览空间和更趋人性化的背景。（辛　田）

【开展多种形式指导基层修志工作】 1月19日上午，在区会议中心召开镇续志、部门（专业）志主笔恳谈会，听取各基层修志工作情况汇报，对提出的共性问题给予具体解答，并布置向《奉贤县续志》提供人物、地名、风俗语言等撰稿任务。6月2日～3日，假座上海师范大学奉贤校区迎宾楼，举办基层修志人员培训班，邀请市地方志办公室颜小忠、南汇区地方志办公室马振雄讲课，专题就如何撰写镇续志、部门（专业）志的三级概述、以及开展总纂工作的要求进行辅导。全区70余名修志人员参加培训。8月15日～19日，组织区内14部镇续志主笔参加市地方志办公室举办的续志编纂培训班。9月～10月，区委史志办有关人员先后到7个镇开展镇续志编纂工作调研活动。这是继年初走访了解各镇修志工作情况后的再次集中调研，旨在掌握修志进度、志稿存在的共性问题等，为年末召开全区修志工作研讨会作准备。调研方法为每到一镇，由该镇分管领导召集下属单位全体修志人员出席会议，在听取编纂工作情况汇报后，抽取其中已形成的初纂稿进行评稿，作现场指导。至年底，各镇续志编修工作均已进入总纂阶段。（辛　田）

【《奉贤百年纪事》等获市党史优秀成果奖】 8月3日，在市委党史研究室假座宝山宾馆召开的上海市党史工作会议上，宣布2001年～2004年上海市党史优秀成果评选结果。奉贤区委史志办公室编辑出版的《奉贤百年纪事》一书、以及电视专题片《人民决不会忘记——北宋抗战60周年纪念》评为上海市党史优秀成果奖。市委副书记王安顺，市委组织部副部长、市委党史研究室主任冯小敏出席颁奖大会。（辛　田）

【《奉贤县续志》总纂征询意见会】 8月5日召开。《奉贤县续志》编纂工作自2002年5月正式启动，经宣传发动、收集资料、编辑初稿、内部评稿、召开基层审稿会等阶段后，8月份起进入总纂阶段。为提高总纂人员编辑水平，确保志稿质量，邀请部分修志专家就如何开展总纂工作听取意见。市地方志办公室副主任姚金祥、副编审颜小忠、《松江县志》主编何惠明、《川沙县续志》副主编廖远妹、《嘉定县续志》主编倪所安、《黄浦区志》常务副主编范洪涛、原奉贤区（县）史志办公室主任周正仁、陈忠应邀出席会议，与会人员对《奉贤县续志》总纂工作提出宝贵意见和建议。（辛　田）

【举办"读志用志"赠书仪式】 10月20日，为充分利用史志资源，拓展人民群众了解奉贤地情阵地，增强史志意识，区委史志办公室与区社会工作党委联合开展"知我奉贤、爱我家乡"读书活动暨赠书仪式，向南桥镇、海湾镇各居民委员会，以及区图书馆、老年活动中心、老干部活动中心等单位赠送图书700余册。为推动读书活动，同时开展读书有奖征文活动，取得较好成效。（辛　田）

【市区（县）续志记述"体制改革"研讨会在奉贤召开】 10月25日，由市地方志办公室组织的上海市区（县）续志记述"体制改革"专题研讨会在奉贤区古华山庄召开。来自13个区（县）的30多名修志人员和领导参加会议。奉贤史志办副主任周生明就《奉贤县续志》设"经济体制改革"卷、采用相对集中和分散记述经济体制改革方法作主题发言。市地方志办公室区县指导处和宝山、青浦、崇明、浦东、金山、卢湾等单位的会议代表发表了如何记述经济体制改革的意见。市地方志办公室副主任朱敏彦、姚金祥到会并讲话。（辛　田）

【《奉贤优秀住宅集锦》画册编辑出版】 12月5日，为反映奉贤改革开放以来城市建设、居民住宅建筑崭新风貌，由区委史志办公室和区房屋土地管理局联合编辑的《奉贤优秀住宅集锦》画册出版发行。该画册收集130幅从不同视角反映建筑样式的照片，经精巧设计并配以诗文，使该画册既具欣赏价值，又具收藏价值，同时也从一个侧面推介奉贤，成为奉贤的一张新名片。（辛　田）

（本栏目编辑　蒋新甜）

上海市奉贤区人民代表大会

综　　述

2005年，上海市奉贤区人民代表大会及其常务委员会坚持以邓小平理论和"三个代表"重要思想为指导，贯彻落实科学发展观，围绕全区工作大局，紧紧依靠全体代表，依法履行法定职权，解放思想，开拓进取，加强协调，讲求实效，各项工作取得新进展，为推进奉贤的改革发展稳定发挥应有作用。常委会会议审议议题9项，主任会议听取工作报告11项，组织代表视察走访16次。（1）加强监督工作，实施法律、工作、人事监督并举，增强监督实效。围绕安全工作，着重对《安全生产法》、《食品卫生法》、《学校伤害事故处理条例》等安全法律法规进行执法检查。抓住庭审这一诉讼程序的重要环节，组织区、镇人大代表旁听案件庭审。采取审议、视察、走访、专题性调研等方式，对区政府关于招商引资和四大工业板块建设、农村宅基地置换试点工作等21个方面的专题工作情况进行监督。积极探索人事任免工作的有效形式，依法任免国家机关工作人员78人次。加强对常委会任命干部的监督，对区审计局局长、区环境保护局局长和区检察院一名副检察长开展述职评议。（2）深化代表工作，坚持抓培训、建平台、畅渠道并举，发挥代表主体作用。全年有900多人次的区、镇人大代表参加各类学习和培训，设置代表电子信箱，邀请公民代表旁听常委会会议，常委会组成人员走访代表100多人次。全区18名区人大代表向所在选区的选民进行述职。重视对代表书面意见的办理，区二届人大四次会议期间代表提出的91件书面意见，均在法定时间内办复。组织市人大代表以适当形式直接向市政府反映奉贤面临的困难和群众的迫切要求，充分发挥市代表的作用。在市人代会期间，共提出代表书面意见22件。（3）围绕支持行政和司法部门工作，通过出主意、排忧难、通民意并举，努力寓支持于监督之中。深入开展课题调研，为政府决策提供参考。坚持把处理群众来信来访与了解社情民意、畅通与人民群众的联系渠道紧密结合，帮助"一府两院"排忧解难。全年共收到群众来信来访690件。（4）贯彻中央和市人大工作精神，实行定规程、抓规章、建机制并举，坚持和完善人民代表大会制度。制定请示报告和落实区委重大决策的工作规程，自觉接受党的领导。制定《关于加强代表系统培训的实施意见》和《关于发挥代表专业特长的实施意见》，支持和保证代表依法履行职责。对现行各项工作制度进行梳理和完善，推进人大工作制度化建设。（5）按照建好"工作机关"和"代表机关"的要求，采取抓学习、听意见、做整改并举，增强常委会工作效能。

（范海红）

重要会议

【区二届人大四次会议】 1月25日～27日在奉贤会议中心召开。应到代表222人，出席大会开幕式198人。会议审议区长沈慧琪作的《政府工作报告》；审查和批准了2005年国民经济和社会发展计划；审议区财政局局长潘妙龙作的《关于2004年财政决算情况和2005年财政预算（草案）的报告》，审查和批准了2004年财政决算情况和2005年财政预算；审议区人大常委会主任周伟民作的《区人大常委会工作报告》，区人民法院院长苏永侃作的《区人民法院工作报告》，区人民检察院检察长潘祖全作的《区人民检察院工作报告》。会议补选包蓓英、陈勇为区二届人大常委会委员。

（范海红）

【召开区二届人大常委会会议10次】 年内，区二届人大常委会举行第十七次至第二十六次会议。

第十七次会议，1月10日举行。会议审议区2004年财政决算情况和2005年财政预算（草案）报告、区人大常委会工作报告等区二届人大四次会议有关文件；通过关于接受石士康辞去区人大代表职务请求的决定、关于确定区人民陪审员名额的决定，以及区二届人大代表变动情况报告。

第十八次会议，2月4日举行。

会议决定任命包蓓英为区人大常委会人事工作委员会主任，任命徐剑萍为区人民政府副区长；决定免去沈德良、钱金发、严木均的区人民检察院检察员职务。

第十九次会议，4 月 19 日举行。会议审议区劳动和社会保障局关于区就业和再就业工作情况汇报，听取副区长徐剑萍有关区 2005 年重点建设工作情况通报。会议决定任命顾冲明、孙鸿萍为区人大常委会人事工作委员会委员，沈梦龙为区人大常委会财政经济工作委员会委员，韦美芳、孙跃明为区人大常委会城建环保工作委员会委员；任命程一平为公安奉贤分局局长，施新官为区财政局局长，戚爱国为区民政局局长；任命丁辉等 20 人为区人民法院人民陪审员。决定免去沈桂龙的区人大常委会人事工作委员会委员职务；免去陆勇华的公安奉贤分局局长职务，潘妙龙的区财政局局长职务，金国强的区民政局局长职务。

第二十次会议，6 月 22 日举行。会议审议区人民检察院关于预防职务犯罪工作情况汇报。会议决定任命褚建平为区对外经济委员会主任；任命路保文为区人民法院民事审判第一庭庭长，顾建春为区人民法院行政审判庭庭长。决定免去王顺林的区人民法院副院长、审判委员会委员、审判员职务，路保文的区人民法院民事审判第一庭副庭长职务，顾建春的区人民法院行政审判庭副庭长职务。

第二十一次（扩大）会议，7 月 19 日举行。会议专题审议上半年政府工作、社会治安、财政预算执行、代表书面意见办理情况等 4 个报告。会议认为，上半年，区政府深入贯彻中央宏观调控政策，坚持以科学发展观为指导，以构建社会主义和谐社会为目标，积极应对各种困难，迎难而上，开拓进取，全区经济建设和社会各项事业取得新的进展。

第二十二次会议，8 月 25 日举行。会议审议区审计局关于 2004 年度区财政预算执行和其他财政收支的审计工作报告；听取区审计局局长陶永平的述职报告，并进行评议。会议决定任命陶建雄为区发展和改革委员会主任，张琪为区经济委员会主任，吴保国为区建设和交通委员会主任，刘德仁为区国有资产监督管理委员会主任，李志宏为区规划管理局局长，杨金章为区安全生产监督管理局局长，潘春伟、谢宝荣、胡军妹、钱引芳为区人民检察院检察员；决定免去殷作夫的区人民检察院检察委员会委员职务，朱洪仁的区人民检察院检察员职务。

第二十三次会议，9 月 12 日举行。会议审议通过关于设立奉贤区海湾镇人大工作联络处的决定。决定任命瞿军为奉贤区海湾镇人大工作联络处主任。

第二十四次会议，10 月 9 日举行。会议审议区环保局关于区第二轮环保“三年行动计划”实施情况报告。会议听取和评议区环保局局长王文飞、区人民检察院副检察长褚明君的述职报告。会议审议区人民政府的人事任免议案。经投票表决，决定任命屠晓为区档案局局长；决定免去茹兆炎的区档案局局长职务。

第二十五次会议，11 月 17 日举行。会议审议区经济委员会关于区四大工业经济板块建设情况汇报。会议决定任命李卫星、甘青峰、李越峰、曹玲玲、金献忠、顾煜麟、倪黎明、唐祖峰、顾彧、张国新、余红、张明浩为区人民法院审判员，姚少波为区人民检察院检察委员会委员，沈晓刚为区人民检察院检察员。

第二十六次会议，12 月 8 日举行。会议决定于 2006 年 1 月 10 日～12 日召开区二届人大五次会议。会议听取区人民政府关于 2005 年财政超收收入使用情况的通报，审议区 2005 年财政决算情况和 2006 年财政预算（草案）报告，审议通过关于接受薛德初辞去区人大常委会副主任职务请求的决定、关于接受毛啸岳辞去区人民政府副区长职务请求的决定、关于区二届人大五次会议设立市民旁听席的决定、关于代表变动情况报告和列席人员名单。（范海红）

【召开区二届人大常委会主任会议 13 次】 年内，区二届人大常委会举行第三十四次至第四十六次主任会议，其中听取政府职能部门工作报告 11 项。（范海红）

1 月 26 日，区人大常委会主任周伟民在柘林代表团参加审议《政府工作报告》。（方国政　摄）

2005 年奉贤区二届人大常委会主任会议情况表

会议次数	召开日期	会议内容
第三十四次	2 月 3 日	听取区二届人大四次会议重要代表书面意见，讨论区人大常委会 2005 年度工作要点
第三十五次	2 月 25 日	研究区人大常委会 2005 年度主要工作安排
第三十六次	3 月 29 日	听取区农委关于农业综合执法和农业行政许可受理工作情况报告
第三十七次	4 月 29 日	听取区政府关于整治违法建设工作情况报告
第三十八次	5 月 27 日	听取区法院关于刑事审判工作情况报告
第三十九次	6 月 30 日	听取区人大常委会各工作委员会上半年工作情况报告，讨论区人大常委会《关于对陶永平、王文飞、褚明君进行述职评议的实施意见》
第四十次	7 月 29 日	听取区劳动和社会保障局关于区“镇保”工作进展情况报告
第四十一次	8 月 17 日	讨论区政府关于陶建雄等人职务任免的议案，区检察院关于潘春伟等人职务任免的报告
第四十二次	8 月 30 日	听取区人事局关于区推进事业单位人事制度改革情况报告，讨论有关编纂《奉贤人民代表大会志》和筹建海湾镇人大工作联络处事宜
第四十三次	9 月 29 日	听取区教育局关于学校安全工作情况报告
第四十四次	10 月 26 日	听取区财政局关于区预算外资金管理情况报告
第四十五次	11 月 29 日	听取区民政局关于 2005 年区民政实事项目落实、区农委关于区禽流感防控工作、区审计局局长陶永平、区环保局局长王文飞、区人民检察院副检察长褚明君的关于述职评议整改情况报告，听取区人大常委会各工作委员会关于 2005 年工作和 2006 年工作设想，讨论区二届人大五次会议有关文件草案
第四十六次	12 月 23 日	听取区公安分局关于南桥中心城区治安防控体系建设情况报告

（范海红）

代表工作

【组织代表视察走访 16 次】 年内，区二届人大常委会组织代表视察走访 16 次，其中视察 11 次，走访 5 次，对区政府关于招商引资和四大工业板块建设、农村宅基地置换试点工作、促进就业和再就业工作、公共卫生体系建设“三年行动计划”实施、防汛防台、社会治安等专题工作情况进行监督，提出改进意见和建议。（范海红）

2005 年奉贤区人大常委会组织代表视察走访情况表

时　间	内　容
3 月 17 日	走访了解奉城中心镇建设情况
3 月 23 日	视察基层司法所建设情况
4 月 12 日	视察市级园林城区创建工作情况
4 月 20 日	视察公路、铁路、燃气建设情况
4 月 28 日	视察安全生产工作情况
5 月 19 日	视察防汛防台工作和“保滩”工程建设情况
5 月 24 日	走访了解《人口与计划生育法》和《人口与计划生育条例》贯彻执行情况
6 月 15 日	视察水环境保护和治理工作情况
6 月 21 日	走访了解轻工集团下放到奉贤的有关企业情况
6 月 28 日	视察《残疾人保障法》贯彻执行情况
6 月 23 日	视察《食品卫生法》贯彻执行情况
7 月 21 日	视察宅基地置换试点工作情况
8 月 23 日	视察公共卫生体系“三年行动计划”实施情况
9 月 14 日	走访了解地下民防工程建设情况
10 月 18 日	走访了解变电站建设情况
10 月 20 日	视察专业市场建设和旅游项目建设情况

（范海红）

【组织代表参加学习培训】 年内，为增强党的观念、代表意识和提高履行职责能力，区人大常委会有计划地组织代表进行培训，邀请市人大常委会主任龚学平作坚持和完善人民代表大会制度专题报告，邀请区委书记张立平作增强党的观念和代表意识的辅导，邀请有关专家作相关法律法规培训等。全年，区、镇人大代表参加各类学习和培训共900多人次。 （范海红）

【拓宽代表知情知政和参政议政渠道】 年内，根据代表工作岗位特点，将基层代表划分成5个小组，由各工作委员会分头进行联系；采取设置代表电子信箱、网上办理代表书面意见等措施，积极构建常委会、代表和选民之间的联系渠道；坚持邀请代表参加政府向常委会的定期通报会、列席常委会和政府工作有关会议、参与政风行风评议；坚持常委会组成人员联系代表和走访代表制度，全年走访代表共100多人次。 （范海红）

【全面推进代表述职评议工作】 年内，区人大常委会在上年试点的基础上全面推进代表述职评议工作，全区共有18名区人大代表向所在选区的选民进行述职，并当场接受选民的评议和书面测试。 （范海红）

【办理代表书面意见91件】 区二届人大四次会议期间共收到代表书面意见91件，其中关于健全城市管理体制，建立综合执法机构等9条书面意见，经人常委会主任会议研究确定为重点督办的代表书面意见，要求区政府抓紧办理。区政府及有关部门均在法定时间内按时办理，代表满意程度有进一步提高。 （范海红）

【受理代表和群众来信来访690件次】 年内，区人大常委会受理代表和群众来信来访690件次，其中来信366件，来访324次，联名信44件，署名985人，集体访19次计122人，都作及时妥善处理。区人大领导对信访件的批办率达到95%以上。 （范海红）

【召开镇人大工作例会4次】 年内，区人大常委会组织召开镇人大工作例会4次。

4月7日，区人大常委会组织镇人大主席、副主席赴嘉定区学习考察镇人大代表活动中心建设情况，听取嘉定区人大代表工作和南翔镇人大代表活动中心开展情况介绍，并进行交流讨论。

6月24日，召开镇人大工作例会，交流各镇人大（代表组）开展人大代表述职评议准备工作情况。区人大常委会主任周伟民充分肯定镇人大在推进地方民主政治建设方面的重要作用，并要求各镇人大认真做好代表评议筹备工作，积极推进代表依法履职的自觉性。

10月25日，召开镇人大工作例会，学习贯彻《中共中央转发〈中共全国人大常委会党组关于进一步发挥全国人大代表作用加强全国人大常委会制度建设的若干意见〉的通知》和市人大工作会议精神。区人大常委会主任周伟民通报区人大党组贯彻落实市委人大工作会议精神的设想。区委副书记顾顺祥出席会议。各镇人大交流贯彻落实市委人大工作会议精神的主要思路，并剖析工作中存在的主要不足和问题。

12月15日，召开镇人大工作例会，交流2005年工作总结和2006年工作设想。 （范海红）

重要活动

【开展先进性教育活动】 年内，区人大党组按照区委的统一部署，精心组织，扎实推进，坚持把开展先进性教育活动作为党组工作的重中之重，把先进性教育与党员干部的思想工作实际相结合，形成思想新认识，明确工作新目标。深入开展讨论活动，制定符合人大实际的党员先进性具体标准，即做到“五个表率”：做坚定信念、坚持党性的表率；做求真务实、依法履职的表率；做围绕大局、促进发展的表率；做联系代表、服务选民的表率；做勤政廉洁、艰苦奋斗的表率。通过保持共产党员先进性教育活动，提高了机关党员干部的政治思想素质，为促进人大工作打下良好的思想基础。 （范海红）

【组织公民代表旁听常委会报告】 8月，区人大常委会第二十二次会议在评议区审计局局长履职情况报告时，通过委托代表组遴选的方式，邀请7名公民代表旁听评议情况。这是首次邀请公民代表旁听常委会会议，听取干部述职及评议。参加旁听会议的公民代表中，既有村委、居委干部，也有私营企业主和普通市民，代表了较为广泛的社会阶层。 （范海红）

【区人大代表重要活动6次】 年内，区二届人大常委会组织区人大代表重要活动6次。 （范海红）

2005年奉贤区人大代表重要活动情况表

时　间	地　点	内　容
3月15日	区会议中心	召开区二届人大代表履职积极分子表彰大会
4月14日	区会议中心	组织部分区人大代表、区政府领导及政府办、建委等部门负责人就道路建设问题举行双向约见活动
4月21日	区会议中心	组织部分区、镇人大代表开展安全生产知识培训
9月8日	区会议中心	组织慰问区人大代表中的教师
11月7日	区会议中心	市人大常委会主任龚学平作坚持和完善人民代表大会制度专题报告
11月22日	区法院	组织部分区、镇人大代表旁听法院案件庭审

（范海红）

【市人大奉贤代表组在奉贤活动4次】 5月17日,代表组视察奉贤区推进"三个集中"试点工作进展情况,市委副书记罗世谦、区委书记张立平、区人大常委会主任周伟民参加活动。代表们实地察看庄行镇宅基地置换试点基地建设情况,充分肯定奉贤区推进"三个集中"试点工作所取得的成绩,并针对试点工作中面临的问题提出意见。

8月10日,代表组在古华山庄对市长韩正所作的上半年市政府工作情况报告进行讨论。代表们认为,韩正的报告,既体现市委、市政府高屋建瓴的战略眼光,又体现脚踏实地的工作作风。代表们对市政府上半年工作表示满意。

11月7日,代表组代表在区会议中心进行为期一天的集中培训,学习贯彻中共中央9号文件和市人大工作会议精神。上午,代表们集中听取市人大常委会主任龚学平作的坚持和完善人民代表大会制度的专题报告。下午,代表们进行座谈交流。

12月19日,代表组在区会议中心举行市十二届人大四次会议召开前的会前活动,组建参加市人代会代表团。与会代表推选周伟民为代表团团长,张立平、沈慧琪为代表团副团长,并酝酿、讨论大会有关文件。代表们讨论了市政府关于"十一五"规划纲要草案的报告及纲要草案(征求意见稿),就"十一五"规划中提出的加快建设有国际大都市特点的现代化新郊区战略提出具体建议,并交流代表议案和书面意见准备工作情况。

(范海红)

【市人大常委会领导到奉贤调研】 1月13日,市人大常委会副主任刘伦贤、市人大常委会城建环保委员会副主任委员姜夔富与市绿化局、市园林局有关领导到奉贤调研农村"三个集中"试点工作推进情况。10月9日,市人大常委会副秘书长、市人大常委会预算工委副主任、市人大财经委委员赵雯到奉贤调研市财政局拨付2003年度转移支付情况以及市2004年度审计工作报告中反映的有关问题的整改情况。 (范海红)

·相关链接·

2005年奉贤区第二届人大常委会组成人员和工作、办事机构及人员

区二届人大常委会组成人员

主　任:周伟民

副主任:叶菁权　张根舟　李吉瑞　薛德初　庄　解(女)

委　员(按姓氏笔画为序):

王鸿钧　包蓓英　朱立夫　张一东　张文生　张连官　张妙千　陈　勇　陈学哲　金哲民　钟　敏(女)　徐建平　黄祖光　蒋辉藁　蔡士良　滕卫华(女)

区二届人大常委会工作机构及主任名单

代表资格审查委员会,6人,主任叶菁权。

人事工作委员会,10人,主任包蓓英。

内务司法工作委员会,9人,主任蔡士良。

财政经济工作委员会,12人,主任张妙千。

城市建设环境保护工作委员会,11人,主任张文生。

教育科学文化卫生工作委员会,12人,主任蒋辉藁。

区人大常委会办事机构及主任名单

至年底,区人大常委会办公室工作人员17人,主任徐建平,下设秘书科、行政科、组织人事科、信访科。代表工作室工作人员4人,主任朱立夫,下设代表联络科。

(范海红)

(本栏目编辑　富　晔)

上海市奉贤区人民政府

综　　述

2005年,区政府工作在市委、市政府和区委的领导下,认真实践"三个代表"重要思想,从人民群众的根本利益出发,努力建设资源节约型城市,积极构建社会主义和谐社会,全区经济社会发展迈上新台阶。全区实现三次产业增加值223.4亿元,比上年增长22.6%;工农业总产值737.63亿元,比上年增长16.7%;全社会固定资产投资总额116.21亿元,比上年增长48.4%;外贸出口总额12.04亿美元,比上年增长12.8%。招商引资取得新进展,全年合同利用外资5.5亿美元,比上年增长14.1%;实业型内资项目到位资金50亿元;商贸型企业净增税收4.5亿元。工业经济实力进一步增强,全年实现工业总产值707.1亿元,比上年增长36.5%;产业集聚度不断提高,工业园区实现产值占全区总量的68.5%;节能工作取得一定成效,综合能耗低于全市平均水平。第三产业发展迅速,完成增加值65.8亿元,比上年增长24.8%;社会消费品零售总额108.2亿元,比上年增长20.1%。农业产业形态和增长方式得到较好转变,农产品加工能力进一步增强,农产品质量标准不断提高。经济的增长,有力地推动地方财力的不断增强。全年完成财政收入60.61亿元,比上年增长39.49%;其中地方财政收入31.15亿元,比上年增长43.4%。年内,区政府重点抓好五方面工作:(1)稳定农民经营性和财产性收入,保障农民根本利益。出台一系列鼓励扶持政策,促进农民专业合作社发展,全年新组建农民专业合作社47家,总数已达82家。加快农民居住向城镇集中进程,推进农村土地集约利用,完成青村、庄行两个宅基地置换房建设。落实粮食直补、台风灾后救助和防治稻飞虱等支农政策,最大程度地维护农民利益。加大对经济薄弱村的扶持力度,强化农业基础设施建设,千方百计促进农民增收。全年农民人均纯收入7950元,比上年增长12.7%。(2)进一步加大市场监管力度,规范市场秩序。积极推进食品放心工程,重点加强市场准入、生产加工、流通消费等环节的巡查监管,完成38个农贸市场农药残留检测室建设,有力打击无证经营、地下食品加工窝点和制售假冒伪劣行为;理顺规范药品流通渠道,切实保障人民群众用药安全有效;治理整顿土地市场秩序,提高土地资源配置效率;依法查处文化侵权和非法出版活动,促进文化市场健康有序发展。探索企业信用评价机制,启用诚信网平台,不断推动社会诚信体系建设;加大保护消费者权益力度,营造安全健康消费环境;建立光仪电等行业性协会,逐步实现行业自律管理。(3)不断强化社会管理职能。切实将规划作为经济社会发展的龙头,基本编制完成各镇、开发区总体规划和控制性详细规划;市属农场行政管理属地化工作平稳对接,新建立的海湾镇规划编制工作如期启动;发布实施水环境、商贸服务、旅游、教育、卫生等一批专项规划。加大城市综合管理力度,第一轮环保三年行动计划全面完成,创建上海市园林城区工作通过验收,城市面貌有新改观;切实加强对物业公司的指导监督,充实镇级物业管理专职人员,完善和落实物业管理各项措施,物业管理规范化、市场化进程逐步加快。社会治安和综合治理工作全面推进。认真贯彻实施新的《信访条例》,健全完善信访接待制度,进一步规范信访处理程序,切实解决群众反映突出的问题。"平安奉贤"创建活动不断深入,对来奉人员的管理服务工作取得阶段性成效;强化夜间治安巡逻和重点地区、重点对象的管控,社会治安综合防范能力不断提升;开展生产、消防、交通安全专项检查和"百日安全无事故"活动,15家危险化学品企业搬迁完毕。社会保障和救助工作得到切实加强。全年新增就业岗位40992个,完成年度计划的157.7%;城镇登记失业率控制在4.5%以内。全区参加镇保总人数达到14万人,大部分历史遗留问题得到妥善解决。农村养老保险参保人数8.8万人,农村合作医疗投保人数20.6万人,基本实现应保尽保。智障人士"阳光行动"等残疾人康复工作全面推进,残疾人分散就业取得新进展，为老服务项目不断丰富，“两免一补”（免学杂费、免书本费、给于生活补助）帮困助学政策落实到位，社会困难群体救助保障水平得到进一步提高。（4）继续改善公共服务功能。公共设施建设取得新的进展。川南奉公路改线段的青村于庄至瓦洪公路段、平庄公路的环城东路至沿钱路段已基本建成，团南公路西段、环城东路南延伸段等高等级公路正按时间节点推进。解放路南桥路口改造完成。天然气管道、供水管网等工程顺利实施。完成24.8万平方米的老式住宅“平改坡”工程，“保滩一期工程”顺利完工。社会各项事业取得新的进步。科技投入大幅增加，全年工业技术改造投入49亿元，科技对经济增长的贡献率达到54.1%。进一步促进教育均衡发展，联动优化中小学教育资源，10所初中学校软硬件设施得到加强。积极落实公共卫生三年行动计划，全面完成卫生院标准化建设，建成10家社区卫生服务站，如期实现区中心医院委托经营管理。加强公共文化设施建设，开工兴建区图书馆新馆和镇级文化活动中心，初步完成区档案馆新馆立项和规划选址工作。群众性体育活动蓬勃开展，国民体质监测工作深入推进。继续保持人口低生育水平，完成9个计划生育优质综合服务站创建。区妇女儿童规划监测统计达标率达93.8%，被国务院列为全国实施妇女儿童纲要示范区。精神文明建设取得新成果。开展“与文明同行”等主题实践活动，积极推进“迎世博文明行动计划”，文明镇、文明村、文明小区等创建活动方兴未艾。加强和改进未成年人思想道德建设，开展对未成年人“树根立魂”的教育。组织实施新一轮“城乡牵手，共建文明”项目，成功举办“宣传大篷车”、“相约滨海之夏”等深受群众欢迎的系列活动。（5）加强政府自身建设，行政效能明显提高。民主法制建设不断加强。落实重大决策公开、听证和通过媒体征集意见等新举措，规范了科学化、民主化决策程序。自觉接受区人大的法律监督、工作监督和区政协民主监督，认真办理人大代表书面意见、政协提案，实行“二次反馈”制度，有效提高办理质量。深入贯彻《全面推进依法行政实施纲要》，致力于强化法治、信用、宗旨和效能意识，不断加强政风、行风建设，教育、制度、监督并重的惩治和预防腐败体系进一步健全。加大政府公共服务力度。年初确定的9项政府实事全面完成，56项重点工作得到有效推进。国有和区属集体企业改制率达到92.7%，并实现了国有资产保值增值。完善突发公共事件应急管理组织体系，编制完成总体预案和专项预案。进一步增强政府门户网站的在线服务功能，建立和推行“区长网上办公”、“重大决定草案网上公开”制度，不断增加政府工作透明度。（盛群华）

重要政事

【成功创建“上海市园林城区”】 年内，奉贤创建“上海市园林城区”工作，形成“点、线、面”相结合的城乡一体绿化体系。一是结合道路建设，完成A30南段、A4高速公路南桥段等道路的绿化带，美化了城市道路景观；二是结合河道疏浚整治，建成竹港西岸16万平方米的绿化带、浦南运河3万平方米的景观工程。三是结合绿化合格单位、园林式小区的评比，增加新建居住区绿地面积21.14万平方米。此外，投资4000多万元对古华公园进行大规模升级改造，获市“白玉兰”奖；文化广场改造中拆除税务、物资两幢大楼，增设舞台及户外电子显示屏，使广场功能更加完善。至年末，全区人均公共绿地面积9.98平方米，绿地率40.84%，绿化覆盖率41.45%。11月1日顺利通过创建上海市园林城区考评专家组验收。（盛群华）

【开展宅基地置换试点工作】 自上年7月23日市政府在奉贤区召开推进“三个集中”试点工作现场会后，青村、庄行镇被列入市宅基地置换试点首批15个单位之中。对此，区政府十分重视，专门成立区宅基地置换试点工作办公室，从宏观角度予以协调、指导。至年底，两镇宅基地置换后集中建房小区的住宅房建筑已全部结构封顶，水、电、气等配套工程基本完成，进入内外装饰装修等收尾阶段，住宅小区形象初露端倪。青村北唐村（原北港、唐家村），区域面积5.03平方公里，涉及自然村（宅）点62个，农户1688户，户籍人口3964人；庄行新华村（原新华、陈行、烟墩村），区域面积6.07平方公里，涉及自然村（宅）点74个，农户936户，户籍人口3457人。宅基地经置换建集中居住小区后，腾出纯宅基地49.27公顷，节余其他建设用地52.40公顷，共节余土地

2月23日，浙江省副省长茅临生（中）考察庄行农民宅基地置换试点工作，区委常委、副区长杜治中（左二）陪同。（王　英　摄）

101.67公顷。庄行镇需复垦整理土地573.33公顷，至年底已复垦整理50%，其中133.33公顷已完成沟、渠、河等农业基础设施建设。同时，两镇共投入资金3.22亿元，为6267人办理镇保手续。在第四届上海市优秀住宅评选中，青村镇所建集中居住小区“北唐新苑”获“上海市优秀村镇住宅奖”。

（盛群华　徐瑞祥）

【完成区“十一五”规划编制】 年内，在市政府批准的《奉贤区区域规划纲要》基础上，顺利完成《奉贤区区域规划实施方案（2003～2020）》的编制，并于12月28日在全市率先得到市规划局审批。结合区域规划实施方案，编制完成南桥新城总体规划及各镇总体规划（除新成立的海湾镇总体规划），各开发区的控制性详细规划也已编制完成。重点发展地区（段）规划中，南桥新城奉贤行政中心控制性编制单元的控制性详细规划、海湾“三区联动”结构规划、青村与庄行宅基地置换试点规划、海湾海景城规划均已编制完成。

（盛群华）

【采取积极措施预防“禽流感”】 下半年，区政府高度重视高致病性禽流感防控工作，为切实做好对高致病性禽流感的防控工作作统一部署，紧急启动“高致性病禽流感应急预案”和“重大动物疫病防治指挥部”，召开多次区长办公会议和“高致性禽流感专题会议”研究防控对策；区农委召开6次由有关基层单位和各镇（开发区）畜牧分管人员会议，把多项防控措施落到实处。年内，全区共实施免疫禽流感1353万余羽次，发放疫苗831.68万毫升。组织各镇、村进行三次大规模散养禽免疫，禽类免疫率达到100%。（盛群华）

【落实完善各项安全生产措施】 年内，奉贤区通过完善工作机制，各项安全生产措施得到进一步落实。区委、区政府实行“一岗双责制”，区长沈慧琪坚持每周四抽查安全工作。实行重大节日检查制，由区委、区政府领导带队检查安全工作。印发《关于加强本区租赁厂房和场所安全管理的意见》，开展闲置厂房租赁场所安全专项整治活动。全区实行安全责任签约制度，区政府与57家单位签订安全责任书，签约率100%。认真做好危险化学品企业安全评估工作，确定15家危险化学品企业为处置对象，其中厂址搬迁6家、产业调整3家、停产关闭2家，动迁周围居民4家。有9家企业获得安全生产许可证。落实检查制度，强化执法力度，区安监局共出动1950人次，检查复查企业2184家次，查出事故隐患1358条，发出各类安全监察执法文书459份。（盛群华）

【建立覆盖全社会综合防灾应急机制】 年内，区政府办公室牵头组织编制《上海市奉贤区突发公共事件总体应急预案》。为建立健全各项应急机制，各责任单位对照职责，积极落实工作措施。区民防办成立《市民防灾必读手册》宣讲团，到各社区开展巡回宣讲；调整充实区、镇（开发区）两级民防特救队伍，配备必需设备。公安奉贤分局制订一系列处置突发事件的预案，积极推进110、120、119“三台合一”工作，建立以指挥中心为龙头的应急反应机制。区建交委制订防灾应急预案，并建立应急处理指挥部，组建抢救物资运送队等。

（盛群华）

政府法制

【概况】 年内，为进一步推进服务政府、责任政府、法治政府建设，按照国务院《全面推进依法行政实施纲要》部署，坚持依法行政，优化行政执法体制，规范行政执法行为，制定《行政许可法》配套制度，严格执行规范性文件制定和备案审查制度。加强行政执法监督力度，与区监委、区人大和区政协联合对区各级行政机关执行行政许可法情况开展专项检查；对实施行政处罚的行政机构进行清理；及时办理行政复议案件。开展法制课题研究，撰写《加强依法行政，认真贯彻实施〈行政许可法〉》课题报告；与区委宣传部联合编写《奉贤区基层干部常月政策选编》，为基层干部开展工作提供有效、便捷的理论工具。（张　华）

【开展行政审批项目专项检查】 年内，为进一步贯彻落实《行政许可法》，对区内涉及行政审批的19个部门、253项行政审批项目进行专项检查，并认真开展学习《上海市设定临时性行政许可程序规定》等3个配套制度。（张　华）

【清理行政处罚机构】 年内，为明确行政处罚实施主体资格，确保行政相对人的合法权益，行政行为公正、公平、公开，对全区实施行政处罚的行政机构进行清理，其中行政法定机关65家，法定授权机关13家，法定委托组织1家，相对集中处罚权机构1家，其他2家。

（张　华）

【办理行政复议案件17件】 年内收到行政复议申请17件，经审核受理的行政复议案件16件，不予受理1件，结案17件。其中申请人撤回7件，确认行政机关违法1件，维持12件。（张　华）

【加强政府信息公开和管理】 年内，区政府网站改版，8月底新版政府网站开通。改版后的政府网站，突出信息公开主渠道，使区政府信息公开专栏从内容到功能有质的改进；加强网站管理制度建设，制定《“上海奉贤”网站管理办法》及《网上信箱管理办法》；起草区政府“重大决定草案的备案公开制度”，明确重大决定草案的申请、审批和公开流程，并在门户网站的信息公开专栏中设立重大决定草案专栏。（张　华）

【培训行政执法人员】 年内，通过自学、办班培训和网络授课的形式，共组织2000人次参加《行政执法违法概论》培训，发放上海市行政执法证230张。对行政执法证到期并符合要求的执法人员进行换证，共计960张。（张　华）

合作交流和对口支援

【与木兰县建立合作开发农业机制】 年内,奉贤区与哈尔滨市木兰县开展让“哈哈木兰”大米挺进大上海为主要内容的跨省跨区产加销水稻合作工程。10月26日,“哈哈木兰”大米上海新闻发布暨产品推介会在上海锦江饭店举行。双方签订《上海市奉贤区与哈尔滨市木兰县农业经济技术合作框架协议》和《上海市奉贤区与哈尔滨市木兰县农业经济技术开发区合作建设协议》。按协议至2008年,“哈哈木兰”大米的种植面积发展到1.33万公顷。上海汉德集团收购木兰县肥牛公司,在木兰县发展肉牛产业和牛肉深加工。奉贤现代农业园区在木兰县建立经济开发分区,以此带动木兰县乃至周边地区农业产业化的快速发展。上海市奉贤区与木兰县的合作,引起国务院研究室关注,认为这是探索建立跨区域合作开发农业新机制,实行南北经济互补的一种模式,是涉及宏观经济运行的重要课题。

(顾雷钟)

【在灌南县建立上海工业园】 年内,因土地资源紧张和产业结构调整等因素,区内原有部分产业急需转移。为此,奉贤区和江苏省连云港市灌南县牵手合作,由奉城镇出资成立连云港正豪实业有限公司,在灌南开发区兴建上海工业园,建设30万平方米标准化厂房,承接产业转移。5月,连云港市市长刘永忠率有关部门到奉商讨,就进一步推进两地之间的产业承接和对接达成共识。奉贤区与灌南县的合作受到市政府有关部门充分肯定,成为上海向外进行产业转移和对接的成功范例。 (顾雷钟)

【开展援滇、藏、疆工作】 年内,区政府安排250万元资金用于援滇项目建设。全面改造石屏县异龙镇银柱塘7个自然村;统筹安排区对口帮扶资金,结合市政府配套资金,对红河县第一中学进行改造;启动红河县甲寅乡阿撤村6个自然村的整村推进项目;开展各类专业技术培训;发动社会力量,在上年成立“连豪——石屏一中”特困高考助学基金后,继续在全区中小学开展与红河县一中“1+1”帮扶助学活动,共捐款59494元,红河贫困学生280多人得到帮助;2月23日,奉贤区老师洪玉龙出任红河一中校长。接收两名红河州干部到奉贤挂职锻炼,并计划启动对红河州地区的对口干部培训工作。年内,区政府拨付235万元专项资金用于援藏项目建设,重点围绕农牧民增收、农牧区增效;加大基础设施配套项目建设力度,完善县城功能配套设施建设;发挥上海和奉贤教育、人才、管理经验等方面的优势,通过挂职锻炼、短期培训等形式加大智力援助;同时为保护地区安全,加强日喀则地区、地委、政法委交通、通讯设施等建设。年内,区政府为新疆阿瓦提县人民医院检验科添置血凝仪、更换血球计数仪各一台,并开始开展艾滋病检测工作。7月,根据市委组织安排,奉贤区选派2人赴新疆阿克苏工作。 (顾雷钟)

意见和提案办理

【办理人大代表书面意见94件】 区二届人大三次会议期间及会后共收到代表书面意见82件,议案12件。经大会议案审查委员会、大会主席团审议讨论,12件议案均作为重要书面意见或书面意见办理。经各承办单位(部门)办理,共94件书面意见、提案全部办理完毕,按时办复率和代表对办理结果满意或基本满意率100%。年底,对正在解决或列入计划解决的书面意见进行复查。其中,所提问题已经解决、基本解决或正在解决的73件,占77.7%;所提问题已列入计划或规划,今后创造条件逐步解决的6件,占6.4%;所提问题已向代表和委员解释说明,作为区政府决策参考的13件,占13.8%;所提问题因受客观条件限制,无法解决或需向上级部门反映的2件,占2.1%。 (盛群华)

【办理政协提案205件】 区政协二届二次会议期间及会后共收到提案216件。经过政协提案委员会审查,确定为政协提案送至区委、区政府职能部门和有关镇政府办理的有205件,其中党派团体提案21件,政协专门委员会提案2件,委员个人或联名提案182件。经各承办单位(部门)努力,205件提案全部办理完毕,按时办复率和提案人对办理结果满意或基本满意率100%。年底,又对正在解决或列入计划解决的提案进行复查。其中,所提问题已经解决、基本解决或正在解决的143件,占69.8%;所提问题已列入计划或规划,今后创造条件逐步解决的33件,占16.1%;所提问题已向代表和委员解释说明,作为决策参考的28件,占13.6%;所提问题因受客观条件限制,无法解决或需向上级部门反映的1件,占0.5%。

(盛群华)

外事活动

【概况】 年内,接待到访外宾2批、29人次。严格执行有关规定,加大对无实质性内容和一般性考察团组的审批和控制力度,全年取消出国(境)团组共12批、24人次;精减出访人员团组共4批、9人次。经批准因公出国(境)团组共165批、396人次。强化出国团组行前教育,做好出国团组的安全防范提醒工作,强调回国后的出国任务小结,监督考察成效,巩固出国成果。对全区外事管理组织网络进行梳理,加强对基层单位的业务指导和管理,保持外事网络畅通和正常运转。外事工作通力合作、协调配合的工作机制日趋完善,外事联席会议为主要形式的联合管理和服务功能显现,及时研究决定出国管理重大事项,有效处理各类紧急涉外事件,使外事管理工作切实为经济和社会的全面发展提供有效、可靠服务。 (张群贤)

【接待外宾2批29人】 1月15日,柬埔寨奉辛比克党代表团14人在该党秘书长、政府副首相诺罗敦·西里武亲王率领下到奉考察。区长沈慧琪向代表团介绍奉贤农业情况,区政府办公室、农委、现代农业园区等单位负责人参与接待交流。代表团在奉期间考察上海平川水产养殖科普中心、上海丰科生物科技股份有限公司、上海青长蔬菜有限公司等农业科技企业。4月13日,以自治区经济、工业和革新部长瓦维尔德·梅希亚斯为团长的西班牙穆尔西亚地区官方代表团15人到奉。为推进两地经济协作和发展,全面开展互利合作,在前期双方代表多次交流基础上,西班牙穆尔西亚地区与奉城镇签署合作备忘录。区委书记张立平和区委常委、副区长杜治中代表区委、区政府会见代表团一行,向外宾们介绍奉贤区的经济和社会发展情况。 (张群贤)

【整合外事资源做好外事出访服务】 年内,为奉贤参与国际竞争创造良好条件,积极参与全区性的对外主题招商和推介活动,利用领事馆、友好城市、民间渠道等外事平台,向经贸、科技、金融、文化、教育等团组出访及境外活动提供有效支持,使光仪电产业、精细化工、游艇产业招商团等出访团组均按时出访,境外活动成效显著。做好出国审批、护照签证申办工作,为确有需要的考察团组按时出访提供保障和服务。完善外事管理信息系统,做好政府网站信息发布,使外事信息资源全区共享。

(张群贤)

【召开区外事工作会议】 11月22日上午,区委、区政府召开奉贤区外事工作会议,贯彻市委、市政府外事工作会议精神,区委副书记韦源指出奉贤的外事工作要以服务全局为目标,主动适应全区经济发展的新形势新要求;要以规范管理为重点,不断提高做好外事工作的水平;要以统筹协调为手段,进一步增强外事工作合力。副区长俞凯丰对外事工作也提出具体要求。

(张群贤)

信　访

【概况】 年内,区委、区政府把维护群众合法权益、重视做好群众上访工作列入重点工作,采取多种措施,加强信访工作力度。(1)实行副区长"一岗双职"制度。区政府第三十二次常委会议明确,每位副区长实行一岗双职,在抓好分管条线工作的同时抓好条线内的信访工作。(2)明确责任,落实分管领导。区政府办公室发文,要求政府委、办、局的信访工作均由行政主管挂帅,并落实一名分管领导。(3)建立信访接待日"联合会诊"制度。3月起,各镇、开发区信访干部参与到每周四区信访办窗口接待工作,以便及时掌握基层信访动态,处理信访事项。(4)推进信访工作规范化、制度化建设。3月,区委、区政府办公室联合发文,制订《信访工作责任制度》、《领导接待群众来访制度》、《定期排摸分析上报信访动态制度》、《化解矛盾协调会制度》。区、镇(开发区)两级信访工作机构和行政机关以《信访条例》、市信访办公室九项"暂行规定"为指导,依法履行信访工作职责,着力规范办理信访事项各项程序。(5)成立信访事项复查、复核办公室。7月18日,根据《信访条例》要求,成立信访事项复查、复核领导小组,针对群众提出的信访复查要求,对该信访事项进行复查、复核。(6)开展"争先创优"活动。为提高信访工作绩效,使信访部门真正成为党和政府联系人民群众的文明窗口,提高信访干部业务素质和处理各类信访问题的能力。2004~2005年度,在全区信访系统开展以创建"文明信访室"、争当"信访工作先进个人"为主要内容的"争先创优"活动。

(韩晓燕)

【办理信访复查(核)事项41件】 为贯彻落实《信访条例》,群众可依法要求对信访办理结果进行复查。7月18日,区组建成立信访事项复查、复核临时工作小组,区信访办负责信访事项复查、复核业务指导。通过复查、复核,一些信访老户多年未解的心结得到化解,对办理结果表示满意。至年底共办理各类信访复查、复核事项41件。 (韩晓燕)

【学习宣传《信访条例》】 5月1日起,新修订的国务院《信访条例》正式实施。奉贤区以畅通信访渠道、维护人民群众合法权益、维护信访秩序为主线,以规范区、镇两级政府及其工作部门的工作行为为目的,在上自各级领导干部、下至基层组织(村、居委)以及广大群众中开展全覆盖、多渠道的学习和宣传《信访条例》活动,4月13日,区委邀请市信访办主任杨全心到奉贤举办讲座。对区、镇两级领导进行条例讲解。会同区委宣传部、区政府法制办、区司法局联合开展条例下乡学习宣传活动,主办条例知识竞赛等。各镇、开发区也以不同形式开展培训及宣传活动,推动全区信访工作法制化、规范化建设进程。通过《信访条例》的学习宣传,加深了各级领导对《信访条例》的理解,提高了依法做好信访工作的能力。 (韩晓燕)

【有效控制集体上访与越级上访】 年内,区委、区政府把控制集体上访、越级上访作为信访工作重点。3月起,调整周四领导接待日工作方法,各镇、开发区信访干部参与到每周四区信访办窗口接待工作。全区各单位、各部门坚持按"属地管理,分级负责"、"谁主管,谁负责"的工作原则,及时预防,提前介入,运用教育、经济、行政、法律等手段,转变作风主动下访,变行政治访为依法治访、单一治访为综合治访,不断提高新形势下信访工作水平,有效预防了各种越级上访和集体上访的发生。年内,区信访办接待群众到区政府集体上访204批2744人次,与上年279批3553人次相比,批次下降36.76%,人次下降22.77%;群众赴市委、市政府集体上访29批539人次,与上年45批954人次相比,批次下降35.56%,人次下降43.50%。 (韩晓燕)

台湾事务

【概况】 年内,区台湾事务工作贯彻中央对台工作方针政策,认真做好反分裂、反"台独"各项工作,按照"服从服务于经济建设大局"的要求,自觉履行"组织、管理、指导、协调"的工作职能,建立健全工作机制,加大对台宣传力度,依法规范为台服务行为,开展对台工作现状调查研究,制定《奉贤区处理涉台突发事件的规范》下发各镇(开发区)及有关部门,提出了涉台突发事件的协调原则、工作分工、通报和处理程序、注意事项等,并建立处理涉台突发事件协调小组。做好机关、企事业单位赴台人员审查报批和行前教育工作,共26批59人次。加强为台服务,与有关部门协调解决台资企业和台商台胞具体问题10多个,2005学年度在奉就读台胞子女35人。向4名台胞台属子女发放奖学金共1000元;走访慰问台属困难家庭20家,送去慰问金8000元。开展台商台属联谊活动,1月14日和9月24日,分别举行台商及其家属迎春联谊会和金秋联谊活动。年内新批台资企业16家,投资总额3337万美元,合同台资2737万美元。允发化工(上海)有限公司被评为上海市优秀台资企业。至年末,在奉台商投资项目共185个,总投资额4.4亿美元,其中合同台资2.7亿美元,实现销售29.8亿美元,出口创汇1.65亿美元。 (蔡培红)

【开展赴台经贸交流】 6月15日和10月12日,分别由区人大常委会副主任张根舟和薛德初率团赴台开展经贸交流活动,拜访台湾中小企业协会和台湾部分地区的农会,考察区台资企业在台湾的总部和一部分对口企业,在相互交流中既介绍奉贤的投资环境,又认识很多台湾朋友,不少台湾朋友承诺择时将到奉贤进行访问,赴台考察起到良好效果。 (蔡培红)

【做好台商团组抵奉接待工作】 5月10日上午,台湾省化妆品工业同业公会一行30多人与台北市化妆品商业同业公会一行20多人抵奉参观考察。区台办认真做好台商团组到奉接待工作,在区台办主任薛祖亮和方鑫集团董事长王纯德陪同下,参观方鑫集团下属企业,进一步了解台资企业在奉贤的发展情况;听取区招商办有关奉贤投资环境情况介绍,增进了考察团成员对奉贤的了解。 (蔡培红)

【区台联会换届】 8月26日,召开台胞台属联谊会会员代表大会,总结台联会6年来工作情况,修改台联会章程,选举产生新一届台联会理事。经理事会推选,蔡台山、张德美、杨晓、郑建宁、吴康军、张煜、傅志华当选为常务理事,蔡台山当选为会长,张德美、杨晓、郑建宁当选为副会长,吴康军为秘书长。聘施振荣、蔡培红为副秘书长。 (蔡培红)

侨　务

【概况】 年内,区侨务工作以胡锦涛总书记在全国侨务工作会议上的重要讲话以及《关于加强新形势下侨务工作的意见》的通知精神为指导,组织侨、台界代表人士学习宣传《反分裂国家法》,在全区开展学习、宣传、落实新修改颁布的《中华人民共和国归侨侨眷权益保护法》及其《实施办法》。坚持为侨界人士服务,为华资企业服务,年内接待来信来访共39人次,办结率100%。逢春节、高温季节、中秋、国庆、重阳、元旦等季节和节庆,上门慰问侨界人士120余人次,送慰问金(含慰问品折现金)共15700元。全区华资企业普查工作,经查区内有华资企业296家。召开2次华商、外商恳谈会,邀请区委、区政府有关领导参加会议,肯定并鼓励华商外商为奉贤经济建设和社会发展作贡献。拓展社区侨务工作,开展侨界人士服务社区活动,在南桥镇形成镇党委、街道(社区)、居委会"三级"社区侨务网络,联谊活动频繁,联络了情谊、凝聚了侨心。 (杨新民)

【参加市侨联九次代表大会】 6月,根据市委统战部、市侨联的统一部署,区侨联在确保代表资格符合侨联章程要求下,协商推荐出席上海市第九次侨代会代表5人。在市第九次侨代会上,周勇、谢欣晨、何月囡当选为市侨联九届委员,其中周勇又当选为常务委员。 (杨新民)

【开展侨界人士服务社区活动】 年内,组织上海市第二医科大学侨界专家到西渡社区,义务为社区居民医疗咨询;区卫生局侨联义务夜门诊已坚持为民服务18年,至年末已开诊384周次,就诊21071人次;退休教师张惠义务讲授家庭教育,全年共宣讲106次、服务人次18700人;区建交委侨联组组织志愿者队伍,开展与侨眷结对帮困活动,为老年侨眷免费上门送液化气、维修、安检等,并认养树木绿地。 (杨新民)

【参政议政建言献策】 年内,侨界市、区人民代表和政协委员深入基层、深入群众调查研究,对政府工作的重点和百姓关心的热点、焦点、难点广泛听取群众意见,在区"两会"期间就招商引资、海外联谊、治安、城建交通、职业培训、青少年教育等问题,整理成议、提案23件,充分显示了侨界积极围绕中心、服务大局的良好意识。 (杨新民)

【完成华驰印刷厂改制】 年内,按照区企业改制有关规定,对原由归侨侨眷出资兴办的企业华驰印刷厂进行改制。确定专人负责,先后走访区相关部门,在了解和掌握改制有关规定和要求前提下,召开由该企业各类职工参加的座谈会十多次,接待职工来访30余人次。其间,也征求和听取区侨务部门退休干部意见等。在各方支持重视下,经过细致周到地工作,较顺利地完成了该企业转制工作,达到多方满意的效果。 (杨新民)

【接待海外境外人士15人次】 年内，区侨务部门接待海外境外人士共15人次。瑞士银行财务总监林威里孔博士合家到奉探亲期间，侨务部门会见并宴请客人，席间介绍奉贤经济和社会发展情况。当获悉美国新奥尔良市发生水灾的消息后，区侨务部门会同青村镇和北港村有关干部，看望在新奥尔良大学任教的张建华亲属，表达地方政府的慰问和关切。（杨新民）

民族宗教事务

【概况】 年内，全区有少数民族蒙古、回、藏、维吾尔、苗、布依、朝鲜、壮、满、侗、瑶、白、土家、哈尼、黎、畲、拉祜、纳西、达斡尔、土、仫佬、仡佬、锡伯、俄罗斯、鄂温克、塔塔尔、赫哲、水、彝、东乡、傣、哈萨克、羌、阿昌、佤35个，少数民族人口1453人。以中共中央、国务院有关民族、宗教政策为指导，围绕中心、服务大局，积极开展少数民族工作，努力构建多民族和谐社会。开展学习宣传《宗教事务条例》活动，引导宗教教职人员依法行教，激发宗教教职人员爱国爱民之心，维护社会安定团结局面。年内，全区有佛教、道教、天主教、基督教四大宗教。至年底，登记的宗教活动场所有33处及12个附属点。其中佛教8处(5处3点)，道教1处，天主教12处(6堂6点)，基督教24处(21堂3点)。有宗教教职人员121人(不包括散居道士105人)，其中佛教僧尼74人(比丘39人、比丘尼35人)，道教正一派道士5人，天主教7人(神甫3人、修女4人)，基督教35人(牧师5人、长老10人、传道20人)。在宗教教职人员中，有区政协常委1人，政协委员4人。有信教群众4.8万人(佛教1.5万人，道教0.9万人，天主教0.8万人，基督教1.6万人。（黄　燕）

【周富长到奉贤调研】 4月27日，中共上海市委统战部副部长、市民族和宗教事务委员会主任周富长、市民族和宗教事务委员会副主任曹斌，曹海红等到奉贤调研民族宗教工作，主要听取奉贤区开展民族、宗教工作情况汇报。中共奉贤区委副书记韦源，区委常委、统战部部长程云华出席调研会。（黄　燕）

【召开区道教协会第一次代表会议】 12月29日，区道教协会第一次代表会议在区会议中心召开，出席会议道士代表60人。会议审议并通过方一明所作《奉贤县道教协会第一届理事会工作报告》以及道教协会章程，选举产生区道教协会新一届领导班子。马志平任会长，赵根才、奚文龙任副会长，奚文龙兼秘书长。（黄　燕）

【荫远法师圆寂】 9月13日下午2时15分，上海市佛教协会副会长、奉贤区佛教协会会长、龙华古寺首座、奉贤洪福寺方丈、海安广福寺方丈荫远法师因肺部感染引发呼吸功能衰竭，在龙华医院圆寂，享年77岁，僧历67年，戒腊56夏。（黄　燕）

【为贫困少数民族同胞捐款】 年内，区民族宗教办公室积极开展扶贫帮困工作，为贫困少数民族同胞排难解忧，全年送慰问金6000余元，受助28人次。（黄　燕）

【举办宗教教职人员高中文化学习班】 9月1日，由区民族宗教办公室主办、区社会主义学院协办的区宗教教职人员高中文化学习班正式开班。学习时间两年，来自区佛教、基督教学员共40人参加高中文化学习。（黄　燕）

机关事务管理

【实施区机关干部住房解困工作】 根据《奉贤区机关干部住房解困工作实施意见》，按照本人申请、部门(单位)审核、张榜公布、区解困办初审、报区机关干部住房解困工作联席会议复审批准的工作程序，年内，完成区机关干部住房货币补贴工作。（卞周望）

【开展公务车辆管理使用情况专项检查】 8月中旬至9月底，区机关事务管理局会同区监委、财政局、国资委对区党政机关、事业单位超标、超编和未经审批手续购置、配备的公务车辆进行专项检查，并就执行中的具体问题拟定《关于严格公务车辆管理的若干规定》，以规范区各级机关、事业单位公务车辆管理。（卞周望）

【举办局系统首届岗位技能竞赛活动】 7月~9月，区机关事务管理局开展以局系统为主体的机关后勤岗位练兵及"首届岗位技能竞赛"活动。有70名技术操作手参加了会务接待、中式烹饪、餐饮服务、驾驶技能、消防灭火、综合服务等8个项目的竞赛。岗位技能竞赛活动提高了广大职工立足本职，学习文化科学技术知识，不断提高岗位技能，提升服务水平，更好地为区级机关提供优质满意服务的能力。（卞周望）

（本栏目编辑　富　晔）

政协上海市奉贤区委员会

综　述

年内，区政协常委会在中共奉贤区委领导下，坚持以邓小平理论和“三个代表”重要思想为指导，认真学习贯彻中共十六届四中、五中全会和中共上海市委八届六次、七次、八次全会精神，围绕区委一届四次、五次全会提出的目标任务，树立和落实科学发展观，坚持团结和民主两大主题，积极履行政治协商、民主监督、参政议政职能，为构建社会主义和谐社会，促进区物质文明、政治文明和精神文明协调发展作出努力。

加强学习，增进共识，委员素质不断提升。区政协通过常委会议、主席会议、中心组学习会和专委会活动等形式，组织学习活动26次。先后学习中共十六届四中、五中全会和市委八届六次、七次、八次全会以及区委一届四次、五次、六次全会精神，学习中共中央总书记胡锦涛在庆祝人民政协成立55周年大会上的重要讲话和《中共中央关于进一步加强中国共产党领导的多党合作和政治协商制度建设的意见》、《反分裂国家法》等。举行镇保、公安、干部等工作情况通报会和人民政协基本理论、经济形势报告会，开展“政协委员喜看上海新变化”活动，组织观看《中日关系形势》、《关于财政政策的几个问题》等录像专题片，安排部分委员参加市政协举行的学习报告会等。围绕贯彻落实市政协工作会议精神，组织开展多个层次、多种形式的学习活动，进一步明确加强和改进政协工作的思路和举措。

围绕中心，服务大局，政治协商有效推进。区政协二届三次会议期间，委员们认真听取和讨论区政府工作报告及其他有关报告，在壮大优势产业、创建文明城区、打造平安奉贤、加强社会保障、建设人才高地、发展文教事业等方面提出有价值的意见和建议。委员活动日分组讨论区政府上半年工作报告。在调研基础上，7月份成立关于经济发展、城镇建设、社会事业发展等方面的专题调研组，开展调研活动10多次，走访区建交委等部门6个，召开由区经委等30多个部门、单位参加的座谈会，就完善区“十一五”规划进行调研。9月下旬举行的常委会专题协商会上，常委们围绕功能定位、农业服务体系建设、城镇管理、教育卫生事业发展、水环境治理等方面提出有见解的意见和建议20多条。区政协还通过主席会议、专题协商会、专委会对口协商等形式，就区委牵头的重点工作和推进的重要工作、区政府重要工作安排以及区旅游发展总体规划、园林城区创建、供水一体化改革、生活垃圾处理、文化广场改建等进行协商讨论，为区委、区政府科学决策提供依据。

积极探索，讲求实效，民主监督力度加大。先后就保滩工程建设、社区建设与管理、现代物流业发展、教育资源整合、安全生产、迎峰度夏电力保障、宗教活动场所管理、群众体育设施建设、农民宅基地置换、文明城区创建、政府实事项目建设等群众关注的重要事项，通过常委会议、主席会议、委员年末集中视察、专委会活动等形式开展视察活动。年内，共收集信息150多条，编发《情况反映》9期。扎实推进特邀监督员工作。继续做好区政协委员担任特邀监督员的推荐工作，召开政协委员中的特邀监督员座谈会和特邀监督员聘请单位座谈会，探索加强和改进特邀监督员工作的途径和方法。年内，区政协委员中受聘于公安、工商、税务等30多个部门的特邀监督员，深入基层、群众，积极开展行政、司法、行风等方面的民主监督。

选准角度，发挥优势，参政议政取得成效。坚持领导调研制度，先后就现代服务业发展、科教兴区战略实施、外贸经济工作、集团公司发展现状、新建制镇工作情况等进行调研。各专委会分别就提升南桥新城商务功能、加大农村劳动力转移培训力度、加快旅游业发展、加强食用农产品安全工作、充分利用城市公共绿地资源、促进特色文化发展、合理布局宗教活动场所等热点、难点问题开展专题调研，形成调研报告7份。其中，《关于加大农村劳动力转移培训力度的建议》调研报告作为区政协主席会议建议案提交区政府。205件提案中所提问题已经解决和正在解决的142件，列入计划解决的34件，留作工作参考或暂时不能解决的29件。

加强联系，形成合力，团结民主工作继续深化。定期召开民主党派、工商联、人民团体负责人座谈会，通报政协有关工作，听取对政协工作的意见和建议。邀请民主党派、工商联、人民团体参加全体会议、形势报告会以及有关的调研、视察活动。重视民主党派、工商联、人民团体提案的征集和督办，鼓励和支持他们在政协会议上发言，对政府工作提出意见和建议。积极推荐民主党派、工商联、人民团体中的政协委员担任特邀监督员，努力为他们履行民主监督职能营造良好氛围。坚持界别委员座谈会制度，引导委员增强界别意识，密切与界别内群众的联系，了解和反映委员所联系群众的愿望与要求。坚持政协领导走访委员制度，年内共走访委员95名。精心组织“三八”、“中秋”、“迎新年”等节庆活动，定期举办桥牌、乒乓、歌舞等联谊活动。邀请政协之友社理事会成员参加政协举行的有关会议，支持老同志开展学习、参观等活动。

注重研究，健全制度，自身建设得到加强。抓好委员出席政协会议和活动情况的考勤通报工作，对常委出席常委会议的情况，通过政协会讯予以通报；对委员参加专委会活动的情况，在各专委会年度总结会上予以通报。通过报刊、广播、电视、网络等媒体，积极宣传政协委员履行职责的事迹和成果。政协机关就进一步提高协商议政质量、加强宣传工作、搞好专题调研、增强提案办理实效、优化后勤服务等课题进行研讨。积极参加长江三角洲13县（市、区）和沪浙10县（市、区）政协工作研讨会。制定《中国人民政治协商会议上海市奉贤区委员会全体会议工作规则》、《中国人民政治协商会议上海市奉贤区委员会主席会议工作规则》、《中国人民政治协商会议上海市奉贤区委员会秘书长会议工作规则》、《中国人民政治协商会议上海市奉贤区委员会提案工作条例》，修订《中国人民政治协商会议上海市奉贤区委员会常务委员会工作规则》。以开展保持共产党员先进性教育活动为契机，进行一次深刻的马克思主义尤其是“三个代表”重要思想和科学发展观的教育，增强全体工作人员服务政协工作、服务政协委员的责任感和使命感。继续以学习型机关创建活动为抓手，不断深化理论和业务学习。（金季平）

全体委员会议和常委会会议

【区政协二届三次全体会议】 1月24日～27日在奉贤区会议中心举行。会议应出席委员199人，实到168人。区政协主席胡镇寰，副主席程云华、许璇黎、张琪、朱全忠，秘书长杨林才出席会议。会议审议通过胡镇寰代表常委会所作的工作报告、许璇黎关于二届二次会议以来提案工作情况的报告。与会委员列席区二届人大四次会议，听取并讨论区政府工作报告，以及区法院、检察院工作报告和其它报告。区委书记张立平、区长沈慧琪、区人大常委会主任周伟民等出席开幕和闭幕会议，并听取大会发言。会议审议通过《政协上海市奉贤区第二届委员会第三次会议决议》。决议指出，要更加紧密地团结在以胡锦涛同志为总书记的中共中央周围，坚持以邓小平理论和“三个代表”重要思想为指导，在中共奉贤区委领导下，深入学习和全面贯彻中共十六届三中、四中全会和中共上海市委八届六次全会、中共奉贤区委一届四次全会精神，牢固树立和全面落实科学发展观，牢牢把握团结和民主两大主题，紧紧围绕全区改革发展稳定大局，积极履行政协职能，努力把政协工作提高到一个新的水平，为促进奉贤的改革开放和现代化建设，为创造更加幸福的生活和美好的未来而共同奋斗。会议期间，共收到提案203件。（金季平）

1月25日，区政协主席胡镇寰参加政协分组讨论。（方国政　摄）

【二届区政协常委会第十一次至十六次会议】 第十一次会议于1月26日～27日举行，主席胡镇寰主持。会议审议通过区政协二届三次会议决议（草案），并决定提请区政协二届三次会议通过。会议听取区政协二届三次会议分组讨论的情况汇报以及关于区政协二届三次会议期间提案审查情况的报告。

第十二次会议于2月25日举行，主席胡镇寰主持。会议听取区委副书记韦源关于干部工作情况的通报。会议审议通过区政协2005年工作要点，通报区政协年度重要会议与主要活动安排以及区政协专委会年度主要活动安排。

第十三次会议于5月18日举行，主席胡镇寰主持。会议听取区商委主任马勤根关于两个规划制定情况的介绍以及上师大旅游发展总体规划专家组和市商业经济研究中心关于旅游发展总体规划纲要和现代商贸服务业发展规划的介绍，并进行协商讨论。会议听取区纪委副书记、监委副主任王少峰关于上年以来奉贤区党风廉政建设和反腐败工作情况的通报。会议协商决定增补汤芷萍为二届区政协副秘书长、二届区政协委员。

第十四次会议于7月28日～29日，主席胡镇寰带领全体常委赴浙江省余杭市就政协工作开展学习考察活动。

第十五次会议于9月20日举行，上午会议由主席胡镇寰主持。会议专题协商《奉贤区国民经济和社会发展第十一个五年规划纲要（征求意见稿）》（以下简称《纲要》），听取区发改委副主任戴光岳关于《纲要》的情况说明。下午会议由副主席程云华主持。会议传达学习上海市政协工作会议精神，听取胡镇寰关于学习贯彻市政协工作会议精神的设想。会议审议通过《中国人民政治协商会议上海市奉贤区委员会全体会议工作规则》、《中国人民政治协商会议上海市奉贤区委员会常务委员会工作规则》。

第十六次会议于12月15日举行，主席胡镇寰主持。会议传达学习中共上海市委八届八次全会精神，协商决定区政协二届四次会议于2006年1月9日～12日召开。会议审议区政协二届四次会议议程（草案），审议通过区政协二届四次会议日程、列席邀请人员范围、大会主持人名单，审议通过区政协常委会工作报告和提案工作报告。会议协商通过《中国人民政治协商会议上海市奉贤区委员会提案工作条例》。会议听取黄根初、曹鸣委员辞去区政协委员的情况通报。会议决定增加中国民主促进会为区政协界别，决定增补林军、姜纯钢为区政协委员。

（金季平）

重要活动

【开展区农村劳动力转移培训课题调研】 5月～7月，区政协科技教育委员会成立课题组开展调研。赴金汇镇听取镇村领导、培训学校教师、农民代表的意见，走访劳动、教育、农委等职业培训相关部门了解情况，征求意见，共组织专题讨论4次，完成调研报告。在此基础上形成《关于加大农村劳动力转移培训力度的建议案》。建议案分析了奉贤区农村劳动力职业技能培训存在的主要问题，并就促进农村劳动力向非农转移提出进一步提高转移培训3项建议，报送区政府参考。（金季平）

【组织讨论区政府上半年工作报告】 7月12日，区政协以委员活动日形式，组织全体政协委员、政协之友社理事会成员分组讨论区政府上半年工作情况报告。与会委员围绕“经济发展方面、城市建设与管理、社会事业发展和社会稳定工作”等提出意见和建议，经整理归纳，报送中共奉贤区委、区政府参考。（金季平）

【开展协商区“十一五”规划纲要活动】 8月9日，区政协召开协商区“十一五”规划纲要调研活动动员会议，成立由25名委员参加的“经济发展”、“城镇发展、基础设施建设和生态环境保护”、“社会事业发展”3个专题调研组。至9月10日，共开展调研活动10多次，走访区建交委、环保局、教育局等部门6个，分别召开由30多名政协委员参加和由区经委、外经委、奉城镇、青村镇等30多个单位参加的座谈会9次。在调研基础上，9月20日，区政协召开二届十五次常委会会议，专题协商《奉贤区国民经济和社会发展第十一个五年规划纲要（征求意见稿）》，围绕功能定位，经济发展，社会事业发展，城镇发展、基础设施建设和生态环境保护等方面提出意见和建议20多条。（金季平）

【组织年末集中视察】 11月24日，区政协组织委员开展年末集中视察。分3个专题，对文明城区创建、宅基地置换试点、实事项目建设等工作进行视察。政协委员100余人参加，在视察中提出的意见和建议，经整理归纳，报送中共奉贤区委、区政府参考。（金季平）

专委会工作

【提案委员会】 年内，主要做好提案的组织征集工作。确定9件重点提案提交区政协主席、副主席分工促办。全年收到提案217件，经审查立案205件，全部办复。协助区政协形成《奉贤区政协提案工作条例》。协助区政协做好2005年度优秀提案、提案承办先进单位和先进个人的评选工作。会同区委办公室、区人大办公室和区政府办公室对提案办理情况组织“回头看”活动。（金季平）

【经济委员会】 7月，开展“关于提升南桥新城商业功能”课题调研，赴区商委了解南桥地区商贸服务业发展规划情况。组织委员赴上海化学工业区奉贤分区了解上海实业中外运国际物流有限公司、上海中远物流有限公司奉贤基地规划建设情况。赴奉城镇了解上海箱包城筹建和规划建设情况。走访规划局、供销社、南桥镇等单位和部分委员，听取有关南桥地区商贸服务业发展布局意见，形成《提升南桥新城商贸功能，推进奉贤现代服务业加快发展的调研报告》。（金季平）

【人口资源环境建设委员会】 年内，开展“如何进一步做好我区城市公共绿地综合利用”的课题调研，召开由区建交委、公安局、体育局、规划局、民防办等部门参加的座谈会，听取区创建办、绿化局意见，形成《关于充分利用城市公共绿地资源的建议》调研报告。赴区建交委视察创建园林城区工作情况。赴区水务局视察区污水处理工程建设情况。赴奉贤供电分公司视察迎峰度夏电力保障工作情况。赴庄行镇视察农村宅基地置换新建农民住房建设情况。赴区建交委视察区生活垃圾处理项目推进情况。（金季平）

【科技教育委员会】 年内，开展“关于我区农村劳动力转移培训”的课题调研（详见条目[开展区农村劳动力转移培训课题调研]）。组织委员赴区教育局视察区教育资源整合管理情况。赴奉贤中学了解新校运行管理情况。赴区水产技术推广站视察农业水产科技养殖基地。走访上海商学院了解该院发展情况。（金季平）

【文化卫生体育委员会】 年内，开展“促进奉贤特色文化发展”课题调研，召开区文化馆、博物馆有关人员会议，了解奉贤特色文化的种类和传承情况，形成《关于促进奉贤特色文化发展的调研报告》。赴区卫生局了解区卫生工作情况和区中心医院规划建设情况。赴区文广局了解区文化事业发展情况。赴区体育局了解群众体育设施建设情况。赴区中医院了解中医事业发展情况。（金季平）

【社会和法制委员会】 4月~9月，开展“关于我区农产品安全监督管理情况”课题调研，走访区食品药品监督管理局，视察南桥地区农贸市场，召开有关在产品生产、流通部门的座谈会，形成调研报告《关于加强我区食用农产品安全工作的建议》。赴公安奉贤分局视察南桥城区交通排堵保畅工作情况。赴区检察院了解区预防和查处职务犯罪情况。赴区信访办了解区信访工作情况。召开失足青年帮教工作座谈会听取区政法委、检察院、团区委有关全区失足青少年帮教工作情况介绍。赴胡桥社区了解该社区办事处有关工作情况。（金季平）

【港澳台侨委员会】 4月~9月，开展“关于利用外资加快奉贤旅游业发展的思考与建议”课题调研，赴区商委了解区旅游业发展情况，召开委员座谈会听取意见，形成调研报告《加快我区旅游业发展的若干建议》。组织委员走访区侨务办公室、归国华侨联合会，了解区侨务部门在争取侨心、凝聚侨力，为奉贤经济和社会发展服务方面的工作情况。赴现代农业园区，视察华昌集团游艇码头、平川水产养殖科普中心，了解园区的总体发展思路、招商引资工作以及基础设施建设情况。（金季平）

【民族和宗教委员会】 年内，开展“我区宗教活动场所规划布局情况”的课题调研，赴崇明县学习考察宗教活动场所规划布局方面的经验，视察区主要宗教活动场所，听取区宗教管理部门、部份教职人员的意见建议，形成调研报告《关于合理规划布局区宗教活动场所的建议》。赴奉城镇视察民族团结进步先进社区创建工作情况。（金季平）

·相关链接·

2005年奉贤区政协第二届常委会组成人员和工作、办事机构及人员

区政协二届常委会组成人员

主　席：胡镇寰

副主席：程云华（女）　许璇黎　张琪　朱全忠

常务委员（按姓氏笔画为序）：

丁士强　马国华　孙　琪　朱国平　朱珍梅（女）　汤　亮　张大忠　张开明　杨　明
杨良准　沈　黎（女）　邵丹华（女）　周建军　金红卫　施国光　唐　瑛（女）　诸春梅（女）
顾德平　盛金龙　黄亚萍（女）　傅　雷　谢栋兴　蔡台山　蔡国琨

区政协二届常委会工作机构及主任名单

提案委员会，13人，主任余浩洁。
经济委员会，49人，主任毕道鹏。
人口资源环境建设委员会，31人，主任马国华。
科技教育委员会，35人，主任顾生章。
文化卫生体育委员会，19人，主任曹平生。
社会和法制委员会，27人，主任迟岳峰。
港澳台侨委员会，17人，主任郑建宁。
民族和宗教委员会，13人，主任张大忠。

区政协办事机构及主任名单

至年底，区政协办公室和专门委员会办公室共11人。杨林才兼任办公室主任，余浩洁兼任专委会办公室主任。

（金季平）

（本栏目编辑　蒋新甜）

中共上海市奉贤区纪律检查委员会

综　　述

年内，区纪检监察工作坚持以邓小平理论和“三个代表”重要思想为指导，按照加强党的执政能力建设和构建社会主义和谐社会的要求，与保持共产党员先进性教育活动紧密结合，加强组织协调，深入开展党风廉政建设和反腐败工作，取得新的成效。调整区党风廉政建设责任制工作领导小组，抽查12个党委贯彻落实党风廉政建设责任制等情况。对全年党风廉政建设28项重点工作进行责任分工，进一步明确职责和任务。加强法规制度建设，全年上报区党风廉政建设规范性文件34篇，其中以区纪委、监察委名义印发的12件。起草《中共上海市奉贤区委关于贯彻落实〈建立健全教育、制度、监督并重的惩治和预防腐败体系实施纲要〉的意见》（简称《实施纲要》）。两次召开区加强党风廉政建设干部大会。在领导干部中开展“写警言警句、促廉政勤政”教育活动，编辑出版《激情抒壮语，正气铸人生》一书。组织党员干部学习《实施纲要》和《“三个代表”重要思想反腐倡廉理论学习纲要》，2300多名科级以上党员干部参加知识竞答。开展会计法、土地法和工程招投标法、交通安全法等法律法规的专题教育。对26名近年来新提任的处级领导干部进行集体廉政谈话。认真做好国家机关工作人员和国有（集体）企业负责人投资入股煤矿问题的清理纠正工作。对党政领导干部拖欠公款的清缴工作开展检查。全区22个应公开招标项目全部按规定实行公开招标，345公顷经营性土地使用权全部实行招标、挂牌出让。实施政府采购483批次，节约资金2131万元，53宗产权交易全部按规定进场交易。深化政务、村务、厂务和公共事务公开。全区纪检监察系统共受理群众信访举报562件（次），属检举控告类信访394件（次）。立案调查43件，结案47件，给予党纪政纪处分45人。会同有关部门对贯彻执行《行政许可法》情况、征用农民集体土地补偿费管理使用情况开展专项检查。对配套商品房和中低价普通商品房工程建设情况开展效能监察。在行政机关和行政管理部门中全面推行首问责任、服务承诺、限时办结等制度。对全区89所中小学、幼儿园规范教育收费工作开展专项检查。对医疗秩序、医疗服务、医疗收费等开展纠建专项督查。开展政风行风测评工作，政风行风监督员、测评员通过召开座谈会、查看办事窗口等形式进行调查，听取企事业单位、群众意见8112人（次），24个被测评部门和行业政风行风总体评价比上年明显提高。（李　丹）

12月21日，区委副书记、区纪委书记顾顺祥在纪委第四次全体会议上作工作报告。　方国政摄

重要会议

【加强党风廉政建设干部大会】　2

8 月 24 日，召开区加强党风廉政建设干部大会。　（徐秋官　摄）

月2日和8月24日在区会议中心召开。2月2日会议上，区委书记张立平强调：要进一步学习中共中央总书记胡锦涛在中纪委五次全会上的重要讲话，从提高党的执政能力的高度，进一步认识加强党风廉政建设的重要意义；要进一步查找教育、制度、监督三个方面的薄弱环节，充分认识反腐败斗争的长期性、艰巨性；要进一步在保持共产党员先进性教育活动中，从严要求，为全面落实中共中央和市委关于建立健全反腐败体系的工作部署打好基础。区委副书记、区长沈慧琪主持会议并传达了中纪委五次全会和市加强党风廉政建设干部大会精神。区委副书记、纪委书记顾顺祥总结2004 年党风廉政建设情况，对 2005 年党风廉政建设工作提出要求，强调：以落实责任制为抓手，推进反腐倡廉整体工作；认真贯彻落实《实施纲要》，加强惩治和预防腐败体系建设；认真落实廉洁自律各项规定，严肃查处违纪违法案件。8 月 24 日会议上，区委书记张立平强调：要进一步认清全区党风廉政建设形势；要认真贯彻《实施纲要》；通过先进性教育，全区机关干部的作风要有进一步的转变，使先进性教育活动真正成为群众的满意工程。区委副书记、区长沈慧琪主持会议并传达市加强党风廉政建设干部大会精神。区委副书记、纪委书记顾顺祥强调：要加强干部教育，增强自律意识，提高拒腐防变能力；要加强制度建设，增强法规意识，规范权力运行；要加强办信查案工作，增强纪律意识，保障党员干部民主权利；要加强督促检查，增强责任意识，推动各项工作落实；要搞好政风行风测评，增强服务意识，促进机关作风建设。　（李　丹）

【区纪检监察工作会议】　3 月 1 日在区会议中心召开。区委副书记、纪委书记顾顺祥就进一步抓好全年的党风廉政建设和反腐败工作提出要求：要准确把握形势，坚持不懈地推进反腐倡廉工作；要认真学习、宣传、贯彻《实施纲要》，抓紧研究制定贯彻落实《实施纲要》的意见；要抓好责任制的落实，形成工作合力。　（李　丹）

【落实党风廉政建设责任工作会议】　3 月 31 日在区会议中心召开。区委副书记、纪委书记顾顺祥就落实全年反腐倡廉和源头治理的重点工作提出三点要求：按照责任分工，加强组织领导，落实各项工作任务；按照党风廉政建设责任制的要求，形成落实源头治理工作的合力；按照提高党的执政能力建设的要求，建立落实法规制度的长效机制。　（李　丹）

【区纪委第四次全体会议】　12 月 21 日在区会议中心召开。会议由区纪委常委会主持，区委副书记、纪委书记顾顺祥代表区纪委常委会作工作报告。全会审议并通过《中共上海市奉贤区纪律检查委员会常委会工作报告》。全会要求：完善落实各项法规制度，加强对权力运行的监督；强化办信查案工作，不断提高依纪依法办案水平；按照构建和谐社会的要求，切实纠正损害群众利益的不正之风；坚持体制机制制度创新，加强源头治理工作；认真履行职责，充分发挥纪委协助党委组织协调反腐败工作的作用，扎实推进党风廉政建设和反腐败工作。区委副书记、纪委书记顾顺祥强调：要紧紧围绕大局，扎实推进党风廉政建设；要形成合力，扎实推进各项工作的落实；要加强学习，努力提高组织协调反腐败工作的能力。　（李　丹）

廉政建设

【区委全会审议通过《贯彻落实〈实施纲要〉的意见》】　12 月 21 日，区委一届六次全会审议通过《中共上海市奉贤区委关于贯彻落实〈建立健全教育、制度、监督并重的惩治和预防腐败体系实施纲要〉的意见》（简称《意见》）。《意见》分七个部分三十三条。着重从五个方面提出惩防体系建设的具体工作要求：健全反腐倡廉宣传教育格局、突出教育重点、拓展教育内容和形式，加强廉政文化建设，筑牢拒腐防变的思想道德防线；完善党风廉政建设责任制，建立健全宣传教育、权力制约和监督、国家工作人员从政行为、源头治理工作、市场运行监管、查办案件和责任追究等制度，发挥制度在惩治和预防腐败中的作用；加强党内监督，支持和保证人大监督、政府专门机关的监督、司法监督、政协和民主党派监督，加强社会监督，保证权力的正确行使；深化干部人事制度、行政审批制度、财政和投资体制、国有和集体资产管理体制的改革，规范各类要素市场，推进源头治理和预防腐败；严肃查处违纪违法案件，坚持依纪依法办案，增强办案合力，充分发挥查办案件的治本功能，加大惩治腐败力度。

（李　丹）

【廉政教育有特色】 年初，根据全区党风廉政建设形势，会同组织、宣传等部门制定《2005年奉贤区反腐倡廉宣传教育计划》，明确教育对象为全区党员干部，重点是各级领导干部和管钱、管物、管人及具有审批权岗位的党员和公职人员。教育内容为学习贯彻反腐倡廉理论和有关会议精神，开展思想道德、政策法规、纪律教育，推进廉政文化建设和组织纪检监察干部培训。教育方法为以正面教育激励为主，把反腐倡廉教育与保持共产党员先进性教育活动、与弘扬先进典型、与学习行政法规等结合起来，通过上党课、组织演讲、举办报告会、开展学习讨论、进行知识测试、观看录像、撰写体会文章和参观监狱、剖析典型案例等形式和手段，提高教育的针对性和有效性。同时，对如何实施宣传教育进行分工，明确纪检、组织、宣传、党校、新闻媒体和各镇、开发区、其他各部门在反腐倡廉工作中的职责。年内，总结全区6名党员干部勤政廉政典型事迹，并在区加强党风廉政建设干部大会上交流。组织11000多名党员干部观看廉政警示教育片。开展“写警言警句，促廉政勤政”活动，全区66个单位256名领导干部撰写警言警句336条，汇编成《激情抒壮语，正气铸人生》一书，下发给领导干部对照学习。组织开展《实施纲要》和《“三个代表”重要思想反腐倡廉理论学习纲要》学习竞答活动，参加竞答活动的科级以上干部2300余人。各单位、各部门还从自身的业务出发，开展一系列的政策法规教育。公安部门举办区领导干部学习交通法规专题报告，下发宣传资料1000多套，精心制作交通法规宣传版面20块，到各镇、开发区和区级机关巡展。财政部门举办《会计法》和财政国库集中支付的专题报告。土地管理部门组织土地法规的专题辅导。建设管理部门举行建设工程招投标专题讲座。组织全区纪检监察干部31人，集中10天时间，到中纪委监察部杭州培训中心进行纪检监察业务培训。

（徐秋官　胡永立　孙　坚）

【开展治理“红包”工作】 年内，区纪委认真贯彻落实中纪委、监察部《关于2005年元旦、春节期间严格遵守廉洁自律规定，坚决禁止奢侈浪费行为的通知》的精神，专门印发《关于开展领导干部收送现金、有价证券、支付凭证等问题(简称“红包”)专项治理工作的意见》，明确了纪律。全区33个单位组织党政机关干部进行专题教育活动，开展现金、有价证券上缴工作，对87个银行账户进行清理检查，从源头上进一步堵住购买、赠送现金、有价证券和支付凭证的渠道。（孙鸿萍）

【加强对党员干部出国(境)管理】 年内，区纪委会同区委组织部、区政府外事办，联合印发《关于进一步加强党员干部出国(境)管理的通知》，继续加强对党员干部的出国(境)管理，规定从7月1日起，党员干部因公出国(境)前一周，按干部管理权限，到区纪委(或本单位纪委)接受纪律教育，并签订《党员干部出国(境)遵守纪律承诺书》。（孙鸿萍）

9月28日，举行新提任领导干部廉政培训班。（徐秋官　摄）

【清缴党政领导干部拖欠公款】 5月，区财政局、区监察委结合开展财务检查工作，开展党政领导干部拖欠公款的清缴工作，未发现领导干部有新的拖欠公款和将公款借给亲友的问题。（吴　钧）

【开展投资入股煤矿清理工作】 年内，根据市纪委、监察委、国资委、安监局《关于认真做好清理纠正国家机关工作人员和国有企业负责人投资入股煤矿问题工作的通知》精神，区纪委、监察委、国资委、安监局联合下发专项清理通知。至9月22日，全区各单位组织文件学习传达，进行全面清理检查。从检查结果看，全区没有发现国家机关工作人员和国有企业负责人投资入股煤矿的情况。

（吴　钧）

【对新提拔领导干部进行廉政谈话】 9月28日，根据《奉贤区贯彻落实市委办公厅〈关于建立健全领导干部谈话制度的实施办法〉的办法》，区纪委和区委组织部在区委党校联合举办新提任处级领导干部廉政培训班，对全区2003年8月以来提任的26名区管领导干部集中进行廉政谈话，签订《廉政承诺书》，并组织前往青浦监狱参观，现场开展警示教育。自2003年首次开展集中廉政谈话教育以来，至2005年，全区共有近70名区管领导干部接受廉政谈话。（吴　钧）

信访及案件办理

【依纪依法办理信访举报】 年内，全区纪检监察系统共受理群众信访举报562件(次)，其中来信500件(次)，来访34件(次)，来电28

件(次)。属检举控告类信访394件(次)。区纪委、监察委直接受理323件(次),占全系统信访总量的57.5%,应办结292件(次),已办结267件(次),办结率91.4%;应结案159件(次),已结案151件(次),结案率95%;按期结案140件(次),按期结案率92.7%;优质结案138件(次),优质结案率91.4%。 (洪德福)

【查办违法违纪案件43件】 年内,办理初核件85件,涉及区管干部8人。立案查办各类违纪违法案件43件,其中党纪案件40件,政纪案件3件,与上年同比下降4.44%。按性质分类:组织人事类案件1件,经济类案件19件,失职类案件4件,侵权类案件1件,妨碍社会管理秩序类案件18件。按职级分类:处级干部1件,科级干部11件,一般干部1件,其他人员30件。按部门分类:政府机关7件,审判机关1件,事业单位7件,企业单位16件,农村9件,其他3件。 (盛 军)

【审结党政纪案件47件】 年内,全区纪检监察机关共审结党政纪案件47件,涉及违纪人员45人(党政纪双重处分2人),其中党纪案件43件,政纪案件4件。党纪处理共涉及党员43人,其中党政机关6人,企业单位15人,事业单位9人(其中退休1人),村干部6人,个体经营者4人,其他3人;妨碍社会管理秩序类案件19件,贪污贿赂类案件14件,破坏社会主义经济秩序类案件4件,侵犯党员权利、公民权利类案件3件,违反组织、人事纪律类案件1件,违反财经纪律类案件1件,失职、渎职类案件1件;给予撤销党内职务以上处分的30人(开除党籍28人、留党察看1人、撤销党内职务1人),给予党内严重警告以下处分的12人(党内警告6人、党内严重警告6人),免予党纪处分1人。政纪处理共涉及监察对象4人(公安3人、司法1人);从错误性质看,受贿2件,失职、渎职1件,违反社会管理秩序1件;从处分类别看,行政开除2人(同时被给予开除党籍处分),行政警告2人。 (张珠洪)

纠风工作

【开展政风行风测评】 年内,组织20名政风行风监督员,对250个测评点进行政风行风测评,共召开各类座谈会29个,参加座谈会人数331人(次),明察暗访办事窗口68个,走访办事对象298人(次),走访企业听取意见3912人(次),听取居民群众意见4200人(次),共收到群众意见和建议277条。全区24个部门和行业的政风行风总体评价比上年明显提高。 (朱建军)

【规范中小学收费工作】 年内,继续把规范中小学收费工作作为行风建设专项治理重点,坚持义务教育阶段公办学校全面实施"一费制"收费办法。并对困难学生实行"两免一补"(两免:免学杂费,免书簿费;一补:困难补助)帮困措施,全年共发放补助金101.92万元,受益学生1829人。通过部门自查、行风监督员随机抽查、查处举报信访件以及纠风办、教育局、物价局、财政局、审计局等部门联合检查等形式,全区中小学规范收费工作得到进一步巩固。 (朱建军)

【开展医药购销和医疗服务行风建设】 年内,各医院积极落实区"医院管理年"和"优化管理服务、优化就医环境"活动各项要求;开展区药品、医疗器械购销和基本建设中不正之风的自查自纠工作4次;加强制度建设,制定《奉贤区医疗机构药品集中采购管理实施办法(试行)》等制度4项;落实为残疾人实施"送康复服务上门"等便民利民实事5件。年内全区集中招标采购药品总金额1.6074亿元,占医院购药总金额的99.86%。 (朱建军)

【规范居住物业管理行为】 年内,为规范居住物业管理行为,制定《奉贤区宅基地置换小区物业管理实施意见》。对7个小区113万平方米的居住物业实施前期物业管理招投标,组建(换届改选)业主委员会53个,完成物业管理企业换证工作22家。完成房屋综合整治工程340多幢,涉及建筑面积80多万平方米,涉及金额1500多万元。完成非成套改造3幢,涉及5000多平方米,资金300多万元。完成南桥地区居住小区的保洁归并工作。归集新建商品房住宅维修资金7000多万元,涉及17个小区的113万平方米物业量。清理老的商品住宅楼盘37个,共催缴维修资金1300多万元。(朱建军)

政务公开工作

【多种途径加强政务公开】 4月

4月29日,召开区物业管理工作会议。 (徐林章 摄)

15日，召开区政务公开工作专题会议，下发《奉贤区2005年政务公开工作意见》。对政务公开工作进行了全面部署，以《上海市奉贤区人民政府公报》和“政府网站”为载体，增强政府工作的透明度；全面推行“三告知”（行政检查、行政强制、行政处罚告知）制度，促进行政执法的公开、公平、公正；各镇建立政务公开领导小组，更新公开栏，调整公开内容，坚持政务向社区延伸。（徐林章）

【推进政府信息公开工作】 年内，以贯彻《上海市政府信息公开规定》为契机，健全和完善门户网站。47个部门和单位全面推行信息公开，其中政府职能部门34家，镇政府8家，开发区5家。建立政府信息公开工作管理机制，落实专人负责，各单位政府信息公开工作人员共82人，其中全职人员10人，兼职人员72人。改版区政府门户网站，政府信息公开专栏增设行政许可、公众事项、领导讲话、政府工作报告要点、重大决定、实事项目等栏目，把政府公报纳入到政府信息公开专栏，并对原有的栏目作进一步的整理和完善。

（徐林章）

行政监察

【强化行政机关效能建设】 年内，根据区政府《在本区行政机关开展效能建设的工作意见》要求，区监察委充分履行监督检查和组织协调职能，会同区政府办公室督查科，对各镇、开发区和政府部门制定、完善效能建设的情况进行督查，全区42个单位有18个单位重新制订首问责任、服务承诺、限时办结、失职追究、效能投诉等五项制度，24个单位对原有的效能建设制度进行修订和完善。同时，为加强对违反行政效能制度行为的追究力度，区政府制定《奉贤区行政效能投诉暂行办法》，促进行政效能各项制度的贯彻落实。

（石伟杰）

【清理项目建设程序中各项收费】 年内，区监察委、区政府法制办、发改委（物价）、财政局和投资管理服务中心等部门，按照2005年区政府重点工作的安排，对区内项目建设程序中收费情况进行清理整顿。经清理，全区涉及收取规费的有规划局等7个部门29个收费项目，涉及中介机构收费5项，经营性收费2项，均属正常情况。

（石伟杰）

【开展对土地补偿费管理和使用情况督查】 根据2月2日区政府制定的《关于加强征用土地补偿费管理的若干规定》文件精神，上半年，区监察委会同农委、房地局、审计局、劳动保障局和民政局等部门，对1月份后各镇、开发区实施的新征地项目农民补偿费管理和使用情况开展检查。通过检查，进一步明确土地补偿费的权属，设置统一的土地补偿费专户，规范了征地补偿费的管理和使用。（石伟杰）

【开展对《行政许可法》执行情况专项检查】 7月27日，区政府根据市政府办公厅通知精神，下发《关于对本区各级行政机关贯彻执行行政许可法情况开展专项检查的意见》。8月底，区监察委、区政府法制办邀请区人大和政协有关领导组织开展《行政许可法》执行情况专项检查。经查，全区涉及行政审批的部门共19个，审批项目253项，其中202项属许可类项目，51项为非许可类项目。（石伟杰）

【开展配套商品房和中低价普通商品房工程建设效能监察】 年内，区监察委根据市监察委关于开展“两个1000万”工程建设效能监察的总体部署，加强对全区配套商品房和中低价普通商品房工程建设效能监察，下发《关于加强对配套商品房和中低价普通商品房建设工作管理的通知》，督促政府有关部门和各镇、开发区在实施建设过程中严格按照工程建设程序办理报建、工程勘察、设计、施工、监理等招投标和办理质安监等手续。同时，会同房地部门深入工程基地，了解工程实施情况，积极推进工程顺利进展。（石伟杰）

【巡查房屋拆迁工作】 年初，区政府成立“奉贤区房屋拆迁巡查领导小组”，加强对房屋拆迁工作的领导。区监察委会同区房地局、区政府法制办、发改委（物价）、信访办等部门，邀请区人大常委会、区政协有关领导，于8月、10月和12月三次对5个镇、开发区的拆迁基地和农民宅基地置换拆迁工作进行巡查，促进拆迁工作的规范操作，确保被拆迁农民的合法利益。

（石伟杰）

【检查公务车辆管理制度执行情况】 6月，区监察委、机关事务管理局、财政局、国资委等部门组成检查组，对7个镇、4个开发区和8个委局公务车辆管理制度执行情况开展专项检查，重点对2005年新购置车辆的程序、配置等情况是否符合文件规定进行检查，对部分管理不规范的单位，督促其完善程序，落实整改。（石伟杰）

【开展工程招标、土地出让、政府采购和产权交易行为监察】 年内，区监察委在上年协助职能部门建立健全工程招标投标、土地出让、产权交易和政府采购等源头治腐重点领域制度建设的基础上，又协调和督促区建交委、房地局、国资办和财政局等部门对原有制度进行修订和完善，并及时将招标（出让）信息、结果和相关法律法规、工作制度等通过政府网站和办公场所予以公开，主动接受社会监督。年内，全区22个应公开招标建设工程项目全部按规定实行公开招标，345公顷经营性土地使用权全部实行招标、挂牌出让，实施政府采购483批次，节约资金2131万元，节约率7.6%，有53宗产权交易全部按规定进场交易。

（石伟杰）

（本栏目编辑　蒋新甜）

招　商　引　资

综　　述

2005年，区继续把招商引资列为全年经济工作重中之重，作为推动经济快速发展重要突破口，招商引资取得显著成效。年内，在上海、日本东京、韩国大田、香港等地举办多场专题招商会，大力推介奉贤。强化园区服务和管理，加大商贸型企业招商力度。坚持经济园区例会制度，切实推进经济园区服务年活动和达标园区创建活动。建立标准厂房信息平台，有效整合标准厂房资源，通过网站、报刊、户外广告等渠道，提高闲置厂房出租出售率。修订完善各类招商宣传资料，加强招商网站建设和专业网络推广。调整驻外办事处机构设置及人员选派，加强与国际国内中介机构、友好人士、团体的联系，建立广泛对外联络和宣传渠道。全区实现内资到位资金100.6亿元，外资到位资金2.6亿美元，注册型企业完成纳税额28.6亿元，比上年增加纳税总额9.8亿元。

招商管理

【举办经济管理培训班】 3月10日，区经济管理培训班在区委党校举行。区经济工作各部门及各镇、开发区经济工作一线人员100多人参加了培训。市外经委、区经委、招商办、外经委、规划局、“一门式”等部门领导、专家及资深招商人员分别作了培训辅导。

（费　翔）

【召开年度商贸园区主任联席会议】 4月25日，区召开年度商贸园区主任联席会议第一次会议。会上各经济园区就招商引资情况进行了交流，分析注册型企业引进过程中所面临的困难。税务、工商、财政、经侦等部门，对商贸型企业在引进和管理过程中出现企业走逃、发票失控、推进园区平台建设等问题进行了探讨。（费　翔）

【开展经济园区服务年达标创建活动】 6月，全区范围内开展了经济园区服务年达标创建活动。活动要求建立和完善经济园区与企业之间联系渠道，进一步建立诚信服务机制，强化经济园区工作人员培训，建立健全经济园区管理制度，强化目标任务考核，树立经济园区良好形象，提升经济园区管理水平，完善服务功能，营造为商贸型企业发展良好服务环境，更好地开展对商贸型企业招商引资工作。

（费　翔）

【建立标准厂房信息平台】 6月，为充分利用现有厂房资源，加快全区标准厂房租售，增加招商引资新途径，区采集了厂房信息，完善每幢厂房数据资料和图片等信息。建立了以互联网、路牌及报刊媒体为途径的信息发布渠道，加快了厂房租售流通速度，提高了租售效率。

（费　翔）

奉贤区投资管理服务中心“一门式”服务办证厅　　（王侯民　摄）

【召开招商引资专题会议】 8月27日，区在浙江萧山举行招商引资专题会议，各镇和开发区及有关委办局负责人出席会议。会议要求确保完成区人代会及“十五”期间确定的招商引资目标任务，加强招商员队伍建设，建立科学的奖惩机制，为制定“十一五”规划目标作好准备。 （费 翔）

【招商引资突出优势产业】 12月24日，区政府召开经济工作会议，要求继续将招商引资作为经济工作重中之重，把重点放在光仪电、物流装备、游艇、输配电等优势产业上，力求做到内涵挖潜与外延扩张并举，实业型项目与注册型项目并举，工业、商业和旅游业招商并举。 （费 翔）

招商活动

【举行“科技与投资沙龙”首场活动】 2月22日，区在上海科技成果转化促进会新揭牌的“科技与投资沙龙”举行首场活动，以“上海发展光仪电产业战略思考”为主题，副区长倪耀明作了“在奉贤设立上海光仪电产业基地的设想方案”演讲。市政协主席蒋以任等参加活动。会上，上海科技成果转化促进会、上海科技情报所、上海工投集团与区签订了合作协议。区政府还聘任了首批10位光仪电专家。 （费 翔）

【举办上海输配电产业战略合作推进会】 3月22日，市经委、区政府联合举办“上海输配电产业战略合作推进会”。上海交通大学、上海理工大学、上海电力学院、上海电器科研所等与区签订了产学研合作协议。上海珠江投资管理公司、香港润宝集团、吴淞电器事业公司、顺撷实业公司等与区签订了总投资23.8亿元项目协议，并成立了“上海市输配电产业发展中心”。副市长胡延照出席会议并讲话，国内外知名输配电企业和上海相关科研院所专家300多人出席会议。 （费 翔）

【上海滨海国际物流装备城启动】 4月22日，在北京钓鱼台国宾馆举行“上海滨海国际物流装备城专家指导委员会”成立仪式，标志着作为奉城中心镇产业支撑的上海滨海国际物流装备城项目进入实质性启动。根据物流装备制造业发展规划，该装备城划分为装备生产区、国际会展区、国际交易区、管理服务区、配套服务区、科技研发区6个功能区。 （费 翔）

【举办光仪电产业专题招商会】 5月19日，由市经委、外经贸委、科委和区人民政府联合主办的“上海市光仪电产业专题招商会暨新闻发布会”在上海金茂大厦举行。市政协主席蒋以任、市政府副秘书长徐建国以及有关国家驻沪领事代表、光仪电产业跨国公司代表、外商驻沪机构代表、国内光仪电企业和有关科研院校专家学者等300多人参加会议。区委常委、副区长杜治中作了区投资环境及光仪电产业基地情况介绍，市经委、外经贸委、科委领导以及专家协会代表作了发言。会上，市科委与区政府签订了《实施科教兴市主战略市区联动推进奉贤光仪电产业科技发展协议书》，2家外商签约了光仪电项目。 （费 翔）

3月22日，上海市输配电产业战略合作推进会在奉贤召开，并在区成立“上海市输配电产业发展中心”。上海市副市长胡延照（后排左三）出席会议。 （王昌年 摄）

【在香港举办第三产业推介会】 6月16日，区第三产业专题推介会在香港举行。香港关键性零部件协会、香港钟表业总会、香港珠宝制造业商会、香港游艇会、香港物流商会、香港贸易发展局等单位代表60余人应邀出席。区招商办、海湾旅游区代表分别就上海市工业综合开发区国际商贸园、海湾旅游区投资环境作了推介。 （费 翔）

【参加全国城市物流园区交流研讨会】 7月14日，上海滨海国际物流装备城代表参加了在山东潍坊举行的第三次全国城市物流园区交流研讨会暨第十次中国物流专家论坛，该装备城代表就现代物流发展趋势及上海滨海国际物流装备城发展规划在会上作了专题发言，为打造一流物流装备城扩大了影响。 （费 翔）

【参展上海多国仪器仪表展】 9月13日～16日，区组织人员设展位参加在上海光大会展中心举办的多国仪器仪表展。为期4天的展会，共有350家国内外知名仪器仪表生产企业和相关产业媒体参展。区招商人员与参展单位进行面对面的交流，发送了有关产业基地资料，并收集了大量客户信息。 （费 翔）

【举行日本、韩国专场投资说明会】

9月13日～14日，区在日本东京举办“光仪电产业”和“生物医药与精细化工产业”投资说明会，共有100多家日本企业人士参加。说明会在日本客商中引起了反响，已有部分日本企业来区考察。9月16日，在韩国大天进行了“光仪电产业”投资说明会。（费　翔）

【拜访2国商会上海代表处】 11月8日，区招商办代表拜访了德国工商大会上海代表处和意大利布雷西亚商会上海代表处，向代表处介绍了区经济发展形势及重点发展产业规划。2个代表处均对奉贤的发展表示了浓厚的兴趣，双方就关于如何加强交流合作达成诸多共识。（费　翔）

招商成果

【概况】 年内，区共引进实业型内资项目到位资金100.63亿元，比上年增长15.3%。外资到位资金2.67亿美元，比上年增长26.8%。注册型企业完成纳税额28.67亿元，比上年增加9.83亿元。（费　翔）

2005年奉贤区招商引资审计结果情况表

单位	注册型		内资		外资			
	净增税收指标（万元）	净增税收（万元）	到位资金指标（万元）	到位资金（万元）	合同外资指标（万美元）	合同外资（万美元）	到位资金指标（万美元）	到位资金（万美元）
合　计	45000	98287	500000	1006279	50000	51797	20000	26727
奉城镇	5000	5057	65000	160063	2800	3100	1250	1585
庄行镇	4500	5678	45000	66160	2400	937	1000	1070
金汇镇	4500	5246	55000	166268	2600	5478	1250	5904
青村镇	4500	10628	45000	118238	2400	2577	1000	1540
四团镇	4500	15875	45000	51117	2400	1217	1000	1203
柘林镇	5000	5979	45000	97381	2400	1708	1000	1072
南桥镇	5000	8318	50000	136301	2800	1655	1000	1543
海湾旅游区	2500	2783	20000	20033	2500	600	1000	95
市工业综合开发区	2500	9462	40000	40625	17000	17035	7000	7493
市化工分区	2500	5419	40000	84296	6000	9836	2000	3502
现代农业园区	2500	8241	35000	44503	2200	6381	1000	1565
海港开发区	2000	4609	15000	20494	4500	245	1500	155
	1483							
交通实业公司	1198							
南方集团	2847		800					
申良公司		1292						
供销合作总社	268					20		
畜牧总公司		2976				1008		

（费　翔）

项目审批管理

【概况】 年内，区项目审批管理继续采用“一门式”服务形式，全年共办各类证照43875件，新批三资企业173个，投资总额10.69亿美元，注册资金6.2亿美元，合同引进外资5.51亿美元。外资增资企业76户，其中新增注册资金1.29亿美元，合同引进外资1.1亿美元。新开业工商企业12008家，其中外资企业150家，内资企业76家，私企8795家，个人独资企业2987家，引进各类注册资金151.43亿元。批准基本建设项目186个，总投资43.78亿元，建筑面积172.55万平方米，其中工业基建投资19.07亿元。（刘勤元）

【出台工业项目评估意见】 年初，区政府出台《我区工业项目施行产业用地评估意见》，对涉及用地工业项目建立评估制度。评估小组由区经委、计委、外经委、建委、规划局、房地局、环保局、卫生局、工商局、投资管理服务中心等部门组成，项目评估根据区域定位、产业导向、科技含量、资源消耗、土地集约、环境保护、投资密度、社会效益等标准进行。（刘勤元）

【154个项目通过评估】 年内，共对18批218个项目实施评估，其中通过评估项目154个，通过率71%。通过项目总投资113.93亿元，平均7398万元/个，其中内资118个，总投资67.6亿元；外资36个，总投资5.59亿美元。用地面积493.07公顷，平均3.2公顷/个；建筑面积376.03万平方米，平均2.49万平方米/个。154个项目净用地投资密度2460万元/公顷，固定资产投资密度2025万元/公顷，建筑密度39.2%，容积率0.8。土地平均价格234万元/公顷。行业分布机械制造、加工51个占33%；输配电及电器32个占21%；轻工及纺织、鞋业、服装、箱包等30个占19%；化工20个占13%；食品、生物医药、生活配套9个占6%；物流、仓储7个占5%；IT电子3个占2%；标准厂房2个占1%。（刘勤元）

【实施"一门式"服务督查】 年内，坚持每周星期二对各职能部门窗口服务态度、服务质量、项目审批情况进行讲评制度，对进入绿色通道项目由专人跟踪督办。区监委对各窗口依法行政情况进行全面测评和考评，督查结果与年终考核挂钩。（刘勤元）

【重新修订"一门式"6项规章制度】 年内，为了提高办事效率，改善区"一门式"投资软环境，优化为基层服务意识，确保"一门式"窗口形象，重新修订了6项规章制度。分别为：学习制度、周例会制度、首问责任制度、工作人员廉洁自律制度、考勤制度、行政效能投诉制度。（刘勤元）

上海闵行出口加工区（孙海冬 摄）

【统一印制"窗口服务告知单"】 4月，对进驻区"一门式"16个部门33项服务内容统一设计制作"窗口服务告知单"，内容主要有办理依据、办事程序、申报材料、收费标准、受理时间、办结时限等。"告知单"的印制，方便了办证人员，受到各界人士好评。（刘勤元）

【举办基层办证、办照人员培训班】 3月，为提高基层办事员综合业务素质，区举办了为期2天的基层办证、办照人员培训班。培训班由区投资管理服务中心牵头，10个职能部门参与培训班组织工作，100余名基层工作人员参加培训，收到了良好效果。（刘勤元）

【加强建设项目管理工作】 7月，区召开各镇、开发区分管工业、建设的分管领导会议，对建设工程如何加强管理作了部署，并提出了强化建设工程管理主要措施和若干意见。会议要求高度重视建设工程安全质量工作，加强对建设项目跟踪管理，以按条抓块原则，落实安全质量责任制，大力推进建筑劳务用工规范化建设。（刘勤元）

【联合调研基建项目收费现状】 年初，为加强基建项目建设管理，区监察委员会、投资管理服务中心、发展计划委员会，就项目建设程序中收费情况开展联合调研。对有关企业展开随机调查，要求政府各部门开展自查，并对其进行调研，基本摸清了区项目建设收费情况，为区决策提供依据。（刘勤元）

（本栏目编辑　赵宏元）

产业园区

综　述

年内，奉贤区各工业园区相继完成总体规划和控制性详细规划方案的编制工作。在此基础上，各镇、开发区加大资金投入力度，推进园区基础设施建设，全年共投入资金7.15亿元。11月17日上午，区人大常委会在区会议中心召开第二十五次会议，听取工业园区四大板块建设情况汇报。

上海工业综合开发区A区（简称A区）。一期规划总面积20.8平方千米，产业定位输配电设备、信息（通讯）制造业、光仪电。在基本完成A区一期开发建设基础上，年内进行二期开发建设。至年底，总投资2.5亿元，完成奉浦贝港桥和奉浦大道西延伸段等基础设施建设。共建成道路九条（段）总长度10.8千米，建造桥梁6座、配套电站两座，铺设电力地下管线6.3千米、自来水管网4.8千米、污水管网2.5千米、天然气管道1.2千米，新建污水泵站一座。在A区一、二期基础设施建设中南桥和庄行两镇共投入资金4000余万元。部分区域已基本具备接纳项目落户能力。年内共引进项目9个，总投资7000万美元。至年底，有5个项目破土动工。

上海工业综合开发区B区（简称B区）。总规划面积30平方千米，产业定位物流装备、光仪电、汽车配件、游艇设备制造和农副产品深加工业。B区由奉浦、青村、金汇三个分园区和奉城分园区组成。根据区政府B区开发协调会议精神，重大基础设施建设由上海工业综合开发区统一组织实施，建设费用按受益面积由各分园区分担。年内投入用于道路、给排污水管道等基础设施建设资金1.4亿元。成立由上海工业综合开发区和奉城镇合资的上海物流装备城开发有限公司，双方按6:4的比例投资开发“物流装备城”。日供水10万吨级的奉城水厂和以航塘路拓宽为切入点的基础设施建设正在进行中。

上海化学工业区奉贤分区。该区是上海市规划建设的六大产业基地之一。按照新的规划，奉贤分区总面积16平方千米，其中工业区面积13平方千米，分为A、B两个区域，即精细化工、生物医药、游艇设备制造三个产业园。生物医药产业园是市政府确定的化学原料药生产基地之一。精细化工产业园一期开发3.5平方千米，区域内已建成“七通一平”基础设施。其中道路2千米、铺设供水管道1千米、污水管网2.5千米、通讯线路1千米、天然气管道3.5千米，并建成污水提升泵站一座，共投入资金1.5亿元。生物医药产业园规划面积6.6平方千米，年内，柘林镇投入基础设施建设资金4300余万元，一半左右的区域已具备项目落户基本条件，部分项目已建成投产。游艇设备制造业规划面积0.5平方千米。

上海海港综合经济开发区。该区由海港、四团两个分区组成，规划总面积17平方千米，产业定位现代物流装备制造业。区内规划采用“川”型结构，东部是工业和仓储区，西部为工业区，南部是物流交易城。年内，海港开发区和四团镇共投入用于道路、排污水管网、电力设施等建设资金9171万元。首期开发区域的基础设施建设基本完成，并已相继引进中外运、韩进物流、好北逗国际货运等国内外知名物流公司和上海水泵集团、理士电动车等大型制造业项目。

年内，为贯彻落实中共中央、国务院建设节约型社会和市委、市政府推进“三个集中”的要求，区经委、发改委、外经委、房地局、规划局、财政局、投资管理服务中心联合发文《关于促进本区工业企业节约集约使用土地的若干意见》，制订区域内工业用地节约集约利用主要目标。总体目标要求，全区纯工业用地平均产出率从年内的18亿元/平方千米提高到2010年的30亿元/平方千米，工业区纯工业用地平均产出率从年内的20亿元/平方千米提高到2010年的33亿元/平方千米。增量工业用地，到2010年，新增工业项目的投资强度提高到30亿元/平方千米。除有特殊工艺要求外，以后新增工业项目建筑容积率必须在0.8以上，其中都市型工业园标准厂房建筑容积率在1.2以上。存量工业用地，到2010年，全区零星工业用地减少333.33公顷左右。利用已撤销工业园区内的存量土地资源，建设10个左右的都市型工业园，引进环保型、广就业的都市型工业企业和生产性服务企业600户以上。全区每年淘汰、调整、转移劣势企业50家左右，到2010年腾出土地133.33公顷。提出做好工业节约集约用地主要措施8条，即加快推进已下达指标的工业项目落地；严格控制和着力提高工业项目质量；加强和完善工业项目预审评估工作；建立工业用地项目预选上报制度；加快做好劣势企业的淘汰调整工作；大力鼓励现有企业扩建生产厂房；加快推进郊区都市型工业园建设；大力推进闲置厂房招租招商工作。

制定工业园区建设项目贴补资金管理办法。年内区经委、财政局联合下发《奉贤区工业园区建设项目贴补资金管理办法》，从基础设施建设项目申报贴补的基本条件、创建质量和环境双优园区项目申报贴补条件、建设项目贴补标准以及园区建设项目申报贴补的具体操作程序四个方面提出管理意见。

2005年度奉贤区工业园区基础设施、标准厂房建设项目情况表

单位	主干道路		桥梁		给水工程		排污工程		排水工程		电力工程		通讯工程		绿化		标准厂房	
	面积（平方米）	投资额（万元）	面积（平方米）	投资额（万元）	长度（米）	投资额（万元）	长度（米）	投资额（万元）	长度（米）	投资额（万元）	长度（米）	投资额（万元）	长度（米）	投资额（万元）	面积（平方米）	投资额（万元）	面积（平方米）	投资额（万元）
合计	202056	5710.14	3275.2	927	10879	514.98	16706	2471.21	17236	1559.24	4850	1786.64	1400	38.3	162746	785.82	58342	5028.87
南桥	46230	745			1050	57.63	7000	927.21	2640	132	1400	481.41			17500	43.2		
奉城	24289	487.14	1980	676			828	53	1235	53	500	153.79					13608	1108
庄行	5250	500			1875	75			700	68.3					97246	437.62	4852	582
金汇	10420	176	440	82					1345	103.94	400	193.76					10116	865
四团	49755	1318			4800	218.13	2750	330	5670	705	1500	600						
青村	52597	1166	855.2	169			5148	720	5646	497	50	27.58	1000	33.6			9972	713.87
柘林	13515	1318			3154	164.22	980	441			1000	330.1	400	4.7	48000	305	19794	1760

（袁新良）

制定工业园区标准厂房开发项目贴补资金管理办法。年内，为进一步提高土地资源利用率，有效缩短中小项目建设周期，引导中小企业向园区集中，促进园区工业标准厂房的开发建设，区经委制定《产业园区工业标准厂房开发项目贴补资金管理办法》和《产业园区工业厂房招商工作考核办法》。管理办法提出标准厂房开发项目申报贴补条件8条，具体操作按备案、申报、验收、兑现顺序进行。考核办法要求存量厂房使用与否以项目是否进入设备实质性安装为准。至年度按列入考核范围的实存闲置厂房面积数以每平方米0.8元抵扣各单位招商引资奖金。

年内，为推进上海工业综合开发区奉城分园区开发建设，提高土地产出率，解决工业用地资源不足等因素，在江苏省灌南县建立产业转移安置基地—连云港（上海）工业园。规划面积10平方千米，其中综合工业园6平方千米，化学工业园4平方千米。至年底已基本建成标准厂房5万平方米。从奉城分园区迁出企业18家，腾出土地162公顷，引进中国华德力（集团）和香港润宝（集团）等项目，协议总投资33.26亿元。

上海市奉贤区海湾旅游区，根据区委、区政府提出挖掘海文化，做足水文章，办好风筝节、赶海节特色旅游项目的要求，5月1日至5日，举办"2005上海赶海节"，吸引游客5.5万人次。10月1日至6日，区政府参与主办、海湾旅游区参与承办"上海旅游节第八届旅游风筝会"，来自有关省市、区的100多支风筝队600多选手参加风筝赛事，共吸引游客7.95万人次。

上海奉贤现代农业园区，产业定位围绕"再造一个工业区，再建一片新城区"的目标任务，积极发挥现代化农业生产、加工、营销一体化的集约型工厂化生产特点，一手抓招商引资，引进"上海中国食用菌优良菌种标准化繁育中心"等项目，一手抓"龙头"企业幅射作用，年内共带动区内外参与种、养殖农户10万余户。

（袁新良　卫银章　钟荣华）

上海市工业综合开发区

【概况】 年内，上海市工业综合开发区（简称开发区）结合保持共产党员先进性教育活动，紧贴"招商、服务"中心工作实际，咬住目标、完善服务、主动出击开展招商引资工作。年内，引进企业34家，其中外资企业29家，总投资额1.76亿美元，批准合同外资1.72亿美元，比上年增长82.5%，到位资金7492万美元，比上年增长10.6%；内资企业5家，总投资额1.75亿元；注册资本1.1亿元，到位资金4.06亿元。引进纳税注册型企业62家。全年实现工业产值89.96亿元（现行价），比上年增长45.4%；利润总额亏损4230万元，比上年减亏25.3%；实现外贸出口额4.73亿美元，比上年增长2%；固定资产原值20.74亿元，比上年增长32.02%。至年底,开发区纳税企业508户,比上年增长20%,其中外资企业93户,实业型内资企业93户,注册型企业322户。纳税总额5.43亿元,其中外资企业1.93亿元,比上年增长50.8%;实业型内资企业2.31亿元,比上年增长99%;注册型企业1.19亿元,比上年增长50.6%。基础设施进一步完善,修建和延伸道路9条,总长10.8千米;新建桥梁6座;铺设上水、电力、天然气等管网总长6.3千米;完成3.5万伏陈桥变电站建设一座;启动A区二期开发和上海市光仪电产业基地标准厂房建设。按照区创建上海市园林城区统一工作部署,完成绿化种植面积57万平方米,其中,辖区主干道两旁绿地18.7万平方米,调整改造4.6万平方米,布置种植花草40万盆,总投资约3200万元。被评为上海市绿化先进单位。开发区党政班子成员和各基层党支部积极开展扶贫帮困结对和送温暖活动,结对困难群众67户,送温暖走访351户,赠送慰问品、慰问金共44.25万元,为群众解决实际问题261件。　(郑月红　沈松林)

【举行升旗仪式】　2月16日,开发区举行升旗仪式,全体员工身着统一的服装排列在新落成的办公大楼广场上。中华人民共和国国旗和上海市工业综合开发区区旗在武警战士的护送下伴着庄严的中华人民共和国国歌声冉冉升起。被升起的旗帜还包括代表落户开发区外资企业国籍的16个国家的国旗。这16个国家共有95家企业先后以不同方式投资落户开发区。　(郑月红　沈松林)

【首辆氢燃料电池游览车销往淄博】　3月16日,上海神力科技有限公司研发生产的5KW~10KW氢燃料电池游览车走出开发区销往山东淄博,实现国内首辆拥有自主知识产权的氢燃料电池游览车销售记录,象征着国内氢燃料电池车从实验阶段向产品化生产迈出关键一步。　(郑月红　沈松林)

【灵芝、吴塘两村划入开发区】　4月14日,区政府第三十八次常务会议研究决定,南桥镇灵芝村、吴塘村划入上海市工业综合开发区。两村区域面积5.29平方千米,耕地面积254.6公顷,下辖25个村民小组,总户数1193户、人口3318人。　(郑月红　沈松林)

【德国马勒公司地区总部落户开发区】　4月22日,德国马勒公司地区总部－马勒技术投资(中国)有限公司在开发区举行奠基仪式。马勒公司总裁容克、德国驻沪总领事芮悟峰博士与区委书记张立平、副区长徐剑萍、开发区总经理李臻等参加奠基仪式。

(郑月红　沈松林)

【设立第三、四居委会】　4月29日和9月19日,区政府先后同意开发区设立第三社区居民委员会和第四社区居民委员会。区政府文件规定第三社区居民委员会区域:东至萧塘镇、南至萧塘路,西至环城西路、北至大叶公路,总户数813户、总人口1250人。第四社区居民委员会区域:东至远东路、南至浦南运河、西至环城东路、北至团南公路,总户数1938户、总人口2600人。两个居委会的建立,有利于开发区加强社区建设工作。

(郑月红　沈松林)

【开发区增资扩股至3亿元】　4月,上海市工业综合开发区有限公司召开第二届第四次董事会。根据开发区发展现状,会议决定对公司股本金按原投资比例进行增资扩股,股本金由原来的2亿元增加至3亿元,加大基础设施建设投入力度。　(郑月红　沈松林)

【上海光仪电产业基地建设启动】　5月19日,上海市光仪电产业专题招商会暨新闻发布会在上海金茂大厦举行。市政协主席蒋以任、区委书记张立平为上海光仪电产业发展中心揭牌。会上,开发区与美国圣诺技(中国)电源有限公司及日本野村精机(上海)有限公司签订投资协议。至此,上海光仪电产业基地建设正式在奉贤启动。

(郑月红　沈松林)

【举行汽车底盘项目奠基仪式】　5月31日,上海采埃孚伦德福底盘技术有限公司在开发区举行开工奠基仪式。该项目是由德国最大的汽车零部件制造商之一采埃孚伦德福集团和上海机动车辆汽车配件有限公司合资组建的汽车底盘项目,总投资2000万美元,项目建成后设计年产值8亿元。

(郑月红　沈松林)

【美国如新企业集团投资开发区】　6月9日,全球个人护理品和营养保健品巨头——美国如新企业集团(NUSKIN)与上海市工业综合开发区签约,项目总投资2000万美元,建厂生产其旗下保健品品牌华茂系列。投产后NUSKIN产品将印有“上海奉贤制造”并销往全球。　(郑月红　沈松林)

【首届市开发区运动会在奉举行】　6月25日,由上海市经济委员会、上海市开发区协会、上海市体育局联合举办的首届上海市开发区运动会在奉贤体育中心举行开幕仪式。市经委副主任乐景彭、体育局党委书记金国祥、副区长侃耀明等领导出席开幕式。上海25个国家级开发区、市级开发区代表队参赛。运动会设拔河、羽毛球、乒乓球等7个竞赛项目。先锋高科技(上海)有限公司、上海富士电机开关有限公司、上海日野发动机有限公司、维龙(上海)包装工业有限公司四家企业80名运动员代表上海市工业综合开发区参赛。

(郑月红　沈松林)

【先锋公司老总获“白玉兰”纪念奖】　9月5日,先锋高科技(上海)有限公司董事长兼总经理峯田裕之获市政府颁发的“上海白玉兰纪念奖”。该奖专设表彰对上海经济社会发展作出贡献的外籍人士。奖项设立16年来已有497人获此殊荣。　(郑月红　沈松林)

【首聘外商当顾问】　11月18日,开发区举行仪式,聘任上海富士电机开关有限公司前总经理富坚宪文为开发区名誉顾问。“富士电机”是1997年落户开发区的老企业,与开发区一直保持良好的互动关系。聘任顾问目的在于加强双方合作,促进招商引资工作以外引外、以商引商取得更多成果。

(郑月红　沈松林)

【成立开发区商会】 11月23日,开发区召开商会成立大会,33家企业成为首届会员。大会通过开发区商会筹备工作报告(草案),选举产生第一届执行委员会、第一届商会会长、副会长、秘书长、副秘书长人选。开发区商会是区工商联在基层的一种组织形式。商会的成立,为增进企业与政府间联系、沟通起积极作用。

(郑月红　沈松林)

【开发区"两新"组织党建工作"双达标"】 至年底,开发区非公企业组建党支部27个,联合党支部2个,100人以上的企业党组织组建率100%,50人~99人企业的党员覆盖率100%,实现了阶段性的"两新"组织"双达标、全覆盖"的工作目标。十年来,落户开发区非公经济成份企业共95家,各类从业人员2万多人。根据市委组织部"两新"组织"双达标"工作要求,开发区树立"企业发展到哪里,党工委就跟踪到哪里,党组织就建到哪里,党员的作用就发挥到哪里"的党建工作理念,实行"成熟一个,组建一个,规范一个"的方针,因地制宜,及时合理地设置党组织,使非公经济企业党的组织建设取得初步成效。

(郑月红　沈松林)

【58家企业土建开工】 年内,开发区共有58家落户企业土建开工。其中内资企业28家、外资企业26家、中外合资企业4家,总投资额20多亿元。施工建设总占地面积200余公顷,建筑面积100多万平方米。这批企业竣工投产后,将成为开发区经济发展新增长点。

(郑月红　沈松林)

【戳得破不漏气轮胎诞生】 年内,上海天衣轮胎有限公司生产的"天衣牌"环保安全型防漏气轮胎先后获得中国国家专利和美国专利,并通过国家橡胶轮胎质量监督检验中心质量鉴定。这种防漏气轮胎在实际行驶中若被长10厘米、粗6毫米的铁钉戳破,不管路面多复杂、恶劣,都能安全行驶不减速。制造轮胎所需的材料属环保型材料,生产过程中无"三废"产生。轮胎投入市场用于各种车辆,尤其适用于军、警装备车,各类工程车、特种车、摩托车等。

(郑月红　沈松林)

【7家出口企业获全国"双优企业"称号】 年内,被国家对外经济贸易部评为2004年度"双优"企业名单中,奉贤区共有25家。开发区的上海双菱空调器制造有限公司、上海隆福拉索有限公司、上海正奇制衣有限公司、加利派包装制品(上海)有限公司、上海英特汽车配件有限公司、上海实业振泰化工有限公司、先锋高科技(上海)有限公司等7家企业榜上有名,评优率占全区四分之一以上。国家对外经济贸易部门规定,凡一年度出口创汇200万美元以上、企业税前利润200万元以上的企业,可列为国家出口"双优"企业。

(郑月红　沈松林)

【先锋公司被国家海关总署列入出口企业红名单】 年内,在国家海关总署公布的2004年度进出口企业红名单中,先锋高科技(上海)有限公司列入"红名单"榜。全市列入进出口企业红名单榜的外资企业仅10家。国家海关总署规定,凡上榜红名单的企业在通关时享受八项通关便利。反之,列入黑名单的企业则受到七个方面的重点监管。 (郑月红　沈松林)

【"奉浦餐饮一条街"被列入市20条休闲街评选候选名单】 在2005年上海旅游节之际,上海市旅游事业管理委员会和《新闻晚报》联合举办上海十大休闲街评选活动,奉浦餐饮一条街以其异域风格的欧式建筑和具有海派特色的美食、餐饮文化、娱乐、购物等服务设施的有利条件,被列入全市20条休闲街评选候选名单。

(郑月红　沈松林)

上海化学工业区奉贤分区

【概况】 上海化学工业区奉贤分区(简称奉贤分区)是上海化学工业区的重要组成部分,于2000年12月18日正式成立。奉贤分区位于杭州湾北岸、A4高速公路奉金段以南,占地面积16平方千米,首期开发6平方千米。奉贤分区遵循"以石油化工为主、以精细化工为特色"的产业发展方向,重点发展精细化工、医药化工、化纤纺织、塑料制品、化工机械、皮革皮毛制品、纸制品、仓储运输以及其他都市型工业,充分接受上海化学工业区的产业延伸和辐射。奉贤分区按照区委、区政府提出的"服从、服务、延伸、配套、参与"的工作方针,以上海化学工业区开发建设为契机,以招商引资工作为重点,以社区稳定为前提,以党建和精神文明建设为抓手,正确处理好改革、发展、稳定三者关系,确保分区的各项工作顺利进行。至2005年底,累计引进中外资企业63家,协议投资总额60亿元,其中19家企业已建成投产。年内,共引进实业型项目22个,协议投资总额16.2亿元,同比增长10.3%,其中外资项目11个,合同外资1.2亿美元。全年实现税收2.5亿元,其中地方财政收入1.67亿元。 (张爱清)

【化工物流产业基地粗具规模】 6月23日,上海中远化工物流有限公司开业。该公司是上海市最大的综合性化工物流企业,它的落户开业,标志着分区打造一流化工物流产业基地由蓝图变为现实。化工物流产业基地规划面积33.33公顷,经过几年努力,已落户分区的化工物流企业有中远物流、中外运、上海港仓储、金桥物流、百福仓储、亿升液体仓储等,实际投资共7亿余元,分别与世界500强企业的拜耳、巴斯夫、亨斯曼、BP等形成长期合作关系。一个现代化的综合性化工物流基地正在崛起。

(张爱清)

【分区实行政企分开体制】 7月4日，区长沈慧琪主持召开上海化学工业区奉贤分区（简称分区）管委会与上海化学工业区奉贤分区发展有限公司（简称公司）职能划分会议，并着手实行政企分开体制。分区管委会负责区域内的行政管理，包括规划、社会事业、社会保障、征用土地、动拆迁、村委会（管理小区）、居委会工作，以及协调与市化工区、各级政府部门、相关镇的关系，协助公司做好基础设施建设、招商引资等工作。公司负责分区的招商引资、项目服务、基础设施建设、投融资等工作。实行政企分开后，将有利于分区更好的开发建设。（张爱清）

7月29日，中国船级社总裁李科浚（左三）出席该社上海科研试验中心奉贤化工区奠基仪式。（王 伟 摄）

【中国船级社上海科研试验中心落户分区】 7月29日，中国船级社上海科研试验中心在分区举行奠基仪式。奠基仪式由中国船级社上海分社总经理宋秉章主持。副区长倪耀明、中国船级社总裁李科浚、分区发展有限公司总经理黄祖光等出席仪式。中国船级社（简称CCS）为交通部直属事业单位，是国内唯一从事船舶入级检验业务的专业机构，是国际船级社协会10家正式会员之一。CCS以入级船舶检验服务、国内航行船舶检验级服务和工业服务为主业，以规范科研和信息服务为支持保障系统的机械模式进入市场。该社上海科研试验中心（简称中心）是中国船级社设立在上海的科学技术研究和试验机构，下设的“防火材料试验中心”是国内唯一能进行船用结构标准耐火试验的实验机构，其设备设施和高科技含量为远东地区第一。中心从市中心城区迁往分区落户，对于打造奉贤区高起点、高规格游艇产业将提供强有力的技术支持和配套服务。（张爱清）

【F5—F7地块平整平稳实施】 8月10日，分区对F6地块31.87公顷虾塘实施平整后，10月25日又正式启动位于第二管理小区（即冯桥村）F5—F7地块153.33公顷的虾塘平整工作。分区对涉及养殖户切身利益的虾塘土地平整高度重视，广泛宣传，措施到位，制订《关于冯桥村2300亩虾塘推土工作可能引发纠纷的处置方案》，相关职能部门多次召开会议统一认识、筹划从组织、管理、宣传等方面的措施。施工单位也成立工作小组，在调查基础上拟定详细施工方案。周详的工作使第二管理小区绝大多数村民改变了原来要求调整现行赔偿政策的想法，主动配合、积极支持土地平整工作，至11月上旬，F5—F7地块的土地平整工作顺利结束。（张爱清）

【20天完成拆迁率99.3%】 10月11日，分区第一管理小区（即朱家村和胡滨村）动拆迁工作正式启动。第一管理小区占地面积333.33公顷，居民320户，总人口2150人，其中挂靠户900人。因上海化学工业区防护林项目建设涉及该小区，小区居民全部要搬迁。因多种因素动拆迁工作面临较大困难。市化工区管委会副主任王鸿均亲自主持动拆迁工作会议，分区领导深入动迁户，分别召开党员、干部、居民代表会议，开展思想政治工作。还汇编下发市、区有关文件材料，张挂横幅等进行政策宣传。到现场办公，热心、耐心、细心解答村民提出的各种疑惑。同时积极解决特困户、老年人借房难等实际困难。深得动迁户理解和支持，至10月31日，完成拆迁318户，占拆迁总数320户的99.3%。（张爱清）

【四直辖市领导到分区视察】 10月15日下午，在沪参加京津沪渝农村工作座谈会的20多位直辖市领导来分区视察工作。视察组一行首先参观分区规划模型，在听取上海化学工业区基本情况介绍和分区开发建设情况汇报后，由区长沈慧琪、区委副书记周林官、副区长俞凯丰等陪同，先后来到上海惠广精细化工有限公司和上海实业中外运国际货运有限公司实地检查工作，对落户企业所展示出的风貌和实力表示赞许。（张爱清）

【设立游艇制造专业园区】 10月，区发展游艇制造业重点区域之一的上海化学工业区奉贤分区制定游艇工业园总体规划，经区政府批准开始实施。该园区规划面积76.6公顷，以创立中小型游艇生产基地为主，兼顾大型游艇生产，建立完备的游艇生产基础设施。其中工业用地46.5公顷，可容纳中小型游艇生产企业20家。（唐 珏）

【举行第二管理小区文明苑落成典礼】 11月15日下午，第二管理小区（原冯桥村）社区文明苑暨老年活动中心（简称中心）举行落成典礼。中心占地面积5994平方米，建筑面积2218平方米，绿化面积2500平方米，绿化率42%。建设设施，独立院落打围墙、水泥道路、场地平整，有车棚、消防、卫生设施，还配备小礼堂和卫生服务站。内设茶室、棋牌室、象棋室、图书阅览室、影视室、乒乓室、卡拉OK室、健身室、谈心咨询室、党员活动室、室外健身苑等。区委副书记韦源，区委常委、宣传部长姚海，区委常委、公安奉贤分局长程一平，副区长毛啸岳参加落成典礼。

（张爱清）

·相关链接·

冯桥村"闹访"的转变

2005年2月24日起，上海化学工业区奉贤分区第二管理小区（原冯桥村）连续数月发生群体性上访闹事事件。事因出于市化工区征用平整冯桥村477.81亩虾塘，由于对土地补偿政策不够清楚，对补偿标准不满意，部分不明真相的村民在极少数人的煽动下，采用静坐、围攻市化工区和奉贤分区机关，阻挠机关和原冯桥村改制企业正常办公和生产，围堵主要道路，毁坏公共设施，情况最严重时参与人数达数百人。一度，冯桥村被称为"闹访村"。

区委、区政府对冯桥村的闹访高度重视，事发后迅速启动群体性事件应急处置预案，在第一时间组成由有关部门组成的联合工作组进驻分区现场办公。化工区和奉贤分区抽调机关人员和基层干部组成多个工作组，采用多种方式宣传政策，做思想政治工作，化解矛盾。召开各类思想务虚会：党员座谈会13次，老干部会议6次，村民代表会议5次，厂长会议12次，场（队）长会议18次，企业职工大会4次，分区全体党员大会1次。广泛开展谈心活动：结合先进性教育活动，分区机关党员与20多位群访静坐的"中坚分子"结对开展思想疏导工作。利用休息时间走访村民家庭开展谈心沟通活动，在不到半个月的时间里，走访群众200多人次，谈心300多人次。宣传政策算经济账：为让群众清楚明白有关政策，口服心服支持分区工作，汇编了有关土地补偿和其他关系百姓民生的政策、文件小册子，下发到1010户村民手中。群众仔细一算账，发现并不吃亏，有人说："早算这笔账，以前就不会去闹了。"深入细微的工作，使群众对虾塘平整的看法发生了变化，从不理解到逐步认识，从不接受到逐渐认同，闹访事件得到圆满解决。

奉贤分区领导班子以此为契机，他们从处理闹访事件中掌握的群众反映的实际情况入手，加强和谐新冯桥建设。群众反映喝水、用电有困难，村里投资190万元改造水网，投资320万元改造电网；群众反映沿村河道有黑臭现象，村里就组织人员对2400米河道进行清理；群众反映老年人活动设施陈旧，没有活动场所，村里就投资350万元建造老年活动中心；群众反映虾塘平整后工作没着落，村里就千方百计联系有关部门，帮助村民解决就业岗位708个。现在，笑意重又回到村民脸上，他们气顺了、心平了。

（根据组织部供稿整理）

【发展公司通过ISO9001和ISO14001认证】 11月12日～13日，经过上海化学工业区奉贤分区发展有限公司的积极工作和充分准备，中环联合（北京）认证中心对分区发展公司的质量管理和环境管理工作进行客观、公正地审核，认为达到该体系指标标准，通过ISO9001和ISO14001认证。

（张爱清）

【举行"情真意切谱先进"专场报告会】 12月26日上午，分区专场报告会"情真意切谱先进"在区会议中心举行。会上，分区党工委副书记徐育清代表分区党工委、管委会作题为《来自化工分区的报告》，分区党工委委员兼第二管理小区党总支书记顾斌泉作《加强基层组织建设是推进各项工作的重要保证》的发言。第一管理小区党支部书记冯仁华、分区社保科科施秀珍、第二管理小区退休老党员徐春花、第二管理小区老年党支部书记陈金生分别作《拆迁背后的故事》、《心系百姓，结好对子》、《今年以来我的感受》、《守牢阵地、做好工作》的报告。6份发言材料叙述了分区在突破稳定工作瓶颈、加强基层组织建设、抓好群众思想政治工作中一件件发人深思的感人故事，给与会人员留下深刻印象。

（张爱清）

【临海派出所成立】 12月27日下午，临海派出所举行成立揭牌仪式。区委副书记周林官，区委常委、公安奉贤分局局长程一平出席会议并揭牌。参加成立大会的还有区政法委副书记迟岳峰以及分区党政有关领导。临海派出所的成立，对于维护分区区域社会治安、保障经济建设起积极作用。

（张爱清）

上海海港综合经济开发区

【概况】 年内，上海海港综合经济开发区（简称开发区）积极贯彻落实科学发展观，努力适应宏观经济调控，保持经济社会良好发展态势。全年完成工业总产值1.5亿元，实现财政收入7300万元。积极开展招商引资，年内引进纳税注册型企业328户；引进实业型企业项目4个，其中韩进物流（上海）有限公司，总投资1250万美元。上海好比速国际货运代理有限公司，总投资3亿元。上海水泵集团有限公司，总投资1亿元。上海城建集团有限公司，总投资2亿元。上海海港国际贸易有限公司项目建设启动。加大基础设施建设力度，首期开发3.5平方千米内，道路框架基本形成。实施“环保三年行动计划”，首期完成生态护坡工程河(段)5条。积极配合浦东铁路建设，完成拆迁面积28982.66平方米。海港动迁居民小区一期工程建成，安置动迁户463户。推进社会保障事业，办理失地农民小城镇社会保险1732人。农村合作医疗投保率98%，实现投保人数6220人。（卫　奋）

【举行上海海港国际贸易中心开工仪式】 3月16日，上海海港国际贸易中心(简称中心)破土动工。该项目以临港经济配套产业产品—机电、五金、建材、汽车配件等贸易为主营，是一个集商务会展、金融服务、休闲娱乐等城市综合开发于一体的超大规模、综合性的物流贸易园。中心将依托周围公路、铁路、航空、航海四位一体的交通网络和得天独厚的区位优势，建立完整的仓储、配送网络和综合服务体系，发展定位瞄准临港产业启动产生的对周边物流配送和产业配套的市场需求。出席开工典礼的有香港华人协会总会会长古宣辉，中国市场协会会长高铁生和国内外多家贸易物流企业代表。市侨联副主席沈伟鹊，市政府侨务办主任吕淑萍以及区人大常委会主任周伟民，区政协主席胡镇寰等领导也参加开工仪式。（卫　奋）

【“环保三年行动计划”启动】 4月，开发区委托市环境科学研究院编制区域环境影响报告书，根据水系专业规划，生态护坡工程方案列入2005年～2006年度市级工程计划。年内，首期实施生态护坡工程河(段)5条，岸线总长29941米，总投资1293万元。提前实施污水管网建设任务，平安大道、向阳路、渔洋路、新杨公路雨污水管网铺设基本完工，总长度6724米，总投资额1680多万元。（卫　奋）

【举行海港派出所揭牌仪式】 10月18日下午，上海市公安局奉贤分局海港派出所举行成立揭牌仪式，邵厂派出所更名为海港派出所。区委副书记、政法委书记周林官，区委常委、公安奉贤分局局长程一平，市公安局政治部主任叶海坚以及开发区党工委书记季法明、管委会主任徐建龙等出席揭牌仪式。海港派出所管辖范围为：红卫、邵靴、农展、民福、红庄、平南、平北村和海港新村。此外，还代管良民村部分区域及原邵厂社区(代管期一年)。交通管理负责彭平路以南新杨路至邵靴村段上的交通事故处理。刑事案件的受理，以新四平公路中心线为界，东侧(与平北村、平南村接壤)由海港派出所负责。（卫　奋）

【浦东铁路在平南村设货物中转站】 11月4日，全长42.9千米的浦东铁路一期工程贯通，横贯奉贤东西的铁路总长度33.33千米，途经开发区平南、红三、民福、邵靴4个村，铁路长度5.7千米。在平南村设货物中转站，对开发区物流产业发展创造有利条件。（卫　奋）

8月8日，韩国韩进物流公司所属上海韩进货运公司落户上海海港综合经济开发区。（卫　奋　供稿）

【首期开发范围道路框架基本形成】 年内，开发区加强基础设施建设，平安大道2400米、向阳路1200米、渔洋路400米、红卫路1200米的道路建设相继修筑完成，至年底，区内首期开发3.5平方千米内道路框架基本形成。（卫　奋）

【推进社会保障事业】 年内，开发区因建设涉及土地122.77公顷，办理失地农民小城镇社会保险1732人，支付资金2762.22万元；完成农村合作医疗投保6220人，投保率98%；完成农村三级定补摸底工作，以及做好农保退保、转移手续和困难家庭的救助等工作。（卫　奋）

【配合铁路建设动迁安置工作成效显著】 年内，为配合浦东铁路建设，共完成动拆迁民房56户、企业7家，拆迁民房面积14298.3平方米、企业厂房面积14684.36平方米。完成动迁安置房建设二期工程的动迁签约24户，签约面积3520.81平方米。做好中外运、韩进、龙帆3个实业型项目落地前的动拆摸底工作，签约51户，完成动迁30户，动迁面积3783平方米。（卫　奋）

【463户动迁居民入住海港小区】 至年底，海港小区一期工程建成，共24幢7.8万平方米，安置动迁户463户，安置面积57902.08平方米。海港小区为安置动迁户建造的居民住宅区，规划用地22.47公顷，分四期投资建设。小区建设遵循“高起点规划，高标准设计”的要求，区内天然气管道全部预埋到户，道路为沥青黑色路面，屋顶安装太阳能热水器，并成立物业公司提供专业管理、服务。（卫　奋）

上海市奉贤区海湾旅游区

【概况】 年内,海湾旅游区围绕“奉贤海湾——让上海城市更完美”的目标,从强化管理职能,提升旅游区管理水平;加强基础设施建设,优化发展环境;加强项目投资与管理,推进休闲旅游业三方面着手开展工作。年内,共引进纳税注册型企业120家,实现税收总额1.62亿元,比上年增长45.95%,其中第三产业税收0.94亿元;4月底,总投资3500多万元,由8万平方米广场,4万平方米商铺组成的海湾渔人码头竣工;总投资共1487.7万元的海湾路、海乐路等10余项绿化工程,共完成新建绿化面积13.8万平方米、改建绿化面积4.5万平方米,完成海乐路、团结塘路、人民塘路、海湾路的建设,基本完成西部团结塘路以南区域及东部的配套工程。总投资1.6亿元、总面积2.81平方千米的“保滩工程”一期围堰工程竣工;高尔夫球场已完成会所、9洞练习场的建设;房地产开发新开工项目约7.2万平方米。全年实现税收6000万元。上海旅游集散中心的一日旅游专线正式开通;成功举办首届“上海赶海节”和上海旅游节第八届旅游风筝会,全年共接待游客60多万人次。全面完成海湾旅游区镇保工作。新港村“三区联动”动拆迁工作正式启动,年内80%动迁户已签约。“海湾新家园”一期工程3.4万平方米开始动工,一号新村完成评估工作。

(尤　伟)

【海湾开发商爱心回报社会】 春节前夕,在海湾开发的上海同丰房地产开发有限公司董事长袁永兵和上海平苑房地产开发有限公司总经理杨永清,分别向海湾旅游区509名60岁以上老人捐款20万元和10万元,用以购买羊毛毯、液化气等回报社会;袁永兵还向印度洋受海啸影响的灾民捐款5万元。

(尤　伟)

【奉贤旅游新闻恳谈会在海湾旅游区召开】 4月25日上午,以“奉贤海湾——让上海城市更美好”为主题的新闻恳谈会在海湾棕榈滩海景大酒店召开。新华社华东分社、人民日报、中国新闻社上海分社、解放日报、文汇报、上海电视台、东方电视台等16家新闻媒体的相关负责人、记者等近60人应邀参加会议。区委书记张立平到会。恳谈会由区委副书记韦源主持,副区长崔卫中介绍奉贤旅游发展状况,海湾旅游区管委会主任房同盟介绍海湾旅游区建设情况及发展前景。

(尤　伟)

【举办“2005上海赶海节”】 5月1日~5日,为丰富“五一”黄金周上海市民出游活动,提升奉贤旅游品牌和社会知名度,海湾旅游区与奉贤旅游事业管理办公室共同举办“2005上海赶海节”。赶海节以“亲近大海、感受自然、放飞心情”为主题,开辟滩涂区、沙滩区、观景区、广场区四个活动区域,设滩涂拾贝骑马、沙滩排球、充气动画城、划船摄影等20余项活动项目;另设有啤酒广场、沙滩自助餐、沙滩帐篷、日光浴场等休闲场所;晚上还有迪士高焰火晚会。游客可以在海湾踏海、休闲、娱乐、住宿,充分亲近大海、感受海湾魅力。赶海节共吸引游客5.5万人次。

(尤　伟)

【召开纪念建党84周年大会表彰先进】 7月1日,召开建党84周年纪念大会,会上表彰海湾旅游区2003年~2004年度党建工作先进集体5个,先进个人22人;精神文明建设先进集体8个,先进个人32人,其中获2003年~2004年度奉贤区文明单位称号的单位有7个。

(尤　伟)

【经济园区开展军民双学共建活动】 7月19日下午,海湾经济园区利用地域优势丰富先进性教育活动内涵。与中国人民解放军94774部队举行军民双学共建签约仪式。该部队首长和区有关部门及海湾旅游区的相关领导出席签约仪式。根据共建协议,双方成立共建领导小组,发挥各自优势开展互帮互学活动,通过“员工爱本职、战士爱连队、军民爱祖国”等先进性教育主题活动,开展精神文明创建活动、文体娱乐等活动,增强党员的党性观念,增强员工、战士“爱党、爱国、爱社会主义”的信念。

(尤　伟)

【全力奋战台风“麦莎”】 8月,代号为“麦莎”的台风来临前,海湾旅游区制定详细的防台方案。台风麦沙登陆后,防汛指挥部与机关各部门24小时值班,组织人员加强海防、居民区、建筑工地、农村等地巡逻,安排落实撤离居民、民工70余人的住宿、饮食。组建临时抢修

“十一”国庆长假期间,游客如潮的海湾旅游区渔人码头一角。

(潘玉明　摄)

队,及时处理倒塌在街道、路旁的的树木、电线杆,保障了居民生命财产安全。其间,人员无一伤亡,台风共不同程度损坏西瓜大棚13.33公顷,40户居民的门窗、屋顶不同程度受损,摧毁工棚30余间、各类树木100多棵、广告牌3个。协助救助金山一艘沉没渔船上的渔民3人。（尤　伟）

【市风筝协会第一届会员代表大会召开】 9月12日,经市体育局、民政局、社会团体管理局批准,上海市风筝协会假座海湾旅游区棕榈滩大酒店召开成立大会暨第一届会员代表大会,与会代表34人。市社团局、体育总会及区体育局和海湾旅游区有关领导出席大会。大会通过《上海市风筝协会章程》,《上海市风筝协会第一届委员会委员名单》、《上海市风筝协会第一届会员代表大会常务委员会委员名单》。选举产生协会领导班子,奉贤区区长、中国风筝协会副主席沈慧琪为名誉主席,奉贤区海湾旅游区管委会主任房同盟为主席。上海市风筝协会是由市社会体育管理中心和奉贤海湾旅游区管理委员会共同发起、组建的市级社团组织,旨在致力于上海风筝体育项目的发展与推广。

（尤　伟）

【召开"上海旅游节第八届风筝会"新闻发布会】 9月15日上午,上海旅游节第八届风筝会新闻发布会在海湾旅游区棕榈滩大酒店召开。区委副书记韦源,区委常委、宣传部长姚海,副区长汪黎明以及市旅委等领导出席会议。新华社、文汇报、解放日报、中国旅游报、东方卫视、上海新闻综合频道、上海人民广播电台等18家新闻媒体参加新闻发布会。海湾旅游区管委会主任房同盟介绍风筝会主要活动安排及海湾旅游区的开发建设等情况。市旅委、新闻界朋友对风筝会活动及海湾旅游区的开发建设在会上发表意见和建议。

（尤　伟）

【举办上海旅游节第八届旅游风筝会】 10月1日～6日,上海旅游节第八届旅游风筝会在海湾旅游区渔人码头和海湾世纪林举行。风筝会由上海市旅游事业管理委员会、上海市体育局、奉贤区人民政府、上海市风筝协会主办,奉贤区海湾旅游区管理委员会、区文化广播电视局、体育局、旅游局、上海真彩文化传播有限公司承办。风筝会共设"同丰杯"全国精品风筝赛、上海市第二届"海湾杯"风筝锦标赛、"相约海湾"国庆晚会、第一届棕榈滩德国啤酒节、滩涂人工沙滩广场休闲娱乐活动、沙雕文化艺术展、"爱心飞扬天天彩"海潮专场、奉贤中小学生风筝制作放飞竞赛八项主要活动。选手来自全国9个省市、上海各区县、奉贤区72所学校,共100多支风筝队、600多名选手,分别参加全国赛、上海赛和奉贤赛的赛事活动,共放飞风筝1000余只。其中四线风筝、复线风筝、风筝车等首次在风筝会亮相。虽受天气影响,仍吸引游客7.95万人次。（尤　伟）

【海湾智障运动员获市特奥会3金8银】 在10月4日闭幕的上海市第六届特殊奥林匹克运动会上,海湾旅游区10名智障运动员参加了手球、网球、高尔夫球、乒乓球和田径五个项目的比赛,获得3枚金牌、8枚银牌。（尤　伟）

【社保中心被授予市规范服务达标窗口单位】 11月28日,海湾旅游区社保中心通过市劳动保障系统规范服务达标验收,被授予上海市规范服务达标窗口单位,成为上海市第一批达标单位。至11月30日,该中心共完成新增就业岗位575个,超指标64.3%;组织各类培训225人,完成计划的173.1%;控制失业率15人;办理外来从业人员综合保险2642人,完成计划的146.1%。（尤　伟）

【动拆迁工作有新进展】 年内,上海应用技术学院奉贤校区建设涉及海湾旅游区新港村动迁户61户,至10月底完成房屋质量评估工作。为加快动拆迁步伐,增强拆迁户搬迁信心,打好动拆迁户签约基础,11月23日上午,该村村委会组织16名拆迁户代表参观迁址地——"海湾新家园",了解新建居住区的环境及房型结构。11月26日上午,新港村村委会、"海湾新家园"办公室、评估公司、动迁公司联合召开动员大会,再次动员动迁户配合"三区联动"工程,按时完成拆迁工作。至年底,80%的动迁户与有关部门签订协议。（尤　伟）

【全面推进园林城区创建工作】 年内,海湾旅游区按照区创建园林城区的总体部署和创建责任书的具体要求,结合区域特点,抓住绿化工程和奉炮路整治两个重点,全面推进园林城区创建工作。年初制订实施方案后,有关部门严格按照具体内容和时间节点展开工作,严把绿化新建改建方案设计关、工程报价竞标关、施工质量关,至4月底海湾路、人民塘东段、海乐路、金汇塘路、渔人码头广场、海鲜一条街东侧绿化工程全面完工。

（尤　伟）

【向退养老人发放大米和食油】 年内,为进一步提高海湾旅游区退养老人的生活水平,经调研决定,在解决好"镇保"及保持原有福利待遇的基础上增发实物,凡女性年满55周岁、男性年满60周岁的原迁移至此的农民,自7月起,每月向他们免费发放大米10公斤,食油1.25公斤。（尤　伟）

【杭州湾北岸保滩一期工程提前竣工】 年初,杭州湾北岸"保滩工程"一期围堰工程开工,经过2500余名工程建设者奋战173天,一期围堰于6月20日竣工。2006年1月8日,召开工程竣工验收会议。市航道局及区水务局有关领导、专家出席会议。工程竣工验收组由9名专家评委组成,在听取建设、设计、施工、监理等单位情况汇报后,验收组当场宣布同意工程通过竣工验收。同时对杭州湾北岸保滩工程日后的施工管理提出意见:要求施工单位在一年保修期间必须加强检查、发现问题及时报告及时修复;业主单位落实专人定期对工程进行巡视检查,按照设计要求合理控制库内水位,定期做好工程坝体外滩地以及坝体沉降、位移等观测工作。鉴于工程外沿滩地冲刷严重，建议业主单位尽快会同有关部门研究、制定、实施该工程外沿滩地的保滩措施，以确保工程的长期稳定。（尤　伟）

上海奉贤现代农业园区

【概况】　年内，奉贤现代农业园区（简称农业园区）围绕“再造一个工业区，再建一片新城区”的目标任务，注重提高整体实力，加强促“三早”工作，积极开展招商引资，推进社会各项事业发展。新增招商点3个，新增商贸型企业175户。至年末，共有交纳税收商贸型企业430户。引进实业型项目12个，其中外资项目9个，到位内资资金4.48亿元，合同外资6381万美元，到位外资1526万美元。全年实现工业总产值10.47亿元（现行价），比上年增长232%，工业利润4524万元。实现社会消费品零售总额5800万元，社会商品销售额11亿元。年内，实现税收1.9亿元，比上年增长115%。社会福利事业进一步发展，集体交纳的农村合作医疗、养老保险标准有所提高，区域内16岁以上应享受镇保待遇的农民都参加了小城镇保险。

【食用菌“良繁中心”落户园区】　5月31日，“上海中国食用菌优良菌种标准化繁育中心”（简称良繁中心）落户园区。良繁中心是国家农业部发展计划司和种植业司于2003年下达的农业部综合开发项目，由上海市农科院实施建设。项目总投资800万元，占地面积0.33公顷，每天生产各类菌种5000瓶，年生产能力200吨。（杨利华）

【金海湖游艇俱乐部开业】　6月18日，金海湖游艇俱乐部建成开业。该俱乐部位于园区区域内，处于金汇港中游，是上海市即将开通的黄浦江至南海游艇航线的重要站点之一。工程占地面积3公顷，投资1500万元。（杨利华）

【“铭源数康”落户园区】　6月，上海铭源数康生物芯片有限公司落户园区并启动建设。该公司是由上海铭源控股有限公司（香港上市公司）投资的一家从事生物芯片研发、生产、销售及技术服务的生物科技企业。项目注册资金2980万美元，总占地面积9.04公顷，年生产能力为400万人份。（杨利华）

【新办公大楼落成启用】　10月29日，农业园区办公大楼落成启用。大楼占地面积2.19公顷，建筑面积11580平方米。建筑物由南北两幢半圆形大楼组成，南楼高三层，北楼高五层。办公楼位于金海公路5885号。（杨利华）

5月26日，农业园区与上海铭源数康生物芯片有限公司举行签约仪式（右三为公司董事郑清）。（农业园区　供稿）

【新建两个企业党支部】　11月29日，上海大山合集团有限公司党支部、上海金笋轻工商贸城有限公司党支部成立。至年底，农业园区已建立企业党支部5个。（马晓晶）

【4项产品获市农产品质量认证】　12月，上海丰科生物科技股份有限公司生产的丰科牌蟹味菇、上海汉德食品有限公司生产的东海渔场牌单冻去头虾以及单冻虾仁产品通过市食用农产品质量监督检验站检测，获得“上海市安全卫生优质农产品”认证。上海高榕食品有限公司生产的大葱通过市环境监测中心检测，获得“上海市无公害农产品产地”认证。（杨利华）

【设立扶贫救助基金】　年内，农业园区探索帮扶新机制，建立扶贫救助基金，通过个人、集体、企业捐款方式，筹得基金345万余元，帮助在生活、生产、医药费及学费有困难的家庭和群众摆脱困境。至11月，共发放救助金4.15万元。（杨利华）

【办理镇保10530人】　年内，为使因园区开发建设造成失地农民得到养老、医疗等保障，对区域内16岁以上应办理小城镇保险的农民办理了镇保手续。至年末，农业园区有行政村9个，村民12407人，其中16岁以上11054人，应享受镇保待遇的10530人，全部办理了镇保手续。共需镇保资金5.9亿元，至年底，已解决1.5亿元。（杨利华）

【一期动迁房交付使用】　年内，金水苑一期动迁房建成交房。金水苑位于奉浦大道北侧，金汇港以西，广丰路以南，大庆河以东，总规划面积45.26公顷。一期工程占地面积18.26公顷，总竣工房数876套，总竣工面积9.66万平方米，已安置动迁房516套，面积5.72万平方米。同时菜场、幼儿园、小学、超市等生活配套设施项目也已启动。（马晓晶）

【“龙头”企业辐射作用不断增强】 年内，按照市政府“上海农业服务全国农业”的要求，园区落户企业不断做大、做强，辐射带动作用增强。大山合集团800公顷食用菌生产基地，带动2.5万户农民增收。上海高榕食品有限公司带动上海及其他省市标准化生产基地10867公顷，带动农户4.92万人，使农户增收8740万元。上海汉德食品有限公司带动海南、广东、江苏、浙江及市内的水产养殖面积2万公顷，带动2万户以上农民增收；另外，为发展牛肉加工业，设立东北三省肉牛养殖基地，带动农户6000户。 （杨利华）

11月30日，坦桑尼亚农业考察团视察大山合集团公司。（王昌年 摄）

【浦东干部学院在园区设现场教学点】 年内，经院方考察，中国浦东干部学院正式把奉贤现代农业园区确定为现场教学点，进行“以现代农业生产加工营销体系的建设”为主要内容的现场教学。11月8日，第一批学员到园区参加现场教学。 （杨利华）

【雪国高榕2004年农业综合开发多种经营项目竣工投产】 年内，上海高榕食品有限公司与日方合资成立上海雪国高榕生物技术有限公司，负责“2004年农业综合开发食用菌（舞茸）生产加工项目”的建设及管理。项目总投资2805万元，占地面积3.34公顷，建筑面积10883平方米。11月，项目竣工投产。该项目引进先进生产技术，建成集生物工程育种、人工模拟生态环境智能化控制，自动化机械作业和真空保鲜于一体的食用菌标准化、工厂化生产，年可生产食用菌1800吨。 （杨利华）

【4项综合开发项目通过三级复验】 年内，由三年前国家农业综合开发办公室下达的农业园区土地治理项目、上海汉德食品有限公司的水产品深加工基地项目、上海高榕生鲜食品加工配送有限公司的舞茸项目，经过精心管护，通过区、市、中央农业综合开发办公室三级复验。 （杨利华）

【“海利生物药品”企业落户】 年内，上海海利生物药品有限公司落户农业园区。该公司（原上海松江生物药品有限公司）是被列入全国10家重点兽用生物药品生产的企业，也是上海市农业产业化重点扶持企业，生产的产品是经国务院批准获得中央预算内专项资金补助的GMP改造项目。总投资8000万元，占地面积2.97公顷。12月，通过农业部GMP专家组验收，成为兽药GMP合格企业，进入试生产阶段。 （杨利华）

（本栏目编辑 蒋新甜）

私营·个体经济

综　　述

年内，区委、区政府继续把鼓励支持和引导非公经济发展列入奉贤经济发展战略。7月，区政府根据国务院、市政府有关文件精神，下发《关于鼓励支持和引导非公有经济发展的实施意见》（简称26条），根据文件精神，成立区民营经济发展中心和民营经济法律中心。为贯彻市政府提出的科教兴市发展主战略，推进区内中小企业信息化建设，成立中小企业信息服务站，并率先在全市揭牌运作。为解决投资者后顾之忧，区经委企业管理服务中心和区教育局与有关学校协商，解决了26名投资者子女的就学问题。近几年，包括个体私营经济在内的非公经济发展较快，成为推动全区经济发展的主要力量。至年末，区私营企业工商注册共有35212户，比上年增加3121户。其中：有限责任公司31999户，比上年增加3055户；独资企业3173户，比上年增加68户；合伙企业40户，比上年减少2户。按项目类型和行业分类：实业型企业14699户，占41.74%；商贸型企业11632户，占33.03%；服务型企业6426户，占18.25%；科技型企业318户，占0.90%；其他行业2137户，占6.08%。总注册资金539.62亿元，比上年增加24.72%；投资人数70899人，比上年增加6445人，员工254279人，比上年增加8917人。注册资金100万元以下企业有26521户，100万元～500万元有5754户，500万元～1000万元有1893户，1000万元～1亿元有1029户，亿元以上有15户。完成产值412.90亿元，比上年增长55%。上缴税收31.97亿元，比上年增加8.07亿元，增长33.77%，占全区税收总额56.58%。

年内，区个体工商户共有13472户，比上年增加710户，增长5.56%；从业人数15413人，注册资金2.10亿元，完成产值24219万元，比上年增加58.12%，实现销售总额22.72亿元，比上年增长24.22%，上缴税收9100万元，比上年增加26.39%。

（韩林江　顾向红）

2005年奉贤区私营企业基本情况表

项　　目	合　　计				其中：城　　镇			
	户　数（户）	投资者人数（人）	雇工人数（人）	注册资本（万元）	户　数（户）	投资者人数（人）	雇工人数（人）	注册资本（万元）
合计	35212	70899	254279	5396179	6126	12782	53479	1324470
农林牧渔业	213	501	2023	29391	44	161	360	3678
其中：农业	75	207	1364	14379	22	96	258	1238
畜牧业	36	54	25	22862	4	7	23	230
渔业	12	34	98	1780	4	17	8	1200
其中：农林牧渔服务业	69	157	184	4970	9	31	39	300
制造业	10505	20168	96986	1464722	1549	3155	19750	288228
其中：农副产品加工业	43	85	340	5160	2	4	16	700
纺织服装、鞋、帽制造	1116	2149	12103	98557	156	302	2931	21292

续　表

项　　目	合　　计				其中:城　　镇			
	户　数(户)	投资者人数(人)	雇工人数(人)	注册资本(万元)	户　数(户)	投资者人数(人)	雇工人数(人)	注册资本(万元)
印刷业和记录媒介的复制	128	238	1193	20464	32	65	378	4980
电器机械及器材制造业	1404	2749	11334	233650	195	393	1715	42990
电力、燃气及水的生产和供应业	2	4	11	150				
建筑业	3252	6717	25860	613337	569	1232	5279	148886
交通运输、仓储和邮政业	729	1560	3369	170007	122	289	949	32472
其中:公路旅客运输	2	14	76	600	1	12	62	500
信息传输、计算机服务和软件业	318	680	1939	32965	83	181	501	10355
其中:互联网信息服务	17	34	11	1570	8	16	56	250
批发和零售业	11094	22307	69965	1240828	1882	3844	13268	279554
其中:批发业	10383	20985	65449	1169245	1730	3558	12250	252204
住宿和餐饮业	192	308	1537	23956	120	183	10111	5350
其中:餐饮业	155	258	1312	10665	93	145	883	4479
房地产业	538	1159	4724	413907	213	463	2210	182902
其中:房地产开发经营	281	669	2501	379109	86	230	832	166962
租赁和商务服务业	5066	10496	28808	964123	896	1907	5759	258413
其中:咨询与调查	2662	5459	14279	187081	453	951	2584	32082
广告业务	329	697	1460	23339	57	122	324	4060
居民服务和其他服务业	1081	2205	5254	108198	213	408	1113	21365
其中:理发及美容保健服务	29	45	168	840	25	39	153	740
洗浴服务	12	16	50	426	9	10	37	283
文化、体育和娱乐业	85	162	519	10489	39	71	249	3334
其中:娱乐业	35	62	312	1829	25	45	198	1304
其他行业	2137	4632	13284	324106	396	898	3030	79933

(韩林江)

2005年奉贤区个体工商业基本情况表(一)

项　　目	年末实有			其中:城　　镇		
	户　数(户)	从业人员(人)	注册资金(万元)	户　数(户)	从业人员(人)	注册资金(万元)
合计	13472	15143	21012.62	3959	4290	6945.27
农林牧渔业	59	65	389.90	4	4	50.50
其中:农业	20	22	241.10	2	2	40.00
畜牧业	20	21	61.20			
渔业	3	3	8.50			
制造业	1389	1706	3775.25	218	249	364.00
其中:农副食品加工业	77	96	77.35	13	21	30.00
纺织服装、鞋帽制造业	80	100	182.45	28	31	47.60
印刷业和记录媒介的复制	7	12	20.87			
电器机械及器材制造业	1	1	1.00			
电力、燃气及水的生产和供应业						

续 表

项　　目	年末实有			其中:城　镇		
	户　数（户）	从业人员（人）	注册资金（万元）	户　数（户）	从业人员（人）	注册资金（万元）
建筑业	6	8	8.9	2	2	5.70
交通运输、仓储和邮政业	20	21	136.5	7	8	56.50
其中:道路货物运输	5	5	28.50	2	2	12.00
出租车客运	4	4	14.50	1	1	4.50
信息传输、计算机服务和软件业	2	2	3.00	2	2	3.00
批发和零售业	8016	8696	10830.19	2508	2637	4010.84
其中:批发业	63	64	178.95	16	17	31.00
住宿和餐饮业	1056	1545	2109.04	255	368	812.05
其中:餐饮业	964	1412	1698.49	225	323	630.95
租赁和商务服务业	6	6	7.55	1	1	1.00
居民服务和其他服务业	2662	2819	3179.78	856	912	1385.58
其中:理发及美容保健服务	1267	1317	1061.77	463	484	581.72
洗浴服务	84	107	443.65	32	37	180.45
卫生、社会保障和社会福利业	5	5	11.48	2	2	10.30
其中:卫生	5	5	11.48	2	2	10.30
文化、体育和娱乐业	92	102	239.10	36	37	105.50
其中:娱乐业	78	87	216.00	34	35	104.00
其他行业	159	168	321.92	68	68	140.30

（韩林江）

2005 年奉贤区个体工商业基本情况表(二)

单位:万元

项　　目	合　　计			其中:城　镇		
	总产值	销售总额或营业收入	社会消费品零售额	总产值	销售总额或营业收入	社会消费品零售额
合计	24219	227218	196329	4418	71736	56466
农林牧渔业	671			57		
其中:农业	331			45		
畜牧业	272					
渔业	23					
制造业	23548			4361		
其中:农副食品加工业	1491			308		
纺织服装、鞋、帽制造业	1433			490		
印刷业和记录媒介的复制	163			19		
电器机械及器材制造业	40					
建筑业		177			42	
交通运输、仓储和邮政业		1545			444	
其中:道路货物运输		201			57	
出租车客运		41			12	
信息传输、计算机服务和软件业		57			57	

续 表

项 目	合 计			其中:城 镇		
	总产值	销售总额或营业收入	社会消费品零售额	总产值	销售总额或营业收入	社会消费品零售额
批发和零售业		155150	155150		51357	51357
其中:批发业		1310	1310		200	199
住宿和餐饮业		43003	41779		10452	10079
其中:餐饮业		41579	41570		9991	9990
租赁和商务服务业		129			40	
居民服务和其他服务业		23233			7679	
其中:理发及美容保健服务		9340			3486	
洗浴服务		523			204	
文化、体育和娱乐业		1802			770	
其中:娱乐业		1474			534	
其他行业		2079			379	
卫生、社会保障和社会福利业		43			16	
其中:卫生		43			16	

(韩林江)

私营企业

【组织私企会员体检】 2月19日~5月25日,区私营企业协会在私营企业中开展"关心私企会员,送一份健康"活动,分批组织私企会员到复旦大学附属中山医院体检中心健康检查,全区参加体检的私营企业会员12000多人,检查出患有较严重疾病的有70多人,其中患有癌症的4人,立即安排住院进行手术治疗。区私企协会为这次活动安排经费200多万元,确保体检活动顺利进行。 (韩林江)

【举办学习贯彻国务院《若干意见》讲座】 4月13日下午,区个私协会举办学习贯彻《国务院关于鼓励支持和引导个体私营等非公有制经济发展的若干意见》(简称《若干意见》)讲座,市个协秘书长王效东从《若干意见》出台背景、特点以及在贯彻落实过程中存在的一些瓶颈问题等作了导读,蔡永康等个私业主畅谈了学习体会。副区长崔卫中到会提出三点贯彻意见:立足区情,充分认识奉贤区个私经济在全区经济发展中的地位和作用;认真学习,全面贯彻落实国务院《若干意见》的36条政策;加大服务力度,构建鼓励支持和引导个私经济发展的良好社会环境。 (韩林江)

【7家企业获市"私企百强"称号】 7月,上海市私营企业协会依据纳税额、销售额等指标,对2004年度上海市私营企业综合实力前百强进行排序,奉贤区有7家私营企业进入前百名行列。其中上海世纪恒源电力燃料有限公司位列第36位,上海隽捷电力工程有限公司位列第63位,上海地通建设(集团)有限公司位列第64位,上海世贸汽车贸易有限公司位列第65位,上海同丰房地产开发有限公司位列第83位,上海玫瑰商贸城有限公司位列第85位,上海箱包城有限公司位列第86位。(韩林江)

【个体私企协会网页正式开通】 8月,奉贤区个体私营企业协会网页正式开通,副区长、协会顾问倪耀明致辞表示祝贺。网页的开通,为个体私营企业发展经济搭建信息交流平台。 (韩林江)

【家具行业工委会成立】 12月13日,奉贤区个体私营企业协会家具行业工作委员会成立。会议选举产生家具行业工委会主任、副主任,并制订共5章19条工作制度。奉贤的家具生产、销售已有20多年的历史,素有家具之乡的美誉。至年底,共有生产家具的私营企业2710家、个体户334户,家具销售量占有上海市场较大份额。家具行业工委会的建立,有利于整合优势,加快奉贤家具业进一步发展。 (韩林江)

【市个私协会南片秘书长会议在奉贤召开】 12月15日~16日,上海市个私协会南片秘书长例会在上海师范大学奉贤校区召开。市协会常务副会长叶恩国以及浦东新区、闵行、松江、青浦、南汇、金山、奉贤等7个区个私协会的秘书长出席会议。会议就2006年工作思路和2006年度会费收缴工作等作汇报交流。 (韩林江)

【4家私企商标获"上海市著名商标"】 年内,经上海市著名商标认定委员会评定,2005年度被认定为上海市著名商标的奉贤区企业有10家,其中私营企业4家,即上海斯尔丽服饰有限公司的"斯尔丽"商标、上海神仙酒厂的"神仙"商标、上海帝高绒毛服饰有限公司的

"百纯帝高"商标、上海中韩晨光文具制造有限公司的"晨光"商标。这4件著名商标中,"斯尔丽"商标、"晨光"商标又被国家工商行政管理总局商标评审委员会认定为"中国驰名商标"。（韩林江）

【9名个私业主赴中央党校学习】 年内,为贯彻落实国务院关于鼓励支持和引导个体私营等非公有制经济发展的若干意见,不断提高个私业主驾驭市场经济能力,区个私协会先后选送9名个私企业老总去中共中央党校参加高级管理研修班学习。到此,奉贤区选送个私业主赴中共中央党校学习培训已有6期15人。（韩林江）

12月13日,召开奉贤区个私协会家具行业工作委员会成立大会。（吴爱华 摄）

【上海斯尔丽制衣有限公司产品誉满中国】 继上年上海斯尔丽制衣有限公司生产的斯尔丽牌女装被评为"中国名牌"产品后,年内,斯尔丽商标又被国家工商行政管理总局商标评审委员会认定为"中国驰名商标"。上海斯尔丽制衣有限公司于6年前从浙江来到奉贤创办,主要生产女式大衣、风衣、衬衫等女装产品。从买下当时的西渡织布厂旧厂房6年间,企业稳步发展,至年底已在全国各大商场设立专卖店30多家,女装销售量连续8年全国第一,产值、税收每年以20%的速度增长。是年产值1.6亿元,缴税1000万元。（韩林江 顾向红）

1999年~2005年奉贤区私营企业发展情况表

年　份	年末户数(户)	投资人数(人)	注册资金(万元)	雇工人数(人)	纳税数(万元)
1999	3878	6471	244044	39652	16021.45
2000	8034	14830	690951	76645	33057.81
2001	15651	30172	1438563	130012	63406.69
2002	21966	42607	2087779	1858999	7578.09
2003	27780	55341	3322034	223014	163963.90
2004	32091	64454	4326849	245362	239018.56
2005	35212	70899	5396179	254279	319732.19

（韩林江）

2005年市级高新技术企业奉贤区私营企业情况表

序号	企业名称	企业负责人	序号	企业名称	企业负责人
1	上海光城邮电通信设备有限公司	王　皎	16	上海智城分析仪器制造有限公司	沈水兴
2	上海鼎龙机械有限公司	丁根龙	17	上海华向橡胶履带有限公司	李正方
3	上海东汇企业(集团)有限公司	陈存伍	18	上海都华实业有限公司	陶文荃
4	上海亚虹塑料模具制造有限公司	谢亚明	19	上海南洋高科技有限公司	吴红泉
5	上海飞洲电气股份有限公司	郑生华	20	上海施威焊接产业有限公司	施桂兴
6	上海凯宝药业有限公司	李武全	21	上海德朗能电池有限公司	吴江峰
7	上海宏广电气有限公司	盛治英	22	上海超日太阳能科技发展有限公司	倪开寿
8	上海德圣米高电梯有限公司	沈国平	23	上海华明高压电气开关制造有限公司	肖日明
9	上海恒寿堂药业有限公司	宋　伟	24	上海天信仪表有限公司	陈开云
10	上海双鸽实业有限公司	李仙玉	25	上海贤达压力容器制造有限公司	陈小祥

续 表

序号	企 业 名 称	企业负责人	序号	企 业 名 称	企业负责人
11	上海易同信息技术有限公司	陈玉明	26	上海黄燕模塑工程有限公司	柯燕泣
12	上海宏普通信器材有限公司	诸新荣	27	上海阿波罗机械制造有限公司	陆金琪
13	上海四明橡塑制品有限公司	蒋四明	28	上海聚杰高分子材料有限公司	陈德杰
14	上海阳森精细化工有限公司	马敏生	29	上海东升焊接集团有限公司	黄建华
15	上海洁申实业有限公司	朱龙德			

（韩林江）

2005 年奉贤区纳税 500 万元以上私营企业情况表

序号	企 业 名 称	税收（万元）	企业负责人	序号	企 业 名 称	税收（万元）	企业负责人
1	上海新发展房地产开发有限公司	4875.00	丁福如	34	上海阳光投资（集团）有限公司	808.07	张志溶
2	上海金明置业发展有限公司	4572.87	卢泽明	35	上海坤裕建筑工程有限公司	796.44	李 冰
3	上海嵊达房地产开发有限公司	3702.54	吴尧安	36	上海恒业建设工程有限公司	794.71	张春华
4	上海世贸汽车贸易有限公司	3541.56	黎 虹	37	上海双鸽实业有限公司	783.09	李仙三
5	上海隽捷电力工程有限公司	3523.22	徐 俊	38	上海华正市政建筑工程有限公司	756.92	韩福如
6	上海新发展金汇房地产开发有限公司	2878.50	葛建军	39	上海振鹭建筑工程有限公司	727.09	顾 鹰
7	上海营巢房地产开发有限公司	2748.33	王新其	40	中宇建设集团有限责任公司上海奉贤分公司	719.17	宋沛祥
8	上海新发展青村置业有限公司	2727.49	何伟昌	41	上海承铠化工科技发展有限公司	708.32	鲁淮军
9	上海同丰房地产开发有限公司	2710.11	黄新春	42	上海汇发建筑安装工程有限公司	699.04	顾鸣龙
10	上海海岸线置业有限公司	2180.92	侯延良	43	上海和业房地产开发有限公司	678.03	叶志锋
11	上海卓越煤炭有限公司	2152.35	李海红	44	上海孙泰装饰有限公司	644.87	孙建明
12	上海欧本建筑工程有限公司	2114.77	叶 新	45	上海双桦汽车空调配件有限公司	642.78	郑 平
13	上海西渡房地产开发有限公司	2015.21	陈柄均	46	上海科彩联金属材料有限公司	642.00	王 敏
14	上海鸿宝实业有限公司	1996.81	李林松	47	上海斯尔丽服饰有限公司	631.16	邵联琴
15	上海建都房地产开发有限公司	1987.25	万祖明	48	上海震越投资咨询服务有限公司	618.76	沈燕飞
16	上海申豪投资有限公司	1981.75	吴定邦	49	上海爱杰建设有限公司	595.62	朱爱国
17	上海汇丰实业投资有限公司	1842.62	邱小林	50	上海拓普轧制技术有限公司	591.00	赵林珍
18	上海捷星电器制造有限公司	1712.98	袁 检	51	上海泰格投资有限公司	591.00	温定凯
19	上海兴齐投资发展有限公司	1633.08	汪 泓	52	上海正屋里房地产经纪有限公司	549.57	王天舒
20	上海隆盛建筑工程有限公司	1352.44	严丽萍	53	上海华民建设发展有限公司	547.21	姜德宝
21	上海世纪恒源电力燃料有限公司	1253.04	武大秀	54	上海伟德建筑装潢有限公司	545.40	傅张芳
22	上海奉港市政建设有限公司	1143.83	任妙娣	55	上海策川工贸有限公司	536.83	杨树发
23	上海天万服饰有限公司	1112.88	翁启国	56	上海聚众目标传媒有限公司	531.50	虞 锋
24	上海地通建设（集团）有限公司	1074.27	张德璜	57	上海鸿图置业有限公司	530.79	丁龙飞
25	上海圣明建设实业有限公司	1025.23	范正明	58	上海悍马商务信息咨询有限公司	527.09	沈育康
26	上海申江压力容器有限公司	964.55	王吉时	59	上海通特建设工程有限公司	521.47	沈德华
27	上海贝申房地产开发有限公司	939.99	张春华	60	上海五木房地产经纪有限公司	518.32	浦 东
28	上海国星浦南房地产开发有限公司	912.91	倪 琼	61	上海光阳建筑工程有限公司	517.33	谈福兴
29	上海泛美煤炭有限公司	909.98	孟雪波	62	上海恒源电力燃料有限公司	516.95	靳卫国
30	上海奉贤正阳置业有限公司	878.39	邹建文	63	上海新天和树脂有限公司	51[illegible].42	金仁友
31	上海奉浦房地产开发有限公司	875.11	赵磊军	64	上海中韩晨光文具制造有限公司	509.15	陈湖雄
32	上海慧清生物科技有限公司	850.95	吴 清	65	上海市水利工程有限公司	505.00	张光远
33	人本集团上海轴承有限公司	820.46	陈岩水				

（韩林江）

个体工商户

【4 业主被评为市文明个体户】 6 月 4 日，上海市工商行政管理局、上海市精神文明建设委员会办公室、上海个体劳动者协会召开2003年～2004年度上海市文明个体工商户表彰大会，西渡旅社业主项银林、江南酒家业主方翠莲、莱园旅馆业主朱美娟、美华照相馆业主黄美华榜上有名。（韩林江）

【举办区个协常务理事知识讲座】 11月10日，区个体劳动者协会举办该协会常务理事知识讲座，邀请市协会秘书长王国明作报告，他联系上海个体经济发展现状，从10个方面阐述企业管理、发展个体经济的观念、动力、因素、领导艺术和应处理好五个关系等，内容翔实生动，使与会者得益匪浅。（韩林江）

1999年～2005年奉贤区个体工商业发展情况表

年份	年末户数（户）	从业人员（人）	注册资金（万元）	纳税数（万元）	年份	年末户数（户）	从业人员（人）	注册资金（万元）	纳税数（万元）
1999	9380	12549	13456	4117.32	2003	11651	13712	16522	6891.80
2000	9015	11813	12800	5862.40	2004	12762	14591	18379.38	7200.58
2001	9962	12534	13921	6971.76	2005	13472	15413	21012.62	9100.25
2002	10861	13184	15356	7132.12					

（韩林江）

【邀请老年村民游览旅游景点】 12月2日，区个协副会长、上海新亚金叶大酒店经理王伟江和其弟弟、上海豪辰大酒店有限公司经理王伟立以及其妹夫、上海万事达木业有限公司总经理张岁华，出资组织奉城镇头桥社区联工村200多位60岁以上老人游览浦东、观光隧道和城隍庙等景点，并在酒店设午宴宴请出游老人，受到社会各界好评。（韩林江）

光彩事业

【向海啸受灾国人民献爱心】 年初，区个私业主得知东南亚部分国家发生严重海啸灾情后纷纷解囊捐款，其中：区个私协会捐款2万元，上海沪南焊接设备股份有限公司、上海亚虹模具有限公司分别捐款1万元。（韩林江）

【组织私企老总参加“蓝天下的至爱”募捐活动】 2月，区个私协会组织部分私企业主参加“蓝天下的至爱”募捐活动，共捐款22万余元，其中：上海世一房地产开发有限公司捐款5万元，上海营巢房地产开发有限公司捐款3.28万元，上海建都房地产开发有限公司捐款3万元，上海奉浦房地产开发有限公司捐款3万元。（韩林江）

【开展学雷锋献爱心活动】 区个私协会组织开展“3·5”学雷锋、“4·15”献爱心活动以及配合区委宣传部、区文明办开展“三下乡”活动，三次活动先后共出动527人次，受服务群众14200余人次，让利金额2.75万元。区个协副会长顾瑞华及理事蔡德兵、项银林、顾可明、张翠华、沈福妹等购买价值3000元的物品，先后看望区福利院、江海敬老院老人。伟星（集团）公司上海分公司捐资3000元，购买副食品送给金汇敬老院。上海利冠研磨具制造有限公司、上海奉泰电子电器有限公司捐款1500元，为齐贤小学8名贫困学生购买学习用品。上海保平汽车维修有限公司捐资3200元，为泰日学校施丹等8名单亲家庭、生活贫困的学生解决一学期每人400元的午餐费。个私协会理事王菊官、林长伟、万芹官、宋纪龙、金志雄、林卫明、朱美娟带着价值6000多元的物品，看望柘林敬老院、南桥福利院老人。（韩林江）

【“爱心妈妈”项爱珍结对助学】 5月31日，“爱心妈妈”项爱珍等一行在区教育局、青保办领导陪同下，看望区少体校、实验小学、曙光学校（民工子弟学校）等学生，并送去节日礼物。项爱珍得知结对助学的区少体校学生董婷婷已被市体校录取，心情十分激动，当即又与区少体校的另一名贫困学生结成帮困对子，被师生称为“爱心妈妈”。（韩林江）

（本栏目编辑　蒋新甜）

工 业 经 济

综 述

2005年，全区有工业企业10695家，其中区直属企业115家，开发区所属企业356家，镇属企业10224家。全区企业员工总人数250865人，其中区直属企业员工13141人，开发区所属企业员工18472人，镇属企业员工219252人。拥有年销售收入500万元以上规模企业1111家，其经济总量占全区工业经济54%。年销售收入超亿元企业84家，其中超5亿元企业4家，超10亿元企业1家。13家企业列入上海市500强企业，7家企业列入上海市百强私营企业。市级高新技术企业60家，区级高新技术企业48家。全区企业总资产552亿元，比上年增长9.1%；企业劳动生产率为7.4万元/人年，比上年增长31.8%；员工工资1.2万元/人，比上年增加700元。年内实现工业增加值147.7亿元，比上年增长23.6%。全区企业形成输配电、信息通讯、汽车配件、精细化工、生物医药、物流装备、光仪电、农副产品深加工8大优势行业。轻工机械、金属制品、箱包鞋、纺织服装、橡塑、建材6大传统行业继续得到增强。年内，区强化工业实业型项目跟踪管理，明确了领导责任制和信息统计工作责任制，取得了显著成效。全区新增工业实业型项目242个，其中内资项目192个，外资项目50个。项目质量比上年有所提高，其中新增重点内资项目102个，协议投资总额53.98亿元，平均每个项目投资额5292万元；新增重点外资项目39个，协议投资总额4.35亿美元，平均每个项目投资额1116万美元。重点内资、外资项目平均投资额比上年提高29%和80%。年内有174个重点项目建成投产，比上年增加14个，完成工业产值25.8亿元，实现销售24.1亿元，实现利润5637万元，上缴税收7130万元。（袁新良）

企业运行

【概况】 年内，全区工业以科学发展观统领生产经营，积极破解市场经济过程中出现的种种难题，坚持走新型工业化道路，克服金融信贷、能源供应和原材料价格上涨等困难，工业经济保持持续快速发展良好态势。全年完成工业总产值760.06亿元，比上年增长26.4%；其中规模企业实现产值412.3亿元，占区工业企业总产值54.31%，比上年增长27.1%。实现销售收入736.86亿元，比上年增长27.04%；实现利润总额33.84亿元，比上年增长41.05%。

（袁新良）

【规模企业首次突破千户大关】 年内，区招商引资实业型项目相继建成投产，规模企业增加247户，年末达到1111户。

（袁新良　潘红星）

【5大开发区成为经济增长集聚区】 年内，市工业综合开发区、海湾旅游区、海港综合经济开发区、化工奉贤分区、现代农业园区5大开发区成为全区工业经济增长主要集聚区，增幅明显高于各镇工业，大小口径分别为32和8.6个百分点，工业产值总量分别占大小口径产值15.5%和22.5%，有力带动了区工业经济发展。

（袁新良　潘红星）

【14个行业呈现增长态势】 年内，区14个行业全面增长，增幅排列前3位的电器、服装和汽配，分别增长56.7%、53.5%和41.3%。食品行业增长41.1%、化工行业增长34%、橡塑行业增长31.8%、医药行业增长30.9%、机械行业增长29%、物流装备行业增长28%、金属行业增长24.9%，其他4个行业增长也分别达到20%以上。行业中企业户数超过100家的有机械、金属、电器和服装，分别为195家、150家、116家和100家。区特色产业输配电企业有58家规模企业，累计产值32.9亿元，比上年增长42.8%，占规模企业产值总量8%。（袁新良　潘红星）

【84家亿元企业占规模企业产值半壁江山】 年内，区有亿元企业84家，比上年增加34家，共完成工

业产值203.8亿元，占规模企业产值半壁江山。亿元企业居前3位为先锋高科技（上海）有限公司、上海普天友通信息科技有限公司和上海通用电气广电有限公司，分别完成产值35.7亿元、9.8亿元和5.5亿元。（袁新良　潘红星）

【迎峰度夏预案确保企业安度用电难关】 5月18日，区制定夏季安全用电预案，明确了做好电力迎峰度夏工作原则、基本预案、高温预案和应急预案实施计划。针对企业生产经营特点，合理实施节电避峰方案，区电力公司加强供需沟通，提高服务效率，满足了企业供电需求。（袁新良　潘红星）

【输配电企业产值高出全区企业5个百分点】 年内，列入市政府"一业特强"扶持体系的变压器制造业、整流器制造业、电容器制造业、开关控制设备制造业和其他输配电及控制设备制造业企业享受扶持政策项目132个，获得补贴资金480.58万元。区输配电企业共有150家，完成产值55亿元，比上年增长31%，高出全区企业5个百分点。实现销售收入52亿元，比上年增长30%；上缴税收2亿元，比上年增长42.9%。

（袁新良　吴锦云）

【7家出口企业获全国"双优企业"称号】 根据评选标准，凡年度出口创汇200万美元以上、税前利润200万元以上的出口企业，可评为全国"双优企业"。上海双菱空调器制造有限公司、上海隆福拉索有限公司、上海正奇制衣有限公司、加利派包装制品（上海）有限公司、上海英特汽车配件有限公司、上海实业振泰化工有限公司、先锋高科技（上海）有限公司等7家企业入选。（袁新良）

依玛士（上海）标码技术有限公司　（经委　供稿）

【双鸽集团成为全国工业行业排头兵企业】 年内，由《中国工业报》评选出年度中国工业446个小行业销售收入前三名企业为排头兵企业。上海双鸽集团有限公司被评为医疗、外科及兽医用器械制造行业"排头兵企业"。（袁新良）

【制定新增规模企业年度考核意见】 年内，区对新增规模工业企业列入年度考核，并制定出考核意见。针对区规模企业相对数量少、总体规模不大、总量较小的现状，决定把发展规模企业数量、扩大产出规模，作为一项重点工作来抓，并列入对各镇、开发区年度综合考核体系。（袁新良）

【编制工业发展和布局"十一五"规划】 年内，区编制制定了"十一五"工业发展和布局规划。《规划》贯彻"科技兴市"主战略，以企业为主体，以市场为导向，以发展为主题，以调整为主线，以深化改革、扩大开放和科技进步为动力，进一步完善政府服务体系，进一步优化工业经济布局，大力发展高新技术产业，改造提升传统产业，积极推行循环经济，以信息化带动工业化，发展一批具有较强竞争力的重点企业，促进小企业健康发展，实现工业经济全面、协调和可持续发展。至2010年发展目标工业增加值290亿元，年均增长16%。工业总产值1700亿元，年均增长17.2%，5年累计完成总产值6340亿元，为"十五"期间2.64倍。

（袁新良）

【区政府召开经济工作会议】 12月24日，区政府召开经济工作会议，对2006年经济工作进行了全面部署，确定8项重点工作：一是继续将招商引资作为全区经济工作重中之重，把招商引资重点放在光仪电、物流装备、游艇、输配电等优势产业上；二是加强经济运行监控，确保全年各项经济目标超额完成；三是抓好4大板块开发建设；四是抓好批项目、核土地，确保资源有效利用，保证引进项目的高质量；五是以南桥新城为重点，加快现代服务业发展；六是突出"海"、"农"优势，挖掘和丰富旅游资源，推动旅游业发展；七是进一步促进产业结构调整、优化和升级，培育经济增长新亮点；八是加强对市场监管力度，促进经济发展。

（胡菊华）

2005年奉贤区工业企业销售50强排行表

排　名	企　业　名　称	销售收入（万元）
1	先锋高科技（上海）有限公司	331024
2	上海普天友通信息科技有限公司	98000

续 表

排　　名	企　业　名　称	销售收入(万元)
3	上海通用电气广电有限公司	67437
4	金奉源纸业(上海)有限公司	45121
5	上海凯托(集团)有限公司	45082
6	菲林格尔木业(上海)有限公司	42383
7	上海汉德食品有限公司	41948
8	上海云林化工有限公司	41102
9	上海新天和树脂有限公司	40048
10	氰特表面技术(上海)有限公司	37068
11	上海海螺水泥有限责任公司	29979
12	上海光伟实业有限公司	29568
13	上海澳联玻璃有限公司	29418
14	上海实宏纸业有限公司	29337
15	东辉塑胶(上海)有限公司	29088
16	依玛士(上海)标码技术有限公司	28644
17	上海捷星电器制造有限公司	28283
18	雷盛德奎企业(上海)有限公司	28146
19	上海兴森特殊钢有限公司	27616
20	上海南桥变压器有限责任公司	25737
21	上海柘中(集团)有限公司	25218
22	上海中发电气有限公司	23888
23	上海通用电气开关有限公司	23822
24	上海市沪江生化厂	22762
25	上海中河金属加工厂	22728
26	上海柘中杰高电器有限公司	22344
27	上海亚洋电工有限公司	22317
28	上海超太阳能科技发展有限公司	20170
29	上海井上维他高分子制品有限公司	20089
30	上海中韩晨光文具制造有限公司	19685
31	上海金佰利纸业有限公司	19608
32	上海东霞制衣有限公司	19023
33	上海三住精密机械有限公司	18173
34	上海东霞实业有限公司	17837
35	上海宣伟金力泰涂料股份有限公司	17593
36	上海方鑫金属科技有限公司	16954
37	上海金汇电缆厂	16858
38	上海双菱空调器制造有限公司	16704
39	上海航星机械(集团)有限公司	16567
40	上海柘中大型管桩有限公司	15443
41	上海西格里东海碳素有限公司	15102
42	上海维特兴沪玻璃有限公司	14911
43	上海天轮钢丝厂	14283
44	维龙(上海)包装工业有限公司	14231

续 表

排 名	企 业 名 称	销售收入(万元)
45	上海申江压力容器厂	14221
46	上海柘中混凝土制品有限公司	14070
47	上海东升电焊机制造有限公司	13834
48	上海星航五金制品有限公司	13778
49	阿文美驰轻型车系统(上海)有限公司	13753
50	上海 TCL 双菱空调器制造有限公司	13341

(李春芳)

2005 年奉贤区工业企业纳税 50 强排行表

单位:万元

序 号	企业名称	税收合计	序 号	企业名称	税收合计
1	上海雷允上药业有限公司	7332.61	26	上海新伦纸业有限公司	793.97
2	如新(中国)日用保健品有限公司	4432.80	27	上海航星机械(集团)有限公司	786.15
3	上海通用电气广电有限公司	2709.49	28	上海双鸽实业有限公司	783.09
4	先锋高科技(上海)有限公司	2684.24	29	上海格林热能设备有限公司	761.17
5	上海柘中(集团)有限公司	2463.72	30	上海布博西广电电气有限公司	661.41
6	上海南桥变压器有限责任公司	2412.93	31	上海海螺水泥有限责任公司	650.40
7	上海宝娇化妆品厂有限公司	2228.19	32	上海孙泰装饰有限公司	644.87
8	上海柘中杰高电器有限公司	2019.81	33	上海双桦汽车空调配件有限公司	642.78
9	上海乳品四厂有限公司	1922.99	34	上海大祥化学工业有限公司	641.31
10	上海通惠-开利空调设备有限公司	1908.96	35	上海斯尔丽服饰有限公司	631.16
11	上海捷星电器制造有限公司	1712.98	36	菲林格尔木业(上海)有限公司	596.75
12	阿文美驰轻型车系统(上海)有限公司	1663.95	37	上海美优制药有限公司	588.13
13	艾森曼机械设备(上海)有限公司	1642.49	38	上海丽达商标制造有限公司	584.30
14	上海宣伟金力泰涂料股份有限公司	1554.03	39	上海鼎丰酿造食品有限公司	572.13
15	上海美标陶瓷有限公司	1430.17	40	上海福达制药有限公司	560.60
16	依玛士(上海)标码技术有限公司	1413.51	41	雷盛德奎企业(上海)有限公司	559.59
17	上海通用电气开关有限公司	1128.32	42	上海实业振泰化工有限公司	539.00
18	上海南泰通风机设备有限公司	1080.48	43	氰特表面技术(上海)有限公司	518.62
19	上海凯宝药业有限公司	1063.38	44	上海新天和树脂有限公司	511.42
20	上海飞洲电气股份有限公司	990.82	45	上海中韩晨光文具制造有限公司	509.15
21	上海申江压力容器有限公司	964.55	46	上海富士电机开关有限公司	505.92
22	上海柘中混凝土制品有限公司	836.93	47	上海亚虹塑料模具制造有限公司	499.54
23	上海通用广电工程有限公司	812.24	48	上海德奎久保田模具有限公司	472.15
24	上海柘中大型管桩有限公司	809.50	49	上海松下电工电子材料有限公司	462.62
25	上海神仙酒厂	801.86	50	上海华明高压电气开关制造有限公司	457.34

(陈鸣华)

【引进项目向区级以上经济园区集中】 年内，引进新增工业项目向区级以上经济园区集中，并呈现良好态势。新增内资项目前三位为南桥镇73个、青村镇52个、奉城镇20个；新增外资项目前两位为市工业综合开发区24个，化工区奉贤分区6个。

（袁新良　王任虹）

【30个实业型工业项目产值超亿元】 年内，区产值超亿元的30个项目，新增产值60亿元。产值超2亿元的项目6个，分别为上海普天友通信息科技有限公司9.8亿元、上海汉德食品有限公司4.4亿元、上海新天和树脂有限公司4.0亿元、依玛士（上海）标码技术公司2.9亿元、中发电器集团2.4亿元、上海中河金属加工厂2.2亿元。

（袁新良　王任虹）

【在建重点实业型项目资金到位率比上年增长三成】 年内，全区在建项目563个，其中内资项目494个，重点项目322个，重点项目投资总额155亿元，到位资金76.3亿元，资金到位率49%，比上年增长32%。在建外资项目69个，重点项目53个，重点项目投资总额4.7亿美元，到位资金1.6亿美元，资金到位率34%。

（袁新良　王任虹）

技术进步

【概况】 年内，在市委、市政府"科教兴市"主战略推动下，区政府出台了《关于加强奉贤区工业技术创新与技术改造的意见》，区工业部门积极引导企业认真贯彻区政府文件精神，唱响科教兴区主旋律，以市场为导向，企业为主体，广泛开展产学研，加大新产品研发力度，提高企业吸收高新技术能力，以增强企业核心竞争力。实施企业品牌战略，创建企业技术中心，保护企业自主知识产权。积极推进企业加强技术改造，引导企业外延扩张、内挖潜力，推动企业增资、扩股，盘活存量资产，转变经济增长方式，促进经济可持续发展。凸现新的增长点，企业自主创新能力增强。全区高新技术产业总产值124.4亿元，2件商标评为中国驰名商标。上海广电电气（集团）有限公司、上海航星通用电器有限公司成功创建市级企业技术中心。

（袁新良）

【工业技术改造投入8.5亿元】 年内，区共审批技术改造项目88个，投资总额12.25亿元，比上年增长67.8%。其中1000万元以上项目49个，总投资10.14亿元，占审批项目投资额82.77%；进口设备项目30个，总投资2.99亿元，占审批项目投资额24.4%。工业技术改造投入8.5亿元，完成年计划121.42%，比上年增长30.76%。全年实施（含上年结转）技术改造项目128个，总投资18.65亿元。验收技术改造项目58个，总投资7.63亿元，其中享受技术改造专项贴补项目32个，实际总投资4.08亿元。享受区级技术改造专项贴补额400万元，其中设备贴补358.46万元，基建贴补41.54万元。享受市级贴息项目82.5万元。（袁新良　范晓燕）

【3家科技企业成为首批区级企业技术中心】 年内，区政府对上海南桥变压器有限责任公司、上海神力科技有限公司、上海天信仪表有限公司，授牌首批"企业技术中心"，3家企业各获得15万元中心启动资金。（袁新良　毛敏琴）

【4项新产品获国家级"专交会"金奖】 8月18日～20日，国家知识产权局等部门在大连市举办"2005年中国国际专利技术与产品交易会"，集中展示了国内一批高水平专利技术成果。区4家企业10多项专利新产品参加了展示，其中参加评审的4项专利新产品均获专利金奖。获金奖专利新产品的分别为上海南桥变压器有限责任公司的YBP型预装式变电站、上海奉泰电子电器元件有限公司的甲烷报警矿灯多功能检查装置、上海三盛金属制品有限公司的防盗过滤球阀、上海东汇集团有限公司的DDSF517单相多费率电能表。

（袁新良　蔡公平）

【智城公司新产品受市场青睐】 1月，农业部在新疆生产建设兵团兽医冷链项目实验室设备招标会上，上海智城分析仪器制造有限公司一举中标101台新型超净工作台，并获得后续400台供货资格。该公司是一家专业制造生命科学相关实验室产品的科技型民营企业，共有3个系列90多个品种规格。年内，公司被市认定为上海市高新技术企业。（袁新良　蔡公平）

【蛋黄派设备获"星火杯"金奖】 上海花元食品机械有限公司开发生产的"蛋黄派"生产设备，在充分吸收国内外先进技术的基础上，具有结构合理、操作简单、运转平稳、效率高等优点，获得第十三届全国"星火杯"创造发明竞赛优秀项目金奖。（袁新良　李天舒）

2005年奉贤区市级高新技术企业情况表

序　号	企业名称	序　号	企业名称
1	上海实业振泰化工有限公司	5	上海航星机械（集团）有限公司
2	上海金力泰化工股份有限公司	6	上海平安高压调节阀门厂
3	上海光城邮电通信设备有限公司	7	上海平安仪表阀门厂
4	上海信宇光缆有限公司	8	上海福达制药有限公司

续 表

序 号	企业名称	序 号	企业名称
9	上海鼎龙机械有限公司	35	上海四明橡塑制品有限公司
10	上海百富勤空调设备有限公司	36	上海阳森精细化工有限公司
11	上海柘中(集团)有限公司	37	上海建研建材科技有限公司
12	上海航星通用电器有限公司	38	上海洁申实业有限公司
13	上海东汇企业集团有限公司	39	上海智城分析仪器制造有限公司
14	上海亚虹塑料模具制造有限公司	40	上海华向橡胶履带有限公司
15	上海飞洲电气股份有限公司	41	上海都华实业有限公司
16	上海天轮钢丝厂	42	上海德奎久保田模具有限公司
17	上海通用风机股份有限公司	43	上海南洋高科技有限公司
18	正英工业燃烧设备(上海)有限公司	44	上海施威焊接产业有限公司
19	上海太平洋制药厂	45	上海德朗能电池有限公司
20	上海德惠空调设备厂	46	上海超太阳能科技发展有限公司
21	上海德华国药制品有限公司	47	上海恒达科技发展股份有限公司
22	上海凯宝药业有限公司	48	上海新康制药厂
23	上海南桥变压器有限责任公司	49	上海神力科技有限公司
24	上海宏广电气有限公司	50	上海松江生物药品有限公司
25	上海德圣米高电梯有限公司	51	上海优天高新材料有限公司
26	上海恒寿堂药业有限公司	52	上海华明高压电气开关制造有限公司
27	允发化工(上海)有限公司	53	上海公谊兽药厂
28	上海优西比特种化工有限公司	54	上海天信仪表有限公司
29	上海丰科生物科技股份有限公司	55	上海贤达压力容器制造有限公司
30	上海双鸽实业有限公司	56	上海黄燕模塑工程有限公司
31	上海普天友通信息科技有限公司	57	上海阿波罗机械制造有限公司
32	上海易同信息技术有限公司	58	上海聚杰高分子材料有限公司
33	上海显隆惠利空调设备有限公司	59	上海宏昌汽配有限公司
34	上海宏普通讯器材有限公司	60	上海东升焊接集团有限公司

（袁新良　毛敏琴）

2005 年奉贤区区级高新技术企业情况表

序 号	企业名称	序 号	企业名称
1	上海中达仪表厂	13	上海优西比特种化工有限公司
2	上海华星电器有限公司	14	上海特设电子有限公司
3	上海神仙酒厂	15	上海强拓染织厂
4	上海世揆空调风机有限公司	16	上海音讯电子有限公司
5	上海华江仪表研究所	17	上海佳品涂料有限公司
6	上海海光电机厂	18	上海鼎辉高科技建筑材料有限公司
7	上海南泰通风机设备有限公司	19	上海仁和科技发展有限公司
8	上海申光食用化学品厂	20	上海振济新型墙体建筑材料有限公司
9	上海四新精细化工厂	21	上海万和橡塑有限公司
10	上海龙通环保设备有限公司	22	上海华山食品机械设备安装有限公司
11	上海洪南真空电子设备厂	23	上海奉贤钢管厂
12	上海宏宝汽配有限公司	24	上海奔原汽车后视镜厂

续 表

序 号	企业名称	序 号	企业名称
25	上海海源化工科技有限公司	37	上海紫杉生物工程有限公司
26	上海保腾新型建材设备有限公司	38	上海宝江彩板房制造工程有限公司
27	斯必克优西比氯化胆碱有限公司	39	上海胜武电器有限公司
28	上海互易消防电子设备有限公司	40	上海恒业化工有限公司
29	上海申光洗涤设备总厂	41	上海伟星光学有限公司
30	上海劲荣超音波电子有限公司	42	上海红箭自动化设备有限公司
31	上海德惠特种风机有限公司	43	上海朝昌包装机械有限公司
32	上海奉泰电子电器元件厂有限公司	44	上海申施实业有限公司
33	上海华族电热电器制造有限公司	45	先锋高科技(上海)有限公司
34	上海帝高燃气电气有限公司	46	上海明兴开城超音波科技有限公司
35	上海埃力生石油化纤有限公司	47	上海欣昶鑫企业发展有限公司
36	上海本庄生物科技有限公司	48	上海培新实业有限公司

(袁新良 毛敏琴)

2005 年奉贤区引进技术吸收与创新项目情况表

编 号	项 目 名 称	承 担 单 位
FJJ0501	茄尼醇	上海紫杉生物工程有限公司
FJJ0502	KSB 环保型深冷保温硬质聚氨酯材料	上海凯耳新型建材有限公司
FJJ0503	抗老化性强的 PP－R 粘覆铜管	上海三盛金属制品有限公司
FJJ0504	JBQ 意外断电远程自动报警系统	上海滨华电控厂
FJJ0505	ZHJH－C 智能安全型超净工作台	上海智城分析仪器制造有限公司
FJJ0506	TJ961Y 向空排汽阀	上海平安高压调节阀门厂
FJJ0507	NHP 夹套压力容器	上海贤达压力容器制造有限公司
FJJ0508	DGBD 安全防护式低压交流配电柜	上海东门子电器厂

(袁新良 毛敏琴)

2005 年奉贤区市级专利新产品情况表

编 号	项 目 名 称	承 担 单 位
SHZX041026	KHF 型大流量高压力离心通风机	上海通用风机股份有限公司
SHZX041085	ZHWY 轨道型多振幅恒温培养振荡器	上海智城分析仪器制造有限公司
SHZX041086	SZ9 型 35 千伏级低损耗电力变压器	上海南桥变压器有限责任公司
SHZX051067	ZYN(KYN)－40.5 铠装移开式交流金属封闭开关设备	上海航星通用电器有限公司
SHZX051068	FT968Y 给水泵最小流量控制阀	上海平安高压调节阀门厂
SHZX051069	外墙无接缝整体防水保温材料	上海凯耳新型建材有限公司
SHZX051070	CYZII－3000V 槽式熨平机	上海航星机械(集团)有限公司
SHZX051083	FPG 净化风机盘管	上海百富勤空调设备有限公司
SHZX052008	五 U 大功率电子高效节能灯	上海奉德电子照明工程有限公司
SHZX052026	YBP－12/0.4(F.R)－100～500 预装式变电站	上海南桥变压器有限责任公司
SHZX052029	丰科蟹味菇	上海丰科生物科技股份有限公司
SHZX052043	PTFE 防水透湿纳米微孔膜	上海优天高新材料有限公司

(袁新良 毛敏琴)

2004 年奉贤区获名牌产品、名商标情况表

序 号	企业名称	品 牌	品牌等级	产 品 名 称
1	上海斯尔丽服饰有限公司	斯尔丽	中国名牌	羊绒大衣
			上海市名牌	女大衣
2	上海公谊兽药厂	*公 谊	上海市名牌	兽 药
3	上海百富勤空调设备有限公司	百富勤	上海市名牌	变风量空调机组
4	上海水星被服有限公司	水 星	上海市名牌	床上用品
5	上海双鸽实业有限公司	双 鸽	上海市名牌	注射输液器具
6	上海帝高绒毛纺织有限公司	百纯帝高	上海市名牌	羊绒衫
7	上海凯灵空调设备有限公司	KL	上海市名牌	中央空调末端系列产品
8	上海申通电缆厂	申 通	上海市名牌	额定电压 35 千伏及以下铜芯铝芯塑料绝缘电力电缆
9	上海信宇光缆有限公司	信 宇	上海市名牌	通信光缆
10	上海申光洗涤设备总厂	申 光	上海市名牌	工业洗涤设备
11	上海新高潮(集团)有限公司	高 潮	上海市名牌	细木工板、装饰单板贴面胶合板(化装板)
12	上海双菱空调器制造有限公司	*双 菱	上海市名牌	分体落地式房间空调器
13	上海利德制衣有限公司	*梦羽丝	上海市名牌	羽绒服装
14	上海神仙酒厂	神 仙	上海市名牌	曲 酒
15	上海古华药业(集团)有限公司	古 华	上海市名牌	中药饮片系列
16	上海凯托(集团)有限公司	凯 托	上海市名牌	衬衫及服装
17	上海美优制药有限公司	美 优	上海市名牌	复方甘草合剂
18	上海柘中(集团)有限公司	*柘 中	上海市名牌	WZ1-10 金属铠装抽出中置式开关柜,35 千伏及以下高低压开关柜
			上海市著名商标	高低压开关柜商品
19	上海实业振泰化工有限公司	振 泰	上海市名牌	特种氧化镁系列
		*振 泰	上海市著名商标	氧化镁商品
20	菲林格尔木业(上海)有限公司	*菲林格尔	上海市著名商标	地板商品
21	上海中韩晨光文具制造有限公司	*晨 光	上海市著名商标	笔商品
22	上海鼎丰酿造食品有限公司	鼎 丰	上海市名牌	酿造制品
			上海市著名商标	酱油、乳腐商品

注:“*”为年度新评上的中国名牌产品、上海市名牌产品、上海市著名商标。

(袁新良 毛敏琴)

行业构成

【输配电设备及配件行业】 年内,区输配电设备及配件企业共有150家,主要研发生产配电高低压成套开关设备、干式变压器、智能化元器件及自动化集成系统产品。58家规模企业实现产值32.8亿元,比上年增长42.8%。上海广电电气有限公司、上海柘中电器有限公司、上海南桥变压器有限责任公司等11家企业产值超亿元。上海广电电气集团产品以其优异的品质,创建了上海市级企业技术中心,2家合资公司成为美国GE公司“全球明星工厂”之一的样板企业。上海南桥变压器有限责任公司生产的35kVSZ9-31500kVA分体式变压器,在国家变压器质量监督检验中心通过试验,产品内部器身弹簧压紧结构获国家实用新型专利(ZL02264942.5),被评为上海市专利新产品和上海市级新产品。SZ9系列变压器获上海电器行业名优产品称号,S11系列油浸式电力变压器获“上海市节能产品”称号。(袁新良 陈 伟 魏志雄)

【信息与通讯行业】 年内,区信息与通讯企业主要生产VCD、DVD系列产品、汽车音响等产品,14家规模企业实现产值45.9亿元,比上年增长6.5%。先锋高科技(上海)有限公司实现产值35.74亿元人民币,位居区工业企业首位。企业设计完成汽车音响和家用音响50多个项目,为国际知名汽车制造商提供多种OEM产品设计开发。上海普天友通信息公司无线市话模块及终端产品被认定为市高新技术成果转化项目百佳,成为中国电信市场PHS个人终端产品主要供应商之一,并逐步向海外市场拓展业务。年产PHS终端产品400万部以上,销售及服务网络遍

及全国。 （袁新良 蔡 征）

【汽车配件行业】 年内，区汽车配件行业企业主要为上海大众、通用生产汽车配件，43家规模企业实现产值12.9亿元，比上年增长41.3%。超亿元企业4家，实现产值5.2亿元。上海双桦汽车空调配件有限公司销量突破100万台件，专业生产世界各种车型层叠式蒸发器和平行流冷凝器、机油冷却器、增压空气冷却器，集研发、制造、销售于一体。建立了一整套有效的产量质量控制体系，先后通过ISO9000质量体系认证和TS16949质量体系认证。公司从国外引进的检测器具和设备，满足小批量，多品种的生产，产品畅销国内外。拥有汽车空调综合性能实验室，进行蒸发器、冷凝器、暖风机、水箱单体和汽车空调系统各项性能试验，其中冷器风洞试验台、中冷器高低温冷热交变试验台和油冷器传垫性能试验台，中冷器、油冷器性能试验设备在国内处于领先地位。阿文美驰轻型车系统（上海）有限公司生产汽车排气管及相关零部件，直供上海大众、上海通用、海南马自达、长安福特等用户。该公司进行技术创新，开发出质量可靠的尾气排放微粒过滤回收技术，并逐渐应用于生产，使原材料成本下降15%。浩盟车料（上海）有限公司生产自行车齿盘，年产量约400万组，居国内同行业销量第一。公司致力于汽车紧固件加工生产，产品畅销国内外。 （袁新良 闵仁辉 蔡 征 邬俊杰）

【精细化工行业】 年内，区精细化工行业企业主要生产研发不饱和聚酯树脂、有机化工原料、汽车涂料等产品，93家规模企业实现产值39.3亿元，比上年增长34%。超亿元企业9家，实现产值17.6亿元。上海金力泰化工有限公司汽车涂料销量居国内前5名。主要产品有阳离子电沉积涂料、汽车中涂、面漆等，技术水平国内领先，被评为市高新技术企业和中国科技部火炬项目企业。上海新天和树脂有限公司荣膺中国化工行业500强，企业主导产品不饱和聚酯树脂生产能力居全国同行业首位，亚洲第二。公司相继通过ISO9001：2000质量体系认证和ISO14001：2000版环境体系认证，年内研发成功亚克力树脂产品填补了国内空白。氰特表面技术（上海）有限公司在表面涂料、表面粘结料、表面印刷3大领域广泛产品线获国家级专业技术。其发展战略为全球市场技术超前的客户解决航空航天、涂料、矿业、塑胶和水处理氰特技术。上海温龙化纤有限公司立足欧美市场，主营涤纶高强工业长丝等产品。年内，公司生产的涤纶工业丝以优质和完善的服务质量在国内外工业丝行业打响了品牌。上海日出化工有限公司是国内最大的建筑乳液生产厂家之一，年产规模2万吨以上，产品苯丙、纯丙、醋丙（叔）、硅丙、弹性、底漆等系列建筑涂料用乳液及各种助剂，采用JX－300DCS控制系统，产品在同行业中占30%市场份额，公司连续3年被浙江省建筑涂料粘接委员会评为优秀涂料原材料供应商。上海市沪江生化厂年生产草甘膦原药5602吨，产值2.39亿元。共出口粉剂及制剂折原药约5000吨，占全国出口草甘膦原药量约10%。年内，共投入600多万元改造生产工艺流程，积极推行循环生产，全年共回收氯甲烷气体1500吨，把三废排放变废为宝，创造了较好的经济效益。 （袁新良 汤国欢 卫明星 王莉菲 唐金龙 盛文奎）

【生物医药行业】 年内，区生物医药行业企业主要生产中药饮片、兽用生物药品等产品，11家规模企业实现产值4.3亿元，比上年增长30.9%。超亿元企业1家。上海凯宝药业有限公司产品列入国家卫生部和国家中医药管理局《人禽流感诊疗方案（2005版）修订版》，公司和浙江大学联合开发品牌产品“痰热清注射液”和在线质量监控系统、中药提取生产技术自动化控制系统。中药提取物低温带式真空干燥技术被列为“十五”国家科技攻关计划项目。上海德华国药有限公司“古华”牌中药饮片再次获上海市名牌产品，公司与南京中医药大学、上海中医药大学完成国家十五攻关项目决明子等9个品种的炮制工艺中试，公司连续被认定为上海市高新技术企业。完成国家GMP改造。上海海利生物药品有限公司为全国10家重点兽用生物药品生产单位，公司经国家批准获得中央预算内专项资金补助GMP改造项目建设，并获得上海市农业产业化重点扶持企业，主要承担全国畜牧业重大疫情防治生物疫苗生产任务。12月，以95分的高分通过农业部GMP专家组验收，成为兽药GMP合格企业。 （袁新良 丁武伟 孙 巍 富海军）

【物流装备行业】 年内，区物流装备行业企业主要生产现代物流装备产品，16家规模企业实现产值4.6亿元，比上年增长28%。超亿元企业1家。上海德马格起重机械有限公司拥有全球物料输送领域产品，主要生产各类起重设备、KBK轻型起重机、DC环链电动葫芦、DR钢丝绳电动葫芦、各种动力驱动技术产品以及零配件，通过了ISO9001认证。上海黄燕模塑工程有限公司集大中型塑料模具制造，冷冲模、检具、大中小注塑件成型，模具标准件、标准模架、标准模块、钢材供应为一体的专业化公司，为北京汽车、河北天马、上海奇瑞、大众、通用、梅克朗等汽车厂家，提供包括整车及相关部件数字化建模、车身冷冲模具、注塑模具及注塑件等产品，并积极开拓海外市场。公司应用并行工程、反求（逆向）工程，虚拟制造、RP等先进制造技术方法。年内，被评为市高新技术企业，在第十届国际模具及模具标准件展会上获国际水平奖。依玛士（上海）标码有限公司在亚太地区开发新建物流新平台，负责地区机器设备、耗材等生产、测试和供应，产品包括：小字符喷码机、大字符喷码机、激光标码机、智能热转印码机、自动打印贴标机等设备，能满足各类用户需要。 （袁新良 汤国欢 唐金龙 蔡 征）

【光仪电行业】 年内，区光仪电行

业企业主要生产光电医用心电图机系列等产品，18家规模企业实现产值8.8亿元，比上年增长144.4%。超亿元企业2家。上海光电医用电子仪器有限公司心电图机系列产品占据国内市场36%，心电图机总销量全国第一。公司拥有自主研发和生产心电图机、多参数监护仪和心脏除颤器等医用电子仪器产品体系，被上海市经济委员会、上海市外国投资工作委员会和上海市科学技术委员会分别授予“高新技术企业”、“先进技术企业”和“技术密集型、知识密集型企业”称号。企业通过ISO9001质量认证和ISO13485产品认证，产品主要出口欧盟国家，2005年度被授予上海市“用户满意产品”称号。

（袁新良　蔡　征）

【农副产品深加工行业】 年内，区农副产品深加工行业企业主要从事农副、水产和牛羊肉等产品深加工，34家规模企业实现产值14.6亿元，比上年增长41.1%。超亿元企业2家。民族品牌走向世界，神仙酒出口美国、日本。3月，上海市唯一的白酒生产企业上海神仙酒厂经国家统计局、中国食品工业协会综合测评为“中国白酒百强企业”，“神仙酒城”旅游基地项目正式启动，神仙牌曲酒连续第八年蝉联“上海名牌产品”称号。自主研发的“芋烧酎”（酒）被评为“区中小企业创新资金”资助项目。产品以上海及江浙等周边市场为主，并随华联、联华、农工商等各大超市在全国配送销售，在上海销售市场占有率14.92%。上海汉德食品（集团）有限公司主要经营水产品和牛羊肉加工、销售，配置有世界一流的生产线和万吨冷库群。由浙江舟山海之格食品有限公司、江苏汉德食品有限公司、上海冷海食品有限公司等单位组成的企业集团已粗具规模，有效带动2000农户、1233公顷水产养殖面积，带动地区性饲料、包装、运输等相关产业发展。6月，通过国家检验检疫局HACCP考核，并成功注册欧盟。

（袁新良　孙　巍　邬俊杰）

【轻工机械行业】 年内，区轻工机械行业企业主要生产食品饮料成套设备、纸箱、空调器、空调用电辅加热器等产品，195家规模企业实现产值54.3亿元，比上年增长29%。超亿元企业11家。上海鼎龙机械有限公司是专业生产包装机械的民营高新技术企业，成为中国包装界知名产品定点生产单位。年内成功研制开发生产具有国际先进水平的全程真空吸附式全自动电脑高速多色印刷开槽模切机和巨无霸超大MW1650＊1200S全自动平压平模切机，建立了具有国际先进水平的数控车间和总装中心，总销售量名列全国同行业第一。百事可乐、可口可乐、海尔、东阿阿胶、娃哈哈、蒙牛乳业、康师傅方便面、王朝干红、伊利、美的电器、帅康电器、长虹彩电、青岛啤酒、力波啤酒、新大洲摩托车、LG彩电、康佳彩电、春兰空调、五粮液等名牌产品纸箱包装用上了鼎龙产品，产品已出口30多个国家和地区。上海食品饮料成套设备总厂研制开发的复合薯片生产线被列为国家星火计划项目、上海市高新技术成果转化项目和上海市农业成果产业化项目。该企业重视自主知识产权保护，申请创新技术专利32项，其复合薯片生产量占国内市场份额九成。上海双菱空调器制造有限公司年产量突破200万台，公司形成部件生产到整机装配生产体系，培养和引进中、高级管理技术人员，建立计算机管理系统，获得ISO9001：2000版质量管理体系认证。以科技创新、设计创新为出发点，研制开发了健康、节能、环保等技术领先产品，并通过CCC、CE、CB、UL质量认证。在家用和商用领域形成9大系列，产品畅销国内外。上海华族电热器制造有限公司专业生产各种空调电辅加热器，其生产的金属PTC快速加热器是第三代电加热器产品，公司成功实施了ERP、OA等信息化管理项目，被评为区高新技术企业，“HUAZU”系列产品获得“中国著名品牌”称号。上海富士电梯有限公司专业从事机电类特种设备电梯产品设计开发、制造、安装、维修、保养，拥有高达70余米的电梯试验塔，内设电梯井道6个，适应于各种规格电梯性能试验，严格按照电梯GB7588－2003新标准规定，满足各种规格电梯设备的加工要求，年产量2000台。公司已通过特种设备制造许可证A级资质认证，主要产品有：曳引式乘客电梯、载货电梯、观光电梯、病床电梯、无机房客梯、杂物电梯、自动扶梯、自动人行道等，产品畅销国内外。

（袁新良　唐金龙　卫明星　闵仁辉　盛文奎）

【金属制品行业】 年内，区金属制品行业企业主要生产铜合金、特殊钢、金属包装等产品，150家规模企业实现产值36.7亿元，比上年增长24.9%。超亿元企业7家。上海方鑫科技有限公司为国家创汇1.01亿元，其主要客户群遍布全球，其中包括欧莱雅、宝洁、玫林凯、露华浓、曼秀雷敦等。成为雅芳的最佳供应商、索尼的绿色伙伴。在企业发展的同时，引进德国全自动化阳极氧气，以尽地球村一员的环保责任。上海上越高级铜合金有限公司产品主要销往日本、泰国、德国、马来西亚等国，公司生产高品质铜合金材料及零部件，数控精密加工技术加工生产各种高级五金件和精密轴承，其质量保证系统和环保控制已获得ISO9001、ISO9002和ISO14001认证，公司生产的各种铜合金材料及零部件在日本国内销售占65%。公司采用连续铸造工艺生产的特殊铜合金材料，对减少水质污染和保持城市自来水质量起到积极作用，填补了此项国内市场需求空白。上海兴森特殊钢有限公司从事不锈钢材料生产和冶金设备制造，拥有行业一流的工艺、设备和技术人才，建有电弧炼钢炉、氩氧精炼炉和中心试验室，配备有先进的自动光谱分析仪、力学试验和金相试验等检测设备，确保生产300系列、400系列以及客户所特殊要求的不锈钢坯、棒、管的产品质量，获得良好的市场信誉。公司注重有高新科技含量的冶金设备的研究和开发，已研制成智能化AOD精炼炉、穿孔机和新型G2—60H周期式冷轧钢管机等。产品广泛适用于特殊钢生产的需求，周期式冷轧机适用于碳钢、不锈钢管、铜管和其它金属管轧制。公司开发的380薄带连铸机高新技术成果转化项目通过了市级认定，精密合金中的磁性材料"1J117"、双相不锈钢"2205"、特殊"316"不锈钢还远销美国。

（袁新良　卫明星　闵仁辉）

【箱包鞋行业】　年内，区箱包鞋行业企业主要生产箱包、鞋子等产品，48家规模企业实现销售收入14.2亿元，比上年增长9.1%。超亿元企业2家。上海光伟实业有限公司鞋子年产量1000多万双，拥有8条生产流水线，出口创汇3168.45万元。公司健全质量管理网络，确保产品质量合格率百分之百，赢得了海外客户赞赏。公司获区"先进企业"、"明星企业"，被上海外资企业协会评为"双优"企业，被上海市经济委员会等评为上海市区、县工业企业100强、海关A类企业等。被美国PSS公司评为核心工厂及管理标本。上海特吉丽皮具有限公司专业生产各类旅游箱包，产品出口法国、英国、美国、德国、韩国等。该公司将ISO9001质量管理体系细则要求渗透到生产过程每个班组，每个环节，了解市场新行情和国际市场新动态，开发新产品，开拓新领域，保持企业旺盛创造力和产品生命力。

（袁新良　王莉菲　盛文葵）

【纺织服装行业】　年内，区纺织服装行业企业主要生产纺织、针织制衣等产品，162家规模公司实现产值45亿元，比上年增长36.8%。超亿元企业8家。上海斯尔丽服饰有限公司是中国女装行业中唯一拥有中国驰名商标、国家免检产品和中国名牌产品的企业，销售网络覆盖全国，产品远销欧美、中东、东南亚等国家和香港地区，连续多年销售量在全国同行业内领先。年内，销售额1.25亿元。斯尔丽品牌独特的营销战略策略和运营模式，在确保一类城市品牌形象的同时，快速占领二、三类市场。在服装设计上大胆创新，彰显引领大众时尚消费之趋势。上海凯托制衣有限公司以服装贸易加工生产出口为主，拥有国家经贸部批准的自行进出口权，产品主要有衬衫、T恤、针织衫、休闲服、牛仔裤、职业装、童装等，主要销往美国、日本、新加坡、加拿大、韩国等20多个国家和香港地区。年内，该厂以雄厚的实力在北京中国人民解放军总后勤部公开招投标会上一举夺标，为部队生产完成军裤93万条，该公司获得上海市名牌产品称号。上海东霞实业有限公司为上海市工业销售收入500强企业，经国家外经贸部批准具有自营出口权，拥有员工2000多名，实现销售3.8亿元。该公司为美国合作定点定牌生产企业，并与日本住友商事、蝶理、欧洲LOUISPHILPPE等公司建立贸易合作关系，还生产韩国三星RAPIDO、国际商事PRO-SPEC、北方公司QUICKSILVER、ECKO等知名品牌。公司被外经贸部评为出口创汇先进企业，并荣获上海海关授予的信得过企业等荣誉称号。上海水星家用纺织品有限公司是一家集研发、设计、生产、销售于一体的综合性家纺企业。产品有套件系列、单件组合系列、被子系列、枕芯系列、儿童系列、毛毯系列、床垫系列、靠（座）垫系列、餐厨系列、毛浴巾系列、夏令用品系列等百余个品种。拥有专卖店和店中店1000余家，在全国形成业务销售网络。公司注重产品品质管理，严格按照国际质量认证体系ISO9002标准执行，塑造"快速、和谐、卓越"的新型企业文化，在根本上打造企业核心竞争力。

（袁新良　黄雪平　盛文奎　唐金龙）

【橡塑制品行业】　年内，区橡塑制品行业企业主要生产文具、塑料制笔、花色像、画、镜框等产品，87家规模企业实现工业产值25.8亿元，比上年增长31.8%。超亿元企业7家。中韩晨光文具有限公司制笔产品居全国同行业前三位。年产值2亿多元，利税1200万元。该公司主要生产"晨光"牌园珠笔、中性墨水笔、活动铅笔等文具产品，从开发设计、模具制作、注塑生产、表面处理、笔芯生产到产品组装形成完整生产体系，产品远销欧美和东南亚国家。荣获"上海市著名商标"、"2005上海最具实力企业"称号，被世界超级品牌组织选为"超级品牌"。公司生产的会议用笔成为博鳌亚洲论坛2005企业家峰会指定用笔。上海英科有限公司专业生产高分子材料仿木线材及相关框类产品，实现年销售收入1.2亿元。产品主要特色在于利用国内外废弃PS白色泡沫包装材料，重新回收利用变废为宝，运用特殊技术加工成各种墙面装饰产品，获得国家环保鼓励类项目。公司有32条框条生产线，成品组装引进8条皮带流水线，提高生产效率2倍多。成功开发了北美市场，成为国内最大的高分子材料框业制造企业，被纳入"上海外商出口创汇200万美元企业"。成为"上海市专利试点企业"。上海和汇安全用品有限公司是一家集摩托车头盔、自行车盔、滑雪盔、服装、护具等运动防护用品研发、生产为一体的中加合资企业，具备欧美和澳洲等国际高等级安全技术认证。自主创新开发8个系列新产品，投入4000万元开展技术改造，提高生产规模和产品质量，已建成现代化、高标准的头盔生产基地。年内，收购了4家企业，在美国设立了伟凯（美国）国际集团，开始走集团化经营之路。

（袁新良　唐金龙　王莉菲　闵仁辉）

【建材行业】　年内，区建材行业企业主要生产水泥制品、系列木地板产品，60家规模企业实现产值29.8亿元，比上年增长9.6%。超亿元企业8家。菲林格尔（上海）有限公司是以专业生产实木地板、强化复合地板、整体厨房为主的德国独资企业。公司经过4期投资建设，系列地板产量达到2000万平米/年，已成为亚洲首屈一指的强化木地板制造商。公司拥有7条德国贝高、迪芬巴赫"数码控制压机线"，4条德国豪迈"威力生产线"，3条德国PAUL"分切线"等先进设备，为上海市外商投资先进技术企业。在全国各地设立了数十家代理及千余家分销商，产品远销加拿大、美国、菲律宾等国，产品获中国名牌、上海市著名商标称号。实木复合地板以及强化木地板荣获年度中国木地板行业市场影响力优秀品牌和十大品牌称号。上海升达竹业有限公司在俄罗斯建成直接加工、供应基地。“升达”各类地板畅销国内外，其中地板产销量和效益指标均居全国同行业前列。公司引进德国惠门油漆生产线、德国托伟格成型线、威力四面刨等具有世界先进水平的生产设备，年生产各类地板100多万平方米。产品被中国建筑材料协会认定为中国市场放心建材。年内，销售各类地板57万平方米，通过ISO14001国家环境管理体系认证和中国环境标志产品认证。上海海螺水泥有限责任公司具备年生产（中转）高标号水泥200万吨能力，年销售额5亿多元。“海螺牌”水泥大部分产品供应市重点工程，如上海南站、A30公路、A5公路、沪芦公路等，被评为中国建材百强企业。上海大型管桩有限公司拥有直径600毫米以下PHC管桩生产线4条、直径700毫米以上PHC管桩生产线1条、钢管（桩）生产线1条，5000吨级砂石料码头1座。管桩年生产能力300万米以上，产品通过国家建材局检测试验中心鉴定。（袁新良　汤国欢　邬俊杰　聂国华　高培祥）

上海升达竹业有限公司　（经委　供稿）

企业集团

【上海奉贤城建集团】　该集团是一家以房地产业为主的企业集团，具有房地产开发二级资质，共有员工468人。全年国有部分销售商品房12168平方米，实现总产值3261万元，实现利润382万元，缴税351万元。年内，国有资本已大部退出，集团内部企业结构作了变动，国有企业一级核算单位已从改制前19个减少到2个，即集团公司本部和集团第一开发部。民营企业有14个公司，分别是：上海光城邮电通讯设备有限公司、上海永佳物业管理有限公司、上海永宏工程建设监理有限公司、上海贤城建筑设计有限公司、上海城建商业合作公司、上海金浩贸易有限公司、上海古华汽车出租公司、上海恒天建筑工程有限公司、上海城建道桥工程有限公司、上海城建金属构件厂、上海恒寓置业有限公司、上海恒艺置业有限公司、上海恒良置业有限公司、上海营寓置业有限公司。改制后的企业颇具市场竞争力，年内全部实现赢利。（吴　明）

【上海凯托集团】　该集团是一家跨地区、跨行业、跨所有制的企业集团，产品以服装行业为主，拥有总资产17亿元，员工3000多人，实现销售6.46亿元，其中出口创汇2360万美元，利税1543万元。“凯托牌”衬衫及服装连续6年被评为上海市名牌产品，2005年再度获得上海市名牌产品称号。集团所属上海爱康精细化工有限公司采用德国先进科技配方，试制生产出“易达康爱”牌高纯度粉状（颗粒）卵磷脂投放市场，该产品对中老年预防高血脂、脂肪肝、老年痴呆症等疾病有保健作用。集团所属芜湖金都置业有限公司在安徽省芜湖县投资开发建设的“锦绣天城”小区，在国家建设部组织的楼盘评比中，被评为“高配电设计典范楼盘”。该集团以良好的信誉雄厚的实力，年内中标生产完成军裤93万条，为部队建设作出了贡献。集团还以7780万元收购上海奉贤化肥厂。（黄雪平）

【上海华龙企业集团】　该集团是一家以房地产开发为龙头，建筑、装潢、销售相配套，并注重基础设施投资、物业租赁、工业企业、餐饮娱乐等行业综合的市级企业集团。现拥有成员企业28家，年内，实现销售总额22.32亿元，实现利税4.7亿元。根据年度经济工作计划，集团确保了金山三岛龙洲苑、启东申港城等项目顺利实施。同时，积极抓好长线项目培育发展。切实加强湖南郴资桂公路通行费征收管理工作，全年征费4038万元，比上年增长8.46%。经过几年的努力，位于青浦区徐泾镇的上海尊尚会休闲俱乐部于年底开张营业。该俱乐部建筑面积20000平方米，装修耗资7500万元，拥有桑拿、健身、餐饮、客房、会议等10多项沪上一流的休闲娱乐设施。（郁　琳）

【上海广电电气集团】　该集团是一家集研发、生产35千伏以下输配电所需的高低压开关柜、干式变压器、智能化元器件及自动化系统集成的高新技术市级企业集团，为上海电器行业协会副会长单位，上海市输配电行业骨干企业之一。拥有净资产5.72亿元，员工1000余人。年内实现总产值8.97亿元，产品销售收入17.73亿元，分别比上年增长33%和53%。实现利润1.12亿元，缴税7000万元，分别比上年增长55%和30%。出口创汇1484万美元，比上年增长

131%。年内,该集团先后为上海、北京、广州地铁,上海通用汽车、八万人体育场、上海宝钢、金山石化、大连港、上海虹桥机场、海洋石油平台等国家重大工程项目和重大市政基础设施建设提供服务,同时为上海外高桥电厂、浙江玉环电厂、河南信阳电厂、山东德州电厂、秦山核电站、浙江嘉兴电厂、湖南株州热电厂、葛洲坝水电站、小浪底水电站等提供配电设备,产品远销美国、墨西哥、日本、巴基斯坦、伊朗等国家。为了提升企业自主创新研发能力,坚持科学发展观,经上海市经委等5个部委局认定,成立了市级企业技术中心,共开发新产品8个,其中2个高低压开关成套设备产品,被上海市电器行业协会评为名优产品。该集团与美国GE公司合作成立的2个合资公司,年内已通过美国GE公司EHS审核,成为美国GE公司"全球明星工厂"之一,同时合资公司也成为美国GE公司工业系统中生产配电设备的样板企业。年内是该公司自创建以来在产值、销售、品牌战略推进等方面取得最辉煌的一年。（魏志雄）

【上海古华集团】 该集团以上海古华药业(集团)有限公司为核心企业,下辖全资、控股、参股企业7家,分别为:上海人和堂国药连锁经营有限公司、上海人和堂参茸保健品有限公司、上海华合贸易有限公司、上海华记建设工程有限公司、上海德华国药制品有限公司、上海福达制药有限公司和上海新时代药业有限公司。实现销售总额4.68亿元,利税3366.28万元,完成工业产值9687万元。年内,该集团围绕"转换机制,调整整合,聚集优势,稳步发展"的经营思路,积极投入药品招标工作,全年共有71个品种中标。人和堂国药连锁经营有限公司新增了珍和、胡桥、泰日、洪庙、健益、高康、汇康、仁信、柘星、新柘等加盟店10家和1家燎钦药柜,年末零售连锁店已扩大到33家,同步完成新加盟药店GSP认证验收。古华药业(集团)有限公司、人和堂国药连锁经营有限公司、新时代药业有限公司等单位严格按照工作岗位,对照GSP认证跟踪检查要求,进行检查和整改,分别于4月和5月通过国家食品药品监督管理局GSP认证跟踪检查。"古华"牌中药饮片再获上海名牌产品称号。10月,集团建立了"古华职工业余学校"。（汪海芳）

【上海柘中集团】 集团年末拥有总资产10.37亿元、净资产4.12亿元。全年实现工业总产值8.88亿元、销售收入7.85亿元、利税1.62亿元。集团主营业务高低压成套开关设备,实现销售收入4.90亿元。年内相继承接龙腾光电、华硕电脑、上海光源、上海环球金融中心、上海地铁9号线、洋山深水港区、浦东铁路和中海油湛江、中石油齐鲁、闸北电厂、汤臣海景公寓等项目,产品第七次蝉联"上海市名牌产品",企业第六次蝉联"上海市名牌产品100强企业"。"柘中"商标获"上海市著名商标"称号。集团与英国FKI公司携手参展"2005中国国际城市轨道交通展览会",向中外客商展示、推介2家公司相关产品。集团工程管桩业务生产规模进一步扩大,全年生产钢筋混凝土管桩212715立方米、螺旋焊接钢管(桩)逾3000吨,相继承接了浦东钢铁罗泾迁建基地、中油中燃石油仓储基地、上海粮油外高桥仓储基地、上海港罗泾港区、浦东铁路、轨道交通6号线、嘉金高速等项目。上年3月开工建设的奉贤燃机发电(4×180MW)工程,于7月15日起陆续并网发电。在企业发展壮大的同时,公司不忘回馈社会,全年各类捐赠金额735万元。（陈　伟）

【上海航星机械集团】 该集团以上海航星(机械)集团有限公司为核心企业,总部设在上海市工业综合开发区内,拥有员工800人,总资产4亿元,全年实现工业总产值1.68亿元,销售收入1.65亿元,缴税802万元。下辖全资、参股企业5家,包括美国航星公司、欧洲航星公司、意大利灵都士公司、德国博威公司、上海航星博优化工有限公司,国内设立40家驻外机构,是一家集科技、工业、贸易、服务为一体的跨地区大型外商独资国际化企业。生产工业洗涤设备、熨烫设备、洗涤化工用品,产品国外主要销往美国、日本、欧洲、澳洲,是国内规模最大的洗涤设备制造商。年内,先后研制了MS系列多溶剂干洗设备、烘鞋机,2项产品填补了国内空白,FC槽式熨平机被评为上海市专利新产品,这些技术的诞生与提升,使航星继续成为国内洗涤技术的领头羊。5月,航星开通了800免费服务热线,成为国内洗涤行业唯一一家开设免费服务热线的企业,提高了航星服务品质。6月,航星与德国著名重型洗涤设备制造商凯尼基莎公司建立战略合作关系,航星成为凯尼基莎公司在中国地区总代理,向中国市场引入具有当今世界尖端洗涤技术水平的洗涤笼设备。11月,航星参加了亚洲纺织品专业处理展览会,航星干洗设备与倾斜式工业洗涤设备均成为此次展会的亮点。年内,"航星"获得了'2005年度中国(上海)酒店用品领先品牌"的殊荣。（刘忠阳）

【上海南方经济发展集团】 该集团是以国内贸易、大型专业贸易市场、汽车客运、房地产开发、油品供应、汽车修理、输配电产品加工、彩钢板钢结构制造等行业为一体的市级集团,有成员企业20个,员工1800余人。年内实现销售14.1亿元,利税总额1.4亿元。集团所属上海奉贤汽车客运有限公司拥有400多辆客运车辆,参与市内、区内多条客运线路及区域性出租车营运。上海浦南房地产开发有限公司拥有7300万元固定资产,是一家以房地产开发为主的企业。杭州湾建材交易市场是一家综合性、多层次、多渠道,集国有、集体、非公有等多种经济成份参与运作的大型建材交易市场,入驻客商250多家,创造就业岗位600多个,年经营交易额突破3亿元。上海浦南钢材综合批发市场连续多年荣获"上海市文明市场"称号。上海南方市场发展有限公司加大招商引资力度,年内新增注册型企业210家。规划总投资20亿元,占地面积124425.6平方米的“南方国际购物中心”年内已启动。

（何文耀）

【上海奉贤建工集团】 该集团是一家区级直属企业集团，由上海奉贤建工（集团）有限公司、中房上海房地产开发总公司奉贤分公司组成。上海奉贤建工（集团）有限公司是具有一级建筑施工资质的大型施工企业，注册资本8000万元。中房上海房地产开发总公司奉贤分公司具有三级房地产开发资质。集团固定职工51人，全年实现总产值1.65亿元，利润760万元，缴税1589万元。上海奉贤建工（集团）有限公司连续8年被评为“重合同、守信用”单位，年内获区财富100强第42位，并通过上海达卫师认证中心ISO90001：2000标准监审。该集团以工业与民用建筑工程施工为主业，兼营房地产开发、装饰装修施工、市政建设工程施工。全年实现施工面积75027平方米，安全管理核评业绩等级优良率81%，创优质工程10项，其中上海机电学院和上师大工程建筑学院分别被评为市“白玉兰”奖，成为区唯一在年内双获“白玉兰”奖的施工企业。

（高 强）

【上海奉贤工业总公司】 年内，该公司完成工业总产值12.66亿元，实现销售12.49亿元，实现利润2790.87万元，缴税5938万元，外贸出口拨交值1.21亿元，比上年增长40.4%。上海浦南消防器材有限公司开发外贸汽配业务，产值达到3931万元，创历史最高水平。钢管厂及时调整产品结构，开发不锈钢产品，使企业成功开辟了新市场。总公司切实加强对奉工经济园区管理，抓质量、抓速度、抓服务，努力吸纳规模大的企业，年内实现销售4.9亿元。创斯达公司与浙江银轮集团进行资产重组，转让51%股权，成功实行强强联合。华隆厂、劲马公司2家企业，采取资产挂牌上市拍卖交易方式，成功实行了改制。总公司内部继续深入用工制度改革，除华隆厂、劲马公司劳动力制度与产权制度改革同时进行外，创斯达公司在资产重组时，劳动用工按政策予以了改制。水泥厂与海螺公司合资后遗留的原土地工也进行了改制。工具二厂、供销联合公司劳动力已基本处置完毕。

（高培祥）

【上海奉贤畜牧水产实业有限公司】 该公司上年6月1日由南桥镇南桥路278号迁至运河北路64号，是一家集生产食用动物、鲜奶、副食品、金属制品及经营经济技术开发设计、实业投资、合资合作为主的实业公司，年内完成总产值1.9亿元，比上年增长42%，实现销售总额1.94亿元。公司招商引资工作卓有成效，年内注册公司127家，注册资金4.34亿元，实现利税9890万元。该公司下属上海星航五金制品有限公司，为了加快产品更新换代，提高生产质量，增强其在国际市场上的竞争力，年内对基建设施和生产设备进行了技术改造，引进立式平面研磨机、万能圆锯机、延伸机、注塑机，总投入1836.79万元，其中设备投资1550万元，基建投资286.79万元。

（徐 琳）

【上海市奉贤区交通实业有限公司】 该公司系1997年11月由奉贤县交通运输局改制而成的区直属国有企业。公司辖有基层企事业单位14家，从业人员676人，主业从事装卸仓储业、水陆运输业和市场物流的经营管理，并设有经济园区。面对在市场上竞争乏力、企业经济滑坡、职工下岗待业的状况，积极实施再就业工程，相继组建了公路养护、河道保洁、电表抄算等公益性劳动组织，确保了职工就业和企业稳定。为促进交通经济发展，接管了原工商部门经营管理的17家集贸市场。该公司根据交通实际，积极创新经营思路，科学规划发展目标，提出并落实“依托主体（运输装卸业和交通工业）、发展两翼（集贸市场和经济园区）”的经济工作方针，把市场建设和招商引资作为经济工作的重中之重，加强制度建设、基础建设和队伍建设，突出以人为本的经营理念，强化严密高效的管理模式，使企业得以稳定、持续地发展。年内完成产值5.8亿元，实现利润986万元，缴税1416万元。

（何卫良）

【上海市奉贤区供销合作总社】 该社现有企业29家，其中直属企业19家，基层供销社10家，在册职工3131人，其中直属有限公司2089人，基层供销社1015人，总社本部27人。离退休干部职工3112人。年内，奉贤物资总公司整建制划归供销总社，原物资总公司在册职工223人，退休人员138人。全年（不含原物资总公司）实现销售13.34亿元，比上年减少2.44%；实现利润6651.80万元，比上年减少4.38%；三项费用1.89亿元，比上年增长9.20%；缴税7603.72万元，比上年增长5.48%；拥有资产总额11.50亿元，比上年增值4582.35万元；所有者权益5.55亿元，比上年增值2698万元。

（赵金林）

（本栏目编辑 赵宏元）

农业经济

综　　述

2005年，区农业工作紧紧围绕科教兴农战略，以提高农业综合生产能力为抓手，提高农民增收为中心，建设社会主义新农村为目标，整体推进都市农业建设，并向休闲、度假、观光旅游农业对接。在确保农产品数量、质量、支撑城市安全环节方面，依托、嫁接、引进知名品牌和加工为主的龙头企业，提高产业化程度。积极稳妥地发展农民专业合作社及专业协会，提高组织化程度。强化农产品安全检测，加强农业综合执法力度，高度重视农产品产地、产品认证、商标注册，提高农业标准化程度。细化职业农民培训，丰富科技结对内涵，建立多层次、多学科的科技示范基地和科研基地，提高科技化程度。全面开通镇级农业信息网，提高信息化程度。年内，实现招商项目75个，到位资金5.67亿元。实现农业总产值30.5亿元，比上年增长0.2%。其中种植业12.8亿元，比上年增长16.9%；畜牧业8.1亿元，比上年减少12.2%；林业产值0.6亿元，比上年减少37.5%；渔业产值8.7亿元，比上年增长13%；农业服务业0.3亿元，比上年增长29.4%；粮食总产110644吨，比上年增长2.3%；油菜籽总产6437吨，比上年增长8.8%；蔬菜总产46.2万吨，比上年减少29.8%；食用菌总产1.6万吨，比上年增长40.5%；水果总产34270.6吨，比上年减少8.6%；生猪出栏37.4万头，比上年减少21.7%；家禽出栏1333.7万羽，比上年减少3.7%；鲜奶上市13454吨，比上年增长11.3%；水产品总量39007吨，比上年增长19.9%；林地面积6313公顷，比上年增长0.7%。（顾纪明）

种植业

【概况】 将确保粮食安全作为种植业的指导思想，重点挖掘夏熟潜力，增加粮食产量。在遭遇20年来罕见的稻飞虱情况下，坚持立足抗灾，全力以赴奋战50天，夺取了防治稻飞虱攻坚战的胜利，使晚稻产量基本不受损失。蔬菜种植向设施化转移。稳定林果面积，发展花卉种植，主攻产量、质量。食用菌种植连续5年走在市郊前列，智能化工厂生产食用菌得到进一步完善和提高，反季节栽培已成为食用菌种植新模式，农民增收得到科技支持。年内，全区粮食种植面积15333.6公顷，比上年增长9.1%，其中夏粮种植面积3467.4公顷，比上年增长58.5%；秋粮种植面积11866.2公顷，比上年增长0.3%；油菜籽种植面积3043.8公顷，比上年增长11.3%；常年蔬菜种植面积2713.2公顷，比上年减少9.6%；季节性蔬菜种植面积7145.7公顷，比上年增长18.6%；林果花卉种植面积3070.5公顷，比上年减少3.7%；食用菌蘑菇种植面积50.25万平方米，特色菇4827.37万袋，分别比上年增长11.7%、105.9%。（顾纪明）

2005年奉贤区粮油产量情况表

类别		总量(吨)	比上年(±%)	单产(千克/公顷)	比上年(±%)
粮食	总产	110644	2.30	7215.80	-6.50
	麦子	10924	33.35	3838.50	-3.12
	稻谷	96600	-0.30	8354.90	-2.70
	杂粮	3120	-63.10	3371.88	-24.11
油菜籽		6437	8.84	2115	-2.17

（顾纪明）

【全力以赴抗击稻飞虱】 年内，由于特殊气候的影响，全区稻飞虱大发生，部分地区达到特大发生程度。9月5日，稻飞虱卵每公顷达到12353万粒。9月10日，稻飞虱虫每公顷达到4264万头。全区共组织联络、查虫队伍44380人次，发放工农36型喷雾机150台套，调运防治药剂30%抑虱净238500瓶，25%速灭威38000瓶，80%敌敌畏113000瓶，25%噻嗪酮516450包，40.7%“同一顺”100000瓶，把枯死点控制在万分之二以内，取得了虫口夺粮胜利。

（顾纪明）

【建设23个水稻种植丰产方】 年内，建设区级水稻种植丰产方8个，面积423.4公顷。建设镇级水稻种植丰产方15个，面积492公顷，总面积915.4公顷，占全区水稻总面积8%。丰产方种植水稻品种为“申优4号”、“秀水09”等优质稻米品种，丰产方建设发挥了典型示范作用，带动了粮食生产新品种、新技术的推广，为提高粮食生产效益，增加种粮农户收入起到积极作用。（顾纪明）

【建设100公顷设施菜田】 年内，区100公顷设施菜田建设项目启动，建设地点为南桥镇杨王村33.3公顷，青村镇吴房村33.4公顷，庄行镇陈行村33.3公顷。项目建设内容为区域内道路、围墙、排灌系统、单体管棚、联栋温室结构体、薄膜、防虫网、滴灌等，总投资6004.73万元。该项目的启动建设，将进一步改善区菜田基础设施条件，提高以绿叶菜为主的蔬菜生产能力。（顾纪明）

【遭受强台风农业损失2.8亿元】 年内，第9号台风（麦莎）、第15号台风（卡努）相继登陆区内，2次强台风袭击间隔仅35天。据统计，1366.6公顷菜田和578公顷稻田受淹；桃子被风雨击落400余吨，击伤200余吨；黄花梨刮落600余吨；26.6公顷B型、A型，联合B型蔬菜管棚倒塌和倾斜；受淹瓜田165公顷；畜禽棚舍倾倒2000余间；禽类大棚刮翻105个；造成死亡仔猪1768头，各类肉禽32500羽；吹倒花卉大棚156只，直接经济损失2.8亿元。（顾纪明）

瓜香飘逸 （朱华燕 摄）

【9项直补激发农户种粮积极性】 年内，区加大政策力度扶持粮食生产，从9个方面给予补贴。1.种植水稻面积补贴1228.83万元；2.种植优质水稻种子补贴174.48万元；3.种植绿肥补贴117.05万元；4.有机肥、专用肥补贴320.78万元；5.水稻保险补贴132.99万元；6.秋粮收购补贴50.01万元；7.水稻植保机械补贴11.8万元；8.水稻农机作业补贴173.77万元；9.购置农业机械补贴539万元。9项补贴金额2748.71万元，进一步激发了农户种粮积极性。（顾纪明）

【推进粮田基础设施建设】 年内，全区完成粮田基础设施建设1000公顷，比上年增长114.3%。其中柘林镇813.3公顷，金汇镇60公顷，四团镇46.7公顷，青村镇80公顷，总投资1800万元。累计完成土地平整481.5公顷、水泥道路41382平方米、砂石道路42.98千米、水泥明沟47.54千米、地下渠道46.68千米。（顾纪明）

【食用菌产值首次突破亿元大关】 年内，5大系列智能化工厂常年栽培、反季节温室栽培、常规大棚栽培3种模式交叉拉动，年食用菌总产量达到16352.6吨，比上年增长40.5%。食用菌总产值达到1.08亿元，比上年增长35.2%。

（顾纪明）

【种植业形成有机肥当家】 年内，全区种植绿肥2601公顷，比上年增长27%，占水稻种植业面积22.5%，使耕田地力得到良好培育。按照《2005年上海推广应用商品有机肥实施方案》和《2005年上海市作物专用BB肥推广方案》实施，全区共完成商品有机肥用量9000吨，比上年增长300%；面积4000公顷，比上年增长17.6%；水稻BB肥使用1045.3吨，比上年增长4.6%；面积2786.7公顷，比上年增长4.8%。

（顾纪明 徐春花）

【“五统一”模式保护粮食安全】 全区35家粮食合作社，控辖设施粮田面积2333.3公顷，占全区粮田面积20.6%。粮食合作社在坚持农村双层承包经营的同时，普遍实行“两头分、中间统”的生产管理模式。“中间统”即统一茬口、统一品种、统一用肥、统一防治、统一技术管理。粮食合作社开展生产经营合作，为保护粮食安全作出贡献。（顾纪明）

【规范林木养护标准】 年内，为进一步加强林地养护质量，确保种一片，成一片，绿一片，建立健全了养护工目标管理考核制度和林木养护达标标准，以推进养护工作长效管理。区林业署制订了《奉贤区幼林养护技术规程》,使养护技术工作有目标,技术措施有指导。

(顾纪明)

【建成4条通道林】 年内,区建成竹港通道林奉浦大道到A30环线段;A4高速通道林涉及沿线南桥、上海市工业综合开发区、柘林镇;浦南运河通道林南桥城区段;海塘防护林。4条通道林的建成,进一步改善了河道生态治理和道路绿化层次,有利于水土保持及水源涵养。

(顾纪明)

2005年奉贤区蔬菜生产主要指标情况表

项　目	面　积(公顷)	经营方式	产　量(吨)	产　值(万元)
合　计	10318.90		461988	51619
常年菜田面积	2713.20	批发市场	215306	22518
季节性菜田面积	7145.70	直　销	167061	20607
出口蔬菜田面积	460	配　送	12518	1699
其中:大　葱	124	自　食	60617	5509
卷心菜	285.30	外　销	14413	
花　菜	12	出　口	6342	1273
其　他	38.70			

(顾纪明)

2005年奉贤区食用菌生产主要指标情况表

品　种	分　类	完成数	比上年(±%)
合　计	总产值(万元)	10826.83	35.20
蘑　菇	产　量(吨)	4505.80	9.94
	产　值(万元)	2329.81	39.29
草　菇	投　料(吨)	1313.60	26.84
	产　量(吨)	356.80	17.48
	产　值(万元)	344.97	23.69
平　菇	栽培量(万袋)	3115.50	261.55
香　菇	产　量(吨)	6817	80.91
金针菇	产　值(万元)	2879.61	5.00
特色菇	栽培量(万袋)	1711.87	15.44
	产　量(吨)	4673	34.72
	产　值(万元)	5272.44	59.09

(顾纪明)

2005年奉贤区果品生产情况表

果　品	面　积(公顷)	产　量(吨)	比上年(±%)
合　计	3070.50	34293.50	-8.60
桃　子	1186.60	16808.50	10
柑　橘	439.90	6381	-38.50
黄花梨	508.40	4506.40	29.40
葡　萄	321.20	4285.10	8.70
柿　子	97	743.10	-63.50
李　子	8	68.30	130.50
枣　子	101.70	295.30	186
苹　果	0.40	3.20	6.70
无花果	1.40	40	-37.50

续 表

果　品	面　积(公顷)	产　量(吨)	比上年(±%)
弥猴桃	3.40	22.90	-77.40
其　他	402.50	1139.70	-46.90

(顾纪明)

【形成食用菌种源生产基地】 年内,由市、区二级财政投入120万元建造的奉贤食用菌制种中心,以科学、规范的技术制作金针菇、秀珍菇、姬菇等特色菌种,供菇农选择。青村镇、四团镇的菌种厂,经过技术改造,生产新型优质蘑菇谷粒栽培种,满足了区内栽培用种需求,并向区外提供8万瓶。

(顾纪明)

【蔬菜安全卫生监管从田头对接市场】 年内,加大对蔬菜农药残留的检测力度,建立46个蔬菜农药残留检测点,完善各农贸市场、批发市场、蔬菜配送中心、重点园艺场组成的三级检测网络体系。镇级农业科技部门负责从种植到上市蔬菜在田检测,区级农业技术科技部门负责各类市场交易蔬菜取样检测。全年共检测蔬菜样品50370份,平均每天检测138份,合格率99.65%。(顾纪明)

【界定农田污染源】 年内,区污染农田区域界定共调查出3个污染点,涉及202块田块,26公顷农田土壤。采集和检测土壤样品206只,共412项次,摸清了污染点原因,对被污染农田提出治理对策措施。(顾纪明　徐春花)

2005年奉贤区林、果、花产业主要指标情况表

项　目	数　量	项　目	数　量
一、林地面积(公顷)	6313.01	二、竹林面积(公顷)	518.4
当年新增(公顷)	435.70	三、四旁植树(百株)	104192.4
用材林(公顷)	417	当年新增(百株)	3625
经济林(包括果园)(公顷)	2749.30	四、育苗面积(公顷)	1855
当年新增(公顷)	73.10	当年新增(公顷)	36
防护林(公顷)	2370.90	五、花卉面积(公顷)	227.3
当年新增(公顷)	299.70	上市鲜花(亿支)	2.5
特种用材林(公顷)	926	六、草皮面积(公顷)	4412.7
当年新增(公顷)	62.90		

(顾纪明)

2005年奉贤区无公害农产品认证情况表

序　号	申　请　单　位	商　标	产品名称	有　效　期
1	上海华日农副产品配送有限公司	华日牌	小白菜	2005.05~2008.05
2	上海华日农副产品配送有限公司	华日牌	结球甘蓝	2005.05~2008.05
3	上海华日农副产品配送有限公司	华日牌	大　葱	2005.05~2008.05
4	上海依佳食用菌技术研究开发有限公司	(无)	黄　瓜	2005.08~2008.08
5	上海青莲蔬菜合作有限公司	(无)	大　葱	2005.08~2008.08
6	上海市南汇小刘食用菌培育场	源昌牌	姬　菇	2005.08~2008.08
7	上海市南汇小刘食用菌培育场	源昌牌	袖珍菇	2005.08~2008.08
8	上海花厅果林发展有限公司	田甜牌	油　桃	2005.12~2008.12
9	上海市奉贤区奉城镇陆桥小水果种植园	(无)	梨	2005.12~2008.12
10	上海市南汇小刘食用菌培育场	源昌牌	草　菇	2005.12~2008.12
11	上海口之缘蜜桃种植合作社有限公司	口之缘	桃	2005.12~2008.12
12	上海高榕生鲜食品加工配送有限公司	高榕牌	大　葱	2005.08~2008

(顾纪明)

2005 年奉贤区安全卫生优质农产品认证情况表

序号	申请单位	商标	产品名称	产品证书编号
1	上海华日农产品产销合作有限公司	华日牌	黄瓜	SHL. C2005－012
2	上海华日农产品产销合作有限公司	华日牌	番茄	SHL. C2005－013
3	上海华日农产品产销合作有限公司	华日牌	洋葱	SHL. C2005－014
4	上海花厅果林发展有限公司	田甜牌	甜油桃	SHL. E2005－006
5	上海口之缘蜜桃种植合作社有限公司	口之缘	蜜露桃	SHL. E2005－009
6	上海丰科生物科技股份有限公司	丰科牌	蟹味菇	SHL. D2005－002
7	上海汉德食品有限公司	东海渔场牌	单冻去头虾	SHL. A2005－001
8	上海汉德食品有限公司	东海渔场牌	单冻虾仁	SHL. A2005－002
9	上海海光冷冻有限公司	海光牌	冷冻南美白对虾	SHL. A2005－003
10	上海海光冷冻有限公司	海光牌	冻南美白对虾仁	SHL. A2005－004

（顾纪明）

2005 年奉贤区级农业标准化生产基地情况表

序号	基地名称	类型
1	农友农机合作社	粮油
2	上海丰元粮食生产合作社	粮油
3	奉贤生态渔业园区	水产
4	上海南桥金港粮食合作社	粮油
5	南桥镇农业综合服务中心林果基地	林果
6	南桥镇沈陆村养殖场	水产
7	南桥镇更溇村养殖场	水产
8	邬桥叶家园艺场	蔬菜
9	庄行镇新华园艺场	蔬菜
10	上海市奉贤区庄行镇梨园养殖场	畜禽
11	庄行镇杨溇基地养殖场	水产
12	上海奉城花厅果林发展有限公司	林果
13	头桥陆桥村小水果种植园区	林果
14	上海营房蛋鸡场	畜禽
15	奉贤区种畜场洪庙分场（猪）	畜禽
16	林华绿头鸭养殖合作社	畜禽
17	奉城镇民爱村水产基地	水产
18	上海市奉贤区金汇镇圣奇果园	林果
19	上海海康种畜有限公司（猪）	畜禽
20	欣荣大皇鸽养殖合作社	畜禽
21	奉贤区金汇镇陆家养殖场	水产
22	上海元良粮食种植合作社	粮油
23	上海鲜切花园艺合作社	花卉
24	青村镇王家基地	蔬菜
25	奉贤区钱桥镇奶牛场	畜禽
26	青村镇元通村养殖场	水产
27	上海胡桥扶郎花卉合作社	花卉
28	柘林镇（胡桥）良种场（猪）	畜禽

续 表

序 号	基 地 名 称	类 型
29	柘林镇双桥村养殖基地	水 产
30	上海小荡粮食生产合作社	粮 油
31	上海兴桥粮食生产合作社	粮 油
32	上海秦树粮食生产合作社	粮 油
33	上海口之缘蜜桃种植合作社有限公司	林 果
34	四团镇三团村水产基地	水 产

（顾纪明）

2005 年奉贤区获市无公害农产品产地认证情况表

序 号	生产单位	产地名称	产地地址	产品名称
1	南桥镇农业综合服务中心	南桥镇无公害水产品产地	南桥镇	鲢鱼、鲫鱼、南美白对虾
2	庄行镇农业综合服务中心	庄行镇无公害水产品产地	庄行镇	草鱼、鲫鱼、南美白对虾
3	青村镇农业综合服务中心	青村镇无公害水产品产地	青村镇	鲢鱼、草鱼、南美白对虾
4	四团镇农业综合服务中心	四团镇无公害水产品产地	四团镇	鲢鱼、草鱼、南美白对虾
5	柘林镇农业综合服务中心	柘林镇无公害水产品产地	柘林镇	鲢鱼、鲫鱼、南美白对虾
6	上海市奉贤区种畜场	区种畜场无公害肉猪产地	泰日木行村 5 组	肉 猪
7	上海海康种畜有限公司	上海海康种畜有限公司无公害肉猪产地	齐贤园艺场	肉 猪
8	上海秀方种畜场	上海秀方种畜场无公害肉猪产地	泰日华日农庄	肉 猪
9	奉城镇头桥镇种畜场	头桥种畜场无公害肉猪产地	奉城镇二桥村 7 组	肉 猪
10	奉城镇洪庙集贤牧场	洪庙集贤牧场无公害肉猪产地	奉城镇集贤村东首	肉 猪
11	上海盛光养殖有限公司	上海盛光养殖有限公司无公害肉猪产地	奉城镇水墩村 1 组	肉 猪
12	奉城镇洪庙牧场	洪庙牧场无公害肉猪产地	奉城镇集贤村	肉 猪
13	奉城镇塘外种畜场	塘外种畜场无公害肉猪产地	塘外大门村 730 号	肉 猪
14	四团镇邵厂基地场	四团镇邵厂基地场无公害肉猪产地	四团镇五古村 2 组	肉 猪
15	四团镇平安种畜场	四团镇平安种畜场无公害肉猪产地	四团镇平海村 9 组	肉 猪
16	上海兴旺四团良种场	上海兴旺四团良种场无公害肉猪产地	四团镇长堰村	肉 猪
17	上海申兰集团芦泾牧场	上海申兰集团芦泾牧场无公害肉猪产地	柘林镇虹光村 11 组	肉 猪
18	柘林镇胡桥良种场	胡桥良种场无公害肉猪产地	柘林镇大树村 3 组	肉 猪
19	上海外贸新寺良种猪联营场	上海外贸新寺良种猪联营场无公害肉猪产地	柘林镇前胜村 6 组	肉 猪
20	上海奉贤南桥奶牛场	南桥奶牛场无公害奶牛产地	南桥镇沈陆村 6 组	奶 牛
21	上海奉贤杨王奶牛场	奉贤杨王奶牛场无公害奶牛产地	南桥镇杨王村 4 组	奶 牛
22	上海奉贤泰日奶牛场	泰日奶牛场无公害奶牛产地	金汇镇光辉村 3 组	奶 牛
23	上海市奉贤钱桥镇奶牛场	钱桥镇奶牛场无公害奶牛产地	青村镇石桥村	奶 牛
24	上海市四团华亨奶牛场	四团华亨奶牛场无公害奶牛产地	四团镇三团村	奶 牛
25	上海市奉贤区邵厂奶牛场	邵厂奶牛场无公害奶牛产地	四团镇邵靴村 8 组	奶 牛
26	上海市奉贤区燎原农场燎新奶牛场	燎原农场燎新奶牛场无公害奶牛产地	四团镇原燎原农场	奶 牛
27	上海滔滔转基因工程股份有限公司奶牛场	上海滔滔转基因工程股份有限公司奶牛场无公害奶牛产地	柘林镇八桥村	奶 牛
28	上海营房蛋鸡场	上海营房蛋鸡场无公害蛋鸡产地	奉城镇幸福村 3 组	蛋 鸡

续 表

序号	生产单位	产地名称	产地地址	产品名称
29	上海卫季珍禽场	上海卫季珍禽场无公害珍禽产地	奉城镇卫季村12组	珍禽(山鸡、鹧鸪等)
30	上海圣华副食品有限公司	上海圣华副食品有限公司无公害肉鸡产地	四团镇平海村	肉鸡
31	上海万家富鸽场	上海万家富鸽场无公害肉鸽产地	四团镇杨家宅81号	肉鸽

（顾纪明）

养殖业

天鹅嬉戏 （朱华燕 摄）

【概况】 年内，区继续以“减猪、减肉禽、稳奶、发展珍禽和草食动物，控制区内水产养殖面积，扶持水产养殖外延”为指导思想，紧紧围绕提高产业化、组织化、标准化、科技化程度的总体要求，进一步加强畜禽场专项整治力度，严格执行禁养区关、停、转计划，以建设规范化、标准化畜禽养殖场为原则。坚持检查验收长效管理机制，不断推进养殖场、渔塘的产地认证工作，提升农产品档次。完善畜禽场污水治理工程，验收通过了市政府实事工程“上海汇仁有机肥处理中心”的建设项目，该产业化项目将带动区畜禽粪便进一步得到变废为宝的无害化处理。对接循环经济，编制新三年环保行动计划，控制环境污染。严格管理养殖业投入品的质量，认真记录养殖业档案，全程跟踪监管动物源食用农产品安全卫生。加强对“瘦肉精”抽查检测力度，“放心肉”成果不断巩固。健全动物、鱼类防疫卫生体系，启动高致病性禽流感应急预案并延伸到各镇，使防控高致病性禽流感取得了胜利，稳定了全区家禽生产。 （顾纪明）

2005年奉贤区畜牧业主要指标情况表

项目		数量	单位	比上年(±%)
生猪出栏		37.40	万头	-21.70
其中三元杂交		32.40	万头	-14.90
家禽出栏		1333.70	万羽	-3.70
鲜蛋产量		1734.90	万千克	-11.70
鲜蛋出售		558.50	万千克	10.10
鲜奶总产		1345.90	万千克	3.90
鲜奶上市		1303.40	万千克	11.30
珍禽(含鹌鹑)		1430.60	万羽	2
白山羊上市(自宰)		23216	头	-62.90
梅花鹿		70	只	100
兔	毛兔	0.01	万只	-97.40
	肉兔	58.40	万只	-26.10
	獭兔	0.30	万只	-56.40
蜜蜂		0.20	万箱	5.30
蜂蜜产量		11.70	万千克	97.60

（顾纪明）

【精心组织防控禽流感】 年内，区紧急启动"高致病性禽流感应急预案"和重大动物疫病防治指挥部，制订7条高致病性禽流感防控措施，畜牧兽医部门发放疫苗623.48万毫升，免疫禽流感家禽998.46万羽。进行3次农户散养禽免疫，做到镇不漏村、村不漏户、户不漏禽，免疫率达到100%。为掌握免疫效果，进行了5次不同规模不同品种的禽流感免疫抗体监测，采集血样10856份，平均抗体合格率79.4%。发动5000余人次，开展4次大规模消毒灭源工作，发放各类消毒药物17520千克，消毒面积500余万平方米，取得了防控高致病性禽流感的胜利。

（顾纪明）

【推进畜禽场养殖专项整治工作】 年内，为创建都市型畜牧业，对已整治的区域进行检查，发现个别场（户）出现反弹，区、镇形成合力制订对策措施，使反弹现象及时得到遏制。按照计划，第二期养殖场专项整治中，共关闭畜禽养殖场77家（户），拆除畜舍41203.7平方米，禽舍42581.2平方米，补助资金518万元。

（顾纪明）

【2家奶牛场获得行业荣誉】 年内，区健康奶牛场被市奶牛行业协会评为先进集体。南桥镇奶牛场获中国奶牛协会颁发全国DHI测试单位奖牌和证书。该两场在区域布局、设施配备、防病健康、投入品管理、人员卫生要求、牛奶质量、水质环境、畜粪处理、生产技术规范、养殖档案、生产水平、效益考核等方面，均为区行业排头兵。

（顾纪明）

草青牛肥　（朱华燕　摄）

【扎实防疫控制疫病】 年内，共免疫猪86.5万头次，免疫牛22915头次，奶牛结核、布氏两病检疫11312头次，免疫羊26316头次、鹿116头次，免疫猪瘟69万头次，鸡新城疫397万羽次。共发放猪疫苗19163瓶，牛羊疫苗3274瓶，狂犬病免疫7700头次。共发放各类消毒药物19000多千克，参加人员4000余人次，发放防护服600余套，大型喷雾机、手动喷雾机117台，为做好区重大动物疫病防控工作打下扎实基础。

（顾纪明）

【虾农增收超亿元】 年内，水产养殖面积得到有效控制，生产布局和结构更趋合理，以南美白对虾为当家品种的虾类自苗种、饲料、管理、技术到收购、加工、包装、冷藏一条龙产业链已经形成。加工后的销售数量占总量60%，增加了产品附加值。虾农直接从虾塘把商品虾运销到加工企业，减少了损耗，在市场竞争中又攀升了价格。全年2.4万吨虾，产值4.9亿元，比上年增收1亿多元。

（顾纪明）

2005年奉贤区水产业主要指标情况表

项　目	面　积(公顷)	比上年(±%)	项　目	总　量(吨)	比上年(±%)
水产养殖总面积	6328.25	-20.00	水产品总量	39007	19.93
一、河沟粗养	1421.67	1.28	一、海洋捕养	1235	-48.22
二、池塘精养	4836	-25.57	二、河沟捕养	3740	-4.18
三、其他名特优	64.66	5.14	三、池塘精养	34032	29.71
1、鱼　类	527.15	-63.08	1、鱼类产量	3538	-13.03
2、蟹　类	183.99	-10.64	2、虾类产量	29626	39.53
3、虾　类	4124.86	-14.80	其中：海水虾产量	711	
其中：淡水虾	4041.53	-11.92	淡水虾产量	28915	36.53
海水虾	83.33	-67.06	3、蟹类产量	542	-19.35
四、温室育苗面积	5.92	31.20	4、名特优产量	326	24
			对虾育苗(万尾)	30	200

（顾纪明）

虾获丰收　　（朱华燕　摄）

【蓄水养殖夺得高产】　年内，区推广水源无公害养殖对虾，这一全新养殖模式是养虾塘无公害产地认证的先决条件。经过净化的蓄水库水源提供生产塘用水，使虾类在无污染水质里生长，提高了苗种成活率和生长率，降低了发病率。据统计，蓄水养殖白对虾亩产在500千克～1000千克，比常规水质饲养产量提高30%以上。（顾纪明）

【加大河沟资源增殖流放】　年内，利用河沟资源增殖流放，成为农业经济新增长点。在积极整治河沟拦网养殖和修复水系的情况下，倡导河沟自然水域增殖流放，保护增加水产品资源。区、镇两级组织9次统一流放花白鲢、白鲢、草鱼、鲤鱼等品种145.68万尾，为促进河沟自然资源增殖和改善生态环境发挥了作用。（顾纪明）

【列为全国水产品“质管”试点地区】　年内，区在水产养殖、产品安全卫生监管、渔业档案记录、投入品质量检验、苗种场苗种经营实行许可证验收、水质净化等一系列长效管理机制方面，形成了制度化、法制化，被农业部列为全国3个“水产品质量管理制度建设项目”试点地区之一。（顾纪明）

【规范养殖档案促进标准化生产】　年内，区加强养殖信息记录，促进养殖规范化、标准化工作。猪场、奶牛场档案记录有繁殖、饲料配方、免疫顺序、疫苗、兽药、消毒药生产日期、批号、厂家、规格，疾病诊疗淘汰、病死无害化处理过程等。养殖档案的规范，提高了养殖业标准化程度和畜产品质量可追溯性。（顾纪明）

【水产外延养殖面积新增768公顷】　年内，以南美白对虾为主的水产品养殖，向区外延伸768公顷，为水产养殖业者提供了发展空间。区对外延养殖给予政策扶持，外延面积每公顷一次性补贴1500元。水产养殖外延是落实“两头在内，中间在外”方针的具体化，凭借区在育苗、养殖技术、加工等方面技术力量，借用外省、市土地资源优势取得了双赢效果。（顾纪明）

农业综合管理

【创全国、全市4个第一】　年内，农业工作创新理念，构建新型管理服务平台，在全国率先成立农用土地管理中心，成立上海第一家新经济组织联合会，全国第一个跨地区合作联社，全国第一个农业旅游协会。（顾纪明）

【科教兴农培训先行】　年内，区立足社会需求，发挥自身优势，依托中国农业大学、华东师范大学、上海工人技术大学网络化教育，相继为5061人进行职业教育培训，其中中级工408人，初级工370人，水稻模块培训505人，食品包装24人，绿色证书2109人，农民专业工529人，乡村医生培训472人，职称继续教育培训84人，会计、报关上岗培训560人。（侯稚群　顾纪明）

【3个产业化龙头项目进入建设阶段】　年内，上海丰科生物科技股份有限公司实施的“食用菌深加工”项目、上海惠尔利农资有限公司实施的“有机无机复混肥生产”项目、上海铭源实业集团有限公司实施的“复合大豆生物活性物质提取及应用”项目，全部完成了前期论证、计划编制工作，并进入建设阶段，3个产业化龙头项目总投资4346.5万元。（顾纪明）

【制订6个农产品技术操作规范】　年内，为进一步提高农产品质量，区制订了6个农产品生产技术操作规范。分别是：蟹味菇工厂化生产技术操作规范、单季晚稻“秀水09”栽培技术操作规范、春季茄子生产技术操作规范、“齐贤蜜瓜”优质高产栽培生产技术操作规范、上海甜油桃栽培技术操作规范、仙客来盆花生产技术操作规范。其中“蟹味菇工厂化生产技术操作规范”，已被列入上海市地方标准。（顾纪明）

【为81名残疾人免费培训实用技术】　年内，为81名残疾人免费举办农业实用技术培训，并发放误工补贴费。针对他们从事水产养殖、蔬菜种植、计算机操作等项目，分类培训指导，为他们创造自我发展空间。（顾纪明）

【区农广校获全国农业广播电视教育先进集体】　上海市农业广播电视学校奉贤区分校，在农业广播电视教育和农民培训事业中作出了贡献，86.21%农民对教学满意，83.78%农民有效利用教学资料，专业农民对科技人员满意率94.45%，辐射农户满意率91.28%，92.36%辐射户不同程度提高了经济效益，该校被中央农业广播电视学校授予“全国农业广播电视教育先进集体”称号。

（侯稚群　顾纪明）

【培训新型专业农民2000户】　根据国家农业部、市农委统一部署，由区农委牵头，区妇联、区团委共同参与，组织实施了农业部“新型农民”和上海市“专业农民”培训项目。区农广校开设了瓜果花卉、蔬菜栽培、特种养殖3个专业，对2000户专业核心农户进行分类培训，远程教育及集中面授共17620人次。　（侯稚群　顾纪明）

【专项执法整治效果明显】　年内，区综合执法大队出动2943人次，集中检查毒鼠强及违禁高毒农药，重点是死角、庙会、小商品交易会等，均未发现违禁药物。对食用油转基因标识检查37个产品，其中3个产品未见标识。检查29家菜场，35家餐饮店，19处林地苗圃，40余千米滩涂，保护野生动物1245只（条、羽），处罚非法收购木材28立方米，销毁未经兽医卫生检验肉品19460千克，查扣严重违规拖拉机46台，处罚违章拖拉机驾驶员15人。检查85家种子经营店，122个作物品种，检测“瘦肉精”尿样2053份，“沙丁胺醇”尿样970份，“莱克多巴胺”尿样970份，三项共计3993份，无一例阳性。　（顾纪明）

【25个农业科技项目通过区级验收】　年内，区对到期的25项区级农业科技项目进行验收，专家组听取项目主持人介绍，对工作总结、技术总结、经济效益进行系统审阅，25个项目全部通过验收。科技成果的推广、应用，促进了农业增效、农民增收。

（卫春妹　顾纪明）

2005年奉贤区通过验收农业科技项目情况表

序号	项目名称	序号	项目名称
1	山羊胚胎移植的研究及其在波尔山羊扩群繁殖生产中的应用	14	蔬菜生产技术推广
2	畜禽中戊型肝炎感染状况的血清学调查	15	鲜食梨枣树优质、高产技术示范
3	HPAI在其它动物中感染情况的调查和对禽类免疫程序研究	16	金丝5号小枣优质、高产技术示范
4	棕色蘑菇高产栽培技术研究	17	高标准良田建设配套机械化技术研究
5	食用菌高产栽培技术推广	18	探索林业、绿化机械化
6	农村信息化体系建设初探	19	无公害优质水稻生产技术研究与开发利用
7	大棚草莓生态调控防病技术研究	20	蔬菜生产中硝酸盐污染控制技术的研究
8	常规优质稻品种筛选和示范推广	21	油菜兼用型新品种引进、示范、推广试验
9	梨优质栽培及防治技术研究	22	加拿大一枝黄花调查与防治方法研究
10	“杂交桑”引进及造林示范技术推广	23	优质杂交稻申优4号制种技术探索及F1代示范推广
11	葡萄促成栽培技术研究	24	七彩神仙鱼人工繁殖技术攻关
12	出口西兰花生理性病害防治技术的研究	25	优质黄皮甜瓜的品种选育与示范
13	设施黄瓜重茬栽培技术的研究应用		

（顾纪明）

2005年奉贤区农业行政许可受理办证情况表

项目	件数	项目	件数
合计	6588		
农作物种子经营许可证	86	动物防疫合格证	92
农作物种子生产许可证	1	种畜禽生产经营许可证	89
林木种子生产许可证	38	兽药经营许可证	4
林木种子经营许可证	38	水域滩涂养殖许可证	5479
林木迁移许可证	6	内河渔业捕捞许可证	483
林木采伐许可证	3	海洋渔业捕捞许可证	223
征占用临时林地许可证	1	水产苗种生产许可证	45

（顾纪明）

2005 年奉贤区农民专业合作社情况表

序　号	合作社名称	序　号	合作社名称
1	上海南桥金港粮食生产合作社	42	上海张辉大白兔养殖合作社
2	上海沈陆粮食生产合作社	43	上海奉叶蜜梨种植合作社
3	上海新北粮食生产合作社	44	上海庄芦梨枣种植合作社
4	上海关港粮食种植合作社	45	上海妇申食用菌合作社
5	上海鸿宝粮食种植合作社	46	上海丰元粮食种植合作社
6	上海南北种源渔业养殖合作社	47	上海柘林绿都农业合作社
7	上海五宅粮食种植合作社	48	上海农友农机服务合作社
8	上海元良粮食种植合作社	49	上海天和畜禽养殖合作社
9	上海青优粮食种植合作社	50	上海千惠虾业养殖合作社
10	上海陈顺粮食种植合作社	51	上海胡桥扶郎花卉合作社
11	上海青春对虾养殖合作社	52	上海绿穗葡萄种植合作社
12	上海青莲蔬菜合作社	53	上海巾贤花木种植合作社
13	上海吴旺蔬菜园艺合作社	54	上海新塘粮食种植合作社
14	上海沪哈南北粮食种植合作社	55	上海南盛粮食种植合作社
15	上海锦光黄桃种植合作社	56	上海新都渔业养殖合作社
16	上海鲜切花园艺合作社	57	上海海波水产养殖合作社
17	上海春丰粮食种植合作社	58	上海晓桥粮食种植合作社
18	上海红艳山鸡孵化合作社	59	上海立群粮食种植合作社
19	上海勤明粮食种植合作社	60	上海万桥粮食种植合作社
20	上海奉城海民粮食种植合作社	61	上海贝嘉特种渔业合作社
21	上海盘灶粮食种植合作社	62	上海兴桥粮食生产合作社
22	上海建鑫粮食种植合作社	63	上海小荡粮食种植合作社
23	上海建硕粮食种植合作社	64	上海秦树粮食种植合作社
24	上海爱民粮食种植合作社	65	上海志伟蔬菜生产合作社
25	上海褚聚粮食种植合作社	66	上海林凌蔬菜合作社
26	上海奉塘七彩山鸡养殖合作社	67	上海帼盛绿色瓜果种植合作社
27	上海奉城肉禽合作社	68	上海口之缘蜜桃种植合作社
28	上海天翼肉鸽养殖合作社	69	上海林华绿头鸭养殖合作社
29	上海万圣肉禽合作社	70	上海锦四番鸭养殖合作社
30	上海引凤珍禽合作社	71	上海天鹏三黄鸡养殖合作社
31	上海卫季粮食种植合作社	72	上海志刚鹧鸪养殖合作社
32	上海集贤虾业养殖合作社	73	上海行民粮食种植合作社
33	上海奉硕果业合作社	74	上海荣华肉鹌鹑养殖合作社
34	上海双张果业种植合作社	75	上海欣荣大皇鸽养殖合作社
35	上海觉民粮食种植合作社	76	上海华日农产品产销合作社
36	上海贤友粮食种植合作社	77	上海奉润农产品产销合作社
37	上海齐兴粮食种植合作社	78	上海奉金生猪养殖合作社
38	上海奉贤柴塘粮食生产合作社	79	上海奉贤海光虾业养殖合作社
39	上海奉贤潘垫粮食种植合作社	80	上海利众蔬菜合作社
40	上海庄邬农机服务合作社	81	上海农兴对虾养殖合作社
41	上海志银禽蛋合作社	82	上海泽丰食用菌合作社

（顾纪明）

【新建农民专业合作社 47 家】 年内,全区共有 82 家农民专业合作社,其中当年新建 47 家。47 家合作社中,粮食类 25 家,耕地 2174 公顷;畜禽类 6 家,年上市禽类 707.6 万羽;蔬菜类 3 家,生产高档食用菌 800 吨,各类绿叶菜 1000 吨;水产类 6 家,年上市虾类 5200 吨,培育健康虾苗 20 亿尾;花果类 7 家,种植面积 500 公顷。入股社员 6429 户,农民组织化程度提高 11%;股金总额 458.6 万元,注册资金 1560 万元,带动社员 16172 户,年销售农产品 4.5 亿元,占农业总产值 15%。（顾纪明）

【农业行政办证做到四到位】 年内,区农业行政许可受理办证中心,以全新的工作方法做好为农服务工作,在集中受理、限期办理、跟踪管理、统一到达的原则下,坚持规划宣传到位、规范办理到位、大局意识到位、文明服务到位,深受农民欢迎。（顾纪明）

【"三个三"促进合作社健康发展】 年内,制定了"三个三"促进农民专业合作社健康、有序、规范、发展。一是确立三大目标:坚持双层经营体制不变,积极开拓对外经营业务,对内优质服务带动社外农户。二是抓好三个规范:办公场所规范,财务制度规范,决策顺序规范。三是建立三项制度:理事会议事制度,农业技术培训制度,食用农产品安全监管制度。（顾纪明）

【科技结对成效显著】 年内,农业科技人员继续开展科技入户致富农民的科技结对活动。据统计,结对联系人全年下乡指导 918 人次,记录服务手册 660 人次,按照 10% 比例随机抽样考评,共抽查 50 个结对户,实现纯收入 141.9 万元,比原定目标 117.45 万元增长 20.8%,平均每户净收入 2.84 万元,比原定目标 2.5 万元增长 13.6%。（顾纪明）

【农田灭鼠彰显成效】 年内,发放灭鼠技术资料 3050 份,现场咨询 1250 人次。全区 3 月底共投放 0.005% 溴敌隆 5 吨,灭鼠面积 6666.6 公顷,经鼠情监测点测定,投药后鼠密度控制在 1% 以下,保苗效果 94.4%,为农业增效作出了贡献。（顾纪明 何吉）

农业机械化

【概况】 2005 年,全区可机耕面积 16237.5 公顷,占耕地面积 97.2%;水稻机械直播面积 3044.3 公顷,占水稻种植面积 26.3%;二麦机收面积 2825.1 公顷,占二麦种植面积 98.5%;水稻机收面积 11350.3 公顷,占水稻种植面积 98.1%。跨区作业机收面积 1369.3 公顷,跨市机收面积 1166 公顷。年末,农机总动力 116540 千瓦,比上年减少 16208 千瓦。农机运输作业 8085098 吨/千米,农机经营总收入 3683 万元。

2005 年奉贤区各类农机动力情况表

机械名称	动力数(千瓦)	比上年(±%)
总动力	116540	-12.21%
耕作机械	24869	-4.85%
农产品加工机械	8240	9.73%
肥料机械	369	0.00%
种植机械	328	15.90%
渔业机械	38013	19.47%
收获机械	17657	-44.87%
畜牧机械	2619	-1.39%
蔬菜机械	101	-24.06%
植保机械	4104	7.72%
林业机械	22	175.00%
其他农业机械	20218	-27.79%

（顾纪明）

【高标准粮田机械配套研究获成果】 年内,高标准粮田机械配套研究获得成果。万亩高标准粮田机械作业配套比为:头耕需 15 台中拖 15 台旋耕机,二耕需 8 台中拖 8 台旋耕机,水稻机械收割用"久保田"收割机需 18 台,并跟踪制订了"农业机械作业操作流程"。遵循这一研究成果,将充分利用农机动力,发挥农机作用,降低生产成本,细化单机耕作核算,为建设节约型农业提供了科学依据。（顾纪明）

【网络化教育为农机手"加油"】 年内,区举办 2 期农机远程教育培训班,聘请专家学者讲授《上海市农业机械操作规程》、《油菜收获机械化技术》、《上海新型拖拉机性能、维护保养技术、收获机械作业规范》。7 个教学点接受远程教育培训农机手 673 人次,其中农田车驾驶员 459 人次,运输驾驶员 190 人次,镇级农机管理人员 24 人次。接受培训的农机驾驶员覆盖率 96.8%,提高了农机操作技术,增强了安全观念。（顾纪明）

（本栏目编辑 赵宏元）

外商投资

【概况】 至年末，全区共有784家外商投资企业正式开工投产，比上年增长20.82%，完成销售额158.33亿元，比上年增长10.17%，利润9124.6万元，比上年下降28.91%，涉外税收85964万元，比上年增长34%。全年共吸收外商投资总额106859.64万美元，比上年增长31.87%；吸引合同外资5.51亿美元，比上年增长14.07%。外商直接投资呈现大项目多、增资项目多的特点，同时项目质量和水平有所提升；吸引外资的领域不断拓宽，有两家跨国公司地区总部（马勒汽车和黑田电气）和一家外商投资性公司（日本能率）落户奉贤；新批项目主要集中在四大工业板块，上海化学工业区奉贤分区、上海市工业综合开发区、上海奉贤现代农业园区等经济板块的合同外资占到全区合同外资总额的70%以上，产业集聚功能凸现。全年总投资在1000万美元以上的外商投资项目有15个，投资总额70902.66万美元，占总量的66.35%；合同金额32923.41万美元，占全区合同外资的59.76%。“无地招商”取得突破，全年外商投资企业增资76家，比上年增长13.43%，吸收合同外资10984.10万美元，比上年增长23.76%。 （余洁琼）

【批准外商投资企业173家】 年内共批准外商投资企业173家（其中市批准10家，商务部批准11家），比上年增长27.21%；吸收投资总额106859.64万美元，比上年增长31.87%；合同外资55096.07万美元，比上年增长14.07%；外方资金到位25000万美元，比上年增长62.45%；注册资本62220.23万美元，比上年增长45.04%。在173家企业中，属合资形式的55家，占总数的32%，独资形式的118家，占总数的68%。来奉贤投资的国家和地区中，投资项目数列前三位的是：日本（40个，合同外资9226.4万美元）、中国香港（38个，合同外资10889.29万美元）、美国（17个，合同外资4341.63万美元）。从投资方向看，173家企业中，第一产业1家，合同外资25万美元，第二产业145家，涉及轻工机械、服装鞋帽、电子电器等众多领域，共合同外资41218万美元，第三产业25家，吸收合同外资12592万美元。173家企业主要分布在南桥镇（25家），奉城镇（23家），工业综合开发区（22家），青村镇（21家）、金汇镇、庄行镇、化工分区（各13家），柘林镇、现代农业园区（各10家），国际商贸园（9家），闵行出口加工区（5家），四团镇、海湾旅游区（各4家），海港综合开发区（1家）。 （余洁琼）

2005年奉贤区外商投资规模情况表

投资规模	项目数	投资总额（万美元）	占总额（%）	合同外资（万美元）	占总额（%）
100万美元以下	96	5547.50	5.19	3938.26	7.15
100～199万美元	20	4378.93	4.10	2687.66	4.88
200～299万美元	14	4695.00	4.39	3271.00	5.94
300～399万美元	4	1730.27	1.62	992.54	1.80
400～499万美元	3	1735.28	1.63	855.20	1.55
500～999万美元	21	17870.00	16.72	10428.00	18.93
1000万美元以上	15	70902.66	66.35	32923.41	59.76
合　计	173	106859.64		55096.07	

（盛雪锋　余洁琼）

2005 年奉贤区利用外资情况表

利用外资方式	批准外资企业			合同利用	
	企业数(家)	总投资额(万美元)	比上年(%)	外资金额(万美元)	比上年(%)
一、外方直接投资	173	73553.76	-9.23	44111.97	-8.67
1. 合资企业	55	15916.77	-47.42	4922.63	-55.95
2. 独资企业	118	57636.99	54.48	39189.34	38.72
二、增资企业	76(不计入合计)	33305.88	147.63	10984.10	23.76
合　计	173	106859.64	31.87	55096.07	14.07

(盛雪锋　佘洁琼)

2005 年奉贤区外商投资 1000 万美元以上项目情况表

企业名称	投资总额(个)	合同外资(万美元)	国家(地区)	性质	主管单位
上海铭源数康生物芯片有限公司	8940	2980	维尔京群岛	独资	现代农业园区
维丰龙风机配套设备(上海)有限公司	5516	5516	瑞　士	独资	化工分区
马勒技术投资(中国)有限公司	3000	3000	德　国	独资	工业综合开发区
黑田电气(中国)有限公司	3000	3000	日　本	独资	国际商贸园
能率(中国)投资有限公司	3000	3000	日　本	独资	金汇镇
森佩富莘(上海)特种橡胶有限公司	2980	1500	奥地利	独资	化工分区
上海海亮铜业有限公司	2980	880	美　国	合资	四团镇
国誉商业(上海)有限公司	2500	1000	中国香港	独资	国际商贸园
上海海湾之星休闲娱乐有限公司	2500	500	美　国	合资	海湾旅游区
上海康民肉类食品有限公司	2200	1200	维尔京群岛	独资	现代农业园区
上海采埃孚伦福德底盘技术有限公司	2000	510	德　国	合资	工业综合开发区
恩斯克华纳变速器零部件(上海)有限公司	2000	800	日　本	独资	工业综合开发区
上海圣济堂制药有限公司	2000	808	法　国	合资	奉城镇
创见资讯(上海)有限公司	1980	1980	新加坡	独资	闵行出口加工区
圣诺技(中国)电源有限公司	1120	800	美　国	独资	工业综合开发区
上海奉贤燃机发电有限公司	9800	400	美　国	增资	工业综合开发区
上海中隆轴承有限公司	5700	1125	利比亚	增资	工业综合开发区
上海航星机械集团有限公司	3125	1250	英　国	增资	工业综合开发区
上海绿庭四季花城房地产开发有限公司	2250	355	中国香港	增资	工业综合开发区
维龙(上海)包装工业有限公司	2000	1400	中国香港	增资	工业综合开发区
上海锦麟天地商务管理有限公司	1212	480	维尔京群岛	增资	工业综合开发区
上海兴宝鞋业有限公司	1100	440	中国台湾	增资	工业综合开发区

(盛雪锋　佘洁琼)

1989 年～2005 年奉贤区外商投资企业批准情况表

年 份	批准个数(个)	投资总额(万美元)	合同外资(万美元)
1989～1992	120	16078.50	3027.70
1993	145	14878.20	6072.30
1994	92	10450.20	5647.88
1995	105	14476.60	7014.40
1996	82	20053.60	15063.00
1997	50	13645.72	6541.44
1998	49	7732.70	3684.00
1999	50	15669.80	8937.52
2000	77	27607.66	11604.64
2001	103	3525.06	3099.53
2002	122	40588.20	28528.70
2003	134	47196.90	32315.90
2004	136	81031.43	48300.00
2005	173	106859.64	55096.07

（盛雪锋　佘洁琼）

2005 年奉贤区部分外商投资国家(地区)情况表

国家(地区)	项目数(个)	投资总额(万美元)	合同外资(万美元)
日本	40	14198.91	9226.40
中国香港	38	19456.82	10889.29
美国	17	18856.72	4341.63
德国	9	6445.00	2096.72
维尔京群岛	8	13854.00	5461.97

（盛雪锋　佘洁琼）

2005 年奉贤区外商投资企业销售、利润前十名排行情况表

按销售排名	企业名称	销售额(万元)	按利润排名	企业名称	利润(万元)
1	先锋高科技(上海)有限公司	1553619	1	上海宣伟金力泰涂料股份有限公司	53292
2	上海通用电气广电有限公司	674374	2	上海通用电气开关有限公司	37498
3	金奉源纸业(上海)有限公司	451216	3	菲林格尔木业(上海)有限公司	32200
4	菲林格尔木业(上海)有限公司	423837	4	阿文美驰轻型车系统(上海)有限公司	29960
5	氰特表面技术(上海)有限公司	370705	5	东辉塑胶(上海)有限公司	26642
6	上海光伟实业有限公司	296687	6	上海德奎久保田模具有限公司	23175
7	东辉塑胶(上海)有限公司	290886	7	上海通用电气广电有限公司	21093
8	雷盛德奎企业(上海)有限公司	281465	8	上海南泰通风机设备有限公司	18552
9	上海汉德食品有限公司	244604	9	上海实业振泰化工有限公司	17136
10	上海通用电气开关有限公司	238227	10	上海惠光化学有限公司	17102

（陆维刚）

【全区第一家外商投资性公司获商务部批准】 年内，能率（中国）投资有限公司落户金汇镇，成为全区第一家外商投资性公司。该公司由日本能率株式会社投资，总投资3000万美元。外商投资性公司的经营范围主要包括：在国家鼓励、允许外商投资的领域依法进行投资，为其投资的公司提供代为采购、培训、外汇平衡、担保和咨询服务，设立研发机构，提供技术服务，承接母公司和关联公司的服务外

包业务等。（余洁琼）

【召开区外商投资企业协会第四届会员代表大会】 12月13日，区外商投资企业协会在区会议中心召开第四届会员代表大会，选举产生新一届理事会。新一届理事会由64位理事组成，新增理事20名，新增副会长4名。（余洁琼）

对外贸易

【概况】 年内，奉贤区对外贸易稳步发展，全年外贸进出口总额17.58亿美元，比上年增长8.12%，其中进口总额5.57亿美元，比上年下降0.7%，出口总额12.04亿美元，比上年增长12.84%。其中工业产品直接出口共116602.2万美元，占总额的96.83%，比上年增长11.22%；农副产品直接出口共3814.74万美元，比上年增长102.56%，占总额的3.17%。全区共有326家出口企业，其中外商投资企业247家，各类有进出口经营权企业79家。外商投资企业共出口10.4亿美元，比上年增长8.83%，占出口总额的86.38%，各类有进出口经营权企业共出口1.64亿美元，比上年增长95.3%，占出口总额的13.62%。出口额共1亿美元以上企业1家，出口额在1000万美元以上的企业20家，比上年增长66.67%。全年一般贸易出口额为50497.69万美元，比上年增长21.86%，占出口总额的41.94%，加工贸易出口额69919.28万美元，比上年增长7.1%，占出口总额的58.06%（其中进料加工贸易66759.81万美元，比上年增长7.1%，占出口总额的55.44%，来料加工贸易3159.47万美元，比上年增长2.61%，占出口总额的2.62%）。全区出口产品以机电、音像类、纺织原料制品类、橡塑制品类为主。其中机电、音像类产品出口额50629.63万美元，占全区出口总额的42.05%，比上年增长2.7%，纺织原料及制品类出口额14157.82万美元，占出口总额的11.76%，比上年增长11.78%。全区出口市场涉及五大洲100多个国家和地区，主要出口国为美国，共36000.94万美元，比上年增长31.5%，占出口总额的29.9%、出口欧盟29954.07万美元，比上年增长40.65%，占出口总额的24.88%、出口日本24411.25万美元，比上年下降18.67%，占出口总额的20.27%。（余洁琼）

2005年奉贤区直接出口单位排行情况表

排名	单　位	出口总额(万美元)	排名	单　位	出口总额(万美元)
1	工业综合开发区	47317.86	11	四团镇	1329.91
2	南桥镇	17613.32	12	华龙集团	1294.86
3	金汇镇	12712.91	13	工业总公司	1266.35
4	庄行镇	9197.27	14	农　场	750.92
5	奉城镇	7668.00	15	凯托集团	666.29
6	柘林镇	5981.75	16	航星集团	616.34
7	青村镇	5768.82	17	新高潮集团	562.22
8	现代农业园区	3447.83	18	海湾旅游区	46.90
9	畜牧水产总公司	2516.52	19	化工分区	44.51
10	广电集团	1614.29		合　计	120416.96

（余洁琼）

2005年奉贤区出口企业前十名排行情况表

排　名	企业名称	出口总额(万美元)	企业所属
1	先锋高科技(上海)有限公司	37659.37	工业综合开发区
2	上海沪南对外经济有限公司	3521.28	南桥镇
3	东辉塑胶(上海)有限公司	3466.91	庄行镇
4	上海光伟实业有限公司	2798.54	青村镇
5	上海汉德食品有限公司	2600.39	现代农业园区
6	上海东霞实业有限公司	2509.79	奉城镇
7	雷盛德奎企业(上海)有限公司	1729.86	金汇镇
8	上海星航五金制品有限公司	1681.64	畜牧水产总公司
9	氰特表面技术(上海)有限公司	1681.61	庄行镇
10	上海和汇安全用品有限公司	1606.62	南桥镇

（余洁琼）

2005 年奉贤区进出口综合情况表

项　　目	累计出口(万美元)	出口同比(%)	累计进口(万美元)	进口同比(%)
合　　计	120416.97	12.04	55364.29	-0.70
一、一般贸易	50497.69	21.86	27559.46	-1.45
二、加工贸易	69919.28	7.10	23604.54	6.00
1. 来料加工装配贸易	3159.47	2.61	2553.61	28.50
2. 进料加工贸易	66759.81	7.32	21050.93	3.83
三、其他贸易	0	-100	4200.29	25.09
1. 来料加工装配进口的设备			49.80	-27.85
2. 外商投资企业作为投资进口的设备、物品			3434.87	-36.69
3. 出料加工贸易			0	
4. 保税仓库进出境货物			514.34	
5. 其他			201.28	83.68

（佘洁琼）

2005 年奉贤区主要出口市场情况表(一)

洲　别	累计出口(万美元)	比上年(%)	累计进口(万美元)	比上年(%)
合　计	120416.97	12.04	55364.29	-0.7
亚　洲	40973.86	-5.46	33577.29	1.19
非　洲	1456.14	10.76	191.34	-95.78
欧　洲	32348.54	39.02	13003.01	49.23
拉丁美洲	3912.39	-3.64	1353.22	-14.92
北美洲	37508.94	24.01	5195.42	10.52
大洋洲	4217.1	-6.24	2044	-34.53

（佘洁琼）

2005 年奉贤区主要出口市场情况表(二)

国家(地区)	出口额(万美元)	占出口总额(%)	比上年(%)
美　国	36000.94	29.9	31.5
日　本	24411.25	20.27	-18.07
比利时	7794.31	6.47	48.4
德　国	5501.63	4.57	70.51
西班牙	4141.54	3.44	250
澳大利亚	3581.83	2.97	-7.68
法　国	3500.02	2.91	27.8
中国香港	3413.52	2.83	51.35

（佘洁琼）

【劳务输出 184 人】 年内，对外输送劳务人员共 13 批 184 人。主要输送到日本、墨西哥等国家和地区。工种主要以缝纫工为主，还有检品工、电焊工、捻线工、钣金工等。　（佘洁琼）

检验检疫

【概况】 年内，奉贤出入境检验检疫局共接受进出口商品报检 18707 批，货值 70748 万美元；完成 18852 批，货值 64995 万美元；检出不合格商品 58 批，货值 109 万美元；签发普惠制原产地证 7731 份，签证金额 23523 万美元，签发一般原产地证 2457 份，签证金额 8115

万美元。办理入境验证“CCC免办证明”24批，涉及金额22926.84美元。完成出口商品生产企业质量许可证考核1家，出口商品生产企业质量临时许可证考核3家，出口商品生产企业质量许可证有效期内监督检查7家计7个产品；出口食品生产企业卫生注册登记考核3家，出口食品生产企业卫生注册登记年度审核6家，协助市局完成出口食品生产企业HACCP验证6家、拉网式检查19家；出口蔬菜生产加工企业备案3家，出口蔬菜种植基地备案1家。（蒋　青）

2005年奉贤区检验检疫主要指标完成情况表

		批次(批)			金额(万美元)		
		2005年度	2004年度	同比(%)	2005年度	2004年度	同比(%)
出境	报检	16772	14197	18.14	55433	56419	-1.75
	完成	16940	13765	23.07	56097	54485	2.96
	不合格	44	28	57.14	76	58	31.03
入境	报检	1935	1865	3.75	15315	18278	-16.21
	货物流向报检	1599	4315	-62.94	3903	12282	-68.22
	完成	1912	1807	5.81	8898	13562	-34.39
	不合格	14	17	-17.65	33	73	-54.79
签发普惠制证书		7731	6815	13.44	23525	16782	40.18
签发一般原产地证书		2457	2276	7.95	8115	8027	1.10

（蒋　青）

【成立检验检疫闵行出口加工区办事处】 3月8日，上海出入境检验检疫局闵行出口加工区办事处成立，主要负责对加工区内的应检货物、运输工具、集装箱及场所实施检验检疫和监督管理。（蒋　青）

【进口成套设备检验检疫监管】 年内，梳理进口成套设备的各项环节，制定符合实际并行之有效的操作模式。宣传实施预报检，开展装船前预检验，加大开箱力度，做好后续监管。成套项目的日常监管实行专项专人负责、科室系统管理，加大设备的开箱力度，并把CCC入境验证审批核查工作作为抓逃漏检的新切入点。年内共督促企业补报检30批，涉及金额684万美元。（蒋　青）

【建立食品标准档案】 年内，奉贤出入境检验检疫局根据奉贤地区出口的食品品种，通过各种信息渠道搜集相关的国家标准、行业标准及国外标准，建立食品标准档案，使每个商品品种都有对应的商品标准，每个标准都现行有效，以保证出口食品的质量。（蒋　青）

【开展进口酒类、保健品专项监督检查】 元旦、春节期间，奉贤出入境检验检疫局会同区食品药品监督管理局联合执法，对奉贤地区进口酒类和进口保健品进行专项检查，共检查5家超市、专卖店的进口酒类27种，保健品12大品牌36种，责令商场从货架上撤下无中文标签的进口酒2种。（蒋　青）

【探索出口蔬菜检验检疫监管模式】 年内，奉贤出入境检验检疫局积极探索出口蔬菜检验检疫监管新模式，对出口蔬菜的种植、收购、运输、加工、检测、包装、存储等实施全过程监控，制定外地种植出口新鲜蔬果基地备案文件审核记录表和外地种植出口新鲜蔬菜基地现场监管记录表。从出口蔬菜种植收购、种植环境质量、化肥、农药的使用等各环节，采取对生产基地的水、土等抽样手段，进行农药残留量、重金属、微生物检测，强化种植基地和企业自控体系的备案和监管。建立企业巡视员制度，专人负责农药的采购、保管、领用，建立健全产品安全卫生质量记录规程，记载农药和肥料使用情况及各项农事操作，保证产品质量的可追溯性。建立产品溯源追踪体系，从地块编号、种植日记录表、农药喷洒作业确认记录、采收前7天企业的农药残留自检报告、原料采收、运输、验收记录、半成品、成品出入库记录、通关反馈信息等，形成产品从基地到出口通关的溯源追踪体系。（蒋　青）

【种苗后续监管和红火蚁、实蝇监测工作】 奉贤地区有5家单位种植进口种子、苗木，年内共进口21批，涉及牧草、蔬菜、球茎种子和苗木，实施后续隔离监管，未发现有害生物和疫情。红火蚁监测工作，重点走访并查验区内各大蔬菜、进口苗木、草场、花卉种植基地。对进口种苗后续监管的同时向企业开展防控有害生物的宣传指导，铺设红火蚁诱捕器8个。加强与区林业站的沟通与协调，对奉贤地区从南方引种的种苗种植场进行联合实地调查，共察看41个绿化及苗圃基地，对重点基地布设诱捕器54个。通过大规模的疫情调查、摸底，确定奉贤区域未发现红火蚁。实蝇监测工作，6月至10月，与区林业站一起布点17处，布设诱捕器40个，共监测18次，捕获具条实蝇104只，桔小实蝇10只。（蒋　青）

海　关

【概况】　年内，奉贤海关共监管进出口货物14338批，总重16.33万吨，分别比上年增长5.61%和29.80%，进出口货物总值402349万元，比上年增长1.26%；征收税款21141万元，首次突破2亿元，比上年增长29.23%；办理减免税365批，减免税总额7059万元，分别比上年减少11.19%和18.64%；累计注册企业数389家，与上年持平；办理加工贸易合同备案登记2030份，比上年增长26.32%，电子联网企业2家，实现中小企业信息化管理企业21家，备案总金额7.56亿美元，比上年增长23.73%。稽查企业34家，查获12家，立案3起，并移送缉私局。驻闵行出口加工区办事处共监管进出区车辆560车次，区外进区物资101批，货值410.74万美元；出口41批，货值321.46万美元；区内注册企业5家，投资总额4130万美；实际签约8家，投资总额7730万美元。（金　鑫）

【税款征收首次超2亿元】　年内，奉贤海关始终以税收为轴心，努力扩大税源，以优质服务和便捷的通关措施为企业服务，减轻口岸工作压力。全关形成综合治税格局，在通关、加贸、减免税方面形成合力，不断夯实综合治税基础工作，密切前期管理、中期监管核销与后期稽查各业务环节的协作配合，坚持应收尽收，应补尽补。截至12月13日，全年累计征收税款超过2亿元，这是自奉贤海关开关以来首次达到的最高税收额度。（金　鑫）

【开展加工贸易税收专项核查】　9月～10月，奉贤海关对加工贸易监管环节的税收进行了专项核查。在全区163家加工贸易企业自查的基础上，选择10家企业作为重点抽查对象，通过下厂实地盘库、查账等方法对加工贸易内销补税、深加工结转、库存管理、单耗申报等环节进行重点核查，查出存在问题企业4家（其中移交稽查2家），查获率达40%。

（李　岚　项　英　范　巍）

【探索内控长效机制管理工作】　年内，奉贤海关积极探索内控长效机制管理工作，采取四项措施：一是加强制度建设，根据长效内控管理要求对各岗位的职责和操作流程进行修改和完善；二是成立由业务骨干组成的检查小组，每季度作一次有重点的执法检查；三是各科室内部进行经常性的业务复核检查；四是把长效内控机制落实情况列入每季度召开的业务形势分析会议程。努力做到上级的总体要求和本关实际相结合；先进经验和自我探索相结合；内部制约和外部纠风监督相结合；内控长效机制和推进风险管理、落实基层党风廉政建设责任制相结合。（金　鑫）

【中国电子口岸预录入系统在奉贤海关试点成功】　5月30日起，中国电子口岸预录入系统（报关行版）在奉贤海关进行试点。当日，通过该系统预录入申报5份报关单，运行顺利，速度较快，平均每份报关单从申报到海关接受审核时间为2分钟～3分钟。贸易方式有深加工结转、进料加工、一般贸易，运输方式包括海运、空运及其他。另外，通过该系统加工贸易子系统成功申报4本加工贸易手册，并已审批通过。（王英茵）

【开展“双优双严”行风宣传教育】

年内，奉贤海关积极开展以“优质服务，优良作风，严格执法，严格纪律”为内容的“双优双严”行风宣传教育。通过组织关员学习廉政规定；召开企业座谈会，向区内企业发放行风调查表、致报关企业的公开信、在本部和加工区大楼制作宣传板报等形式加强宣传；完善各项廉政制度，加强执法工作水平，形成长效管理机制；进一步改善工作作风，提升对外窗口形象。继续深入贯彻落实海关人员“六项禁令”，认真落实“红包”公布制度，整治收受红包问题，坚决做到“一拒二退三上交四公布”，切实净化海关执法环境。（金　鑫）

【制定风险企业数据库】　年内，为进一步推行和实施风险管理，奉贤海关结合实际，制定风险企业数据库。数据库中主要包括近三年走私违规企业、厂房租赁企业、经营年限即将到期企业、六年审企业且有手册或减免税设备、手册倒挂企业（时间、数量、金额）、边角料可自行利用企业、单损耗较高企业（与同行业比）、手册超期企业、手册延期企业、成品国内外价格差异较大的企业。（陈　琦）

（本栏目编辑　富　晔）

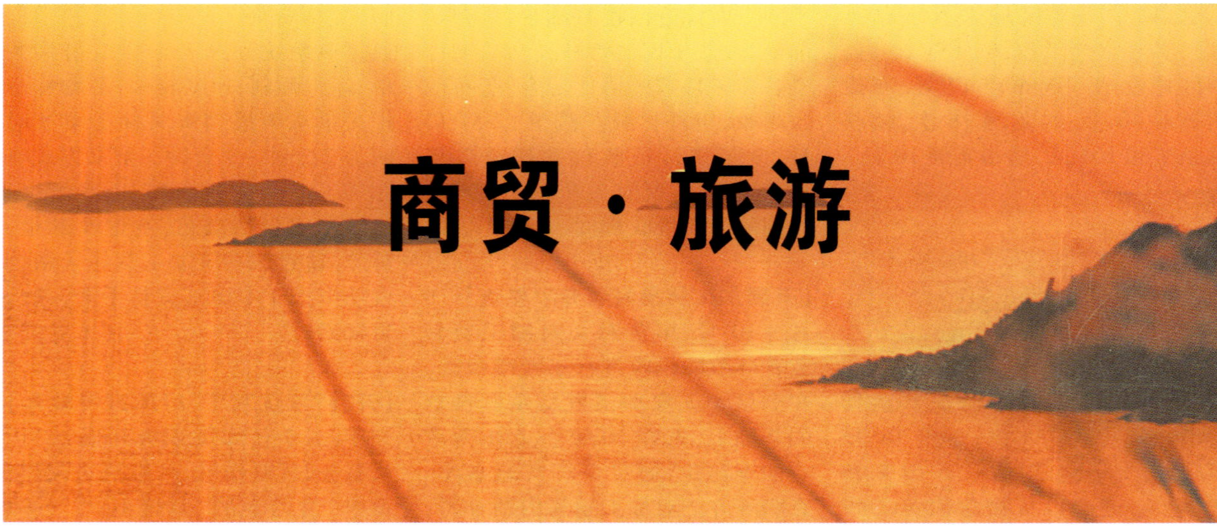

商贸·旅游

商　　贸

【概况】　年内，全区实现商品销售总额 208.11 亿元，比上年增长 31.6%；实现社会消费品零售总额 108.23 亿元，比上年增长 20.1%。吃、穿、用、烧等商品需求直线增长，其中吃类商品 40 亿元，比上年增长 32.5%；穿类商品 19.15 亿元，比上年增长 11.9%；用类商品 40.28 亿元，比上年增长 13.2%；烧类商品 1.38 亿元，比上年增长 78.5%。集贸市场成交额 7.41 亿元，比上年增长 15.3%。餐饮消费营业额 20.18 亿元，比上年增长 30.6%。商贸业在调整中发展，在发展中创新，加快传统型商业向现代化转变步伐，实现了商业经营结构、业态结构、布局结构升级优化，使地区商业经济进一步繁荣，城市形象进一步提升，市场经营进一步规范，专业市场稳步发展，诚信服务体系逐渐构建，商业配套服务功能进一步完善，人民生活水平明显提高。　（陆纪红）

商业业态

【编制完成现代商贸服务业发展规划】　年初，区编制完成 2005 年～2020 年现代商贸业发展规划，通过“一次规划，分步实施”的原则，确立新城商业中心、区域商业中心、物区商业中心的功能定位，进一步明确现代商贸服务业发展重点，配套服务功能和发展特色。同时以《规划》为指导，编制完成 2006 年～2010 年现代商贸服务业发展行动计划和 2005 年～2010 年南桥新城商业业态 5 年发展规划，为加快新城商业发展，放大城市功能，繁荣现代商贸服务业撑起了新的支点。　（陆纪红）

【商业零售额创历史新高】　年内，区克服“禽流感”等事件带来的不利影响，抓住“春节”、“劳动节”、“国庆节”等黄金节，广泛开展丰富多彩的营销活动，尤其是易初莲花、苏宁等大卖场进入区内，实现了商业销售快速增长，创下了历史新高。全区实现社会消费品零售总额 108.23 亿元，比上年增长 21.3%。　（陆纪红）

【餐饮业生意红火】　随着区内餐饮业配套功能设施逐步完善，居民消费观念日趋转变，“年夜饭”、“生日宴会”、“婚庆”、“圣诞平安夜”等成为时尚习俗。各大酒店和奉浦餐饮一条街上的酒店还吸引了不少外区县的客人，生意十分红火。年内星级宾馆迎客量 24.8 万人次，餐饮收入 2.12 亿元，比上年分别增长 31.7%、37.66%。　（陆纪红）

【交易市场增势喜人】　年内，区专业市场数量不断增加，质量有所提高。同福易家丽石材装饰市场、好美家装饰城及上海多又好涂料交易中心等进入区内，为交易市场注入了新的活力。老市场大都进行

上海斯尔丽服饰有限公司　　（经委　供稿）

了调整和提升，上海南方商品交易市场开始建造国际购物中心，全区各类专业市场实现销售总额11.27亿元。（陆纪红）

市场建设

【人大代表视察专业市场】 10月20日，区部分人大代表视察了同福易家丽石材市场、玫瑰园电器城和"渔人码头"。代表们在肯定成绩的同时，亦提出了意见和建议，强调专业市场建设一定要加强管理，提升服务，加快培育，提高档次，形成布局合理、功能完善、设施齐全、环境优美、统一开发、竞争有序、具有较强辐射效应的市场格局。（陆纪红）

【专家学者共商五年行动计划】 12月22日，区召开《奉贤区2006年~2010年现代商贸服务业发展行动计划》专家征询会。发展重点为五块，即：现代服务业发展、新城商业中心打造、特色风情街区建设、大型商品交易市场建设及生活配套功能完善。专家学者们指出，奉贤商业发展、提升要着力解决处理好由繁荣到繁华提升问题、由传统到现代过渡问题、由综合到特色发展问题，紧紧抓住"海"、"农"特色，倾力打造现代商贸服务业新亮点。（陆纪红）

【赴港、澳举办第三产业推介会】 6月16日，区第三产业专题推介会在香港举行，来自香港关键性零部件协会、香港钟表业总会、香港珠宝制造业商会、香港游艇会、香港物流商会、香港贸易发展局等单位客商代表60人应邀出席会议。会议期间，分别拜访了澳门地产发展商会和香港游艇会，就区第三产业发展情况和投资环境及合作事宜进行交流和磋商。（陆纪红）

【3家农贸市场通过市标准化验收】 年初申报的南桥集贸市场、横泾集贸市场、青村集贸市场，认真参照市经委《关于加强菜市场标准化建设和管理工作方案》要求，在实施改建中做到统一布局、统一管理、统一服饰、统一计量、统一证照明码标价、统一绿色环保包装袋。同时制订了应急处置和投诉处理具体办法，提高规范管理的水平，3家农贸市场均通过市标准化验收。（陆纪红）

【加强活禽交易管理工作】 根据市《关于加强活鸡交易管理工作的通知》精神，区结合实际，加强检查，严格制度，措施到位，监管到场，部门协同，形成合力，有效查处非规划设置的交易市场从事活鸡交易，确保了食品安全。（陆纪红）

【举行同福易家丽国际石材陶瓷城品牌展示活动】 11月26日，主题为"创和谐奉贤，建美丽家园"同福易家丽国际石材陶瓷城品牌展示活动在区文化广场举行。此次活动为推动区专业市场建设，提升专业市场形象，促进专业市场规范管理和品牌化运作提供了一个平台，也为广大消费者了解品牌、熟悉品牌提供了一次良机。（陆纪红）

【加强废旧金属收购市场监管力度】 11月16日，区召开废旧金属收购专项整治工作会议。根据市关于《上海市废旧金属收购管理规定》，区制订了《奉贤区关于开展废旧金属收购专项整治工作的实施意见》，加强对废旧金属收购企业和个体工商经营户管理，严厉打击非法收购废旧金属等违法经营行为，取缔无照废日金属收购点，切实维护正常收购秩序。（陆纪红）

【加强肉类市场专项管理】 年内，由区经委牵头，多次与工商、农业执法大队、公安等部门，对违法销售"白板肉"进行联合整治。共计依法处置"白板肉"等不合格产品500多千克，对违规摊贩勒令停止销售并由工商部门处理。（陆纪红）

【酒类市场打假成效显著】 为确保卖场、酒店、商场、超市无假冒酒出现，酒类专卖局同有关单位对城乡结合部和重点路（街）进行检查，共出动检查人员118人次，专项检查112次，查处案件5件，查获假冒酒668瓶，罚没收入11420元，进一步规范了酒类市场。3月15日，区酒类专卖办公室、市酒类专卖局在奉贤开展集中销毁假酒活动，销毁假五粮液、五粮醇、剑南春、北京二锅头、小糊涂仙等共计1759箱13604瓶。（陆纪红）

【区商联会成立专业工作委员会】 4月27日，区商业联合会集贸市场专业委员会成立，首批会员单位34家。8月25日，商业联合会旅馆业专业委员会成立，首批会员单位34家。（陆纪红）

古华山庄 （许　挥　摄）

2005 年奉贤区商品交易市场名录表

市场名称	市场类型	市场名称	市场类型
绿奉江海批发市场	农副产品综合市场	头桥农贸市场	农副产品综合市场
南桥集贸市场	消费品综合市场	萧塘农贸市场	消费品综合市场
江海集贸市场	消费品综合市场	奉新农贸市场	农副产品综合市场
江海二市场	农副产品综合市场	泰日农贸市场	农副产品综合市场
青村集贸市场	消费品综合市场	齐贤农贸市场	农副产品综合市场
塘外农贸市场	消费品综合市场	朝阳集贸市场	消费品综合市场
庄行集贸市场	农副产品综合市场	水岸家苑农贸市场	消费品综合市场
四团集贸市场	消费品综合市场	萧塘集贸市场	农副产品综合市场
洪庙农贸市场	农副产品综合市场	庄行工贸市场	消费品综合市场
滨江集贸市场	消费品综合市场	光明东区农贸市场	农副产品综合市场
胡桥农贸市场	消费品综合市场	新寺镇集贸市场南宅分部	农副产品综合市场
奉城集贸市场	消费品综合市场	邬西交易点	农副产品综合市场
星火农场集贸市场	农副产品综合市场	四团批发市场	肉类批发市场
平安集贸市场	农副产品综合市场	光明蔬菜配集市场	农副产品综合市场
新寺集贸市场	农副产品综合市场	光明黄桃市场	黄桃市场
运河集贸市场	消费品综合市场	南桥小商品市场	工业消费品综合市场
邵厂集贸市场	农副产品综合市场	奉城小商品市场	日用工业品市场
柘林集贸市场	农副产品综合市场	五四综合市场	消费品综合市场
南桥集贸市场	消费品综合市场	星火百货市场	工业消费品综合市场
泰日蔬菜批发市场	消费品综合市场	泰日小商品市场	消费品综合市场
奉浦副食品批发市场	农副产品综合市场	南桥轻纺市场	消费品综合市场
西渡农贸市场	消费品综合市场	头桥建材商城	建筑材料市场
燎原农贸市场	农副产品综合市场	杭州湾建材交易市场	建筑材料市场
胡桥双得农贸市场	农副产品综合市场	头桥胶合板市场	木材市场
春城菜场	农副产品综合市场	浦南钢材综合批发市场	工业消费品综合市场
光明农贸市场	农副产品综合市场	浦南综合批发交易市场	消费品综合市场
金汇农贸市场	消费品综合市场	邬桥建材市场	家庭装饰材料市场
钱桥农贸市场	农副产品综合市场	环民建筑材料市场	家庭装饰材料市场
邬桥农贸市场	农副产品综合市场		

烟草专买

【概况】 年内，烟草专卖实现销售4.37亿元，比上年增长2.38%；实现毛利1.12亿元，比上年增长1.69%；卷烟总销量138200万支，比上年增长1.68%，其中沪产烟销量124305.03万支，比上年增长2.96%。中华系列比上年增长2.91%，双喜系列比上年减少1.08%，牡丹系列比上年增长5.44%，上海系列比上年增长

横泾菜场　　　　(柯　冲　摄)

13.20%，前门系列比上年增长3.51%，省外烟销量比上年减少8.84%。（赵金林）

【发放烟草专卖零售许可证177张】 根据《行政许可法》规定，遵循公开、公正、公平的原则，年内共向烟草专卖零售许可证申请户发放许可证177张，其中连锁便利、超市46张，综合类7张，小型商店122张和其他类2张，区共有持证经营户1706户。（赵金林）

【查获各类假冒卷烟5945条】 年内，区分局稽查大队出动检查616次，由公安、工商配合联合行动89次，共出动检查12060人次，检查市场519个，检查马路585条，先行登记保存各类卷烟3011.2条，查获各类假冒卷烟5945条，各类走私烟110.7条。（赵金林）

【处罚各类涉烟违法案件43件】 年内，区分局共处罚各类涉烟违法案件43件，其中乱渠道案件30件，走私烟案件3件，假冒烟案件9件，共处罚款5.75万元。（赵金林）

【加强烟草专卖诚信等级管理】 4月，区分局在青村、海湾2镇率先试点"诚信等级管理"签约工作。5月，区分局成立诚信等级管理签约小组，向广大持证经营户强调双方权利和义务，全区1699家持证经营户，除27家借证销假经营户外，"诚信等级管理条约"签约率98.4%。在此基础上，36家经营户评为"诚信经营示范户"，并报市局批准，发放诚信经营铜牌。（赵金林）

金叶商厦商场（许　辉　摄）

【加强专卖队伍建设】 为提高专卖队伍综合素质，区分局组织培训班、听课、考试等，加强队伍思想道德建设和提高专业业务技能水平。4月，区人民检察院对专卖全体队员进行《两高司法解释》专题培训。9月，区分局参加市局组织的法律法规考试。11月，区分局参加了国家局举行的真伪卷烟鉴别考试，均取得良好成绩。（赵金林）

粮油购销

【粮油收购形势喜人】 年内，共收购粮食11001吨，油菜籽10753吨，粮油收购均突破万吨数量，并完成5143吨晚粳储备入库任务。（倪忠惠）

【加强储备粮扩容轮换管理工作】 年内，根据市政府下达区储备粮储存规模，区按期如数完成了储备粮扩容任务。区储备粮轮换在公开招标与抓好秋粮收购的基础上，全面完成了储备粮轮换工作。全年多次由财政、农业发展银行、粮油总公司等单位开展联合检查，对检查出来的问题及时进行整改，进一步加强区级储备粮的管理。（陆纪红）

【进一步做好粮油亏损挂账清理工作】 3月，根据市粮食局要求，在区财政、农业发展银行、粮油购销公司的协调下，经过一个多月的工作，清理了区粮油亏损数额，提出了政策性亏损原因和要求市解决亏损的政策依据。（陆纪红）

【加强粮食市场监管和社会粮统计工作】 年内，为及时掌握区内粮食市场动态，3月起对南桥地区粮油大市场建立市场监测机制，每周检查一次，具体情况在上海粮食网上发布。（陆纪红）

【全面完成粮食仓库设施改造】 年内，针对区粮食仓库设施现状，区财政拨出专项资金160万元，全面进行粮食仓库改造，消除了安全隐患。（陆纪红）

奉浦餐饮一条街（许　辉　摄）

旅 游

【概况】 年内，区编制完成《2005年～2020年奉贤区旅游发展总体规划》，依托"海"、"农"特色，丰富景点层次。开通从上海旅游集散中心至奉贤旅游专线车，搭建旅游宣传平台，加强旅游营销，开展景点调研，挖掘旅游资源，举办旅游节庆活动，创立旅游品牌产品。年内，全区共接待国内外游客189.58万人次，首次突破百万大关，营业收入5.91亿元，分别比上年增长37.5%和33.4%。其中区内8家旅游饭店实现接待人数24.8万人次，销售收入2.12亿元，分别比上年增长37.17%和37.66%。22家国内旅行社组织外出旅游9.11万人次，实现营业收入7002万元，分别比上年增长10.16%和52.44%。 （徐海波）

【市水上巴士公司领导到奉贤调研水上旅游线路】 5月20日，市水上巴士公司考察团一行，乘坐游艇从市区十六铺码头出发，实地考察奉贤水上旅游线路，视察了农业园区游艇码头、申隆生态园和海湾旅游区。考察团肯定了区水上旅游资源，对下一步如何开通水上巴士和水上旅游线路建设提出了相关要求和建议。 （徐海波）

【往返市区旅游专线正式开通】 7月11日，上海旅游集散中心至奉贤海湾旅游区、申隆生态园、万佛阁"一日游"旅游专线开通仪式在海湾旅游区举行，市旅游委和区有关领导出席开通仪式。 （徐海波）

【申隆生态园被评为全国农业旅游示范点】 12月3日，国家旅游局考察团一行3人，来区验收全国农业旅游示范点创建工作。申隆生态园顺利通过验收，成为全国农业旅游示范点。 （徐海波）

【旅游发展总体规划通过评审】 3月5日，《上海市奉贤区旅游发展总体规划》（2005年～2020年）通过专家评审，并得到国家旅游局和市旅游委的好评。 （徐海波）

【金汇中央游艇岛城奠基】 9月17日，一座融旅游、休闲、运动、商务多功能于一体的金汇中央游艇岛城在金汇镇举行奠基仪式，副市长唐登杰等领导出席并揭牌。 （徐海波）

【组织"千名村干部看奉贤"旅游活动】 6月～11月，区组织254个村共762名村干部，分批参观了海湾旅游区、申隆生态园、青村桃园等旅游景点。村干部看奉贤的旅游活动，受到了村干部们一致好评。 （徐海波）

【举办首届"赶海节"】 "五一"黄金周期间，区举办海湾旅游区首届"赶海节"。沙滩雕塑、滩涂越野、烧烤自助等丰富多彩的活动项目，吸引游客8.5万人次。 （徐海波）

【神仙酒厂被列入市"工业旅游开发项目"】 12月，四团神仙酒厂以其品牌的影响力和上海地区独有的白酒酿制项目，被列入市"工业旅游开发项目"，并受到游客青睐。 （徐海波）

【古华山庄获市中（西）式铺床技能大赛团体冠军】 9月16日，在"上海市旅游饭店中（西）式铺床技能大赛"中，古华山庄派出5位选手参加技能比赛，囊括了个人前五名，并获得团体冠军。 （徐海波）

【旅游服务得到加强】 年内，旅游服务得到进一步加强。据统计，全区拥有旅游涉外饭店10家，其中星级饭店7家；专业旅行社22家，其中营业额突破千万元2家，组团突破万人次3家。在加强旅游服务硬件建设的同时，软件建设亦上了一个新的台阶。《2005年～2020年奉贤区旅游发展总体规划》的编制，突出了奉贤旅游"海""农"特色的优势，旅游形象的定位，多层次多渠道的旅游宣传活动等，为旅游业发展奠定了重要的基础。 （徐海波）

6月16日，上海市副市长唐登杰（左二）调研奉贤旅游资源。 （余童欢　摄）

2005 年奉贤区旅游涉外饭店营业情况表

序　　号	星　　级	单　位　名　　称	营业额（万元）	接待（人次）
1	4	上海悦华大酒店	6031.56	16264
2	3	上海圣淘沙大酒店	6824.13	25342
3	3	上海古华山庄	2401	18063
4	3	上海坤明湖度假村	1968.06	29521
5	2	宏达山庄	359.7	2099
6	2	申光花园度假村	118.5	4647
7	2	上海旅游专科学校小天马迎宾实验楼	37.9	573
8	非星级	果乡度假村	20.04	354
9	非星级	金轩度假村	57.55	5786
10	非星级	百能大酒店	519.55	19846

（徐海波）

2005 年奉贤区旅行社营业情况表

序　　号	单位名称	营业额（万元）	组团（人次）
1	上海奉贤旅行社	719.27	6755
2	上海奉浦旅行社	1198.53	9127
3	上海南桥旅行社	543.86	936
4	上海南上海洪庙旅行社	551.75	4507
5	上海顺安旅行社	306.70	9218
6	上海雪峰旅行社	368.53	3431
7	上海康德旅行社有限公司	1396.8	10144
8	上海风光旅行社有限公司	234.02	3964
9	上海威声旅行社	271.06	1975
10	上海古华旅行社	107.26	1099
11	上海海景旅行社	629.46	15259
12	上海振奉旅行社	385.39	2061
13	上海超新旅行社	423	6392
14	上海凌海旅行社有限公司	371.19	14866
15	上海中亭旅行社有限公司	430.25	3999
16	上海星天旅行社有限公司	287.77	6351
17	上海天鸥旅行社有限公司	79.95	1185
18	上海申隆旅行社有限公司	43.06	0
19	上海侨泰旅游有限公司	268.42	0
20	上海新禾旅行社有限公司	56.59	452
21	上海奉工旅行社有限公司	62.45	80
22	上海远方旅行社有限公司	21.41	105

（徐海波）

2005 年奉贤区旅游景点营业情况表

序　　号	景点名称	营业额（万元）	接待人次（万人）
1	海湾旅游区	5400	60
2	古华公园	56	120
3	万佛阁	50	8.5
4	申隆生态园	327	15
5	青村桃园	100	6.8
6	二严寺	25	10
7	玉穗绿苑	121	3.3

（徐海波）

（本栏目编辑　赵宏元）

银行·证券·保险

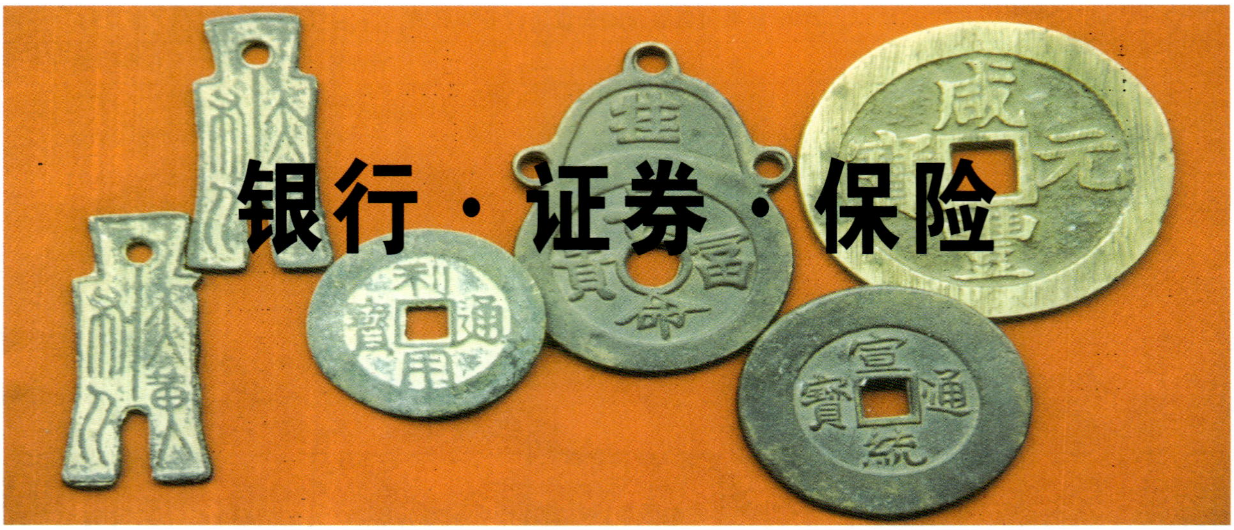

银行业

【农业银行上海市奉贤支行】 年内,农行奉贤支行全行各项存款余额90.46亿元,比年初增加11.34亿元,各项贷款余额68.3亿元,比年初增加13亿元。全行实现国际结算2.5亿美元,结售汇1.9亿美元,同比分别增加3042万美元和2902万美元;银行卡发卡总量比年初增加94421张,卡消费额7.1亿元;在线银行业务交易量达5.9亿元,同比增长104%;代理发行国债3593万元,代销基金2735.13万元,代理保险5874万元。全行实现中间业务收入1436万元,同比增加400万元。实现账面利润9607万元,实际利润1.72亿元,同比增盈4517万元。积极探索个人业务主动营销、差别服务模式,加强个人客户经理队伍建设,推行个人VIP服务。积极推广"伴你成长"、"金钥匙"、"金穗"、"95599"、"汇利丰"等品牌。加大风险资产退出和不良资产清收力度,共退出潜在风险关注类贷款2亿元,清收不良贷款本息10302万元,盘活不良贷款5033万元,保全资产4750万元。 (顾　鹰)

2005年农业银行奉贤区营业网点分布情况表

单　位	地　址	电　话
奉贤支行(国际业务部)	南桥南桥路380号	57412872
南桥支行	南桥人民路1号	57421920
江海支行	南桥江海路204号	57196046
西渡支行	西渡沪松公路1007号	57434168
庄行支行	庄行庄良路8号	57466168
奉城支行	奉城川南奉公路9728号	57522140
四团支行	四团川南奉公路	57533132
青村支行	青村川南奉公路486号	57561079
柘林支行	柘林钦林北路26号	57446137
星火支行	星火农场海滨路51号	57501606
奉浦支行	奉浦大道111号	67104247
金汇支行	金汇中街66号	57481159
邬桥支行	邬桥安东路23号	57401163
新寺支行	新寺寺中路147号	57491148
胡桥支行	胡桥新街79号	57456161
齐贤支行	齐贤文明街40号	57575165
泰日支行	泰日泰青路285号	57586161
头桥支行	头桥头中路25号	57551176
洪庙支行	洪庙洪庙路5号	57131840

续 表

单 位	地 址	电 话
平安支行	平安平福西路48号	57541172
光明支行	光明光明路20号	57471153
钱桥支行	钱桥金钱路4901号	57596483
五四支行	五四农场新场部	57162674
奉新支行	奉新新海街81号	57120981

（李 伟）

【建设银行股份有限公司上海奉贤支行】 年末，中国建设银行股份有限公司上海奉贤支行拥有12家分支机构和171名员工；本外币一般性存款达59亿元，贷款余额达43亿元，账面利润达1.36亿元。年内，支行紧抓市场，开拓创新，公司存款在奉贤地区的市场份额从年初的20.9%大幅跃升至年底的22.5%。 （何国平）

12月，农行奉贤支行开展街头营销宣传活动。

（农行奉贤支行 供稿）

2005年建设银行奉贤区营业网点分布情况表

单 位	地 址	电 话
奉贤支行营业室	南桥解放中路332号	57411283
解放路支行	南桥解放西路39号	57420392
柘林支行	柘林新柘路1~3号	57445148
头桥支行	头桥奉新公路4632号	57552197
平安支行	平安平福路1588号	57540575
金汇支行	齐贤金钱公路1815号	57576363
奉浦开发区支行	上海市工业综合开发区奉浦大道113号	67104748
青村支行	青村南奉公路2796号	57560701
奉城支行	奉城川南奉公路9756号	57521022
星火支行	星火开发区民乐路52号	57501041
西渡支行	西渡沪杭公路227号	57156961
江海路支行	南桥江海路447号	57410399

（何国平）

【工商银行股份有限公司上海奉贤支行】 10月28日，中国工商银行完成股改工作，成为一家股份制商业银行。支行全称更名为：中国工商银行股份有限公司上海市奉贤支行。至年底，支行各项人民币存款余额较年初增长15.48%；各项外币存款余额较年初略有下降。各项人民币贷款余额较年初增长19.09%。本外币不良贷款占比为0.22%，较年初下降近0.8个百分点。中间业务收入占营业收入的比重由上年的4.07%上升至5.62%，同时，中间业务收入在支行利润的占比由上年同期的11.07%上升至12.19%。本外币封闭利润较上年增加3.67个百分点；人均封闭利润为90.05万元。2005年支行主要工作：(1)转变观念，认清形势，拓展市场。支行广大干部员工积极转变观念，认真分析区域经济形势，细分目标市场、积极研究对策，及时调整策略；加强业务培训，加强客户经理日常管理。(2)加强内控管理,提高员工的防险意识,确保经营安全。针对分行各项内控检查要求,支行各营业网点、部室积极开展自查工作,认真配合分行进行检查;同时,各部门还积极建章建制,完善部门内控管理制度,规范并优化操作流程,有效预防市场风险、信贷风险和操作风险的产生。(3)注重业务培训,提高员工业务素质,强化团队力量。支行根据业务发展的需要,及时组织各专业项的培训,同时加强对员工业务知识和操作技能的培训力度。开展国际业务、核心竞争力项目、电子银行业务等培训工作,并组织员工进行考核,进一步提高员工业务素质。(4)加强凝聚力工程建设,完善内部基础管理工作。(5)加快网点改造,提升网点核心竞争力。年内,支行对营业部、西渡支行和古华支行进行装修改造,根据"以客户服务为中心"的经营理念,合理布局,进行有效分流,加强核心竞争力项目的实施。 (张卫英)

2005 年工商银行奉贤区营业网点分布情况表

单　位	地　址	电　话
奉贤支行	营业部南桥镇南中路 48 号	57102759
新建西路支行	南桥镇新建西路 5 号	57420464
古华支行	南桥镇解放中路 296 号	57425040
洪庙支行	洪庙水闸路 8 号	57132767
西渡支行	西渡闸圆路 19 号	57150435

(李　伟)

【中国银行股份有限公司上海市奉贤支行】 年末,支行合并损益表上的账面利润各货币折人民币为7490.88 万元,支行考核利润本外币折人民币为 7892.83 万元,完成全年利润指标的 110.69%,人均经营利润 97.84 万元。年内,支行积极拓展各项业务,不断完善公司治理机制。通过年初分行储蓄存款的"开门红"和"节节高"等活动及闹市设摊、银行业务知识竞赛活动,不仅提高员工的整体业务素质,而且发展了一批优质客户。支行坚持加强内部建设,合规经营,规避风险,开业九年来无一例违纪违规违法案件发生。为方便客户,支行开设自动银行,提供 24 小时对外服务,各营业网点均设有开墙式 ATM 自动取款机;在业务品种上,除传统业务外,还设外汇宝电话银行、柜台记账式国债买卖、开放市基金代销和交易、因私购汇、旅行支票代售等业务。 (王　琴)

2005 年中国银行奉贤区营业网点分布情况表

单　位	地　址	电　话
奉贤支行	南桥人民中路 8 号	57424369
奉城支行	奉城川南奉路 9876 号	57510401
星火开发区支行	星火开发区民乐路 72 号	57504491
工业综合开发区支行	南桥环城东路 388 号	67105391
化学工业区支行	化工区奉贤分区目华路 201 号	67120661

(王　琴)

【上海浦东发展银行奉贤支行】 年末,支行各项存款余额比年初增长 13.73%,后三类贷款比年初减少 80.60%,占贷款总额 0.40%。贷款收息率 100%,无新增不良资产。全年实现账面利润 2960 万元。

年内,支行为顺应个人金融业务发展和机制体制改革的需要,着手组建个人银行部,提高个人金融业务的市场综合竞争力。同时,支行加大对个人金融业务的营销力度,实行全行营销,积极开展"爱行储蓄活动",同时与 VIP 客户建立良好的合作关系,并以"轻松理财"品牌为平台,下企事业机关,进学校、社区进行宣传,取得实效。

年内,支行开展一系列风险防范教育,积极开展"防风险、保安全"内控大检查工作,重新梳理和制定各种规章制度,在行内营造"严格制度、规范操作"的良好工作氛围。进一步加强业务工作内部制度建设,支行加大对各贷款户的贷后检查、贷后管理工作,资产质量进一步得到提高,后三类贷款大幅度下降。收回旧不良贷款 600 万元,同时对 500 万元旧不良贷款采取资产抵债措施,转入待处理抵债资产。为改善服务环境,提高网点的外在形象和功能建设,支行本部经过近四个月的装修,从形象到功能达到焕然一新。 (卢　军)

2005 年上海浦东发展银行奉贤区营业网点分布情况表

单　位	地　址	电　话
奉贤支行	南桥解放中路 352 号	57180840
南桥支行	南桥环城东路 1446 号	37113183

（李　伟）

【农业发展银行上海市奉贤支行】 年内，支行在"以防范风险为重点，深化改革为动力，规范管理为手段，提高效益为目的"经营宗旨下，进一步突出工作重点，落实责任措施，积极开拓信贷新业务，圆满完成年初制定的工作目标。年末，各项存款余额 1637 万元；各项贷款余额 22789 万元。全年发放贷款 9665.65 万元；收回贷款 7408.02 万元。随着粮食流通体制改革的不断深入，改制后的粮食企业都带有私营化特点，根据新形势和新特点，支行对原开户企业信用等级进行全面测评，重新申报贷款资格认定，有选择地发放贷款，既支持了企业的经营发展，又解决了农民卖粮的困难。2005 年夏粮，发放收购流转贷款 2198 万元，其中小麦收购流转贷款 370 万元，油脂收购流转贷款 1898 万元。2005 年秋粮，发放粮食收购流转贷款 1000 万元。在商品粮收购资金供应上，控制贷款上限及企业自有资金比例，按照收购进度，据实下拨资金，确保资金和实物的一致性。全年对购销公司粮油库存进行 3 次大规模、地毯式检查，共计开仓查库 223 个库囤，粮食库存 9.7 万吨，确保支行、购销公司、库存保管点三方数据一致，保证信贷资金的安全。2005 年，重点调查区内粮棉油产业化龙头企业和加工企业贷款客户，选择有行业优势、有生产规模的企业作为信贷新业务重点发展对象。全年发放加工企业调销贷款 1300 万元，化肥储备贷款 2000 万元。（方　业）

2005 年农业发展银行奉贤区营业网点分布情况表

单　位	地　址	电　话
奉贤区支行营业部	上海市工业综合开发区韩村路 706 号	67103709

（方　业）

【交通银行股份有限公司上海奉贤支行】 年内，奉贤支行积极开展各项业务，完成年初制定的各项目标和追加指标，各项业务快速、健康发展。至年末，各项存款余额 9.59 亿元，各项贷款余额 10.95 亿元。2005 年，支行着重抓以下几方面的工作：（1）加强党风廉政建设，完善各项内控制度。坚持开展党风廉政教育和建设，开展保持共产党员先进性教育活动。制订和完善相关业务规章制度，梳理业务流程，加强业务检查辅导力度，提高员工风险防范意识和能力，规避业务风险。（2）强化安全保卫意识，确保一方平安。完成安全保卫责任制三级签约，将责任落实到各部门各员工。组织消防知识培训和消防设备器材使用演练，定期开展安全保卫工作和技防设施检查，加强对安全保卫人员管理。（3）明确业务发展重心，大力开拓信贷业务。积极捕捉业务信息，明确业务发展重心，关注区域经济热点，加大市场开拓力度，开展客户项目储备。整合营销人力资源，组建国际结算营销团队、化工区营销团队和个贷营销团队的立体营销构架，发挥团队营销力量。加强银企合作，实施分级营销，深度挖潜存量客户，逐步创新服务理念和手段，实施个性化和差异化服务。（4）扩充柜面员工队伍，强化规范服务。扩充柜面员工队伍，加强师徒带教。注重班组学习和班组交流，定期召开业务培训和讨论，提升支行的柜面服务水平。以服务明星和业务能手评比为抓手，开展规范服务和业务知识教育，开展业务技能练兵，开辟哑语服务和英语服务窗口。（5）深化培训教育，实施轮岗实践。加强业务培训，注重以现场实时培训、单方讲解与集体讨论、抽问相结合的方式，组织各条线业务学习，结合案例进行分析。开展轮岗实践锻炼，加强人才储备，发掘并培养业务骨干。（林　芝）

2005 年交通银行奉贤区营业网点分布情况表

单　位	地　址	电　话
奉贤支行	南桥人民中路 200 号	57100656
化学工业区支行	化学工业区奉贤分区目华路 201 号 101 室	67120220

（林　芝）

【上海农村商业银行奉贤支行】 9 月，奉贤农村信用合作社正式转制为上海农村商业银行奉贤支行。年末，支行各项存款余额 587667 万元，其中集体存款 196707 万元，储蓄存款 390551 万元，储蓄存款比年初增加 70201 万元，增幅达 22%。各项贷款余额 306168 万元，比年初下降 80691 万元，主要是置换和主动调整的原因。个人贷款通过结构调整，呈上升趋势，特别是个人住房按揭贷款。不良贷款余额8761万元，比年初下降33065万元，主要是通过置换压降，使支行的资产质量得到显著改善。如意储蓄卡发卡量继续扩大，达到243141张，比年初增加76505张。全年实现账面利润206万元。强化资产保全功能，大力清收不良资产。全年支行后三类贷款计划内共清收、转化2901.62万元，计划外清收、转化2253.11万元，两项合计5154.73万元。 （仇继钧）

2005年上海农村商业银行奉贤区营业网点分布情况表

单　位	地　址	电　话
奉贤支行营业部	南桥南奉公路9780号	57106247
南桥分理处	南桥环城东路1546号	57104107
育秀分理处	南桥江海路218号	57104719
城南分理处	南桥环城南路706号	57198930
贝港分理处	南桥解放西路356号	57102837
江海支行	南桥南中路90号	57183938
萧塘支行	萧塘沪杭公路918号	57434172
邬桥支行	邬桥汇中路49号	57401165
新寺支行	新寺新街9号	57491157
胡桥支行	胡桥新街62号	57456168
庄行支行	庄行新街	57468792
齐贤支行	齐贤金钱公路1782号	57575168
金汇支行	金汇西街	57482303
泰日支行	泰日泰青路32号	57586178
头桥支行	头桥东路36号	57551173
奉城支行	奉城镇川南奉公路9851号	57520670
四团支行	四团新街35号	57534059
平安支行	平安西大街6号	57542998
塘外支行	塘外人民中路14号	57170348
青村支行	青村南奉公路27号	57561085
光明支行	光明光明路	57470792
钱桥支行	钱桥文化路18号	57597784
柘林支行	柘林新柘中路8号	57446139
洪庙支行	洪庙水闸路3号	57132829
邵厂支行	邵厂青年路5号	57140139

（李　伟）

【上海银行奉贤支行】 年内，上海银行奉贤支行把“优质发展、勇攀高峰”的经营方针作为一切工作的重中之重，敏锐把握上海新一轮城市功能布局调整的重大业务机遇，以提高质量和效益为核心，以调整结构和改进经营管理为主线，不断加大市场营销力度，严格控制和大力化解不良资产，全面加强资产负债综合管理，进一步增收节支，切实加强内控制度建设、队伍建设和企业文化建设，各项业务蓬勃发展。年末，人民币存款余额12.4亿元；人民币贷款余额15.4亿元，其中，对公贷款（含贴现）余额为12.2亿元，比上年增加0.5亿元，增幅4.3%；个人商业性消费贷款余额3.2亿元，比上年增加1.4亿元，增幅为77.8%。全年外汇结算金额达2664万美元，比上年增长72%。2005年主要工作：（1）转变业务增长方式、优化结构调整。支行树立全面协调、持续发展的经营意识，大力发展资产业务和中间业务，外汇业务全面上线，为支行业务发展增加新的亮点。同时结合总行信贷政策，支行将更多的精力投入到支持中小企业、优质制造业中，舍弃一些金额较大，风险较为集中且利率低无综合回报的企业，初步建立以结构优化为基础的集约型经营模式。（2）全面加强内控建设，不断完善风险防范机制。支行注重突出“稳健经营，效益为先，服务至上”的经营宗旨，特别是树立“道德约束，机制防范”的风险理念，致力于在支行构建“组织严密、职责明确、制约有效”的内部控制体系，从组织建设、制度建设、流程控制、监督检查和整改治理等方面采取有效措施。狠抓落实，使内部制衡的原则渗透到支行经营管理的各个环节中，形成良好的长效管理机制。同时，及时分析内部环境、政策的变化，审时度势，认真执行"有保有压、有进有退、快进快出"的方针，抓结构调整、抓准入、抓退出、抓预警、抓责任追究，不断完善风险防范机制。(3)强化人力资源管理，建立良好的选人、用人、育人机制。不断强化人力资源管理，完善考核激励机制，按照"收入凭效益，奖金靠贡献"原则，制订与员工贡献相适应的绩效考核办法。 (张梦寒)

2005年上海银行奉贤区营业网点分布情况表

单　　位	地　　址	电　　话
奉贤支行	南桥南奉公路9639号	67117622
奉城支行	奉城城东路32号	57512061

(李　伟)

证券业

【申银万国证券奉贤营业部】 年内，申银万国证券奉贤营业部(以下简称营业部)共有下属服务部1个，交易席位1个，在编员工14人。在政府积极推动股权分置的市场环境下，证券市场出现一定转机，股民对市场的热情也有所提高。营业部抓住市场机遇，积极吸引机构及个人客户，有针对性地为客户进行各项理财规划，为其提供高质量的专业服务，受到广大客户的一致好评。营业部共实现市值4亿余元，上海A股累计交易量12.8亿元，市场占比0.03%；上海B股累计交易量0.071亿元，市场占比0.015%；深圳A股累计交易量3.5亿元，市场占比0.015%；深圳B股累计交易量0.06亿元，市场占比0.008%。 (杨军杰)

【上海证券有限责任公司南桥营业部】 营业部以增收节支作为提高经济效益的突破口，加强和防范各种可能出现的经营风险，取得一定经济效益，但离经营目标差距也存在一定的距离。至12月底，营业部全年完成证券交易量11.42亿元，实现营业收入379.13万元。 (朱忠华)

2005年奉贤区部分证券机构网点分布情况表

单　　位	地　　址	电　　话
申银万国证券有限公司奉贤营业部	南桥镇人民中路57号	57180300
申银万国证券有限公司奉城服务部	奉城镇镇海新村4号房	57520833
上海证券有限责任公司南桥营业部	南桥镇南奉公路9759号	57422932

(李　伟)

保险业

【中国人寿保险股份有限公司上海市奉贤支公司】 年内，支公司设团险一、二部、综合部、营销服务部，公司员工224人(其中含营服部业务员200人)。全年支公司完成包括还返型和风险型人寿保险、养老金保险在内的各种人身、人寿保险总保费收入16839万元。其中，长险新保8486万元(含营直销的4286万元，银代业务3900万元，保全300万元)；长险续缴7153万元(含营直销续缴3653万、保全续缴3500万)；短险1200万元(含意外险698万元，健康险502万元)。公司在理赔方面共受理结案业务赔案11325人次，其中意外险3642人次，健康险7683人次；支付意外险、健康险等各类赔款972.3余万元，赔付率约81%。公司对包括养老金在内的各类生存保险金、死亡保险金当年给付7780.5余万元。 (许全伯)

【中国平安财产保险股份有限公司上海市奉贤支公司】 年内，奉贤支公司认真执行"品质优先、利润导向、遵纪守法、重在执行"的方针，贯彻"发展与改革并重，转型与规范通行"的工作思路，及时适应经营环境，调整产品结构。全年完成保费收入1529万元，比上年同比下降409万元；赔付支出1079万元，与上年同比增长251万元。年内，奉贤支公司及时转变经营策略，以中小型企业为目标客户群，开拓业务渠道，实现业务品种多元化、品质化，制定拜访计划，认真维护好续保客户；加大应收保费清理力度，严格把控，杜绝风险，加强内部管理；加大员工综合素质的提高，销售人员年内全部通过从业代理人员资格证的考试，做到持证上岗。 (许　明)

(本栏目编辑　富　晔)

民主党派(工商联)·人民团体

民主党派

【中国国民党革命委员会上海市奉贤区支部委员会】 年内,根据民革市委"坚持政治素质,提高发展层次,注重发展数量,保持民革特色"的要求精神,发展新党员6人,外地转入3人,现有正式党员32人。经民革市委同意,2005年9月支部分成3个小组。在区政协二届三次会议期间,共提交集体提案4份,个人提案6份,其中《关于加强学校安全防范工作的建议》被区政协评为优秀提案。在招商引资方面,洽谈项目20多个,其中2个实业型项目已开工建设。支部积极倡导向贫困地区失学儿童献爱心活动,与两位贫困学生结对,帮助他们完成学业。退休教师刘梦樱摄影作品《春的气息》,在市政协举办的第二届"嘉华杯"摄影大奖赛中获得铜牌;刘祖康被授予长宁区"法律援助先进律师"称号;唐巍被评为民革市委"社会服务工作先进个人"、"奉贤区优秀中青年教师";周森润被评为"奉贤区优秀中青年教师";朱全忠被评为民革中央"社会服务工作先进个人";唐新仁负责的五四奶牛场被评为"全国示范奶牛场";吴国政的上海金力泰涂料有限公司被评为"市优秀科技企业"。(姜林新)

【中国民主同盟上海市奉贤区委员会】 年内,共发展7名优秀青年入盟,共计盟员85人,其中高级职称42人,占49%;中级职称39人,占46%。6月,盟员唐瑛经民盟市委批准被增补为民盟奉贤区委副主委。积极响应《民盟中央关于学习贯彻〈意见〉的通知》精神,组织盟员深入学习《中共中央关于进一步加强中国共产党领导的多党合作和政治协商制度建设的意见》精神,深刻领会《意见》精神实质。在区政协二届三次会议期间,民盟奉贤区委作了《关于加强青少年远离毒品教育的建议》的大会发言,并提交了《诚信教育必须从学校开始抓起》、《关于加强水发水产品卫生监督的建议》和《关于南桥镇西渡社区建设的意见》等3份集体提案和10份个人提案。7月28日,民盟区委在区教育局召开对口联系工作座谈会。12月3日,召开青年盟务工作委员会参政议政座谈会,盟员中的人大代表、政协委员应邀参加会议。12月13日,唐祖德主委和盟内人大代表、政协委员又带着课题上门,就"社会对未成年人思想道德关心状况"专题到区教育局进行调研,并对如何进一步加强和改进未成年人思想道德建设工作进行研讨,提出了许多有针对性的意见和建议。根据《中国民主同盟会章程》和民盟上海市委《关于区、县和直属组织下属基层支部委员会换届工作的意见》精神,各基层支部按照组织程序,经过民主选举产生了新的领导班子,经民盟奉贤区委2005年第八次会议讨论通过,同意胡菊芳任教育支部主任委员;李金章任医卫支部主任委员,王瑛任综合支部主任委员,张文均任老年支部主任委员。民盟各基层支部委员会的换届工作于11月12日顺利完成。加强对后备干部人选的考察、推荐和选拔工作,精心培养推选5名优秀青年盟员作为后备干部。年内共召开全体盟员会议1次,组织全体盟员参加报告会2次,召开区委主委会议7次,区委班子会议6次,支部委员以上干部会议4次,结合三八妇女节、五四青年节、敬老节等召开座谈会4次。以社区为平台,以居民关心的热点问题为切入点,积极开展社会服务工作。10月29日,民盟区委组织盟内医疗、法律专家到庄行镇邬桥社区开展医疗、法律咨询服务,咨询人次250余人,发放医疗保健资料300份。盟员胡菊芳获上海市园丁奖和优秀名教师称号,唐瑛获奉贤区优秀名导师称号和上海市名校长后备人选,孙槐园获浦东机场赛区优秀组织者奖,陆巍清获优秀班主任称号,孙琪获奉贤区爱卫会先进个人,王瑛和唐瑛获得奉贤区三八红旗手称号,朱洪芳获2005年上海市食品生产监督管理先进个人。

(闵玮蓉)

【中国民主建国会上海市奉贤区委员会】 坚持和谐、团结、奋进的理念,加强组织建设、制度建设和思想建设,不断提高党派的综合素质。年内,发展新会员2人,至年底,共有会员55人。自上年11月民建奉贤区委成立后,区委着手组建支部委员会。通过推荐、调查、谈话、筛选、支部选举、区委审批、上报民建市委和中共奉贤区委统战部等程序,3月相继成立以贾兴龙、瞿志刚和施志刚为支部主任的3个支部委员会。按照民建中央"三网一库二程"有关要求,配合民建中央建立信息网,在网上将每个会员的62个数据信息,输入民建中央数据库。组织会员认真学习《中共中央关于进一步加强中国共产党领导的多党合作和政治协商制度建设的意见》精神。组织区委委员及各支部委员参加民建市委召开的传达两会精神大会。以民建成立60周年为契机,邀请民建市委副主委彭镇秋为全体会员作题为《回忆民建历史、争做爱国爱会优秀会员》报告。与上海市奉贤区中青年知识分子联谊会联合举办沟通管理培训讲座,邀请同济大学教授周箴为会员讲课。10月,组织会员参加由上海大学商学院院长陈宪教授主讲的现代服务业专题报告会。11月,区委组织会员赴江西抚州考察会员盛金龙的房产开发工程。在区政协二届三次会议期间,共提交集体提案3件,个人提案5件。主委汤芷萍参加市十二届三次人民代表大会,提交4件提案。其中区委委员王正乙撰写的《培育农产品新经济组织,稳定提高农民收入》的提案,被列入区政协重点提案,并在《联合时报》全文发表。4月9日,召开民建奉贤区委一届四次扩大会议,经区委委员及所属支部主任讨论通过《中国民主建国会上海市奉贤区委员会规章制度汇编》(试行)和《民建2005年工作计划》。制度汇编包括《民建奉贤区委工作制度》、《民建奉贤区委会议工作制度》、《民建奉贤区委学习制度》、《民建奉贤区委会员组织发展制度》、《民建奉贤区委办公室专职岗位工作职责》、《民建奉贤区委会员会费交纳管理办法》、《民建奉贤区委主委副主委分管委员及支部主任的工作职责》及《民建奉贤支部工作制度》等八项规章制度。营造爱心工程,年内共募集会员的爱心捐款9750元。与区实验中学4名品学兼优的贫困学子开展捐资助学活动,年内共捐资2000元。一开集团董事长、会员屠昌忠致富不忘回报社会,在集团企业内设立"慈善部",每年拿出企业利润的2%资助贫困地区,已对江西、湖南和海南地区实施捐助。

(庄建英)

【中国农工民主党上海市奉贤区支部委员会】 年内,农工党奉贤区支部坚持把发展作为参政议政的第一要务,按照农工民主党中央十三届四中全会确定的工作任务,努力加强自身建设,积极履行参政党职能,各项工作取得新的进展。与上海师范大学农工党支部开展合作交流,实现高校和地区党派工作的双向互动。党员顾德平经推荐担任奉贤区农委副主任。支部委员沈杰当选为中国残疾人联合会书法家联谊会副会长。与奉贤区卫生局开展对口联系工作,使得农工党作为医疗卫生界知识分子为主的政党特色得到进一步体现。组织党员深入学习贯彻中共十六届五中全会、《中共中央关于进一步加强中国共产党领导的多党合作和政治协商制度建设的意见》等精神,努力提高党派成员的综合素质。6月,组织全体党员走访调研奉贤区排水运行中心。在政协二届三次会议上提交集体提案1件,个人提案4件。围绕区"十一五"规划的制订,与上海师范大学农工党支部等高校进行座谈,牵头负责完成《依托海湾大学城,实施"三区联动"战略》调研报告并在区政协二届四次全会上作交流发言。《关于加强奉贤区市容管理的提案》在奉贤区政协全会上作为党派集体提案,并列为区政协重点提案。马国华撰写的《将郊区(县)农桥改建列入市政规划和建设项目》被录用为农工党中央编辑的新时期多党合作案例。支部上报的《多方筹措资金,落实高速国省道建设中离土农民的社会保障》调研报告被录用为市政协全会农工党市委提案。由沈杰担任校长的上海沈杰艺术培训学校举办10周年校庆,农工党上海市委、上海市残疾人联合会、奉贤区四套班子领导到会祝贺。农工党奉贤区支部被评为农工党上海市委宣传工作先进集体,支部主委马国华被评为农工党上海市委宣传工作先进个人。年内,发展新党员2人,组织关系转入1人,至年底,共有党员29人。

(张志弟)

【中国致公党上海市奉贤区支部委员会】 年内,紧紧把握奉贤"十一五规划"制定的契机,先后就经济和社会和谐发展、社会主义民主政治建设、水环境治理等提出建设性的提案和调研报告,得到区委、区政府的高度重视。制定学习计划,组织党员学习《中共中央关于进一步加强中国共产党领导的多党合作和政治协商制度建设的意见》及十六届五中全会精神,提高党员的政治把握能力;用新时期统战工作的理论来武装党员头脑。在中央统战部纪念抗日战争胜利60周年征文活动以及奉贤区委统战部、区统战理论研究会联合举办的"加强民主党派建设,提高民主党派素质"主题征文活动中,积极参与,投稿6篇。4月,组织党员参加与区文广局的对口联系活动,拓宽党员知情参政的渠道和范围。根据党派的特点和优势,围绕区文化事业发展进行调研,提高对全局性、前瞻性问题的分析研究。11月、12月支部分别组织部分党员到区文广局,将起草的《加大投入,挖掘潜力,大力发展奉贤文化广播电视事业》的调研报告征求区文广局领导意见和建议。7月,组织全体党员和发展对象前往浙江省衢州一带革命老区学习考察。12月,组织党员和发展对象赴东海大桥和洋山镇进行考察。在区政协二届三次会议期间,共提交党派集体提案3件、个人提案7件,其中关于社区建设的集体提案评为区政协2005年优秀提案。在纪念致公党成立80周年暨上海地方组织成立25周年大会上,张连官被评为致公党市委优秀党员,傅雷被评为致公党市委优秀组织工作者。10月,与南桥镇贝港第三居委会联合举行社区统战理论研讨会,就民主党派参与社区统战工作的途径和方法进行探讨和研究。根据学生费用增长的情况，及时提高捐助款项，并邀请受捐助学生参加支部的春节联谊活动，让困难学生享受来自民主党派的温暖。年内共发展党员3人。（傅　雷）

【九三学社上海市奉贤区委员会】 年内，以参政议政为中心，全面贯彻中共十六届五中全会精神，进一步加强对社员政治思想教育，加强组织建设，切实履行参政党职能，围绕区委、区政府中心工作，弘扬民主与科学精神，积极献计献策，做好事，办实事，进一步推动九三学社各项工作的开展，为实现奉贤经济发展和社会全面进步作出贡献。以社员大会、座谈会、讲座等形式组织社员学习《中共中央关于进一步加强中国共产党领导的多党合作和政治协商制度建设的意见》和九三市委、中共奉贤区委、区政府重要会议精神，进一步增强社员接受中国共产党领导的自觉性。加强与九三学社外的知识分子的联系，组织社内部分企业家与区内的一些文化界人士，举行以“企业文化”为主题的座谈会。9月2日，九三学社举行全体大会，纪念九三学社成立暨抗战胜利60周年活动。在区委统战部与区统战理论研究会联合举办的“加强民主党派建设，提高民主党派素质”为主题的征文活动中，共投稿6篇。在区政协二届三次会议期间，共提交集体提案2件、个人提案9件，其中《加强建设符合时代特征的社会救助体系》被评为2005年度优秀提案。注重物色培养中青年后备干部，通过民主推荐和组织考察相结合的方法，共向九三市委推荐各级后备干部14人。科技支社被评为“九三上海市委优秀集体”，钟敏被评为“九三中央优秀社员”，王宗文被评为“九三上海市委优秀社员”。年内共发展新社员6人，转入2人，转出2人。至年底，共有社员69人，共有政协委员11人（常委2人），人大常委1人。（宋永辉）

【中国民主促进会上海市奉贤区支部委员会】 12月2日，中国民主促进会上海市奉贤区支部委员会成立大会在奉贤区会议中心举行。上海市副市长、民进中央副主席、民进上海市委主委严隽琪，上海市人大常委、民进中央常委、民进上海市委专职副主委王慧敏，区政协主席胡镇寰，区委副书记韦源，区委常委、统战部部长、区政协副主席程云华，区委常委、区人民政府副区长杜治中，区人大副主任叶菁权等有关领导出席会议。会议由程云华主持。会上，民进奉贤区支部筹备工作组组长金哲民向大会作筹备工作汇报，民进上海市委组织部副部长黄山明宣读民进上海市委关于成立民进奉贤区支部的批文，并任命金哲民为民进奉贤区支部主任，林军为支部副主任，诸春梅为支部委员，民进市委领导王慧敏和奉贤区领导胡镇寰共同为民进奉贤区支部成立揭牌。区委副书记韦源代表中共奉贤区委对民进奉贤区支部的成立表示祝贺，并要求党派成员：一要认清形势，加强学习。民主党派是建设新奉贤的一支重要力量，要发展完善中国共产党领导的多党合作和政治协商制度建设，保持政治上的清醒，应对新情况，为奉贤的美好未来共同奋斗。二要加强党派建设，提高参政议政的能力与水平，发扬民进的优良传统，内强素质，外强形象，在政治生活中体现党派优势和作用。三要立足本职，发挥优势，为奉贤的新一轮发展做贡献。要求各民主党派要在未来奉贤的发展中把握大局，大显身手，进一步围绕区委、区政府的中心工作，做好反映社情民意、建言献策工作。严隽琪代表民进市委向民进奉贤区支部提出三点希望和要求：一是认真学习领会中国共产党十六届五中全会精神，进一步提高对中国共产党先进性的认识，提高接受中国共产党领导的坚定性，提高与中国共产党团结合作的自觉性；二是立足本职，继续努力在各自工作岗位上起表率作用，为奉贤乃至整个上海教育、文化事业的改革、发展、培养人才服务；三是注重加强自身建设，向兄弟党派学习、向其他区县的民进学习，积极开展活动，坚持围绕大局建言献策，为推进奉贤及上海的经济社会发展、改革开放、城市建设等献计出力。出席成立大会的还有民进市委有关领导，区兄弟党派、工商联和其他区县民进组织有关领导。（倪春花）

12月2日，中国民主促进会上海市奉贤区支部委员会成立。

（统战部　供稿）

工商业联合会（商会）

【概况】 至年底，区工商业联合会（商会）共有会员企业923家，内有团体会员4家，个体会员33家，老会员51家。其中私营企业789

家,占85%;外资企业99家,占10.7%;国内合资联营企业22家,占2%。在会员企业中共有党员393人,占42%;各民主党派人士8人,占0.8%。注册资金总额40亿元和1.3亿美元。区工商业联合会(商会)有执常委120人,其中非公经济人士85人,平均年龄43.7岁。有区人大代表31人、区政协委员45人。(丁佩芳)

【塑造非公经济青年代表人士新形象】 年内,召开非公经济青年代表人士座谈会和纪念抗日战争胜利60周年座谈会,宣传贯彻"非公经济36条",弘扬以爱国主义为核心的民族精神,坚定在中国共产党领导下发展非公有制经济的决心。年内,又选送1名青年代表人士进市委党校学习深造。上海福源智业集团董事长张仁福、上海西渡房地产有限公司董事长陈柄均荣获上海市优秀中国特色社会主义事业建设者称号。有20名非公经济人士被授予"奉贤区优秀中国特色社会主义事业建设者"称号。有26名民营企业家被评为统一战线建功立业先进个人,有2家非公企业被评为统一战线建功立业先进集体。海湾旅游区商会会长兼上海同丰房地产开发有限公司董事长袁永兵被评为首届上海市房地产优秀青年企业家。上海朝昌包装机械有限公司董事长陈建平、员工庄旭东,上海泰日针织厂厂长张剑刚、员工夏丽薇被上海市总工会、上海市工商联评为"关爱员工,实现双赢"活动先进个人。(丁佩芳)

【举行民营企业家文体活动】 年内,与区文广局联合在区社会主义学院举办书画兴趣讲座班,5月举行开班仪式,有20位民营企业家报名参加。举行民企五月赛诗会,上海航星通用电器有限公司、上海华星包装材料有限公司荣获组织奖。举办"福源杯"乒乓擂台赛、"世一杯"桌球赛、"斯尔丽杯"篮球赛为主要项目的民营企业运动会。9月会同区委统战部在会议中心联合举行迎国庆联欢会,各民主党派成员以及工商联执委等300多人参加联欢会。(丁佩芳)

6月6日,区劳动和社会保障局、区总工会、区工商业联合会党员干部联合在区文化广场举办"奉贤区民营企业招聘咨询活动"。(姜林新 摄)

【调查研究建言献策】 年内,以影响非公经济发展的体制性障碍,改善非公经济发展环境的热点和难点展开调研,针对"园区经济"和地域性民营企业集中的板块经济进行调查分析,撰写有关调研报告;结合国务院"非公经济36条"、市政府"非公经济38条"、区政府"非公经济26条"的出台,会同统战部完成了《进一步壮大区非公有制经济发展的措施和建议》的调研报告。撰写了《加强奉贤区非公有制企业文化建设的思考》的调研论文。两会期间,工商联作了题为"关于进一步完善区私营企业主评价机制的建议"的发言。工商联系统的人大代表、政协委员共提出建议提案9件。(丁佩芳)

【任文燕到奉贤调研】 7月27日,全国工商联副主席、市人大常委会副主任、市工商联会长任文燕到奉贤,就贯彻落实国务院"非公经济36条"、市政府"非公经济38条"的具体情况及产业发展开展调研,在听取区工商联的专题汇报后,对区工商联配合区政府出台非公经济实施意见所作出的努力给予充分肯定。(丁佩芳)

【开展专委会活动】 年内,组织机械、服装、箱包、家具、房地产业专委会活动。围绕区2005年社会经济发展形势,介绍宏观调控下民营经济面临的机遇、挑战和应当承担的社会责任,围绕企业管理、企业发展、企业与企业之间的合作与交流,探讨问题,理顺思路,为民营企业在奉贤的新一轮发展中准确定位、确立发展方向提供信息和支持。(丁佩芳)

【缔结友好商会】 坚持"走出去"战略,加强与江浙赣皖等地及市内其它区县工商联的联系。年内,已和安徽宁国市、河南开封市、浦东新区等工商联缔结友好商会,并走访长宁、南汇、浦东新区、普陀区、杨浦区工商联。(丁佩芳)

【加强维权服务】 年内,发挥区工商联法律顾问团的专业优势,强化非公经济法律问题研究,已提炼具有代表性的维权案例8起,涉及金额800万元。(丁佩芳)

【继续推进"光彩事业"活动】 年内,以"扶贫济困、项目开发"为主题,开展光彩事业系列活动。2月3日,召开区工商联一届六次执委会暨光彩事业促进会成立大会,会上动员会员企业支持区"光促会"的工作,通过募捐,"光促会"基金达56万元。在全区非公经济人士中开展"为党分忧,为民送岗"主题活动。年内区非公企业吸纳下、待岗人员及农村富余劳动力8700人。6月6日,动员9家企业委托代理招聘181个岗位。发动100多位区工商联执、常委，为区帮困结对友好县云南省红河州泸西县的200多名高考上线生、西藏萨迦县的40名贫困生、援疆等共计捐款18.1万元。（丁佩芳）

【推进基层商会建设】 年内，对现有的8个基层商会制定达标考核细则，做到有专门办公地点、专职人员、专项活动经费，有活动内容、有信息提供。金汇镇商会已连续五年组织会员企业老总，每逢节假日为敬老院、贫困对象捐款捐物。柘林镇商会以“撑起一片蓝天”为主题开展结对帮困助学活动。南桥镇商会以行业小组为抓手，开展专委会活动，把企业紧紧地团结在镇商会周围，使商会真正成为企业主的“娘家”。庄行镇商会、四团镇商会、奉城镇商会、青村镇商会也组织会员企业开展联欢会、座谈会、送温暖、健康检查、捐款等活动，在活动中凝聚人心。柘林镇在扶贫帮困基金捐赠活动中，非公企业捐助达800万元。年内，在2004年建立上海市箱包皮具行业商会的基础上发展地区性行业商会，在市工业综合开发区组建开发区商会。已在服装行业酝酿组建行业商会。10月14日，南桥镇商会在杨王村工业开发区成立商会，成为区内第一个村级开发区商会。（丁佩芳）

【年内发展新会员102家】 年内，按照“积极发展、注重质量、突出重点、优化结构、动态管理”的原则，注重发展非公企业中行业领先和上规模的企业、纳税大户、获得各类荣誉称号的企业、现代服务业、高科技型企业和外省市来沪的规模型企业为会员，同时吸收行业协会、民办非公企业组织等中介组织成为工商联的团体会员。全年发展新会员102家。（丁佩芳）

【一届六次执常委会议召开】 2月，召开一届六次执常委会议，增补23名非公经济人士进入区工商联班子，增选5名企业家为兼职副会长。（丁佩芳）

区总工会领导五一慰问特困劳模 （总工会 供稿）

工　会

【概况】 年内，区总工会辖有委、局、镇（开发区）工会、直属工会49个，基层工会1369个，其中联合工会315个，涵盖企业3495家，职工204836人，工会会员188267人。区总工会工作机构设法保部、事业部、基层部、办公室和退管所。奉贤区工人文化宫为区总工会直属事业单位。全区新组建工会78个，其中独立工会42个，联合工会36个，涵盖企业930家，净增工会会员45265人。完善劳动关系三方协商机制，牵头召开劳动关系三方协商第四次会议，研讨来奉务工人员权益保障问题；推进平等协商、签订集体合同工作，全区累计签订集体合同3269份，覆盖职工122877人；建立职工维权救助机制，7个镇建立职工援助服务中心，化解职工来信上访的各种矛盾；建立劳动保护、安全生产监督检查制度，区总工会会同区劳动和社会保障局、安监局等部门，不定期地进行监督检查，依法维护职工的合法权益。充实和调整区厂务公开领导小组成员单位，明确成员单位职责；召开厂务公开民主管理工作现场推进会；开展厂务公开民主管理工作抽查，全区国有、集体企事业及其控股企事业单位392家，实施厂务公开、建立职代会制度的单位388家，职代会建制率和厂务公开率达99%；非公企业实施厂务公开960家，建立职代会863家，实施厂务公开率达68%。开展“创建学习型组织、争做知识型职工”活动，举办职工读书活动研讨会，参与读书活动职工5680人；开展初级工商管理资格暨大专学历培训，培训职工220人；评选出“十佳文明班组”、“十佳文明岗位”、“十佳优秀职工之家”和“十佳技术创新能手”；经推荐，评出全国劳动模范2名。举办奉贤区第三届职工文体展示活动，参加职工1641人。开展帮困送温暖活动，元旦、春节期间，全区各级工会慰问困难职工家庭2512家，发放慰问金和实物共计125万元；高温期间，区总工会慰问一线职工9100人，发放慰问金11万元；全区各级工会与276名困难职工子女结对助学，发放助学款13.6万元。构筑职工互助保障体系，区职工救急济难互助基金会共救助153人，发放救助款5.8万元；参加市职工互助保障计划的职工65263人，参保金额415.1万元，医疗给付6922人次，理赔金额370万元。组织职工疗休养活动，有4326名职工参加。建立机关干部联系基层工会制度和工会工作分片例会制度，进一步转变工作作风。加大工会干部培训力度，举办工会干部培训班6期410人次。开展工会工作优秀集体、优秀职工之家和文明班组、岗位的“三级联创”活动，全区创建合

格职工之家268家,15个委局镇(开发区)工会、直属工会获区工会工作优秀集体。(李晓红)

【区总工会一届九次全会召开】 4月8日,区总工会召开一届九次全会。会上,奉贤区委常委、组织部长钱城乡宣布中共奉贤区委关于调整区总工会领导班子的决定。会议审议通过区总工会一届委员会委员、常委、副主席、主席人事任免决定,增选区总工会一届委员会委员、常委、副主席、主席。经举手表决,黄金泉不再担任区总工会一届委员会委员、常委、主席职务;增选张根舟、金国强为区总工会一届委员会委员、常委。根据中共奉贤区委的建议和上海市总工会同意,全会选举张根舟为奉贤区总工会主席,金国强为奉贤区总工会副主席。上海市总工会副主席吴申耀、市总工会组织部部长杜乃根、区委副书记韦源等领导出席会议。(李晓红)

【推进新建企业工会组建工作】 年内,区总工会成立新建企业工会组建工作领导小组,并建立由主席带队,各部室负责人参加的组建工作联络小组,分工负责,分类指导,督促检查各镇、开发区新建企业工会组建工作。基层党政工组织切实加强对组建工作领导,形成"党委领导、政府支持、各方配合、上下协调"的组建工作机制。年初,对全区新建企业工会组建、外资企业工会组建、外来务工人员会员发展等现状进行摸底调查,针对组建工作中的难点、重点问题"对症下药",实现新建企业工会组建工作的"三个突破"(覆盖企业、会员人数的突破,外资、规模型民营企业工会组建率的突破,镇总工会、行业工会联合会、社区工会联合会组建的突破)。召开推进新建企业工会组建工作会议,把组建任务以签订责任书的形式分解到各镇、开发区,明确时间节点及组建目标,基本实现工会组织的全覆盖。积极探索区域性工会组织体制和运作方式的创新,积极筹备镇总工会试点工作及成立纺织行业工会。2005年,全区新建工会组织78家,其中独立工会42个,联合工会36个,覆盖企业930家,净增工会会员45265人。(李晓红)

【1348家企事业单位实施厂务公开】 5月,调整和充实区厂务公开领导小组成员单位,并召开领导小组会议,制定下发《关于进一步推进厂务公开民主管理工作的实施意见》,明确区厂务公开领导小组成员单位职责。8月2日,召开厂务公开民主管理工作现场推进会,典型引路,有序推进。10月中下旬,在全区组织开展厂务公开民主管理工作情况自查抽查,下发问卷1500份,抽查单位362家。全区国有、集体企事业及其控股企事业392家,实施厂务公开、建立职代会制度的388家,职代会建制率和厂务公开率达99%;非公企业实施厂务公开960家,建立职代会863家,实施厂务公开率为68%。(李晓红)

【建立镇职工援助服务中心】 5月,制定并下发《关于加快建立职工援助服务中心的通知》,要求各镇、开发区积极争取党委和政府的支持,确保在10月底之前建立职工援助服务中心。年内,全区7个镇先后建立职工援助服务中心,落实固定场所,配备硬件设施及兼职人员。10月中旬,对7个镇职工援助服务中心进行评估验收,创建工作基本达标。7个镇职工援助服务中心共接待职工来信来访1105人次,为职工做好事、解难事、办实事。(李晓红)

【410人参加工会干部培训班】 年内,区总工会制定并下发《关于加强工会干部教育培训工作的意见》,切实加大工会干部培训力度。通过自主办班、委托办班、条线培训等形式,扩大培训范围,不断提高培训质量,取得显著成效。全年举办工会干部培训班6期,培训人数410人。其中举办基层工会干部培训班2期,培训216人。(李晓红)

【内部资料《奉贤工会》创刊】 7月28日,由市总工会副主席吴申耀题词,区人大常委会副主任、区总工会主席张根舟撰写发刊词的《奉贤工会》(内部资料)创刊。至年底,《奉贤工会》出版3期,共刊登各类工会信息159篇(条)。(李晓红)

【建立工会工作分片例会制度】 年内,区总工会建立工会工作分片例会制度,将49个委局镇(开发区)工会、直属工会分成3个片,分别由区总工会部室负责人担任联络员。分片例会每季度召开一次。该制度出台后,实现上下联动、横向互动的工会工作新局面。(李晓红)

【举办第三届职工文体展示活动】 4月~8月,区总工会举办第三

区总工会举办第三届职工文体展示活动 (总工会 供稿)

届职工文体展示活动，有20个单位的40名选手参加职工交谊舞大赛；有36个单位365人参加“供销杯”职工乒乓球比赛；有32个单位1137人参加创建上海市园林城区知识竞赛；有18个单位99人参加职工桥牌比赛。（李晓红）

【上海奉工旅行社成立】 10月18日，区总工会举行上海奉工旅行社成立仪式，区人大常委会副主任、区总工会主席张根舟和区旅游事业管理局局长蒋德川为上海奉工旅行社揭牌。（李晓红）

【开展劳模健康服务结对活动】 11月26日，南桥镇30位劳模来到南桥地段医院进行健康体检，又与10位医生举行劳模健康服务结对签约仪式。南桥镇有劳模33人，其中60岁以上18人。镇工会对全镇33位劳模落实资深医生结对，开展医疗保健服务，不断提高劳模的自我保健意识和健康保健水平。（李晓红）

【建立帮困送温暖工作长效机制】 年内，粮油总公司工会制订并下发《关于进一步建立健全帮困送温暖工作长效机制的办法》。《办法》规定：帮困类型分大病定向帮困、助学定向帮困、节日临时帮困、一次性助学帮困、一次性赈灾帮困等五种。全年共帮困职工159人，帮困资金5.3万元。（李晓红）

共青团

【概况】 至年底，全区共有14周岁～35周岁青年102990名，其中14周岁～28周岁青年65180名；共青团员17585名，团青比例为26.98%。全区共发展新团员2240名。团区委直属团组织46个，其中团委26个，团工委9个，团总支8个，团支部3个。年内，共青团组织以邓小平理论和“三个代表”重要思想为指导，贯彻落实团市委十二届四次全会精神，树立科学发展观，将“青年为本、以德为先、服务为重、发展为主题”的“四为”工作理念根植于工作中，全面实施“奉贤共青团工作九项行动”，以真抓实干来进一步体现服务大局、服务青年的意识，团结带领广大团员青年为实现区三个文明建设作出贡献。（王　强）

【一届三次全委（扩大）会议召开】 1月14日，团区委召开一届三次全委（扩大）会议。会上，回顾总结2004年度奉贤共青团工作，具体部署2005年度工作，区委副书记韦源到会并讲话。（王　强）

【社区青少年事务管理工作领导小组会议召开】 1月14日，区委、区政府召开奉贤区社区青少年事务管理工作领导小组会议。区委副书记、区社青工作领导小组组长周林官到会并讲话。副区长汪黎明主持会议。会议审议并通过2005年度社区青少年事务管理工作要点及工作考核办法实施意见等。（王　强）

【开展外来农民子女看上海活动】 1月29日，团区委组织52名外来进城务工就业农民子女参加市少工委开展的“万名困难青少年看上海活动”。农民子女参观上海博物馆、东方明珠电视塔和海军上海博物馆。（王　强）

【共青团工作项目招标开标评审会召开】 3月17日，团区委在区会议中心召开2005年度奉贤共青团工作项目招标开标评审会，团市委及区委有关领导组成评审小组，共有31家直属团组织参加竞标活动。（王　强）

【开展学雷锋为民服务日活动】 3月5日，团区委组织南桥地区各直属团组织在“解放路——青年文明示范一条街”上集中举行“讲文明、树新风、学雷锋为民服务”活动，各团组织结合自身特长，开展义诊、义卖、理发、家电维修、自行车修理、法律咨询、税务咨询等服务。同时，开展青年志愿者现场招募活动，当天有100余名青年踊跃报名加入志愿者队伍。（王　强）

【举行高中学生消费者权益保护知识竞赛】 3月21日，团区委联合区消费者权益保护委员会、工商局奉贤分局、区人民法院、区司法局、区教育局和区个私协会举办“奉贤区高中学生消费者权益保护知识竞赛决赛”，区委常委、宣传部长姚海到会并讲话，副区长崔卫中致词。比赛邀请华东政法学院教授吴弘担任评委。（王　强）

【开展社区青少年企业行活动】 4月22日，团区委组织100名社区青少年代表开展“就业、创业观教育企业行活动”。社区青少年先后参观申隆生态园、光伟鞋业、先锋电子、神力、日野、普天等区内较大规模的企业。通过实地参观，教育引导社区青少年树立自食其力、劳动光荣的观念，激发他们热爱家乡、建设家乡的感情，进一步树立正确的择业观。4月28日，20多名社区青少年代表共聚一堂，以座谈的形式交流各自的就业经历以及参观活动的体会。（王　强）

外来进城务工农民子女高兴地在“东方明珠”塔内合影（李　佳　摄）

【开展青少年工作进社区巡回宣传活动】 4月23日,奉贤区社区青少年(社工)工作进社区巡回宣传活动启动仪式在青村镇隆重举行。活动通过社工工作专题版面巡回展示、向居民发放社工工作宣传单和问卷调查等方式,向广大市民和社区青少年宣传有关青少年社会事务工作的理念及知晓率,同时为社区青少年提供社工工作、就业政策、免费技能培训和推荐就业岗位等一系列的咨询服务。区政法委、综治办、团区委以及青村镇、金汇镇等相关单位的领导为社工、青年志愿者、学生志愿者队伍代表授旗。社工工作进社区巡回宣传活动贯穿全年,在区每一个镇及开发区的社区、街道和学校等场所全面宣传。 (王 强)

【纪念五四运动86周年暨先进青年表彰大会召开】 4月27日,奉贤各界青年纪念五四运动86周年暨先进青年表彰大会在上海师范大学大剧院举行,此次表彰大会由团区委和上海师范大学团委联合举办。区委书记张立平到会并讲话。团市委副书记徐枫,区委常委、组织部长钱城乡,区人大常委会副主任庄解,区政协副主席许璇黎等领导和上师大的领导出席会议。各直属团组织党委分管领导,各条战线优秀团员、青年和青年工作者代表,上海师范大学优秀学生代表等近300人参加会议。会上,表彰124名"奉贤区新长征突击手"、33个"奉贤区新长征突击队"以及"上海师范大学红旗团支部"、"上海师范大学优秀团员、优秀团干部"。随后,进行了文艺汇演。 (王 强)

【区第二次少代会暨六一主题集会召开】 5月28日,少先队上海市奉贤区第二次代表大会在区会议中心影剧厅召开。区委副书记韦源到会并讲话。会议总结三年来奉贤少先队工作,并确定新三年少先队工作的方针和任务。选举产生奉贤区第二届红领巾理事会理事,上海市总辅导员沈功玲,区委常委、统战部长、区政协副主席程云华,区人大常委会副主任庄解为新理事授衔。会议审议并通过少代会提案报告。新成立的奉贤区第二届少工委聘请区委常委、宣传部长姚海为名誉主任,聘请区委组织部副部长陆建国、区教育局党委副书记顾生章、少先队名师封惠平为特邀顾问。会议还同时举行自强奖学金捐助仪式。 (王 强)

【举办"奇缘绿色婚典"活动】 5月22日,区创建上海市园林城区指挥部、团区委联合举办"奇缘绿色婚典"活动,来自全区各条线的20对新人代表参加活动。区委常委、宣传部长姚海出席,并为新人们致新婚祝福。新人们通过种植"幸福同心树"等活动,用新时代都市浪漫、时尚、环保的婚礼形式,赋予创建园林城区这一社会系统工程更加丰富的文化内涵,倡导一种文明健康、积极向上的生活方式,宣传和推广绿色文明意识。 (王 强)

参加"奇缘绿色婚典"活动的新婚夫妇种植"幸福同心树"

(区团委 供稿)

【开展第二届"席殊杯"青少年读书月活动】 6月2日,主题为"好书伴我成长"的第二届"席殊杯"奉贤区青少年读书月活动在奉贤工业中专拉开帷幕。全区200余名团干部和青少年代表参加开幕式。读书月活动旨在培养青少年的阅读兴趣,指导青少年怎样去读书、读好书,使青少年养成终身学习的理念,为青少年营造良好的读书氛围。9月12日,团区委在区会议中心举行第二届"席殊杯"青少年读书月活动闭幕式,区委副书记韦源、团市委副书记李跃旗到会并讲话。会上表彰了在读书月活动中获奖的个人和集体,并向进城务工农民子弟学校捐赠了图书。 (王 强)

【新经济组织团建工作】 7月25日~27日,区委书记张立平、副书记韦源一行专题走访调研区"两新"组织党建和群建工作,并专题听取团区委关于"两新"组织团建工作情况汇报。 (王 强)

【单身青年俱乐部举办联谊活动】 7月23日、24日,由团区委主办、南桥镇团委招标承办的南桥青年中心所属的"缘来是你"单身青年俱乐部,组织32名会员开展浙江宁海、象山两天联谊活动。 (王 强)

【特殊青少年夏令营开营】 8月22日,由区教育局青保办主办,团区委、区妇联等单位协办的奉贤区特殊青少年夏令营开营仪式在区会议中心举行。开营仪式结束后,特殊青少年及带队老师一行31人进行为期一天的夏令营活动。 (王 强)

【举行自强学生奖学金发放仪式】 8月23日,团区委在区会议中心举行首次"奉贤区南变自强学生奖学金"发放仪式,来自全区各校50

位品学兼优、家境贫困的学生获得资助，此次活动共计发放奖学金3万元。（王　强）

【开展增强共青团员意识主题教育活动】　9月19日，区委副书记韦源等到团区委调研增强团员意识主题教育活动工作。9月22日，团区委在区会议中心召开“奉贤区增强共青团员意识主题教育活动动员大会”。会议具体部署区增强共青团员意识主题教育活动实施方案。团区委委员、直属团组织负责人、团员代表近200人参加会议。（王　强）

【举办基层团干部培训班】　10月21、22日，团区委组织“奉贤区增强团员意识主题教育活动基层团干部培训班”，邀请市委党校教授唐珏岚，团市委常委、组织部长赵国强，区规划局局长李志宏及知音职业技能培训中心主任王裕如等领导和专家，就十六届五中全会精神、增强团员意识主题教育、奉贤规划及青年心理健康等作专题讲座和辅导报告，并组织团务知识操作互动竞赛和“成就奉贤”团员青年金秋家乡行等活动。（王　强）

【开展“冬日阳光”青春温暖行动】

在团员意识教育活动中，区团组织为困难青少年群体切实提供真情关爱服务。团区委相继组织开展“阳光相伴，健康成长”、“爱心拥抱阳光”、“共享同一片阳光”、“青春热血，互助和谐”等主题活动。据统计，全区各级团组织共发动1600余名团员青年参加活动，探望贫困青少年360余人，服务群众6000余人次，捐款捐物价值18万余元。（王　强）

【开展主题团日活动】　9月29日，奉贤区各级团组织集中开展“增强团员意识，争创园林城区”主题团日活动。团区委组织南桥镇、教育局、卫生局、建委、农委、区直机关、税务局、房地局、水务局、古华集团、公安局等11家南桥地区直属团组织在古华公园、文化广场、新发展绿地等公共绿地集中开展“增强团员意识，争创园林城区”的主题团日活动。通过开展保洁护绿、向市民发放宣传资料、签名等形式多样的活动，为区园林城区创建工作营造氛围。（王　强）

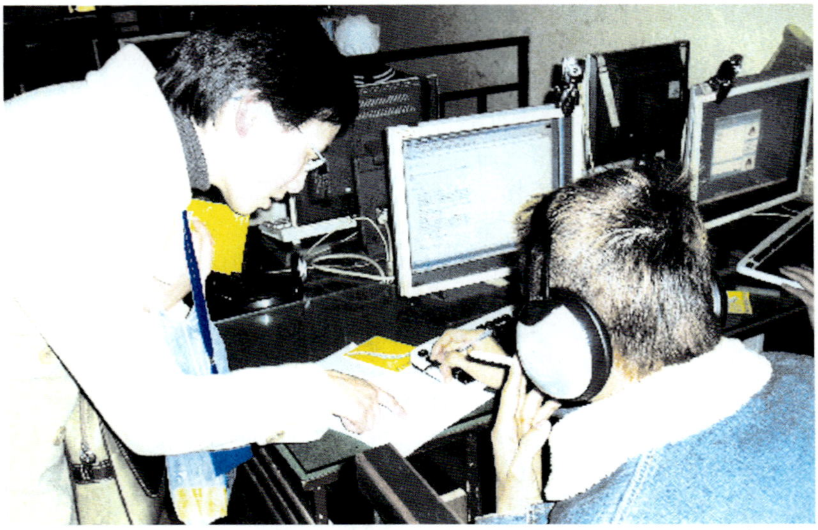

团区委举行冬日阳光活动，图为社工在网吧进行调查。

（团区委　供稿）

【开展广场天天演活动】　十一黄金周期间，团区委与区文广局、海湾旅游区联合举办“广场天天演”活动。组织7所在奉大学的文艺骨干，在海湾旅游区下沉式音乐广场每天为游客奉上一场精彩的文艺表演。（王　强）

【志愿者为特奥会服务】　十一国庆期间，团区委招募大学生志愿者，为在海湾旅游区举行的上海市第六届特殊奥林匹克运动会自行车赛提供志愿者服务。（王　强）

【区第一届学生联合会成立】　12月24日，奉贤区第一届学生联合会成立，共有委员单位13家。区学联将围绕素质教育，按照“自我管理、自我服务、自我教育”，带领青年学生为奉贤的建设发展勤奋学习，奋发成才。（王　强）

妇女联合会

【概况】　年内，区妇联以保持共产党员先进性教育活动为契机，坚持以“三个代表”重要思想统揽妇女工作，深入学习贯彻党的十六届五中全会精神，进一步增强在大局中思考、部署和开展妇女工作的主动性和自觉性。坚持服务大局、服务基层、服务妇女，在提升妇女综合素质、推动城乡妇女统筹发展、参与构建和谐社会等方面，努力使妇联工作更好地体现时代性、把握规律性、富于创造性，更好地发挥党联系妇女群众的桥梁纽带作用。年内，被国务院妇女儿童工作委员会授予“实施妇女儿童《两个纲要》的全国示范区（县）”称号；在市政府实事项目“百万家庭网上行”活动中，累计培训市民25686人，完成市下达三年培训2.4万名信息化市民的任务，完成率107.03%，获市“百万家庭网上行”特别贡献奖，并在“我最喜爱的网站”评选活动中，获得上海市特别优秀组织奖；“母亲健康爱心车”实事工程中，被上海市人民政府妇女儿童工作委员会授予“第四届上海市妇女儿童发展实事奖”荣誉称号；“一村一课”被市妇联评为“2005年度上海市妇女工作优秀项目（品牌）”；创建社区妇女工作顺利通过市妇联的检查验收。

（瞿　蓉）

【区妇联为结对村作贡献】　年内，区妇联为结对村——庄行镇马路村争取到资金13万元，用于该村的道路和水利建设。还积极筹措资金，购买价值1600多元的农民所需的各类书籍，赠送给马路村老年活动室。（瞿　蓉）

【深化“爱心流动车”活动】 年内继续推进“母亲健康爱心车”实事工程，为全区32202名农村妇女进行了妇科病检查，慰问妇科重症妇女52人，金额近6万元。 （瞿 蓉）

母亲健康爱心流动车送检下乡 （区妇联 供稿）

【一届六次执委(扩大)会议召开】 1月28日，区妇联召开一届六次执委(扩大)会议。会上，回顾总结2004年工作，部署2005年工作，并进行“妇女工作金点子征集活动”颁奖和区妇联专家顾问团成立仪式。区委副书记韦源到会并讲话。 （瞿 蓉）

【妇女儿童特殊救助基金成立】 年内，成立奉贤区妇女儿童特殊救助基金。在三八国际妇女节期间，开展“关爱母亲健康工程”后续行动，发动社会各界为贫困妇女募捐，募集资金29.8万元，为患妇科重症的困难妇女及贫困儿童提供资助。 （瞿 蓉）

【扶持女性建立专业合作社】 3月24日，上海引凤珍禽合作社有限公司在奉城镇建国村成立，这是区内第一家由女性领衔的、理事多为女性的珍禽合作社。市三八红旗手、区“双学双比”女能手王引凤以她在区妇联开展的“姐妹互助，传技共富”结对活动中打下的基础，带动周围姐妹走经济组织化之路，使传统的“双学双比”活动焕发新的生命力。年内，全区共成立11家女性专业合作社。 （瞿 蓉）

【推进一村(居)一课教育活动】 围绕文明城区创建活动，深化“一村一课”宣传教育活动，从内容和形式上创新品牌工作的运作模式。4月8日，在柘林镇西湾村举行“创文明城区，做可爱女性”一村(居)一课现场观摩会。至年底，“一村一课”活动基本覆盖全区各村，1.2万名农村妇女接受教育，使广大妇女在“四自”精神、发展意识、文明礼仪、维权意识、健康保健等方面的观念和认识有了提高。 （瞿 蓉）

【市“双学双比”工作专题会议在奉召开】 5月21日，市妇联基层工作部在区会议中心召开“双学双比”工作专题会议。会后，市妇联副主席张静及基层工作部的领导专程到四团镇，实地考察女性小加工企业和女性领衔的专业合作社运作情况，对奉贤区“双学双比”工作给予充分肯定。 （瞿 蓉）

【开展“十优百佳绿阳台”展示活动】 5月21日，区妇联会同南桥镇妇联，在区文化广场联合举行“十优百佳绿阳台”家庭绿化展示活动，对评选出的100家“百佳绿阳台”家庭、10家“十优绿阳台”家庭进行颁奖，并向全区家庭发出倡议书。区四套班子和有关部门领导、各镇(开发区)妇女干部及接受表彰的家庭代表、500多名护绿志愿者出席活动。现场20多块展示“十优百佳”阳台绿化的版面以及家庭种植的植物、盆景等得到数千名参观群众的肯定和赞赏。 （瞿 蓉）

【帮困助学活动再掀高潮】 年内，区妇联争取上海市慈善基金会的资助，使200名困难儿童享受到每学期400元的免费营养午餐；争取市儿童少年基金会的支持，使13名品学兼优的少年儿童享受每人1000元的助学金，并开展儿童节慰问活动，为12名患重病住院的困难学生送上共计7000元的慰问金。在8月28日爱心帮困助学行动日期间，区镇两级妇联联动，为全区1020名青少年募集助学金、奖学金73.96万元，各类学习用品667件，在全区范围内再次掀起“爱心助自强，真情献社会”的帮困助学新高潮。 （瞿 蓉）

【深化妇女儿童维权工作】 年内，开展“三八”维权周活动和禁毒常识进家庭活动，发放“百万家庭学法律”知识读本、禁毒常识小手册、婚检知识宣传单等普法资料2.3万份，组织500多名家庭成员参加“百万家庭学法律”网上知识竞赛活动，开展“提高法律素质，建设和谐家庭”——学法20周年征文活动，不断提高广大妇女依法维权能力。同时，注重完善维权工作机制，为妇女提供法律帮助。年内，区、镇两级妇联共接待妇女来访、来信、来电605件，基本做到件件有着落、事事有交代，办结率达100%。区法律援助中心妇女分中心接待咨询2661人次，提供无偿援助202件。通过社会化维权和个案化维权，发挥妇联组织在维护社会稳定方面的积极作用。 （瞿 蓉）

【外来民工子弟家长学校成立】 年内，区妇联会同教育等部门不断拓展和延伸外来人口家庭教育工作。5月31日，区第一家民工子弟学校家长学校——西渡童梦学校家长学校成立，继后又创建了柘林镇蒲公英学校和福星学校的家长学校。 （瞿 蓉）

【推出“城乡牵手，姐妹互动”活

动】 7月29日，区妇联举办“城乡牵手，姐妹互动”双学双比基地特色水果推介暨联谊活动，市妇联副主席张静等领导、各区县妇联主席、市有关大口单位的妇委会主任等30多人应邀参加活动，区“双学双比”分管领导、副区长俞凯丰到会并讲话。此次活动不仅给城乡姐妹搭建了沟通交流的平台，还为区“双学双比”基地和女性合作社的特色水果打开销路，提高奉贤农产品的知名度。据统计，活动先后吸引市区100多家单位逾2000多人次的参与及合作，基地内的蜜梨、锦绣黄桃以及梨枣等水果销售分别达到3万斤、1万斤和5000多斤，还带动了基地周围其他妇女种养的各类蔬菜、水产、珍禽等农副产品的销售。 （瞿　蓉）

开展城乡牵手，姐妹互动活动。 （区妇联　供稿）

【搭建女性创业服务平台】 年内，区妇联主动出击，积极争取再就业工作优惠政策，支持妇女创业发展。3月16日，全国妇联“半边天”工程——衣之恋洗衣连锁奉贤店在南桥镇揭牌开业。举行“女性就业、创业报告会”，邀请市妇联女性就业、创业巡回培训团来区进行指导培训。依托白玉兰远程教育网，使2000多名基层妇女接受各类技能培训。配合区农委实施农业部推出的新型农民科技培训项目，对2000户农民进行专项培训。扶持引导“双学双比”女能手和致富带头人，创建11个以女性领衔的农村专业合作社，联合周围的农村姐妹同经营、共发展。 （瞿　蓉）

【开展家庭教育实践活动】 年内，以“双合格”为主题，开展家庭教育实践活动。举办0岁～3岁“健康宝宝、快乐家庭”大型亲子活动，促进了家长与孩子之间和谐快乐的亲子关系；召开家庭教育工作研讨会，总结推广家庭教育成功经验；面向全区家长，推出第二轮“万名家长知识更新行动”，邀请“东方讲坛”的家庭教育专家为学生家长作指导，共举办9场大型家庭教育报告会；更新区广播家长学校栏目，丰富《张惠谈家教》栏目的内容；举办《儿童权利公约》培训班，提高儿童权利公约的知晓率。 （瞿　蓉）

【编制妇女儿童发展十一五规划】 年内，通过举办“十五”计划监测评估工作联络员培训、分析重点和难点指标、联合制订攻关方案等，推动了区妇女儿童“十五”计划目标的全面完成。根据市妇女儿童发展“十一五”规划框架思路的总体要求，结合奉贤区经济社会发展“十一五”规划的发展目标，完成奉贤区妇女儿童发展“十一五”规划的送审稿。9月26日，召开奉贤区妇女儿童工作大会。会上，副区长、区妇儿工委主任汪黎明对区“十五”期间妇女儿童工作作总结，对下一阶段工作作部署，区长沈慧琪到会并讲话，为2006年启动实施“十一五”妇女儿童规划奠定基础。 （瞿　蓉）

【举办女干部培训班】 11月18日～19日，区委组织部、区妇联联合举办“奉贤区处级女干部学习班”，共有40多位处级女干部参加学习班。区委副书记韦源专程到场对女干部表示慰问和鼓励，区委常委、组织部长钱城乡，区委常委、统战部长程云华出席开班仪式。 （瞿　蓉）

【开展“万户家庭学法律”知识竞赛活动】 年内，按照市妇联关于在全市开展“百万家庭学法律”活动的通知精神和区开展的“万名农民学法用法”活动的要求，围绕“提高法律素质，建设和谐家庭”主题，从7月开始，在全区妇女中掀起了学法用法的热潮。以村妇代会为单位，经过初赛、复赛，层层选拔，有7个镇的妇女代表队共21人参加决赛。在12月5日的奉贤区“万名妇女学法律”知识竞赛决赛中，柘林镇妇联代表队一举夺魁。 （瞿　蓉）

【一届七次执委（扩大）会议召开】 12月26日，区妇联召开一届七次执委（扩大）会议。会上，区妇联主席吴梅回顾总结2005年工作，部署2006年工作，区妇联副主席沈黎就区“万户家庭网上行”活动进行总结，并对“网上行”实践活动的先进集体予以表彰。区委副书记韦源到会并讲话。 （瞿　蓉）

（本栏目编辑　周生明）

政　　法

【概况】　年内，政法工作坚持以构建和谐社会、创建"平安奉贤"为目标，着力加强社会治安防控、预防违法犯罪和排查调处矛盾"三大机制"建设，充分发挥政法、综治部门职能作用，有效落实政法和维稳各项工作，促进经济建设和社会事业协调发展，继续保持了全区的政治安定和社会稳定。全年，协调处理各类重大疑难案件33件，调处涉法涉诉信访矛盾8件，接待群众来访352人次，办理群众来信27件；编发《奉贤政法情况》19期，《奉贤政法信息专报》5期，《奉贤社会治安综合治理》5期，上报政法、综治情况信息68份。　（仲继业）

【部署开展创建"平安奉贤"】　2004年年底，区委、区政府首次提出以创建"平安奉贤"为目标，统领各项政法和维稳工作的基本思路，并在2004年12月召开的区委一届四次全会上，正式将开展"平安奉贤"创建工作确定为2005年区委的重点工作之一。5月18日，区委常委会专题听取政法委关于开展"平安奉贤"创建工作方案的汇报，就有关组织领导、目标任务、主要举措及经费保障等问题进行研究和决策。6月21日，区委、区政府下发《关于在全区开展"平安奉贤"创建工作的意见》，决定从2005年起至2007年，用三年时间，全面开展"平安镇（开发区）"、"平安社区（村、居委）"、"安全文明单位"创建活动，积极营造"四大环境"（即安定的政治环境、和谐的社会环境、良好的治安环境和公正的法制环境），健全"五大机制"，构建"五大体系"（即以健全经常性严打整治工作机制为重点，构建高效的打击整治体系；以健全预防和减少犯罪工作机制为重点，构建严密的治安防控体系；以健全矛盾纠纷排查调处工作机制为重点，构建有效的疏导化解体系；以健全维稳指挥保障工作机制为重点，构建顺畅的指挥协调体系；以健全普法依法治理工作机制为重点，构建完善的法制保障体系），使奉贤成为上海郊区乃至全市最平安的地区之一。　（仲继业）

【建立健全创建"平安奉贤"工作机制】　区委、区政府建立由区委副书记、政法委书记、区综治委主任周林官为总召集人，区相关职能部门主要负责人参加的奉贤区"平安奉贤"创建工作联席会议，并设立由区委政法委副书记、区综治办主任迟岳峰为主任的奉贤区"平安奉贤"创建工作联席会议办公室（简称"平安创建办"），以及若干个专项工作协调组。年内，平安创建办根据区委、区政府《关于在全区开展"平安奉贤"创建工作的意见》，制定和出台《奉贤区创建平安奉贤工作考评办法》、《奉贤区"平安镇（开发区）"评审标准》、《奉贤区"平安村"评审标准》、《奉贤区"平安居委"评审标准》和《职能部门"平安奉贤"创建工作职责分工》等文件，细化创建工作标准，建立考核评估体系；在《上海法治报》连续四期刊载反映开展"平安奉贤"创建工作情况系列报道，积极营造浓厚的创建氛围。12月27日，区"平安奉贤"创建工作联席会议召开专题会议，总结回顾创建工作情况，对2006年平安建设的主要工作进行部署。　（仲继业）

【"抓稳定、保平安"初见成效】　一是责任意识明显增强，社会治安综合治理工作领导责任制有效落实。二是工作队伍得到加强，有人管事、有人办事的工作机制不断健全。全区13个镇、开发区均建立基层司法所，配备专职干部47人；全区8个镇综治部门均列入政府内设机构编制序列，5个开发区均建立综治办，配备专职综治干部46人；全区270个行政村和84个居委均建有"社会治安综合治理工作站"；全区现有镇级社区保安中队28个，配备队员1190人，270个行政村有239个建立村级保安队，配备队员998人，全区共有护村护楼队652个，人员3867人；共招聘专业社会工作者69人，招募社会帮教志愿者455人。三是工作机制进一步完善，统揽全局、协调各方的能力得到提高和增强。在12月21日市委召开的"全市政法工作会议"上，区委副书记、政法委书记

周林官代表区委作了题为《立足基层、打牢基础、积极开展“平安奉贤”创建工作》的专题交流发言。（仲继业）

【市委副书记刘云耕到奉贤调研】 11月29日，市委副书记刘云耕率市委政法委、信访办、综治办、社区矫正办、禁毒办、青少年事务办等职能部门负责人来奉贤调研维稳、综治、禁毒工作，专题听取区委、区政府主要领导有关工作情况的汇报，对奉贤区开展“平安奉贤”创建工作，积极推进维稳、综治、禁毒工作所取得的成效给予充分肯定。（仲继业）

【维稳工作机制不断完善】 年内，构建排查矛盾“三级网络”，建立健全村半月一排查、镇一月一排查、区一季度一排查和重要时间节点、敏感时期全面排查的工作制度，提高及时发现和预防预警能力，赢得工作主动。构筑调处矛盾“三道防线”，明确和规范党委、政府、职能部门归口办理、分级调处职责，不断强化信访首问责任制、领导包案责任制、调处责任追究制。针对各种不同性质矛盾，探索和采取相应的工作方式，建立健全联合协调机制、部门参与机制、社会动员机制及依法维护信访秩序机制，形成调处化解工作的整体合力。构建化解矛盾“三项制度”，健全和完善政法部门对口联系基层工作制度、政法委领导分工联系工作制度和人民内部矛盾化解工作制度，推动政法部门不断创新工作方法，提高依法调处化解矛盾的能力与水平。检察院不断深化“控告申诉挂牌接待制度”，公安部门认真开展“大接访”活动，法院积极化解交通肇事赔偿案件执行难矛盾，司法局充分发挥法律援助工作作用。年内，全区去市政府集体上访29批539人次，比上年同期45批954人次分别下降35.6%和43.5%。（仲继业）

【维稳宣传不断深化】 年内，坚持每月定期向全区通报社会治安情况，为广大群众提供治安信息和防范知识服务，并抓住区内发生的警示作用强、教育意义大的典型案例，全方位、多角度、深层次地进行以案论法、以理服人的宣传教育，不断增强人民群众的法制观念和安全防范能力；坚持以“社会治安综合治理宣传月”、“6·26国际禁毒日”等专项宣传活动为契机，举办政法干警先进事迹报告会、综治和法制专题讲座、禁毒系列宣传教育、印发综治宣传和安全防范手册、举行综治专场文艺演出，以及送法律到学校、到社区、到家庭等活动，大力营造全社会关心、支持、参与社会治安综合治理工作的浓厚氛围，增强“平安奉贤”创建工作的社会影响力。全年，奉贤电视台“法苑之窗”播出专题片13部，《奉贤报》“法制纵横”刊出文章60余篇，奉贤人民广播电台“法律传真”节目播发稿件80余篇。（仲继业）

5月25日～27日，举办营造“平安奉贤”政法干部培训班。（政法委　供稿）

【举办建设“平安奉贤”培训班】 5月25日～27日，区委、区政府举办建设“平安奉贤”培训班，各镇、开发区党（工）委分管副书记、分管副镇长（副主任）及综治科长、司法所长、信访办主任参加培训学习。培训班围绕区委一届四次全会提出构建和谐社会、创建“平安奉贤”主题，着眼于提高基层政法、综治干部组织开展治安防范、化解矛盾、应急处置工作能力，分别邀请市委政法委、上海警备区、市信访办、市委610办、市公安局、市司法局等单位领导进行维稳形势及业务知识讲座和辅导。区长沈慧琪在培训班上作了《当前奉贤社会经济形势》的报告，区委书记张立平在培训班结束时到会并讲话。（仲继业）

【加强政法工作指导协调】 年内，通过建立疑难刑事案件研讨制度、社会治安情况通报制度、政法部门适时介入重大刑事案件制度和政法部门对口联系基层制度等，加强对全区社会治安形势的分析和判断，及时研究和制定解决突出治安问题的对策措施，统一组织开展严打整治工作，协调各职能部门和基层综治组织的行动，不断健全以阶段性、区域性专项行动为主要形式、政法部门联席会议制度协调保障、基层综治部门牵头组织的经常性工作机制，增强了部门之间、上下之间配合协作、攻坚克难和整体作战的能力，推动打击、整治、防范、降案、维护稳定工作的协调发展。（仲继业）

【深入开展“双争”竞赛活动】 坚持把深入开展“争创人民满意的好单位”和“争当人民满意的好干部”活动（简称“双争”活动）作为推进和加强政法、综治队伍建设的重要抓手，紧紧围绕“建一流单位、带一流队伍、抓一流服务、树一流形象、创一流业绩”的目标和“平安奉贤”创建工作，充分调动和激励广大政法干警、综治干部建功立业的积极性。经过基层推荐、党委审核和区委政法委考察等程序，区法院审判监督庭等19个单位被评为2005年度“争创人民满意先进单位”；吴晓华等25人被评为2005年度“争当人民满意先进个人”，受到区委政法委、区人事局的表彰。 （仲继业）

【开展执法公正专项整改活动】 5月中旬~11月，区委政法委在全区政法系统开展以“规范执法行为、促进执法公正”为主要内容的专项整改活动，并下发《关于组织推进“规范执法行为、促进执法公正”专项整改活动的工作安排》，进一步明确活动的组织形式、阶段内容、工作重点、时间节点及具体要求。政法各部门按照区委政法委的工作部署，坚持把提高干警认识、发动群众参与、营造浓厚氛围作为确保专项整改活动落实的重要保证，认真把握正面宣传的主旋律，大力弘扬政法干警的先进事迹，广泛宣传和发动社会各界参与专项整改活动，增强政法部门和政法干警公正执法、严格执法、文明执法的意识。6月17日，区委政法委举办“奉贤区政法系统‘迎七一·颂先进’——促进司法公正、维护司法权威”专题报告会，并编发《奉贤区政法系统先进事迹汇编》，向社会和广大群众展示政法干警无私奉献的精神风貌和公正执法的职业道德，为推进专项整改活动不断深入打下良好思想基础，形成社会氛围。政法各部门采取从上至下层层排查、深入社区和共建单位征求意见、召开警风警纪监督员座谈会等形式，力求找准在公正执法方面存在的主要问题与不足，并在深入分析原因和危害的基础上，紧密结合本部门的工作特点，认真制定整改工作方案，进一步健全和完善规范执法行为、促进执法公正、加强队伍管理的工作机制。区法院在开展“规范行为树形象——看得见的公正”专题教育基础上，针对执法活动中存在的薄弱环节，制定3大类27项规范性制度，形成以制度促进公正的长效机制；公安奉贤分局以干警执法中容易发生问题的环节和队伍管理教育中的薄弱环节为重点，形成和出台《关于设置警戒线预防民警违法违纪的若干规定（试行）》和《关于在队伍管理中实行“黄牌”警示制度的若干规定（试行）》的“双规定”，形成以制度促管理、以队伍促业务、以素质促公正的互动效应。11月30日，区委政法委专门邀请部分区人大代表、区政协委员对政法系统开展“规范执法行为、促进执法公正”专项整改活动情况进行了检查评估。 （仲继业）

【组织执法案件专项检查】 8月下旬~9月上旬，区委政法委组织对法院、检察院、公安分局近年来办理案件情况进行专项检查。专项检查以容易发生执法问题的岗位和环节为重点，以办案程序是否规范、法律手续是否完备、实体是否公正合理、是否与社会效果有机结合等为主要内容，采取部门自查与集中检查结合、随机抽调案卷和部门交叉检查结合的方法，对统一抽取的80份案卷逐一进行集中审阅和检查，既增进政法部门之间的学习交流，又增强案件检查结果的客观性和公正性。区委政法委将案件专项检查情况通报各政法部门，并提出加强和改进的工作要求。 （仲继业）

社会治安综合治理

【概况】 年内，社会治安综合治理工作坚持以建机制、抓队伍、打基础为重点，以创建“平安奉贤”，提升人民群众安全感为目标，认真落实“打防结合、预防为主、专群结合、依靠群众”的综治工作方针，着力加强社会治安防控体系、预防犯罪工作体系和基层综治组织机制建设，出现了刑事案件稳中有降、人民群众安全感大幅提高的良好局面。公众安全感指数74.58，比上年的71.6上升3.52个百分点，由上年的全市第一五名上升为全市第六名。 （仲继业）

【整治治安突出问题】 年内，紧紧抓住影响治安秩序和公共安全的突出问题，组织协调各职能部门和基层综治组织深入排摸，主动出击，不间断地对网吧及游戏机房等文化娱乐场所、美容美发、足浴场所色情活动、学校及周边治安秩序、外来民工非法办学点及违章校车等进行专项治理，净化社会环境。8月1日，“上海市社会治安突出问题专项整治工作电视电话会议”召开后，迅速建立联席会议制度和专门工作班子，充分调动职能部门、地方党政组织和广大人民群众“三个积极性”，坚持全面治理与重点整治、联合行动与交叉执法、面上指导与明查暗访、集中整治与长效管理的“四个结合”，上下联动，有序推进，取得了阶段性工作成果。至10月底，全区共查处涉黄案件153起；打掉赌博窝点12

8月8日，召开加强来奉人员管理服务，共建“平安奉贤”推进工作大会。 （政法委 供稿）

个,缴获赌资26.62万元;查获涉毒人员110人;查处偷扒案件32起;抓获各类违法犯罪人员390人,其中刑事拘留47人。

(仲继业)

【规范基层综治组织建设】 9月13日,区综治办、区财政局、区人事局联合下发《关于社会治安综合治理组织机构增加人员和落实工作经费的意见》(以下简称《意见》),要求各镇、开发区在现有的基础上,按照辖区常住户籍人口每万人配备1人的标准配齐专职综治干部,其中南桥镇、奉城镇不少于6人,其他各镇不少于4人;并对各开发区的综治机构进行规范,统一增设"社会治安综合治理办公室",配备专职综治干部不少于2人,增加人员的编制从各镇事业编制中调剂解决;《意见》还明确基层综治工作经费保障的标准和渠道,要求各镇按照辖区常住户籍人口每人每年3元~5元的标准,列入镇每年的财政预算;各开发区参照各镇标准,结合地区的实际需要,保障综合治理经费,并列入每年的财政预算;同时明确各镇、开发区的综合治理工作经费,不包括镇级治安联防队和群防群治组织建设,以及技防、物防建设所需要的各类专项经费。至2005年底,全区基层综治组织共配备专职综治干部46人,综治工作专项经费得到有效保障,各镇、开发区先后为综治科(办)配备了工作车辆。

(仲继业)

【深化来奉人员管理服务工作】 6月21日,区委、区政府下发《关于加强来奉人员管理服务、共建平安奉贤的工作意见》,提出了进一步健全综合管理体制、按照600比1的比例配备协管员队伍、在镇一级建立"来奉人员事务中心"、村一级建立"来奉人员管理服务站",以及推行房屋租赁星级管理制度、开展"来奉人员十大杰出青年"评选活动等一系列举措。7月12日,区政府下发《关于批转〈区综治办关于加强来奉人员管理服务机构组织建设的实施意见的请示〉的通知》,对区、镇、村(居委)、企业管理服务机构的设置、人员配备、经费保障、队伍管理等提出要求。区综治办积极探索新办法,先后在南桥镇开展《居住证》发放工作试点,在金汇镇进行"政府牵头、社会投资、集中居住"的来奉人员集中生活点建设试点,在南桥镇各行政村建立来奉人员管理信息平台,在青村镇建立与来奉人员流出地政府共建共管联动机制,并在流动人口较多的青村镇张弄村进行试点,建立村级"来奉人员管理服务站"和专职与兼职相结合的协管员队伍,建立人口信息输入查询平台及相关工作制度,把底数清、情况明、管理好的任务落实到村一级,使地方政府的管理职能和自治组织作用的发挥做到有机结合、优势互补,提高了来奉人员管理服务工作的效率。

(仲继业)

6月10日,召开2005年社会治安综合治理委员会第二次全体(扩大)会议。

(综治办 供稿)

【加强群防群治队伍建设】 年内,针对农村地区区域面积大、农民居住散、流动人员多、治安防范难的特点,按照构建社会治安防控体系要求,着力加强群防群治工作和队伍建设,在充实镇级治安联防队力量和规范护村护楼护厂工作的同时,把社会治安防范工作的重点放到组建村级治安联防队上,不断加大社会治安防范控制的覆盖面。据统计,全区共配备镇级治安联防队员1228名,270个行政村有239个建立村级治安联防队,共有队员998名。全区建立有护村护楼护厂队652个,队员3867名,基本形成镇、村两级治安联防队为骨干,护村护楼护厂队为依托,社区党员、干部、民兵参与的社会治安防范工作网络,增强了全区社会治安面的控制力,为遏制刑事案件的多发势头、提升人民群众安全感提供了有力保证。

(仲继业)

【有序推进预防犯罪工作】 继续加强和推进预防犯罪工作体系建设,认真落实"政府主导推动、社团自主运作、社会多方参与"措施,在各镇建立社工工作站和社区工作点,明确司法局、团委、禁毒办指导条线社工工作和各镇、开发区管理基层社工队伍的职责,建立健全适应辖区预防犯罪工作实际的社工工作目标责任考核制度,基本形成以区预防办、司法局、团委、禁毒办指导协调为主,基层综治组织为依托,社工队伍为骨干的预防犯罪工作格局。8月,在原有10名禁毒社工的基础上,向社会公开招聘9名社工。4月20日和9月9日,先后两次召开"奉贤区推进预防犯罪体系建设司法社工工作情况汇报会",邀请区四套班子领导及人大代表、政协委员、社会各界人士参加,扩大预防犯罪和社工工作的影响力。组织开展"奉贤区优秀司法社工"评选活动,青少年事务社工曹寒梅、卫琴、刘芬桂,禁毒社工周全忠,社区矫正社工屠敏等5位同志被评为2005年度"奉贤区优秀

司法社工”，另有禁毒社工许安平、社区矫正社工陈冬梅、何菊等三位同志获得“奉贤区优秀司法社工提名奖”。（仲继业）

【深化禁毒宣传教育】 坚持以“6·26国际禁毒日”为契机，围绕年内“参与禁毒斗争、构建和谐社会”的禁毒主题，4月18日～24日在全区集中开展“禁毒人民战争宣传周”活动，采取设置禁毒宣传横幅、设点展览禁毒宣传版面、发放禁毒宣传资料等形式向广大干部群众宣传禁毒工作。6月，结合“6·3”虎门销烟纪念日、“6·26”国际禁毒日等重要节点，组织开展“禁毒宣传月”活动，区委副书记、区禁毒委主任周林官在《奉贤报》发表主题文章，奉贤电视台连续播放国家禁毒委制作的禁毒宣传片，区禁毒办在庄行镇举行“葛仕杯”禁毒征文演讲比赛，在文化广场举行大型禁毒咨询宣传活动。年内，全区中、小学及大学都安排和落实禁毒宣传课，组织社区群众和学校师生参加市司法局、市禁毒办举办的“在押吸毒人员现身说法报告会”。9月～11月，区禁毒办在全区组织“防范新型毒品宣传教育巡回展”，举办全区歌舞娱乐场所经营业主“防范新型毒品培训班”，发放150套防范新型毒品宣传图片和1200套禁毒宣传挂图，增强广大人民群众参与禁毒工作和拒绝毒品、远离毒品的自觉性。（仲继业）

【涌现49名见义勇为先进分子】 年内，坚持把奖励和保护见义勇为工作作为组织群众、发动群众参与社会治安综合治理的有效载体，健全和完善“及时发现、及时总结、及时表彰、及时宣传”工作机制，大力弘扬百姓见义勇为先进事迹。区委、区政府在确保见义勇为专项工作经费落实到位的同时，召开年度全区性表彰大会，区领导亲自为见义勇为先进分子颁奖，营造“见义勇为光荣、见义不为可耻”的社会氛围。年内，全区涌现49名见义勇为先进分子，其中10名被评为“上海市见义勇为先进分子”。（仲继业）

【参与市综治先进评比活动】 年内，奉贤继获得2002年～2003年度上海市社会治安综合治理先进区称号后，再次荣获2004年～2005年度上海市社会治安综合治理优秀单位的殊荣。金汇镇、青村镇、共青团奉贤区委、区文化广播电视管理局、上海奉贤海湾旅游区管委会等5个单位被评为2004年～2005年度上海市社会治安综合治理先进集体，迟岳峰、汪鸣、沈国旺、潘军、薛祖国、夏春虎等6人被评为先进个人，受到市综治委、市人事局的表彰。金汇镇获得“2005年度奉贤区维护社会稳定工作优胜单位”，四团镇、青村镇、上海奉贤海湾旅游区被评为先进单位；区人民法院立案庭等69个单位被评为2004年～2005年度上海市奉贤区社会治安综合治理先进集体，韩权民等105人被评为2004年～2005年度上海市奉贤区社会治安综合治理先进工作者。（仲继业）

【“法轮功”习练者成为社会公益事业积极分子】 年内，坚持“帮教小组不撤、巩固教育不断、日常管理不松、生活关心不少”的后续巩固“四不”工作法，实现“法轮功”已转化人员在思想动态和实际行动上的“三个转变”，即由痴迷练功、不务正业向勤劳致富转变，由醉心修法、独立孤行向参加健康文体活动转变，由封闭自锁、偏执行事向热心社会公益事业转变。全区原“法轮功”习练者中有120人参加社区组织的健身队，54人参加文艺表演队，156人参加各种兴趣小组，成为社区活动和社会公益事业的积极分子。（刘翠红）

【13万群众接受反邪教警示教育活动】 2月～4月，在全区范围内开展以“崇尚科学，关爱家庭，珍惜生命，反对邪教”为主题的反邪教警示教育活动。活动期间，共进行29次的宣传提纲培训；举办各类专题宣传活动20余次；发放各类宣传资料5000余份；悬挂宣传横幅27幅；制作宣传版面400余块；编排专题文艺节目1个。将反邪教宣传结合到“三下乡”宣传活动中，展出反邪教图片、分发宣传资料3000份、当场接受群众咨询250余人次，全区约13万群众在活动现场接受反邪教宣传教育。（刘翠红）

【继续开展“三校”反邪教宣传活动】 年内，继续加强对“三校”（社区学校、区委党校、中小学校）内的反邪教宣传教育工作。在社区学校内以张贴反邪教宣传画、开设反邪教课程等形式进行宣传；协调区委党校将反邪教知识纳入各类培训班的培训课程，全年共有1200余名党员干部在党校接受反邪教教育；全区各中小学校（包括外来民工子弟学校）积极开展反邪教征文比赛，1000余名学生参加比赛，10余名学

2月8日，召开2004年度奉贤区见义勇为表彰大会。（张晨龙 摄）

生获得各类奖项。在各中小学校组建“反邪教志愿者队伍”，以“小手牵大手”的形式，延伸反邪教宣传的触角。（刘翠红）

【深入开展反邪教宣传教育】 年内，开展“拒绝邪教、从我做起”板面巡展活动，发放18套展板在全区基层社区和中小学校巡展；在全区组织1000余名干部群众参加市反邪教协会举办的“崇尚科学，反对邪教”知识问答竞赛活动，有21人获得各类奖项；进行反邪教知识培训，6月底至7月中旬，分期分批对各部、委、办、局、集团公司的综治（保卫）干部和各镇（开发区）“610”干部共计80余人进行反邪教知识培训；制作5万只反邪教宣传纸杯分发到各有关单位，扩大宣传教育的覆盖面。（刘翠红）

【全面清理有害气功公开练功点】 年内，对区内仅存的2个有害气功练功点进行全面清理整治，做到发现及时、处置得当，未产生任何负面的社会影响，实现全区无有害气功公开练功点的工作目标。（刘翠红）

【年度考核在全市名列第一】 2005年，区反邪教工作在全市年度目标管理考核中名列第一，其中防范控制、巩固帮教、宣传揭批、队伍建设等多项工作因成绩突出，受到市委610办公室的通报表彰。5篇调研文章上报市委610办公室，其中1篇作为优秀论文被推荐到中央610办公室。（刘翠红）

保　　密

【概况】 年内，区保密工作认真落实中保委第三次会议精神和市保密工作会议精神，强化党政机关干部保密意识教育，健全保密制度，规范保密管理，突出重点，狠抓落实，推进保密工作规范化、制度化建设。全区机要文件缺失量大幅度下降，涉密计算机及其网络系统无重大失密现象，保密工作有了长足进步。（章晓华）

【开展保密宣传教育】 年内，加大保密宣传教育力度。对象以党政领导、机关干部、机要工作人员为重点，内容突出当前保密工作面临的新形势、新情况，在形式上，一是利用会议进行宣传教育。以区委党校、区行政学院为阵地，开设保密教育课，先后对80多名党政领导干部和60多名中青年干部进行保密宣传教育。举办机要工作人员培训班，邀请市机要局、市国家保密局业务处的领导作保密工作专题报告。上门为2个镇和8个部门的党政领导、机关干部以及5个驻军单位官兵宣讲国家安全和保密常识；二是下发保密知识测试卷，对全区200多名党政办主任和机要工作人员、计算机网络管理员进行保密知识测试；三是结合《国家保密法》颁布17周年，在区会议中心和城区主要街道进行安全保密展示宣传。（章晓华）

【区保密工作会议召开】 3月15日，召开区保密工作会议，区委副书记、区委保密委员会主任周林官参加会议并讲话。区委保密委员会副主任、区国家安全分局局长王福生传达中央保密工作会议精神，会议听取区委保密委员会办公室主任、区国家保密局局长俞友裕作的奉贤区2004年度保密工作总结和2005年度保密工作要点和建议报告。副区长毛啸岳主持会议。（章晓华）

【签订保密责任书】 年初，区与各单位、各部门，各单位、各部门与具体保密责任人均签订了保密责任书，建立各级保密责任制，把保密工作纳入年度目标管理考评。经区分管领导同意，下发《保密工作纳入全区社会治安综合治理优胜单位争创活动》的通知，明确规定对缺失机要文件和涉密信息传输有重大失、泄密的单位，实行一票否决制。（章晓华）

【开展保密工作大检查】 8月~10月上旬，由区委保密委办公室、区国家保密局会同区委机要局、区信息委组成联合检查组，在各单位、各部门自查的基础上，对全区66个区级机关、17个区直属公司、8个镇、5个开发区的保密管理工作进行全面检查。检查内容为涉密人员教育管理，要害部门、部位保密管理，涉密载体保密管理，涉密信息传输保密管理等。（章晓华）

【加强涉密计算机信息系统保密管理】 年内，认真落实中保委《关于加强信息安全保障工作中保密管理的若干意见》的要求，加强对政务网的管理，强化涉密计算机信息系统的保密管理，确保涉密网络安全运行和涉密信息的安全保密。严格对涉密软盘、光盘、U盘的管理，做好涉密网络、涉密计算机、涉密磁介质的保密管理。（章晓华）

【加强涉密文件保密管理】 年内，严格涉密文件的收发、登记、传递和保管手续，开展涉密文件管理制度化、规范化建设，堵塞隐患漏洞，严防涉密文件缺失。按照市国家保密局的规定，区国家保密局对各单位的涉密废纸统一回收，送市指定地点予以销毁。（章晓华）

【推进保密工作依法行政】 年内，紧紧围绕党和政府的中心工作和重大活动推进保密工作依法行政，参与党和政府重要会议和重大活动的保密管理，做好保密服务和保障工作；抓好国家保密局《保密要害部门、部位管理规定》和市国家保密局有关配套规定的贯彻落实；抓好国家统一考试试卷保密室人防和技防等安全保密工作，确保区内各类国家统一考试的顺利进行和安全保密；认真履行法律赋予的职责，做到严格依法办事，加大对失泄密事件的查处力度。规范失泄密事件的调查取证、密级鉴定、剖析原因、追究责任、落实整改、及时通报等程序。（章晓华）

【播放《党在我心中》学习资料片】 根据《中共上海市委组织部、中共上海市委宣传部、中共上海市委保密委员会关于收看〈党在我心中〉学习资料片的安排意见》，及市保密局有关工作部署，8月~9月和12月先后两次在全区组织播放《党在我心中》学习资料片，有2万余名党员、干部收看。（章晓华）

（本栏目编辑　周生明）

公安·司法

公　　安

【概况】　年内，奉贤公安系统以增强公安机关"四个能力"（维护国家安全的能力、驾驭社会治安的能力、处置突发事件的能力、为经济和社会服务的能力）建设为主线，积极履行各项公安职能，为维护社会稳定作出了应有的贡献。全年，侦破各类刑事案件2917起，比上年增加24.7%；抓获刑事拘留以上犯罪嫌疑人2329人，比上年增加31.7%。侦破经济案件178起，比上年增加17%；查处治安案件4241起，比上年增加31%，查处率为81.1%，处理违法犯罪嫌疑人员7562人。开展"排堵保畅"等专项整治，共纠处各类交通违法行为157909起，共发生各类交通事故8020起，其中重大交通事故84起，死亡92人。交通管理各项工作在市局考核中位于A级水平。消防管理实行三级消防责任制，深入推进消防进社区工作，加大对重点防火单位的检查，全区发生火灾184起，比上年同期增加5.1%，未发生重特大火灾事故。全年，共收集各类情报信息2500余条，编撰各类预警信息等120余篇。成功破获法轮功案和恶毒诽谤、攻击党和政府的煽动性案件。协助两级政府和有关部门疏导化解各类不安定因素94起，涉及人员6007人。分局维稳专案组被区政府荣记三等功。开展开门"大接访"工作，共接待来访群众62批94人次。坚持从严治警方针，加强队伍日常管理，强化警示教育，组织民警重温"五条禁令"等规章制度，在中层干部队伍中集中开展"忠诚履职"教育活动。全局实施"高压警戒线"和"黄牌"警示制度，强化规范化执法和行为养成。全年共有120名民警和9个单位受到市公安局、区政府和分局的记功嘉奖。

（姜志平）

【严厉打击刑事犯罪】　年内，坚持严打方针，充分发挥打击违法犯罪的职能作用。刑警支队共侦破各类刑事案件2454起，比上年增加31%；其中侦破"八类"恶性案件200起，比上年同期增加45%；侦破命案（故意杀人和伤害致死）16起，破案率为80%；侦破"两抢"（抢劫、抢夺）案件130起，破案率为60%；侦破盗窃案件1736起。先后开展"打黑除恶"、"侦破命案"等专项行动，成功破获安徽籍人员寻衅滋事团伙案、"4·10"聚众械斗案；连续侦破了"3·20"、"3·30"、"4·24"、"4·25"凶杀案；开展遏制毒源、打毒专项行动，破获毒品案件80起，追缴毒品5706.36克，打击涉毒人员77人；不断完善"网上追逃"机制，抓获网上在逃人员216人。全年，共打击处理刑事拘留以上犯罪嫌疑人1320人，其中批准逮捕677人，比上年增加28.2%；决定起诉693人，比上年增加20.3%；批准劳教

4月20日，参加联合国维和任务的奉贤公安分局特警队员顾群欢（中），从维和任务区海地载誉而归。　（张云高　摄）

73 人，比上年减少 34.8%。

（姜志平）

【侦破经济案件 178 起】 年内，坚持“服务在先，控在其中；防范在先，打在其中”的工作原则，先后开展打击“制假售假”犯罪专项斗争、保护知识产权“山鹰”专项行动和打击涉税犯罪专项斗争，全力打击各类经济犯罪活动，先后破获“9·14”非法吸收公众存款案、“9·22”假冒注册商标案等一批有影响的案件。年内，共受理各类经济犯罪案件 476 起，立案 249 起，破案 178 起，分别比上年同期上升 86.7%、31.1% 和 17.1%，破案率名列市郊第一；追缴赃款 2588.5 万元，比上年同期上升 8.7%；打击处理经济犯罪嫌疑人 139 人，比上年同期上升 61.6%；抓获网上逃犯 44 人；侦查终结案件 132 起；收集、上报种类线索情报信息 42 份。深化现代警务运作，建立支队与税务部门处置应急事件的对应联动制和与行政执法部门的对应出警机制，不断提高侦查破案能力。

（姜志平）

【社会治安维稳工作又有新成效】 全年，共查处各类治安案件 4241 起，比上年增加 13.9%，查处率为 81%，上升 10.5 个百分点；打击处理违法犯罪嫌疑人员 8286 人，比上年增加 32%。共排摸处置全区非政治性不安定因素及闹事苗子 228 起，涉及 3108 人。及时处置群体性事件和闹访事件，有效防止矛盾激化，成功处置奉贤化工区部分村民长达半年的闹访事件和奉浦工业区民工闹事事件。坚持打击“黄、赌、毒”等六害违法犯罪活动，成功查处 2004 年“5·28”强迫妇女卖淫案、“11·18”聚众淫乱案等一大批较有影响的案件。“11·18”聚众淫乱案的查处，被评为年度全市治安系统十大精品案件。加强对行业场所的整治力度，年内，对全区 3018 家行业场所不间断的检查、整顿，共处罚违法行业场所 255 家，其中行政罚款 155 家，停业整顿 29 家，取缔 2 家，其他处理 65 家。完成对 168 家特种行业单位年度审核工作。认真做好常住户口管理工作，共初审户口审批材料 4523 份。全面推动“二代证”换发工作，采集“二代证”照片信息 431749 张，完成率 95.3%，排名全市区县分局第二。巡特警支队开展全天候不间断巡逻，共接处警 7580 多次，抓获违法犯罪嫌疑人员 76 人，成功处置“11·28”持刀劫持人质事件。（姜志平）

6 月 16 日，区委副书记、区政法委书记周林官，区委常委、公安奉贤分局局长程一平等领导，分别来到解放路段、南奉路段、南桥路段、人民路段执勤，向过往行人、骑车人发放“文明行路、文明骑车”宣传卡，维护交通秩序。

（陈文辉 摄）

【整治道路交通秩序】 年内，坚持以“服务经济发展大局，提升城市管理水平”为总体目标，开展“规范停车秩序”、“整治交通陋习”、“整治超速超载、酒后驾车”等专项整治活动 26 次。全年，共发生各类交通事故 8020 起，其中重大交通事故 84 起，与上年持平；死亡 92 人，比上年下降 5.15%；直接经济损失 122.94 万元，比上年下降 62.7%。纠处各类交通违法行为 157909 起；查破交通类刑事、治安案件 418 起；打击处理违法犯罪嫌疑人员 514 人；抓获网上在逃人员 7 人。加强道路设施建设，区政府投入专项经费 830 万元，设置隔离设施 23.8 千米，增设信号灯 26 组、交通标志 258 块、安装太阳能黄闪灯 6 套、反光柱 100 根，漆划道路标线 23.2 千米、人行横道线和网格线 2275 平方米，购置流动电子警察 6 套、酒精测试仪 48 套。（姜志平）

【加强消防安全监督工作】 年内，全区共发生火灾事故 184 起，比上年同期增加 5.1%，伤 1 人，火灾直接经济损失 96.17 万元，比上年同期下降 6.2%，未发生重特大火灾事故。以严防群死群伤恶性火灾事故为主要目标，改进和加强日常消防监督和执法工作，积极开展消防安全专项治理，严格查处消防违法、违章行为，共检查防火单位 1747 家，发出各类法律文书 1252 份，查处消防违法、违章案件 489 起，责令停产停业 126 家次，罚款 144.5 万元。推进社区消防建设，对 13 个居委消防工作进行验收，达标率达 100%；加大社会消防培训力度，举办各类培训班 9 期，培训各类消防人员 1291 人；全力推进城市火灾自动报警信息系统联网工作，完成签约 33 家；开展居民防火宣传周活动，发放《居民家庭防火知识宣传手册》1 万份，组织居民灭火逃生演习 15 次；充分发挥派出所三级消防监督管理职能作用，共监督检查单位 6193 家次，查处消防违法违章案件 154 起，推进公安消防站和专职乡镇消防队建设，泰日、江海消防站已经市发改委批准立项，庄行、四团镇专职消防队经区政府批准成立。

（姜志平）

【规范监所管理】 区看守所始终

围绕监所安全这一工作主线，先后开展监所管理整顿和对重点问题、突出问题的整治，不断完善各项工作制度，充分发挥监管场所的职能作用，确保全年监所安全无事故。共收押各类违法犯罪人员3696人，比上年同期增加20%，其中：治安拘留1431人，比上年同期增加15%；刑事拘留2097人，比上年同期增加22%；移送、上解各类违法犯罪人员747人，比上年同期增加30%；刑满释放250人，安全上解150车次。实行监所管理制度化，对24项涉及收押管理、耳目建设、劳动犯管理、监室动态管理的工作制度作了修改完善。实行值班巡视和监控二岗合一的勤务运作，全面掌控监区情况和在押人员动态。在监区营造政治攻势气氛，拓展深挖职能，全年共深挖各类违法犯罪线索314条，从中协破各类刑事案件139起。投入200万元资金，加强监区改造和信息化建设，被公安部评为全国违法犯罪人员信息系统建设先进单位。（姜志平）

【发挥保安辅警作用】 年内，保安公司有从业人员1700人，比上年增加23%；派驻上岗队员1650人，比上年增加23%；承接人防客户184家；区域性报警入网用户1473户，比上年增加61%；完成单件工程55项；金融押运客户7家，比上年增加35%；押运车辆16辆，比上年增加23%。全年，人防各单位为客户进行防火、防盗安全检查23509次，消除各类隐患94起；发现、扑灭火警火险9起；抓获现行违法犯罪嫌疑人58人，从中破获案件50起。处置各类警情信息53479次；制止案件发生125起；抓获违法犯罪嫌疑人25人。值班门卫共截获无证物资出门15次，物资价值41000元。建立现代企业理念的保安服务管理新机制，经国家认证委员会审批，取得了ISO9001:2000国际质量管理体系认证证书。（姜志平）

【开展"滨海铁锤"行动】 9月～12月，奉贤分局为有效遏制辖区刑案高发趋势，切实保障人民群众生命财产安全，在全区组织开展以"抓现行、打团伙、严管理、降发案"为重点的"滨海铁锤"行动。其间，组织全区集中统一清查行动7次，组织区域性清查行动48次；针对地区实际情况，抽调精干力量，成立"反两抢"、"反黑"特别行动队，形成战役铁锤；发挥思想政治工作的作用和优势，开辟专项行动网页，及时宣传民警先进事迹，鼓动士气；充分发挥多警种联合作战合力，快侦快破现行案件。在行动中，共破获各类刑事案件892起，抓获犯罪嫌疑人739人，摧毁各类犯罪团伙63个。（姜志平）

【集中处理群众信访问题】 按照公安部、市公安局关于集中处理群众信访问题的工作要求，从5月18日开始，开展集中处理群众信访问题的专项工作，其间，采取开门接待、电话约访、带案下访、上门回访等多种形式，坚持局长亲自接待工作机制，耐心倾听群众反映，真诚为民释惑解忧。至9月15日，共接待来访群众62批94人次，办结率达100%。其中解决历年疑难信访件10件；为群众解决户口、交通事故赔偿等实际问题30件；侦破刑事案件1起；纠正执法问题2件；为群众挽回经济损失7万余元。通过开门接访工作，信访群众停访息诉59起，停访息诉率达95%；来访群众满意率达100%。（姜志平）

【组织党员民警夜间巡逻】 年内，以"建设平安奉贤"为目标，针对南桥地区复杂的治安形势和夜间警力不足的问题，奉贤分局组织居住在南桥、江海及奉浦地区的党员民警参加义务夜间巡逻，巡逻时间是每周五、周六晚上的20:00至次日凌晨2:00，每夜有60个警力分18个小组，分别在南桥中心城区的6个治安重点区域开展徒步巡逻，其间，分局领导适时实施检查，并对巡逻情况定期通报。至年终，共组织巡逻52次。自开展党员夜间巡逻以来，有效遏制了南桥地区刑案高发的趋势，群众安全感明显提高。（姜志平）

【侦破"3·20"强奸抢劫杀人案】 3月20日晚，奉贤分局刑侦支队接"110"报警称：奉贤区柘林镇发生一起凶杀案，被害人杨志龙（男，42岁）及其女儿杨洁（女，18岁）被勒死后藏于居室衣柜内。接报后，分局即成立专案组开展侦查，在市局刑侦总队及江苏、浙江警方的大力协助配合下，经过12天的连续奋战，先后抓获犯罪嫌疑人强玉新（男，40岁，江苏溧阳市人）、周东景（男，41岁，宝山区人）。据交代，强、周两人经事先预谋携带匕首、手套等作案工具，至被害人住处持刀威胁、捆绑两被害人，并将女被害人实施轮奸后，将父女俩勒颈致死，抢走手机两部、现金1000元后逃离现场。该案的侦破工作在2005年度"刑警803破案奖"评比中获"铜奖"。（姜志平）

【侦破"4·25"劫车杀人抛尸案】 4月25日，四团镇平安社区新四平公路南段发生杀人案，被害人周正楦（男，44岁，浦东新区人），系上海市民防出租公司驾驶员。案件接报后，分局即成立专案组迅速开展侦破工作，在市局刑侦总队、刑技总队及浦东分局的协助下，连续奋战4昼夜，于4月28日在浦东合庆地区将犯罪嫌疑人瞿维忠（男，24岁，奉贤四团人）抓获。经审讯，瞿交待了劫车杀人的犯罪事实。（姜志平）

【查处"9·16"聚众淫乱案】 9月16日，奉贤分局治安支队获悉奉贤悦华大酒店客房内有人进行"溜冰"（吸食冰毒）和聚众淫乱活动线索，即组织支队警力对该大酒店进行布控。于17日凌晨，一举将涉嫌聚众淫乱的8男5女抓获。该案的查处工作在2005年度上海治安系统综合评比中被评为"精品案件"。（姜志平）

检　察

【概述】 年内，区检察工作以加强法律监督能力建设为主线，以维护社会稳定、构建和谐社会为重点，全面加强队伍专业化、执法规范化和管理科学化建设，各项工作取得新的进展。全年共受理公安机关提请批捕案件540件769人，经审查，批准逮捕730人；受理公安机关移送起诉案件576件853人，经审查，提起公诉592件857人。全年共立案侦查贪污贿赂、渎职侵权等职务犯罪案件14件18人。坚持以先进的司法理念为先导，正确处理打击犯罪与保障人权的关系、实体与程序的关系、质量和效率的关系，充分体现宽严相济、区别对待、教育挽救等政策精神，实现严格执行法律和准确把握政策、办案的法律效果与社会效果的有机统一。着眼于长效性机制建设，以诚信廉政、质量效率为核心的评价机制、“三优四规范”（三优：工作优秀、作风优良、环境优美；四规范：职业道德规范、工作机制规范、操作程序规范、检务公开规范）管理机制和单项工作突破拉动整体工作提升和发展的争创机制为特色和抓手，提升基层院管理层次和水平，全面推进基层检察院建设。认真开展保持共产党员先进性教育活动和“规范执法行为、促进执法公正”专项整改活动，结合检察队伍和业务建设实际，把提高队伍的法律监督能力作为重要内容，深入查找在执法思想、执法行为、工作作风等方面存在的突出问题，主动走访有关单位及各镇、开发区，听取干部群众对检察工作及队伍的意见和建议，并公布热线电话、电子邮箱，广泛接受社会监督，进一步促使队伍心系群众、公正执法、廉洁从检。以班子届中考核和副检察长述职评议为契机，强化领导班子自身建设，发挥领导核心和表率作用。年内，区检察院再次被评为市级文明单位。（倪　莎）

【保持“严打”高压态势】　年内，共批捕犯罪嫌疑人730人，提起公诉857人，其中批捕杀人、抢劫等“八类”严重刑事犯罪和破坏市场经济秩序犯罪嫌疑人199人、起诉200人。加大对严重刑事犯罪的打击力度，全力维护社会稳定。积极配合公安机关开展打击“两抢”犯罪、毒品犯罪、涉黑涉恶犯罪以及“滨海铁锤”等专项行动，采取重点案件适时介入侦查、参加疑难案件讨论以及召开联席会议等方法，引导侦查取证。着力构筑社会治安信息平台，与公安机关建立信息传输制度，畅通信息渠道，增强打击合力。快捕快诉强玉新、周东景故意杀人案、“7·28”麻醉诈赌案、“11·8”交通肇事案等多起社会影响大、危害严重的重特大刑事案件。（倪　莎）

【加大职务犯罪查案力度】　年内，共立案侦查职务犯罪案件14件18人。其中贪污、挪用公款案4件6人，贿赂案8件10人，渎职侵权案2件2人，大要案9件。坚持以重点查处有影响、群众反映强烈的职务犯罪等大要案有突破，同时一手抓办案规范，一手抓办案安全防范的工作思路，立案查处区中心医院原院长受贿要案和原奉贤建设实业公司经理贪污大案。坚持“抓系统、系统抓”的查案模式，着力在增强发现线索、利用线索的能力上及突破案件的水平上下功夫，先后在殡葬行业和粮食系统挖出一批窝案串案，实现线索利用价值最大化。按照“两高”《关于在办理受贿大要案的同时严肃查办严重行贿犯罪的通知》精神，注意对行贿犯罪的打击，先后立案查处4名行贿犯罪嫌疑人。认真贯彻落实高检院部署的积极开展集中查办破坏社会主义市场经济秩序渎职犯罪专项工作，向区委领导专题汇报，会同新闻媒体加大宣传力度，扎实推进专项工作。（倪　莎）

举行全国文明接待室揭牌仪式　　（检察院　供稿）

【依法履行诉讼监督职能】　年内，坚持常规性刑事立案监督与“制售假冒伪劣商品和侵犯知识产权犯罪专项立案监督”相结合，借助行政执法与刑事司法相衔接机制平台以及内部线索移送制度，推进立案监督工作，共发出《说明不立案理由通知书》9份，立案监督的假冒注册商标案受到高检院的肯定。强化侦查活动监督，不批捕37人，追捕追诉12人，改变定性26人，建议撤回起诉19人，发出书面纠正违法1份。刑事审判监督有突破，按审判监督程序对一起故意伤害案件提请抗诉，获市检一分院支抗。加强刑罚执行和监管活动监督，建议收监执行有严重违法行为的缓刑犯3名，纠正在押人员刑期折抵差错1件，配合有关部门有效防止一起在押人员欲于开庭押解途中脱逃事件。民事审判和行政诉讼监督中，向上级院提请抗诉和建议提请抗诉3件，发出再审检察建议2份。（倪　莎）

【推进预防职务犯罪工作】　年内，认真贯彻落实《实施建立健全教育、制度、监督并重的惩治和预防腐败体系实施纲要》，结合办案开展个案预防立项9件，通过深入的法制宣传、及时的检察建议和适时的跟踪回访，帮助案发单位防微杜渐，从源头上抓好防范。积极拓展预防领域扩大预防覆盖面，在国有企业和卫生、税务等行业实施系统预防，放大预防效果。《预防国企改制过程中职务犯罪》专项预防课题，被列入区科学技术发展基金项目。加大廉政警示教育力度，配合区有关单位先后组织300余名党员干部参观“三珍惜”（珍惜前途、珍惜名誉、珍惜家庭）教育基地。积极参与区保滩工程，开展同步预防，实现创“双优”目标。与区纪监委、国资委加强协作配合，建立预防职务犯罪工作机制，促进工作深化。（倪　莎）

【参与社会综合治理】 年内，坚持打防并举，立足检察职能，积极参与社会治安综合治理工作，发出检察建议书29份。开展“反赌博、防诈骗”专项治理活动，研究“印章身份证”技术，预防假章、假证诈骗犯罪。继续探索未成年人刑事检察“捕、诉、防”一体化办案机制，会同团区委聘请17名社会调查员，有效利用社会资源开展对罪错未成年人的诉前考察，强化帮教效果。主动参与预防和减少犯罪工作体系构建，组织青少年事务社工来院跟班学习培训，为提高社工的社区矫正能力提供服务。（倪　莎）

【加强法律监督能力建设】 年内，自觉地把加强法律监督能力建设贯穿于各项工作之中，针对不同层面、不同岗位，各有侧重地抓好落实。推出检委会听庭评议、主诉主办检察官与青年干部列席检委会旁听讨论、邀请人大代表旁听庭审等活动，举办主诉主办检察官培训班，强化综合素质和办案能力的锻炼和提高。继续开展“人人争取成才”专题调研活动，强化理性思考和调查研究的能力培养。重视干警的教育培训，支持干警参加司法考试、检察员晋升考试和攻读法律硕士，营造浓厚的学习氛围。开展案件质量展评、优秀公诉庭和法律文书评比等竞赛，积极组织干警参加市院业务条线的岗位培训和岗位练兵活动，着力提高队伍的综合素质和履行职责的水平。（倪　莎）

6月20日，区人民检察院举行接受人民群众举报宣传活动。（检察院　供稿）

【开展专项整改活动】 年内，开展“规范执法行为，促进执法公正”专项整改活动，坚持把先进性教育“回头看”、加强法律监督能力建设融入到专项整改活动中，突出找问题与抓建设、重整改与促提高、建制度与推工作、改作风与树理念的结合，认真查找和解决执法工作中存在的突出问题。先后召开专项整改活动推进会，通报在执法规范、办案作风、执法水平、队伍管理等四个方面查摆出的问题，明确整改措施；按照“着眼于建设、着力于规范”的要求，对全院工作制度进行全面清理，结合实际修订制定制度10余项；组织全体干警认真参加执法考试，取得人人过关的良好成绩。坚持开门整改，邀请人大代表、政协委员旁听庭审、视察办案监控实况，上门听取廉政监督员、人民监督员意见建议等，确保查摆整改更贴近民众心声；坚持督促检查，对现有制度和规范性文件的执行情况进行检务效能监察，切实维护制度和规范性文件的严肃性和有效性，确保专项整改措施落到实处。（倪　莎）

【全面落实首办责任制】 年内，成立院首办责任制工作领导小组，建立健全分级负责制度，强化内部机构的分工合作，规范部门间案件移送、信息反馈、催办督办等联系沟通，形成“大首办”工作格局。以开展处理群众涉法上访问题专项活动为契机，在全市率先推出《首办责任人员接待制度》，与控告申诉挂牌接待模式和季度例会通报制度有机结合，通过定期催办、定期考核和定期通报等措施，努力把问题解决在首次办理环节，促进接待化解处置能力和工作质量的不断提高。依法妥善处理群众来信来访199件，及时消除两起村民集体访等不安定因素。耐心细致地做好息诉释法工作，圆满解决两起缠诉多年的民事申诉案，实现了“零上访”的工作目标。（倪　莎）

【深化诚信评价机制】 年内，制定《深化和完善诚信评价机制的意见》及实施细则，突出“诚信立检”理念，坚持“以诚强德、以诚促队、以诚兴院”原则，大力加强检察诚信建设。强化对诚信履职情况的检查和考核，采取自评与分管领导、评价领导小组双重评价的方式，对检察干警诚信执法、诚信与民、诚信为人、诚信守纪的情况进行科学客观评价，确定诚信评价等级。加强检察诚信道德教育，挖掘和树立身边的诚信典型，开展“诚信标兵”、“诚信好事”等评选活动，切实增强干警的诚信意识，努力培养诚信习惯，自觉遵守诚信原则，努力塑造检察机关的公正形象。（倪　莎）

【建立检察官业务档案】 年内，加强检察业务人才的培养力度，进一步完善检察业务考核机制，建立检察官业务档案。将助理检察员以上办案人员办理重特大案件、追捕、追诉、抗诉情况等有关办案资料以及与业务有关的考核、奖惩材料收集归档。由检察委员会成员组成评估小组，根据办案数量和质量、检察调研论文发表情况以及在各项业务竞赛评比中的成绩等内容对检察干警的办案情况和业务能力进行全面评估，评定结果与干部晋升、奖励等挂钩，促进干警办案水平和执法能力的提高，推进队伍专业化建设。（倪　莎）

【加快信息化建设步伐】 年内，全面完成检察二级专线网工程建设，利用院局域网、检察二级专线网、区政务网组成的网络平台和视频会议的开通，实现信息传输方式的转变。全面启用案件动态管理系统，实行办案笔录、会议记录“电子版”，运用网上督办、派车等手段强化检务保障。加强信息化基础技能培训，进行电脑打字速度测试，举办快速汉字输入培训班，开展数字化网络监控系统操作、动态网络信息上传等培训，切实提高信息化应用和管理水平。市检院领导对区检察院在信息化建设中抓基础强应用的做法给予充分肯定。（倪　莎）

【“3·15”办案组荣记三等功】 区检察院侦查监督科办案组在办理犯罪嫌疑人丁某某等人以百家乐形式赌博的“3·15”专案中，及时介入案件，引导侦查取证，充分发挥捕诉联动机制的作用，提高办案质量和效率。并就办案中有关定性、法律适用等问题开展调研，为全市办理赌博类案件起到指导作用。该案批捕的10名赌场受雇人员最终均以赌博罪共犯罪被认定和判刑。针对此案反映出的社会问题，办案组还积极开展法制宣传，进行综合治理，取得良好的社会效果。办案组被市检察院授予集体三等功。（倪　莎）

审　判

【概况】 年内，区人民法院充分发挥审判职能作用，践行“司法为民”的宗旨，坚持“公开、公正、高效”的原则，进一步加快案件审理，提高审判质量，加大执行力度，改进审判作风，规范司法言行，树立公正形象，圆满完成各项工作。全年共受理各类案件10449件，审结10132件，同比分别上升24.29%和21.11%，已结案件诉讼标的总金额4.46亿元，均创历史新高。面对居高不下的收案形势，法院以着力保持收结平衡、提高审判质量为中心，进一步深化审判改革，完善案件流程管理机制，并通过强有力的思想政治工作调动干警的积极性，尽力完成审判任务，促进案件流转良性循环。以维护社会稳定大局为己任，积极预防和化解社会矛盾。严厉打击严重刑事犯罪活动，依法保护公民的人身安全和合法财产，努力体现“惩办与宽大相结合”的刑事政策和“罪刑相适应”的原则，公正、公平地适用法律。围绕“公正、效率、便民、规范”的总体要求，进一步端正民事审判指导思想，正确适用法律，规范案件审理，及时审理各类一审民事案件。坚持“能调则调，当判则判，调判结合”的原则，将调解作为解决纠纷的重要方式，从庭中、庭后调解向庭前调解延伸，努力通过各种途径化解社会矛盾。以“程序实体依法有据，司法言行无懈可击”为标准，规范做好审判工作的每一道程序。以“精案精审”活动为契机，狠抓行政案件的规范化审理工作，着重放在“庭审驾驭能力”、“法律适用能力”和“裁判文书制作能力”三个方面，切实提高行政审判的质量。树立正确的执行指导思想，常规工作常抓不懈。坚持执行长联席会议制度，完善领导指导、执行长衔接、承办人落实的网络化工作模式，坚持裁执分离、分类执行、专人查询、查封等执行力量整合措施，尽一切可能缓解“执行难”。依法纠错，注重再审案件法律效果与社会效果的统一。文书检查、案件检查等常规工作，敢于暴露自己的短处，及时纠正。按《上海市高级人民法院案件质量内部监督检查实施细则》要求，完成每季度案件抽查工作。继续做好全部改判、发回重审案件的检查、评析工作，认真客观地分析案件被改判、发回的原因。大力开展以保持共产党员先进性教育活动为重点的思想政治工作，配合“规范行为树形象——看得见的公正”主题教育活动，落实《法官行为提示》。采取请进来、走出去等方式，增强思想政治工作的针对性和有效性，带动全院干警忠实履行审判职责，切实把“三个代表”重要思想在各项工作中落实好、贯彻好。认真贯彻《2005年～2009年上海法院教育培训规划》，研究制定全院和各部门新一轮教育培训工作计划。加强对法官的岗位培训和业务讲评，不断为法官加油充电，提高审

5月4日，区人民法院院长苏永侃带领人民陪审员庄严宣誓：积极履行好法律赋予的神圣职责。（刘　斌　摄）

判业务技能。强化外部监督制约机制，增强队伍拒腐防变能力，深化宗旨教育，深入贯彻《中国共产党党内监督条例（试行）》和《中国共产党纪律处分条例》。进一步完善与人大代表的联络和特邀监督员工作制度，年内邀请人大代表旁听案件审理2次、视察3次，适时组织人大代表参与案件执行、接待及调解活动。（万剑峰）

【坚持“严打”方针不动摇】 年内，受理刑事案件568件，审结560件，同比分别上升33.02%和30.54%。判处罪犯788人，其中五年以上有期徒刑的65人，同比分别上升29.39%和10.17%。坚持“严打”方针不动摇，始终将斗争锋芒对准严重危害人民群众生命安全和财产安全的犯罪活动。严厉打击在完善社会主义市场经济体制过程中发生的各类经济犯罪，审结该类案件50件62人。继续加大力度打击“黄、赌、毒”犯罪，审结该类案件50件83人。在“6·26”国际禁毒日之前，集中对3起贩毒案件的4名被告人依法严惩，震慑毒品犯罪。对在区内有一定影响的“11·8”特大交通肇事案，及时组织力量，慎重下判，以交通肇事罪判处被告人有期徒刑五年。同时，受理利用“三唑仑”麻醉诈赌500万元的21人赌博案以及非法出售发票等一些新类型案件。注重对新情况、新问题的研究，严把案件事实关、程序关和法律适用关。做到宽严相济，充分发挥刑事审判打击犯罪、保护人民的司法功能。加强同公安、检察机关的联系，建立检法联席会议制度，共同对重大疑难案件进行研讨，形成打击合力。继续推行对被告人认罪案件的简化审，提高刑事审判效率。（万剑峰）

【受理民商事案件6757件】 年内，受理民、商事案件6757件，审结6533件，同比分别上升25.59%和23.68%。坚持“便民、稳定、调解”的指导思想，克服案多人少的矛盾，以维护社会稳定、构建和谐社会为己任，妥善审理好农村土地承包经营合同纠纷、农村征地补偿款纠纷、农村宅基地房屋转让纠纷等涉农案件，共审结366件，取得良好的社会效果。以维稳为重心认真审理动拆迁纠纷和劳动争议纠纷，加强与有关部门的协调和沟通，既维护动拆迁当事人和农民工的合法权益，又保障依法行政和企业正常经营，共审结该类案件345件。精心审理涉及人民群众切身利益的婚姻家庭类案件，注重保护妇女、儿童、老年人及无过错方等弱势群体的合法权益，共审结1189件，有力地推动良好社会风尚的形成。如审结的一起无效遗嘱继承案件先后被中央、市、区电视台播出，收到良好的普法效果。对一些可能引发矛盾激化的群体性案件，及时审理，耐心疏导，把矛盾化解在萌芽状态，维护社会稳定。（万剑峰）

【受理行政案件34件】 年内，受理行政案件34件，审结35件，同比分别上升70%和94.44%。坚持维护行政机关依法行政与保护当事人合法权益并重的原则，积极稳妥地处理不服商标侵权处罚、不服公证处理决定等多起新类型行政案件。在审结的35件行政案件中，其中判决维持行政机关具体行政行为的7件，判决撤销的2件，判决驳回起诉和诉讼请求的8件，因行政机关改变具体行政行为原告撤诉的4件，原告自动撤诉的6件，其他方式结案的8件，维护和促进了行政机关依法行政。（万剑峰）

【受理执行案件3054件】 年内，受理执行案件3054件，执结2978件，同比分别上升19.44%和13.97%；执行到位标的额2.06亿元，同比上升64.24%。积极推行公开执行，大力加强执行规范化建设，对债权凭证、执行听证、执行款项管理、执行期限作出更为详细的规定。结合“规范执行行为，促进执行公正”专项活动，开展执行整训，认真进行自查自纠，切实推进执行公正形象化工程；全面实施执行长负责制和疑难案件讨论制，强化执行长对案件质量、案件执行期限的管理；不断加大执行力度，全年共开展两次集中执行，重点对一些老大难案件进行清理，共执结252件，维护人民法院生效判决的严肃性。（万剑峰）

【处理信访13690件次】 年内，以稳定为重点，坚持不懈做好信访工作。共处理群众来信907件，接待来访12783人次。对信访中发现有矛盾激化萌芽的，及时处置。坚持院庭长周四接待制度，认真耐心接待来访群众。始终坚持“防治结合，以防为主”的原则，将排摸和化解矛盾工作列入目标管理考核范围，对有矛盾激化倾向的案件，制定特殊情况处置预案。继续加强信访工作制度建设，健全领导机制、工作衔接机制、专项工作汇报机制和信息反馈机制、信访跟踪督办机制等一系列有效制度。认真做好涉法上访工作，对于确系无理缠诉、闹访、非法上访的当事人，在积极疏导的同时，依法处理，维护正常信访秩序。（万剑峰）

【民事案件调解撤诉率达43.8%】 年内，认真落实最高法院关于化解社会矛盾、维护社会稳定的要求，坚持在第一时间把矛盾化解在基层，消灭在萌芽状态。建立审前调解制度，在案件流程管理中设置审前调解环节，送达、执行财产保全裁定的同时即行调解，取得较好效果。建立调解考核制度，把调解工作开展情况列入目标考核中，通过激励机制提高审判人员开展调解工作的积极性。提高调解技能，通过参加培训、召开诉讼调解实务专题研讨会等方式，总结经验，交流体会，促进调解水平的提高。全年民事案件调解、撤诉率为43.8%，使一大批案件得到较好的处理。（万剑峰）

【建立检法联席会议工作制度】 年内，为进一步加强检察机关与审判机关在刑事诉讼中的相互联系、相互配合，不断提高刑事审判的质量，区法院与区检察院协商后建立检法联席会议工作制度。联席会议原则上每季度召开一次例会，同时，根据需要召开临时会议。联席会议参加人员为检察院分管检察长、公诉科科长、主诉检察官、内勤;法院分管院长、刑庭庭长、合议庭审判长、内勤。会议内容为由法院通报一个季度在审判工作中发现的办案质量上存在的问题,由检察院通报审判监督中发现的问题,以利相互督促,共同提高;对实际工作中遇到的新类型案件、疑难复杂案件、有重大社会影响的案件相互通报,对检法两家有争议的案件进行协商;结合形势需要,对严打、专项整治行动、社会综合治理等有关事宜进行沟通,有效采取措施,形成打击合力;对新的司法解释、执法理念等互通有无,加强研讨,达成共识。（万剑峰）

【滕一龙参加法院新大楼建筑方案评审会】 9月21日,市高级人民法院院长滕一龙视察区法院基础设施建设项目,并参加关于奉贤法院新大楼建筑方案评审会议。区长沈慧琪等区领导陪同。会上,滕一龙一一查看区法院新大楼的各个设计方案,并仔细听取接待人员对方案的分析解说。他指出,法院新大楼的建设既要体现法院庄严肃穆的特色,确保实用性,符合中央关于法院法庭建设的规范,又要有一定的时代特色。他强调要加快奉贤法院建设工程的进程,为进一步实现"公正司法,一心为民"的目标提供有力的物质保障。（万剑峰）

【奉贤区人民法院审判大楼工程奠基】 12月18日,奉贤区人民法院审判大楼奠基仪式在南桥镇解放东路近金海路处举行。市高院院长滕一龙,高院党组成员、政治部主任顾伟强等专程赶来祝贺,区委书记张立平、区长沈慧琪等区领导及市、区有关部门和设计、代理单位领导等50多人出席奠基仪式。区法院审判大楼占地面积2.2万多平方米,批准总建筑面积约1.9万平方米,建成后的审判大楼拥有大、中、小审判法庭22个,还拥有立案、信访、调解、候审场所等,将大大方便公民、公诉人、辩护人之间进行诉讼活动,成为奉贤法制宣传的重要窗口。（万剑峰）

【培训人民陪审员】 4月22日,区法院举行人民陪审员培训开班仪式,区人大常委会副主任张根舟、薛德初、李吉瑞、庄解等出席,并为20名人民陪审员颁发任命书。薛德初宣布区人大常委会的任命决定。在开班仪式上,院长苏永侃就如何发挥人民陪审员的积极作用进行动员。开班仪式结束后,法院组织人民陪审员进行为期3天的业务培训,介绍刑事、民事及行政诉讼的相关知识。（万剑峰）

【区人大代表旁听庭审】 11月22日,16名区人大代表在区法院旁听被告人季某某涉嫌行贿一案的庭审。检察机关指控:2002年7月,被告人季某某的个人施工队挂靠上海欣业建筑工程公司,为表示感谢和得到业务上的关照,先后3次向公司领导王某等行贿共计7万元。庭审活动结束后,区人大代表与承办法官进行座谈,区人大代表对庭审程序规范、实体公正表示满意,同时就进一步提高庭审质量,更好发挥审判工作的法律和社会效果,提出意见和建议。（万剑峰）

【集中宣判3起贩毒案件】 6月24日,区法院为配合"6·26国际禁毒日"活动,对被告人唐甲、唐乙等3起贩卖、运输毒品案进行集中宣判。2005年2月间,被告人唐甲、唐乙等先后多次向吸毒人员出售海洛因,其中,被告人唐甲贩卖毒品7次计0.6克;被告人唐乙贩卖毒品3次计0.4克,同时在被告人住处缴获海洛因0.86克。法院依法分别对被告人唐甲以贩卖毒品罪,判处有期徒刑5年,并处罚金1万元;对被告人唐乙以贩卖毒品罪,判处有期徒刑1年6个月,并处罚金3000元。2003年3月23日,被告人倪某向吸毒人员出售毒品海洛因0.1克。次日中午,被告人倪某与吸毒人员电话联系后,派人携带毒品海洛因0.36克,在等候吸毒人员时被公安人员抓获。公安人员从被告人暂住处缴获海洛因3.06克。法院依法对被告人倪某以贩卖毒品罪,判处有期徒刑1年6个月,并处罚金3000元。（万剑峰）

9月21日,市高院院长滕一龙(左六)等领导出席奉贤区人民法院审判大楼开工奠基仪式。（刘斌 摄）

【审结"11·8"特大交通肇事案】 年内,区法院审结"11·8"特大交通肇事案件。2004年11月8日早晨6时30分许,被告人陈某某驾驶浙A31676大货车,沿大亭公路由西向东行驶至奉贤区青村镇钟家村路段时,为超车而借道驶入对向车道,与沿大亭公路由东向西行驶的沪AC8512小货车相撞,致使小货车驾驶员及车上乘客等26人受伤,10人送医院抢救无效而死亡。经公安机关认定,被告人陈某某负事故主要责任。法院以交通肇事罪判处被告人陈某某有期徒

刑5年。（万剑峰）

【审结虚开增值税专用发票案】 年内，区法院审结被告人吴某某、江某某虚开增值税专用发票一案。两被告人均是台湾籍人士，被告人吴某某系上海心敏贸易有限公司经营者，被告人江某某为该公司员工。2002年2月至2004年5月，被告人吴某某在经营上海心敏贸易有限公司期间，为偷逃国家税款，采用支付开票的手法，通过被告人江某某介绍，让他人为其虚开上海允坚贸易有限公司、上海淳碧经贸有限公司等多家单位的上海市增值税专用发票123份，价税合计2314646.46元，其中税额336311.89元，均已申报抵扣。被告人江某某非法获利2万余元。（万剑峰）

【审结非法行医致人死亡赔偿案】 年内，区法院审结一起受到媒体关注的非法行医引起的人身损害赔偿案。2003年10月，死者金某去被告康某处看病时，提到自己平时经常感觉手发麻，脚跟刺痛，被告康某即给金某诊治，并开出中药处方，由金某至药店抓药服用。此后，金某因腹痛、腹泻伴恶心等症状至各大医院治疗。2004年4月，金某因内分泌失调、肠功能紊乱而死亡。被告康某无行医资格，系非法行医，故死者家属提起诉讼，要求被告康某赔偿医药费、死亡补偿金等各项损失20余万元。审理中，被告康某承认自己系非法行医，但认为金某的死亡与其治疗行为间无因果关系，故不同意承担赔偿责任。经审理后法院认为，原告认为被告康某的非法行医行为破坏金某的肠胃功能，造成金某肠功能紊乱而死亡，但原告提供的证据尚不足以证明两者之间存在因果关系；而被告康某系非法行医，其亦不能提供证据证明对金某采取的治疗措施是合理的，故根据公平原则，对死者金某死亡补偿金及丧葬费损失由被告康某给付原告5万余元。（万剑峰）

【状告撤销设立办学点行政案一审败诉】 6月20日，区法院对原告杨远军不服被告奉贤区教育局作出的撤销其设立办学点的行政处罚案件作出一审判决。原告尽管取得四川省巴中市教委颁发的《全国社会力量办学许可证》，但不能推论其在全国范围内凡四川省应入学儿童少年居住地都可不加约束、无需办理审批手续设立办学点。奉贤区教育局根据法律、法规、规范性文件的规定，制定了《关于奉贤区外来民工子弟学校管理办法》，明确外来民工子弟学校原则上以一镇一校为主，并规定了申报、开办程序和审批备案程序。被告奉贤区教育局认定原告在明知南桥镇六墩村已设有其他外来民工学校的情况下，未经申请、审核、批准、备案等手续，擅自设立四川省希望小学办学点，以杨远军作为处罚对象作出行政处罚并无不当。故法院依法判决维持被告对原告所作的撤销设立办学点的行政处罚。（万剑峰）

司法行政

【概况】 年内，区司法行政工作以司法行政规范建设年为抓手，深入推进人民调解、法制宣传、安置帮教、社区矫正、法律服务规范化建设和司法所建设等，全力维护社会稳定，努力营造平安奉贤。制定创建规范化司法所实施意见，加强司法所内部管理、职能发挥与队伍建设。召开司法所档案管理工作现场会，统一制作胸卡和台牌，实行规范服务。10月，12个司法所全部通过市司法局规范化司法所验收。在积极争创“四五”普法全国先进区进程中，深入开展形式多样的法制宣传活动，推广“万名农民学法用法”系列教育活动，实施第二轮“法治建设先进单位”创建活动，进一步提高城市法治化管理水平。年内，举办领导干部法制讲座6期2100人次，各类法律培训班156期25309人次，举办法律知识竞赛31次，参赛3969人次，开展法律咨询430次，上法制课139次，板报宣传184期，广播宣传139次。人民调解工作加强专业化、规范化、社会化建设，在各镇区（或者社区）建立20个镇级人民调解委员会工作室，共有62名专职人民调解员。举办社区工作人员法律培训班，与法院加强联系，认真推荐拟任人民陪审员，推进人民调解审核制，提高调解成功率。年内，受理各类民间纠纷3379件，比上年同期调结2512件上升34%，共制作人民调解协议书1040件，占调解纠纷31.5%，比上年同期670件上升55%。防止因民间纠纷引起的自杀71件72人次，防止民转刑可能引起凶杀86件99人次，防止群体性上访244件。加强对“司法信访综合服务窗口”指导和督查，联合区信访办对全区的司法信访综合服务窗口进行检查，提高“窗口”矛盾调解率。年内共接待

开展外来务工人员法制宣讲活动　（司法局　供稿）

12 月 19 日，市委副书记刘云耕视察南桥司法所　　（司法局　供稿）

群众来信来访 3660 件，比上年同期 3372 件上升 8%；提供法律咨询 2878 件，比上年同期 2727 件上升 6%；调处各类纠纷 2231 件，比上年同期 683 件上升 226%。认真贯彻安置帮教“六必”（监所内必访、出监时必接、户口必报、基本情况必知、有困难必帮、重点对象必控）工作要求，集中走访并组织各镇（开发区）安帮办对市区域内所有监狱及劳教所的 472 名奉贤籍服刑在教人员进行走访。定期排摸确定安帮重点对象，共确定区五年内刑释解教人员被列为重点对象必控的 238 人，占总数的 12%。发挥合力作用，积极开展帮困解难工作，今年解决落户难问题 6 人，解决无居所问题 8 人，推荐就业 23 人，落实低保 20 人，解决动拆迁安置补偿问题 4 人，解决生活困难临时性补助 23 人。至 12 月 20 日，全区五年内共有刑释解教人员 1896 人，五年内刑释解教人员在当年度（2004 年 12 月 21 日～2005 年 12 月 20 日）重新违法犯罪率为 3.9%，比上年同期的 4.06% 下降 0.16%，其中重新犯罪率下降 0.6%。涉毒 33 人，占 43%；盗窃 14 人，占 18%；其他 30 人，占 39%。年内实际掌握刑释解教人员 470 人，其中刑释人员 307 人，解教人员 163 人，落户率 96%，安置就业率 85%，帮教率 98%。积极争创社区矫正达标街镇，对社区矫正专职人员进行专业培训，加强对社区矫正日常管理、分类矫正、个性化教育、心理矫正等工作的指导。组织召开社区矫正工作现场会，完善《社区矫正工作实施细则》。至 12 月 25 日，全区共有社区服刑人员 185 人，组织各镇（开发区）开展心理健康教育 8 次，开展个性化教育 27 人，帮困解难 46 人（其中解决住房 8 人，帮助复学 1 人，解决低保 14 人，解决养老金 1 人，临时性补助 9 人，其他 13 人）。社区服刑人员获得日常行为奖励表扬 94 人，记功 4 人。开展律师事务所规范建设年与公证队伍规范教育树形象活动，以解决实际问题为抓手，强化内部管理，规范服务收费，提高服务质量。年内 5 家律师事务所办理各类案件 1465 件，比上年减少 12 件，其中刑事辩护 225 件，民事诉讼代理 643 件，经济诉讼代理 333 件，行政诉讼代理 3 件，非诉讼代理 261 件。代写法律文书 2817 件，提供法律咨询 4780 件。现有法律顾问单位 149 家，比上年增加 10 家，帮助追回、减少和避免经济损失 5.82 亿元，办理法律援助案件 207 件。年内办结各类公证 8227 件，比上年同期 11973 件减少 31.3%。其中办理民事公证 3587 件、经济公证 3815 件、涉外公证 715 件。年内全区 8 家法律服务所共接待法律咨询 4322 人次，代理民事、经济诉讼案件 664 件，比去年同期 687 件下降 3%，代理非诉讼案件 146 件，比上年同期 242 件下降 39%，调解纠纷 431 件，比上年同期 575 件下降 25%，避免、挽回经济损失 1625 万元，比上年同期 4234 万元下降 61%。年内受理法律援助 207 件，比上年同期 173 件上升 19.7%，接待来访 9999 人次，比上年同期 3563 人次上升 180.6%，“12348”接答法律咨询求助电话 4768 件，“110”公安司法联动 1329 件，比上年同期 341 件上升 290%。

（阮雷红）

【展现党员先锋模范作用】　在保持共产党员先进性教育活动中，区司法局系统分别向交通实业总公司 6 名特困大学生捐款 26000 元，向周陆村 12 户重特困户送去 10000 元助学金、2000 余元年货。律师联合支部为上海市凌云永然律师所徐煜律师遗孤募集捐款 3100 元。（阮雷红）

【奉贤区被评为“四五”普法全国先进】　年内，全面总结“四五”普法经验成果，精心制作反映区“四五”普法经验成果的多媒体演示、电视短片、成果版面、经验成果集等，收集整理各类文字、照片等档案资料。7 月 25 日～29 日，分 5 个验收考评小组，对全区 7 个镇、5 个开发区、海滨社区及 17 个普治领导小组成员单位的“四五”普法工作进行验收考评。9 月 20 日，市“四五”普法第十一检查组对区“四五”普法工作进行检查验收，区长沈慧琪代表区普法依法治理领导小组作关于奉贤区“四五”普法规划和决议贯彻执行情况的汇报，检查组一行对区法制宣传教育工作给予高度评价。年内，奉贤区被评为“四五”普法全国先进单位。

（阮雷红）

【南桥司法所被评为全国模范司法所】　9 月 7 日～8 日，全国司法行政基层建设工作会议在北京举行，会议表彰全国司法行政基层建设先进集体和先进个人。南桥司法所被评为全国模范司法所，是年内上海市唯一的一家全国模范司法所，所长姜岳华代表司法所在北京参加表彰会。南桥司法所因其在牢筑基层维稳防线、全面履行各项职能上成效显著而连获 2003、2004

年度上海市司法行政系统先进集体,2004年还荣立上海市司法行政系统集体三等功。12月19日,市委副书记刘云耕视察南桥司法所。 (阮雷红)

【海湾司法所成立】 12月8日,全区第13家司法所——奉贤区司法局海湾司法所在海湾镇成立并举行揭牌仪式,至此全区全面完成各镇、开发区司法局派出司法所的建设工作。年内,全区司法所共增加编制16个。 (阮雷红)

【推进"万名农民学法用法"系列教育活动】 年内,在总结推广金汇镇"万名农民学法用法"系列教育活动成功经验基础上,在全区范围内开展"万名农民学法用法"系列教育活动。通过分层次、有重点、全方位地实施教育,使全区各类对象特别是普通群众普遍受到教育,受教育面达100%。市司法局2005年第33期《简报》专题报道金汇镇开展"万名农民学法用法"系列教育活动情况。

(阮雷红)

【开展法治宣传系列活动】 年内,重点开展《信访条例》、《安全生产条例》等法律法规宣传。召开纪念奉贤区"全民普法二十周年"新老法律宣传干部座谈会。举行"婚姻登记管理和收养登记管理"法律法规下乡巡回宣传咨询服务,共深入19个镇及社区,接待群众万余人次,发放宣传资料6000余份。举办全区基层妇联组织的200余名代表参加的妇女法律知识竞赛。举行"进城务工就业农民子女学校"法律知识竞赛等。

(阮雷红)

【区人大代表视察司法所规范化建设】 3月23日,区人大常委会领导和部分人大代表首先视察青村、南桥司法所的办公场所,区人大常委会主任周伟民、副主任叶菁权和副区长毛啸岳等一同参加视察。肯定司法所建设中加强内部管理,围绕维稳首责,充分发挥职能的做法,并指出继续加强组织、机制、队伍等建设管理,进一步增强警力,强化职能,维护社会稳定。区司法局积极组织争创市级规范化司法所,制定并下发《奉贤区司法局关于创建规范化司法所工作的实施意见》,集中对全区12家司法所进行检查整改。9月下旬接受市检查,12个司法所一次性通过市级规范化司法所验收。 (阮雷红)

【建立20家人民调解工作室】 年内,建立20家镇级与社区人民调解委员会工作室。人民调解工作室由政府出资,专门聘请3名以上有法律背景的专职调解员(其中1人为镇法律服务所人员,1人为基层村(居)委调解干部,1人为从事法律工作的离退休人员),负责调处社区内疑难、复杂和跨地区、跨单位的民间纠纷,基本实现人民调解的专业化、规范化和社会化。

(阮雷红)

【创建市级社区矫正工作达标街镇】 年内,积极争创市"社区矫正工作达标街镇",力争使社区矫正工作达到"五化":制度规范化、队伍专业化、方法科学化、教育基地化、管理信息化。8月9日,在市矫正办召开的社区矫正与安置帮教第三季度工作例会上,南桥镇被宣布顺利通过第一批社区矫正达标街镇考评。庄行、四团、柘林镇也在年底前顺利通过社区矫正达标街镇考评。 (阮雷红)

【深入开展"法律进社区"活动】 年内,开展区"十大调解能手"、"十大我最成功的调解案例"征集选评活动,评选出尚雨珍等"十大调解能手"和姜岳华、顾顺忠调解的"损害赔偿"等十件"我最成功的调解案例"。举行2005年"法律进社区"系列活动——人民调解工作先进事迹、成功案例报告会。组织优秀调解事迹报告团并召开颁奖会。继续利用各居民小区社区法制宣传栏和楼道小黑板等阵地,定期向广大居民宣传法律常识。组织开展"梅陇杯"法制故事巡讲活动13场,受教育群众4500余人。 (阮雷红)

【开展法律服务行业规范建设年活动】 年内,开展律师事务所规范建设年与公证队伍规范教育树形象年活动。规范法律服务窗口接待,做到接待场所有凳子、杯子、茶水,法律援助工作者、律师、公证员在单位实行挂牌服务,服务态度做到"五个一"(一声你好、一声请坐、一杯清茶、一声请讲、一声慢走),统一制作投诉箱、明示牌,注明行风重点测评单位,向社会公示各执业律师的工号、证号。严格收费标准,实行公平竞争,做到律师所资格、收费资格、税收上缴"三证上墙"。简化办案登记手续,实行首问制、办结制与反馈制。完善监督体系,定期走访当事人、顾问单位,抽查收费、卷宗档案,召开法律服务行风监督员评议会,不断提高行业的公信度,积极树立律师、公证热情高效、诚信负责、公正廉洁的良好形象。 (阮雷红)

(本栏目编辑 周生明)

军事·民防

人民武装

6月14日，上海警备区司令员江勤宏在海湾女子民兵哨所接见全体哨员。 （石建英 摄）

【概述】 区人武部以应急作战准备任务为牵引，以创一流“窗口”部队为目标，圆满完成上级赋予的各项任务。年内，建成区“国防动员委员会”工作信息站和人武部局域网、炮库安全监控系统、购置350套防暴器材、规范了民兵部（分）队团、营、连的硬件设施和民兵海防哨所的战备建设和情报信息搜集传输系统；投入资金对辖区内的国防军事设施维修。4月28日～5月7日，组织3000名民兵应急分队集训。五一、五四期间两次出动1050人参加维稳活动。5月，区里拨款52.3万元在南桥镇解放路和海湾旅游区设置国防教育公益广告。5月和8月分别完成预备役高炮五团、空军预备役导弹团和雷达营组建和调整工作。6月15日，上海市海防民兵哨所工作会议在海湾女子民兵哨所召开。8月上旬，“麦莎”台风肆虐，2100多名民兵赶赴抗台防汛第一线，配合有关部门转移群众29000多人，协助边防公安部门营救海上被困渔民3人，排除各类险情300多次。九一八前后，组织市民开展国防知识竞赛、国防教育、黑板报评比，并设点发放国防教育宣传资料5000多份。10月，区被上海市人民政府、上海警备区评为2004年度征兵工作先进单位。奉城镇、柘林镇被评为先进基层单位。王丁杰、胡藕松、沈世忠被评为先进个人。11月，区“国动委”被市评为国防动员演练先进单位。臧光军、石建英撰写的通讯《老兵送儿去参军》荣获2005年上海市征兵工作宣传报道三等奖。年内，调入干部1人，招收职工1人，转业1人。

（臧光军 石建英）

【做到党管武装五纳入】 年内，区委始终坚持党管武装“五纳入”：把武装工作纳入区经济建设、社会发展的整体规划，统一谋划；把武装工作纳入区委、区政府年度工作计划，统一部署；把武装工作纳入各级党政领导岗位职责，统一考评；把武装经费纳入政府财政预算，统一安排；把专武干部纳入培养使用计划，统一管理。2月6日，区委书记、区人武部党委第一书记张立平参加人武部党委会，研究讨论以反“台独”应急作战准备为龙头的年度工作。2月24日，区委召开专题议军会，传达学习警备区党委扩大会议精神，听取和讨论人武部反“台独”应急作战准备的15项任务指标实施计划。在区召开的年度武装工作会议暨预备役五团“五全”（全员额、全装备、全过程、全要素、全物资）演练动员大会上，与各单位签订工作责任书。年内，张立平先后7次到人武部进行现场办公和调研。区政府投入200多万元解决应急作战准备工作中硬件不够、资金短缺的问题。在人武部基础建设上，区委、区政府多方协调，采取政府搭桥、市场运作的方法，妥善解决人武部营院建设、地下武器库及现役干部公寓房建设等问题，为区人武部创造了一个良好的生活、学习和办公环境。

（臧光军　石建英）

【深化民兵政治教育】　年内，着力抓好执行急、难、险、重任务中的政治思想工作。在春节前后民兵参与维护社会治安活动中，大力宣扬执勤中涌现出来的好人好事，鼓舞执勤民兵的士气。五一、五四期间，在维稳任务中，想方设法积极协调主动抓好集结民兵教育管理，细化各项管理规定。在预备役五团"五全"快速动员演练及"国动委"演练工作中，对先期的政治工作提出要求，对后期如何抓好预任官兵和兵员动员工作的思想教育下发通知。民兵政治教育在"三战"（舆论战、心理战、法律战）准备中成效明显。3月8日～9日举办全区现役干部、专武干部和民兵政工干部集训。通过集训，使参训人员进一步认识"三战"的地位和作用，掌握实施方法。大力开展战斗精神教育和国防常识教育，年内参训的3900多名民兵先后参加教育。结合民兵整组，所有民兵营（大队）连（中队、队、所）建立健全党委、党支部和团总支、团支部，保证民兵组织政治工作的落实。在组织落实的基础上，在各民兵营连分别成立"三战"小分队，挑选精兵强将抓好"三战"工作的落实。

（臧光军　石建英）

7月28日，区委书记张立平（左一）、区长沈慧琪（右一）向上海警备区机关赠送慰问品　（王清平　摄）

【民兵组织建设取得新成效】　年内，民兵整组严格按照新编制，采取建制划片、人员划点相对集中的办法，重点突出民兵防空团、专业分队、民兵干部队伍和民兵应急分队人员的选配。5月20日，全面完成全区民兵整组工作。编齐基干民兵和普通民兵的组织体系，民兵海、陆导弹连、信息作战连纳入防空团编制；工兵连、防化连纳入海防团直属队编制；解决了"一兵多用、一官多职、交叉重叠"的现象。按照"军转干部、现任领导、年富力强、专业对口"的干部配备原则，会同地方组织、人事部门配齐配强民兵部（分）队干部。据统计，民兵部（分）队营以上干部均达大专以上文化程度，平均年龄43.6岁，连排干部90%高中以上文化程度，平均年龄33.8岁。将"国动委"各办的专业队伍纳入民兵组织。专业分队专业对口率和文化程度明显提高。在民兵整组的同时调整预备役部队的预编兵员，并把军政素质较好、专业对口的基干民兵和退伍军人优先编入预备役部队，保证预备役部队按要求落实兵员。

（臧光军　石建英）

【规范基层武装部建设】　9月，海湾镇武装部成立，配备部长1名，干事1名。至年底，全区有8个镇及海湾旅游区、上海工业综合开发区、教育局和上海星火开发区建有武装部，共配备部长12名，副部长9名，干事7名。部长平均年龄44.8岁。在化工区奉贤分区、现代农业园区明确武装工作负责人和办事员。对新配备的专职武装干部，采取以会代训、以干代训、短期培训和选送市人武学校学习的方法，加强能力素质培养。坚持每月召开一次武装部部长例会，总结讲评上月工作，部署下月任务，做到每项工作完成后，及时进行总结通报，提出要求。在年终，对各基层武装工作进行考核和评比，金汇、庄行镇的武装工作名列前茅。

（臧光军　石建英）

【加强军事训练和战备工作】　年内，根据应急作战任务，重点抓团首长机关、民兵部（分）队连排干部、应急分队和海防哨所民兵的训练。4月6日～25日组织100人以高炮专业为主要内容的民兵部（分）队连排干部集训。4月28日～5月7日组织3000名民兵应急分队集训。5月中旬～9月下旬组织防空团、海防团首长机关防空袭室内战术研究性作业，同时组织参加警备区的信息作战连、防空团新装备操作骨干和海上导弹连复补集训。7月，组织全体干部参加为期15天湖上及海上游泳训练。8月，按上海警备区计划，部内现役干部分两批参加警备区的按纲施训。11月上旬，部长陈勇和军事科长诸德仁参加警备区组织的为期一周的战役演练。年内，按全员额、成建制、有重点的对部机关和民兵部（分）队营、连、排干部、民兵应急分队、专业分队和海防哨所民兵的训练。经上海警备区考核，个人合格率100%，优良率70%，单项成绩总评良好。基干民兵应训1423人，实训2548人，经警备区、区人武部考核验收，个人合格率100%，优良率85%，12个专业优良率97%，成绩总评良好。上半年，还从战备训练教育、战备制度落实、设施设备更新和队伍稳定等四个方面，规范海防民兵哨所的战备建设，摸索出稳定队伍的新路子，制定和完善5项战备制度，充实海空观察装备，建立海防哨所军

警民联防长效机制，实现情报收集传输一体化。6月15日，上海警备区在海湾女子民兵哨所召开哨所工作会议。（臧光军　石建英）

【征集新兵169名】　12月16日，在区会议中心第一会议厅隆重举行欢送新兵入伍仪式。20日，100名新兵由过去的部队接兵改为地方自行送兵，这是在征接方式上的一大改革。年内，共征集新兵169名，其中非农101名，农村68名。所征集的应征青年中，共青团员占84%，高中（中专、技校等相当于高中）以上文化程度81%，保质保量圆满完成上海市政府、上海警备区赋予的征集任务。年内，全区共有13000多名适龄青年进行兵役登记，2000多名适龄青年参加应征。征兵工作期间，区卫生部门抽调20多名医务人员参加体检，公安部门抽调60名业务精、素质好的同志参加政审工作。在征兵体检第一天，张立平、周林官、张伟伟、薛德初、毛啸岳、许璇黎等领导来到征兵体检站检查指导征兵工作。12月18日，首批新兵开始启运，20日最后一批新兵离开家乡奔赴部队。区征兵工作被上海市人民政府上海警备区评为先进单位。

（臧光军　石建英）

【普及全民国防教育】　年初，制定下发《2005年奉贤区国防教育工作意见》，组织开展“国防教育神州行”公益广告宣传活动，在南桥镇解放路“双拥一条街”和海湾旅游区等重要路段设置国防教育公益广告，并于6月底竣工验收。各镇（开发区）的社区、街道，医院、商场等公共场所也设立公益广告宣传牌。在海训期间，区委书记张立平率四套班子领导赴海训现场进行慰问，区有关部门专门举行大型文艺晚会慰问海训官兵。在八一期间及新兵入营、老兵退伍之际，区国教办及时组织共建单位的领导上门进行慰问。在组织开展第五个全民国防教育日活动中，结合纪念抗日战争胜利60周年，在全区中小学中开展“牢记历史、认清责任；勿忘国耻、强我国防”的读书演讲活动，并组织人员参加市组织的电视大赛，获组织奖。在九一八前后，区国教办开展一系列丰富多彩的国防教育活动：在南桥、奉城中心镇等布置横幅。召开专武干部会议，作国防教育形势报告。开展国防教育竞赛。组织各镇（区）进行国防教育黑板报比赛。对中学生进行军训，2000多名初高中学生参加训练。9月17日、20日，区国教办结合第五个“全民国防教育日”和纪念抗日战争胜利60周年，组织驻奉部队部分官兵、民兵、学生、妇女、团干部设点向居民进行国防教育宣传。抽调部分干部整治环境卫生，收集白色垃圾，创建美好家园。利用区广播、电视、报纸等媒体制作国防教育专题节目。在南桥设点宣传，向行人发放国防教育宣传资料5000余份。（臧光军　石建英）

6月15日，上海市海防民兵哨所工作会议在海湾女子民兵哨所召开。（石建英　摄）

【参与驻地三个文明建设】　元旦、春节期间，组织民兵应急分队参加地方治安联防巡逻，每天出动人数350多人次，历时50天。协助破获各类刑事案件40件，抓获犯罪嫌疑人员70人。3月，组织民兵开展“学雷锋、做好事”活动。有900多名民兵走向街头、田间开展义务为民服务、法规宣传和植树绿化，为2.1万人次服务，修理各种机具350台（件），有300多名民兵志愿者到社区整治环境、植树造林、参与公益事业活动。民兵绿化劳动日参加人数600人，植树近万株，种草皮430平方米。农忙期间，全区有170多个民兵助耕帮困队，为现役军人、烈军属收割水稻38公顷，发放帮困补助金3万多元。8月上旬，“麦莎“台风袭击区内，迅即成立抗台指挥部，召开驻地部队、基层武装部及相关单位参加的紧急会议，出动民兵2100多人，赶赴抗台防汛第一线，配合政府有关部门转移群众29000多人，协助边防部队营救海上被困渔民3名，排除各类险情300多次，还配合公安部门在全区范围内开展治安巡逻，组织广大民兵、预备役人员进行灾后减灾自救及恢复生产。同时，紧急协调驻区部队空军某司训大队、导弹营出动官兵1000多人次，参加防台防汛和灾后重建行动。

（臧光军　石建英）

【武器装备管理实现23个安全年】　年内，注重抓好武器库的管理，严格落实领导查库和职工巡库管理制度，确保全年安全无事故，实现第23个安全年。民兵地下武器库建设开工。建成炮库安全监控系统。会同上海警备区民兵工厂和生产厂家对高炮进行大修和射角放大器改装，10月，通过实弹检验全部合格。炮库管理人员坚持每周一天集中学习，每月一次工作讲评。在抓民兵武器装备规范管理上，坚持落实六项制度：严格落实擦试制度，保证武器装备始终处于良好的战斗状态；坚持动用枪弹审批制度；坚持安全分析制度；加强值班值勤制度；严格双人双锁制度，杜绝单人进出库房；落实安全检查制度，加强武器弹药的监督管理。（臧光军　石建英）

【完善国防动员应急组织指挥系统】　年内，围绕动员支前和防空袭任务，区"国动委"对年内演练做到早计划、早安排。3月，利用8天时间，组织8个专业办到江西南昌市、萍乡市"国动委"考察学习；4月，组织计划，5月，完成编组作业、分段训练和预演；5月底建成区国防动员信息工作站、区人武部作战室和局域网；5月21日，区委、区政府召开"国动委"演练动员部署大会，统一思想认识，明确工作任务和责任。6月1日，区"国动委"在新建成的国防动员信息工作站，举行首次组织指挥研究性演练，参加人员50多人，保障人员150人。按照实战要求，共动员兵员561人，征用通用装备33台（辆、件）和生活训练保障物资，高标准完成演练任务。11月，区"国动委"被评为市参演先进单位。（臧光军　石建英）

驻　军

【高炮预备役五团】　年内，高炮预备役五团以反"台独"应急作战准备为牵引，以全面创建一流预备役"窗口"部队为目标，完成以"五全"演练为主线的各项工作，狠抓部队战备训练和计划、方案的完善，提升团队整体战斗力，团队全面建设大步发展；完成以快速动员、转服现役、临战训练、摩托化行军、实弹射击为内容的"五全"演练任务，编写演练指导手册，被上海市"国动委"评为"演练先进单位"；军事训练成绩突出，被师评为"军事训练先进单位"；先后两次开展保持共产党员先进性教育，促进官兵政治上的坚定和思想道德上的纯洁，有两名同志被上海警备区、师评为"优秀共产党员"；加强新闻报道，团新闻报道工作被警备区评为"新闻报道先进单位"；与古华山庄"共建"工作被评为"上海市军民共建社会主义精神文明先进集体"；后勤、装备工作保障有力，被师评为"后勤管理先进单位"，师在五团召开装备管理工作现场会，装备工作受到师的肯定。团长王德庆被上海警备区评为"优秀指挥员标兵"，政委盛建平被警备区评为新闻报道先进个人。5月31日～7月20日，根据军区第九次"国动委"会议要求和警备区赋予的年度训练任务，五团组织以"全员额、全要素、全装备、全物资、全过程"为要求的演练，完成动员集结、临战训练和战斗实施的训练内容。动员集结阶段，向上请领、本师调整、地方征用和筹款自购各类武器装备数1000多件（套）。临战训练阶段，完成27天时间的训练内容，经师考核验收，总评成绩良好。其间，接受军区首长、上海市委市政府领导和警备区首长的检阅与考核，受到较高评价。战斗实施阶段，完成5个习题72个连次的昼夜间射击，命中拖靶16具，全团总评成绩优秀。通过演练，提高了全团快速动员能力和遂行防空作战能力，摸索一套组织建制团"五全"演练的方法，制定了演练指导手册，培养了一批防空作战的指挥员和骨干。团对预备人员进行部分调整和部分人员的补充，进一步完善编制，提高专业对口率，组建3批集训队，培养和提高预备人员指挥技能和专业素质。同时，在加强营连部建设上，进一步完善战备设施和战备方案，清点和补充战备物资。奉贤区所在营连部利用区政务网建立局域网，实现团与营连的网络沟通，强化对基层的教育管理。年内，分别为上海商业技术学院、奉贤工业中等学校、曙光中学、上海市烟草专卖局奉贤分局等单位军训约1500人。利用"浦南战报"，播出200余篇近10万文字的先进事迹稿件，褒扬227名舍小家顾大家、想演练谋打赢的先进典型。各大报刊媒体用稿21篇，4人次被警备区、师评为新闻报道先进个人。（徐继成）

区预备役官兵赴江苏射阳参加"五全演练"实弹演习。（丁惠义　摄）

【上海空军预备役地空导弹团】　年内，认真贯彻《关于进一步加强预备役部队建设的意见》和中共上海市委关于贯彻《中共中央、国务院、中央军委关于进一步加强预备役部队建设的意见》，加强空军后备力量建设，提高平战转换能力提升上海要地防空水平。1月，上海空军预备役地空导弹团开始筹建，11月9日，在中国人民解放军94729部队召开成立大会。11月22日，团机关、导弹一营临时办公地点搬迁至奉贤区。上海空军预备役地空导弹团属中国人民解放军建制，隶属于南京军区空军，平时组织预备役人员进行军事训练，战时成建制转服现役或为现役部队提供人员补充。（石建英）

【**奉贤区公安消防支队**】 奉贤区公安消防支队(又称中国人民武装警察部队上海市消防总队奉贤支队,正团级建制)于6月1日正式揭牌成立。下设综合处和防火监督处以及南桥中队、星火中队和奉城消防中队。支队担负着奉贤区8个镇、4个开发区,辖区面积达704平方千米的防火灭火、抢险救灾、反恐排爆等消防保卫任务。8月,在奉贤东部的四团镇和西部的庄行镇组建两支镇级专职消防队。年内,支队所属三个中队共出动火警922次,抢险救灾324次,为民服务212次,出水扑救98次,出动车辆2216辆次,出动警力21608人次,救出被困群众94人,保护价值3471万元,成功扑救“4·10”新申开发区1号上海沪江联合化工有限公司等火灾。8月,为迎战“麦莎”台风侵袭上海,确保奉贤地区人民群众的生命财产安全,在狂风暴雨中,全体官兵以实际行动,展示英勇无私的忠诚本色,再次体现“赴汤蹈火,追求卓越”的上海消防精神,为保卫一方平安作出贡献。支队全年共检查1777家单位,其中检查重点单位633家,检查1860次,检查率为293.8%,发出各类法律文书1276份,其中《重大火灾隐患限期改正通知书》21份,办理消防案件489件,责令停产停业126家(次),罚款148.5万元。在上海消防总队消防执勤岗位大练兵考核竞赛中,支队获得10个名次,星火中队被总队评为“训练先进中队”,2个班组被总队评为“训练先进组”。年内有6人荣立三等功,33名士兵(官)被评为“优秀士兵”,34人受嘉奖。

(石建英)

【**94869部队司机训练大队**】 年内,以“当年培训、当年成才”为目标,严格按纲施训,科学组训,出色地完成了以军车驾驶员培训为中心的各项任务,被南京军区空军评为先进党委、管理教育先进单位、后勤建设先进单位和旅团抓基层建设先进单位。积极发挥自身优势,参加驻地的抢险救灾,支持地方经济建设,军民共建社会主义精神文明。所属三营与奉贤区水务局结对共建,被评为上海市精神文明建设先进集体。 (石建英)

【**94910部队高炮靶场**】 年内,认真贯彻执行上级命令、指示,坚持抓中心、谋大局、打基础、求发展,有力促进了以军事训练为牵引、安全稳定为中心的各项工作落实,部队各项建设平稳有序,全面完成上级赋予的各项任务。靶场组织的战斗精神歌曲教唱活动获得上海空军指挥所三等奖。八一期间,在与西渡社区、海湾医院、汽轮机厂等单位共建中取得良好效果,特别是与西渡社区八一军民共建中,举行“军营一日”活动,并与西渡社区举办丰富多彩的联欢晚会,得到军地双方的一致好评。靶场荣获集体三等功一次,还涌现出一批先进单位和个人。 (石建英)

军民共建从签约做起 (高宏伟 摄)

【**武警上海总队农副业生产中心**】 年内,开展了以“强化警魂意识,培育战斗精神,争做党和人民忠诚卫士”为主题的专题教育和党员先进性教育活动,打牢武警官兵做党和人民忠诚卫士的思想基础。加强生产管理,落实生产责任制,走军民合作发展生产之路,提高经济效益,完成以生产保障为中心的各项任务。4月12日,参加农委组织的植树造林活动。经常利用业余时间到驻地塘外敬老院扫地擦窗户等做好事,特别是老兵退伍期间,10名退伍老兵到敬老院进行最后一次义务劳动。加强生产结构的调整,扭转高投入、高成本、低效益的局面。调整蔬菜种植面积,空出耕地,与全绿佳公司合作种植蔬菜6.67公顷。调整种养品种,保证蔬菜品种多元化。到10月底,已向机关供应农副业生产补助经费127万元,各类实物供应23万元,完成年初预定的目标。 (石建英)

【**73176部队81分队**】 2月下旬,全营完成“一枪一弹”考核,取得优异成绩,分业阶段单兵训练合格率97%,专业理论合格率100%。4月,对营区环境进行高标准整治。5月、11月,组织两次生产生活综合检查,旅首长对营的后勤生产生活情况给予肯定。5月25日,旅装备场所建设现场会在营召开。7月上旬,在参加警备区组织的“三手、四会、五优秀”考核中全营共获得28个名次。7月中下旬参加游泳训练。8月,扎实开展保持共产党员先进性教育。9月,进驻南空靶场训练。10月,赴苏北射阳靶场,月底返回营区,又立即投入首长机关演习。11月,完成旅组织的年度军事训练达标考核、军事训练一级营考核和以“讲正气、正风气”为主要内容的三观教育整顿。11月22日军区雷政委视察高炮营并召开营连干部座谈会。12月底,完成年终总结和老兵退伍工作。年内,高炮二连被警备区评为先进党支部,营、高炮一连、二连分别被市人民政府评为“军民共建社会主义精神文明先进集体”。营被

旅评为"海训管理工作先进营"。高炮一连被评为"海训训练工作先进单位"。营被警备区评为"装备管理先进单位"，被旅评为"基层建设先进营"。高炮一连被旅评为"基层建设先进连队"、"军事训练一级单位"。（石建英）

【73176部队76分队】 年内，针对反"台独"应急作战准备的实际要求，加强练为战的思想认识，刻苦学习，顽强训练，积极参加地方建设事业。全年两次参加上级组织的实兵演习，80多人被旅评为训练标兵、优秀技术能手，3人获三等功。二连被旅评为基层建设先进连队，三连被旅评为军事训练一级单位。在做好军政训练的同时，积极为地方学校军训。8月，抗击"麦莎"台风中，及时协助地方做好预防工作，台风过后主动参加救助重建工作。在平时节假日里，全营官兵参与地方助民活动，受到当地群众好评。（石建英）

7月31日，明龙车业有限公司总经理宋纪龙向驻奉某高炮营赠送电脑和水果等慰问品。（薛国权 摄）

【94774部队导弹营】 年内，以提高战斗力为牵引，紧紧围绕反"台独"应急作战准备，突出保持共产党员先进性教育、战斗精神培育、演习打靶和安全稳定等重点工作，艰苦实干，开拓进取，较好地完成了各项工作任务。在保持共产党员先进性教育中，由于组织多样性的先进性教育活动，受到上级机关好评。8月，赴广东参加实兵实弹演习、抗台风、战潮湿、斗酷暑，部队经历了恶劣环境和艰苦条件的摔打和磨练。狠抓后勤管理成建制达标工作，着眼演习实际，出色完成演习后勤保障工作，积累了无依托后勤保障经验。年终被旅机关评为装备"三化"管理优秀达标营、管理教育先进营、营房管理先进营、财务管理先进营。一连被评为军事训练一级连，三连被评为装备"三化"管理优秀达标连，二连三连被评为管理教育先进连，二连被评为贯彻落实《军队基层建设纲要》先进连队，指控排荣立集体三等功，6人荣立个人三等功，6人被评为装备"三化"管理先进个人，14人被评为军事训练优等军官，30人被评为军事训练优等士兵，35人被评为优秀士兵，2人被评为作战战备先进个人。（石建英）

【空军预备役雷达营】 年内，按照中共中央《关于进一步加强预备役部队建设的意见》和中央军委《2005年前军队体制编制调整改革总体方案》的精神，于2005年11月9日组建成立。上海空军预备役雷达营隶属南京军区空军建制，由空军上海指挥所、上海警备区共同领导管理。其编制为一个营部、一个战勤连和三个雷达站（营部定点在上海市奉贤区，其余单位定点按照方案实施）。人员由现役军人（官兵）和预备役军人（官兵）按编制要求编配。上海空军预备役雷达营按照上级的编制方案，完成组建准备、筹建和征集编组等任务，并且召开组建成立大会，接受军地双方阶段性的验收考核。（石建英）

【海湾边防派出所】 年内，以构建和谐稳定的辖区环境为出发点，以"发案少、秩序好、群众满意"为目标，结合党员先进性教育，深入开展"三访四见"（访贫问苦、访外问弱、访难问疾，愿见、敢见、想见、看见）系列活动，确保辖区秩序稳定。船舶管理上，出动警力1020人次，检查船舶3500艘次，涉及人员1.2万人次，处理违规船只20艘34人次。破获现行案件2起，刑事案件9起，治安案件16起，治安拘留7人，罚款15人，警告7人。在防汛抗台中，出动警力900余人次，安全转移群众1800余人，救助群众21人，船只320艘，排除险情68次，处理各类救援45起，挽回经济损失80余万元。特别是在防御"麦莎"台风中，连续出台4套营救方案，积极营救被困海面上18小时的3名船员。年内被评为2003年～2004年度上海市军民共建社会主义精神文明先进集体，获公安部边防管理局集体三等功，有4人获个人三等功。（石建英）

【武警奉贤中队】 年内，中队紧紧围绕"治短打基础，落实重经常，作风求过硬，工作争一流"的工作思路，支部"三个能力"、中心工作质量、正规化管理水平有明显提高，中队建设呈现出平稳向前推进的态势，全年确保看守所监区外围武装警戒任务的圆满完成。年内，中队建成封闭式执勤通道，净化哨兵的执勤环境，受到支队、总队的充分肯定。为进一步提高应急小分队处置突发事件的能力，支队把奉贤中队确定为小分队训练基地，支队的9支应急小分队将定期在中队进行集中培训。（石建英）

【危管仓库】 危管仓库隶属上海市消防总队后勤部一所，担负着上海市所有民用爆炸物品的看管工作及火工产品的收缴销毁工作。年内，危管仓库全体官兵立足本职，齐心协力，爱岗敬业，无私奉献，圆满完成危险品仓库的安全保卫任务。共计收缴和销毁废旧弹药10万发；炮弹1万枚；烟花爆竹3万箱。同时，仓库队伍建设蒸蒸日上，在开展“保持共产党员先进性”教育中，仓库1人被总队评为“优秀共产党员”。中队还大力开展文化娱乐活动，丰富业余文化生活，积极搞好农副业生产，充实官兵生活。（石建英）

民　防

【概况】 年内，区民防工作认真贯彻第五次全国人防会议精神，深化“两防一体化”（防空防灾）建设。全年审批地面建设工程项目33个，面积152万平方米，结建民防工程项目11个，面积52000平方米。自建人武部地下武器库350平方米，工程主体待竣工验收。全年收缴结建费184万元。全区6000平方米人防工程纳入维护管理，使用费收入23万元。完成12台警报器遥控设备安装调试，实现由市民防办指挥中心统一控制报警。扩大800兆无线网络覆盖面。组织完善各镇（开发）区的减灾领导机构、减灾预案和民防特救队伍建设。拟制、修订两套重要经济目标防护预案，一套奉贤区防空方案。全年出警19次。民防教育推向小学走上正轨。（夏春芳）

【刘南山到奉贤调研民防工作】 4月30日，市民防办主任刘南山、副主任沈德耀率队来奉调研民防工作，对奉贤区在“十五”期间人防工程建设实现跨越式发展，提前一年完成城镇人均人防工程0.49平方米目标任务给予充分肯定，并提出要按照中央和南京军区关于认清台海形势，做好战备工作，认真贯彻好民防法律、法规，从思想上、组织上和必要的物质上作好各项准备；要紧紧围绕全面建设小康社会，构建和谐社会和市委、市政府的中心工作，做好民防各方面工作保障；围绕民防6大体系建设任务，抓好年初确定的各项工作目标实现。（夏春芳）

6月1日，召开区民防应急行动方案编制工作会议。

（民防办　供稿）

【部署年度八项民防重点工作】 2月22日，召开民防年度工作会议，部署8项民防重点工作：督建已批建民防工程；推进镇级人防工程建设；指挥所改建、人防工程改造及人武部人防工程建设；组织两次防空袭疏散演练；警报器新装及功能提升达标工程；完善“十一五”全区减灾规划；建立镇级民防特救队伍；深化市民防灾宣传。（夏春芳）

【区人大常委会走访人防工程建设】 9月14日，奉贤区人大常委会组织驻会委员和部分人大代表，走访奉贤南桥中心城区地下人防工程建设情况，实地察看在建工程现场、已经竣工的非标人防工程和已验收合格的等级人防工程。区民防办主任陈洪明作《奉贤区人防工程建设步入跨越发展、实现“十五”规划目标》的汇报。区人大常委会对近年来人防工程建设所取得的成绩给予肯定，并就做好对台军事斗争准备，加强人防工程建设提出要求：一要落实规划，加强人防工程建设与城市建设有机结合，融为一体；二要注重人防工程建设合理布局，着重应战需要；三要加强工程管理，对老工程改造提高防护等级；四要加强对镇级人防工程建设的指导，促进全区人防工程建设平衡发展。（夏春芳）

【编制奉贤区人民防空应急行动方案】 6月1日，副区长徐剑萍召集民防办及政府办相关人员召开《奉贤区人民防空应急行动方案》编制研究会。6月9日，区政府常务会议研究通过编制工作计划。6月13日，召开区编制工作会议。6月17日，12个单位16名参编人员集中到区民防办地下指挥所展开封闭式作业。8月中旬形成《奉贤区人民防空应急行动方案》。（夏春芳）

【编印市民防灾必读手册宣讲材料】 4月8日，区减灾领导小组召开奉贤区《市民防灾必读手册》宣讲团筹备暨培训工作会议，区地震局、交巡警大队、防火监督处、气象局、卫生局、民防办、燃气公司、供电局等8个单位的分管领导和专业技术人员参加会议。6月，组织8个单位的有关专业技术人员编印奉贤区《市民防灾必读手册》宣讲材料，介绍防灾知识，传授防灾技能，正确处置灾情等。7月，在各社区以多种形式开展宣讲活动。（夏春芳）

【开展纪念八一三宣传活动】 8月13日，在纪念中国人民抗日战争胜利60周年之际，区民防办在南桥中心城区举行以“平时造福人民，战时保护人民”为主题的防空防灾“两防一体化”宣传活动，共展出20个版面的抗日战争历史图画以及人民防空工程实现跨越式发展、防空警报器建设达到中心城区全覆盖展示、人防专业队伍建设形成新的发展势头等奉贤区人民在和平时期加强人民防空建设的成果。（夏春芳）

【举行人防专业队伍授旗仪式】 9月29日，区民防办举行奉贤区人民防空专业队伍授旗仪式，防化专业队、医疗救护专业队、通信专业队、抢险抢修专业队、消防专业队、治安专业队等7支人民防空专业队接受队旗。区民防办主任陈洪明主持授旗仪式，副区长徐剑萍向7支队伍授旗并讲话。（夏春芳）

【组建镇(区)民防特救队】 年内，为提高区域救灾能力，区民防办组建镇(园区)民防特救队。奉城中心镇30人，其他镇20人，各园区10人。同时制定特救队职责，配备了铁锹等常规灾害施救工具。（夏春芳）

【举行应急救援演练】 8月17日，区民防办在奉浦大道、环城西路举行民防特救队应急救援演练，奉城、南桥、庄行镇的民防特救队分别承担特救、化学侦检、道路清障演练科目，其他镇民防特救队现场观摩演练。此次演练共有70多人参演，出动救灾车辆10辆。副区长徐剑萍视察演练并讲话。（夏春芳）

9月29日，区民防办举行防空专业队伍授旗仪式。（民防办　供稿）

【抗击"麦莎"台风】 9月6日，奉贤遭到"麦莎"台风袭击，民防办启动防台防汛应急预案。6日晚~7日下午，民防特救队连续出动5次处置灾情20多起，完成柘林新生厂、区文化广场地下商场、紫荆公寓地下车库进水处置，市工业综合开发区九华村排涝抽水任务以及竹港桥西活动房(家俱商场)倒塌现场施救。（夏春芳）

【西渡学校举行中学生民防运动会】 4月19日下午，由区民防办牵头，区地震办、卫生局、教育局、教师进修学院等单位协助，在西渡学校举行防空减灾技能运动会，西渡学校600多名师生参加运动会，全区有36所学校的分管领导、民防教师和各有关单位领导到现场观摩。（夏春芳）

西渡学校中学生民防运动会　（民防办　供稿）

（本栏目编辑　周生明）

人事·劳动

人 事

【概况】 3月23日，召开区人事人才工作会议。会议传达全国人事厅局长会议和市人事人才工作会议精神，回顾总结区2004年人事人才工作，部署2005年人事人才工作。会议要求全区人事系统认清形势、把握大局，明确人事人才工作的新要求。重点做好以科学发展观为指导，认真实施人才强区战略；围绕加强党的执政能力建设，全面提高人才队伍整体素质；按照构建和谐社会的新要求，努力营造公平、竞争、择优的人才发展环境。认真实施区加快人才发展行动计划，实现人事人才工作的新跨越。切实抓好《行动计划》的贯彻实施，为奉贤的改革和发展提供人才和智力支撑，开创人事人才工作新局面。根据市委组织部、市人事局和区各行业制定"十一五"规划的要求，在人才资源调查数据的基础上，结合《上海市奉贤区人才发展战略纲要》、《奉贤区国民经济和社会发展第十一个五年规划纲要》、区委《关于2004～2007年奉贤区人才发展行动计划》，把握"十一五"人才规划内容的重心，认真编制《奉贤区"十一五"人才发展规划》。（人事局办公室）

【举办公务员培训班8期讲座4次】 年内，按照市委组织部、市人事局《关于在本市公务员中开展MPA核心课程培训的通知》精神，举办3期培训班，报名416人，参加考试327人；根据市委组织部、市人事局《关于在本市国家公务员中开展职业英语培训的通知》精神，举办1期通用英语培训班，报名126人，参加考试86人，及格57人；根据市委组织部、市人事局、市信息化委员会《关于在本市干部中开展电子政务培训的通知》精神，举办4期培训班，报名381人，参加考试304人，考试合格245人；9月4日起正式启动国家公务员双休日实用能力专题讲座，年内，共举办4次专题讲座，分别为国家安全与国防、中国经济、和谐社会与公正、健康科学，共有3500多人次参加；为了贯彻落实《中华人民共和国公务员法》，12月10日，举行《公务员法》集中专题培训，800多名公务员参加培训。

（人事局办公室）

【规范事业单位法人登记】 年内，根据《中华人民共和国事业单位登记管理暂行条例》及《上海市事业单位登记管理暂行条例实施办法》的规定，在全区事业单位中开展法人登记及年检工作，全区需年检的事业单位共361家，在规定时间内完成年检的单位有356家，申请撤销无需年检的单位有11家，实际年检率98.6%。年内，新设立登记事业单位25家、变更登记165家、注销登记100家。

（人事局编制科）

【推进事业单位人事制度改革】 年内，进一步深化事业单位的人事

举办公务员双休日专题讲座奉贤专场　　（人事局　供稿）

制度改革，全面实行聘用制，新进人员实行人事代理。坚持公开、公平、公正的原则，做到逢进必考，使事业单位的人员结构得到优化，素质不断提高。全区事业单位新进人员245人（其中：卫生医技人员46人、教育系统61人），本科以上学历占52%、大专学历占39%、中专、高中学历占9%，中专、高中学历的人员主要是退伍士兵和转业士官。上半年对镇和园区的事业单位实行聘用制的情况进行检查，下半年对各区属事业单位进行检查。全区共有368家事业单位实行人员聘用制，实行率达97.6%，有13920人与用人单位签订《事业单位聘用合同》，签约率达99.03%。（人事局干部管理科）

【干部任免调配115人】 年内，审批科长45人、副科长11人；审批主任科员28人、副主任科员12人；审批事业单位管理人员35人；办理公务员调动19人；办理处、科级干部和专业技术人员家属户口农转非7人；夫妻分居困难调沪6人。（人事局干部管理科）

【开展新录用公务员实习锻炼】 年内，新录用公务员15人（3人是法院聘任制书记员），其中硕士3人、全日制本科9人。下半年开始，组织新录用公务员（主要是应届大学毕业生）到区信访办接受为期一年的实习锻炼。

（人事局干部管理科）

【接收安置军转干部14人】 年内，接收安置军队转业干部14人，其中团职干部4人、营职干部3人、连以下干部3人、专业技术干部4人。安置在公安系统7人、区、镇级党政机关6人、文化执法类事业单位1人。10月18日，14名军转干部参加由市军转办统一组织的为期3个月的培训。

（人事局干部管理科）

【2985人正常晋升工资】 正常晋升职务工资。全区机关、事业单位在册人数共18038人，其中，机关2885人，事业单位15153人。年内，参加正常晋升职务工资的有

10月11日，召开直管退休干部“迎重阳”形势报告会。

（人事局　供稿）

2607人，占14.5%，平均增资40.52元。其中，机关469人，平均增资22.73元；事业单位2138人，平均增资44.43元。正常晋升级别工资。按照对工作人员年度考核连续三年为优秀或连续五年为称职的，在本职对应级别内晋升一个级别工资的有关规定，认真仔细地做好机关人员晋升级别工资工作。年内，符合正常晋升级别工资的有378人，月增加工资总额12145元，平均每人增资32.13元。

（人事局工资福利科）

【调整地方岗位津贴】 2月，对区机关、事业单位工作人员地方职务（岗位）津贴标准作了调整。全区机关、事业单位共有18057人在册并符合地方职务（岗位）津贴调整条件，平均每人每月增加142.99元，其中机关147.38元，事业单位142.15元。（人事局工资福利科）

【组织健康体检与疗休养119批】 年内认真做好公务员健康体检及疗休养工作。全年组织机关、事业单位工作人员疗休养119批，2619人次。其中公务员健康体检79批1665人，外线疗养40批954人。（人事局工资福利科）

【服务退休干部工作】 至年底，区直管退休干部292人。1月，举行区直管退休干部迎春团拜会。3月，组织原16名直管退休干部小组组长赴江苏锦溪、千灯古镇一日游。5月，组织2批区直管退休干部64人赴无锡华东疗养院进行健康体检；召开区机关事业单位业余文学爱好者座谈会；由退管所主编的《晚霞璀璨》——奉贤区机关事业单位退休人员诗歌散文集正式出刊；组织32名直管退休干部小组组长参加由市人事局组织的香港形势报告会。6月，分别面向全区退休人员及区直管退休干部，就“老年疾病的预防”开展两次健康知识讲座，与会者400多人。8月，为庆祝中国人民抗日战争暨世界反法西斯战争胜利60周年，组织老干部分别参加由市人事局及区委宣传部举办的两次歌咏大会。9月，组织42名退休人员参加由区委宣传部、区绿化局主办的“千人喜看家乡绿化新面貌”活动；会同区老龄委、区总工会退管会、区老体协主办区老年人重阳节“人事杯”象棋比赛，参赛单位32家，参赛选手138人；为50名退休人员办理“银发无忧”老年人意外伤害保险。10月，主办区第五届“人事杯”老年棋牌赛，参赛单位40家，参赛选手400人；组织40名直管退休干部参加由市老龄委主办的迎重阳老年人“工业观光游”，参观大众汽车制造厂。

（人事局退管所）

【审核审批人才中介机构】 年内，按照行政许可的规定和人才中介

承诺制的要求，做好人才中介机构的审核审批工作。对5家申请审批的中介机构进行审核，其中审批同意2家，临时许可2家。

（人事局人才开发科）

【做好专业技术人员职称评审工作】 年内，按照市农委职改办的统一部署，做好2004年～2005年的农村职称评审工作。上报市农委评审的农村职称高级经济师8人、高级工程师58人。经评审，获得高级经济师职称的1人、高级工程师职称的39人。组织农村职称中、初级考试、申报和两次评审工作。经考试取得农村经济师职称的28人、助理经济师职称的6人。经区农村职称评审委员会评审，取得农村工程师、助理工程师、技术员职称的分别为341人、288人、83人。

下发《2005年奉贤区企事业单位政工专业职务任职资格评聘工作意见》。受理工程、农业和经济三个系列的评审材料37份，其中高级9份、中级28份。经评审，通过9人获高级、27人获中级职称，通过率达97%。

（人才开发科）

2005年奉贤区农村职称评审情况表

单位：人

		实评情况				通过率
		工程师	助理工程师	技术员	否决	
总计	741	341	288	83	29	
工程师	464	341	106	5	12	73%
助理工程师	232		182	39	11	78%
技术员	45			39	6	87%

【引进优秀人才与办理人才居住证】 年内，在户籍人才引进指标严格控制的情况下，通过与市人事局人才开发处协商，针对奉贤特殊情况，打破常规，为教育、卫生系统引进优秀人才10名。全年共办理引进人才居住证主证500名、随员证275名，其中本科以上311名，其他189名。会同区协作办就来奉投资企业有关户籍引进和办理人才居住证等问题进行调研，共走访7个开发区，涉及289家企业。

（人才服务中心）

【录用青年储备人才34人】 年内，根据区委《关于2004～2007年奉贤区人才发展行动计划》和《关于做好奉贤区人才储备工作的试行意见》精神，启动奉贤区人才储备工作，第一轮计划储备40人左右。为做好这项工作，区委组织部和区人事局制定《人才储备工作方案》，各有关媒体反复宣传《奉贤区青年人才招聘公告》的内容，共计报名341人，通过笔试、面试、体检和政审，实际录用青年储备人才34人。 （人才服务中心）

【定期举办人才招聘会】 区人才服务中心固定每月18日举办人才招聘会，全年共举办人才招聘会11场次，参会招聘单位419家，总计提供各类岗位1889个，需用工3760人，共有29500多人次进场求职，其中初步达成意向的有1237人。招聘会所要求的专业技术人才的年龄大多为20岁～35岁之间，学历为大专以上的占81.4%，从事管理岗位的约占32.5%。电子机械、化学工程、市场营销等成为市场需求最旺的三大专业。

（人才服务中心）

【开展人事代理业务】 年内，对123名新进事业单位的人员实行人事代理，对479名非在编人员进行社保工资基数的调整，对农村商业银行奉贤支行50名员工实行人才派遣，对13名党群社会工作者和32名高级人才实行人事代理，为47名新进卫生系统的大学生举行人事代理签约仪式。

（人才服务中心）

劳　动

【概况】 年内，区劳动和社会保障工作紧紧抓住职工群众和社会关

上海市副市长周太彤（前左二）视察促进就业工作

（劳动和社会保障局　供稿）

注的热点问题,进一步加强就业和职业培训,完善社会保障体系,切实加强劳动用工管理,加大劳动行政执法监察力度,维护劳动者的合法权益,圆满完成和超额完成各项工作任务。全年新增就业岗位39229个,超额完成年初指标任务50.88%;城镇登记失业人数5496人,失业率控制在4.12%。加强对"万人(千人、百人)就业项目"管理,新招和扩招从业人员7100人。外来务工人员参加综合保险67490人,完成全年任务指标108.86%;参加农村养老保险100582人,征收农保金6917.12万元。开展各类职业技能培训12010人。元旦、春节期间对336户下岗协保特困和失业困难人员进行慰问,合计列支金额10.46万元。 (周 峰)

【周太彤到奉贤视察】 7月26日,副市长周太彤在市劳动和社会保障局局长祝均一、区委书记张立平、区长沈慧祺的陪同下,视察区促进就业工作。周太彤详细了解促进就业、职业介绍的工作指南、工作流程、个人档案管理情况以及现行各种岗位工资指导价位等内容,还兴致勃勃地观看上海公共招聘网运作的现场演示。在得知上海公共招聘网已经与英特网连接,已有18个社区具备市、区、镇三级网络全市信息联网,实现失业登记、新增就业岗位等信息网上即时动态管理后,他对区就业市场活跃、就业选择余地较大给予充分肯定。当天恰逢奉贤区易初莲花超市招聘工作人员面试,他闻知后又来到集体面试区,与应聘者进行交谈,询问面试情况,勉励大家积极走市场就业之路。 (周 峰)

【继续推进行风(政风)建设】 年内,继续聘请17名行风(政风)监督员,分成4个检查组,分片对全区各窗口单位进行每季度一次的对口检查。9月8日、9日,分别召开东、西片各镇(社区)共54名居委会主任参加的座谈会,通报就业和社会保障以及行风(政风)建设等工作的开展情况。会后,局领导班子对会议提出的意见和建议研究对策措施,并落实科室(部门)加以实施。经过一年的努力,局系统在年度全区行风(政风)测评中名列第四位,比2004年上升一位,测评成绩列入A等。群体性上访事件比上年同期下降40%。 (周 峰)

【推广"首问责任制"制度】 年内,严格按照市劳动和社会保障局的要求,实行"一次告知、二次办结、三次上门"制度。从上年起在全局系统和各镇、开发区社会保障服务中心全面推广"首问责任制"制度,规定对通过来访、来电等方式到局机关科室、社会保障服务中心窗口办事、咨询的各类人员,第一位接待的工作人员作为首问责任人,必须为服务对象提供及时、准确、完整的服务。在接待过程中,应当切实弄清服务对象的需求和目的,对属于本人职责范围的,答复要准确清楚,符合条件当场可办理的应予以办理,否则应耐心说明原因,准确、完整地告知所需程序和材料;对不属于本人职责范围的,应当告知或引导服务对象到有关部门,不得以各种理由推诿或拒绝。 (周 峰)

召开劳动保障工作研讨会 (劳动和社会保障局 供稿)

【加强服务窗口建设】 8月起,在全局系统开展"窗口规范服务达标"创建活动,要求各窗口单位在创建过程中做到统一格式、统一布局、统一文书,即对服务窗口的名称、排列,工作人员台卡、"暂停服务牌",服务和值班时间,以及有关文书制作等实行统一规范,提出"力争在两年内实现全区服务窗口单位全部达标"的目标。至年底,区就业促进中心,青桥镇劳动保障事务所一所、三所,庄行镇劳动保障事务所一所、二所,海湾旅游开发区劳动保障事务所等6个窗口单位通过市劳动和社会保障局行风(政风)建设督查室的检查验收,成为区第一批达标窗口单位。 (周 峰)

【评选"明星示范岗"】 10月起,结合达标创建活动,在局系统各窗口单位开展评选公共服务窗口"明星示范岗"活动。每季度根据服务对象自由填写选票和本单位全体工作人员无记名投票结果,综合选出该季度"明星示范岗"示范员,在工作岗位上设立"明星示范岗"流动标牌,时效3个月。"明星示范岗"示范员在挂牌期间,如有违反行风(政风)建设有关规定的,立即撤销"明星示范岗"流动标牌,并按规定处理。 (周 峰)

【新增就业岗位39229个】 全年新增就业岗位39229个,超额完成年初指标50.88%;其中企业用工17441个,劳务输出15083个,非正规就业6307个,办理自由职业398个。 (周 峰)

【落实就业援助措施】 年内,组织全区297名村级就业援助员,对140762名参加"镇保"的人员进行劳动力资源的调查摸底,采取"一人一表”的统计办法，对劳动力资源的家庭基本情况、个人简历、目前就业或无业状况、就业意向、技能培训要求等“五个信息”进行全面调查，并输入计算机管理。对认定的1278名“双困人员”开展免费就业培训，并于10月底前全部进行安置。（周　峰）

【开发“万人（千人、百人）就业项目”】 年内，制定《万人就业项目管理办法》，对全区13个“万人（千人、百人）就业项目”和128个帮业服务社开展就业岗位、招退工、考勤考核等专项检查，确保“万人（千人、百人）就业项目”的规范运作。通过“万人就业项目”新招用及扩招，解决3500名就业困难、失业（协保）、镇保无业人员和农村富余劳动力就业；开发4个“千人、百人就业项目”，吸纳3600名人员就业。（周　峰）

【制定促进就业优惠政策】 年内，建立离地人员推荐就业、宣传维权、劳动力资源登记、困难人员援助“四本台账”制度，通过“一人一档”的方式，加强对求职、培训、推荐介绍就业的管理；对招用持有“就业援助卡”的“双困”人员或持有“帮扶卡”的困难人员，与其签订两年及以上劳动合同、规范用工手续，缴纳社会保险的区内各企事业单位，分别每人每年补贴2000元和1200元；通过向区外劳务输出解决离地人员就业，并与其签订1年劳动合同、规范用工手续、缴纳社会保险的，补贴劳务输出公司每人每年600元。（周　峰）

【开展政策咨询宣传活动】 年内，组建“就业和社会保障政策宣讲团”，印制5000册《劳动保障法规、政策汇编》和5000套15万份宣传小折页，结合《劳动保障监察条例》和《工伤保险条例》的贯彻实施，在全区各镇、开发区先后举办11次宣讲活动，为1500多名企业法人代表、劳动工资干部进行宣讲。2月26日、3月5日两次深入7个镇和2个开发区劳动保障服务窗口，开展“为民政策咨询”活动，为群众解答小城镇社会保险、工伤保险、促进就业、外来务工人员综合保险等有关政策，共接待群众咨询230多人次。（周　峰）

【开展劳动用工专项监察】 3月，开展“清理整顿劳动力市场秩序”专项监察，取缔无证无照职业介绍机构26家，责令整改27家，立案查处1家；5月～7月，开展“查处欠薪欠保”专项监察，有63家用工单位补发363名职工工资18.38万元，521家用工单位补缴综合保险245万元，281家用工单位补签了劳动合同；8月～11月，开展“规范劳动力市场百日检查”专项监察，重点是劳动密集型的租赁企业，对13家拖欠工资、收取押金等不规范行为的用工单位责令限期整改。（周　峰）

【继续推进万人培训规划】 年内，加强对“双困”人员、失地农民的定向培训，按照企业用工需求设定培训的项目和模式，通过锁定项目、锁定生源、给予一定补贴等措施，免费开展定向培训或技能培训，提高就业竞争能力。同时，以青年和农村富余劳动力技能培训以及创业培训为重点，继续提高中高层次培训的比例和各类培训的质量。全年完成职业技能培训12010人，其中定向培训4293人，占35.7%；“万人（千人、百人）就业项目”培训753人，占6.3%；中高层次培训5703人，占50.7%。完成各类各级职业技能鉴定12141人，合格9303人，合格率为76.63%。推荐就业8035人次，推荐就业率为92.10%。（周　峰）

【举办“爱岗敬业”事迹报告会】 年内，为表彰在“万人（千人、百人）就业项目”中涌现出的爱岗敬业先进典型，宣传正确的择业和就业观念，引导离地人员、失业人员和农村富余劳动力正确认识市场就业形势，举办万人就业项目“爱岗敬业”事迹报告会，在各镇、开发区进行巡回演讲。13名来自不同就业项目的从业人员立足于不同的岗位、不同的侧面，讲述了在平凡岗位上发生的“先就业后择业”、走市场就业之路动人故事。（周　峰）

【加强外来务工人员管理】 年内，在各镇、开发区建立劳务纠纷调解站，及时受理和调解劳务纠纷，全年共受理1387起，调解成功1216起，涉及外来务工人员3947人次，追讨拖欠工资458万元。（周　峰）

【1684家单位实施劳动监察】 年内，对全区范围内1684家用人单位实施劳动监察，涉及从业人员85025人，发出整改指令书352份，整改到位率99%；补签劳动合同35家，涉及1724人，补办录用手续12家，涉及596人；补缴社会保险102家，涉及924人，金额142.35万元，追缴综合保险162家，涉及4265人，金额164.35万元；追讨拖欠工资118家，涉及6325人，金额

举行职工职业技能竞赛　（劳动和社会保障局　供稿）

4月16日，举办2005年春季招聘暨2004年度退伍军人双向选择专场招聘会。（王　伟　摄）

796.65万元。受理举报案件810件，涉及2650人，举报查处率为100%；行政处罚28件，金额14.56万元，行政处理74件，金额576.35万元。（周　峰）

【举办退伍军人专场招聘会】 4月16日，会同区民政局举办"2005年奉贤区春季大型招聘会暨2004年退伍军人双向选择招聘会"，为企业和求职者搭建双向交流的服务平台，并特地为2004年退伍军人设置招聘保安、操作工等岗位的专场。共有42家企事业单位参加招聘会，推出招聘工种166个，招聘岗位911个。前来应聘、咨询的求职者达3000多人，应聘报名人数991人，其中240人与用人单位达成初步就业意向，应聘最多的为操作工和仓库管理员岗位。（周　峰）

【劳动争议结案率达93.77%】 年内，处理劳动争议258件，涉及职工594人，实际审理273件（加上年未结案15件），已结案256件，结案率达93.77%，其中裁决126件，调解127件；另作出不予受理决定60件。完善三方办案机制，全年三方组庭办案数占90%以上。（周　峰）

【举办职业技能竞赛】 5月8日，会同区总工会举办"2005年度奉贤区职业技能（钳工）竞赛"，经过层层选拔，16家企业的35名选手参加了决赛。（周　峰）

【全年受理工伤认定1335件】 年内，受理工伤认定申请1335件，其中外来务工人员参加综合保险和工伤保险申请工伤认定883件，已作出认定结论1220件。为16名老工伤人员办理工伤确认手续，由工伤基金和用工单位各承担50%的赔偿金。全年行政复议案件5件，行政诉讼案件3件，除1件行政诉讼尚未作出结论外，其余案件均维持原来的工伤认定结果。（周　峰）

【全年受理劳动能力鉴定829件】 年内，严格按照规定程序、标准操作，并积极探索委托鉴定的方法，为解决历史遗留的老工伤人员待遇问题找到出路。其中化学工业区冯桥村有近100名老工伤人员落实了待遇。受理劳动能力鉴定案件829件，并全部作出鉴定结论，其中因病丧失劳动能力16件，因工致残等级鉴定696件，委托鉴定117件。（周　峰）

【海湾镇职业介绍分所成立】 1月28日，海湾镇职业介绍分所正式开张，为用人单位和职工群众提供职业介绍、求职指导、失业登记、办理招（退）工手续以及政策咨询、宣传等服务。全区劳动保障服务网络架构体系得到进一步健全和完善。（周　峰）

【制定就业和社会保障措施】 年内，制定、下发了《关于切实加强"万人就业项目"管理的意见》、《关于对企业招用"双困人员"及失地人员上岗实施补贴的意见》、《关于对村级卫生保洁服务社从业人员实施岗位补贴的意见》、《关于进一步规范区劳动和社会保障系统所属劳务型公司及其劳务用工管理的通知》和《关于帮助失地人员实现就业的若干措施》等五个文件，使促进就业政策进一步落到实处。（周　峰）

（本栏目编辑　周生明）

城乡建设与管理

综　　述

2005年，区城乡建设以科学发展观为指导，以构建社会主义和谐社会为目标，以创建上海市园林城区为契机，负重拼搏完成"十五"规划，加大建设投资力度，加快路桥建设，加强公路养护。配合建成上海浦东铁路奉贤段工程，结束了奉贤境内无铁路的历史。重视市政建设投入，改善城区生活设施，全面完成无障碍设施改造任务。

年内，房产业发展有新回落，房产市场运作进一步规范。建筑业管理加强，对施工企业资质和项目经理资格管理进一步到位。强化建筑材料质量管理，严格经营建材企业资格审证、换证，消除工程质量隐患。

加强住宅建设管理，重视旧房改造，清理配套费欠账，扩展公建配套内涵，提高物业管理水平。

加强地名管理，进一步规范地名管理流程。对道路同名现象开展整治，为经济社会发展和方便群众生活创造必要条件。

规　　划

【概况】　年内，规划工作围绕区委、区政府工作部署，发挥规划的先导和协调作用，针对城市发展中出现的新情况、新问题、新要求，加强规划的前瞻性、科学性和可操作性，并抓好规划的落实和管理。在市政府批准的《奉贤区区域规划纲要》基础上，全年完成《奉贤区区域规划实施方案(2003～2020)》的编制，并获市规划局批准；编制的各镇(除新成立的海湾镇)总体规划以及上海市工业综合开发区A区二期、B区总体及控制性详细规划、上海化工区奉贤分区控制性详细规划、海港开发区控制性详细规划、上海奉贤海湾旅游区(柘林镇)11号地块详细规划、上海海港综合经济开发区动迁小区详细规划、上海南方国际购物中心规划调整方案、海湾假日花园修建性详细规划、奉贤区绿化系统规划、农业园区动迁小区金水苑(暂定名)详细规划也获区政府批准。完成南桥地区奉贤行政中心(解放路从南桥新城A4东侧至金海路)城市设计及控制性编制单元规划和奉贤区海湾"三区联动"结构规划等具体编制。加强项目和工程管理。年内，共审核建筑方案198项、282次，审核规划方案21项和若干项规划总平面布置方案，其中报区政府规划方案14项，11项获批复同意。拟定规划设计要求30项，41次。核发规划选址意见书200件，选址面积1212.6万平方米；核发建设用地规划许可证91件，用地面积547万平方米；核发建设工程规划许可证123件，建筑面积230万平方米。为配合市政府开展"二个一千万工程"，完成区内配套用

6月11日，是"上海市规划宣传日"。图为规划工作者向群众介绍南桥新城规划布局。
（王　伟　摄）

房、中低价房项目选址等规划手续。做好市政规划管理工作，年内，共审核各类建设项目的规划控制线约900项次，涉及地形图约2200张。基本完成全区主干道路红线的修改方案、各镇及开发区的道路红线落地方案。完成部分主干河道的蓝线方案。办理管线工程规划许可证16项，道路（桥梁）选址意见书5项，市政附属设施选址意见书5项。对各镇及开发区的市政专业规划进行审核，参与了轨道交通5号线、江海220KV变电站、海湾风力发电场的前期协调工作和区内主干道路施工前的管线协调工作。批后管理和监查工作取得明显成效。信息共享平台的投入使用，为规划工作的规范化操作创造有利条件。

（杨斌斌　张保平）

【加强项目批后管理】 年内，继续加强项目审批后的管理工作，为确保规划的严肃性，共复验灰线52件，建筑面积73.98万平方米；竣工验收114件，建筑面积159.19万平方米。同时，继续开展违章建筑整治工作，全年共查处违章建筑58件，申请法院强制执行9件，涉及违章建筑面积2.22万平方米，共执行罚款10.58万元。

（杨斌斌　张保平）

【“上海市规划系统信息共享平台”投入使用】 1月1日，区规划局作为该平台建设中全市三家率先试点之一，在上年10月试运行基础上正式投入使用，经过近一年的运转，应用效果良好。信息技术的“共享平台”，规范了规划管理工作流程，办案权责进一步明确，包括办案过程中产生的各类文书格式得到规范。同时市局信息处将奉贤规划局作平台GIS功能扩展的唯一试点单位，从而实现办案过程中图文的同步审核，提高了规划审批的效率和质量。年内，信息中心还投入力量进行历年案卷数据的CAD注记工作，基本完成2003年前所有用地和工程案卷的CAD注记，为平台GIS功能应用提供重要图层数据。并做好平台的数据安全、备份及存储扩展等相关保障工作。

（张保平）

建设投资

【概况】 年内，由区建设投资公司承接政府确定的投资项目102个，计划总投资45.22亿元。根据政府的要求，共对110个项目实施建设投资，共投入工程建设资金13.78亿元，其中：新建项目62个，续建项目48个。南奉公路改线、环城东路南段、环城西路北段延伸、平庄公路新建等一批骨干公路建设及新奉城水厂配水管、东西部污水收集总管铺设全面展开，围绕创建上海市园林城区的绿化工程建设全面完成。

（廖玉明）

2005年基础设施、市政工程投资项目情况表

单位：万元

序号	工程名称	计划投资额	工程概况	建设单位
	合　　计	520106.93		
1	南奉公路改线段新建工程（瓦洪公路－区界）	23072.34	全长约6.625千米；红线宽40米；四快二慢分布	区建设和交通委员会
2	金海路新建工程（随塘公路－西闸公路）	81642.30	大亭公路两侧各约340米不列入本工程，故实际全长19.1千米；沥青混凝土路面；桥梁17座；雨水管；配套标志标线、绿化、照明等	区建设和交通委员会
3	金海路建设项目前期	30000.00		区建设和交通委员会
4	平庄公路新建工程（沿钱公路－新四平公路）	52829.95	全长约17.17千米；沥青混凝土路面；桥梁11座；雨水管；配套标志标线、绿化、照明等	区建设和交通委员会
5	平庄公路新建工程（浦卫公路－环城东路）	29196.25	全长约5.207千米；红线宽45米；六快二慢分布	区建设和交通委员会
6	平庄路建设项目前期	25700.00		区建设和交通委员会
7	环城东路延伸段新建工程（A30－海思路）	46686.15	全长9.2千米；城市次干路Ⅰ级；设计时速50千米；沥青混凝土路面；桥梁8座；雨水管；配套标志标线、绿化、照明等	区建设和交通委员会
8	青村宅基地配套工程－环西路工程（新川南奉公路－老川南奉公路）	3905.18	全长754米；桥梁一座；城市式；红线宽30米与20米；人行道、上水、污水、照明、绿化、标志标线等	区建设和管理委员会
9	团南公路西段工程（环城西路－浦卫公路）	11197.99	全长2560米；桥梁3座；红线宽45米；雨水管、路灯、绿化、交通标志	区建设和管理委员会
10	海湾路改造工程追加投资	980.00	架空线入地费用增加	区建设和管理委员会
11	南桥路延伸段道路工程（A30－新林公路）	13688.36	全长4100米、宽40米、桥梁3座、雨水管、交通工程、路灯、人行道等	区建设和管理委员会
12	南桥路、江海路（南航公路－A30）道路拓宽改建工程	15319.04	全长32200米	区建设和管理委员会

续 表

序号	工程名称	计划投资额	工程概况	建设单位
13	南桥路镇区段拓建工程（团南公路－A30）	13071.31	全长3187.48米，三线入地、照明、管线搬迁、房屋拆迁等	区建设和管理委员会
14	国防路维修工程	126.00		区双拥办公室
15	新苑路工程（庄良公路－叶庄公路）	2917.36	全长1310米、红线宽30米；桥梁2座、涵洞一座，跨径均为18米；人行道、污水、雨水、上水、绿化、照明、标志标线等	区建设和管理委员会
16	解放东路延伸段（A4－金海中路）新建工程追加投资	905.73		区建设和管理委员会
17	航塘公路（大叶公路－A30）道路改建工程	18043.00	红线40米；全长8585米；桥梁8座	区建设和交通委员会
18	浦东铁路环城东路立交工程	9822.17	全长1671米；地面辅道1837米；红线40米	区建设和交通委员会
19	瓦洪公路新改建工程（A30－川南奉公路改线段）	3244.00	全长约1.6千米；红线宽45米；六快二慢分布	区建设和交通委员会
20	A30东南郊环高速公路前期	3000.00	前期工程	区建设和管理委员会
21	2005年度无障碍设施改造	600.00		区建设和管理委员会
22	2005年度公路大养护	9580.00	日常养护、中小修工程及其他管理等费用	区建设和管理委员会
23	2005年度市政养护	860.50	日常养护、中小修工程及其他管理等费用	区建设和管理委员会
24	区生活垃圾综合处置厂前期费用	100.00		区建设和管理委员会
25	区东部生活垃圾中转站建设工程	1080.69	总用地面积6440平方米，近期100t/d，远期140t/d；总面积2261平方米	区建设和交通委员会
26	区西部生活垃圾中转站建设工程	1087.13	总用地面积6053平方米，近期100t/d，远期170t/d；总面积2310平方米	区建设和交通委员会
27	区南部生活垃圾中转站建设工程	1063.47	总用地面积5355平方米，近期90t/d，远期140t/d；总面积2343平方米	区建设和交通委员会
28	解放路、南桥路部分道路拓建工程	900.00		区建设和交通委员会
29	金海路给水工程（大叶公路－奉浦大道）	391.00	DN600；2883米	区水务局
30	环城东路延伸段上水工程（普康苑东门－平庄公路）	630.00 520.00	DN600；2300米	区水务局
31	庄行镇清水输送管工程（庄行泵站－庄行水厂）	300.00	DN600；1500米	区水务局
32	2005年度农村低水压改造工程	4720.00		区水务局
33	新建青村供水泵站工程	1990.00		区水务局
34	金海路延伸段清水管工程（A30－平庄公路）	485.00	DN600；2500米	区水务局
35	团南公路清水管工程（环城西路－浦卫公路）	528.00		区水务局
36	南桥镇运河北污水管工程（A4－环城西路）	1813.90	DN800：3260米、DN600：1300米、泵站一座	区水务局
37	南桥镇窨井改造工程	68.00	更换窨井盖568只	区水务局
38	南桥城区及南排沿线污水管道、窨井养护工程	200.00	养护管道长度157493米、窨井60199只	区水务局
39	大亭公路辅道污水泵站工程	600.00		区水务局
40	东西部两座污水厂进厂总管工程	300.00		区水务局
41	柘林镇胡桥社区污水总管（Ⅱ标段）工程	1099.90	DN1500：1800米，顶管2条	区水务局
42	平庄公路污水总管（Ⅵ标段）工程	1237.50	DN800：3000米，顶管1条	区水务局
43	污水南排4号泵站向东至金海路及金海路南北延伸段污水总管工程	1955.70	DN600：4200米，顶管3条	区水务局
44	海湾污水总管工程	349.00	DN800：570米，顶管1条	区水务局

续 表

序号	工程名称	计划投资额	工程概况	建设单位
45	张翁庙泵站西段污水管工程	200.00	DN600－515 米	区水务局
46	川南奉公路污水管工程	1216.90	DN600:3000 米,顶管 2 条	区水务局
47	南桥地区及南排沿线管道养护工程	280.00		区水务局
48	西部污水处理厂进厂总管工程	3546.90	DN1650:4400 米,顶管 4 条	区水务局
49	西部污水处理厂南排连接管工程	2644.00	DN1800:2100 米,DN2000:900 米	区水务局
50	平庄公路污水总管(Ⅳ标段)工程	5640.90	DN1200:4100 米,顶管 3 条;DN800:3600 及顶管 2 条	区水务局
51	大叶公路排管工程(金海公路－浦星公路)	1354.03	D325 钢管 4080 米	区建设和管理委员会
52	团南公路排管工程(环城西路－浦卫公路)	795.30	D325 钢管 2800 米	区建设和管理委员会
53	南奉公路天然气排管工程(沿钱路－建设路)	552.34	DN325 钢管 1970 米;DN300 桥管 69 米;DN325 顶管 110 米;DN300 阀门 5 只	区建设和管理委员会
54	环城东路高压天然气排管工程(A4 门站－平庄公路)	1081.01	全长 4007 米;铺设 DN325 钢管	区建设和管理委员会
55	沿钱公路高压天然气排管工程(平庄公路－南奉公路)	1697.46	全长 3829 米;铺设 DN325 钢管;新建高中压调压站 1 座	区建设和管理委员会
56	平庄公路天然气排管工程(环城东路－金海路)	615.15	DN325 钢管 2180 米	区建设和管理委员会
57	平庄公路天然气排管工程(金海路－沿钱路)	1530.57	DN325 钢管 4760 米	区建设和管理委员会
58	环城东路天然气排管工程(A30－新林公路)	677.66	DN325 钢管 4200 米	区建设和管理委员会
59	金海路天然气排管工程(奉浦大道－A30)	690.05	DN300 钢管 4145 米	区建设和管理委员会
60	南奉公路天然气排管工程(A4－浦星公路)	587.80	DN300 钢管 4200 米	区建设和管理委员会
61	环城西路天然气干管排管工程(奉浦大道～团南公路)	112.50	DN300 钢管 750 米	区建设和管理委员会
62	南桥路天然气排管工程(奉贤中医院－环城南路)	206.69	全长 735 米;D325 ＊8 高频直缝电阻焊钢管;设计压力 0.4Mpa	区建设和管理委员会
63	浦星公路天然气排管工程(平庄公路－金汇塘路)	5191.60	2 段全长 9120 米;D325 ＊8 直埋钢管 550 米;D325 ＊10 定向钢管 1420 米;D325 ＊10 围堰钢管 150 米;压力 1.6Mpa;设置高中压调压站 1 座;D325 ＊8 高频钢管;压力 0.4Mpa	区建设和管理委员会
64	大叶公路(金海路－浦星公路)	1720.68	全长 3700 米;D325 钢管 2500 米;穿越敷设 1200 米;设计压力 1.6MPa;高中压调压站 1 座	区建设和管理委员会
65	团南公路(浦卫西路－环城公路)	618.39	安装桥管 3 座;设计压力 0.4MPa	区建设和管理委员会
66	浦星公路(平庄公路－人民塘路)	3980.39	全长 7070 米;D325 ＊8 次高压 A5500 米;高中压调压站 1 座	区建设和交通委员会
67	南桥路(中医院－江海路)	287.58	D325 钢管 985 米	区建设和交通委员会
68	区天然气次高压管网铺设工程	36031.80	铺设 D325 ×8 钢管;全长 92.1 千米;高高压调压站 1 座,高中压调压站 7 座	区建设和交通委员会
69	A30 南侧绿化带工程前期费用	1366.35	清理补偿各类农田设施、苗木等	区建设和管理委员会
70	A30 南侧镇区段绿地建设工程	5400.00	新建绿地面积 1080000 平方米	区建设和管理委员会
71	竹港西侧绿化带工程前期费用	2325.44	拆迁民房、码头、堆场、农田设施等;农民养老、吸老	区建设和管理委员会
72	海湾镇海滨地区绿化工程燎钦公路、随塘公路等	620.87	绿化面积 66760 平方米	区建设和管理委员会

续 表

序号	工程名称	计划投资额	工程概况	建设单位
73	浦星公路两侧行道树调换和交叉口绿化工程	279.50	新建绿化面积4500平方米	区建设和管理委员会
74	解放路沿线调整绿化工程(电视台、中心医院等)	465.00	新建绿化面积15000平方米	区建设和管理委员会
75	A4公路东侧、解放东路南侧区域绿地工程	100.00	新建绿化面积5000平方米;修建道路200平方米	区建设和管理委员会
76	A4公路两侧绿化带工程(A30-南奉公路)	1380.00	新建绿化面积127500平方米、部分建筑小品和休闲设施	区建设和管理委员会
77	南亭公路两侧绿化带工程(沪杭公路-沙港)	447.00	新建绿化面积37000平方米	区建设和管理委员会
78	南奉公路两侧绿化带工程(浦星公路-A4公路)	450.75	新建绿化面积29600平方米	区建设和管理委员会
79	奉贤区体育中心环境整治工程	150.00	新建绿化面积6300平方米;中心舞台改造、停车场建设等	区建设和管理委员会
80	古华公园解放路沿线破墙透绿工程	610.00	拆除原有建筑、河道整治、破墙透绿	区建设和管理委员会
81	西闸公路、解放东路、环城东路、江海路等绿化工程	412.00	调整绿化面积40000平方米;新建绿化面积20800平方米	区建设和管理委员会
82	沪杭公路看守所门前、庄胡公路等绿化改造工程	61.00	新建绿化面积3700平方米	区建设和管理委员会
83	南航公路南侧绿化带工程(A4出口-金汇港)	1990.53	新建绿化面积51200平方米;拆迁面积5095平方米、堆场搬迁等	区建设和管理委员会
84	原滨江副食品厂基地拆迁进行绿化建设工程	950.00	新建绿化面积3800平方米;拆迁建筑面积2064平方米	区建设和管理委员会
85	规划区政府办公大楼临时绿化工程	90.59	绿化面积32550平方米	区建设和管理委员会
86	海湾路北段绿化带工程(团结塘路-奉柘公路)	980.00	绿化面积85000平方米	区建设和管理委员会
87	大叶公路北侧、A4以东区域房屋拆迁进行绿化建设工程	1000.00	绿化面积12740平方米;拆迁面积3821平方米	区建设和管理委员会
88	奉柘公路两侧绿化带工程(沿钱公路-航塘公路)	324.10	绿化面积50000平方米	区建设和管理委员会
89	南方建材市场临时堆场的搬迁补贴	739.99		区建设和管理委员会
90	二严寺南侧环境整治和绿化工程	120.00	新建绿地面积3000平方米	区建设和管理委员会
91	A30高速沿线外围绿化建设工程	800.00	全长25000米;新建绿地面积40公顷	区建设和管理委员会
92	A4高速两侧外围新建绿化工程	600.00	全长20000米;新建绿地面积20公顷	区建设和管理委员会
93	南奉公路(金海路-金汇港)两侧绿化带景观绿化建设工程	199.00	新建绿地面积2.2公顷	区建设和管理委员会
94	南亭路益华大酒店西、古越公司东环境整治和绿化建设工程	39.00	新建绿地面积1325平方米	区建设和管理委员会
95	沪杭公路(奉浦大道-A30)两侧环境整治和绿化建设工程	460.00	新建绿地总面积12公顷	区建设和管理委员会
96	环城西路江海经济园区(沪杭公路-奉浦大道)两侧绿化工程	300.00	新建绿地总面积3.6公顷	区建设和管理委员会
97	A30新四平公路出入口内侧绿化建设工程	190.00	新建绿地面积56358平方米	区建设和管理委员会
98	古华公园西区景观绿化整治	198.00	整治面积4.8公顷,增值地被植物等	区建设和管理委员会
99	奉贤区博物馆搬迁工程	260.00	安装恒温、恒湿设备,红外线报警装置	区建设和管理委员会
100	金海路西侧、解放东路延伸段南侧、南奉公路北侧庙泾区域绿化建设	1147.21	沿道路50米景观绿化,新建绿地总面积60438平方米,拆迁6户农户,农田设施补偿	区建设和管理委员会
101	南桥镇区创建线路沿线零星绿地补充调整	498.00	设施修缮,建设和调整绿地面积5万平方米	区建设和管理委员会

续 表

序号	工程名称	计划投资额	工程概况	建设单位
102	A30 北侧绿化带改造工程	180.00	改造绿化总面积 1.5 公顷，新建一条长 310 米宽 6 米的水泥路	区建设和管理委员会
103	张翁庙村沿沪杭公路西侧区域绿地建设前期费用	740.33	拆迁房屋建面 2495.56 平方米，涉及农户 4 户，1 家单位	区建设和管理委员会
104	南奉公路南侧、环城东路东侧区域绿化工程	300.00	新建绿地面积 3000 平方米，设置园路和亭等小品设施	区建设和管理委员会
105	西闸东路两侧区域绿地建设	942.20	道路改建为城市式，同步实施配套工程	区建设和管理委员会
106	竹港西侧、沪杭公路东侧、运河两侧绿化建设工程	891.03	拆迁建面 1649 平方米，涉及农户 5 户，运输公司 1452 平方米，补偿解放西路北侧沪杭公路东侧洗车点	区建设和管理委员会
107	竹港西侧绿地建设工程	800.00	新建绿地总面积 16 公顷；	区建设和管理委员会
108	创建线路沿线环境综合整治	800.00	对整个创建区域和迎检绿化；市政线路整治	区建设和管理委员会
109	新四平公路两侧绿化工程改造	1142.98	全长 2592 米；宽 17.5 米；改建绿地面积 90720 平方米	区建设和交通委员会
110	南桥电影院东侧绿化管理用房	300.00	面积 1500 平方米；待建绿地内结合地下人防设施建造	区建设和交通委员会
111	解放路（南桥路 - A4）道路店招店牌专项整治	148.00	共 192 块，保留 26 块	区建设和交通委员会
112	文化广场中心喷泉和地面改造	850.00	缩小喷泉规模；改造地下车库等	区建设和交通委员会
113	金海路南奉公路东南区林地整治	141.44	面积约 21334 平方米	区建设和交通委员会

（工程计划科　供稿）

路桥・市政建设

【概况】 年内，路桥建设主要完成南桥路（A30—亭大辅道）、环城东路南段（A30—新林公路）、川南奉改线段（青村于庄—瓦洪公路）、平庄公路（环城东路—沿钱路）、金海公路南段拓宽（南奉公路—平庄公路）等工程。并完成青村环西路、庄行新苑路，为宅基地置换做好道路配套工程。同时，团南公路（浦星公路—环城西路）、浦星公路南延伸段等工程正处于紧张施工过程中。全年公路好路率、养护质量综合值均超额完成市公路处下达的指标任务。文明样板路的创建初步通过市公路处验收。落实排堵保畅措施，加强整治公路违章搭建、超限超载运输及非公路标志。市政养护共完成养护经费 261.9 万元，镇、村公路和农村桥梁长效管理机制得到有效落实。加大征稽力度，全年征收养路费 9000 万元。市政建设注重市政设施维修，并全面完成了无障碍设施的改造任务。（周卫中）

【高速公路网基本形成】 年内，奉贤境域 A30 南郊环（莘奉金—金山区界）高速公路（简称高速）竣工交付使用。加上已通车的 A2（沪芦高速）、A4（莘奉金高速）、A30 东南郊环（莘奉金高速—南汇区界），至年底，区内高速公路网络基本形成。（周　天）

【建成区管公路 26 千米】 年内，竣工的新建道路有瓦洪公路（A30—平庄公路）、平庄公路（环城东路—沿钱公路）、南奉公路（运河南堍—瓦洪公路）、青村环西路（新南奉—老南奉）、庄行新苑路（庄良路—叶庄路）等，总长度 26.17 千米，总投资 6.12 亿元。同时完成南桥路、解放路、西闸路部分路段拓宽工程。（周卫中）

【乡村公路建设、危桥改造成绩显著】 年内，区、镇两级政府重视农村公路建设和危桥改造，各镇把乡村公路建设、管理费用纳入镇级财政预算。全年安排资金 850 万元，完成乡村公路改造 70.65 千米，新建计划外公路 27.75 千米，改建 29.35 千米。同时，区、镇两级政府联动，投入资金 2241.47 万元，改造危桥 148 座，其中区级河道危桥 21 座。（区市政公路署）

【开展全方位公路养护】 年内，投入养护经费 9580 万元，完成大中修及 GBM 工程 20.05 千米，海湾路成功创建为区内第一条上海市文明样板路。至年底，干线公路好路率 91.25%，全部公路好路率 73.34%。为创建上海市园林城区，完成铣刨摊铺沥青混凝土路面 45.39 万平方米，翻排路缘石、侧平石 37.2 千米，修复人行道 8688 平方米及其他附属设施。补植调整各类乔灌木 6.49 万株。全年清除违章堆物 5556 吨，违章设摊 246 处，拆除违章搭建 75 间，户外广告 1369 块。坚持征稽并举方针，全年完成征收养路费 9577 万元，通行费 7837 万元。共查处各类欠费车辆 959 辆，追缴规费 340 多万元。（区市政公路署）

浦东铁路在建设中　（庄佚民　摄）

【浦东铁路奉贤段竣工】　11月28日，上海浦东铁路奉贤段竣工。浦东铁路在奉贤境内长33.33千米。近期设四团、海湾两个场站，远期保留奉城、奉贤两站。铁路东西横贯四团、奉城、青村、柘林四镇和海港开发区、海湾旅游区以及化工分区。工程涉及动迁民宅250多户，拆迁建筑面积约6.41万平方米；动迁企业12个，拆迁建筑面积1.59万平方米；清理各类养殖面积106.66公顷、各类果蔬、花卉大棚400多座。按照铁道部和市政府要求，为确保浦东铁路2005年底建成通车，区政府成立浦东铁路奉贤段建设动迁工作办公室，建立前期和施工协调机制，及时化解动迁和施工中遇到的问题，保证浦东铁路奉贤段如期竣工。（宋春辉）

【市政工程管理】　全年投入市政设施养护资金550万元，完成维修路面1814平方米，人行道翻修6543平方米，以及桥梁维护、驳岸栏杆维护、路名牌更换维修、更换防盗窨井盖等。并对南桥镇29条主要道路进行路名整治，调整了路名牌。（区市政公路署）

【完成无障碍设施改造任务】　10月，全区全面完成市无障碍联席会议办公室下达给奉贤的各项改造任务，改造项目主要包括：改建市政道路缘石坡道1616只；改建镇区主干道、商业街盲道18.5千米；改建城市公园及城市广场入口地段和主要路段公交车站等候区提示盲道25处；改建各类已建公共建筑坡道82处，改造率100%；改建各类商场、宾馆、福利院、社保中心等41处；改造银行、邮局和室外公共厕所坡道45处；改造已建文化馆、图书馆、影剧院、体育馆、游泳池等坡道9处；95所中小学、幼儿园、48个居住小区、22幢高层住宅；无障碍设施进入残疾人家庭40户，同时在各类场所设置无障碍信息标志标牌800余块。

（王建华）

测绘·地名管理

【概况】　年内，开展区内部分测量标志调查工作。在全市郊区率先完成纸质地形图向电子地形图的转换。利用《行政许可法》实施契机，规范地名审批程序和地名命名规划，拟定地名申报审批程序试行稿和市政交通设施等4类主要地名命名规划试行稿。开展同名道路调查、整治，找出标准名称道路同名和非标准名称道路同名共220件，通过注销、更名和地名加前缀等办法进行整改。（张保平）

【开展测量标志调查】　年内，针对往年测量标志均有损坏的现象，为维护测绘工作的严肃性，及时发现和恢复测量标志，组织力量对区内部分测量标志进行调查。经调查，发现青村镇内有一处标志因施工遭损坏并及时修复。（张保平）

【用数字化扫描管理竣工项目档案】　年内，为加强城建档案管理，积极抓好社会各方职能单位的协调工作，增强有关人员城建档案归档意识，保证项目档案的流向，对竣工档案及“一书两证”资料的数字化扫描工作放在首位。全年共接收工程竣工项目档案96件，整理竣工项目档案82件，归档项目竣工面积达152.9万平方米，接收“一书两证”档案项目284件，整理及扫描项目档案735件。完成雷允上药品有限公司及正阳世纪星城项目的声像档案收集工作。

（张保平）

【整治同名道路名称】　1月1日起，区地名办公室开展地名名称清理工作，查找同名现象并进行整改。至年底，共受理审批建筑物和交通设施名称29件（其中建筑物名称19件），查询地名358件（其中道路名称查询321件）。开展同名道路和非标准名称道路的整治，对地名录和路名大全所收集的1500多条道路进行调查摸底。通过调查发现，标准名称道路同名的有125条，其中市化工区道路2条，农场道路1条。非标准名称道路471条，其中同名98条。针对220条同名道路现象进行反复核实调查，制订整改方案，其中注销19条，保留13条，地名前加前缀52条，其余均作更名处理。为加大整治力度，落实整改方案，6月6日下午召开全区地名工作会议，会后又多次深入7个镇、14个社区、4大工业区以及相关部门进行调查沟通。在听取各方意见后，7月，对122条同名道路整治意见报市地名办。9月，对471条非标准名称道路通过梳理和更名并落实养护管理单位并报市地名办。

（张保平）

（本栏目编辑　张继强）

交通·邮政·电力·燃气

交　　通

【概况】 年内，全区有公交企业3家，公交线路58条，其中境内线路18条，公共营运车辆450辆，从业人员1400余人，公交集散点3个。月均运送乘客10万人次，以奉贤为中心辐射金山、松江、嘉定、青浦、闵行、南汇和浦东新区等地区。全区在册道路运输经营户2994户、车辆8879辆。全年共办理行政许可381件，其中：专业运输企业38户，兼营本单位货运343户。受理道路运输服务业备案证60户；17户X牌照个体货运户已按照“客货分业经营”要求完成“货转客”工作；年底，8户危险品货运企业全部安装行驶定位系统“GPS”。全区在册维修户299户，其中：一类维修户5户，二类维修户69户，检测站1户，三类维修户129户，摩托车维修业户85户，自行维护业户10户。全年办理维修业户行政许可17户，注销4户。

（区运管署）

【制定道路停车管理试点方案】 年内，根据《上海市停车场（库）管理办法》以及市建交委等五个部门联合下发的《关于下发〈关于加强本市中心区域机动车停车管理试点工作的意见〉的通知》精神，结合区内实际制定道路停车管理试点方案。该方案通过综合运用行政管理、价格手段和信息化方式，调控南桥镇区域道路停车价格，泊位数量和结构，达到有效控制进出中心城区域机动车总量，引导车辆入场（库）停放，减少路旁停车，推进交通排堵保畅工作。

（区运管署）

【推进交通行政体制差别化管理】 8月，原属商委的客运稽查职能因政府机构改革划归区建设和交通委员会。客运稽查中队并入陆管所，实行三块牌子，一套班子。9月，按照区编制委员会《关于本区事业单位机构编制清理工作的实施意见》精神，陆管所机构调整，股室设置由原来的17个调整为8个，中层岗位职数缩减成14人。调整后，各股室的交通行政管理和交通行政执法职能更加清晰，为下一步体制改革打下良好的基础。12月份，根据上海市城市交通管理局《关于本市城市交通区域实施差别化管理的实施意见》精神，上报“撤三建二”体制改革方案，即：撤陆管所、修管所、客运稽查中队，拟建区城市交通运输管理署、区城市交通执法大队。（区运管署）

【加强维护市场秩序执法力度】 年内，运输市场管理继续加大春运、运政、客运、应急检查、违章处理五个方面行政执法力度。1月20日～3月5日，春运执法出动160人次，查实各类违章客运车辆16辆，罚没款3.5万余元。运政稽查出动1076人次，查获违章货运1120辆次；中止营运56辆次，查获无证修车15件。客运稽查检查公交车辆1219次，查获违纪251次。针对区内“黑车”突出问题，采取多种方式打击非法营运，全年共查扣“黑车”505辆。查实投诉举报21起，处理违章案件963件，处罚金额161.1万元，其中陆运960件，汽修83件。（区运管署）

【设卡检查预防Ⅰ型口蹄疫传入】 4月29日，为防止Ⅰ型口蹄疫的传播，区政府决定五一长假期间，由交警、陆管所及农委兽医站负责对外省市进入区域的牛、羊、猪活畜进行检查，要求发现情况移交区农委押送返回原省市。检查人员从4月30日～5月8日，忠于职守，放弃休息投入检查。检查结果无发现Ⅰ型口蹄疫进入区内。

（区城管署）

【加强道路运输行业管理】 年内，对汽修经营资质进行监管，31户维修企业通过规范达标活动，14户维修企业评为星级企业，企业信息化管理软件使用率98%；检验员年审144人，企业资质年审通过278户；委托上海强检中心对72台废气分析仪和烟度计进行标定；委托区劳动部门举办特种作业培训，获维修明火操作上岗证32人，中级维修工57人；电脑操作培训69人。6月～8月，针对南桥中心医院、南桥汽车站停车混乱突出问题，与交警、客运中队联合专项整治，停车秩序有明显好转。加强安全生产，全年共上门检查211次，其中检查普通货运企业103次、危运企业6次、客运站1次，维修企业101次，针对存在问题发出整改通知。6月，开展汽修企业“安全生产月”活动，对6户危运企业128辆车进行安全大检查，出具29份运管建议书。年内，全区专业运输企业共发生各类道路运输交通事故36起，直接经济损失61万元，其中死亡事故4起（负次责、同责）；一般事故32起，较上年有所下降。（区城管署）

【公交行风测评满意率提高】 年内，公交行风测评分值比上年有所提高，达到双80分，与第一名分值差距从17分降至7.11分。尚存差距，主要是管理服务不到位、办事推诿拖拉、态度粗暴冷漠和收费不规范等问题。（区运管署）

【新增区域出租车70辆】 第四季度起，奉贤区域增设客运出租车70辆。自2001年7月投放342辆起，至年末，奉贤区域共有客运出租车412辆。但由于“黑车”猖獗，非法营运现象一时屡禁不止，使得区域性出租车原来双班率100%，降至80%，出现新增的部分出租车匮乏驾驶员上岗局面。

（区运管署）

【加强水上交通安全管理】 4月，根据交通部《关于规范地方水上安全监督机构名称的通知》，经区编制委员会批准，增挂上海市奉贤区地方海事处牌子。在辖区开展全国统一打击水上运输超载执法行动，金汇、竹港两个海事所设检查点，严厉查处超载船舶，严禁超载船舶出港。南桥、奉城、奉新三个海事所对装货码头加大现场监管力度，从源头上制止超载违法行为。年内，先后开展安全生产专项整治百日安全无事故活动，成立水上安全运输专项整治领导小组，负责辖区水域水上安全运输专项整治工作。开展全国交通系统“反三违月”和“全国安全生产月”活动，对事故多发水域加强巡逻，发现事故隐患、违法行为等立即予以制止并及时处理。对“四客一危”重点船舶进行严格、持续、动静结合的监管，派出常驻危运企业办事组，加强对装油现场指导与监督。在内河水域开展保持通航环境专项整治工作，严格限制超过主尺度标准的船舶进港，布设限制超标船舶进港标示牌；设置跨航道管线警示标志牌。年内在辖区现场检查共10632人次，出动巡逻艇3艘337天；检查船舶26175艘次，纠正违章5510起。办理船舶签证31077艘次；辖区共发生小事故10起，经济损失26.87万元。（区航务所）

【加大航道管理力度】 年内，贯彻实施《上海市内河航道管理条例》，加大航道管理力度，全年打捞沉船20艘，拆除危桥9座，审批水工作业33件。进一步规范通航要求，改善通航条件，按照《奉贤区通航河道及水域管辖范围及跨河建筑实施通航控制总体方案（试行）》，严格控制沿跨河建筑，控制桥梁净空高度。做好区内公路、浦东铁路等重大工程水工作业部分的配合、协调工作，确保工程安全如期完工。9月～10月，完成南竹港南桥镇区段2.6千米航道疏浚，提升了通航能力。（区航务所）

【加强运港管理】 至年末，全区有水运（服务）企业22家、个体（联户）15家，共有船舶70艘、17052载重吨，（平均243.6载重吨/艘），客船1000个客位。年内，对2户从事危险品运输企业及船舶进行全面检查。对未取得市港口管理局核发的“危险货物装卸作业认可证”的码头，督促办理危险货物装卸码头认可手续。对全区从事港口作业的企业单位及其他组织的经营许可重新审核，办理《港口经营许可证》，共核发许可证4张。11月，对全区11户水运服务企业开展行政执法检查，促进水运企业规范经营，维护水运市场秩序。（区航务所）

【船检质量管理获专业认证】 年内，以船检机构资质认可为契机，落实船检责任过错追究制度，进一步明确船检分工和职责，不断提高船检工作质量。全年共检验船舶86艘，其中客渡船2艘、油船26艘、化学品船11艘、货机船47艘，油船办理转港16艘，降级2艘。5月1日起，在辖区内集中开展低质量船舶专项治理活动。11月，区航务所获国际知名船级社劳氏质量认证有限公司船舶法定检验质量管理ISO9001：2000、GB/T19001：2000体系认证，为提高船检质量提供操作依据。（区航务所）

【开展船员驾驶证专项整治行动】 4月～6月，为确保从业船员行驶安全，开展整治船员持假证上船任职统一执法行动。共检查三等以上船舶56艘，确认收缴假证3本，消除船员不安全行驶隐患。

（区航务所）

【培训行政执法人员109人次】 年内，为提高执法人员素质，多渠道派遣执法人员参加各类培训班。参加市港口局组织的行政执法人员培训班46人，全部考核通过；参加交通部海事局海事行政执法证换证考核培训39人，均取得海事执法资格；分别参加交通部组织水上安全生产管理、验船人员内河通航标准等学习培训班24人；所有行政执法人员还参加市法制办举办的法律、法规培训考核。

（区航务所）

邮　政

【概况】 上海市邮政局奉贤区局（简称奉贤区局），副处级建制，下辖19个邮政支局、12个邮政所、1个代办点。年末在册职工516人。服务面积687平方千米，服务人口79.08万（含外来人口）。年内，实现业务收入9080万元，同比增长3.85%；通信总量9450万元，比上年增长11.8%；收支差额完成一流指标4610万元，比上年增长2.2%；人均劳动生产率17.6万元。行风测评在区内10个服务性行业中排名第二，用户满意度88.6分。（雷　音）

邮政局奉贤区局服务设施

名　　称	2004 年	2005 年	同比增减(%)
信筒、信箱(只)	180	151	-16.11
开箱线路(条)	1	1	—
乡邮邮路(条)	62	62	—
自动取款机(台)	18	18	—
投递邮路(条)	86	88	2.32
邮路总长(千米)	2676	2696	0.74
实现电子汇兑局	21	21	—
实现电子汇兑所	6	6	—

(雷　音)

【开展 ISO9000 贯标工作】 3 月 22 日,奉贤区局作为上海邮政二期贯标单位,正式启动开展 ISO9000 贯标认证工作。经宣传动员、教育培训、体系文件编制等阶段,7 月 1 日起进入质量管理体系运行阶段。9 月开展内审工作,提出 18 项一般不合格项。10 月开展管理评审,按照体系标准进行分析、制定整改措施。通过全员培训以及贯标工作的实施,全体员工质量意识进一步提高,经营服务水平进一步提升。(雷　音)

【设立"局长周末接待日"制度】 11 月起,奉贤区局设立"局长周末接待日"制度,接待用户、职工来电来访,了解职工思想动态,对群众反映生产生活方面的问题,给予妥善处理。"局长周末招待日"的设立,成为密切领导干部与职工群众关系一条有效途径。(雷　音)

【销售信报箱 14932 只】 年内,为方便群众信件、报刊收阅,奉贤区局抓住房地产开发契机,积极与房产商、地方政府规划组联系,认真做好居民小区新建楼宇居民信报箱的配置工作,实行安装、验收和投递一条龙服务。年内共销售信报箱 14932 只。(雷　音)

【开发制作个性化邮票 2000 版】 3 月~4 月,南桥支局与集邮分公司共同策划,开发制作奉贤电信局个性化邮票 2000 版,宣传企业形象,得到社会认可,使个性化邮票发展有新突破。(雷　音)

【营销"锦绣黄桃"邮政礼包】 年内,奉贤区局运用邮政网络销售平台,依托光明"黄桃之乡",在光明农贸公司配合下,营销黄桃 3500 箱(每箱重 5 千克)。既解决光明黄桃缺少销售平台的难题,又打响邮政销售平台品牌,取得企业、果农与地方政府三方共赢。(雷　音)

【报刊征订取得佳绩】 10 月始,奉贤区局报刊征订工作启动,通过采取进社区设摊服务,进居民家中宣传征订,2006 年度报刊征订任务流转额超出预订指标 13 个百分点,创出近年来奉贤区局报刊征订工作最好业绩。(雷　音)

【开发南桥老街邮政专送广告】 年内,针对区内房产销售不佳情况,奉贤区局商函公司及时研究对策,与开发南桥老街的上海绿地集团多次联系洽谈,详细介绍邮政专送广告在奉贤地区的影响,重点探讨广告版面设计、内容,与绿地集团房产销售部先后签订 20 次南桥老街房产广告业务。通过客户抽查,该广告的妥投率在 95% 以上,使房产销售率比以前提高 10% 以上,取得客户满意、邮局创收双赢效果。(雷　音)

电　力

【概况】 上海市电力公司奉贤供电分公司(以下简称分公司)隶属于上海市电力公司市东供电公司,共有员工 328 人。供电范围包括奉贤区全境,南汇区航头、芦潮港以及闵行区陈行、鲁汇和上海化学工业开发区等地区,供电面积约 704 平方千米。主要供电设备有 220 千伏变电站 2 座,110 千伏变电站 2 座,35 千伏变电站 28 座,主变 64 台,主变总容量 1834 兆伏安;35 千伏及以上线路 47 条,总长度 426 千米。年内,采取多种措施保证迎峰度夏安全运行。台风"麦莎"和"卡努"袭击期间,共接到故障报修 3000 余次,出动维修人员 7500 人次,车辆 1400 辆次,及时抢修,保证电力供应。注重企业管理,设置科室 8 部 2 室,调整人员,充实管理力量,制订实施《员工行为管理标准》,出台《合同户使用管理规定》。全年实现安全生产九大目标,成功兑现分公司负责人 2005 年度业绩考核 11 项指标,年内获上海市文明单位、上海市花园单位、市东供电公司"迎峰度夏优质服务百日竞赛优胜单位"等称号。(王　勇)

【生产经营指标提高】 年内,分公司售电量完成 28.75 亿千瓦时,完成计划的 127.37%,较上年同比增长 25.38%;线损率 7.9%,较上年同比下降 1.75 个百分点;综合供电电压合格率 99.72%;城市供电可靠率 99.96%;平均电价 697.88 元/千瓦时,反窃电违约收入 599.41 万元;成本三费 3321.45 万元;应收电费余额 1170.49 万元。(王　勇)

【加强电网改造】 年内,面对节节攀升的用电负荷，分公司认真做好负荷分析和预测工作，科学规划电网布局，完成《奉贤地区“十一五”配电网规划》编制工作，星火开发区、上海工业综合开发区B区等配电网规划通过专家评审。积极推进电网电源点的建设，投运35千伏变电站5座，新增容量160MVA。完成迎峰度夏、技改项目投资6148万元，业扩配套项目投资2278万元，住宅配套项目投资1.06亿元，业扩2.29亿元，代工项目投资8732万元，有效缓解了奉贤供电热点地区的用电紧张局面。

（王　勇）

【迎峰度夏措施有力】 年内，面对上海季节性和时段性的电力缺口，分公司制定迎峰度夏工作计划和组织、安全、技术等保证措施，对夏季高峰负荷进行预测分析，制定正常方式下主变过载预案、10千伏重载线路应急措施和不能满足N-1变电站处理预案，准备负荷转移预案和拉电方案。提前完成110千伏老南桥站负荷切割、青村站新放10千伏出线两项迎峰度夏工程，总投资917万元。错避峰执行率95.59%，为迎峰度夏期间电网安全稳定运行奠定坚实基础。

（王　勇）

【开展多形式行风建设活动】 年内，按照市东供电公司“免测不免建”的指示精神，结合分公司各项具体工作，落实行风建设责任制，建立行风工作长效管理机制。开展“上海电力，用心服务，共建和谐社会”主题活动，设摊宣传上海市电力公司新版“十项服务承诺”、“十项服务举措”，在上海工业综合开发区内试行首批VIP客户服务活动，做好首问责任制落实工作，在奉贤区幼儿园、中小学校开展“节约用电、从我做起”宣传和节电绘画大赛活动，杨志诚青年服务队深入社区，为居民普及用电知识，提供咨询服务。配合政府工作，为重点工程开辟绿色通道。主动同试点办联系、沟通，优化供电方案，降低供电成本。积极配合浦东铁路、A30高速公路，做好线路搬迁和施工用电保障工作。

（王　勇）

燃　气

【概况】 年内，全区铺设燃气管网55616米，其中：高中压管20233米；低压管35383米。完成天然气住宅配套具备通气条件住户11503户，发展天然气用户6169户。全年天然气销售1337.26万立方米，比上年增长58%。至年底，全区累计天然气管道总长为262829米，其中高中压管140669米，低压管122160米。具备通气条件住户39401户，实际天然气用户数为21565户。（范杰峰）

【行风测评获区各业第一名】 年内，区燃气行业加强服务质量管理，在区政风、行风测评中，燃气行业在全区14个部门、10个行业中评为第一名。上海奉贤燃气有限公司检修安检组被市总工会、共青团上海市委、市质量协会评为“上海市用户满意服务明星班组”。

（范杰峰）

【推出“金春热线”服务品牌】 年内，为进一步提高燃气服务管理水平，推出以曾获市燃气行业“十佳服务明星”称号的徐金春名字命名的“金春热线”服务品牌。该“热线”以客户满意为宗旨，坚持365天、24小时接听电话咨询、报修服务，为用户提供更规范周到、更方便快捷、更优质满意的服务。

（范杰峰）

【开展天然气用户安全检查】 8月起，为确保居民用户安全用气，对第一批26个小区7334户天然气用户进行免费安全检查，实际完成安检户数5754户，占应检数78.46%，更换锂电池2000多块，更换表具948只，排除表具故障3户，检查出天然气泄漏8户、消除不安全隐患3621起，开具建议整改单3548张，整改通知单73张。确保用户安全正常用气。

（范杰峰）

【完成重要工程燃气配套建设】 配合青村镇宅基地置换试点小区燃气配套实施沿钱公路、南奉公路、青村环西路的燃气管道敷设。配合庄行镇燃气建设实施了庄良公路、新苑路的燃气管道敷设，为庄行新苑及庄行宅基地置换试点小区进行燃气配套。（范杰峰）

【非居民用户天然气价格调整】 11月26日起，根据沪价公（2005）023号文件精神，奉贤地区对非居民用户每立方米天然气价格从2.2元~2.6元调整到2.3元~3.4元（基准价）。根据沪燃集（2005）227号文件精神，奉贤地区对燃气集团系统天燃气销售价格，每立方米从2.3元~2.6元调整到2.25元~2.65元（基准价）。但计划内高校用户的天然气使用量暂未列入此次调价范围。（范杰峰）

（本栏目编辑　张继强）

SHANG HAI SHI FENG XIAN QU NONG YE WEI YUAN HUI

上海市奉贤区农业委员会

主任：李伯才

2005年，奉贤区农业委员会圆满完成了“11223456789”的工作目标，即：根据区内土地资源日趋紧张的现状，计划外延水产养殖1万亩，建立高标准粮食生产基地1万亩；种植出口蔬菜2万亩、特种水果2万亩（万亩黄桃、万亩蜜梨）；积极开展3项农业部试点工作（农业综合执法、新型农民远程教育、水产安全监管）；实现农业招商引资4个亿；完成5个农产品品牌认证；重点开展对庄行、柘林两个镇6个村的科技结对工作；提升7大协会功能；创建8个市级专业合作社；延伸9大产业链。

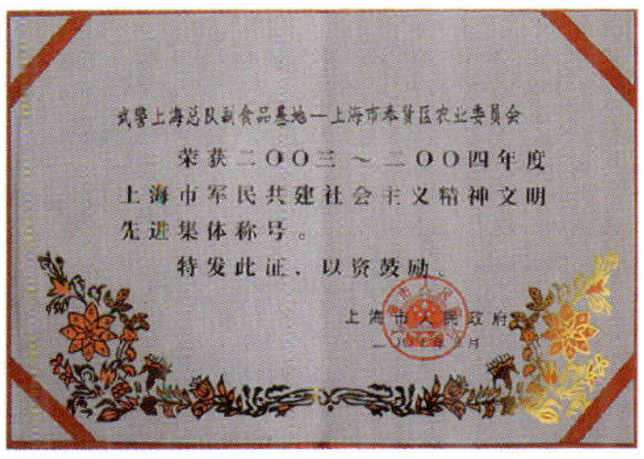

武警上海总队副食品基地—上海市奉贤区农业委员会

荣获二〇〇三～二〇〇四年度上海市军民共建社会主义精神文明先进集体称号。

特发此证，以资鼓励。

上海市人民政府

- 地址：南桥镇解放东路8号
- 邮编：201400
- 电话：021-67189222

更多信息查询，请访问奉贤农网（WWW.FXNW.CN）

GONG AN FENG XIAN XIAN FEN JV

公安奉贤分局

局长程一平接待来访群众

2005年，公安奉贤分局坚持以“三个代表”重要思想为统领，深入贯彻党的十六届四中、五中全会和“二十公”会议精神，以增强公安机关“四个能力”为主线，牢固树立和落实科学发展观，转变工作观念，创新工作模式，提高工作质量，主动融入全区经济社会发展大局，把维护地区社会政治稳定和人民安居乐业作为一切工作的出发点和落脚点。分局党委立足公安职能，准确把握奉贤体制改革和经济发展中的治安脉搏，以维护稳定为中心，积极探索“深、新、实”发展新路，进一步提高“应急反应、治安控制、打击犯罪”三个能力，不断探索和完善与“三个集中”相适应的郊区现

代警务运作机制，大力推进公安业务工作建设。分局党委始终按照建设过硬班子、纯洁公安队伍、树立良好警风、严格公正执法的根本要求，坚持“政治建警、素质强警、从严治警、文化育警”，努力建设一支“政治坚定、作风优良、业务精湛、执法公正”的高素质公安队伍。此外，分局深入开展了“规范执法行为”专项整改、“忠诚履职”等一系主题教育活动，不断筑牢全体民警“执法为民”的思想根基。一年来，公安各项工作呈现出蓬勃发展的喜人局面，业务工作和队伍建设均取得了较好成效，有力维护了地区社会政治持续稳定，人民群众满意率进一步上升，综合成绩位居市局先进行列。

● 地址：南桥镇南奉公路1781号
● 邮编：201400
● 电话：021-57426071

FENG XIAN QU WEN HUA GUANG BO DIAN SHI GUAN LI JV

奉贤区文化广播电视管理局

上海市奉贤区文化广播电视管理局成立于2001年12月，由原奉贤区文化局和奉贤区广播电视局“撤二建一”，局下属单位有广播电视台、文化馆、图书馆、博物馆、电影发行放映管理站、文化市场行政执法大队、新华书店等，承担着全区文化艺术工作、广播电视宣传和文化、广播、电视事业的管理和发展工作。

2005年的奉贤文化广播电视工作，坚持以邓小平理论和“三个代表”重要思想为指导，以市、区文化工作会议为契机，充分发挥文广优势。广播电视节目质量不断提高，电视专题《吉米的故事》荣获全国电视外宣“彩桥奖”一等奖，广播电视节目在上海市区县各类评比中均名列前茅；群众性文化活动蓬勃开展，“相约滨海之夏”等文化活动已成为推动社区精神文明建设的重要抓手；文艺创作活跃，表演唱《新房钥匙开我心》荣获市群众文艺创作节目汇演优秀奖，并代表上海市参加全国“四进社区”文艺汇演；民族民间艺术继续发展，奉贤滚灯在市级重大文化活动中频频亮相，并作为上海唯一的代表参加了长江流域民间艺术节展演；文化市场日益繁荣规范，“高雅艺术走进奉贤演出月”活动引进京剧、舞剧、越剧、沪剧以及民族音乐会一批经典舞台戏剧和优秀传统艺术，共计演出25场，为加快滨海新城文化建设，塑造奉贤城市精神发挥了文化广播电视的独特优势和作用。

- 地址：南桥镇解放东路116号
- 邮编：201400
- 总机：021-57191515
- 传真：021-57191232
- 网址：http://www.fxwg.net
- 电子信箱：fxwg@fxwg.net

FENG XIAN QU WEN HUA SHI CHANG XING ZHENG ZHI FA DA DUI

奉贤区文化市场行政执法大队

奉贤区文化市场行政执法大队于2005年5月20日升级挂牌，前身为奉贤区文化稽查队。文化市场行政执法大队是隶属于区文广局的副处级事业单位，编制20人，现有队员8人，全队人员平均年龄34岁，3人为本科学历，5人为大专学历，均为中共党员。

奉贤区文化市场行政执法大队其主要职能为：接受本区文化、广播电视、体育、旅游、新闻出版等行政部门委托，对本区演出、美术品、娱乐（包括文化娱乐和体育娱乐活动）、广播、电视、音象制品、图书报刊、电子出版物、印刷业、旅游业和文物等文化领域行使综合执法的职责。同时奉贤区文化市场管理工作领导小组办公室设在文化市场行政执法大队，由文化市场行政执法大队牵头，组织有关职能部门对区文化市场各违法、违规行为进行联合整治。奉贤区文化市场行政执法大队接受上海市文化市场行政执法总队的业务指导、监督和考核。

- 地址：解放中路289号
- 邮编：201400
- 电话：021-57411149
- 传真：021-57411184

ZHONG GONG SHANG HAI SHI FENG XIAN QU WEI ZHENG FA WEI YUAN HUI

中共上海市奉贤区委政法委员会

中共奉贤区委、奉贤区人民政府根据形势发展和工作需要，提出以创建“平安奉贤”为载体统领政法和维稳工作，并在全市率先开展平安创建工作。2005年6月21日，区委、区政府下发《关于在全区开展“平安奉贤”创建工作的意见》，决定用三年时间，积极营造安定的政治环境、和谐的社会环境、良好的治安环境、公正的法制环境，使奉贤成为上海郊区乃至全市最安全的地区之一。政法委紧紧围绕“平安奉贤”创建工作的任务，以建机制、抓队伍、打基础为工作重点，做到思想认识统一、工作目标明确、各项保障到位、形成整体合力，努力使全区社会持续安定，呈现出刑事案件明显下降、群体性矛盾同比减少、公众安全感大幅上升的良好局面。2005年，全区共发生各类刑事案件5408起，比上年增幅21.7%下降16.9个百分点，公众安全感指数为74.58，比上年的71.6上升3.52个百分点，由2004年的全市第十五名上升为全市第六名。全区继2003年获得“上海市2002年~2003年度社会治安综合治理先进区”后，再次被评为“上海市2004年~2005年度社会治安综合治理优秀单位”。

ZHONG GONG SHANG HAI SHI
FENG XIAN QU WEI
ZHENG FA WEI YUAN HUI

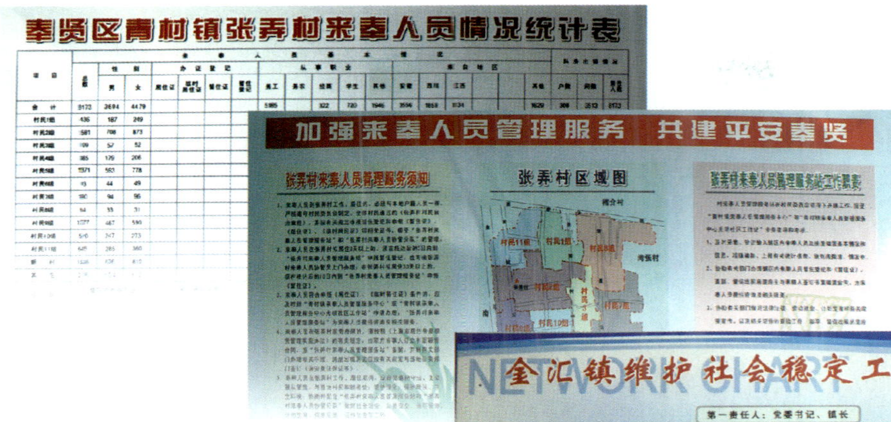

创建“平安奉贤”建设和谐社会

● 地 址：解放东路121号
● 邮 编：201400
● 电 话：021-67189685
● 传 真：021-67189679

DA SHANG HAI GONG YE YUAN QU

大上海工业园区

Shanghai's 大上海的工业家园！

Global Industrial Village,

Your home away from home.

fengpu

上海市工业综合开发区 Shanghai Fengpu Industrial Park

出口加工区 Export Processing Zone

TEL :086-21-57437066 FAX:086-21-57437016

http ://www.fengpu.com

Email :Sales@fengpu.com

地址 / ADD :中国.上海奉贤区环城西路3111号

3111 Huancheng Xi Rd.,Fengxian.Shanghai

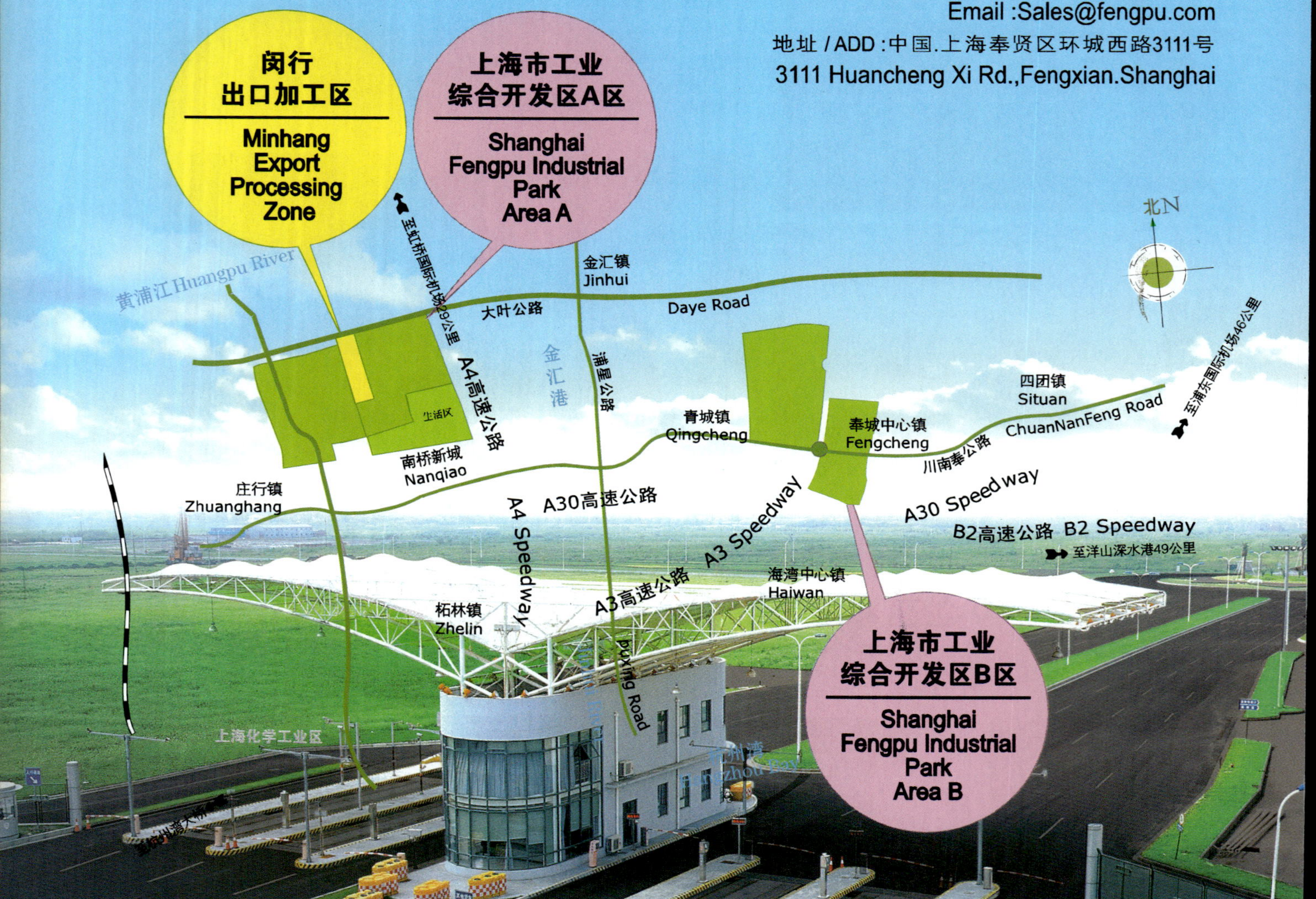

上海市工业综合开发区是上海市九个市级工业区之一，位于南上海的奉贤区境内。开发区分为A区和B区，总占地面积54.08平方公里。其中已开发完毕的A区占地面积33.38平方公里，区内除工业区外还设有面积3平方公里的国家级出口加工区。B区总体规划面积20.7平方公里，是以发展国际化物流装备产业为目标的专属区。

One of nine municipal level industrial parks, Shanghai Fengpu Industrial Park is located in the south-central section of Shanghai in Fengxian District. The Park is divided into two sections with a total area of 54.08 square km. Section A occupies 33.38 square km including the 3 square km Export Processing Zone. Section B, which occupies 20.07 square km, is a professional area containing the logistic equipment center.

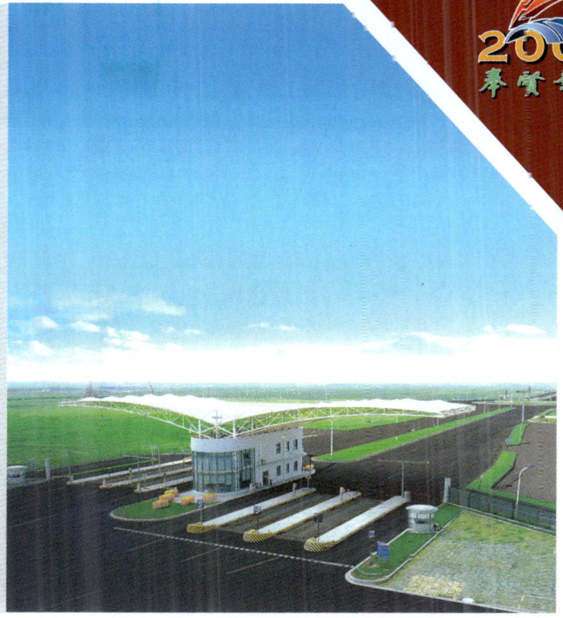

左图：
开发区管委会大厦
右图：
出口加工区入口

- 开发区位于21世纪上海经济重心——南上海产业带的核心位置。
  拥有广阔发展前景，并能充分享受到南上海产业带高速发展所带来的繁荣与机会。
- 工业区是上海三大重点开发区，备受市政府和奉贤区政府的高度重视和扶持，能享受诸多政策方面的倾斜与优惠。
- 超高起点、超大规模、超前规划，开发区拥有成熟而完善的基础设施和生态型、国际化的生活配套。
- 工业基础雄厚，是上海市机电、电子、电气产业的集聚基地，拥有优越的产业配套能力。
- 一流的性能价格比，能实现投资成本与投资产出比的最优化。
- 最优化的投资环境，贴心、高效而又周全的投资服务能为投资商创造最优越的发展空间。

- As one of the Shanghai's three key development zones, Fengpu is located in the Fengxian District of the South Shanghai, which is the economic center of Shanghai in 21st century, enjoying the joint supporting from the municipal government and Fengxian local government.
- Due to the historical reason, Fengxian District used to be the industrial base of mechanism, electric, telecommunication and electron industries, possessing the predominant capability of providing correlative service for industry.
- In 2003, the State Council approved the Export Processing Zone in the Industrial Park, which maks Shanghai Fengpu Industrial Park the only one of its kind, possessing the municipal level industrial park and the state level export processing zone.
- Our industrial park advocates the most optimized investment environment and efficient and considerate investment service, creating a big room for the development of investors.

从1995年3家外资企业入驻工业区起，至2005年，包括日本日野、先锋、松下，德国马勒、SGL、宝马格，美国如新、百加得，意大利iGuzzine和中国台湾创见等一大批知名企业落户工业区。

Fengpu Industrial Park was founded in 1995 with an initial investor base of three foreign enterprises. Since that time, our industrial park has attracted many well-known global enterprises including Hino, Pioneer, and Nais from Japan; Mahle, SGL, and Bomag from Germany; Nuskin and Bacardi from the US; iGuzzine from Italy; and Transend from Taiwan.

Pioneer	NUSKIN	MAHLE	NAiS
SGL CARBON GROUP	Autoliv	iGuzzini	e-Front runners
GE	BOMAG		HINO

FENG XIAN XIAN DAI NONG YE YUAN QU

奉贤现代农业园区

上海奉贤现代农业园区是上海市首批启动的四个市级农业园区之一，2004年十月被国家农业部命名为“全国农产品加工业示范基地”。园区占地面积20平方公里，分为农产品加工区和城市生态区二大版块，具有吸纳农产品、食品加工企业、科研机构、信息及检测中心，营造绿色城市生态居住区的功能。

园区经过四年的开发建设，形成了乳制品加工、蔬菜加工、水产品加工、肉类制品加工、食用菌加工、生物科技六大产业链。众多知名企业及国家级农业龙头企业，如高榕食品、光明食品、汉德食品、大山合集团、青长蔬菜、松江生物科技、铭源数康等落户园区。目前，园区有各类农业龙头企业40多家，2005年实现农产品加工产值15亿元，实现税收1.9亿元，实现出口创汇1.8亿美元，到位内资4亿元，到位外资1600余万美元，带动种养业面积市内40万亩，市外面积110万亩。园区利用上海四个中心的地位和背景，积极发展农产品、水产品、食品信息产业，发展农产品展示展销业，吸纳各类检测中心、科研中心，推进农业信息化建设。

FENG XIAN
XIAN DAI NONG YE
YUAN QU

园区各项基础设施建设均按工业区“七通一平”标准建设，道路网络发达，管网系统完善，并以导管形式埋入地下。近年来，围绕建设环境友好型社会的要求，加大环境综合治理工作力度，营造优美环境，并已通过区域环境评价报告。2006年，园区加大力度发展以丰富农产品产业链为主的现代服务业，发展循环经济，建设资源节约、环境友好型社会，着力丰富农产品研发、检测、会展、管理、信息、销售、结算、物流等农业现代服务业。同时，园区已设立“企业创新和发展基金”，并积极筹建“园区担保（融资）平台”，帮助和激励企业发展、创新。奉贤现代农业园区以农业增效、农民增收为目标，以工业化发展为理念，以高效优质的设施和服务为依托，构筑起一个农业龙头企业的创业平台。

青长果蔬产品

高榕

大山合

光明冷饮

汉德

丰科

● 地 址：金海公路5885号
● 邮 编：201400
● 电 话：021-37195003
● 传 真：021-37195001

园区广场

FENG XIAN HAI WAN LV YOU QU

奉贤海湾旅游区

SHANG HAI HAI GANG ZONG HE JING JI KAI FA QU

上海海港综合经济开发区

上海海港综合经济开发区按照“依托洋山、对接临港、发展海港”的开发战略，主动融入临港产业分工体系，与临港重装备产业园形成产业联动和错位发展。经过两年多的开发建设，已粗具规模。首期启动新四平路东侧5平方公里的园区开发，并已形成沿平安大道两侧3.6平方公里“七通一平”基础设施配套完备的物流仓储用地。瑞典宜家亚太物流分拨中心、韩国韩进物流、香港华信物流、中国外运、英国华英仓储、瑞典露斯塔仓储、巴拿马和丰船务、美国理士电动车等国内外知名物流业企业已经入驻，上海海港国际贸易有限公司项目已启动建设。积极开展商贸型企业招商，2005年完成工业总产值1.5亿元，实现财政收入7300万元。

海港开发区集聚了海运、陆运、空运、铁运“四位一体”的交通枢纽优势。A2高速公路、A30高速公路和B2高速公路将海港开发区和东海大桥、上海市中心以及长江三角洲高速公路网相连，与洋山深水港码头相距45公里，与浦东国际航空港相距30公里，国际货物在30分钟内可到达“两港”。已经运行的浦东铁路是一条联接外高桥港区、浦东国际航空港、洋山深水港的货运快速通道，在海港开发区设有一个货物节点站（平安站）作为海铁联运的中转基地。海港开发区是打造国际物流贸易产业园区的最佳选择。

区委、区政府领导工作调研

SHANG HAI
HAI GANG ZONG HE JING JI
KAI FA QU

- 地址：上海海港综合经济开发区海港路68号
- 邮编：201413
- 电话：021-57143198
- 传真：021-57143197
- 网址：www.shhaigang.com

签约仪式

海港派出所成立

海港贸易中心开工典礼

上海龙帆物流有限公司

上海理士电动车有限公司

浦东铁路

道路建设

奉贤区水务局

上海市奉贤区水务局是区政府下属的水行政主管部门，它拥有完善的管理体制、明确的职能分工以及完备的规章制度。贯彻执行有关水行政工作的方针、政策、法律和法规。组织编制实施区水务工作发展规划、中长期计划和年度计划。负责合理开发、利用和保护水资源、防治水害，充分发挥水资源效益；依法对全区水资源实行统一管理，组织实施取水许可制度和水资源费征收工作，负责水文工作。主管全区河道、水闸（翻水站）、泵站、海塘和黄浦江江堤等各类水利工程；负责全区骨干河道的综合治理和开发利用，依照有关法规，组织、指导水利工程设施，水域及其岸线的管理和保护。负责全区农田水利事业的建设和水利设施的管理和应用。组织实施水行政监察工作及水行政执法，协调区内的水事纠纷。会同有关部门管理滩涂资源，组织编制、制定滩涂开发利用和保护的规划，计划并组织实施。主管防汛抗旱工作，承担区防汛指挥部的日常工作。负责全区给排水行业规划编制审核，对全区给排水行业进行行业管理，负责全区计划用水和节约用水工作。负责管理水利科技的研究和新技术的推广应用，重视开发全区水务经济，更好地为水务事业服务。

区委书记张立平调研水务工作

FENG XIAN
QU SHUI WU JU

区长沈慧琪调研水务工作

东部污水处理厂奠基仪式

- 地址：奉贤区南桥镇
  解放东路18号
- 邮编：201400
- 电话：021-67105561
- 传真：021-67105561

FENG XIAN QU SHUI HUAN JING ZONG HE ZHI LI TUI JIN BAN GONG SHI

奉贤区水环境综合治理推进办公室

主要目标

将区、镇、村河道疏浚一遍，并辅以不同形式的绿化工程；建成东、西部两大污水处理厂及相配套的管网设施并投入运行。通过治理，河道蓄水和水体自净能力显著增强，消除河道水体黑臭。至2007年底关闭全部镇级水厂，全区自来水水源取自黄浦江，自来水水质明显改善。

区委书记张立平调研河道整治

FENG XIAN
SHUI HUAN JING ZHI LI
TUI JIN BAN GONG SHI

主要任务

河道治理，包括区级航道疏浚、区级河岸绿化建设、新开区级河道、镇村河道疏浚、疏拓、整坡及绿化工程。

河道保洁，按治理一条、管理一条、巩固治理成果的要求，三年中还要适当扩大保洁员队伍。

供水工程建设：扩建第三水厂、新建奉城水厂，2006年建成并投入使用。排水工程建设：新建东部污水处理厂和西部污水处理厂；各镇、开发区的污水支管建设。加大水务执法力度，落实水闸引排措施。

地址：奉贤区南桥镇解放东路18号
邮编：201400
电话：021－67188320
传真：021－67188321

水环境宣传

河道保洁

河道施工

保滩工程工地现场

水　务

SHUI WU JI CHA DA DUI

奉贤区水务稽查大队

上海市奉贤区水务稽查大队作为水行政执法机构，担负着全区范围内水事秩序的安全，负责全区范围内涉及河道、给水、排水、水文、防汛墙等水务设施及水事活动进行监督检查，对违反水法规的行为依法进行查处。水务稽查大队编制18人，内设：行政管理科、水务稽查一科、水务稽查二科、案件审理科。

大队贯彻落实科学发展观，紧紧围绕水务局中心工作，不断加大执法检查力度。通过执法工作深入开展，全区违反水秩序的现象有了明显改善。大队先后获得“上海市河道水闸行业规范达标窗口”、“上海市黄浦江防汛墙稽查工作先进单位”、“上海市排水稽查文明窗口”、“上海市水务稽查先进集体”、“上海市堤防行业规范服务达标窗口”等荣誉。

组织学习

办公楼

FENG XIAN
SHUI WU
JI CHA DA DUI

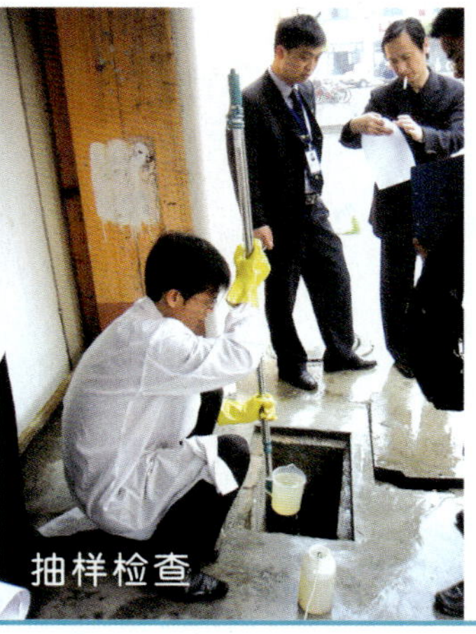
抽样检查

现场执法

水务工作检查

调查勘验

水务案例讨论

- 地址：奉贤区南桥镇环城东路646号
- 邮编：201400
- 电话：021－67105561
- 传真：021－67105561

排水抽样检查

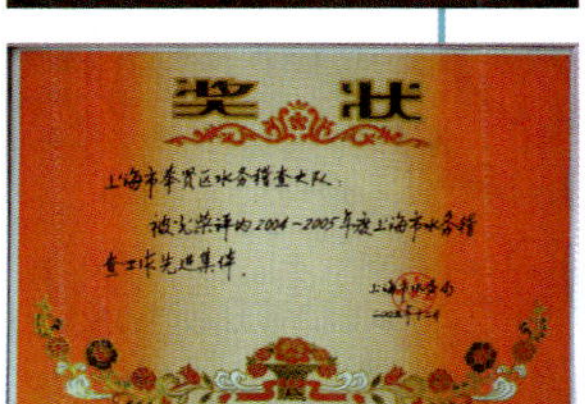

奉贤区水务稽查大队水事案件行政处罚程序流程图

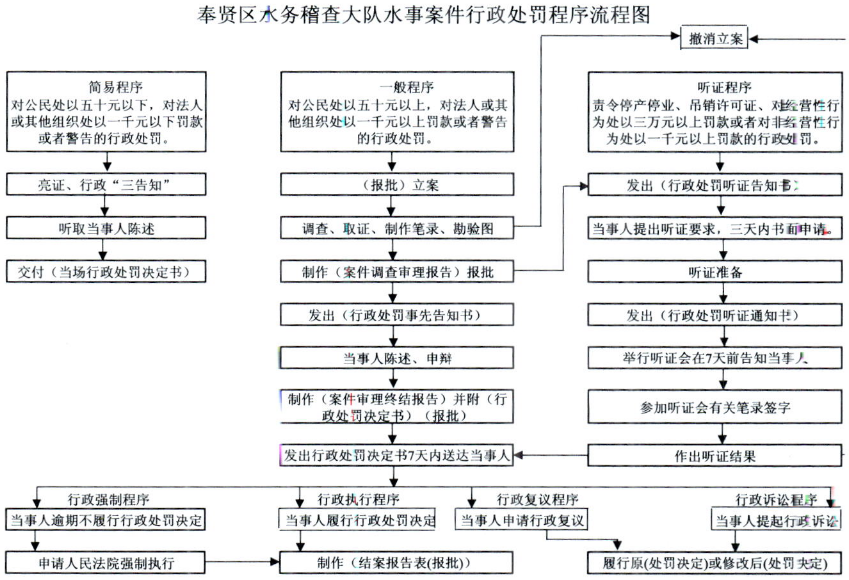

水 务

FENG XIAN QU PAI SHUI YUN XING GUAN LI ZHONG XIN

奉贤区排水运行管理中心

上海市奉贤区排水运行管理中心，前身是南桥污水处理厂，为2003年5月更名组建的正科级事业单位，隶属区水务局。该中心占地面积约24775平方米，职工174人，下设10个科室。主要承担全区污水处理、生产运行、排水设施建设管理、污水管道及设施的维修养护、排水户及河道水质监测等工作。全年污水处理量330.31万吨，日平均处理量9049.59吨。

自1995年以来，中心连续五届获得上海市文明单位、上海市城镇二星级污水处理厂、上海市花园单位、上海市卫生先进单位、上海市排水行业规范服务达标活动先进单位、上海市水务系统首批文明窗口等荣誉称号。全体员工正努力以优质的出水、优美的环境、优秀的形象、优良的服务和严格的管理不断提高社会的认识度和人民群众的满意率，力争在全市排水文明行业创建中取得新的成绩。

南桥污水处理运行中心

FENG XIAN
PAI SHUI YUN XING
GUAN LI ZHONG XIN

- 地址：奉贤区南桥镇新建东路144号
- 邮编：201400
- 电话：021—67183292
- 传真：021—67183014

区长沈慧琪到“中心”调研

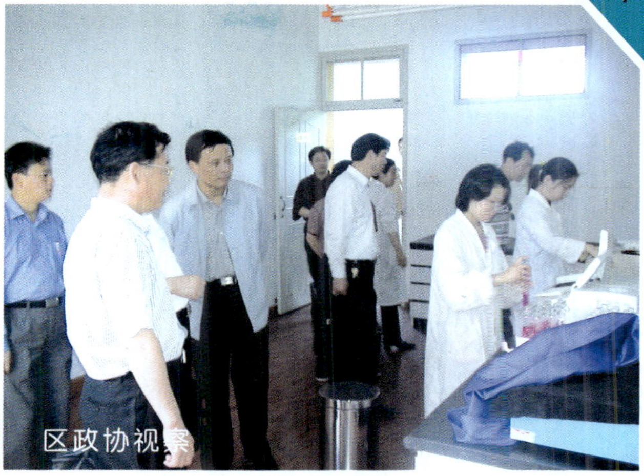
区政协视察

东部污水厂开工典礼

东西部水厂签约

全力投入区园林城区创建活动。作为园林城区创建的重要考核点，调整原有绿化布局，新开辟绿地草坪2540平方米。

全力实现质量、环境管理体系认证工作目标。业已完成污水处理新工艺的环境质量评估，通过了环境监测部门对各环境因素指标的监测，至10月份接受了中国检验认证集团（CCIC）的贯标认证审证和ISO9001和ISO14001质量环境管理体系认证。

加强硬件设施的投入。奉贤区水环境监测分中心顺利通过了水利部专家的计量认证评审，提高水质的监测水平。

启动并完成了新建东西部污水处理厂工程项目的立项、评审等各项工作。经过上海市环保集团对南桥污水厂的工艺技术改造方案的评审，各项技术项目均已完成，总体出水指标达到了《城镇污水处理厂污染物排放标准》。

推进污水管网工程建设。继续加强东西部污水总管工程建设，进一步加大对污水收集主干管网建设与截污纳管工作。共计铺设管道里程52.56千米，建造污水提升泵站5座，工程概算额为2.4亿元。

处理池

FENG XIAN QU SHUI ZHA GUAN LI SUO

奉贤区水闸管理所

上海市奉贤区水闸管理所是1982年4月建所时由奉贤县水利局直属的金汇港北闸、金汇港南闸和集成水闸3个管理站组成。2005年,下设办公室、财务科、运行管理科、工程技术科、12座水闸和一支水闸修建队，拥有员工170多人。依据《上海市防汛条例》、《上海市河道管理条例》、《上海市水闸管理办法》等法律法规，履行以下主要职责：

1、制定报批并组织实施防御灾害性气候等应急预案，组织群闸防汛抗台预降水位和防洪抢险紧急排涝。

2、制定报批并组织实施内河水位调控方案，保证内河水位，改善内河水质。

3、制定报批并组织实施区管水闸年度大修计划；参与监管区管水闸工程建设。

4、管理区管水闸引排水安全区和船闸通航安全区，监管船舶过闸遵守法定要求，制止和纠正法定禁止行为，依法履行国家和市的有关规定。

5、定期组织实施区管水闸的工程安全检测鉴定。

6、定期组织实施区管水闸行政管理、运行管理、工程管理的检查考核和不定期抽查，实施信息化分中心的自动化监控。

7、组织实施群闸的东部夹塘地区洗碱工作和科学调水课题研究及探索。

2005年度，在全市水闸行业调水工作的三次考核评比中，获第二名、第一名和第三名各一次，全年综合评比第一。在水闸运行管理中，不断加强建设与管理并重，12座水闸中已有10座创建成为星级水闸，有11座水闸实现电脑监控，其中8座水闸实现自动化控制。闸管所获得上海市花园单位、上海市文明班组等荣誉称号，并连续七届获得奉贤区（县）文明单位称号。闸管所现正致力于上海市文明单位和河道水闸文明行业创建之中。

所长：吴忠弟

SHANG HAI
SHUI ZHA
GUAN LI SUO

南门港水闸

南横泾水闸管理房

巨潮水闸

白庙水闸

中港水闸

南竹港云海闸

南竹港水闸

- 地址：奉贤区南桥镇华苑路15号
- 邮编：201400
- 电话：021－57420595
- 传真：021－57420595

浦南运河西闸

FENG XIAN QU PAI GUAN GUAN LI SUO

奉贤区排灌管理所

上海市奉贤区排灌管理所和上海市奉贤区河道管理所为一套班子两块牌子，在全区各镇分设8个排灌管理站、河道管理分所，负责全区农田水利及排灌工程的建设和管理，以及全区河道的日常管理，配合当地政府及防汛主管部门做好防汛抗台工作。2005年以三年水环境综合治理为契机，坚持科学发展观，加强行业指导和管理，积极推进各项水利工程建设，完成三团港接通工程、夹塘地区水系改造工程、柘林水利生态园区项目建设、四团镇生态河道建设工程、金汇镇人民港生态护坡537米，完成小农水工程；加强排灌基础工作，年内主要完成西部圩区水闸注册登记资料调查、收集和汇编工作，工程后评估有关资料的收集汇编工作，废弃水闸调查工作和郊区水利基础数据库建设的填报数据工作；健全和完善河道长效管理机制，有序推进河道的长效管理；开展河道基本状况调查。加强河道行政审批工作。

四团生态河道建设中的护坡工程

FENG XIAN
PAI GUAN
GUAN LI SUO

三团港

河道疏浚现场

河道绿化建设

河道保洁现场

保洁后河道现状

奉城太平泵站

夹塘河道疏浚

●地址:奉贤区南桥镇解放东路18号
●邮编:201400
●电话:021-67188360
●传真:021-67188361

农田水利建设

水 务

FENG XIAN QU HAI TANG GUAN LI SUO

奉贤区海塘管理所

上海市奉贤区海塘管理所是隶属于区水务局的全民所有制事业单位，经授权依法对全区海塘、滩涂实施管理，负责日常巡查、养护、监测；协助水务执法部门监管查处毁损行为，编制公用岸段海塘岁修和日常养护计划并组织实施；检查指导专用岸段海塘的建设、岁修、绿化等养护工作,现有员工66人。该所曾先后获全国水利财会工作先进集体、市水利系统先进集体、市防汛先进集体、市绿化先进集体、区文明单位、区先进党支部等荣誉。

日常巡查

FENG XIAN
HAI TANG
GUAN LI SUO

地址:奉贤区奉城镇塘外社区外
邮编:201408
电话:021-57528302
传真:021-57528173

三团港堤坝维修

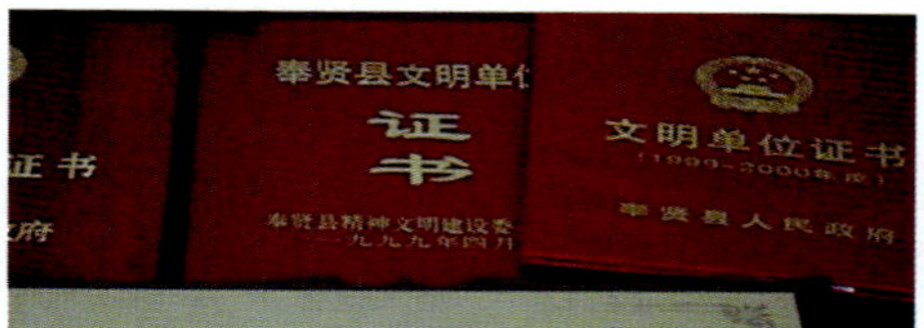

中港西顺坝翼形体预制

养护管理

堤坝维修

养护

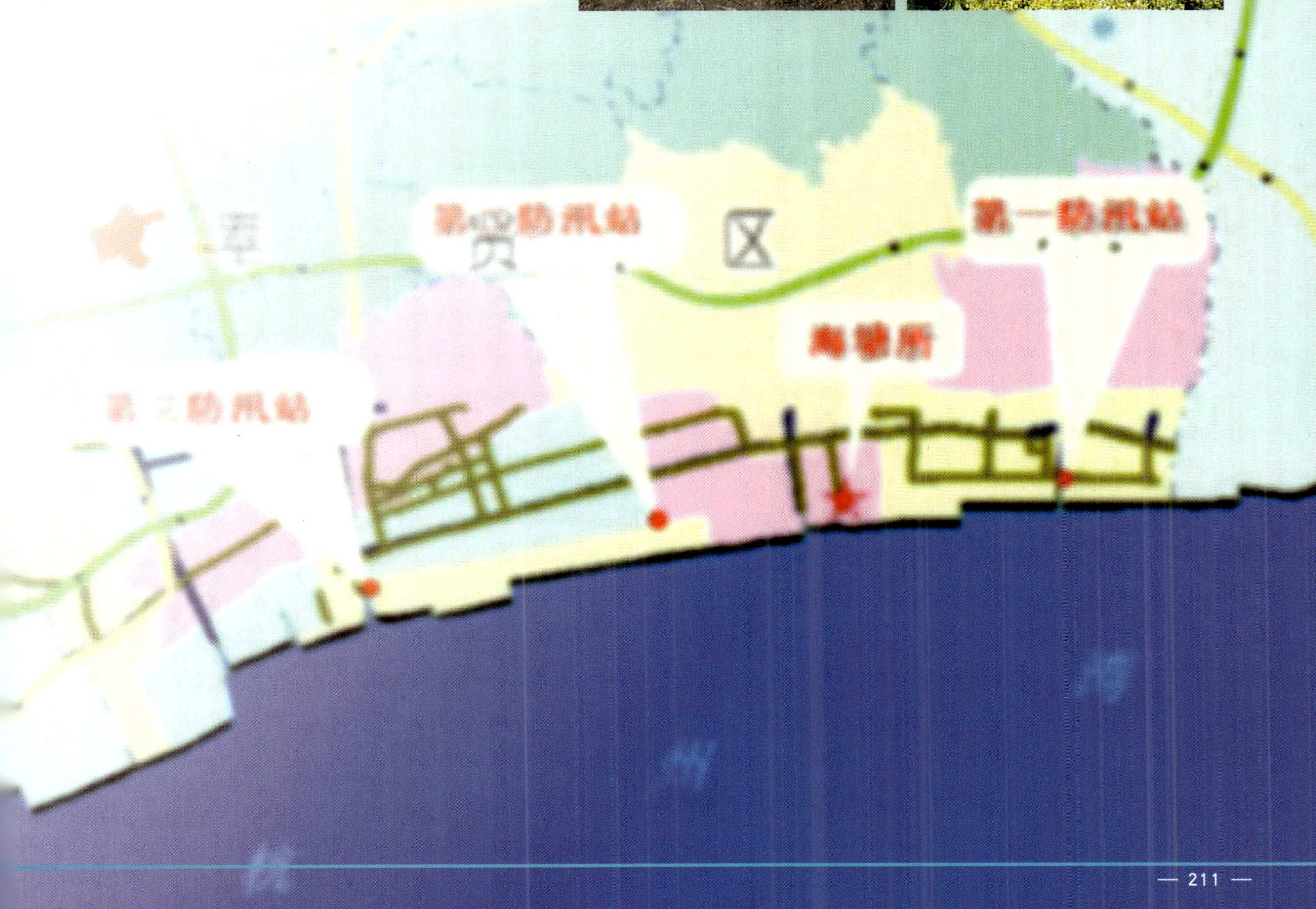

水　务

SHANG HAI FENG XIAN QU SHUI WU ZHI LIANG JIAN DU ZHAN

奉贤区水务质量监督站

党支部书记　翁宝华

上海市奉贤区水务质量监督站是隶属于区水务局的事业单位，受托依法承担着全区水务建设工程的安全、质量的监督工作。主要职能包括：贯彻执行国家、水利部和上海市有关工程建设质量管理的方针、政策；制订水务工程安全质量监督、检测的有关规定和办法，并监督实施；管理辖区内水务工程的安全质量监督工作；参加受监水务工程的阶段验收和竣工验收；监督受监水务工程安全质量事故的处理；掌握辖区水务工程安全质量动态和安全质量监督工作情况，定期向市中心站及区水务局汇报。组织培训安全质量监督人员、开展水务工程质量检查活动、组织交流安全质量监督工作经验等。质监站自成立以来，先后受监了杭州湾北岸保滩工程等重大项目，全部达到合格。三年水环境综合整治工程是区委区政府的又一重要工程，该工程面广量大，且工程点分散，质监站分析工程特点，研究监督方案，组织人员深入现场抽查工程各方面的情况，努力为工程的建设把好质量和安全关。

FENG XIAN
SHUI WU ZHI LIANG
JIAN DU ZHAN

shui wu Zhi liang Shanghai

工程师检查奉城水厂实体工程质量

“市中心站”专家到奉城水厂工程现场指导工作

区水务局局长金 星检查保滩工程

■ 所获荣誉

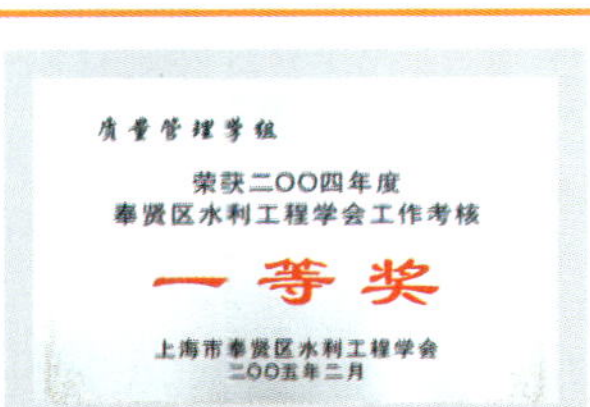

● 地址：奉贤区南桥镇环城东路644号
● 邮编：201400
● 电话：021－67103554
● 传真：021－67103554

FENG XIAN SHUI WEN ZHAN

奉贤区水文站

上海市奉贤区水文站是隶属于区水务局的全民所有制事业单位，下设覆盖全区范围的7个水文测站。从事水的物理性能与化学指标转换的研究。目前主要是研究区域内水的发生、现象、分布的物理性能，为区域的防汛抗台、水资源管理提供科学依据。主要业务是积累奉贤地区的水情资料、汛期水情测报、水文信息化管理、水务测量、水文咨询服务、水环境调查评估等。

FENG XIAN

FENG XIAN

QU SHUI WEN ZHAN

- 地址：奉贤区南桥镇解放西路260号
- 邮编：201400
- 电话：021-57420215
- 传真：021-57418990

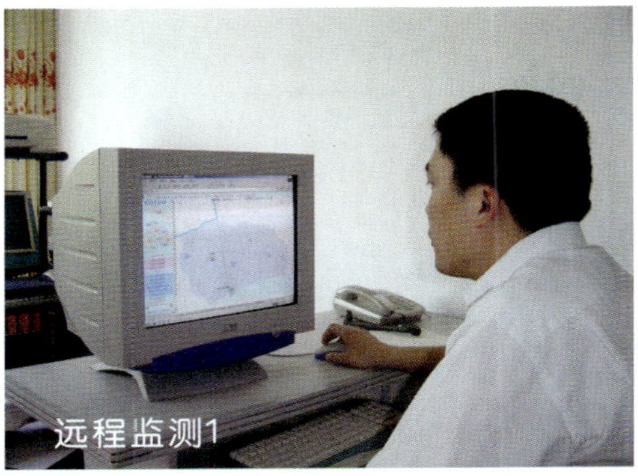
远程监测1

测定雨量

野外测量

查看记录

检修设备

站楼外景

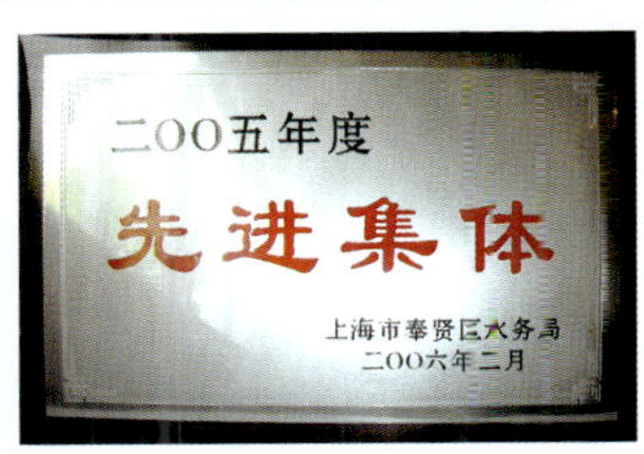

奉贤区水资源管理所

为实现奉贤取水、供水、排水一体化管理，充分发挥水务一体化机制优势，加强区水资源管理，保障区经济和社会可持续发展，于2003年4月成立上海市奉贤区水资源管理所，隶属奉贤区水务局。其主要职能是依法征收排水设施使用费、超计划用水加价费、水利工程供水水费、水资源费；负责全区供水行业的技术指导、水质检查、供水安全监督；对全区范围内地表水实行长效管理和监督管理，并审核发放取水许可证和实施年审工作等；负责全区节约用水和推进全区计划用水、办理用水计划及审查、推广节水技术和器具；对全区水资源实行统一管理、调度，对水资源的开发利用和保护实施监督管理。

电视台 现场采访

FENG XIAN
SHUI ZI YUAN
GUAN LI SUO

1. 保先结对送温暖
2. 军民共建听党课
3. 科技拥军结友谊

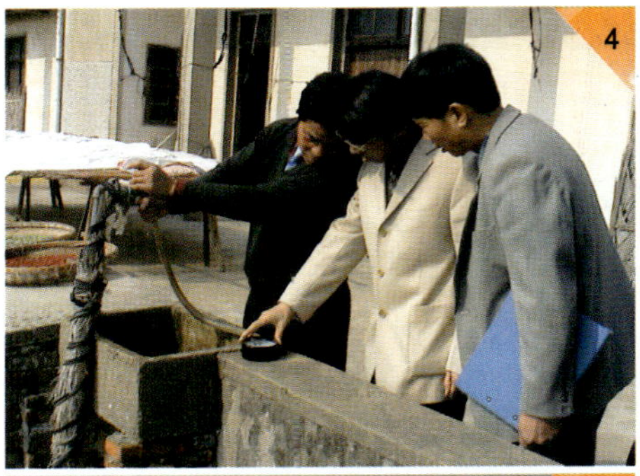

4. 现场勘验改造后的供水情况
5. 排水设施费价格调整听证会
6. 排水费征收专题会
7. 历年的低水压改造存档资料

● 地址：奉贤区南桥镇解放东路18号
● 邮编：201400
● 电话：021-67188350
● 传真：021-67188349

志愿者服务队河道清淤

送法上门宣传

志愿者服务队授旗

宣传版面

现场接受市民咨询

FENG XIAN QU HUANG PU JIANG FANG XUN QIANG GUAN LI SUO

奉贤区黄浦江防汛墙管理所

上海市奉贤区黄浦江防汛墙管理所是隶属于区水务局的全民所有制事业单位，依据《上海市黄浦江防汛墙保护办法》，负责奉贤区境内21.64公里的黄浦江防汛墙及防汛通道、防汛潮闸门等配套设施的建设、管理、监测、巡查、维修。业已新建防汛墙226米，防汛通道13.70公里，绿地积1万平方米，对沿江137道排水“拍门”的维护保养。该所2004年被上海市防汛墙管理处评为“上海市防汛墙养护达标优秀单位”，2005年参加“上海市堤防行业规范服务达标活动”，经市文明办和市水务局验收合格。

目前防汛墙管理工作正朝依靠科技手段提高管理质量方向发展，将与市堤防处配合在沿江的防汛墙上全部安装电子监控器，实行24小时电子监控。

FENG XIAN
HUANG PU JIANG FANG XUN
GUAN LI SUO

检查防汛墙安全情况

1.区水务局党委领导指导“先进性教育活动”

2.利用多媒体对工程管理工作进行评估鉴定

3.“麦莎”台风来袭时，防汛墙管理所人员冒着10级以上台风及暴风雨，夜间巡查受灾地区

4.“世界水日”知识宣传

5.员工正在对宣传标牌进行养护工作

● 地址：奉贤区沪杭路149号(西渡)
● 邮编：201401
● 电话：021－67150582
● 传真：021－67150582

ZI LAI SHUI FENG XIAN YOU XIAN GONG SI

自来水奉贤有限公司

上海市自来水奉贤有限公司前身为上海市奉贤区自来水公司。公司总部位于奉贤区南桥镇育秀路455号，是一家集自来水制水、输配和销售服务以及工程管理于一体的供水企业，注册资本1.5亿元。上海市自来水奉贤有限公司于2005年12月16日正式挂牌成立，隶属于上海市城市建设投资开发总公司。

为改善奉贤地区居民的饮用水水质问题，根据市委市政府关于“城乡一体化、郊区集约化”的战略目标，2005年7月12日，上海市城市建设投资开发总公司与奉贤区政府正式签署奉贤供水体制城乡一体化改革协议，由市城市建设投资开发总公司接管奉贤区自来水公司和21家乡镇水厂，组建新的自来水公司，对奉贤全境（除星火开发区外）进行供水，实现全区“一网供水”。

根据《奉贤区集约化供水输水系统工程可行性研究报告》，公司要在2007年年底基本完成现有各镇（开发区）水厂的关闭、改造工作；在2006年6月底前完成奉城新水厂、第三水厂扩建工程的建设；在2020年前，在全区范围内（除

总经理：岑国相

FENG XIAN
ZI LAI SHUI
YOU XIAN GONG SI

星火开发区外）逐步实现日供水能力35万吨、45万吨、65万吨的近、中、远三期跳跃目标。至2007年底，公司在力争完成区级输水管与镇级供水管的衔接后，全区供水水质将得到改善与提高，基本达到建设部颁发的《城市供水水质标准》。

公司积极倡导和发扬“求真务实、团结进取、敬业奉献、开拓创新”的企业精神，始终致力于“服务为本、至诚奉献”的服务宗旨与理念，坚持社会效益和经济效益一起抓，坚持全心全意依靠职工办企业。为更深入搞好优质服务工作，公司对南桥收费网点实行联网收费，成立客户服务中心，不仅方便了客户，也使公司优质服务工作得到进一步规范和新的深化；公司积极开展职业道德建设、规范服务建设、企务公开工作，与时俱进、开拓创新，不断巩固与推进各项创建工作，全面推动公司三个文明建设。

上海市自来水奉贤有限公司今后将继续以科学发展观为指导，运用现代化管理方法，建立并完善多种信息服务平台，加快职工队伍建设，注重服务质量，进一步提高企业的综合竞争力，树立公司优质的品牌服务，为奉贤供水事业创造美好的未来！

- 地址：奉贤区南桥镇育秀路455号
- 邮编：201400
- 电话：021－57414424
- 传真：021－57420482

水 务

SHANG HAI FENG XIAN SHUI LI TOU ZI YOU XIAN GONG SI

上海奉贤水利投资有限公司

上海市奉贤水利投资有限公司，是区水务局下属全民所有制企业，成立于2002年11月28日，注册资金3000万元，主要经营水利工程投资及管理、投资信息咨询、水利工程滩涂开发，园林绿化工程等。负责对水利工程投资建设项目进行前期协调；对竣工项目组织验收、工程结算、财务结算，编制工程技术档案；水利工程建设资金的筹措、调配及投放水利工程施工项目投资、运行情况进行市场调查，提供有效依据等。公司先后投资建设浦南运河延伸工程，南桥新城水环境综合整治，中港水闸配套建设工程，浦南运河综合整治等重大工程。随着水环境整治三年行动计划的开展，公司将更好地履行其职能，为奉贤水环境整治和建设作出更大贡献。

FENG XIAN
SHUI LI TOU ZI
YOU XIAN GONG SI

上海奉贤水利投资有限公司

- 地址：奉贤区南桥镇解放东路18号
- 邮编：201400
- 电话：021－67188377
- 传真：021－67188377

建设中的浦南运河护城河护坡工程

建设完成的浦南运河

上海奉波监理有限公司

上海奉波监理有限公司是隶属于上海市奉贤区水务局的国有企业，具有上海市建设和管理委员会颁发的工程监理企业丙级资质，主要从事工业与民用建筑监理，市政建设监理，水利水电工程监理。现有全国注册监理工程师6人，注册设备监理师1人，监理工程师17人，其他技术人员8人，按照建设工程监理人员岗位职责、建设工程监理规范，本着“守法、公正、诚信、科学”的经营守则，独立、自主地开展监理工作，履行监理合同约定的职责，维护建设单位和施工单位的合法权益。公司先后参与监理了杭州湾北岸保滩一期工程、区第三水厂扩建二期工程、奉城水厂新建工程、东西部两大污水厂管道配套工程等项目，其中杭州湾北岸保滩工程达到优良工程标准。

测量监理复核工程控制点

SHANG HAI
FENG BO JIAN LI
YOU XIAN GONG SI

保滩工程现场测量板桩强度

利工程监理

● 地址：奉贤区南桥镇
环城东路640号
● 邮编：201400
● 电话：021－67103439
● 传真：021－67103438

建交委

FENG XIAN JIAN SHE & JIAO TONG WEI YUAN HUI

奉贤区建设和交通委员会

前身为奉贤县建设局，1997年6月更名为奉贤县建设委员会，2001年10月更名为奉贤区建设委员会，后易名为奉贤区建设和管理委员会。2005年8月又更名为奉贤区建设和交通委员会。内设8科1室，机关编制32人。主要负责执行有关城镇建设和管理、市政、市容环卫、园林绿化、交通行业管理等方面的方针、政策、法律、法规和规定，并结合区内实际制定实施办法，落实具体措施；研究制定城镇建设和管理的发展战略，编制中长期规划和年度计划；组织、指导、协调城市建设和交通领域内综合性、系统性、长远性、突发性重大问题的研究和处理。组织、指导、协调并监督建设和交通工作中的有关执法工作和监督管理工作；组织实施相关的市、区实事项目和重大项目建设等，是区政府重要的职能部门。“十一五”期间按照落实科学发展观、构建和谐社会、构建资源节约型和环境和谐型城市的新要求，坚持建管并举、重在管理的工作方针，以人为本、服务民众的工作理念，努力建设社会主义新郊区。

主任：吴保国

FENG XIAN
JIAN SHE HE JIAO TONG
WEI YUAN HUI

办公大楼

公园建设

整装待发

行政执法

- 地址:城乡路333号
- 邮编:201400
- 电话:021-67185810
- 传真:021-67185881

建交委»

FENG XIAN JIAN ZHU QI YE GUAN LI SUO

奉贤区建筑企业管理所

上海市奉贤区建筑企业管理所隶属于区建设和交通委员会，依法开展对建筑领域行业管理的职能部门。主要负责：建设工程招投标管理；建设工程资质、资格管理；建设市场整顿管理；建设工程劳务、建材交易管理和综合保险管理；建设工程质量检测管理；建设工程安全生产、建材质量、工程质量监督管理等等。建管所现有各类工程技术人员、专业技术人员45名，其中大学本科、大专以上学历的占79%，高级工程师和工程师占49%。各职能岗位管理人员均按规定实施持证上岗。为工程质量检测配备各类主要检测仪器、设备440多台（套）。其中工程质量检测机构，已正式通过国家计量认证；建设工程安全质量监督机构，目前已正式启动国家质量管理体系贯标活动。建管所坚持依法监管、严格把关、积极指导、热情服务，被列为重点监督项目的上海奉贤邮电大厦（信息大楼）工程获2000年度中国建筑工程鲁班奖（国家优质工程），实现了上海郊区历史上国家优质工程奖零的突破。

工地观摩

FENG XIAN
JIAN ZHU QI YE
GUAN LI SUO

检查工地

建设工程事故分析

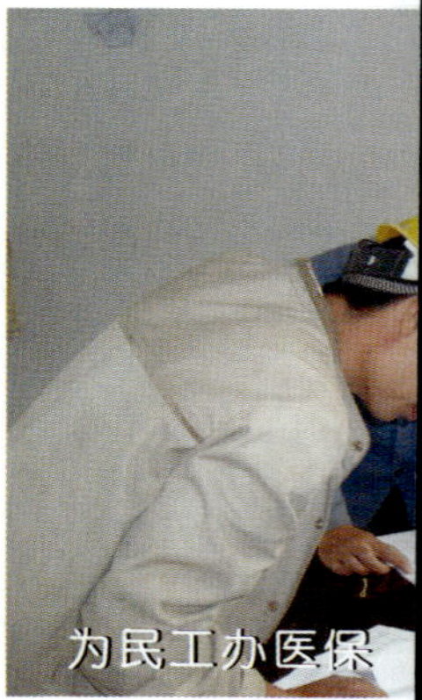
为民工办医保

工程开标会议

“一门式”服务大厅

- 地址:城乡路333号
- 邮编:201400
- 电话:021-67185788
- 传真:021-67185778

“一门式”服务

工地图纸检查

建交委

FENG XIAN CHENG SHI JIAO TONG YUN SHU GUAN LI SHU

上海市奉贤区城市交通运输管理署 上海市奉贤区城市交通行政执法大队

署长 朱剑峰

党支部书记 金永华

根据上海市城市交通管理局下发的《关于推进城市交通区域差别化管理的实施意见》文件精神，奉贤区进行交通行政“撤三建二”的改革方案，原陆上管理所、汽修所、客运稽查中队，组建上海市奉贤区城市交通运输管理署和城市交通行政执法大队两家单位。并于2005年12月28日挂牌成立。其中奉贤区城市交通运输管理署依据《中华人民共和国道路运输条例》、《上海市道路运输管理条例》，以区级交通运输管理机构的行政主体资格，在区建设和交通委员会、市城市交通运输管理处的领导下，具体负责客运、货运和汽车维修管理工作，实施本行政区内的交通运输行政许可和行业管理。奉贤区城市交通行政执法大队除依据国家和上海运输管理条例以外，还根据《上海市出租汽车管理条例》和《上海市公共汽车和电车客运管理条例》，可以对交通运输方面的违章违规企业和个人依法进行查处。两家单位的挂牌成立，也标志着奉贤区交通运输管理工作走上了一个新的台阶。

FENG XIAN
CHENG SHI JIAO TONG
YUN SHU GUAN LI SHU

成立仪式

执法队员整队待发

1.工作人员进行案件审理
2.工作人员办理经营许可证
3.业务受理大厅
4.执法队员进行陆运执法

- 地址:沪杭公路2181号
- 邮编:201400
- 电话:021-57107273
- 传真:021-57107251

建交委 »

FENG XIAN QU SHI ZHENG GUAN LI WEI YUAN HUI BAN GONG SHI

奉贤区市政管理委员会办公室

奉贤区市政管理委员会办公室从1994年起由“三整顿办”改制为“市政委办”，主要从事城市管理工作，以“综合协调、综合管理、综合执法”三大功能为工作意向，并形成以管为主的管理模式。1995年成立县“城管执法大队”。正式按国家城市管理的规划和要求去发展，依法治理城市。

1995年，在全市率先实施大规模的拆除“违章建筑、违章搭建”工作中，取得优异成绩，推动全市拆除“两违”工作。

1998年，由市政委办牵头，组织公安、工商、卫生、环卫等7个部门狠狠整治“乱张贴、乱涂写、乱刻画”工作，取缔27个源头点，制裁31人，收缴非法药品7吨，非法宣传品5万多张和印刷工具等，召开了销毁工作现场会，并在市级报刊和市级电视台都作了详细报道。在创建国家卫生县城时，经市、国家有关部门验收通过，南桥镇获得“国家卫生县城”，江海、洪庙获得“国家卫生镇”荣誉称号。

南桥新貌（夜景）

FENG XIAN
SHI ZHENG GUAN LI
WEI YUAN HUI BAN GONG SHI

2000年成立奉贤区城市景观管理中心，承担城区景观灯光建设维护管理。几年来在市政委办管理下已建景观灯光景点34处，控制点为78个。同时，奉贤区市政委办还承担城市市容环境卫生秩序管理与协调职能工作。

店招店牌整治

防台防汛物资

型电子屏幕灯箱广告

非机动车管理

观灯光建设

横幅广告整治

机动车停放管理

- 地址：南桥镇环城西路477号
- 邮编：201400
- 电话：021－67191602

清除（乱张贴人工清除）

三乱清除（乱张贴机械清除）

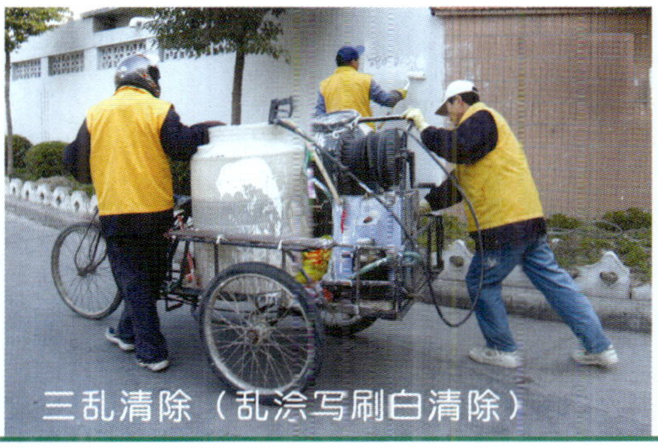

三乱清除（乱涂写刷白清除）

建交委 »

FENG XIAN QU HUAN JING WEI SHENG GUAN LI JV

奉贤区环境卫生管理局

区长沈慧琪慰问市容执法人员

2005年是上海市容环卫全面推进综合改革、综合管理、综合执法的第一年，区环卫局按照上海市市容环卫局、区建交委的总体部署和要求，通过“保持共产党员先进性教育活动”，解难题、破瓶颈、创特色，不断提高为民办事能力，努力改善奉贤区市容环境卫生面貌。年内，各项工作进展顺利，较好地实现了预期的工作目标。

2006年，区环卫局将以十六届五中全会精神为指导，继续以科学发展观为统领，抓住机遇，乘势而上，以时不我待、只争朝夕的精神，奋发有为，扎实工作，不断将奉贤区的市容环卫事业推向前进。

FENG XIAN
HUAN JING WEI SHENG
GUAN LI JV

奉贤区生活垃圾清运环卫车辆发车仪式

奉贤区市容环卫系统政风行风建设工作会议

奉贤区市容环境协管员“爱岗敬业”事迹演讲比赛

市容协管员在整治环境　洒水车工作现场

生活垃圾处理站　生活垃圾处理便民服务日

● 地址：奉贤区南亭公路303号
● 邮编：201400
● 电话：021－57107371

FENG XIAN GONG LU JIAN SHE FA ZHAN YOU XIAN GONG SI

上海奉贤公路建设发展有限公司 上海弘路公路工程养护有限公司

上海奉贤公路建设发展有限公司和上海弘路公路工程养护有限公司隶属于上海市奉贤区建设和交通委员会，其前身是成立于一九五七年的奉贤公路管理所。是一家具有专业水准的公路、市政建设工程施工和设施养护的企业。公司具有市政公用工程总承包一级、公路工程总承包二级、公路路面专业承包一级、城市道路和公路养护维修、高速公路养护维修等资质。注册资金8000万元，资产总额4亿元。2001年通过ISO9001（2000）版国际质量标准认证。并先后获得第十二届上海市文明单位称号，四度蝉联"上海市优秀公司"、入选奉贤区财富百强企业；当选奉贤区"职工满意企业"。

公司下设有"三渣及混凝土制品生产"、"沥青混凝土厂拌"、"绿化工程施工"及"机械化施工与设备租赁"等分公司，形成了从原料生产到工程施工的一条龙自主经营体系。

总经理：黄联锋

FENG XIAN GONG LU JIAN SHE FA ZHAN YOU XIAN GONG SI

多年来，公司始终坚持"以信誉求生存，以质量求发展，以管理求效益"的宗旨，承建了一大批市、区重点建设工程，担负着全区三百多公里高等级公路、二百多座桥梁的日常养护及大中修任务。浦星一级公路荣获上海市市政金奖工程，环城东路荣获上海市优质工程"白玉兰"奖。

目前，公司以"突出主业、多元发展"为目标，加大改革和投资力度，拓展可持续发展行业，使企业朝着规模化、集团化方向发展。

A2临港收费站

建交委 »

FENG XIAN QU LV HUA GUA N LI JU

奉贤区绿化管理局

局长 徐新根

党支部书记 蒋卫东

FENG XIAN LV HUA GUAN LI JU

奉贤区绿化管理局成立于2002年12月，是全区城镇绿化工作的管理机构。承担着全区中长期绿化发展规划和年度绿化发展计划的编制和组织实施工作；负责全区绿化行业、绿化市场的监督和管理；负责全区绿化建设项目、绿地变更、树木迁移和建设项目配套绿地比例及设计方案等的行政审批和专项管理；负责城区绿化违法违规现象的查处以及城区绿化宣传，指导和推动群众性绿化工作的开展。

2005年，奉贤区绿化管理局在可持续发展理论的指导下，一心一意搞建设，扎扎实实抓管理，在建设与管理方面取得重大突破，获得了“上海市绿化文明行业”的光荣称号，奉贤区被命名为“上海市园林城区”。

● 地址：奉贤区南桥镇解放中路235号
● 邮编：201400
● 电话：021－57423633

环保·水务

综　述

年内，区环境保护（简称环保）工作重点推进第二轮环保三年行动计划的实施，全区环境保护和环境建设取得明显成效，空气环境质量、地表水环境质量、声环境质量均得到不同程度改善。加强环境监测队伍建设，环境管理水平不断提升。年内推行现场执法回单制度，对污染源实行“一厂一卡”管理，环境监察标准化建设通过验收。

市容环境卫生加强舆论宣传、监督作用，认真处理各类信访案件，建立市容环境综合管理机制，加强市容环卫硬件设施建设，市容环卫面貌有所改善。

园林绿化以创建市级园林城区为目标，合理规划，加强植绿力度，开展群众性爱绿护绿活动，加强绿化管理、绿化文明行业创建工作，通过市绿化局验收。全区绿化建设均达到创建市级园林城区三大指标要求。

水务工作以科学发展观为指导，贯彻区委、区政府有关精神，保滩一期工程7月20日全面竣工，6月28日，奉城水厂和第三水厂扩建工程投入建设，10月底，区水环境综合治理工程正式启动，11月底，历时三年的农村低水压改造工程全面完成。

防汛防台工作机制进一步完善，全区加强防汛意识宣传，进一步修订防汛预案，采取多项措施落实防汛预案，精心组织力量做好台风袭击期间各项抢险救灾工作，使天灾损失降到最低程序。

（唐　军　蒋　萍　杨　杰）

环境保护

【概况】 年内，全区环境总体良好。地表水质量在Ⅳ至Ⅴ类，影响区内地表水质量主要污染因子仍为氨氮和总磷等营养性指标。就监测的污染因子分析，主要河流水环境质量基本稳定，符合实际使用要求。空气质量，二氧化硫和氮氧化物保持在Ⅰ类水平，总悬浮微粒总体上处于Ⅱ类水平，降尘量保持在较好水平，全年达到或优于二级的天数占95%以上，全区空气环境质量持续保持优良水平。全年共受理并作出行政许可决定的行政许可事项共727件，总投资222.43亿元，环保投资6.7亿元，占建设项目总投资的3%。加强环境监察工作，全年共出动监察1323批次，3115人次，检查企事业单位3895户次；执行一般行政处罚单位数94户，处罚金额共108.4万元。严格环境监测，全年共进行监督性监测1738户次，完成各类应急事故监测205户次。认真承办信访案件，全年受理环境信访1000件，处理率100%，办复率99.2%。 （唐　军）

【环境空气自动监测子站投入使用】 1月下旬，区内第一台环境空气自动监测子站正式投入使用，并纳入“市环境空气质量自动监测网络系统”。该自动监测子站可以准确采集和处理CO、NO、NO2、NOx、SO2、O3、PM10等空气质量数据，并能提供环境空气质量周报。 （唐　军）

【召开人口资源环境工作会议】 3月29日，区人口资源环境工作会议在区会议中心召开。会议就奉贤区建设经济社会发展良性循环，注重人与自然和谐可持续发展提出要求。区四套班子主要领导及分管副区长出席会议。区委副书记韦源传达上海市人口资源环境工作会议精神。 （唐　军）

【启动南桥新城区域环评工作】 年内，南桥镇政府委托上海市环境科学研究院对南桥新城开展区域环境评价。该区域评价总面积112平方千米，其中包括规划新城区32平方千米。评价工作对南桥新城的环境建设将起积极推动作用。 （方　卫）

【推行现场执法回单制度】 4月1日起，区环境监察支队全面执行现场执法回单制度。年内，共发放执法回单467份，回收403份，回收率86.3%，满意率100%。执法回单制度的执行，不仅能较全面反映执法人员现场执法态度，而且规范现场执法程序，有利于促进执法队

伍行风建设。（资　勇）

【人大代表视察水环境保护和治理工作】　6月15日，区人大常委会组织城建环保工作委员会专职常委及部分区人大代表视察区水环境保护和治理工作，先后实地查看上海化纤浆粕总厂、上海乳品四厂、奉城镇沿塘河、奉贤第三自来水厂和竹港河道。区环保局、水务局、农委等单位作专题工作汇报。区人大常委会主任周伟民、副区长崔卫中参加视察活动。（唐　军）

【环境监察标准化建设通过验收】　7月15日，召开奉贤区环境监察标准化建设验收会议。验收工作由市环保局、市环境监察总队、区人事局、财政局等组成的环境监察标准化建设验收委员会负责。会议听取关于环境监察标准化建设工作报告、技术报告，查阅了相关文件及档案资料，查看了相关的执法装备等。验收委员会经讨论认为，环境监察支队标准化建设工作软、硬件条件符合验收标准，通过验收。（资　勇）

【市环保局抵奉开展信访工作调研】　8月11日，市环保局到奉贤进行《信访条例》贯彻落实情况专题检查。区环保局就贯彻落实《信访条例》情况作汇报，市局有关领导在充分肯定奉贤区开展信访工作取得成绩后，针对环保信访面临的新问题与局领导作交流、探讨。（唐　军）

【开展噪声标准适用区划调研】　年内，为适应上海市城市环境管理需要，有效控制噪声污染程度和范围，提高声环境质量，市环保局拟对1994制订的"上海市《城市区域环境噪声标准》适用区划"进行修订。为积极配合此次修订工作，区环保局有关工作人员认真调查各类适用区域范围、面积，获取详尽数据，为修订工作提供依据。（顾伟杰）

【市环保局到奉贤调研区第三轮环保三年行动计划编制情况】　10月13日，市环保局水污染管理处、市环境科学研究院等部门对奉贤区第三轮环保三年行动计划水环境治理工作编制项目作调研，并进行实地考察。区第三轮环保三年行动计划水环境治理工作主要涉及河道整治、区域综合污水处理和污水管网建设等内容。调研结果对第三轮三年行动计划编制情况表示满意。（唐　军）

【开展污染河道整治问卷调查】　10月12日，为配合市环境科学研究院编制《奉贤区奉城镇污染河道整治方案研究》工作。奉城镇党委、政府召开专题会议，布置《关于奉城镇水环境群众调查问卷》（简称《调查问卷》）填写工作。《调查问卷》覆盖奉城镇59个村。通过《调查问卷》，市环科院将对其境内的河道以及河道污染原因进行详细周密的调查和分析，为提出合理可行整治方案提供依据。（宋　慎）

【环境监测站通过"国家实验室认可"现场监督评审】　年内，"中国国家实验室认可委员会"专家对区环境监测站进行"国家实验室认可"现场监督评审。此次评审是检查该监测站自上年通过"国家实验室认可"一年中质量体系运行全面考核。经过对该站管理能力和技术能力的现场检查和抽查，环境监测站通过"国家实验室认可"现场监督评审。（唐　军）

【实行污染源"一厂一卡"管理】　年内，为加强对各污染源系统管理，及时掌握各污染源状况，便于日常监督、监测，区环境监测站对各污染源实行"一厂一卡"管理制度，取得成效。（宋　慎）

·相关链接·

完成第二轮环保三年行动计划

2003年～2005年，区实施第二轮环保三年行动计划，总投入资金19.88亿元（其中区政府财政投入14.3亿元、社会投资5.58亿元）。经过三年努力，全区环境保护和环境建设取得明显经济和社会效益。全区主要河道基本消除黑臭，城镇污水集中处理率提高到30%以上，新增日处理能力2万多吨。区内地面水水质基本保持稳定；空气环境质量达到或优于二级的天数占全年的95%以上。中心城区实现生活垃圾简易分类收集处置，全区危险物实现全过程管理和无害化处置。创建成上海市园林城区，区绿化覆盖率41.45%，绿地率40.84%，人均公共绿地面积9.98平方米。加大禽畜牧场整治力度，禽畜污染负荷有所消减，农业生态系统得到初步改善。居民对该地区环境质量改善满意率74%，为全市19个区县第五位；居民对该地区环境满意率63.3%，为全市19个区县第五位；居民对该地区环保系统政风行风测评上升4位。（宋　慎）

市容环卫

【概况】　年内，市容环境卫生工作以创建文明城市，建设美丽家园为目标，加强市容环境卫生宣传，利用《奉贤报》、区电视台等新闻媒体，及时反映区内市容环境卫生整治信息和工作动态，发挥舆论宣传和监督作用，引导市民养成自觉维护城市美好形象良好习惯。认真办理信访案件，年内共受理涉及环境卫生方面的案件288起，其中承办区信访办转来案件16件、市环卫局投诉中心转来案件222件，居民直接来电投诉50余件，处理率100%，投诉人满意率95%以上。加强环境卫生整治力度，建立市容环境综合管理工作联席会议制度，开展市容环境综合管理。注重硬件设施建设，建造生活垃圾1号残渣卫生填埋池和生活垃圾小型压缩站；增设废物箱1050只、生活垃圾标准桶1222只；对公共厕所进行改造，共完成改造简厕、旱厕48座、无障碍公厕4座。严格执行渣土处置网上申报、发证制度，全年接受渣土申报、登记86次，处置渣土105万吨。为整洁市容，在城区开展"车辆添美"活动，组织联合检查3次，发放告知书918份，检查车辆328辆，油漆车辆73辆，修复车辆21辆，更换车辆20辆，共投入资金675万元。对单位生活垃圾采取征收处理费制度。为加强市容环境卫生管理力量，建立市容协管员队伍，年内市容环境卫生状况明显改观。（区环卫局）

【实施市容环境综合管理】 2月28日，召开"上海市奉贤区市容环境综合管理工作联席会议"（简称"联席会议"，此制度率先在全市各区县建立）。"联席会议"有区建交委、房土、规划、水务、工商、公安等24个部门组成，区长为第一召集人，区建交委、南桥镇行政主要领导为第二召集人。通过"联席会议"制度，整合力量，有利于重大整治行动取得成效。年内完成编制《奉贤区市容景观规划（2006年～2008年）》。年内，实施市容环境综合管理共出动人员1500人次，整治城乡结合部112处，清除垃圾16707吨，拆除违章建筑50余处；由市容监察部门办结各类违章案件共1324件，处罚金额98510元，教育整改违章2169件，整改面积20940平方米，清除垃圾220余吨。全区14条（段）市容环境卫生示范街创建工作初见成效。

（区环卫局）

【推进单位生活垃圾处理费征收】 年内，根据《上海市单位生活垃圾处理费征收管理暂行办法》，区环卫局成立收费科，调整收费价格，将生活垃圾处理费由事业性收费转为经营性收费，办理好税务注册登记相关事宜，与各镇、开发区签定收费委托书，实施生活垃圾申报制。全年生活垃圾处理费征收涉及单位（机关、企事业单位、个体工商户）共2000余家，征收生活垃圾处理费450万元。（区环卫局）

【建造生活垃圾处置设施】 年内，为集中处理生活垃圾，开挖1号残渣卫生填埋池，该填埋池位于青村镇镜内，占地面积5000平方米，库容量5万立方米。新增生活垃圾小型压缩站4座，分别位于奉城镇区和南桥镇南桥老街、正阳世纪新城、秀龙路居民小区内。

（区环卫局）

【建立环卫协管员队伍】 年内，为加强市容环卫力量，建立环卫工作协管员队伍，共组建市容环境协管服务社16个，招聘市容协管员470人。各服务社根据区域道路划分若干网格块，再以网格块合理分布协管队员，实行定人、定岗、定责管理。全年协管队员共清除"三乱"（乱张贴、乱涂写、乱刻画）35000余处，收缴非法"小广告"280余千克。（区环卫局）

园林绿化

【概况】 年内，围绕创建"上海市园林城区"开展园林绿化工作，按少花钱、多办事、办好事的原则，结合奉贤实际，实施科技兴绿，形成特点鲜明的"点、线、面"相结合的城乡一体绿化体系。创建过程中，注重宣传教育、发动群众，形成市民踊跃参与创建的良好氛围。建立绿化志愿者队伍，成立绿化市民巡访团。实行绿地分片保洁制，绿地树木领养制。开展群众性爱绿护绿宣传活动，全区干部群众绿化意识、生态环境意识普遍得到提高。绿化建设取得好成绩，绿化三大指标分别达到：人均公共绿地面积9.98平方米，绿地率40.84%，绿化覆盖率41.45%，11月1日，创建上海市园林城区通过考评专家组验收。（蒋　萍）

【开展园林城区创建工作】 年内，园林城区创建工作结合道路建设，完成高速公路A30南段、A4南桥段以及南亭公路、航南公路、金海公路等道路绿化带建设。结合河道疏浚整治，建成竹港西岸绿化带16万平方米、浦南运河景观工程3万平方米。结合绿化合格单位、园林式小区创建评比工作，加大居住区和群绿单位的绿化建设力度，共增加新建居住区绿地面积21.14万平方米。注重公共绿地规划，实行绿地设计专家评审制、施工单位招投标制，加大绿化项目质量监理监督力度，先后建成原住宅局办公楼绿地、区中心医院北侧绿地、二严寺南侧绿地等大型公共绿地。市民出行500米有一块3000平方米以上公共绿地的目标基本实现。对古华公园进行大规模升级改造，总投资4000万元，工程质量获得上海市"白玉兰"奖，同时破墙透绿，对外免费开放。文化广场改造拆除税务、物资大楼，增设舞台及户外电子显示屏，使广场功能更完善，更贴近市民生活需要。

（蒋　萍）

【新建绿地436.8万平方米】 年内，共新建各类绿地436.8万平方米。其中结合旧区改造，通过规划建绿、拆房建绿新建公共绿地60.36万平方米，辟建3000平方米以上的大型绿地7块，共1.05万平方米；结合市政道路、公路建设和河道整治，大力推进以道路绿化为主的绿色廊道建设。在高速公路A30南桥镇区段南侧建成宽400米的林带。搬迁竹港西侧各类违章建筑、堆场3.50万平方米，建成绿化带3900米。在环城西路、奉浦大道、南亭公路、海湾路等道路两侧建成宽15米以上的绿化带。全年共建成道路绿化295.44万平方米；建成单位附属绿地49.50万平方米，居住区绿地31.50万平方米，其它绿地23.20平方米。（蒋　萍）

【实施古华公园西区改造】 11月2日，古华公园接受市创建星级公园评审。古华公园于2004年完成东区改造后，上半年又实施西区改造工程，总计改造绿地面积3.3万平方米，地被植物2万平方米，补种灌木万余株，乔木4百余株，引进新品种色叶树百余种，增设花坛花景百余平方米，种植水生植物500平方米。3月12日起，古华公园实行免费开放。公园管理采用公园——社区——志愿者“三位一体”模式，游客总量比上年翻一番，双休日、节假日期间，游客最多一天达1.5万人次。年内该公园被评为市文明公园、市文明单位。

（区公园管理所）

【编制《奉贤区绿地系统规划》】 9月27日，区政府发文批准《奉贤区绿地系统规划（2004年～2020年）》。10月31日，上海市绿化管理局发文备案。该规划目标分2010年近期目标和2020年远期目标。规划2020年全区森林覆盖率35%以上，绿化覆盖率40%以上，城镇人均公共绿地指标10平方米以上，建成布局合理、生态健全、功能完善、景观优美的区域绿地系统。奉贤区绿地系统规划以大型经济林地为主体，以纵横交错的生态绿廊为网络骨架，以城镇和旅游景区绿化为精华，形成“两纵四横十片多园”、“林、廊、园”相结合的绿地系统结构，并对南桥新城及各镇分别作不同的规划要求。

（区绿化局）

【创建绿化文明行业达标】 10月25日，市绿化局对奉贤区创建上海市绿化文明行业工作进行考评，内容包括绿化规划、管理机制、绿化总量等。10月27日，经上海市绿化管理局精神文明建设委员会评定，通过奉贤区创建上海市绿化文明行业验收。（区绿化局）

【加强绿化管理】 年内，全区共审批绿化建设项目307个，审批绿地变动项目28件。每周二组织各绿化养护单位进行绿地检查；每月25日，召开养护工作例会进行考评；每季度由市民代表、财政局、绿化局及专家等人员进行集中考核，实行市民评判、社会评价、专家评定“三评”管理机制。同时，利用GIS地理信息系统平台，建立健全绿化信息数据库，加强基础数据信息的收集汇总。年内完成第一阶段行道树和古华公园调查，做好有害生物监测防控工作。投入20万元建立植保室和多个监测点。丰富植物多样性，提高绿化生态景观效果，建设春景秋色示范点，在新建和改造绿地中引种色叶开花乔灌木和蜜源植物、水生植物品种391个共88962株。（区绿化局）

【开展群众性爱绿护绿活动】 3.12植树节，在高速公路A30南侧组织大型义务植树活动，区四套班子领导、驻沪部队官兵、学校师生与市民上千人参加植绿，共种植树木万余株。5月20日，在区文化广场举行以“浪漫牵手燃情奉贤”为主题的“奇缘绿色婚典”，20对新人集体宣誓后到竹港西侧，种下见证幸福与爱情的“同心树”。5月21日，“十优百佳”绿阳台评比揭晓，100户家庭的绿色阳台获嘉奖。6月，举行为期一个月的“园林城区杯”百科知识竞赛，竞赛活动设市民组、网络组、单位组、学生组。7月，“绿色奉贤”摄影大赛落下帷幕。9月24日～25日，千余名市民参加“奉贤市民绿色之旅——千人喜看家乡绿化新面貌”活动。年内，全区112家市、区两级文明单位、46家机关单位志愿者划块包干，每周一次参与绿地保洁养护；由50名普通市民组成的市民绿化巡访团定期、不定期进行绿化环境巡视、监督。（区绿化局）

3月12日开始，古华公园正式向公众免费开放。

（王昌年　摄）

水务·防汛

【概况】 年内，区水务工作充分发挥水务一体化机制优势，以水环境建设为重点，加强水务各项基础设施建设，加大水务工程管理和社会服务力度，取得显著成效，经过5年努力，完成夹塘水系改造工程；历时3年的农村低水压改造工程于3月底结束；保滩一期工程7月20日竣工；10月份，区水环境综合治理全面启动。加强水务执法，营造人水和谐环境的宣传工作有声势，完成“十一五”水务规划编制工作。加强内部管理，水务效能得到提高。（杨　杰）

【夹塘水系改造工程竣工】 3月底，历时5年的夹塘水系改造工程全面竣工。共完成镇、村级河道疏浚96条（段），总长128千米，疏浚土方244万立方米；完成地下渠道建设118千米，完成基建、泵改工程建设47台套。夹塘水系改造，对提高该地区居民饮用水质量和泄洪排涝能力均具有重要意义。

（杨　杰）

【新（扩）建自来水厂】 年内，为满足供水量需求，改善东部区域饮用水质量，实现全区供水一体化，6月28日，奉城自来水厂建设工程和区第三水厂扩建工程举行开工仪式。新建和扩建的这两个自来水工程建成后，日供水量分别达到10万吨。至12月底，奉贤三水厂扩建工程完成土建45%，奉城水厂新建工程完成土建70%。（杨 杰）

【加强排水工程建设】 年内，为进一步加强区内东西部污水排污能力，加大排水工程建设力度，全年共铺设管道53千米，建造污水提升泵站5座，工程概算额为2.4亿元。对南桥老城区部分污水盲点及窨井实施改造，共改造盲点7处，管道1.5千米，窨井57只，解决部分城区排水难问题。并为106家企事业单位办理截污纳管手续。（杨 杰）

【低水压改造工程竣工】 年内，历时3年的低水压区改造工程竣工。共完成改造低水压供水的村83个、投入资金4719万元。农村低水压供水改造工程是区政府实事工程之一，是年是实现改造计划的最后一年，低水压的提升，为农村居民饮用水办了一件好事。（杨 杰）

【建立河道长效管理机制】 6月，区政府召开河道保洁会议，对河道保洁提出长效管理要求，从队伍建设、考评办法等方面采取措施。至12月底，区内共设河道保洁社16个，河道保洁员684人，区内主要河道的“脏、乱、差”现象有所改善。（杨 杰）

【区域调水改善水质】 年内，为改善区内主要河道水质，全区共引水1175闸次，引水时间3574小时，引水量4.5亿立方米；排水937闸次，排水时间3046小时，排水量5亿立方米（其中汛期为降低内河水位，共计排水时间617小时，排水流量1.3亿立方米）。通过调水运行，保障城乡居民饮用水安全。（杨 杰）

【加强水务执法】 年内，为保护水环境，加强水务执法力度，全年共巡查2074人次，立案74件，结案64件，行政处罚金额52万元。共拆除河道管理范围内违章建筑面积1495平方米，构筑物32处，责令整改恢复河道堤防设施621米，清理河道垃圾510吨。开展水务治理安全工作，全年实施安全检查352次（处），参加检查人员668人次，查出各类隐患176次（处），其中安全隐患137次（处）。（杨 杰）

8月5日，上海市副市长杨雄（左四）视察奉贤防汛防台工作。

【建立五项制度提高水务行政效能】 年内，为贯彻落实区行政效能建设工作会议精神，提高政务运转效率，水务系统制定“首问责任制、服务承诺制、限时办结制、失责追究制、效能投诉制度”等五项制度。全年共受理各类信访件37件，办结33件，办结率89%；水务热线来电受理233件，办结224件，满意率96%；接待各类来访10起，其中乡镇自来水厂上访3起，处置满意率70%；受理各类行政许可事项767件，办结624件，办结率81%。（杨 杰）

【修订落实防汛预案】 年内，区防汛指挥部修订下发《奉贤区2005年防汛、防台应急预案》。预案进一步充实专业抢险队伍力量，建立专业抢险队伍8支，登记造册，并落实了责任单位和具体负责人。抢险队员人数由原来的831人增加到1244人，调整充实后的抢险队员整体素质有所提升，为有效开展抢险救灾提供专业人员保证。（杨 杰）

【强化防汛工作意识】 5月，区防汛办会同奉贤电视台联合制作2004年度防汛工作电视专题片，通过电视向全区人民宣传防汛知识；9月，区防汛办联合庄桥镇举办一期由区气象局专业技术人员主讲的防汛知识专题讲座，镇政府相关部门、各街道居委、学校等有关单位的防汛干部近90人参加讲座。（杨 杰）

【抓好各项防汛措施落实】 年内，防汛指挥部积极落实各项防汛工程措施。在主汛期到来之前，海塘管理所和黄浦江防汛墙管理所认真完成水毁工程和岁修工程的任务；区排灌管理所认真检查、督促庄行镇修复排涝设施；对浦东铁路工程沿线河道设坝导流工作进行检查与指导；水闸管理所按期完成对金汇港北闸的除险加固以及对各水闸的检修工作；水文站对各测站的水文设施进行系统的检查与维护，为汛期到来做好前期防患准备工作。（杨 杰）

【开展抗台救灾工作】 7月，金汇镇遭遇龙卷风，俞凯丰副区长在第一时间带领区水务局、民政局、气象局等部门及当地政府领导赶赴现场指挥抢险救灾。台风期间，全区共出动抢险救灾人员17749人次，出动抢险车辆2256辆次，水闸排水7240.41万立方米。（杨 杰）

（本栏目编辑 张继强）

经济行政管理

计　划

【概况】　2005 年 7 月底，区发展计划委员会改组为奉贤区发展和改革委员会，同时将原国资办的经济体制改革职能划入新组建的发展和改革委员会，挂统计局、物价局牌子。区发展和改革委员会发挥“宏观调控、平衡协调、综合管理、参谋服务”作用，关注国家宏观调控后奉贤区的经济发展新变化，着力搞好区域战略研究，积极谋划功能定位与产业发展布局，贯彻循环经济理念，加强经济的综合管理，努力推进全区经济和社会的和谐发展。（狄海英）

【编制“十一五”规划】　年内，在上年拟定《奉贤区国民经济和社会发展第十一个五年计划基本纲要（建议稿）》（简称建议稿）基础上，3 月起，起草《中共奉贤区委关于制定奉贤区国民经济和社会发展第十一个五年规划的建议（草案）》讨论稿，提交区委全会讨论。将《奉贤区国民经济和社会发展第十一个五年规划纲要（讨论稿）》（简称讨论稿）提交区政府常务会议、区政协常委会讨论，并根据会议提出的意见和建议，进一步修改和完善规划纲要初稿。在整个规划编制中：（1）利用网站等公众宣传点，听取领导、群众修改意见。（2）着力搞好区域定位和产业功能定位研究，开展一系列调研工作，提出努力打造“三区一基地”的框架思路，即：推进以光仪电、精细化工、现代物流和现代都市农业为重点的滨海产业集聚区建设；推进以海湾大学园区、上海化学工业区和国际大企业为依托的滨海知识创新区建设；推进以森林水系、滨海景观、历史人文为特色的滨海生态居住区建设；推进以游艇制造、游艇赛事、游艇服务为支撑的上海国际游艇母港基地建设。（3）将区功能定位框架思路纳入区“十一五”规划纲要初稿，并按照时间节点要求向市委办公厅、市发改委上报。（4）贯彻落实市“十一五”规划工作电视电话会议及区县分类指导工作会议精神，召开各镇、开发区、部、委、办、局等有关部门“十一五”规划编制分管领导再动员会议和具体编制人员的业务培训会议，落实各行政区域、专业领域的规划编制工作。（5）做好区主要经济和社会发展部门与市有关专业条线相衔接即各大主要指标和重点工作的预测和分析工作，进一步明确区各职能部门在经济社会发展中的主要任务。（狄海英）

【年度计划编制和监测】　年内，认真搞好各类年度计划编制、监测工作。加强经济和社会发展预测，制定《奉贤区 2005 年国民经济和社会发展计划（草案）》，提交区二届四次人代会审议。人代会审议通过后，抓好计划执行情况跟踪监测工作，并进行每季度经济运行情况的分析。按照市发改委的要求，完成《2004 年上海市国民经济和社会发展》报告中有关奉贤区内容的编制工作。会同区经委、农委等有关部门，编制工业经济、农业生产、第三产业发展计划指标，下达给各镇、开发区。根据区经济发展实际，对 2006 年全区主要经济指标提出初步安排意见，为区委、区政府领导决策提供依据。（狄海英）

【开展课题调研】　年内，着重开展四方面课题调研：（1）支持配合奉城镇邀请北京昊丁物流科技有限公司，对奉城镇能否建成物流装备城进行可行性研究。（2）配合做好科教兴区调研，参与编制《奉贤区推进科教兴区实施意见（2005 年～2010 年）》。（3）开展循环经济和建设节约型社会课题研究，撰写《循环经济——转变经济增长方式的战略选择》、《建立资源节约型社会，促进经济社会可持续发展》、《加快我区生产性服务业的发展》等调研文章，起草《我区加快循环经济建设的实施意见》。（4）做好国防经济动员工作，按照区国防委员会要求，在全区范围内对工业企业、医疗卫生、物资储备等方面进行一次国防经济潜力调查核对工作，并配合区国防委组织实施预备役高炮五团全员额、全装备、全物资、全过程、全要素为主体的“五全”快速动员演练行动。（狄海英）

【加强固定资产投资项目管理】 年内,贯彻中央和市"区别对待、有保有压"的原则,准确把握投资建设重点,努力做好全区固定资产投资管理工作,确保区人代会通过的固定资产投资102亿元指标的完成。推行循环经济理念,协调解决受宏观调控影响的历史遗留项目,帮助调整建设项目的结构与功能,盘活投资建设,为各经济开发园区发展搞好服务。推进区创建市园林城区的绿化工程项目以及农村宅基地置换试点、区"两个1000万"配套住宅中低价房等重点项目的工作,搞好江海220千伏变电站供电线路的前期协调工作。加强对图书馆、人民法院、疾控预防中心等政府项目的管理,做好国债资金落实,逐步完善政府项目代建制。 (狄海英)

【加强能源管理和保护】 3月,召开区砖瓦厂厂长会议,就贯彻执行《矿产资源法》、加强矿产资源的保护和管理作工作部署。年内,按规定落实复垦工作,做好煤炭经营企业和加油站等能源项目申办的初审工作。编制下达空心黏土砖限产指标,坚持每季度对区内砖瓦厂生产黏土砖情况进行全面执法检查。会同市有关部门对全区混凝土小砌块生产企业进行调研,对商品混凝土搅拌站的经营行为和建设工程项目开展监管检查,确保水泥散装率达标。年内,全区墙体材料产量74778.85万标砖,比上年增加68%,其中非黏土类新型墙体材料产量36252.17万标砖,散装率达93.32%。 (狄海英)

执法人员对黏土砖生产情况进行执法检查(工商奉贤分局 供稿)

统 计

【概况】 年内,区统计工作围绕"适应新形势,探索新方式,开拓新领域,进一步提升统计的科学化、信息化、法治化"的总体要求,努力完成全国第一次经济普查任务。注重发挥统计服务功能,强化统计法制建设,加强统计工作网络和信息化建设,做好各类统计年定报工作,提高统计监测和分析研究能力,发挥统计为经济社会发展服务的作用。 (狄海英)

【开展第一次全国经济普查工作】 年内,根据国务院《关于开展第一次全国经济普查的通知》精神和全国统计工作会议的要求,在全区清查摸底工作圆满完成的基础上,第一次经济普查工作正式转入普查登记和数据审核处理阶段。按"法人单位"登记操作模式,结合地区的实际情况和摸底的底册资料库,按在地原则,对企业做好登记工作。为确保普查登记质量,区镇两级以及不同专业开展多种形式的培训,其中:区级业务培训12场次,参加培训人数1200余人。同时制订"各专业底册单位行业调整去向表"、"普查登记阶段进展情况表"和"三核对、三把关"等一整套普查表。为巩固完善普查成果,及时做好总结表彰、资料整理归档、数据资料汇编付印等工作,编印《奉贤区第一次全国经济普查资料》、《奉贤区第一次全国经济普查资料(浓缩本)》。奉贤区被评为第一次全国经济普查工作先进集体。 (狄海英)

【扩大农村调查样本容量】 年内,在开展调查网点轮换工作的同时,开展扩大农村调查样本容量工作。对住户调查、产量调查、畜牧调查、农产品价格与中间消耗调查以及农作物播种面积调查等调查网点重新抽取调查样本,建立调查样本基本信息库。全区共抽取700户农村居民住户、200户城镇居民住户的调查样本量,完成奉贤区城乡居民住户调查的扩点调查任务。调查工作包括调查方案的制定、实施细则的落实、辅助调查员的业务培训、调查网点样本框的确立、具体调查户的落实、调查数据处理程序的修改等工作。7月1日始正式记账调查。 (狄海英)

【全面推进"在地统计"工作】 年内,全面推进"在地统计"工作,除工业企业统计外,其余专业统计已与"属地统计"全部并轨。星火开发区的"在地统计"工作由浦东新区统计局过渡到奉贤区统计局。同时,加强在地企业统计报表的质量控制,推进工业"在地统计"与"属地统计"的并轨。 (狄海英)

【发挥统计服务功能】 年内,向区委、区政府及有关部门提供各类统计分析报告40多篇,被区委、区政府采用30多篇(次)。充分发挥统计监测预警作用,围绕统计数据变化,及时开展经济监测和统计分析。在核准数据的前提下,进一步加大对经济运行的监测预警力度,及时准确地跟踪分析经济运行中出现的新情况、新动态,每月向区政府报送经济形势分析情况汇编资料,每季度向区委、区政府报告经济运行情况。月度和季度分析报告注重反映宏观调控成效和反映经济运行质量,跟踪反映苗头性、趋势性、全局性重大问题的变化，及时提出对策建议，进一步提高监测预警的科学性和有效性。根据宏观调控的要求，重点加强对固定资产投资、工业园区建设与土地利用、房地产价格、外资和私营经济发展、农业生产等有关指标的预警监测分析。围绕贯彻落实科学发展观，开展全区科技投入、农村"三个集中"、空置厂房、土地产出、农村劳动力转移等重点课题研究。围绕经济社会生活中的重点、热点问题，抓好反映政策效应和社情民意的专项调查，包括反映"三农"问题的农民收支、农村"镇保、医保"和奉浦"餐饮一条街"及全区的现代服务业发展情况调查等。围绕社会公众需求，加强网上信息公开工作，对公众关注的信息做到科学分类、及时发送。（狄海英）

【强化统计法制建设】 年内，加强统计专项检查，对工业、建筑业、房地产业中有数据质量问题、统计报表报送不正常的30个单位进行重点检查；对上年统计执法检查中存在问题的单位进行回访检查。加强对统计工作的监督，全年处理来信、来访10件。开展统计"四五"普法总结验收，采取走访、组织评估和测评等方法，对镇、开发区以及各主管部门进行综合评定，验收合格率99%。年内还在区内开展部门统计调查项目清查工作，对报送的各类统计报表进行清理，进一步规范政府综合统计和部门统计的调查行为，遏制非法统计调查。（狄海英）

【做好1%人口抽样调查】 4月，成立区1%人口抽样调查领导小组，下设办公室，具体负责落实有关调查工作的安排、组织、协调、实施等工作。调查涉及居民小区86个、被调查人数23477人。抽样调查过程中，下发《奉贤区1%人口抽样调查宣传工作计划》，利用新闻传媒，发动社会力量设立咨询站、悬挂宣传横幅、出动宣传车、开展专题黑板报展览等多种形式广泛宣传，并特制发放宣传画730张、调查信10000封。通过上门摸底、登记、质量验收等工作，至年底，1%人口抽样调查进入全面数据录入、核实阶段，全部工作于2006年2月结束。（狄海英）

1%人口抽样调查人员上门摸底登记 （统计局 供稿）

【加强统计信息化建设】 年内，按照市统计局关于《2003～2005年区县统计信息化建设实施意见》精神，区统计局建立局域网系统，建立Web和数据库服务器，并健全相应的录入、认证等安全机制。在确保数据安全的前提下，选择区内有条件的基层统计部门和报表报送企业，分批建立直接面向基层单位的网上报送系统，逐步提高基层报表的报送速度和效率。开通房地产月报网直报系统，对全区各房地产企业有关人员进行直报培训。到基层继续推行新软件程序的安装，促进各类调查、各镇主要经济指标数据处理程序的准确运用。（狄海英）

【做好各类统计年定报工作】 年内，完成对农村住户、农产量、价格、畜牧生产调查等农调基础工作，并对农调基础工作质量进行全面评估。完成年度和月度增加值的测算、区级和镇级统计月度资料的小册子资料的收集和出版，完成《奉贤统计年鉴》的资料收集、整理，撰写《2004年度奉贤统计公报》。完成工业、科技、物资能源、交通、旅馆业、服务业、建筑业、劳动工资和企业景气调查等各类正常的月报季报。完成妇女儿童两个规划的统计监测并撰写统计分析资料。开展农村贫困村监测调查、自然村归并调查、规模以上工业企业生产情况调查、企业协作化调查以及绿化行业公众满意度评价调查等专项调查工作。

（狄海英）

物　价

【概况】 年内，物价工作按照"定规则、当裁判、搞服务"的工作思路，努力发挥价格杠杆调节作用，不断完善价格形成机制，规范价格收费行为，整顿市场价格秩序，提高服务水平。（俞　英）

【强化价格调控和管理】 年内，进一步规范价值标准房价格和物业收费管理。做好南桥新苑、南桥镇和青村镇宅基地置换房等7件共118.2万平方米的标准房价格核定工作。制定区住宅物业服务分等收费标准，经区政府批准实施。年内依法办理"曙光新苑"、"水岸家苑"等28个小区的车辆停放、物业服务收费标准的审核、备案工作，共297.55万平方米。根据市《关于完善郊区污水处理收费政策的通知》、《关于调整本市排水费收费标准的通知》精神，参照周边区县排水设施费征收管理情况，召开价格听证会，制定奉贤区排水设施费价格标准，经区政府批准，10月1日起实施。同时，加强自来水价格

管理和成本审核，先后召开胡桥、四团、钱桥、青村等自来水厂调价听证会，及时制定相关供水价格。（俞　英）

【加强成本调查工作】　年内，完成农民负担、农民存粮、农资购买、农民收支情况等专题调查，完成小麦、油菜籽、粳稻年度成本预测以及上年度成本汇总并上报国家发改委。继续开展房地产、液化气、药品、一次性卫生材料、农资、夏粮油、秋粮、涉农产品、涉农收费等市场价格监测工作，按时按质按量向市发改委有关部门上报200余次，分析报告60余篇。做好上年度教育生均培养成本的抽样调查，形成由22家中、小、幼等学校组成的成本调查网络系统，并完成网上提交。撰写的《上海农业如何服务全国》调研课题报告被市物价局成本调查队评为三等奖。（俞　英）

【收费管理监督机制进一步完善】　年内，继续加大清费治乱工作力度，进一步完善收费管理监督机制。遵循收费合法、规范、公正、透明的原则，继续推行学校收费公示制度。年初，会同区教育局对全区58所中小学、29所幼儿园的收费进行审核并向社会公示。为切实减轻企业负担和农民负担，与区纪监委、经委共同制定减轻企业负担计划并组织实施。年内共取消收费项目18项，涉及金额256万元；调整收费项目2项，涉及金额36万元。配合区纪监委和投资管理服务中心，对全区建设项目的收费进行专项调查。开展对乱办班、乱收费专项整治工作和计划生育技术服务收费的调查。开展收费年审工作。2004年全区持有上海市收费许可证的收费单位461家，比2003年增加55家；2004年全区收费总额8.01亿元，比2003年增加1.42亿元。经年审查实违纪单位16家，违纪项目13项，违纪金额178.2万元，存在的主要问题是擅自立项收费、提高收费标准、扩大收费范围、票据使用不规范等。（俞　英）

【严格价格鉴证评估】　年内，按照实事求是、客观公正、准确快捷的原则，开展涉案物品评估和物损评估，并加强和完善认证案件档案管理。全年共受理车损评估980件，评估价值650万元。受理刑事案件价格鉴定1300件，案值650万元。非刑事案件价格鉴定60件，案值2500万元。为企业制定商品价格15件。（俞　英）

【加大价格监督检查执法力度】　年内，强化价格监督检查，加大执法力度，全年共查处各类价格违法案件32件，经济制裁54.61万元，其中：退款46.86万元、没收5.65万元、罚款2.1万元。受理群众来电、来信举报42件，查结率100%，实施经济制裁6834元，其中：退款5834元、罚款1000元。开展农资价格、教育收费、机动车停车收费、蔬菜救灾物资、公证收费、房地产及中介服务收费、成品油价格等10项价格专项检查。其中机动车停车收费专项检查共出动42人次，与区陆管所一起，对区内13处道路内停车点和21处道路外停车场（库）进行联合检查，对部分停车点无明码标价行为发出责令限期改正通知；检查8所学校收费情况，查实钱桥技校对146名学生代办费结算中不合理收取纸张费、（电脑）上机费问题，责令该校退还学生代办费9490元。开展节日市场检查和“3·15”国际消费者权益日活动，元旦、春节、国庆期间共出动203人次检查755家经营单位。对南桥、奉城两个镇区主要商业街开展明码标价、反价格欺诈专项整治活动。至年底，区价格监督站下设12个镇级价格监督站，配备义务价格监督员308人。区物价检查所被授予2005年度市级规范化物价检查所称号。（俞　英）

10月27日，召开住宅物业服务收费标准暨培训大会。

（物价局　供稿）

工商行政管理

【概况】　年内，工商奉贤分局在服务经济、监管市场、维护权益、内部管理等方面有新的突破。全年共立案查处各类违法违章案件1001件，罚没金额440余万元，完成企业开业登记9433户，企业变更、注销等各类登记13972件。在2005年度区政风行风测评中，社会总体评价列全区第三名。南桥、庄行工商所被评为市文明单位。

（王爱忠　范　瑾）

【推出企业登记服务三项措施】　年内，为进一步降低市场准入门槛，提高效率，以服务促管理，营造更加开放、和谐的市场准入环境，推出三项新措施：（1）结合区政府发展战略，做到提前介入、跟踪服务、现场办公、定期走访，借助区政府公务网，积极开展“网上查名”、“网上登记受理”，开展“网上咨询服务”、“网上投诉”。（2）加大投入,对注册大厅进行更加人性化的装修,增加电子大屏幕、电子排队叫号系统。安装计算机电话录音系统,确保电话接听优质、规范。(3)在窗口设置方面,开辟“园区通道”,即辖区内各经济园区的开业材料由一个专门窗口进行收取,方便办理手续,使之与“绿色通道”和“正常通道”相结合,构成注册科对外服务三大通道。年内,共受理并核准内资企业160户,比上年减少28.57%。至年底全区实有内资企业3075户,与上年比增加10.37%;外资企业开业登记173户,至年底全区实有外资企业1046户,与上年同期比分别增加38.4%和31.57%;私营企业开业登记9090户,与上年同期比减少7.30%,至年底全区实有私营企业37117户,与上年同期相比增加10.11%;个体户开业登记2931户,比上年减少15.90%,至年底全区实有个体户13463户,与上年同期相比增加6.63%。

(王爱忠　范　瑾)

【开展年检工作】　年内,年检工作方法有所改进,一是为方便企业,各工商所采用上门年检的办法。二是进一步推行网上年检,共完成网上年检1257户。三是对160户免检企业和92户“守合同重信用”企业进行免检。全年共办理经营期限到期、执照有效期到期、证照内容不一致等变更近1200户。至年末,分局预警企业392户,占总户数0.95%,其中经营期限、执照有效期到期企业322户,占总户数0.78%。使预警企业得到有效控制;完成吊销执照5983户,其中内资企业223户、外资企业44户、私营企业5720户。上年度,内资企业通过年检2834户,年检率88.90%,私营企业通过年检27633户,年检率80.42%,个体工商户验照10284户,验照率80.07%。　(王爱忠　范　瑾)

【开展“队列训练”活动】　7月底至11月初,组织参与全市工商系统开展的以“内练作风,外树形象,打造‘诚信工商’”为目标的队列训练活动,强化干部的作风纪律建设。在队列评比中,奉贤分局方队获综合第五名。

(王爱忠　范　瑾)

工商执法人员开展队列训练活动　(工商奉贤分局　供稿)

【构建红盾护农维权网】　年内,组织发起以“诚信、护农”为主题的区农资企业诚信护农倡议活动,并建立长效监管机制,通过建立农村红盾护农维权联络点,构建起“纵向到底、横向到边”的网络体系。分局市场合同科被评为“全国红盾护农先进单位”。

(王爱忠　范　瑾)

【指导农村经纪人协会工作取得成效】　年内,借助区、镇两级经纪人协会的力量,梳理经纪类别,指导协会完善经纪组织结构,开展有较强针对性的互帮互助工作,成为上海市农村经纪人工作的亮点,工商奉贤分局的这一做法在全国农村经纪人工作会议上作交流,并在《中国工商报》上予以刊登。

(王爱忠　范　瑾)

【建设企业诚信平台】　9月15日,召开区诚信系统工作会议,建立由工商、税务、技术监督等22个部门组成的“奉贤区诚信体系联席会议”制度。年内,由区信息委和工商奉贤分局合作完成招标,建立奉贤企业诚信平台,12月开通使用。为企业提高诚信观念树立诚信度,改善全区投资软环境创造条件。　(王爱忠　范　瑾)

【开展食品安全专项整治】　年内,集中开展食品安全专项整治活动,切实维护消费安全。《关于加强对本区无证照食品生产加工场所查处的实施意见》,经区食品安全联席会议办公室通过组织实施。在摸清食品经营户数量以及经营状况基础上。突出重点,组织开展食品市场等专项整治,查处一批违法违章案件。至年底,分局共查处无照食品经营户104户,捣毁食品加工窝点56个,罚没金额67581元,收缴各类食品数量2.81吨。

(王爱忠　范　瑾)

【开展盐业市场整治】　6月1日,召开区盐业专项整治工作会议,制定具体实施方案,并进行工作部署。各部门依据职能分头进行整治工作。两个月内,共对全区48个农(集)贸市场、农副产品批发市场进行地毯式全面清查,检查食盐经营户607户,发放宣传资料136份,立案查处无照销售食盐案件5件,案值约1200元。其他各相关部门协助配合检查碘盐批发户5户、非碘盐批发户3户、工业用盐批发户1户、碘盐零售户266户,各类食堂1023户。

(王爱忠　范　瑾)

【加大整治无照经营力度】　年内,开展“无照经营百日整治行动”和4次“红盾闪电执法行动”,将日常巡查监管与集中整治取缔有机结合,突出整治食品、中介服务等重点行业以及购物放心街、学校周边200米、农贸市场内及其周边环境等重点区域。至年底,共立案查处各类无照经营案件265件,罚没金额111万余元。

(王爱忠　范　瑾)

【加强消保维权工作】 年内,加大保护消费者权益的力度,努力营造安全健康的消费环境。一是创建红盾维权联络示范点26个,形成一块宣传阵地、一套工作职责及流程、一次高质量的对联络员业务培训的"三个一"工作模式。二是维权宣传进社区,建立30块宣传阵地,积极宣传工商法律法规和奉贤工商维权动态。三是组织"3·15"维权活动,开展以"健康维权"为主题的"七个一"系列活动。四是充分发挥工商、消协、申(投)诉分站三位一体作用,运用"12315申(投)诉系统",建立简捷、高效、快速的反应机制。至年底,分局12315系统共受理消费者申(投)诉2446件,在规定的有效期限内办结率100%。

(王爱忠　范　瑾)

【举行"奉贤区高中学生消费维权

区高中学生消费维权知识竞赛现场　　(工商奉贤分局　供稿)

知识竞赛"】 3月21日下午,由区消保委、工商奉贤分局主办的"奉贤区高中学生消费维权知识竞赛决赛"在区会议中心举行。竞赛活动从发动、预赛到决赛历时近一个月,经过层层选拔,最后选出奉贤中学、曙光中学等8所高中进入决赛。奉城高中代表队获一等奖,致远高中和奉贤中等专业学校代表队获二等奖,奉贤中学、曙光中学、奉浦学校、齐贤学校、景秀高中代表队获三等奖。

(王爱忠　范　瑾)

【探索"红盾维权进校园"工作机制】 年内,以奉城工商所为试点,探索"红盾维权进校园"工作机制。一是积极推行所校联动模式,建立信息畅通的双向联络机制。由工商所监管干部担任辖区学校的青少年维权辅导员,学校确定一名老师担任红盾联络员,同时在校园内发展学生担任小小红盾联络员,形成政府有关部门、学校、工商齐抓共管的维权网络;二是履行监管职责,切实做好青少年维权工作;三是加强教育培训,积极开展"四个一"活动,即举办一次青少年维权知识讲座、设置一块消保维权宣传橱窗、组织一次"小小红盾联络员"社会实践活动、举办一次"我与红盾"征文活动。

(王爱忠　范　瑾)

【加大广告监管力度】 年内,开展打虚假、树诚信专项检查以及违法虚假广告专项整治,共查处各类违法广告案件25件,罚没款21万余元,其中属虚假广告的19件,罚没金额158486元。

(王爱忠　范　瑾)

【强化商标监管】 年内,制定《奉贤商标战略纲要》,制作《奉贤商标数据库》,加大商标保护力度,严厉查处商标侵权案件。全年共查处商标侵权等违法案件31件,罚没款120万余元。其中,查处上海某电池有限公司商标侵权一案,罚没金额96万元。(王爱忠　范　瑾)

【行政长官出庭应诉】 9月29日,区人民法院公开审理上海某电池有限公司不服工商奉贤分局行政处罚一案,工商奉贤分局党委书记、局长金关明代表分局出庭应诉,成为奉贤区历史上首位出庭应诉的行政长官。

(王爱忠　范　瑾)

【完善行政执法指挥协调和反馈机制】 年内,工商奉贤分局重视完善行政执法指挥协调和反馈工作机制:一是制订《工商奉贤分局行政执法指挥协调反馈机制运行办法》,3月1日实施。二是编制《2005年度行政监管执法工作表》,对节日市场和日常监管的执法工作作全面疏理和明确,同时编制阶段性专项执法整治检查工作表。三是进一步加大督查力度,对督查中发现的问题用《反馈表》的形式进行及时反馈,并组织复查,形成执法、督查、再执法、再督查的模式,把市场监管工作做实做细。

(王爱忠　范　瑾)

【强化各类市场管理】 年内,为强化市场监督管理,在"照、账、制度"三个核心内容方面量化标准,并实行"场内无照监管跟踪"制度,并每月通报。至年底,全区各类市场的无照经营率由年初的20%下降至5%。为规范房地产经纪行为和整顿房地产市场交易秩序,对辖区内204家房地产企业进行专项检查,取缔15家无照经营企业。组织开展农资、建材和废旧物资市场的专项整治,取缔无照经营户16户,收缴地条钢46.67吨,罚没金额近8万元。　(王爱忠　范　瑾)

国有(集体)资产监督管理

【概况】 年内,纳入国资年报统计范围内的国有企业170家、行政事业单位281家、国有建设项目7个。资产总额290.81亿元,负债合计220.57亿元,所有者权益(净资产)70.24亿元。其中:年末国有资本及权益总额67.2亿元,占权益总额95.67%,比年初55.73亿元,增加11.47亿元,增幅20.6%。国有企业年末经营性资产总额203.23亿元,负债合计174.91亿元,所有者权益(净资产)28.32亿元,其中国有资本及权益总额为25.28亿元,比年初22.81亿元,增加2.47亿元,增幅10.8%。行政事业单位年末非经营性资产总额77.76亿元,负债合计39.43亿元,所有者权益(净资产)38.33亿元,其中国有资本及权益总额为38.33亿元,比年初31.11亿元,增加7.22亿元,增幅23.2%。国有建设项目年末资产总额9.82亿元,负债6.23亿元,所有者权益(净资产)3.59亿元,其中国有资本及权益总额3.59亿元,比年初1.81亿元,增加1.78亿元,增幅98.3%。42户城镇集体企业资产总额10.38亿元,负债合计4.3亿元,所有者权益(净资产)6.08亿元,年末所有者权益(净资产)比年初5.9亿元,增加1800万元,增幅3%。其中:集体权益4.86亿元,比年初4.68亿元,增加1800万元,增幅3.8%。年末实收资本总额1.76亿元,与年初持平。资本公积1.42亿元,比年初1.35亿元,增加700万元,增幅5.2%。盈余公积2.97亿元,比年初2.84亿元,增加1300万元,增幅4.6%。未分配利润余额-740万元。对457户(组织类278户、事业类132户、企业类47户)农村集体资产进行年报统计,资产总额49.72亿元(组织类13.68亿元、事业类13.56亿元、企业类22.48亿元),比上年31.55亿元增加18.17亿元(组织类及事业类增6.22亿元、企业类增11.95亿元),增长57.59%;负债总额28.28亿元(组织类5.33亿元、事业类7.88亿元、企业类15.07亿元),比上年15.57亿元增加12.71亿元(组织类及事业类增3.53亿元、企业类增9.18亿元),增长81.63%;所有者权益(净资产)21.44亿元(组织类8.35亿元、事业类5.69亿元、企业类7.4亿元),比上年15.98亿元增加5.46亿元(组织类及事业类增2.7亿元、企业类增2.76亿元),增长59.48%;实收资本11.35亿元(镇级7.08亿元、村级3.68亿元、国家0.08亿元、其他0.51亿元),镇村合计10.76亿元。积累部分为10.09亿元;全区土地资源性资产总面积51907公顷(农用地33381公顷、非农用地18527公顷),比上年55821公顷减少3914公顷。（陈　鲜）

【专项清理核销应收账款】 年内,按照区政府下发的《关于批转区国资委开展已改制区属国有(集体)企业核销的应收账款专项清理工作的请示的通知》精神,对涉及区属20个部委办局(集团公司)、78个基层改制企业共计核销不实资产金额2.39亿元的应收账款开展专项清理工作。此项工作的开展,确保已核销的应收账款不受损失,确保公有资产保值增值。（陈　鲜）

【开展改制企业"回头看"工作】 年内,开展改制企业"回头看"工作,掌握镇村已改制企业置换资金及土地使用费收缴情况。至11月底,置换资金欠缴有所好转。全区镇村两级尚欠款单位196个,欠缴金额5764.06万元,比年初减少1100多万元,其中镇级82个单位,欠缴2898.02万元,村级114个单位,欠缴2866.04万元;全区镇村土地使用费欠缴单位299个,欠缴金额2423.37万元,其中镇级121个单位,欠缴金额1564.75万元,村级有178个单位,欠缴金额858.62万元;租赁费欠缴29个单位,欠缴金额214.54万元,其中,镇级15个单位,欠缴137.87万元,村级14个单位,欠缴金额76.67万元。（陈　鲜）

【实现产权交易6亿元】 年内,不断完善产权交易公开挂牌、信息披露、竞价交易办法。自5月1日起,所有的国有(包括城镇集体)企业产权转让严格按照上海市国有资产监督管理委员会、上海市联合产权交易所联合颁发文件规定,全部进入产权交易机构交易,进一步提高竞价的交易比例,确保国资利益最大化。年内,实现产权交易额6.01亿元。（陈　鲜）

【评估审核鉴证改制企业123家】 年内,按照组织力量加快做好改制企业评估确认报告的审核及鉴证工作要求,完成评估报告的审核鉴证(查证)企业有123家,确认资产总额11.09亿元,确认所有者权益(净资产)3.36亿元,评估增值2.23亿元。（陈　鲜）

6月9日,举行国企改制预防职务犯罪签约仪式。

（国资委　供稿）

【完成企业改制86家】 年内，按照区政府重点工作安排，严格改制程序、严格资产把关、严格挂牌交易，坚持实事求是，坚持"三个确保"，坚持"公开、公平、公正"，全力推进企业改制工作，在审计、财政、工商、监察、房土等有关部门的配合支持下，全区完成企业改制86家。 （陈　鲜）

【开展农村非农集体土地调查】 年内，对全区农村非农集体土地经营性状况进行调查。全区农村非农集体土地经营性使用单位共1844户（镇级单位595户、村级单位1249户），占地总面积1448万平方米（镇级单位98.7万平方米、村级单位46.3平方米）。年租金收益3454.19万元（镇级1391.93万元、村级2062.26万元）。一次性收缴土地使用费94448.25万元（镇级90724.48万元、村级3723.77万元）。 （陈　鲜）

【开展资产清理工作】 年内，按照区政府办公室《关于做好部委办局、人民团体所属企（事）业单位资产清理工作的通知》精神，组织开展委办局所属企（事）业单位资产清理工作。至2004年12月31日，有18个区级行政（人民团体）单位有直属企业和所属事业单位投资的企业共115家（不包括已进入改制程序的44家校办企业和住宅发展局所属的11家及建管委所属的2家企业），其中福利企业11家，技协企业1家。在职职工3729名，其中企业性质职工3439名，事业性质职工290名（涉及22个企业）。涉及有银行借款、对外投资、贷款担保行为之一的事业单位共25家，涉及4个委办局。针对资产清理中发现的注册资本金到位情况不严肃；部委办局或事业单位投资办企业政企不分，事企不分；在资产运营中对外投资、贷款担保，事业单位向银行贷款缺乏有效审批程序；少数单位由于资金紧张向职工和社会集资等问题，制定了《关于加强部委办局（人民团体）所属企（事）业单位资产监管意见》，尽可能地避免和降低国资运行中潜在的风险。除此之外，对全区有线网络资产进行清理。全区共有10个有线电视网络、有线电视用户140692户。146个行政村实现有线电视"村村通"。经委托上海东洲政信会计师事务所对有线网络资产清理和审计，初步审计结果为：资产总额16637.41万元，负债781.42万元，所有者权益15855.99万元。 （陈　鲜）

【做好资产划转工作】 年内，会同区水务局组织对区自来水公司等10个企业的资产进行审计和评估。至2004年12月31日，区水务局系统10个企业的资产总额为24614.43万元，负债9062.05万元，所有者权益（净资产）15552.38万元。与上海市城市建设投资开发总公司签具资产划转协议，将15552.38万元所有者权益（净资产）全部无偿划转给上海市城市建设投资开发总公司；会同区教育局、古华中学对中医大奉贤校区的房地、绿化等资产进行清理，并做好资产接收和交接工作；遵照区政府关于原物资总公司系统资产整机制划给区供销合作总社的决定，组织开展清产核资和已改制企业所有土地资产的评估，做好全部资产的划转工作；做好区政府机构改革中涉及撤销和被合并单位的固定资产登记划转工作。 （陈　鲜）

【严格行政事业单位资产监管】 年内，按照区政府办公室《关于规范区属机关、事业单位公司房产出租出借行为若干管理意见的通知》、《关于加强区机关事业单位公务车辆管理意见的通知》精神，严格把关，规范公有房产出租出借和车辆更新行为。5个公有房产出租出借单位，经委托上海奉贤拍卖行进行公开竞价拍租（借），2125.88平方米公有房产，有36个承租（借）对象，年租金105.89万元。批复同意对18辆公务用车进行更新，经委托上海奉贤拍卖行对15辆旧车进行拍卖处置，拍卖成交价66.08万元。 （陈　鲜）

【实施国有企业财务月报制度】 年内，实施国有企业财务月报制度，8个财务月报单位，资产总额643276万元，负债合计527915万元，所有者权益115361万元。销售收入74356万元，销售利润7598万元，利润总额250万元。 （陈　鲜）

土地资源管理

【推进土地有偿使用】 年内，以公开招标、挂牌形式出让土地项目45宗，面积349.7公顷。其中经营性用地18宗，面积130公顷；工业用地项目505宗，面积1123.4公顷。认真做好土地规费征收、征管工作，有效推进土地有偿使用制度改革。全年共征收三资企业土地使用费101家180万元；统筹费112家37万元；土地使用金170家338万元。 （顾小英）

【规范土地市场】 年内，积极筹措和推进中低价房和配套商品房的建设和开发。以项目招标的方式落实27块配套商品房项目和中低价房用地，完成中低价商品房4万平方米和配套商品房100万平方米的开工建设。以土地储备为抓手，突出重点分类指导，引导和推进土地合理利用。年内，严格土地管理，落实20800公顷基本农田保护面积。深入推进土地整理，共整理土地53块，面积858.05公顷，净增耕地119.80公顷，取得置换指标107.81公顷。开展闲置土地清理，对11个单位作出限期动工的处理。加强土地执法，遏制违法案件发生，全年共查处土地违法案件56件。 （顾小英）

质量技术监督

【概况】 年内，奉贤区质量技术监督部门以开展保持共产党员先进性教育活动为契机，认真实践"三个代表"重要思想，全面贯彻落实党的十六届四中、五中全会精神，始终围绕促进奉贤社会经济发展和维护人民群众根本利益两个工作中心，以抓质量为根本，以加强

食品和特种设备安全监管为重点，扎实有效地开展各项工作。（王　喆）

【组建食品监管工作机构】 年内，根据国务院及上海市政府机构改革方案，质监部门承担食品生产领域的监管职能。按照市质监局统一部署，于3月份设立食品生产监管科。同时成立区食品生产监督管理所，通过公开招考的形式向社会录用食品监管工作人员8人。（王　喆）

【依法换领发放食品卫生许可证】 7月~12月，对全区所有的食品生产企业换发食品卫生许可证，对142家食品生产加工企业以及新办食品生产加工企业，依据验收标准通过现场审查，发放食品卫生许可证，同时注销不符合生产条件的企业42家。换证期间，对通过换证的生产加工企业的生产现状及环境条件制作成视频资料，归入企业发证档案。（王　喆）

【严格实行食品质量安全市场准入制度】 年内，加强食品生产加工环节的质量卫生安全监管力度，以百姓生活必需品为监管重点，对“老五类”（米、面、酱油、醋、植物油）和“新十类”、“新十三类”等28类产品实行严格的食品质量安全市场准入制度。至年底，全区有42家企业取得46张QS证书。（王　喆）

开展标准化质量监督检查（质监局　供稿）

【开展10项特种设备专项整治】 年内，遵照“抓住重点、巩固基础、强化整治、注重实效、建立机制”的指导思想，充分发挥特种设备安全监察网络作用，先后组织开展浴室锅炉和无证起重机械、铲车等10项特种设备专项整治。共出动2623人次，检查2527家企业的3775台设备（不包括压力管道544米），其中锅炉834台，压力容器1002台，电梯427台，起重机械975台，厂内车辆244台，游乐设施43台，气瓶433只。查获并取缔“土锅炉”10台，简易电梯151台；纠正常压锅炉违规承压使用25台；整治设备隐患313处；签发监察指令书48份，处理群众举报案件26起，立案10起。（王　喆）

【启用特种设备动态管理信息系统】 9月，正式启用特种设备信息动态管理信息系统。采用信息系统后，特种设备的开工告知、注册登记发证、安全监察指令书等日常工作全部在网上进行登记。至年底，共办理开工告知锅炉240台，压力管道10675米，电梯233台，起重机械268台，锅炉修理13台，锅炉化学清洗27台。注册登记发放使用证711张，其中锅炉217台、压力容器494台。4家压力容器特种设备生产单位的资质通过复审，2家新特种设备生产单位通过审查，1家没有通过复审被淘汰。（王　喆）

【完成管道普查整治工作】 7月起，全面开展长输管道、公用管道普查整治工作。区内公用热力管网主要以上海星火申能热电厂为主，燃气管网主要以区燃气公司为主，另有7家液化气储罐使用单位的压力管道。9月中旬，组织区级验收，基本情况良好，11月通过市级验收。（王　喆）

【实施产品质量监督抽查】 年内，共监督抽查131家企业，合格67家，不合格64家。64家不合格中，市级抽查中发现42家，国家级抽查中发现6家，外省市抽查中发现16家。64家不合格企业经复查后合格13家，提出申诉1家，移送外省市质监局处理5家，注销企业8家。（王　喆）

【发布一项市地方标准】 上海丰科生物科技股份有限公司制定的《蟹味菇工厂化生产技术操作规范》，于7月14日通过市质量技术监督局标准化处专家审定，成为奉贤区第一项上海市地方标准。8月24日正式批准发布该地方标准，12月1日起正式实施。（王　喆）

【稳步推进农业标准化工作】 3月，成立奉贤区水产生态养殖标准化示范区和奉贤区上禾牌鲜枣栽培标准化示范区两个国家级农业标准化示范区的项目领导协调小组。对柘林镇红掌花卉和“玉穗”牌优质葡萄产销一体化标准化示范区开展指导验收工作，其中上海玉穗特种葡萄种植有限公司承担的“玉穗”牌优质葡萄产销一体化市级农业标准化示范区顺利通过由市质量技术监督局标准化处组织的专家验收。（王　喆）

【抓好标准化基础工作】 年内，标准化工作不断得到巩固。年初对2001年备案的企业产品标准作清理，共涉及企业269家，过期标准685项，经过清理，231项完成复审，废止400余项。全年企业产品标准备案数593项，申报14项采标标志和1项采标认可，21家企业32个产品纳入采标统计。办理代码新申报6514家，换证换卡1491家，换证825家，换卡271家，验证29家，注销31家。（王　喆）

【开展标准化监督检查】 年内，重

点开展对食品生产企业标准化的监督检查，并予以技术指导，帮助企业严格按照标准的要求组织生产。全年共检查企业76家，205类产品，标准覆盖率100%。7月10日~8月10日，对全区食品生产企业的标识标准实施情况进行监督检查，共出动执法人员53人次，检查企业33家，受检产品53项，合格49项，合格率为92.5%。

（王　喆）

【开展食品生产企业专项普查】 4月，组织全体从事食品监管工作人员，深入一线进行调查摸底，基本摸清区内184家食品生产企业的现状、存在问题，建立起食品生产企业基础台账，为搞好区食品生产监管工作提供第一手资料。

（王　喆）

【开展食品生产企业专项整治】 年内，针对小作坊式生产、工业原料用于食品生产、滥用食品添加剂、食品不经检验即行出厂销售等普遍存在的问题，集中精力，集中时间，统一行动，全年开展食品生产专项整治活动13次。先后开展果蔬罐头中非法使用"吊白块"、苏丹红食品、"五一"期间市场上热销食品、茶叶中添加工业燃料"铅铬绿"、企业用盐状况、蜂蜜产品、膨化食品铝含量是否超标、月饼生产加工情况、肉制品生产加工企业、肉制品等10类食品销售情况，桶装饮用水、乳制品以及豆制品、水产加工品等7类食品生产企业保证产品质量必备条件的专项调查。通过专项整治，对发生在食品生产领域的8起违法案件予以严肃查处，取缔无证生产企业2家。

（王　喆）

【加强市场计量监督管理】 年内，以关系人民群众切身利益的"三表一机"（水表、电表、煤气表、加油机）等计量器具为重点，加强集贸和流通领域的市场计量监督管理。抽查2414个摊位的在用衡器2294台，有效地打击计量欺诈行为，查处违法作弊电子秤16台，全区37家集贸市场都落实了公平秤设置。对全区50个加油站进行有效的计量监管，加大监督检查力度和检查频次，确保各加油站加油机的受检率始终保持100%。对全区26家眼镜制配场所的焦度计、电脑验光仪42台件进行监督检查，确保制配场所计量器具正确可靠。

（王　喆）

【做好计量行政许可工作】 年内，严格按照上海市制造计量器具许可证办理程序规定，进一步规范受理、考核、审批、发证行为。有12家企业取得制造计量器具许可证。继续推进中小企业计量检测保证能力评定工作，不断夯实企业计量基础，完成计量合格确认评定企业23家。

（王　喆）

【实施计量放心工程】 年内，积极开展"计量进商区"、"计量进校区"、"计量进社区"、"计量进厂区"等活动，加大计量工作的宣传力度，增强社会计量意识。免费为育秀五区、育秀七区、贝港社区220多名居民检修血压机和眼镜，组织30多名贝港社区居民现场参观东汇仪表有限公司，了解电能表生产加工全过程，让计量"为民所知，为民所用，为民所享"。

（王　喆）

【打假治劣工作取得新突破】 年内，以"治源头、保平安"为主题，以查大案、要案为抓手，有效开展区域性、行业性质量问题整治，重点对建材市场开展专项整治，对许可证、3C认证企业进行无证查处，对假冒商品实施有力打击。全年立案查处569件，没收不合格螺纹钢筋50吨、地条钢坯30吨、钢模69付、假冒国际品牌运动鞋500多双，查获假冒国际品牌电脑打印耗材硒鼓70只、墨盒80盒，假冒名牌装饰装修材料232桶。移送公安机关案件1件，被追究刑事责任1人。

（王　喆）

【受理质量申诉72件】 年内，共接受消费者或用户来电、来函、来访等咨询和投诉562件，其中立案受理并处理投诉72件。申诉涉及商品总价值38.82万元。通过调解处理，为消费者挽回经济损失10.96万元。

（王　喆）

安全生产监管

【概况】 年内，区安全生产工作坚持"安全第一，预防为主"的方针，突出企业安全生产责任主体，层层落实安全生产责任制，强化安全检查和监管，重视安全投入，狠抓安全隐患整改，加强安全生产教育和安全知识培训，加大执法力度，积极开展"安全生产月"和"百日安全无事故"活动，全区安全生产继续保持平稳受控态势。年内，全区发生生产事故20起，死亡21人，分别比上年下降23.1%和19.2%，无重特大生产事故发生。年底，经区安全生产委员会考核评比，评出安全工作责任制签约先进集体8个；安全生产先进分队和安全先进科13个；安全生产先进单位62家；安全生产先进个人120人；开展"百日安全无事故"活动先进单位10家。

（陶四明）

【57家单位签署安全工作责任书】 年初，副区长倪耀明代表区政府与各镇、委、办、局、集团公司等57家责任单位签署《安全工作责任书》，各单位、各系统又与生产经营单位签订《安全工作责任书》。企业与从业人员也签订"安全承诺书"，做到层层签约，明确安全责任，增强安全意识，确保安全生产责任落到实处。

（陶四明）

【区安监局列入区政府组成部门】 年内，由区委、区政府决定，区安全生产监督管理局由原区经济委员会归口管理的机构调整为区政府组成部门，是负责安全生产监督管理的职能部门，依照《安全生产法》对本行政区域内安全生产工作实施综合监督管理。

（陶四明）

【加强安全生产检查】 年内，区长沈慧琪带领相关部门人员，坚持每周利用半天时间抽查各企业安全生产工作。区安监局也加强对企业的安全生产工作检查，突出危化企业，兼顾一般企业。检查内容主要是软件和硬件两方面，软件方面主要查企业的安全管理人员是否配置,安全规章制度、安全管理制度、安全生产责任制、安全操作规程、安全培训、安全投入、事故应急预案等是否建立和健全;硬件方面主要查现场的安全设备设施、工作环境、劳动条件、劳防用品的使用等是否符合国家和行业的安全标准。检查方式主要采取日常与突击、白天与夜间、节假与平时交叉检查。年内,出动安检人员1950人次,检查企业2184家次,查出和整改隐患1358条,发出责令改正通知书459份,责令停产整顿3家,经济处罚34家,搬迁7家,关闭2家。 (陶四明)

区长沈慧琪在南桥镇检查企业安全工作 (余童欢 摄)

【开展《上海市安全生产条例》宣讲活动】 年内,由区安监局、区总工会、区普法办联合组成《上海市安全生产条例》宣讲团,在不影响生产前提下,走向企业,深入车间,对《上海市安全生产条例》逐条逐句进行宣讲,讲明目的和重要性以及如何落实贯彻。受教育281157人次。通过宣传活动,提升了广大安全管理人员和从业人员的安全法律意识和安全管理水平。 (陶四明)

【15家危化企业落实搬迁】 年内,区政府制定《奉贤区危险源化工企业专项整治中对镇实行财政补贴的操作办法》,对分布在5个镇的15家不具备安全生产条件的危化企业进行厂址搬迁或民房拆迁。至年底,6家企业厂址得到搬迁,3家企业作产业调整,2家企业停产关闭,4家企业的周围居民动迁正在落实中。 (陶四明)

【148家危化企业取得许可证】 年内,经具有资质证书的安全评价机构进行安全评价和市安全生产监督管理局的审核批准,9家危化企业取得安全生产许可证,139家危化企业取得危险化学品经营许可证。 (陶四明)

【开展闲置厂房租赁场所安全管理专项整治】 9月~12月底,对399家闲置厂房出租单位和632家承租单位进行安全管理专项整治。区成立专项整治工作办公室。通过专项整治,发现安全隐患219处,清除安全隐患206处,处罚60家,停产停业、停止使用6家,依法取缔1家。 (陶四明)

【受理安全举报46件】 年内,全区广大一线生产员工在"关注安全,关爱生命"理念下,积极参与安全举报,为企业发现安全事故隐患,及时整改保安全起到很好作用。全年共接到举报46件,处罚44起,奖励举报人6名。 (陶四明)

【举办安全生产知识培训班】 年内,依据《安全生产法》有关规定,加大对生产经营单位主要负责人和安全管理人员、特种作业人员、危险化学品从业人员进行安全培训。全年共举办培训班18期,培训人数900人,特种作业人员和危化从业人员等3800人次。 (陶四明)

【开展"安全生产月"和"百日安全无事故"活动】 6月,以"遵章守法,关爱生命"为主题的"安全生产月"活动在全区展开,副区长倪耀明发表电视讲话。活动期间,召开安全生产动员大会;召集危险化学品企业法人代表座谈会和召开重大安全隐患现场会;在南桥文化广场及各镇举办大型宣传咨询活动,展示安全画图、发放安全资料、宣传安全知识;组织安全知识竞赛,五四农场代表队获第一名;开展安全生产突击抽查。9月~12月,继续开展"百日安全无事故"活动。通过开展以上两项活动,促进企业做好安全生产,确保全区安全稳定。 (陶四明)

【完成2296家小企业安全生产信用程度评估】 年内,为贯彻落实"安全第一,预防为主"方针,加强依法监管,提高小企业安全责任主体意识,促进小企业的安全生产管理,逐步构建安全生产信用体系,依据《安全生产法》、《安全生产许可证条例》、《特种设备安全监察条例》、《建设工程安全生产管理条例》、《危险化学品安全管理条例》等及其他有关法律法规和国家、行业标准,在对全区3945家生产、建筑小企业进行调查摸底的基础上,完成评估2296家,其中评估为A级12家,B级400家,C级1884家。 (陶四明)

食品药品监管

【概况】 年内,上海市食品药品监督管理局奉贤分局(以下简称分局)围绕建设"服务政府、责任政府、法治政府"的要求,认真贯彻市政府关于食品安全监管职能调整的决定,坚持以确保人民饮食放心、用药安全为目标,坚持以依法行政为抓手,加强监管为重点,优质服务为宗旨，积极探索新形势下食品药品安全监管工作的新思路和新方法，出色完成各项工作任务。4月6日，召开奉贤区整顿和规范市场经济秩序暨区食品药品监管工作会议，会上，副区长崔卫中代表区政府与各镇、开发区签订“奉贤区食品安全管理工作目标责任书”。年内，组织开展药品从业人员技能大赛，历时3个多月，参赛人数400多人，占药品从业人员的90%以上。认真执行行政许可制度，全年共受理《食品卫生许可证》换证1127户，发出新证976户，变更201户，临时证78户；零售药店开办许可17家、变更17家；医疗器械经营企业许可11家、变更18家；医疗器械经营企业换证17家，药品经营企业换证65家。非处方药换证28家，按时完成年检信息登记172家。
（卫　红）

【探索食品药品安全社会监督新机制】 年内，借助社会力量，大力开展食品药品安全宣传活动，引发广大群众积极参与食品药品安全监管，主动参与社会监督：一是开展食品药品安全知识“十、百、千、万”宣传活动。聘请12名食品药品专业人员组建宣讲团，深入41个村、67个居委会、10个企事业单位进行了106场知识讲座，受教育人数5023人。同时，发放4万册《食品安全知识宣传读本》，向各居委会赠送《食品安全知识》等知识光盘380张。二是利用有线电视、报刊等新闻媒体，深入开展宣传月、周、日活动。以在《奉贤报》上开辟“食品安全知识”宣传专版、制作食品安全公益广告、在人流集中区域播放食品安全知识VCD等形式，在全区范围内开展奉贤区食品药品安全知识宣传月、《食品卫生法》颁布实施十周年宣传周、关爱生活关爱健康拒绝虚假药品医疗器械保健食品广告宣传日、清理家庭小药箱等一系列便民、利民活动，使食品药品安全知识的普及率得到有效推进，举报数量明显增加。全年共接到食品药品举报281件，被查实的有108件。（卫　红）

【巩固药品规范化建设成果】 年内，为巩固药品规范化建设成果，对150家村卫生室进行检查指导，检查覆盖率70%；编写《村卫生室安全用药知识问答》并下发至各村乡村医生。巡回各镇，对90%的乡村医生进行法律法规宣传及药品规范化管理培训。对47家药品零售企业开展GSP（药品经营质量管理规范）跟踪检查。编制《药品分类管理知识12问》发放至各药品零售企业，组织药品零售企业从业人员开展业务培训和技能大赛。推进药品不良反应监测的常态管理，全年共收到ADR报告335份，与上年相比增长84%。（卫　红）

【打击药械违法行为】 年内，根据区药械市场特点与社会热点问题，加大稽查执法力度。全年出动2152人次，开展人参药品市场、民工子弟学校用药情况、医院制剂规范化生产等14次药品市场稽查行动，着重加强医疗机构合作门诊与专科门诊用药用械及保健品非法添加化学物等检查。全年共立案74件，累计罚没款57.58万元，比上年增长39.76%。（卫　红）

药监技术人员在抽检药品

（食品药品监督管理局奉贤分局　供稿）

【完成药品抽检任务】 年内，共完成计划内药品抽样770件，其中中药饮片67件，占8.7%；中成药262件，占34.0%；化学药435件，占56.5%，其他6件，占0.8%；药包材3件、医疗器械7件。共收到药品检验报告762件，其中不合格报告27件，检验不合格率为3.5%。按药品来源分布分析：批发经营企业4件，占14.8%；零售经营企业1件，占3.7%；医疗单位15件，占55.6%；医院制剂7件，占25.9%。按药品种类分析，中成药9件（含医院制剂3件），占33.4%；化学药7件（含医院制剂4件），占25.9%；抗生素4件，占14.8%；中药饮片7件，占25.9%。收到药包材合格检验报告3件，合格率100%；收到医疗器械合格检验报告5件，不合格1件，不合格率20%。（卫　红）

【预防和控制食物中毒】 年内，为有效预防和控制食物中毒，分局落实了以下有效措施：一是制定《奉贤区预防和控制食物中毒告知承诺书》、《奉贤区承办酒席食品安全管理要求及须知》、《学校食品安全责任书》、《学校食堂食品安全告知书》、《职工食堂食品安全告知书》，明确职责和责任。二是对学校食堂和大中型餐饮单位签订《食品安全承诺书》，并加强专项检查和日常监管。三是对重点单位（餐饮单位和集体食堂承办酒席户、农村办酒户）进行挨家逐户监督检查和上门服务指导。四是对区内重要会议、重大庆典和大型活动实施食品安全保障，做到事先防范与现场严格监管相结合，坚持培训与服务指导相结合，落实食品卫生安全责任制，坚守安全保障岗位，从严把关。五是对易发生食物中毒的食品生产经营重点单位责任人、管理员和厨师长分类开展业务培训。六是建立一支强大的突发性事故处理应急队伍，加强相关知识的培训，并进行模拟演练，以规范突发性事故的调查、报告、确定、控制、处理工作，提高应急处理水平。由于监管有力，措施得当，全年未发生集体性食物中毒事件。

（卫　红）

【开展食品安全专项整治行动】 1月，开展食监1号行动，主要针对辖区内大卖场、大型超市、批发市场、集贸市场、大中型餐饮单位（含大浴场内的餐饮单位）、保健食品供应市场等食品消费市场和食品流通环节，以及无证食品加工窝点进行专项整治，着重检查集贸市场的熟食卤味、豆制品、肉制品等食品的索证和卫生质量，卖场超市食品进货渠道、索证、贮存等环节，大中型餐饮单位的原料采购储存、餐饮加工过程、餐具清洗消毒、违禁食品经营、从业人员个人卫生以及卫生管理制度的落实情况等；2月18日～3月18日，开展食监2号行动，对42家幼儿园食堂、59家中小学食堂、34家外来民工子弟学校食堂、13家其他学校（高校、技校、成校）食堂进行监督检查，以确保春季开学后辖区内学生集体用餐卫生安全；从5月16日开始进行为期两周的以净化保健品市场为目的的食监3号行动，对辖区内55家保健食品经营单位进行专项检查，对9家经营加入药品的保健品经营单位进行处罚；6月20日～8月15日开展食监4号行动，对辖区内604家集体用餐单位进行监督检查，并对2家涉嫌未经行政部门批准向企业外送盒饭的餐饮单位进行处罚；在8月底新学期开学前，会同区教育局开展以学生集体用餐卫生安全为目的的食监5号行动，对全区73所中小学校69家食堂、44所幼儿园44家食堂、31家外来民工子弟学校18家食堂、6所大专院校12家食堂、1家学校盒饭生产企业、5家学校食堂配送中心及课间点心、饮水卫生和设在学校的小卖部进行专项检查；11月10日起，开展食监6号行动，对辖区内22家化妆品、3家保健品生产企业开展全覆盖监督检查，并对45家经营和使用化妆品、保健品的超市、专卖店、美容店进行抽查。此外，3月16、17、18、20日还开展查处含有“苏丹红”相关食品的专项行动，对辖区内的8家农贸市场、2家食品批发市场、45家超市卖场、75家杂货店进行了监督检查，在上海采莲超市有限公司的食品货架和仓库中查见海宁市盐官方便蔬菜食品厂生产的“山峰牌美味榨菜”70克/包×41×12，“山峰牌特级榨菜”200克/包×41×12，予以没收销毁。（卫　红）

【加强对学农学军基地食堂的食品安全监管】 年内，加强对学农学军基地食堂开展食品安全监管，至年底，全区共有学农学军基地9所，每年要接待10万左右的学生进行学农学军活动。2005年重点监督学农学军基地食堂，对基地食堂监管要求实行“申报”和“月会”两项制度。各个基地每个月初必须向区食品药品监管部门申报所接待学校人数、天数、批数。通过监管，全区学农学军基地食堂的硬件设施改造全部达标，工具、容器不锈钢化，设施设备符合要求，布局更合理，操作更规范。健全学校自身管理制度，建立从业人员体检培训制度，食品采购的台账溯源制度和食品留样制度，在坚持以预防为主的前提下，基地内设专人负责食堂管理，做到责任到人、奖罚分明。全年未发生一起食源性疾患和食物中毒。（卫　红）

【加大违法案件查处力度】 年内，对多起将罂粟壳作为调料、经营河豚鱼、未经许可擅自外送盒饭等违法情节严重、社会影响恶劣的案件进行严厉惩处，收到良好社会效果。全年共立案350起，处罚318起，处罚金额为490422.95元，没收违法所得35646.55元。其中饮食189起，处罚金额282967元；集体食堂23起，处罚金额65700元；食品销售95起（含保健食品销售11起），处罚金额112455.95元（其中保健食品销售处罚14483.95元）；生产加工11起，处罚金额29300元。（卫　红）

【加强副食品配送中心食品安全监管】 年末，全区有副食品配送中心5家，担负着全区三分之二学校食堂的副食品供应。为有效抓住抓好食品“源头”，分局与区教育局保障中心一起加强对副食品配送中心的日常监管，根据其配送特点在凌晨组织进行2次突击检查，同时开展“一中心一班级”的培训活动，即以1个配送中心所配送的学校食堂为1个班级，对食堂卫生管理员进行食品安全知识培训，至年末，已培训2个班50人。

（卫　红）

【加强办酒席单位食品安全监管】 年内，建立元旦、春节、五一、十一期间承办酒席单位档案，对节日期间承办酒席单位进行上门指导。重点落实食品原料采购和储存、食品烧熟煮透、隔餐回锅、防止生熟交叉污染、食具工用具及环境的清洗消毒、厨师的操作卫生、从业人员和帮工的健康等方面的关键措施。全年共会同基层食品安全管理人员对辖区内的餐饮业及集体食堂办酒户582户8061桌、农村办酒户1167户18101桌进行挨家逐户的指导。（卫　红）

【严厉打击无证照食品生产加工行为】 年内，加强对无证食品生产企业打击力度，全年共出动2261人次，检查食品经营户4344家，查处无照经营户799家，捣毁食品加工窝点54个，立案查处食品案件79件，罚没金额67581万元，收缴各类食品27662千克。建立督查制度，6月起，每月对各镇、开发区的排摸和取缔情况进行督查。在整治取缔的同时，注重对无证照食品生产加工窝点的规范和疏导，积极指导并协助其办理证照，进行合法经营。（卫　红）

（本栏目编辑　富　晔）

财 政

【概况】 年内，区财政收入继续快速增长，财政总收入达到60.61亿元，比上年增长39.49%；财政支出全年共计37.55亿元，比上年增长39.69%；全年共征收契税24214.79万元，比上年增长59.26%；扩大政府采购规模，全年共完成政府采购483批次，实际采购金额26086.41万元，比上年增长27.75%。按照建立公共财政体制与依法行政的要求，区财政局于5月成立财政监督科，以构建事前、事中、事后监督，日常监督与重点检查相结合的财政监督检查新机制，促进依法行政、依法理财。（杨建萍）

【财政收入突破60亿元】 年内，区财政收入继续快速增长，财政总收入达60.61亿元，比上年增长39.49%，增收17.16亿元，完成年初计划52.36亿元的115.75%。其中地方财政收入完成31.15亿元，比上年增长43.40%，增收9.43亿元，完成年初计划25.55亿元的121.93%；中央级财政收入完成27.40亿元，比上年增长32.30%，增收6.69亿元，占年初计划26.23亿元的104.47%；市级财政收入完成2.05亿元，比上年增长103.05%，完成年初计划0.58亿元的353.86%。（杨建萍）

【财政支出结构更趋合理】 年内，区财政支出共计37.55亿元，比上年增长39.69%，完成年度预算的100%。其中区本级一般预算支出21.37亿元，比上年增长32.58%；镇级超收返还支出16.15亿元，比上年增长50.47%；基金支出340万元，比上年增长6.25%。财政支出呈现四个特点：一是财力进一步下沉，财政支出向各镇及开发区倾斜，区、镇两级财政支出结构更趋合理，促进了区、镇经济的协调发展；二是按照区新一轮规划的要求，财力逐步转向城市市政建设等公共领域，基本建设支出有较大幅度增长；三是保证公共财政支出需求，保证教育、科技、农业等支出达到法定增长要求，促进“科教兴区”战略的实施，突出以人为本，促进就业和再就业、加大社会保障力度，构建社会主义和谐社会，增加财政对“三农”的支持力度，巩固农村税费改革成果，建设社会主义新郊区；四是用于扶持企业发展和促进产业结构优化的财政支出保持一定增幅。（杨建萍）

【契税征收再创新高】 年内，区财政局进一步加强对契税的征收管理工作，设置公开办税程序公告栏，方便纳税人查询；通过与有关银行协调在契税征收点安装银联POS机，使纳税人可以刷卡缴税，方便快捷又安全；在契税征收高峰时增加人手、延长工作时间确保征收秩序；区财政、税务实行合署办公，统一计税依据，建齐征管网络；加强窗口服务水平，提高征收人员工作素质，为纳税人营造公开、公平、公正的税收环境。全年共征收契税24214.79万元，比上年增收9010.67万元，增长59.26%。（杨建萍）

【政府采购金额比上年增长27.75%】 2005年是《政府采购法》实施的第三年，政府采购工作着重做到：一是制定内部操作规程，完善内部控制制度，规范采购行为；二是及时发布公告信息，增强政府采购透明度，体现“公平、公开、公正”及诚信原则；三是加强与区招标办的合作，推进建设工程政府采购；四是不断拓展采购范围，政府采购向镇级财政延伸；五是加强外部监督，促进政府采购“阳光交易”。全年共完成政府采购483批次，实际采购金额26086.41万元，比上年20419.88万元增加5666.53万元，增长27.75%；其中：货物采购6064.45万元，工程采购18899.55万元，服务采购1122.41万元，比预算安排资金节约2131.29万元，资金节约率为7.55%。（杨建萍）

【进一步巩固农村税费改革成果】 年内，区政府把农村税费改革工作放在突出位置，继续抓紧抓好，以进一步巩固农村税费改革试点工作的成果。一是对2005年度农村税费改革财政转移支付分配适当考虑经济薄弱村因素和困难群体因素，全年下拨转移支付资金

3600万元，有力地保证了村级组织正常运转，扶持了村级经济和社会各项事业的发展。二是加强对财政转移支付资金的跟踪管理，会同区农委对2004年农村税费改革财政转移支付资金使用情况进行专项检查，对发现的问题及时纠正，确保专款专用。三是举办农村税费改革转移支付资金管理人员业务培训，加强对财政转移支付资金的跟踪管理，规范农村税费改革后村合作经济组织的财务会计制度。四是组织各镇财政所、开发区对2005年度农村税费改革财政转移支付资金使用和管理情况进行自查，发现问题及时调整纠正，确保资金合理使用。（杨建萍）

【及时兑现财政补贴奖励资金】 年内，区财政局完善财政扶持激励机制，充分发挥“一业（输配电行业）特强”的政策优势，兑现特色产业“一业特强”扶持资金1236.83万元，大力发展输配电行业的生产规模和经济总量，扩大地方特色经济。扶持企业发展和促进产业结构优化，进一步推动传统产业的高新技术化和高新技术的产业化，对区内32户企业的技术改造贴补资金400万元，对3户高新技术企业成果转化项目借款贴息27.35万元，拨付中小企业开拓国际市场资金49.3万元。区财政局联合区经委对四大工业板块内各镇工业园有关基础设施建设项目、标准厂房的出租出售情况进行核实和验收，及时兑现镇级工业基础设施项目贴补资金644.57万元。（杨建萍）

【落实抗灾防疫资金】 应对年内突发的灾情疫情，在年初预算安排之外，及时安排落实追加经费，减少不利影响。8月初“麦莎”台风袭击上海，对奉贤区的蔬菜、粮食等农作物生产造成影响，区财政安排经费500万元下达到各镇、开发区补贴农业生产。秋季爆发“稻飞虱”虫灾，区财政安排61万元资金用于购买防治虫害农药、喷洒农药器具、农田化肥等发放给种粮农户，尽量减少对水稻生产的影响。为预防和整治高致病性禽流感疫情，安排禽流感紧急防控工作经费100万元，并会同相关部门落实经济补偿办法和对家禽养殖业发展扶持措施。（杨建萍）

【教育经费投入56461万元】 2005年是教育经费区财政投入最大一年，共计投入56461万元，其中教育事业费支出34395万元，基本建设支出中安排学校建设支出13000万元，安排农村教育费附加4000万元，城市教育费附加5066万元。年内，教师年终考核奖金大幅度提高，由上年每人5000元提高至12000元，与其他事业单位奖金持平，继续执行对校长、“三名”（名校长、名导师、名教师）奖励政策，合计支出教师年终考核与奖励资金7426万元。保障师资培训、人才引进等经费支出，全年共计649万元。扩大教育政府采购范围与数量，年内教育预算内外完成采购6675万元，使有限资金发挥最大经济效益。进一步优化整合教育资源，加大学校基本建设投资。预算内外用于中小学房修支出1061万元，跑道545万元，绿化184万元，新办弘文学校与奉浦幼儿园以及南桥中学、四团中等教学设施设备采购905万元。加大边缘地区学校、经费困难学校公用经费补助力度，全年支出550万元。加大对特殊教育经费投入，惠敏学校年度投入房修、设备、绿化跑道支出100万元。重视中小幼学生人身安全与健康，构建安全卫生防护体系，落实每所学校3至4名保安人员的经费支出共计287.4万元。有计划分批改造学校食堂设施支出100万元。切实做好义务教育阶段帮困助学工作，落实“两免一补”（免书簿费、杂费，补贴生活费）政策，全区共有1017名学生享受该政策，财政支出76万元。（杨建萍）

【科教兴区支出经费3511万元】 年内，预算安排科教兴区经费共计3352万元，实际支出共计3511万元，其中专项经费共计2975万元。一是在企业挖潜改造支出中技改贴息专项400万元和科技发展基金专项350万元，主要用于对符合技术改造条件的企业的固定资产贷款进行财政贴息，以达到提高企业产品档次和生产技术的目的；落实国家、市级创新项目的地方财政匹配资金以及区创新资金、大力培育科技领军企业等。二是在其他支出中安排的科教兴区重大项目基金2000万元，包括信息化专项资金1500万元和人才工作专项资金500万元。三是科学事业费支出经费共322万元，其中专项经费225万元，主要包括科技发展基金、科技奖励基金、科普经费等。四是行政管理费支出中科技经费支出共439万元。（杨建萍）

【加大社会保障资金投入力度】 年内，区财政通过政府购买服务、增加公共财政的投入方式，在劳动保障、公共卫生、养老、医疗、失业保障、社会救济和抚恤等方面加大资金的投入力度。一是在促进再就业方面，政府通过购买就业岗位，使万人就业项目增加到12项，加上公益性岗位和社工，年末就业人员达到6280人，财政累计拨款3725万元。二是全年安排抚恤和社会救济支出5133.8万元，比上年增长31.2%，其中低保补助人数41168人，区级财政安排补助资金1112万元；重残无业补助人数1732人，补助资金527.2万元；安置抚恤费2638.5万元，安置抚恤人数4684人。三是社会保障支出全年安排3086万元，其中对农村65周岁以上老人养老补助、支内回沪、老城镇户籍退休职工等补助1969万元，补助人数40588人；社会保险298万元（不包括镇保中需由区级财政支付的部分）项目经费安排819万元，其中智障人士阳光行动200万元，爱心超市130万元，星火计划200万元。四是卫生事业费全年支出超过6900万元，其中农村合作医疗695万元，使全区25.6万农民享受农村合作医疗；按户籍人均达到20元的标准，预防保健安排经费832万元。为应对突发事件和自然灾害启动的区公共卫生三年行动计划已近尾声，财政累计拨款5259万元，使区预防控制网络、卫生监督网络、卫生信息工程等得到完善，区、镇级医院、社区卫生服务中心得到新建和扩建,医疗设备得到更新添置,医疗水平得到进一步提高。

(杨建萍)

【开展纪念《会计法》实施20周年宣传活动】 年内,区财政局组织开展一系列纪念《会计法》实施20周年宣传活动,进一步推进会计诚信建设。在各镇主要街道悬挂《会计法》宣传横幅;举办"纪念《会计法》实施20周年"会计法规知识竞赛;开展区先进会计工作者的评选表彰活动,评选出区先进会计工作者20名并进行表彰;9月21日,召开区纪念《会计法》颁布20周年暨财会学会成立20周年大会,区长沈慧琪出席并作重要讲话,市财政局会计处领导应邀作《会计法》专题辅导报告。

(杨建萍)

【规范财务会计行为】 年内,区财政局从多方面着力规范财务会计行为,加强会计管理工作。一是对10户单位进行会计信息质量检查,向各单位领导和会计人员宣传《会计法》,认真检查会计凭证、账簿、报表等会计资料,发现问题,责令限期改正,并按照《会计法》的规定进行处理,共对3户单位处罚款1.4万元,补缴税款13万元。对2004年检查的10户单位进行回访,检查其整改结果。二是对财政部颁布于2005年1月1日开始执行的三项新会计制度,与区税务局联合宣传《小企业会计制度》,与区财会学会联合对7000余名会计人员进行年度继续教育,讲解《小企业会计制度》和有关衔接转换办法,与区农委、区农产品新经济联合会对区内35家农业专业合作社的财务人员进行会计培训;与区民政局联合举办《民间非营利组织会计制度》培训班,共计106户单位的108名会计人员参加;与区农委联合对343名村总会计、镇农经管理人员进行《农村集体经济组织会计制度》培训。三是完成500户单位的财务会计信用等级评定工作,其中A类12户、B类467户、C类21户、D类0户,对2004年评定的55户财务会计信用等级A类、D类单位进行年检。评定范围从原国有企业为主,向外商投资企业、私营企业、股份制企业等企业类型拓展,扩大覆盖面;在区政府门户网站上公布A类单位名单,加大宣传力度,提高各单位负责人的会计责任意识,增强财会人员的工作责任心,健全各单位内部管理制度,形成守信用、讲信用、比信用的良好氛围。

(杨建萍)

【规范财政资金使用】 为规范部门预算,加强预算资金跟踪检查,提高财政资金使用效益,对区部分行政机关、事业单位的预算内外资金收支使用情况进行财务检查。9月,会同区人事局对全区行政机关、事业单位津贴补贴情况进行清理,共涉及2004年度津贴补贴项目6372个,2005年上半年度津贴补贴项目5643个。11月,配合区纪监委、区组织部、区人事局和区审计局开展津贴补贴清理情况调研核查工作。10月,对全区行政事业单位的非税收入情况进行全面调查,全面了解非税收入的收缴过程,调研收缴分离的具体实施方案,为实施收缴分离制度,推行上海市财政局非税收入收缴分离信息系统做好准备。会同区监察委进一步做好区党政机关领导干部拖欠公款清缴工作,重点清理2004年9月后的新拖欠公款问题,坚决制止和杜绝新的拖欠公款问题发生。与区委政研室联合对全区核销经济薄弱村财政周转金借款526.7万元及基金借款和利息157.6万元的资金落实情况进行检查。

(杨建萍)

税务

【概况】 年内,坚持聚财为国、执法为民的宗旨,全年实现税收收入56.5亿元,比上年增长39.03%,圆满完成全年税收工作任务。年内,加强组织管理,开展税源调查,科学制订税收计划,创新税收分析,组织力量编写《2005年税收收入大盘点》,落实收入责任制,抓好欠税管理和征收管理,实现应收尽收,保证税收收入的持续增长。深化征管改革,加强主管基础管理,强化税务登记和征管资料归档管理,组织开展登记信息核对清理和法人代表变更企业的集中核查,推行非正常户证件失效管理,实行重点征管工作通报及分析制度,按期申报率、入库率、"一窗式"比对相符率等重要指标均超过99%。拓展服务功能,加强对CTAIS系统(中国税收征管信息系统)权限的管理,完善CTAIS"奉贤查询"系统的应用维护,深化CTAIS系统推广应用;加强金税工程建设,推进税务基础信息管理及短信群发系统应用;做好"上海财税奉贤税务"子网站、区政务网、奉贤税务内部网站的建设和维护;加快个人所得税代扣代缴明细申报以及一般纳税人新申报办法及软件的推广应用工作进程;完成全区19192户电子申报企业新旧申报软件的过渡工作,全区个人所得税明细申报率超过98%。坚持依法治税,严格执行税收政策,做好一般纳税人资格、民政福利企业、劳动就业服务企业、新办服务型企业的年检以及货物运输企业自开票纳税人认定和年审工作。加强机动车辆和房地产税收管理,年内全区"二手房"成交3839套,征税432套,入库营业税1046.64万元。落实优惠政策,推行各种服务方式,开展办税服务厅"零投诉"活动,免费开展面向纳税人的多种培训,组织电子申报、网上认证网络服务、增值税防伪税控开票子系统维护等单位骨干进驻办税大厅。培育财税文化,加强干部思想政治教育,推进党风廉政建设,坚持思想政治工作研讨和党组中心组学习制度,规范人事管理,开展各类文明创建活动,积极组织教育培训,启动大规模全员培训,完成《小企业会计制度》、OA系统操作的培训与考试,使税务干部综合素质进一步提升。

(吴晓晨)

【税收收入增长39.03%】 全年完成税收收入56.50亿元(含免抵调库收入),比上年增长39.03%,增收15.86亿元。其中增值税、消费税入库23.52亿元,比上年增长32.24%,增收5.73亿元;三项所得税入库16亿元，比上年增长31.80%，增收3.86亿元。全年完成地方级税收收入29.14亿元，比上年增长45.98%，增收9.18亿元，保持了税收收入近年来持续快速增长的势头。2005年，税收收入呈现5个特点：(1)税收总量取得突破。税收总量迈上56亿元的新台阶，是1994年税制改革第一年税收总量的12.88倍。(2)地方级税收比重过半。税收总额中，中央级收入完成27.36亿元，比上年增长32.31%；地方级收入完成29.14亿元，比上年增长45.98%，地方级收入增幅高于中央级13.67个百分点。(3)第三产业税收比重继续提升。2005年，第二产业税收共完成28.20亿元，比上年增长33.34%，第三产业完成28.30亿元，比上年增长45.19%，增幅比第二产业高11.85个百分点。从比重结构分析，第二产业比重占总收入的49.90%，第三产业比重则上升为50.10%，比上年提升2.13个百分点。(4)房地产业、建筑业税收快速增长。全年房地产业完成税收7.50亿元，比上年增长45.87%，占税收总额的13.27%，比上年上升0.62个百分点。建筑业完成税收7.32亿元，比上年增长56.01%，占税收总额的12.95%，比上年上升1.41个百分点。(5)非公企业继续发挥"领头羊"作用。从分企业类型税收情况看，以非公经济税收为主，税收比重达93.88%，而原国有、集体企业(包括股份合作企业)仅占税收总额的6.12%。（吴晓晨）

【税收征管体制改革取得实质性进展】 1月18日，正式启用面向全区东部地区纳税人的办税服务大厅(奉城镇洪庙社区水闸路159号)，形成全区东、西各一办税大厅的格局，真正实现征、管、查职能机构三分离。在此基础上进一步优化现行征管模式，结合新时期税收工作科学化、精细化管理的要求，5月起，设立"三资"企业管理、"免、抵、退"出口企业专业审核管理所和税务内部执法检查、企业纳税评估所，适当调整税务稽查系列各单位的稽查范围。10月起，调整内设机构，撤销稽查科、征管科，成立稽征管理科。（吴晓晨）

【组织实施欠税公告制度】 年内，制定欠税公告实施意见，明确各部门职责分工，通过拟定告知书、奉贤税务子网站、电视等多种形式向纳税人进行广泛告知。全年通过办税大厅电子显示屏、张贴公告等形式对242户企业1913.41万元税款进行公告，对另外136户欠税企业报送市局进行公告。

（吴晓晨）

【市属下放企业各项涉税事宜实现平稳过渡】 年内，在总结上年第一步财税体制改革户管接收工作经验的基础上，按照属地征管原则及时为下放企业确定管理所，明确各所在户管接收工作中的相关工作要求和职责，并做好市局相关处室、移出分局、业务科室、税务所、各服务单位以及纳税人的联系、协调工作，37户市属下放企业各项涉税事宜实现平稳过渡。（吴晓晨）

【组织实施纳税评估、税务约谈制度】 年内，集中组织纳税评估、税务约谈业务培训，提高干部综合能力，培养由业务骨干组成的专业纳税评估、税务约谈队伍。拟定纳税评估、税务约谈工作实施意见，明确具体操作流程和工作任务计划，重点开展外商投资企业和外国企业所得税纳税评估、税务约谈专项工作。全年共完成税务约谈226户，纳税评估1111户，通过约谈补缴税款2228.19万元。（吴晓晨）

【筹建税收协管员队伍】 年内，调查研究建立税收协管员队伍的可行性，结合区内税收征管实际情况，向区政府提出《关于建立本区各镇经济园区税收协管队伍的请示》，得到区政府批复。至年末，全区税收协管员队伍已初步建立。

（吴晓晨）

【征管、金税、出口退税系统应用数据实现整合】 年内，实施征管系统、金税系统、出口退税系统应用数据整合。金税数据综合利用率进一步提高，有效解决增值税专用发票发售、认证信息以单户导出到出口退税审核系统等业务操作上的重叠以及一般纳税人档案信息重复等问题。（吴晓晨）

【查补各类税款8032.15万元】 年内，开展建筑、房地产等行业的专项检查工作，全年共完成检查806户，查补各类税款4337.36万元，罚款618.75万元；完成市局协查专案9起，查补金额380万元；受理举报案件323起，查处结案279件，查补金额1519.28万元；完成日常检查389户次，查补金额1176.76万元。全年合计查补各类税款8032.15万元。另外，落实涉税违法犯罪专项斗争，共检查企业943户，查处虚开(制售)假发票、凭证950多份，涉税金额价款合计15331.88万元，检察机关起诉11人，刑事处罚11人。全年金税网上委托协查450起，发出发票1824份，受托协查925起，收到发票2586份，"四小票"(海关代征进口增值税专用缴款书、货物运输业发票、废旧物资发票、代开增值税专用发票)协查稽核发票20519份，共查补税额1518.59万元。

（吴晓晨）

【完成各类退税6.5亿元】 全年审核出口型生产企业481户，经审核退税4.73亿元；审批福利企业增值税先征后返、审核部分资源综合利用产品增值税即征即退及软件企业增值税即征即退、核定2004年度国家级增值税先征后返，累计退税1.18亿元；落实再就业税收优惠政策，对符合税收优惠条件的3户服务型企业和158户个体工商业户办理减免税手续，对区公有住房租金收入及售后公房管理费收入免征营业税进行审核，年内减免各类流转税0.27亿元；完成2004年度全区共2750户企业的企业所得税汇算清缴工作，其中内资企业1974户，外资企业693户，事业单位83户，汇缴面达100%，经汇算清缴共退税0.32亿元。（吴晓晨）

【开展《行政许可法》执行情况检查】 7月，成立税务行政许可专项检查领导小组，对区税务局相关科室和各管理所受理、审查、决定税务行政许可和许可文书填写情况进行检查。通过办公自动化(OA)系统对检查情况进行通报，对许可项目、许可权限和时限、文书的使用和填写、文书的编号和材料的归档等九大方面要求进行重申和明确，确保各单位认真贯彻执行《行政许可法》。(吴晓晨)

【开展内部执法情况检查】 年内，对11个管理所进行2004年度企业所得税汇算清缴复核情况、原实行企业所得税带征后改为查账征收的执行情况、2005年5月31日前网上申报企业超过限缴期限缴纳的税款滞纳金加收情况执法检查，共调增应纳税所得额2104.74万元，弥补亏损914.37万元，补缴企业所得税367.89万元。经查，5225户次企业滞纳税款，共加收滞纳金21.32万元。

(吴晓晨)

【全面推行市财税系统行政信用等级管理】 5月，成立行政信用等级管理领导小组和工作小组，多次召开工作小组和各单位行政主要负责人会议，做到思想重视，组织有序。要求每个职能部门参照评定标准分别对2004年度和2005年上半年的行政信用等级管理工作进行全面自评。针对自评中发现的问题，召集部门负责人利用座谈会、中心组学习和专题会议等方式进行自查自纠，认真查找问题，客观分析原因，落实改进措施。

(吴晓晨)

【推广应用办公自动化(OA)系统】 年内，成立办公自动化系统推广应用工作领导小组以及工作小组，完善制度，明确职责，在全面梳理业务，规范流程，明确权限的基础上，制订公文流转、涉税事项签报、行政管理和OA系统管理等多项制度。全年共发文90件，收文185件；启用涉税事项类型22项，处理1196条；启用行政签报类型22项，处理53条；发布公告340条，政务信息52期，有效提高了办公效率，实现资源共享。12月，区税务局办公自动化(OA)系统推广应用工作顺利通过市税务局验收。(吴晓晨)

【举办“千、百、十、一”系列税收宣传月活动】 4月，成功举办2005年度“千、百、十、一”系列税收宣传月活动。依托报刊、电视等载体，通过举办“奉贤税务杯电视新闻大赛”、在《奉贤新闻》前后滚动播出12条宣传口号以及和区电视台联办的《税务之窗》栏目，让税收宣传月活动走进奉贤的“千”家万户。邀请“百”家企业参加“十”个税企座谈会，进一步融洽税企关系，形成依法诚信治税和依法诚信纳税、共建小康社会的共识。与区委宣传部、区文广局联合，在区文化广场举办“一”场隆重的税收宣传月文艺晚会，进一步增强奉贤百姓对税收工作的关注。(吴晓晨)

税务干部深入企业宣传税收政策　(朱永明　摄)

审　计

【概况】 年内，区审计工作完成审计项目45个，审计资金总额65.29亿元，计划完成率为107%；查出管理不规范金额1.39亿元，已自行纠正1339万元；查出违规违纪金额153万元，其中应缴财政金额81万元。移送纪检监察机关处理事项1件，移交有关部门处理事项2件。完成财政性建设资金投资项目竣工决算审计66件，核减工程款1.17亿元。完成上年度招商引资项目到位资金审计和集团公司、开发区年度经济指标考核以及化学工业区奉贤分区冯桥村和上海工业综合开发区韩村村财务收支情况审计和审计调查等一批项目。全年提交各类审计信息98篇，录用61篇。(汤顺贤)

【本级财政审计】 年内，为规范财政收支行为，进一步提高财政资金管理水平和使用效益，依法开展2004年度本级预算执行和其他财政收支审计，重点开展专项资金使用管理情况和国库集中收付、政府采购等的审计监督。区二届人大常委会第22次会议听取和审议《关于2004年度财政预算执行和其他财政收支的审计工作报告》，认为近年来区审计局紧紧围绕全区经济工作中心，积极拓展审计工作的深度和广度，在规范市场经济秩序、促进地区经济发展和加强党风廉政建设等方面发挥积极作用。在抓好本级预算执行审计的同时，区审计局坚持抓好财政预算外资金审计和地方税务局税收征管情况审计，并针对审计中发现的问题提出审计建议。(汤顺贤)

【经济责任审计】 根据区经济责任审计联席会议确定的任务和区委组织部委托，区审计局认真抓好经济责任审计项目的组织实施。2005年，共对16个处级单位的16名党政主要领导干部进行任期经济责任审计。年内完成项目15

个，抽查相关单位17家，查出管理不规范金额3644万元。特点是首次从党政机关扩大到开发区和集团公司；加大在任审计比例；审计关口开始逐步从事后审计向事中和事前审计转移；审计中发现的问题继续作为党委（党组）民主生活会内容进行自查自纠，并列入对领导干部诫勉谈话重要内容。为进一步规范经济责任审计，还制定有关经济责任审计结果报告统一文本，并根据集团公司和开发区的特点，提出规范集团公司和开发区经济责任审计的要求。（汤顺贤）

【开展集团公司年度经济指标考核审计】 年内，区审计局先后对供销社、工业总公司、交通实业总公司等3家单位2004年度资产增值和财税贡献2项经济指标进行审计；对工业综合开发区、现代农业园区、海湾旅游开发区、化工区奉贤分区、海港综合开发区等5个经济开发区2004年度培育可持续发展能力、财税贡献和可支配财力、每平方千米举债规模3项经济指标进行审计。（汤顺贤）

【完善招商引资项目到位资金审计】 年内，根据区政府批转《关于审核2004年度招商引资项目到位资金的请示》的通知精神，对全区7个镇和工业综合开发区、海湾旅游开发区、海港综合开发区、现代农业园区、化工区奉贤分区及2个集团公司共612个内资实业型项目和214个外资实业型项目实际到位资金情况进行审计核实。通过审计核实，核减内资实业型项目到位资金17.31亿元，核减率为16.51%；核减外资实业型项目到位资金0.29亿美元，核减率为12.08%。（汤顺贤）

【重大项目投资审计核减工程款1亿余元】 为强化财政性建设资金投资项目审计监督，根据《奉贤区财政性建设资金投资项目审计监督若干规定》和《奉贤区审计局关于财政性建设资金投资项目委托审计暂行办法》，区审计局及时制定《关于财政性建设资金投资项目委托审计、审价招标文件》，大胆探索固定资产投资审计新路，利用社会审计力量，对部分财政性建设资金投资项目通过招投标委托社会中介机构进行审计，并对其审计结果进行审核把关，通过实践探索，取得较好效果。通过对新奉贤中学、化工区办公楼等66个重大建设项目的审计，审计核减额取得重大突破，累计核减工程款达1.17亿多元，平均核减率19.86%。其中核减额超过上年同期8.15倍。（汤顺贤）

【行政事业单位审计】 为维护群众利益，规范社保资金运作，区审计局不断加强对社会保障资金的审计监督。年内，对区农村养老保险事业管理中心和区就业促进中心财务收支情况进行审计。针对审计发现的问题，及时提出审计意见和建议，并要求及时纠正。（汤顺贤）

【企业改制审计】 为促进深化国有企业改革，强化国有资金监管，防止国有资产流失，确保企业改制工作健康有序进行，区审计局对区液化气储备站、区能源办民用液化气供应站、上海伟立房产公司3个单位的资产、负债及损益情况进行审计；并委托中介机构完成其他10个单位的改制审计。同时，继续抓好对城建集团的审计工作，并对重大问题进行必要的追溯、延伸和大量的内查外调，摸清集团总部及下属企业各项资产的真实情况，保障国有资产的安全与完整。（汤顺贤）

【专项资金审计】 为配合市局同步审计，规范专项资金的支出管理，保证专项资金的专款专用，区审计局完成对区民防资金、区农业综合开发资金的专项审计。通过审计，查出管理不规范金额618万元，并对资金的有效管理和合理使用提出审计建议。（汤顺贤）

【计算机辅助审计正式起步】 年内，区审计局克服计算机专业人员缺乏、计算机辅助审计外部环境不理想等困难，充分利用现有资源，通过加强审计人员培训和增加硬件设施配备等手段，在对区妇幼保健所财务收支情况开展审计的过程中，首次探索性地应用计算机辅助审计，大幅度缩短审计工作时限，提高审计工作效率。（汤顺贤）

【开展第19次审计职业道德检查】 为保证审计质量，确保审计队伍的公正廉洁，切实维护好审计机关和审计队伍的良好形象，区审计局开展上海市审计机关第19次职业道德检查月活动。进一步落实党风廉政建设责任制，开展审计监督与服务大讨论，重申“八不准”规定，搞好审计人员“述廉”活动，树立审计的良好形象。坚持将职业道德检查与党员先进性教育活动相结合，通过多种形式的学习教育，进一步增强廉洁自律意识和拒腐防变的自觉性。（汤顺贤）

【内部审计工作】 至年末，全区有内部审计机构37个，专兼职内部审计人员97人。全年内审机构共完成审计单位435家，查出损失浪费332万元，促进增收节支205万元，纠正违规金额608万元，提出审计意见建议并被采纳270条。为进一步推动内审工作发展，促进提高内审人员素质，组织107名内审人员参加经济责任审计和小企业会计制度专门培训，组织内审人员学习考察，不断提高内审工作水平，充分发挥作用。（汤顺贤）

（本栏目编辑　富　晔）

科技·信息化

综　　述

年内，为实施"科教兴区"战略，牢固树立和落实科学发展观，于3月21日，成立区科教兴区领导小组。由区科委牵头，有关职能部门参与，分8个专题，就奉贤加快城市化进程、基本实现教育现代化、完善科技创新体系、构建人才高地、提高公民素养、塑造奉贤形象等进行调研，构划《奉贤区科教兴区规划（纲要）（2005年～2010年）》。年内，不断加强信息化基础设施建设，全力实施政务信息化，着力推进社会信息化和企业信息化，发挥信息化在全区经济和社会发展中的开路先锋和技术支撑作用，为"十一五"持续发展奠定坚实基础。（李　伟）

高新技术

【概况】　年内，全区共申报国家级、市级、区级各类项目217项，其中申报国家级各类项目25项。申报科技部科技型中小企业创新基金计划项目19项，立项8项，获无偿资助455万元；申报国家级新产品1项；申报国家级火炬计划项目2项；申报科技部农业科技成果转化项目2项，获无偿资助132万元；申报国家星火计划重点项目1项，获无偿资助60万元。申报市级各类项目105项；申报上海市科技型中小企业创新资金计划项目32项，立项9项，获无偿资助115万元；申报上海市重点新产品计划项目9项，其中4项获无偿资助40万元；申报上海市火炬计划项目9项，其中1项获无偿资助12万元；申报上海市科技型中小企业公共信息服务体系建设项目1项，获无偿资助42万元；组织认定上海市高新技术成果转化项目27项；申报上海市高新技术成果转化再创新计划项目2项；申报上海市专利技术二次创新项目2项，立项1项，获无偿资助50万元；申报上海市重点科技攻关项目6项，立项5项，获无偿资助152万元；申报上海市科技进步奖5项，获二等奖1项，三等奖1项；组织认定上海市高新技术企业12家；申报上海市科技精英1人，上海神力科技有限公司总经理胡里清博士被评为第九届上海市十大科技精英；申报上海市农业科技创新人1人，上海大山合集团董事长毛传福被评为上海市农业科技创新人、优秀企业家。立项并实施区级各类项目88项。区科技型中小企业创新计划项目立项15项；区高新技术成果转化项目立项5项；区级科技发展基金项目立项46项；认定奉贤区高新技术企业15家；认定奉贤区科技领军企业1家；创建区级农业科技示范基地5个。完成其他各类复审、验收、跟踪项目66项。创建上海市高新技术成果转化（奉贤）基地1个；配合市科委完成上海市种子资金项目验收6项；配合市高新办完成对51家市级高新技术企业的复审工作，其中48家企业通过复审，3家企业自动放弃；完成国家863计划执行情况跟踪调查1项，国家星火计划项目执行情况跟踪调查2项；完成项目鉴定11项，成果登记3项。完成各类科技计划统计。完成262家科技企业的网上年检工作，换发科技企业联系服务证267份。完成区春季网点土地利用动态监测简析。（鞠　峰）

【上海市高新技术成果转化（奉贤）基地成立】　3月2日，上海市高新技术成果转化服务中心、奉贤区庄行镇人民政府、奉贤区科学技术委员会签署合作协议，决定在奉贤区庄行镇开发区内设立上海市高新技术成果转化（奉贤）基地。（鞠　峰）

【区科技特色示范基地授牌】　年初，在区科委分管主任的带领下，区科委对水稻、水产、食用菌、葡萄、蔬菜5家农业基地进行调研，在调研的基础上，提出培育农业科技特色示范基地的设想。8月28日，举行农业科技特色示范基地授牌仪式。（鞠　峰）

【举办科技项目政策讲评会】　3月15日，区科委和区科技企业联合会联合举办科技项目政策讲评会，共有120多家企业的相关负责人参加会议。来自市科委相关处室及市高新技术成果转化中心的有关领导分别就如何申报科技型中小企业创新基(资)金项目、国家及市级新产品计划、上海市高新技术成果转化项目、上海市高新技术企业以及上海市农业攻关项目等5个方面的内容作讲解,并就企业在申报项目中遇到的难题作解答。（鞠　峰）

【国家科协主席周光召视察神力科技有限公司】 11月18日,中国科协主席周光召在上海市科协党组书记、副主席孙正心,奉贤区政协主席胡镇寰,上海市人大常委会信访办主任金红生等领导陪同下视察上海神力科技有限公司。（鞠　峰）

【市科委主任李逸平调研区科技工作】 5月12日,市科委主任李逸平、副主任寿子琪、秘书长徐美华等一行到奉调研科技工作。一行人还参观和考察了上海神力科技有限公司,并听取区科委工作汇报,区光仪电基地和高新技术成果转化基地的情况汇报,同时就市、区联动进行座谈。（鞠　峰）

【奉贤区和市科委签订光仪电产业发展协议书】 5月19日,市科委主任李逸平、奉贤区人民政府区长沈慧琪签订市、区联动推进"奉贤光仪电产业发展"的协议书。（鞠　峰）

5月24日,区委书记张立平(中)视察高新技术企业德华国药制品有限公司。（区科委　供稿）

【举办科技企业文艺专场演出】 8月12日,由区科委、科协主办,区科技企业联合会承办的"科星璀璨映滨海"科技企业文艺专场演出在南桥镇文化广场举办。晚会荟萃区内科技系统和科技企业选送的文艺精品,演职人员300人次,观众超过8000人次。（鞠　峰）

【胡里清博士当选为市科技精英】 年内,上海神力科技有限公司总经理胡里清博士当选为第九届"上海市科技精英"。胡里清博士是作为优秀留学回国人才创办高科技民营企业的带头人,承担了国家"863"计划重大专项"燃料电池发动机研发工程",已为同济大学燃料电池轿车提供两代燃料电池发动机4台,为清华大学燃料电池大巴提供三代燃料电池发动机3台。他作为第一发明人已申请175件专利,获授权的有49件。（鞠　峰）

【确定区首家科技领军企业】 10月17日,区科委召开奉贤区科技领军(输变电行业)企业专家评审会。副区长倪耀明、区科委主任朱珍梅、市科委、经委、知识产权局等部门的有关领导,以及输变电行业的专家参加评审会并组成评审组。上海柘中(集团)有限公司、上海航星通用电器有限公司、上海南桥变压器有限责任公司三家申请企业分别作自述。经过专家评审组的评分汇总讨论,最终确定上海航星通用电器有限公司为区科技领军企业(输变电行业)。（鞠　峰）

2005年奉贤区被列入上海市火炬计划项目情况表

单位:万元

项目名称	企业名称	资金支持
复合式高效智能空气净化装置	上海鹰强电子科技有限公司	12
涤纶人造血管	上海契斯特医疗科技公司	
环保型深冷保温硬质聚氨酯材料	上海凯耳新型建材有限公司	
利用新型无臭味助剂生产的废轮胎再生橡胶	上海益联橡塑五金厂	
智能型分相分级无功功率补偿装置	上海宏广电气有限公司	
智能型全自动大功率单相(三相)应急电源	上海胜武电器有限公司	
SD－Ⅰ恒湿、恒温、恒压多用途智能型保鲜冷库(箱)	上海鼎中保鲜科技有限公司	
痰热清注射液	上海凯宝药业有限公司	
人HER2/neu(c－erbB－2)免疫组化检测试剂盒	上海长岛生物技术有限公司	

（鞠　峰）

2005年奉贤区被列入上海市重点新产品计划项目情况表

单位:万元

项 目 名 称	申 报 单 位	资助金额
WX33 掺入式光致变色树脂单体及制品	上海伟星光学有限公司	
痰热清注射液	上海凯宝药业有限公司	
ZYN(KYN)-40.5 铠装移开式交流金属封闭开关设备	上海航星通用电器有限公司	10
外墙无接缝整体防水保温材料	上海凯耳新型建材有限公司	
Y-SYJD-3KVA 型消防应急电源	上海胜武电器有限公司	
GF 消音型管道风机	上海涌华通风设备有限公司	10
纳米光催化复合空气净化滤材	上海联星环保科技有限公司	
PX-QT6-15 型全自动砌块成型机	上海培新实业有限公司	10
地面用硅太阳能电池组件	上海超日太阳能科技发展有限公司	10

(鞠 峰)

2005年奉贤区科技型中小企业技术创新基金资助情况表

单位:万元

企 业 名 称	项 目 名 称	级 别	资助金额
上海德朗能电池有限公司	组合温控安全阀圆柱锂离子电池	国家级	55
上海契斯特医疗科技公司	涤纶人造血管及外科修补材料的后续开发及成果转化	国家级	55
上海艾诺电子有限公司	全自动生化分析仪	国家级	55
上海毕仕智能核孔膜科技开发有限公司	具有电子场发射效应的智能核孔膜	国家级	75
上海联鼎软件技术有限公司	联鼎多机高可用系统软件	国家级	50
上海信谊康捷药业有限公司	复方醋酸环丙孕酮片	国家级	55
上海智城分析仪器制造有限公司	ZHJH-C 型智能安全型超净工作台	国家级	55
上海百棵药业有限公司	中药治疗性抗癌新药枫苓合剂	国家级	55
上海德朗能电池有限公司	组合温控安全阀圆柱锂离子电池	市 级	15
上海欣昶鑫企业发展有限公司	基于小功率电机蓄能原理瞬时建压的液压机	市 级	10
上海都华实业有限公司	热量表用厚膜铂电阻配对温度传感器	市 级	10
上海奉天电子有限公司	全自动汽车空调控制器	市 级	10
上海契斯特医疗科技公司	涤纶人造血管及外科修补材料的后续开发及成果转化	市 级	10
上海双威理想通讯网络有限公司	ChinaCast 物流信息综合管理系统	市 级	15
上海清松制药有限公司	一类新药马来酸替加色罗	市 级	15
上海艾诺电子有限公司	全自动生化分析仪	市 级	15
上海毕仕智能核孔膜科技开发有限公司	具有电子场发射效应的智能核孔膜	市 级	15
上海圣英生物科技有限公司	复方金黄连口服液及胶囊	区 级	15
上海神力科技有限公司	质子交换膜燃料电池发电装置	区 级	15
上海海业信息科技有限公司	基于 VXWORKS 和 MPEG4/PART10 技术的服务器	区 级	15
上海劲荣超音波电子有限公司	燃气安全装置	区 级	10
上海百富勤空调附件有限公司	一种防止凝露的中央空调出风口	区 级	12
上海万事达木业有限公司	环保复合板材	区 级	15
上海惠尔橡塑制品有限公司	木塑复合材料	区 级	10
上海市沪江生化厂	草甘膦生产新工艺	区 级	15
上海神仙酒厂	芋烧酎(酒)研制与开发	区 级	15
上海爱康精细化工有限公司	注射用高纯(PC90)蛋黄卵磷脂	区 级	10
上海德华国药制品有限公司	甘草等五种中药饮片炮制工艺和质量标准研究	区 级	15

续 表

企业名称	项目名称	级别	资助金额
上海通用风机股份有限公司	KHF型大流量高压力离心通风机	区级	15
上海奉泰电子电器元件厂有限公司	煤矿安全系列产品及其检测设备	区级	10
上海红箭自动化设备有限公司	起重机变频控制系统	区级	10
上海世撄空调风机有限公司	12－45离心通风机	区级	15

（鞠 峰）

2005年奉贤区市级高新技术成果转化情况表

承担单位	项目名称	级别
上海德圣米高电梯有限公司	TTJ－XHW－VF防爆电梯	市级
上海宏昌汽配有限公司	汽车变速箱保护板	市级
上海贤达压力容器制造有限公司	NHP夹套压力容器	市级
上海丸北实业有限公司	不锈钢内衬塑复合管接头及管件(12mm－25mm)	市级
上海丝莉帕高级服饰有限公司	三层结构的纺织面料及制品	市级
上海奉天电子有限公司	FT全自动汽车空调控制器	市级
上海星源通讯器材有限公司	ST家用电话小交换机	市级
上海凯耳新型建材有限公司	KSB－196深冷保温硬质聚氨酯材料	市级
上海胜武电缆有限公司	YTTW柔性防火电缆－金属护套无机绝缘电缆	市级
上海高禾川空调设备厂	GQ型智能全热交换新风机	市级
上海昂联导航科技有限公司	索骥GPS导航系统	市级
上海光城邮电通信设备有限公司	光城牌高精度高回损光衰减器	市级
上海阿波罗机械制造有限公司	ALF智能保护监控长轴液下泵装置	市级
上海阿波罗机械制造有限公司	AWFB无密封自动监控自吸泵	市级
上海青长果蔬汁有限公司	"多品/青田"波士顿纯菜汁	市级
上海申任生物工程有限公司	菇蔬营养液	市级
上海德朗能电池有限公司	DLG(德朗)ICR186503.7V2000mAh圆柱锂离子电池	市级
上海艾诺电子有限公司	MOL－300全自动生化分析仪	市级
上海绿铭环保科技有限公司	LMF生物柴油	市级
上海辉博自动化仪表有限公司	NAKe无源核子料位计	市级
上海渠众多媒体技术有限公司	即时信息互动交换与即时信息后台处理软件V3.0	市级
上海问鼎环保科技有限公司	漆雾凝集剂	市级
上海百瑞洗涤设备有限公司	BWE牌卫生隔离式全自动洗衣机	市级
上海爱光计算机科技有限公司	(MMP型)微机综合保护测控装置	市级
上海聚杰高分子材料有限公司	PLJ－02纳米树脂(PP)	市级
上海聚杰高分子材料有限公司	PLJ－01纳米合金树脂(PET)	市级
上海奥燃新能源科技开发有限公司	ZJC奥里油改性柴油机燃料	市级

（鞠 峰）

知识产权

【概况】 年内，区知识产权局与上海专利商标事务所、上海世贸专利代理有限责任公司签约，每月一次为区企业和个人申请专利、商标、版权、软件等进行咨询服务。推荐申报上海市知识产权示范企业4家；推荐申报上海市专利试点企业2家，批准2家；组织申报市级培育专利试点企业5家，批准5家；组织申报市发明创造专利奖7项；组织申报市专利新产品及专利技术再创新科研计划项目9项，批准8项；组织验收区级专利试点企业5家；组织审定区级专利试点企业5家；建立企业专利数据库2家。认真组织世界知识产权日宣传周活动。制作发放宣传横幅21条、图片450套、资料2000多份；举行"实施企业知识产权战略，提升企业自主知识产权核心竞争力"的专题报告会;会同金山区知识产权局,进行3·15跨地区知识产权联合行政执法检查活动,涉检商品50余种;组织4家流通领域商业企业进行专利商品自查活动。制定《奉贤区保护知识产权专项实施方案》;构划《奉贤区(2005年~2010年)知识产权发展战略推进行动计划》。

全年完成专利申请2667件,其中:发明专利95项、实用新颖207项、外观设计326项;确定区第二批知识产权教育试点学校2所;完成技术合同认定登记32项,技术交易额3163万元;组团参加2005年中国国际专利技术与产品交易会,有4项新技术成果及产品获金奖;成功举办科技成果、人才、资本对接交流会。 (鞠 峰)

【3·15专利执法检查】 3月15日,奉贤区知识产权局和金山区知识产权局联合专利执法检查组,对苏宁电器连锁南桥店和上海金叶商厦进行执法检查,涉及商品达50余种。人和堂国药店、古华集团、金叶超市、复星康德药房有限公司人仁堂药店等4家商业单位进行自查。 (鞠 峰)

【区知识产权专题报告会召开】 4月19日下午,奉贤区知识产权专题报告会在区科技大楼二楼报告厅召开,区内近百家企事业单位参加报告会。上海市知识产权局副局长许章沐作《实施企业知识产权战略,提升企业自主知识产权核心竞争力》的专题报告。 (鞠 峰)

【开展世界知识产权日宣传活动】 4月26日,区知识产权局结合世界知识产权日的宣传主题"思考,想象,创造",会同工商奉贤分局和区文广局在奉贤区金叶商厦门口开展知识产权宣传、咨询活动,向路过的市民发送宣传资料;现场播放知识产权宣传片以及接受市民的有关咨询;奉贤区知识产权局还特别举办知识产权有奖征答活动,吸引众多市民参与。此次活动共发放宣传资料2000份,有奖征答问卷共200份。 (鞠 峰)

【4家企业在中国国际专利技术与产品交易会上获金奖】 8月18日,中国国际专利技术与产品交易会在大连开幕。会上,由区知识产权局组织推荐的上海南桥变压器有限责任公司的YBP型预装式变电站、上海奉泰电子电器元件厂有限公司的甲烷报警矿灯多功能检查装置、上海东汇集团有限公司的DDSF517单相多费率电能表和上海三盛金属制品有限公司的防盗过滤球阀等新技术成果及产品荣获金奖。 (鞠 峰)

【区科技成果、人才、资本对接交流会召开】 该交流会议于11月4日召开。上海市知识产权服务中心、上海应用技术学院、华东理工大学、上海农科院、上海商学院等单位向与会企业展示300多项专利技术成果,区内近200家科技企业代表参加此次对接交流会。同时会上还进行科技成果、人才、资本协作洽谈与交流。 (鞠 峰)

4月26日,举办知识产权宣传咨询活动。 (区科委 供稿)

【第三次知识产权联席会议召开】 12月14日上午,第三次知识产权联席会议召开。会上,区知识产权局局长朱珍梅总结了2005年工作,并对2006年工作提出设想,各联席会议成员单位对《奉贤区知识产权战略行动推进计划》进行讨论,提出意见和建议。 (鞠 峰)

科普事业

【概况】 年内,建立区科普工作联席会议制度,发挥各成员单位在组织、指导和统筹协调区科普工作中的作用。开展"科普进社区"现场咨询活动。组织区级学会专家,历时7天,深入14个社区送技术、送科普书籍、有奖问答,深受社区居民欢迎。据统计,活动期间接受咨询5000余人次、发放各类科普书籍2208册、科普宣传资料10000余份;参与有奖问答1200人次。组织选手,参加上海市科技节"新上海人科普演讲大赛",奉贤中学教师徐琼获三等奖。参加区文明办举办的科技大篷车下乡活动。由科委、科协班子成员带队历时11天,发放各类科普书籍2200余册、宣传资料20000余份,参与有奖问答280人次。组织"科普进学校"活动。向区内的53所学校及外来建设者子弟学校赠送55套内容涉及天文、地理、环境保护等知识的动画科普碟片"身边的科学";在全国科普日期间,利用区文化广场放映科普电影,观众5000余人次。开展各类科技培训。举办专业技术人员继续教育培训班2期,113名专业技术人员接受培训;根据市农村党员、基层干部适用技术培训的要求,结合区种养特色产业,举办各类农村适用技术培训班179期,11915人次接受培训;组织3期科技政策实务培训,91家企业有关人员参加;举办远程教育培训班2期。对全区各镇、开发区内的社区科普画廊的宣传板面进行更新;新建社区标准化科普画廊11座。

(鞠　峰)

【落实科普示范创建工程】 年内,创建市级科普教育基地2个,创建区级科技教育特色示范学校5所,创建区级科普教育示范基地4个,创建区级科普示范村(居委会)3个,创建区级科普示范企业3家。圆满完成科普示范工程创建任务,以此形成科普工作的社会化格局,起到以点带面、辐射的效应。

(鞠　峰)

【区科协一届四次会议召开】 区科协一届四次会议于3月16日上午顺利召开。会上,区科协主席张德葵对科协的工作作总结,同时,对2005年的科协工作进行工作部署。会议通过区科协工作报告,并选举姜鹤华为区科协副主席。

(鞠　峰)

【科普进军营】 7月29日上午,区科协主席张德葵、副主席姜鹤华在区民政局副局长钱秀娟的陪同下走访慰问了驻奉某部导弹军事基地,赠送科普、军事新书270册,电子书籍一套(共18000册),“科普之窗”电子触摸屏一台。

(鞠　峰)

【区科普工作联席会议召开】 11月14日,区科普工作联席会议召开。区委副书记、区科普工作联席会议召集人韦源,区人民政府副区长、区科普工作联席会议召集人汪黎明出席会议。区科协主席张德葵汇报奉贤区科普工作联席会议制度、奉贤区科普工作联席会议各成员单位主要工作职责和科普2006年主要工作思路。区科协副主席、科委副主任姜鹤华汇报科普“十一五”规划起草的说明。各成员单位代表对相关内容发表意见,并提出修改建议。 (鞠　峰)

防震减灾

【概况】 年内,认真组织安排,采取不同形式、通过不同渠道加大防震减灾的宣传教育力度。修改完善《奉贤区地震应急预案》,同时编制《奉贤区防震减灾十一五工作规划》征求意见稿。编写和出版《防震减灾问答125题》和图文并茂的《防震减灾宣传画册》各5000册,共投入资金3万余元。积极参加科技下乡等活动,下发宣传资料800余册。会同区民防办开展“增强市民防灾减灾意识”上街设摊咨询解答活动。4月19日,区民防办、教育局、红十字会等有关部门联合在西渡中学举行中学生防灾减灾自救互救演练活动。

(鞠　峰)

【修改完善《奉贤区地震应急预案》】 年内,修改完善《奉贤区地震应急预案》,经区政府第38次常务会议讨论通过,并作为政府规范性文件予以下发。区地震办负责指导各镇、开发区等根据本区域的特点编制《地震应急预案》,并建立应急指挥中心和应急支援者两支队伍。在此基础上区地震办编制《奉贤区地震应急工作手册》。同时编制《区防震减灾十一五工作规划》征求意见稿,下发至防震减灾联席会议成员单位和各镇、开发区征求意见。同时,根据市局的要求作进一步的修改和完善。

(鞠　峰)

【防震减灾宣传活动进社区】 7月28日,由奉贤区地震办、区防震减灾特色学校和南桥镇曙光一居联合举办以“珍惜生命,增强防震减灾意识”为主题的宣传活动。此次活动共下发宣传资料300多份,吸引500余居民参加,收到良好的社会效益。 (鞠　峰)

政府网络

【概况】 年内,奉贤区政务网OA系统和GIS系统被市信息委被评为优秀成果奖。在全力实施区级政务办公自动化的同时,针对部门的业务需求,积极开展部门信息化项目的建设。全区“市民信箱”注册用户4393人,累计“市民信箱”注册用户达14393人;积极响应市里“百万家庭网上行”活动,全年共培训学员9000余人次,累计培训2万余人次,被评为上海市“百万家庭网上行”计划优秀组织奖。

(曹新国)

【区政务网建设和应用】 年内,区政务网应用系统开发得到不断完善,先后成功开发统一的公文网上交换系统、公务邮件系统、VOD视频点播系统并增设部门简报栏目。随着奉贤政务网的不断完善,OA应用的不断推广,区机关干部对奉贤政务网的关注程度也越来越高,全区于12月1日起全面实现公文网上交换。 (曹新国)

【区公务网建设和应用】 年内,根据市网管中心《关于市级机关和市管理部门的业务应用接入市公务网运行的(暂行)规定》的要求,积极做好协调工作,严格把好接入关。全年共完成区司法局、区绿化局、区信访办、区“610”办等4家单位通过市公务网接入市相应部门应用系统的工作。同时,做好“视频会议”的维护和保障工作,全年共保障中央和市召开的视频会议12次。 (曹新国)

【“上海奉贤”门户网改版】 8月,完成对“上海奉贤”门户网站的第二次改版。通过改版,进一步整合原有的网上信息,拓宽与公众联系的渠道,建立由各部门直接发布信息和区信息委统一发布信息相结合的信息采集发布流程。“上海奉贤”门户网站第三版主要建成网上信箱、网上咨询、网上办事、网上监督、服务导航、区长网上办公、信息公开、政务动态、奉贤概况、奉贤要闻、电子地图、热点专题、网上评议等功能板块,增强搜索引擎的功能,实现中文繁体版。其中在信箱的建设方面,除开设区长信箱、镇长信箱外,还增设开发区领导信箱、各委办局领导信箱、部分政协委员领导信箱、部分人大代表信箱、部分医务工作者信箱等。

(曹新国)

【实施区长网上办公制度】 11月13日下午，举办首次区长网上办公活动。市民可在区长网上办公日，在规定的时间内通过访问“上海奉贤”网（http://www.fengxian.gov.cn），登录“区长网上办公”对话界面，围绕当天的会议主题，提出自己的意见或建议，在线区长及时、快速地在网上予以回答。区长网上办公已正式成为奉贤区政府的一种工作制度，每月召开一次。（曹新国）

【制定网站和信箱管理办法】 年内，为加强对门户网站和网上信箱的管理力度，同时规范网上信箱的受理人对来信的受理和处理，区信息委制定《“上海奉贤”门户网站管理办法》和《网上信箱管理办法》，并由区政府转发各有关单位。通过两个办法的制定，进一步明确各部门职责，同时也为加强对网站和网上信箱的管理提供制度保证。（曹新国）

【对外招商电子商务信息服务平台建成】 4月，奉贤区对外招商电子商务信息服务平台建成（http://www.fengxianinvest.com），自开通以来，受到海内外各界人士的关注，已成为区招商引资的一个重要窗口。（曹新国）

【区诚信网开通】 12月，奉贤诚信网（http://www.fxcx.org）开通。诚信网向社会公众公布企业的基础信息和市场监管部门的监管信息，达到褒扬诚信、惩戒失信和营造公平竞争，鼓励诚信经营的目的。（曹新国）

【区政府信息公开工作顺利推进】 至年底，全区主动公开信息数达2607条，其中全文电子化的主动公开信息2352条，占总数的90.22%，年度新增的主动公开信息2084条；提供服务类信息603条；区政府门户网站政府信息公开专栏的访问量达324396人次。在咨询服务方面，公共查阅室现场接待人数为7454人次，网上咨询829人次，电话咨询3364人次。在申请受理方面，区政府信息公开申请总数有205条，所有的申请都得到答复，其中同意公开数63条，占30.73%，同意部分公开数125条，占60.98%，否决公开数17条，占8.29%，否决理由为“非本部门掌握”或“信息不存在”或“申请内容不明确”。至年底，区政府信息公开工作过程中，未发生过行政复议和行政诉讼案件。（曹新国）

【做好社保卡申领工作】 年内，区社保卡申领人数达8141人，累计申领社保卡人数达143327人。全年共发放社保卡10195张，累计发放社保卡141735张；为居民补（换）社保卡3291张，累计补（换）卡9221张。（曹新国）

【大力发展信息产业】 以信息产业基地为依托，大力发展信息传输服务业和信息制造业，年内，引进IT内资企业注册资金总额达1.35亿元，引进IT外资企业注册资金总额达3715万美元。除通信服务行业得到较大的发展之外，信息产品制造业正在崛起，年内信息产品制造业销售收入达42.3亿元。同时，一批以信息技术服务和软件开发为主的小企业也活跃于信息化建设的各个领域。上海光仪电产业基地正式落户奉贤，揭开奉贤信息产业强势发展的序幕。（曹新国）

【召开区企业信息化促进大会】 11月21日下午，由上海市信息化委员会主办，区信息化委员会、区科学技术委员会、区经济委员会、上海市企业信息化促进中心共同承办，惠普、理想、用友、泛微四家公司参展的“2005奉贤区企业信息化促进大会暨上海市企业信息化巡讲（奉贤站）”在奉贤区会议中心举行。如此规模的企业信息化促进大会在奉贤历史上是首次召开，也是上海市企业信息化巡讲活动在全市区县巡讲的第一站。有100多家区内企业的法人或相关人员参加会议。（曹新国）

电　信

【概况】 2005年是奉贤电信局全面贯彻十六大精神，以科学发展观统领全局，落实推进中国电信集团公司提出的“由传统网络运营商向综合信息服务提供商战略转型”的一年。年内，区电信局以经营分析为前提，以产品策略为基础，以渠道建设为依托，围绕“精确营销、强化执行、加快发展”的总体目标，全力以赴地抓好业务拓展和客户服务工作，全面完成各项考核指标。全年电话用户净增11492户，宽带用户净增15117户，小灵通用户净增10737户。（宋晓燕）

【全员营销促进业务发展】 区电信局紧紧抓住岁末年初业务营销旺季，发动全局员工利用1月1日至4月10日的100天时间，开展宽带、小灵通营销竞赛活动，为2005年主要业务持续健康稳定发展开好头、起好步。活动期间，员工通过亲情网、朋友网、客户网等关系资源开拓小灵通和宽带市场，共发展小灵通6093户，宽带5816户。（宋晓燕）

【开展积分换机营销活动】 区电信局分别在9月和12月开展小灵通积分换机营销活动。“积分换机Ⅰ”营销活动于9月10日开始，至10月31日结束。营销活动目标用户为积分达到1100分以上的小灵通后付费用户，并分三个积分段分别给予不同的小灵通终端回馈。“积分换机Ⅰ”总共换机17652部，目标用户整体换机率达56.9%，这一成绩在上海市电信有限公司范围内位于前列。“积分换机Ⅱ”营销活动对于积分在900分到1999分之间的用户于12月10日起实施；对于积分在2000分以上的用户于2006年1月5日起实施，整个活动至2006年1月27日结束。活动的目标用户是小灵通后付费中高端在网用户。“积分换机Ⅱ”活动总共换机9553部，目标用户整体换机率达24.9%。通过2次积分换机活动，既真情回馈了老用户，又发展了一批新用户。（宋晓燕）

【线路维修实行外包】 2月22日，区电信局召开线路维护外包

(即将“装、移、修”宽带和电话承包给非电信范畴的施工队)动员会议。会议提出以“四个统一”开展线路维护外包工作。即统一管理:通过与外包单位统一签订承包合同和管理、廉洁、保密、安全等相关协议,将外包工作纳入区电信局日常管理范畴。统一考核:定期组织人员对外包单位的服务质量进行评估考核,作为外包单位升降或勒令退出的要因。统一协调:区电信局要求外包单位设置数名管理员,配合各分局协调线路维护事宜。统一标准:外包单位签定外包标准承诺书,分别从工作质量、服务标准、人员形象、工具配备、工资福利等方面作出承诺,确保维护工作的顺利开展和维护队伍的稳定。

(宋晓燕)

【分客户群组建营销队伍】 年内,区电信局组建了商业客户经理、社区代表2支营销队伍,加上原有的大客户营销队伍,三支队伍分别开展个性化、专业化、规范化营销。大客户中心的经理们实行四个“零”服务,即零距离服务、零时延服务、零工序服务、零拒绝服务,叫响了大客户服务品牌;商业客户中心的经理们通过主动出击,让商业客户享受到优质、优先、优惠的服务,提高商业客户的满意度和忠诚度;社区代表们实行社区包干制,将电信服务送进社区、送到用户,确保市场的稳定。

(宋晓燕)

【电话详单工程完成】 实施本地网100%详单是上海电信进一步提升服务水平、提升公司品牌形象的一项重大决策,可以有效地满足电信客户“明明白白消费”的需求。工程自3月启动,到8月底基本告一段落。 (宋晓燕)

【加强质量体系管理】 年内,区电信局有关质量管理方面的重点工作有四项:一是开展内审和条线检查相结合工作;二是迎接7月份TL9000后端复审和8月份ISO9000换证审核;三是全面推进TL9000在前端和综合支撑部门的覆盖,迎接12月份香港品质保证局对上海电信的TL9000全面外审;四是开展群众性质量活动。区电信局开展内审、管理评审、QC活动、体系文件整理等工作,使质量管理体系运行基本有效。

(宋晓燕)

【实施绩效考核】 区电信局在分配机制转型上充分体现“一份业绩一份回报”的理念。薪酬分配向“前端员工、维护骨干、管理骨干”等为企业作出贡献的人员倾斜。考核方法全面听取员工的想法和建议,并经职代会通过。具体方法是:年初,区电信局对各部门制定KPI指标,各部门结合员工岗位特性,为员工制定详细的业绩合同,将指标分解,使业绩合同成为每位员工的奋斗目标。年末,对照员工业绩合同完成情况,通过考核和评定,科学合理的控制用工总量,落实中国电信集团公司下达的每年淘汰率不低于3%的指标。

(宋晓燕)

【区电信局职代会一届三次会议召开】 该大会于3月18日召开。大会将企业的重大经营决策、员工的福利、员工关心的热点问题提交职工代表讨论,并听取意见。大会期间,共收到代表提案56件。会后,经提案审查小组审核立案56件,交相关部室处理后反馈给提案人。工会与行政签定集体协议。年内,已履行的有:工人俱乐部定期向员工开放,做到周周有计划,季季有主题;落实员工午餐费;开展全民健身活动;为每位员工提供生日祝贺鲜花和蛋糕;为新婚员工免费冲印照片100张;为全体员工提供一年一次健康体检等。

(宋晓燕)

【开展献爱心系列活动】 每年元月五日是上海市电信有限公司“献爱心”日。区电信局工会组织开展“捐一日工资,献一份爱心”的主题活动。共有337名干部员工参加“献爱心”活动,累计捐款17386元。11月和12月,区电信局再度响应市政府的号召,组织员工为贫困地区的灾民捐助衣被20大包。

(宋晓燕)

移动通信

【概况】 年内,上海移动通信奉贤分公司围绕公司执行年的工作目标,以发展为第一要务,坚持精确化营销、维护和管理,务实管理,创新服务,进一步打造精品网络,不断追求客户满意,使分公司的各项工作得到和谐发展。为加强现场受控,营业厅安排全体营业员轮流上咨询台,并轮流做值班经理,在业务繁忙阶段,对厅内客户及时疏导,避免出现拥挤无序的现象。全年奉贤分公司完成卡号销售4520户,60套餐23067,资费套餐和手机捆绑25256,移动总机14个,集团彩铃2186,集团业务收入150万元。全年安全保障无事故,基站设备完好率100%,传输设备维护达标100%,网络障碍抢修历时达标率100%。 (黄丽莉)

【新增2个移动通信营业厅】 年初,在西渡、金汇分别增加两个营业网点,方便周边用户办理各类移动业务。以统一的整体形象和服务标准面向客户,渗透移动品牌。以营业厅为同心圆延伸出去,在一定的服务半径内的终端开展区域化营销,以优质的移动品牌服务,进一步增进客户感知。 (黄丽莉)

(本栏目编辑 马莉苑)

教 育

综 述

年内，全区有各类学校79所，在校学生人数71465人。全区各类学校教职工人数6919人，其中专任教师4636人，新招聘341名教师充实到各学校。至年末，全区外来务工子弟学校31所，外来务工子女学生数31583人，在区公办学校上学有14342人，其余17241人在民工学校上学，其中：初中生3433人、小学生12048人、幼儿园1760人。（区教育局供稿）

教育管理

【概况】 年内，区教育局以师德建设年为契机，制定《奉贤区教育系统贯彻上海市中小学校校长守则（试行）细则》、《奉贤区教育系统贯彻上海市中小学教师守则（试行）细则》、《奉贤区教育局关于进一步加强和改进师德建设的若干意见》，进一步规范校长办学行为，规范教师教育行为。制定《奉贤教育事业"十一五"发展规划》。制定2005年对各镇政府教育工作的考核指标，加强对各镇教育工作的考核。加强教育行风建设，严格执行义务教育阶段"一费制"规定和普通高中"三限"规定，坚决杜绝不规范收费。出台奉贤区教育局首问责任制、服务承诺制、限时办结制、失职追究制的试行办法。建设和完善教育网络，完善教育信息网上公开工作，进一步增强教育信息的透明度，自觉接受群众监督；建设教育视频工作会议室，不断提高行政办事效率；做好双拥工作、老干部工作等。成立局民办教育科，加强对进城务工农民子女学校的管理。（区教育局供稿）

【《全国农村学校艺术教育实验项目》子课题通过验收】 1999年12月，奉贤由市教委体卫艺教处根据历年来的艺术教育实绩审核评估列为全国艺术教育实验县，同时被吸纳为国家教育部确立的《全国农村学校艺术教育实验项目》主研课题的子课题承担者。奉贤针对县域实际设计并部署实施科研课题《面向21世纪农村学校艺术教育模式的研究与实践》。2005年12月，课题得到市专家的论证并顺利通过评审验收。（区教育局供稿）

【教育系统党建研究成果显著】 3月，区教育局组建党建研究会，成立党建研究会领导小组，下设秘书处，建立"局——片——校"三级党建研究工作网络。局级层面是由党委中心组成员为负责人的6个重点课题研究，主要涉及青年教师师德建设、班主任工作素质、建立名师工程的研究等。片级层面按不同学制，建立6大课题组，实行领导联系制度，主要涉及优化校园文化、建设和谐校园等研究。校级层面共有30个课题组，从学校实际出发开展课题研究。至年底，全系统共提交论文48篇。在2005年度上海市第五届普教系统党建论文评比活动中，《教育现代化进程中的师德建设案例研究》获一等奖，《创建学校党支部特色工作成功因素的研究》获二等奖，《党支部加强青年教师凝聚力、感召力的实践与思考》等2篇论文获三等奖，《基层干部竞争上岗运行机制的研究与实践》等3篇论文获优秀奖。（区教育局供稿）

【优秀教师师德报告团赴各镇巡回宣讲】 年内，为进一步推动和加强教师职业道德建设，区教育局组建优秀教师师德报告团并赴各镇巡回宣讲。报告团成员有全国师德先进个人、上海市首届师德标兵奉贤中学英语特级教师张育青、全国优秀教育工作者解放路幼儿园王英、奉贤区十佳师德标兵代表曙光中学顾武权等。首场报告于5月9日下午在柘林镇拉开帷幕，报告团又先后赴庄行、奉城等镇宣讲，全区2000多名教师聆听报告团宣讲。（区教育局供稿）

【举行"弘贤·育贤"现场活动】 11月23日，为进一步推进《上海市学生民族精神教育指导纲要》的贯彻落实，由区教育局主办、区教学节办公室和奉贤中学承办的"弘贤·育贤"现场活动，在奉贤中学举行。奉贤中学分别从管理者、施教者和受教者的不同角度，介绍学校如何围绕《上海市学生民族精神教育指导纲要》三年行动方案，继承“敦本重学、敬奉贤人、争做贤者、培育贤才”的优良传统，优化德育资源，推进德育全员化、德育生活化、德育课程化、德育社会化，引导学生明现代贤者的内涵，立现代贤者的信念，践现代贤者之路。通过实施“德润人和、文化人贤”、“以人为本、和谐发展”的教育，形成“以文化为引领、以课程为支撑、以管理为保障、以教师队伍发展为关键、以生活教育为载体、以分层推进为措施”的操作体系，让民族精神教育扎根于学校教育教学之中。（区教育局供稿）

【奉贤与云南手拉手献爱心】 年内，全区13所学校与云南省红河一中218名贫困同学结为手拉手对子。在首批活动中，捐款给红河一中48753.1元，并以书信交流、实物传递等活动增强“手拉手”小伙伴之间的联系和情感交流。

（区教育局供稿）

【举办《上海市未成年人保护条例》专题报告会】 4月15日，由区人大教科文卫工作委员会、奉贤区教育局牵头组织，特邀参与制定《上海市未成年人条例》的市人大教科文卫委主任委员夏秀蓉到奉贤作学习贯彻《上海市未成年人保护条例》报告会。夏秀蓉在报告中强调，修改后的新条例，突出“课业负担”、“网吧管理”和“校园安全”这三大当前老百姓和未成年群体所关注的法律条文，还重点介绍具有上海特点的国家机关保护和自我保护等条文，对家庭保护、学校保护、社会保护及关爱弱势群体等法律条文作可操作性的详细阐述。

（区教育局供稿）

【市青保处长杨永明到奉贤调研】 10月8日，市青保处处长杨永明到奉贤调研。上午在教育局召开有关未成年人保护、学校周边环境等方面的座谈会，杨永明听取了区、镇青保干部、学校、居委干部代表的工作汇报。下午，他又赴奉贤中学、奉城二中进行调研。随后又应奉城镇教委的邀请，作了如何贯彻《未成年人保护条例》的讲座，并由奉城电视进行转播。

（区教育局供稿）

【评选第二届“三名一带”】 年内，全区共推选上报23名“名校长”人选，42名“名导师”人选，57名“名教师”人选，163名“学科带头人”人选。经过专家组无记名投票初选出10名“名校长”人选，19名“名导师”人选，30名“名教师”人选，50名“学科带头人”人选。通过评审领导小组对109名人选的评审，有100名人选通过评审，通过率为91.7%，将作为候选人在《奉贤报》、教育网、政府门户网和全区各学校内公示，其中“名校长”9人，“名导师”15人，“名教师”26人，“学科带头人”50人。同时为加强对全区“三名一带”（名校长、名导师、名教师、学科带头人）的管理，举行区“三名一带”任务书签约仪式，来自全区教育系统的100名“三名一带”教师分别与区教育局主要领导签定任务书。区教育局又以文件形式下发《奉贤区“名校长、名导师、名教师、学科带头人”考核管理的意见》，明确“三名一带”管理的组织机构、考核内容及考核办法。

（区教育局供稿）

【加强英语教师培训】 7月6日～8月12日，选送18名中小学英语教师参加为期五周由市教委举办的郊区英语教师强化培训。7月9日～8月13日，选送13名教师赴澳大利亚进行为期一月短期英语培训。（区教育局供稿）

【成立教育事务受理中心】 年内，为转变教育行政职能，完善教育管理机制，落实政事分开的改革新举措，年底，成立奉贤区教育事务受理中心。中心内设教育评估、人力资源、招生考试、早教服务、财务结算、办公室等6个工作部门。

（区教育局供稿）

【规范教育收费】 年内，为规范教育收费，成立由区纠风办、教育局、财政局、物价局、审计局、区新华书店等部门组成的奉贤区规范教育收费联席会议，加强对全区教育收费工作的管理。区规范教育收费联席会议办公室除在春、秋两季开学收费阶段组织常规收费工作检查外，要求全区各学校于9月13日前做好教育收费自查自纠工作。9月14日～16日，由区纠风办、教育局、物价局、财政局、审计局、新华书店、区政府教育督导室等单位抽调有关人员组成奉贤区规范教育收费联合检查组，并邀请区教育行风特邀监督员和有关镇教委领导参加，检查组分5个小组，随机对区内的25所中小学进行规范教育收费专项检查，检查面占全区中小学的51%。10月，上海市规范教育收费联合检查组第二组对奉贤区规范教育收费工作进行检查。江海第三小学、洪庙中学、西渡小学等3所学校被评为奉贤区规范教育收费优秀达标单位，泰日学校等6所学校被评为奉贤区规范教育收费达标单位，奉贤中学等40所学校被评为奉贤区规范教育收费基本达标单位。

（区教育局供稿）

【加强对各镇教育督导考核】 12月上旬，区政府教育督导室牵头组成由区人大、区政协、财政局、人事局、审计局、物价局有关领导和全体督学参加的联合考核小组，对全区2005年度教育工作进行综合督导考核，并形成考核意见。该监督考核制度的建立，进一步推进了各镇（开发区）教育事业的健康发展。

（区教育局供稿）

【学校发展性督导评价全面实施】

自2003年奉贤区开始探索学校发展性督导评价起至2005年，奉贤区中小学已分三批全部制定学校三年自主发展规划，标志着奉贤区中小学学校发展性督导评价全面实施。2005年10月，区教育督导室对30所第一、第二批制定自主发展规划的学校进行2004学年度目标达成度的督导评价，评定14所学校为“发展速度快”，13所学校为“发展速度较快”，3所学校为“发展速度一般”。

（区教育局供稿）

【全面实施中小学安全人防工程】 年内，为加强学校安全保卫工作，在全区各级各类学校安装与110联通的紧急报警按钮（包括进城务工就业农民子女学校），为寄宿制学校安装周界红外线报警装置等技防设施的基础上，8月，为全区中小学、幼儿园聘用专职保安的工程也全面实施。8月26日下午，327名专职保安人员到72所学校报到，负责全区105个中小学、幼儿园校区的安全保卫工作。寄宿制学校各配备4名专职保安，非寄宿制学校各配备3名专职保安。至此，全区学校安全工作从人防、技防、物防等方面都得到全面加强。（区教育局供稿）

8月，奉贤全面启动中小学、幼儿园聘用专职保安工程。

（王菊萍 摄）

学前教育

【概况】 全区有幼儿园21所，其中民办幼儿园3所，附设幼儿点3个，入园幼儿数14017人。年内制定区幼儿园水平督导评估指标，做好对区的学前教育督导回访工作。完成九华苑幼儿园的建设，并于9月如期开学。加强幼儿园安全工作，为21所幼儿园安装报警按钮446只。年内有6名保育工作者被评为上海市保育工作先进者。

（区教育局供稿）

【成立学前教育二期课改宣讲团】 3月，由区托幼办牵头，挖掘区内资源，在市、区课改试点园以及非试点园的优秀园长、业务园长、教研组长、骨干教师中，选拔出20名有教改操作直接经验的人员，组成“奉贤区学前教育二期课改宣讲团”，构筑互动学习共同体，成为区整体推进二期课改的一大特色。宣讲团围绕“以整合的思想实施新课程”、“教师引发幼儿生成问题与回应”、“让幼儿在环境中和谐充实发展”、“研读幼儿行为，支持幼儿发展”等主题版块，落实宣讲机制。年底，区托幼办将宣讲内容编辑成《学习、实践、感悟——奉贤区学前教育二期课改宣讲材料》及配套光盘，发送到每所幼儿园，包括社区点。（区教育局供稿）

【市专家组到奉进行一级园复验】 5月25日～26日，由上海市托幼协会常务副会长谭星带队，市教研室、市儿保所、市评估院等有关成员组成的专家评估组对庄行幼儿园总部、江海幼儿园北部进行一级园的复验。评估组一行6人对幼儿园的管理、保教业务、卫生保健等工作进行全方位的检查指导。通过验收检查，评估组肯定了幼儿园在发展过程中所取得的成绩，也为幼儿园可持续发展提出意见和建议。（区教育局供稿）

【九华苑奉浦幼儿园开学】 9月，九华苑奉浦幼儿园如期开学。该幼儿园位于九华苑内，占地面积约5400平方米，建筑面积约3500平方米，投入资金约800万元，属公建配套学校。（区教育局供稿）

中小学教育

【概况】 至年末，有寄宿制高中1所、区重点中学1所、高级中学3所、完全中学2所、十二年一贯制学校3所、九年一贯制学校15所、独立初级中学10所、独立完全小学16所。全年参加中考人数4717人，高中阶段各类学校的实际录取人数为4675人，中招录取率99.11%。至年末，全区有小学生26710人、初中生28467人、高中生9132人、职业高中学生225人。

（区教育局供稿）

【区中小学课外文体活动工程取得成效】 自2003年制定的《“动起来、活起来、健起来、乐起来”奉贤区中小学生“拥抱阳光、快乐成长”课外文体活动工程（2003年～2005年）实施方案》启动至2005年，第一期工程预定的目标已经达到“五个一”建设成效。涌现一批文体工程特色品牌活动项目；一批广泛开展活动并取得典型经验的骨干学校；一支专兼职结合，素质较高、相对稳定的文体活动辅导员队伍；一批面向学生开放的活动阵地；一个良好的运行机制正在形成。在梳理总结第一期工程成功开展的基础上，拟订奉贤区中小学生课外文体活动（2006年～2010年）第二期工程实施方案。

（区教育局供稿）

【完成市加强初中建设工程】 10月11日～13日，上海市“加强初中建设工程”督导验收组对区“加强初中建设工程”进行全面督导验收。督导组对奉贤“加强初中建设工程”的完成情况给予充分肯定。

（区教育局供稿）

【举办第十一届教学节】 2月，以“立足校本、聚焦课堂，促进师生和谐发展”为主题的第十一届教学节拉开帷幕。教学节期间，先后邀请市教研室专家为全区的校(园)长、教导及骨干教师代表作讲座报告。区校两级还全方位开展各类课堂教学改革的现场观摩与研讨活动。同时举行区第六届科技节及第四届艺术节。2006年1月18日,在奉贤中学举行教学节闭幕式暨表彰大会,对教学节期间评出的各类先进集体与先进个人进行表彰,同时还下发区二期课改经验集与学校教研经验集等成果汇编。

(区教育局供稿)

【区青少年科技创新大赛启动】 6月,第二届区青少年科技创新大赛在奉贤区科委举行启动仪式。9月,集中三天,组织第二批青少年创新大赛科技辅导员培训班活动。对学校进行现场项目设计或项目咨询活动。10月16日举行首届区"创新大赛"优秀项目指导老师研讨会活动。11月1日,对全体科技辅导员进行第二届区"创新大赛"项目申报工作和方法进行技术培训。12月26日起接受学校优秀项目申报。至12月30日,全区有30多所中小学参加大赛,学校参与率超过60%。(区教育局供稿)

【举办第六届青少年科技节】 3月,区第六届科技节活动启动。近40所学校在5月举行学校科技节活动,其他学校在11月也相应举行学校科技节活动。科技节期间,全区共有110校次、近25000人次参与八大类市级科技项目竞赛。

(区教育局供稿)

【举办中小学生风筝比赛】 10月6日,作为2005年上海旅游节第八届旅游风筝会压轴项目的奉贤区中小学生风筝比赛,在海湾世纪林举行。全区有48所中小学校组队参赛,比赛设小学、初中、高中三个组别,竞赛分为制作和放飞二部分,风筝种类包括硬翅、板子、龙类、串类、立体类等。齐贤学校包揽三个组别团体部分第一名、钱桥学校、西渡学校获串类特色放飞奖,海湾小学、柘林学校获立体类特色放飞奖,齐贤学校、海湾小学获龙类特色放飞奖。

(区教育局供稿)

【举办首届中学生社团文化艺术节】 10月~11月,举办2005年奉贤区首届学生社团文化节。评选出2005年"奉贤区中学生明星社团"和"奉贤区中学生优秀社团",为社团提供展现风采的舞台,为奉贤区各个学校的社团文化提供交流的平台。(区教育局供稿)

【区中学生联合会成立】 12月24日,在区会议中心第一会议厅召开奉贤区中学生联合会成立大会暨第一次代表大会开幕式。中学生联合会的成立,将进一步激励区广大中学生以"三个代表"重要思想为指导,遵循和贯彻党的教育方针,弘扬爱国主义精神;充分发挥学联联系同学的桥梁和纽带作用,表达和维护同学的具体利益,开展健康有益、丰富多采的课外活动和社会服务,倡导和组织自我服务、自我管理、自我教育;促进同学德、智、体全面发展,团结和引导同学成为热爱祖国,适应有中国特色社会主义现代化建设事业要求的合格人才。(区教育局供稿)

【区"两纲"试点校建设】 年内,区教育局为加强《上海市学生民族精神教育指导纲要》和《上海市中小学生生命教育指导纲要》的实施,在盘查摸点的基础上,组建奉贤中学、育秀实验学校等10所学校为民族精神教育区"两纲"试点校;组建古华中学、南桥小学等10所学校为生命教育区"两纲"试点校。对试点校提出在学科教学和课外实践领域开展攻坚研究。并建立联络员制度和区"两纲"试点校中心组工作模式,共同探索实施"两纲"的有效途径。

(区教育局供稿)

【高中学生军训实行基地化管理】 年内,区教育局针对每年高一新生军政训练存在训练场地不足,住训条件较差等多种困境,通过奉贤少年军校区域整合资源,租借燎原农场场部为奉贤少年军校社会实践基地。军校投资70万元,对占地3.33公顷的农场场部加以改造,从硬件标准化建设和软件基地化管理入手,初步落实学生自主管理、训练严格到位、团队精神培养、教官与学生情感沟通和政训逐步深化等目标,争创上海市优秀国防教育基地。(区教育局供稿)

【26所学校通过市安全文明校园验收】 年内,按照上海市中小学和中等职业学校安全文明园评估指标体系要求,全区共26所学校申报上海市安全文明校园。3月,区教育局、青保办会同团区委、公安、检察、法院、司法、工商等单位对26所学校进行验收。11月9日~10日,上海市安全文明校验收组一行来奉贤进行"上海市安全文明校"创建活动抽查、验收,26所学校均顺利通过验收。

(区教育局供稿)

【区首届农民工子女学校学生田径运动会举行】 10月29日,区"平安杯"进城务工就业农民工子女学校学生田径运动会在奉贤中等专业学校举行。该运动会是奉贤首次举办此类学校的区级田径赛事。运动会分小学组和初中组,共设60米~1500米赛跑以及立定跳远、垒球等11个项目,全区30所农民工子女学校共1000多名学生参加比赛。(区教育局供稿)

【公办学校开办全国统编教材班】

上半年,区教育局对公办中小学教育资源和流动人口子女义务教育阶段就学状况作专题调研,决定在部分公办中小学中利用学校剩余的教学设施和师资条件,开办专门招收进城务工就业的农民工子女就学全国统编教材班。9月,金汇学校、庄行学校、奉城一小、奉城二小、齐贤学校、头桥中学、头桥小学、四团小学、塘外小学、洪庙小学、萧塘中学、萧塘小学等12所公办学校开办全国统编教材班,共设70个教学班,招收学生2821人。

(区教育局供稿)

【四团中学整体改扩建工程竣工】

年底,四团中学整体改扩建工程竣工。该工程自上年底启动,2005年全面铺开,工程新建教学实验楼、食堂和体育馆,建筑面积约8000平方米,改建面积约4000平方米，总投资约1300万元。

（区教育局供稿）

【弘文学校开学】　9月，九年一贯制学校弘文学校建成后正式开学。该学校属公建配套学校，位于南桥镇正阳小区内，占地面积约36700平方米，建筑面积约21378平方米，投入资金约6000万元。

（区教育局供稿）

【原上海中医药大学奉贤校区置换给古华中学】　3月，上海市教委与奉贤区政府签定置换协议书，正式将原上海中医药大学奉贤校区土地及地上建筑物、构建物和设施作价置换，用于古华中学的扩建。原上海中医药大学奉贤校区占地面积约3.67公顷，建筑面积约18000平方米。（区教育局供稿）

【启动全区农村学校三年行动计划】　年内，根据市教委有关会议精神，奉贤区计划用三年左右时间（2005年～2007年）提升义务教育阶段学校办学水平，缩小区与城区之间学校在校舍、装备方面办学条件的差距。行动计划的主要实施项目为：校舍、体育场地、校园环境、教学仪器设施和教师培训等。

（区教育局供稿）

高等教育

【概况】　年内，高校校址在奉贤区域内有6所，分别是上海师范大学（包括上海旅游专科学院）、上海商学院、上海电子信息职业技术学院、上海中华职业技术学院、上海工会干部管理学院、上海市第二工业大学成教院自考助学中心、市电大奉贤分校。（李　伟）

【上海师范大学】　年内，上海师范大学在奉贤校区办学的学院11个，除机电、建筑工程学院在校区整建制办学外，其余9个学院均为延伸办学。奉贤校区全年共招收全日制本科生3956人，其中春季班招收146人。当年毕业1164人，年底有在校本科生10660人。

（唐娟芳）

【上海商学院】　年内，商学院有全日制在校生10000余人，下设财会金融学院、管理学院、国际交流学院、外语学院、艺术设计学院、计算机与电子工程学院、新闻与传播学院、成人教育学院等8个二级学院以及国际经济贸易系、法律行政系、食品工艺技术系等3个直属系部，有6个本科专业、43个高职专业和7个中外合作专业。学院有专任教师400余人，其中博士生、研究生以上学历占30.13%，副高以上职称占33.52%。全年招生3680人，年内，商学院首次进行本科和专升本专业招生。学院毕业生人数为2951人，其中春季班毕业生178人，秋季班毕业生2773人，比上年2702人增加249人。至9月15日，2777名毕业生顺利就业，就业率94%。

（商学院供稿）

新建的弘文学校　（弘文学校　供稿）

【上海电子信息职业技术学院】　年内，上海电子信息职业技术学院有全日制高职专科入学新生2279人，比上年多招136人；在校生6332人，比上年增加1574人、增长30.87%；毕业生682人，比上年增加206人、增长43.2%，至12月，就业率96.21%。11月30日，举办2006级毕业生校园招聘会，63家单位进场、提供700多个职位，1913名学生到场应聘、有意向登记2500人次。专任教师216人，比上年增加54人。其中35岁以下青年教师113人，比上年增加25人；硕士学位59人，比上年增加27人。12月，经财政部批准，“电工电子专业实训中心”被列为2005年度中央财政支持奖励的职业教育实训基地建设项目。另外，‘通信与信息技术公共实训基地”被列入上海市财政支持奖励的高职院校建设实训基地建设项目。

（忻　希）

【上师大奉贤校区两委会网站开通】　1月10日，奉贤校区工作党委、管理委员会网站开通。网页设校区介绍、两委会介绍、校区党建、校区服务、信息公告等版块，同时也反映国内外众多校区建设与管理方面的成果和经验，该网站也是传达重要会议精神、报道奉贤校区工作动态、介绍上师大奉贤校区建设与发展情况的窗口。（唐娟芳）

【《我的太阳》剧组到上师大奉贤校区巡演】　4月12日晚，由大学生独立制作的电影《我的太阳》及其剧组人员到奉贤校区巡演，这是其高校巡演活动的第二站，也是上海师范大学“树魂立根”系列活动之一。《我的太阳》由教育部中国大学生在线网站出品，上海交通大学2－WORKS2独立电影工作室制作。该影片喜剧色彩浓厚，反映校园生活的原生态。（唐娟芳）

【投入40万元为上师大奉贤校区添新绿】　年内，上海师范大学奉贤校区绿化又有新改观。四教南区总面积15000平方米的大草坪上新栽种6000平方米的树。树种有乔灌木、雪松等,还有7种花灌木,如红玉兰、白玉兰、垂丝海棠、石榴等。此次栽种于6月17日完成,共投入资金20万元,其中10万元由奉贤区创建园林城区发展中心投入。全年上海师范大学奉贤校区用于绿化的费用总计40万元。(唐娟芳)

【上师大学子为特奥会赛场献爱心】 10月1日,奉贤的海思路上迎来了上海市第六届特奥会(奉贤赛区)的自行车比赛。上师大奉贤校区的近百名学生志愿者参与献爱心活动,接待每个需要帮助的人,表达当代大学生对特奥人士的真挚爱心和强烈的社会责任感。与此同时,上师大奉贤校区后勤、食堂、资产、保卫等部门为比赛活动提供多方保障。赛事结束后,区政府领导专程赴上师大奉贤校区赠送锦旗。(唐娟芳)

【奉贤供电分公司机关党支部捐助学子】 10月,为帮助上师大建工学院经济困难学生顺利完成学业,奉贤供电分公司机关党支部无偿捐资两万元给建工学院15名品学兼优但家境困难的在校大学生。该公司上年9月向学院捐助奖学金2万元,此次是第二次捐助。此项基金设立一等奖学金5名,每名2000元;二等奖学金10名,每名1000元。(唐娟芳)

【以色列副总领事赴上师大奉贤图书馆参观】 11月30日上午,以色列驻沪领事馆副总领事贝理亚(EliavBenjamin)先生专程至上海师范大学奉贤校区图书馆,观看“爱因斯坦在中国”图片展览。参观结束后,贝理亚先生为展览留言,并与图书馆互赠礼物。

(唐娟芳)

【宝马集团与上师大合作培训项目启动】 10月12日,由宝马集团和华晨宝马汽车有限公司共同投资,与上海师范大学合作的“宝马技术导入”综合培训项目在上海师大奉贤校区举行开学典礼。此次合作项目的启动,对上师大作为一所综合性大学逐步走向国际化、提高机电学院的教学和科研水平具有重要意义。学校将在与宝马集团的合作过程中,通过让教师承担部分授课和培训任务,把国外先进技术、管理模式和营销理念借鉴并运用到学校的相关专业教学过程中,以培养更多适应市场发展需要的现代化复合型人才。(唐娟芳)

11月30日,以色列副总领事(右二)参加爱因斯坦图片展。

(上师大奉贤校区 供稿)

【商学院试招专升本学生230人】 年内,经市教育委员会批准,上海市商学院试招院内专升本学生。专升本学习期限为2年,招收专业为连锁经营管理、财务管理、信息管理与信息系统和艺术设计4个专业,共招生230人。

(商学院供稿)

【3名学生志愿赴云南支教】 7月,商学院2005年应届毕业生常洲、蒋殷(女)、唐怡君(女)踏上志愿服务西部的征程。3名志愿者在云南的执教服务期限分别为2年和1年。(商学院供稿)

【商学院与启明大学签订友好交流协议书】 9月22日,上海商学院与韩国启明大学签订友好交流协议书,协议达成教育、研究以及其他有关领域合作。合作内容9项:教师及学生的学术交流;互派教师,互派学生;开展合作研究项目;共同举办学术会议;交换学术资料;开发特定的短期学术项目;开展双方教师的培训计划;共同培养本科生、进修生及双学位项目。

(商学院供稿)

成人职业教育

【概况】 年内,全区有成人教育培训学校(机构)59所,其中区政府举办的区社区学院1所(含上海电大奉贤分校、上海电视中专奉贤分校、奉贤区成人教师进修学校、奉贤区职工学校),区老年大学1所;行业主办的学校3所(区工业总公司举办的奉贤工业技术学校、区农业委员会举办的奉贤区农业技术学校、区劳动和社会保障局举办的奉贤区职工培训学校);镇成人中等文化技术学校(含镇社区学校)7所和海湾镇社区学校1所;民办(非学历)教育学校(机构)46所。59所成人教育培训学校(机构)共有国家编制教师112人、集体编制教师87人、兼职教师188人。主要承担成人学历教育、干部继续教育、技术岗位培训、社区教育(含老年教育、社会文化生活教育)等。全年办学事业总量415873人次,比上年净增126803人次,增长43.7%。其中:学历教育11711人(不含全日制中专学生),农村劳动力教育培训8610人,外语类培训

1589人次，职业类培训103787人次（含等级工培训3798人，计算机培训3726人次等），艺术类教育5874人次，老年教育24317人次，法制教育12903人次，其他各类社会教育255692人次。

全区有职业技术教育学校2所，分别是奉贤中等专业学校和奉贤工业技术学校。

截至年底，共批准设立的民办（非学历）教育机构46所，共有专职管理人员168人，专职教师102人，兼职教师280人，全年培训179222人次，有力地促进素质教育的实施和各类技能培训及社会文化生活培训的开展，推动奉贤区域构建终身教育体系发展。

（区教育局供稿）

【奉贤中等专业学校】 奉贤中等专业学校为国家级重点中专，也是上海市现代化标准性示范学校。2005年面向全国招生，共向外省市招生58人。学校开设机电技术应用、机械制造与控制、数控技术应用、计算机网络应用、商务英语、旅游服务和管理等多个专业，其中机电技术应用是上海市教委认定的重点专业。学校有教职工184人，其中专职教师128人，含高级职称教师28人，中级职称教师63人，具有中级工以上证书的实训教师12人；学生2856人。

（区教育局供稿）

【奉贤工业技术学校】 奉贤工业技术学校是由区工业总公司举办的行业学校，主要开设电工电子、服装工艺等专业。年内有教职工35人，在校生1200人。

（区教育局供稿）

【完成劳动力职业培训8610人】 2005年是“上海郊区劳动力职业教育三年行动计划”实事项目实施的第一年，全区完成培训总量8610人，占本年度计划指标的143.48%，在全市率先完成培训任务。全区16所符合条件的职业学校、成人学校和社会培训机构承担此项培训任务，其中7所成人学校培训6548人，占76.06%。开设培训项目8大类，50多个小类，涉及156个职业岗位。其中上岗证书培训1365人，占15.86%；职业资格证书培训2073人，占24.08%；合格证书培训5171人，占60.07%。至年底，已有4843人经培训进入非农岗位就业，就业率56.26%；培训对象以45周岁及以下农民为主，共5941人，占69.01%。 （区教育局供稿）

【奉贤区社区学院揭牌】 5月18日，奉贤区社区学院揭牌，标志着奉贤区全面完成以奉贤区社区学院为龙头，各镇成人学校（社区学校）为骨干，各村、居委、企业办学点为基础的成人教育和社区教育三级网络体系形成。同时，全区完成成人职业教育和农业技术远程教育专业网建设，奉贤区社区学院的《中央广播电视大学人才培养模式改革和开放教育试点》工作通过市教委评估。 （区教育局供稿）

【开展全民终身学习活动周】 10月15日，奉贤区全民终身学习活动周开幕式暨奉贤区成职教和民办（非学历）教育系统教育咨询活动在奉贤文化广场举行。活动周以“全民学习，终身学习；学习发展人生，学习创造和谐”为主题，由缤纷舞台、资源集锦、学习咨询、社教撷英等活动板块组成，共有10万多人次参加活动。其间，上海市成人教育协会在奉城成人教育学校召开“学习——关爱农村劳动力和农村建设”专题研讨会；各镇、各社区开设创建学习型单位、学习型家庭的论坛，还结合“三个集中”背景下的农村劳动力转移培训，开展各类技能比武和公共安全、家庭教育、卫生保健、网络操作等知识竞赛；同时，充分利用奉贤政务网、媒体发倡议书，进一步激发全民终身学习的自觉意识。11月18日，活动周闭幕。 （区教育局供稿）

【发展老年教育】 年内，完成老年教育24317人次。加强统筹协调，建立由区民政、教育、老龄等政府职能部门参加的区老年教育联系会议制度，各镇建立老年学校校务委员会，明确部门、条线发展老年教育的相关责任。资源共享落实基地，区老年活动中心与区老年大学同步规划和建设，并实行综合使用和管理；各镇坚持成人学校、社区学校、老年学校三块牌子、一个基地、一套班子的模式，使校舍、设备、师资及其管理等得以充分共享；各村利用村（居委）老年活动室，设立老年教学点，还充分利用各个社区的文化体育场所和设施，设立老年教育活动点，初步形成覆盖全区的老年教育基地网络。落实上海市政府“改善老年学校办学条件”的实事项目，完成区老年大学（暨老年活动中心）和南桥、奉城、庄行3所镇老年学校的办学设施、设备改善。 （区教育局供稿）

特殊教育

【概况】 年内，全区有特殊教育学校1所，即惠敏学校。学校有教学班12个，学生136人。学生来自全区各乡镇（开发区），患有聋哑、智残、脑瘫等残疾。学校建有多媒体专用室，音乐室，康复室，电脑室，美术室，劳技室，烹饪室等适合弱智儿童学习、活动、休息等场所。

（区教育局供稿）

（本栏目编辑 马莉苑）

文　化

综　述

2005年,文化、新闻、出版、广播电视、档案等事业继续得到发展。《奉贤区文化发展规划纲要》出台,提出奉贤文化发展总体目标和基本框架,努力形成富有时代特征、奉贤特色的滨海新城文化。广播电视数字化工程建设步伐加快,全年共投资276.4万元对广播电视播出系统进行改造,完成电视硬盘播控系统的安装。《奉贤报》举办复刊十周年系列活动,进一步扩大机关报的舆论影响力。区档案局(馆)建立首问责任制度和服务承诺制度,进一步提高档案人员的责任意识和服务意识。(朱佳妮)

文化艺术

【概况】 年内,组织各类演出786场,其中高雅艺术演出53场,儿童剧演出106场。共创作书法作品300余件,美术作品400余件,摄影作品600余件,创作文艺作品104件,创作演出作品42件。全年各放映单位共放映电影715场次,观众161202人次;推进"2131"(21世纪每1村每1月至少放映1场电影)工程,下村放映电影3614场,观众854755人次,放映"公益场"8场,"敬老场"4场,为驻奉部队放映6场。

"相约滨海之夏"广场文化系列活动于7月15日~8月15日举行,其间共举行19场演出,参与活动的演职人员5000人次,观众20万余人次。此项活动被命名为上海市群众文化特色项目,得到上海市文化发展基金会的项目资助。历时半个多月的"宣传大篷车"三下乡文艺活动期间,共演出12场,演职人员1200多人次,现场观众95000多人次。承办区各界人士春节团拜会、"保滩工程"慰问演出、"蓝天下的至爱"大型慈善文艺义演、奉贤区创建上海市园林城区专场演出、慰问预备役训练部队演出、区残奥会专场演出、"鱼水情"八一军民联欢晚会、上海旅游节第八届旅游风筝会开幕式演出等20多项大型文化活动。全区共开展各类社区文化活动700余场,参与人数105万人次。(朱佳妮)

【奉贤山歌剧重放光彩】 43年前深受奉贤人民欢迎的山歌剧《江姐》在"七一"重现奉贤舞台。5月,一批原山歌剧团的退休老艺人,组织起来重排了在山歌剧舞台上消失了43年的大戏《江姐》。在区文广局的鼓励支持下,又组织排演一批山歌剧节目,有山歌对唱、山歌剧《江姐》"绣红旗"选场、新编山歌剧小戏《翠竹情深》等,在"七一"以及国庆专场"唱出心中的山歌——山歌剧进社区"等演出中得到观众的热烈欢迎以及各界好评。(朱佳妮)

【举办演出月活动】 7月,2005年度"高雅艺术进奉贤演出月"活动正式开始。此次活动主要分三个部分,分别是红色经典剧目进剧院展演活动(包括现代舞剧《闪闪的红星》、现代京剧《智取威虎山》等)、优秀传统戏剧进社区展演活动(越剧《梁山伯与祝英台》等)以及优秀传统民乐进校园展演活动(民乐的普及教育等)。演出月活动将一批以"革命精神、浩然正气"为主题的舞台戏剧和优秀传统艺术搬上奉贤的演出舞台。

(朱佳妮)

【举办"相约滨海之夏"广场文化系列活动】 8月15日晚,随着"南桥老街——我们的家"专场文艺晚会顺利举行,奉贤区2005年"相约滨海之夏"广场文化系列活动圆满闭幕。活动以"让生活更美好"为主题,自7月15日精彩开幕至8月15日降下帷幕,历时一个月,共展演了音乐、舞蹈、戏曲、戏剧、曲艺、杂技、魔术、健身舞等各种门类的艺术表演专场19场。其间,参与展演的群众文艺骨干共约2500人次,现场观众20多万人次,充分体现"让艺术走近人民大众"的活动宗旨,使"相约滨海之夏"广场文化系列活动作为奉贤的一个文化品牌,真正成为人民群众的节日、奉贤百姓的舞台。(朱佳妮)

【完成博物馆搬迁工作】 年初,为配合创建上海市园林城区古华公园扩建工程,区博物馆认真做好馆藏文物及馆舍迁址工作。6月，全面完成新文物库房的装修、文物的重新登记装箱、馆藏文物和陈列厅展品的搬迁。新的奉贤历史陈列厅的装修、布置工程结束。

（朱佳妮）

【区文化工作会议召开】 5月17日下午，区委、区政府在南桥镇江海村农家会所召开奉贤区文化工作会议。会议要求全面贯彻上海市文化工作会议精神，落实新制定的《奉贤区文化发展规划纲要》，加快区文化建设进程，实现文化和经济的协调发展。《奉贤区文化发展规划纲要》提出文化发展的总体目标和基本框架，指出奉贤文化建设要充分利用区域的自然形态和历史资源，形成“一线、三圈、五点、特色社区”的空间形态布局结构，并形成一批具有鲜明特色的文化社区。纲要还提出奉贤文化发展的10项主要任务，并要求通过转变观念，加强领导，落实政策，创新机制给予奉贤文化发展有力保障。

（朱佳妮）

【举办群众文艺创作节目汇演】 8月2日，由区文广局主办的区第二届群文创作节目汇演在青村镇钱桥影剧院举行。群文创作节目汇演作为“相约滨海之夏”广场文化系列活动的重头戏，创作节目汇演由戏曲表演唱、小品、舞蹈和小戏4个专场组成，共有来自区内7个镇的29个节目。这些节目都是由各镇的文艺骨干和文艺爱好者自己创作和排演的，内容丰富、贴近实际生活，其中有反映家乡巨大变化的，也有讴歌身边优秀共产党员的，演出受到群众欢迎。

（朱佳妮）

【沈杰当选中残联书法家联谊会副会长】 12月，区政协委员沈杰在中国残疾人联合会书法家联谊会、中国残疾人联合会美术家联谊会上，当选为书法家联谊会副会长。在这两家联谊会中，沈杰是上海市唯一当选为副会长的艺术家。

（奉贤报供稿）

【王海成为中国作家协会会员】 11月7日，中国作家协会批准农民诗人王海为中国作家协会会员。王海成为上海市唯一一名农村户籍的中国作家。王海，1959年步入文坛，主攻诗歌，也涉足其他文学体裁。已写下诗歌20000余首，出版诗集4本、歌词集1本、儿童读物2部、民歌集2部。主编“中国沿海作家书系”奉贤卷5本。

（奉贤报供稿）

【南桥电影院和萧塘影剧院翻新】 8月下旬，南桥镇开始对萧塘影剧院进行全面维修。萧塘影剧院设施陈旧，内部线路存在着颇多安全隐患，直接影响到萧塘地区居民的文化生活。为此，南桥镇人民政府和上海市工业综合开发区各出资8万元，对影剧院进行修葺更新。同时，南桥电影院的整修工程也于8月25日启动，装修一新的南桥电影院于2006年1月初重新开放。

（金 英）

折纸艺人徐菊洪（中）在辅导学生　　（区文广局 供稿）

【奉贤滚灯参加长江流域民间艺术节】 11月2日～3日，应中国民间艺术家协会、上海市文联的邀请，奉贤滚灯作为上海市唯一的代表参加在张家港市举办的长江流域民间艺术节，在长江流域民族民间文艺过街巡游表演和首届长江流域民族民间艺术节“长江风”文艺晚会上展示了奉贤滚灯的魅力和风采。集舞蹈、杂技、体育为一体的奉贤滚灯成为此次艺术节的一大亮点。

（朱佳妮）

【举办外来建设者卡拉OK大奖赛】 11月2日晚，由区文广局和奉城镇政府共同举办的“老庙黄金杯”外来建设者卡拉OK大奖赛活动在奉城镇金叶超市门口举行。20名在奉贤工作的外来建设者参加此次卡拉OK大奖赛的角逐，展示了外来建设者的风采。

（朱佳妮）

【区书画20年回顾展拉开帷幕】 9月30日，区“展大地风采，绘新城蓝图”书画20年回顾展在南桥镇文广中心拉开帷幕。书画展至10月7日结束，历时8天，汇聚110幅书画作品。

（朱佳妮）

【四团镇社区文化活动中心建成】 11月，四团镇社区文化活动中心建成，该中心位于四团镇天鹏小区南侧，总投资2000万元，占地面积12000多平方米。其中广场部分已投入使用，每晚有近千名居民在广场上健身、娱乐。

（朱佳妮）

新闻传媒

【概况】 2005年，《奉贤报》改版四开八版双面彩印，共出版51期，每期发行量35000份。报社围绕区委、区政府中心工作，为奉贤的改革、发展、稳定作好新闻报道。年内开设的版面有《重要新闻》、《综合新闻》、《镇区在线》、《社会关注》、《生活百事》、《法制纵横》、《卫生保健》、《七彩校园》、《古华风》、《特稿·专稿》、《企业形象》等。从10月起，经区政府领导协调，《奉贤报》开始做一部分信息类广告，弥补办公经费不足。

5月始，区广播电视台恢复“编辑、新闻主编、总编”三级新闻审稿制度，加强新闻审查力度，确保节目质量。9月始，增加日间节目，使奉视1台每日播出时间增加至11小时，播出量增加1倍。年内，外宣工作继续保持良好势头，全年共有201条稿件被上海电视台录用，其中6:30时新闻7条；被东方电视台录用稿件109条，其中6:30时新闻28条；并积极向华东新闻、长江三角洲新闻联播发稿。此外，区广播电视台还积极向上海台、黄河台送稿，其中《流浪猫的家》部分被上海纪实频道《看见》栏目所采用，有37部片子被中国黄河电视台录用，经美国斯科拉卫星电视网向全美播出，在所有50多家成员台中位列第5位，并由此被授予外宣“繁荣奖”。硬件建设方面，区文广局于上年对广播电视数字化工作进行总体规划，确定2005年~2007年为广播电视数字化重要推进时期。2005年，作为数字化改造的启动之年，共投资276.4万元，对广播电视播出系统进行改造，完成电视硬盘播控系统的安装，制定《硬盘播出系统使用规范》，为逐步实现广播电视节目的摄录、制作、播出等环节的数字化、网络化奠定基础。在有线电视网络建设方面，年内有线电视用户已达14多万户，比上年增长10%。

（潘玉明　朱佳妮）

【做好区“两会”报道工作】 《奉贤报》专门安排4个版面作“两会特刊”新闻宣传，在报道好会议召开的同时，对区委书记张立平、区长沈慧琪等领导和人大代表、政协委员在各代表团和小组讨论会上的发言，作详实报道。为配合宣传报道“两会”召开，另外用两个专版刊出由该报记者采写的《好雨知时，润物无声——奉贤文明城区创建让百姓感受文明生活》和《招商引资让奉贤活力四射》两篇新闻特稿。在奉贤政府网站上，报社充分发挥网站新闻即时、快捷、大容量的优势，把“两会”召开的新闻在第一时间及时进行报道发布。“两会”召开期间，《奉贤报》、奉贤政府网站一共刊发6万余文字，50余篇新闻稿件和100余张新闻照片。

（潘玉明）

【开展保持共产党员先进性教育活动宣传报道】 年内，《奉贤报》在报纸、网络上分别开辟“扎实开展共产党员先进性教育活动”、“为党旗增辉”两个专栏和“先进性教育”专版，并推出学习全国“孺子牛奖”获得者高祖明系列报道。记者还深入采访，对32名（个）优秀共产党员和党支部的典型事迹作连续报道。在先进性教育活动中，《奉贤报》专栏、专版上刊出400余篇（张）先进性教育活动的报道和新闻图片，为全区开展好先进性教育活动起到工作引导和榜样激励作用。

（潘玉明）

【《奉贤报》抓好重要报道】 年初，《奉贤报》对奉贤交通实业总公司在市场经济中找准自己的位子，困境中奋起事迹和经验，连续作五期报道，在全区企业中引起强烈反响。3月~5月，开展“新航星电器杯”工业经济系列报道，对22家区内企业以人为本、科技创新的典型经验作深度报道。年内，对2005年区政府重大实事工程“创建上海市园林城区”，作大量报道的同时，刊发7个专版，为每个阶段工作做好重点宣传。7月~9月，为配合先进性教育活动的开展，刊出纪念抗日战争胜利60周年专栏，进行爱国主义、革命传统教育。

（潘玉明）

【开展《奉贤报》复刊十周年系列活动】 5月5日，《奉贤报》复刊10周年。为充分发挥区委、区政府机关报在引导地区舆论影响力，《奉贤报》社于4、5月份开展系列纪念复刊十周年活动。活动内容包括开展“我看《奉贤报》这十年”征文活动；出版一期铜版纸彩印的“庆祝《奉贤报》复刊10周年特刊”；表彰12名优秀通讯员；召开《奉贤报》复刊十周年座谈会。

（潘玉明）

【硬盘播出系统投入使用】 5月19日，奉贤广播电视台两个频道的硬盘播出系统组建完成并投入使用。硬盘播出系统分为播出和上载两个部分。上载时既有数字信号的上载，又有模拟信号的上载。可供两个频道的播出使用。两台服务器承担两个频道的播出任务，并且由于播出信号在两个服务器上互为备份，可增加播出的安全性。另外，播出信号的存储用数字信号也将有利于提高图像清晰度。

（朱佳妮）

【南桥镇广播节目全新改版】 7月，为进一步适应广大听众要求，丰富节目内容，南桥镇文广中心对镇办广播节目进行全新改版。原先每周二、四、六固定节目《南广新闻》、《南广与您同行》改为以两个星期为一个周期；每周二、四、六滚动播出6大专题节目，分别为：《时尚生活》、《法制纵横》、《农科话题》、《实事快递》、少儿节目《阳光乐园》和老年节目《欢乐夕阳》，并增设星期日《动感星期天》文艺专题。

（朱佳妮）

【头桥社区有线电视网改造竣工】 7月14日，奉城镇文广中心头桥社区有线电视老网改造工程项目竣工。奉城镇文广中心从历年收视维护费的专项基金中提取40万元，用于头桥社区的老网升级改造。奉城镇头桥社区有线电视网络建于1994年，设计带宽只有450兆赫兹，采用藕芯电缆主干线传输，加上近年来的扩网延伸，整个网络的质量指标低于设计指标，影响居民收视质量，造成用户投诉多、收视费征收困难的局面。通过改造，提高了头桥社区有线电视的收视质量。

（朱佳妮）

【《南桥新闻》放上因特网】 《南

桥新闻》是南桥文广中心自办电视节目，具有南桥镇窗口作用，星期六晚上6:00至6:30首播，星期一晚上6:00至6:30重播。由于接收方式等原因致使南桥镇区的大部分居民无法收看到该节目。通过新闻节目上网的形式解决这一难题。南桥镇的居民们可以通过因特网在南桥镇政府网首页上方便的浏览到“南桥新闻”。 （朱佳妮）

【国庆期间推出《奉视新闻》镇区专版】 国庆期间，《奉视新闻》镇区专版首次与广大观众见面，于10月3日首播，至10月10日结束。《奉视新闻》镇区专版和各镇文广中心合作，以凸显各镇的区域优势和特色、展示各镇形象、反映群众身边事为主线进行报道。镇区专版的推出，是奉贤广播电视台通联工作的一大尝试，也是各镇文广中心广播电视业务能力的一次大检阅。 （朱佳妮）

【奉视1台日间节目亮相】 9月28日，区广播电视台无线奉视1台日间节目正式播出。调整后的无线奉视1台从中午12:00时起播至晚上23:30时以后，单日播出时长将增加至11.5小时，播出量比调整前增加1倍。为推出日间节目，区广播电视台积极开拓进片渠道，以“贴片”的形式引进多部日播系列专题片，形成纪录片、科普专题、时尚专题、娱乐专栏等多种节目形式，并在下午时段推出《午后剧场》、《周日影院》等。针对奉贤城乡生活习惯，还在17:15～18:00时之间推出《城乡电视剧场》。同时增加《奉视新闻》和奉视专题的播放频率，从而加大自我宣传和公益宣传的力度。 （朱佳妮）

图　书

【概况】 年内，全区有公共图书馆20家，其中区级图书馆1家、区馆分馆2家、镇级图书馆17家。区图书馆新购图书总量4591册，藏书总量297635册，全年办证4759张，流通人数35926人次，流通数量605591册次。各镇社区图书馆新购图书20716册，藏书总量351413册，借阅人次351999人次，流通数量1067879册次。

经过近2年的筹备工作，区图书馆新馆工程于11月28日破土动工，预计于2007年完工。区图书馆为未成年人的健康成长营造良好社会氛围积极开展各类活动。组织“奉城文广杯”征文演讲活动、纪念抗战胜利六十周年征文竞赛活动，“南桥文广杯”百名小学生伞面绘画和“金叶杯”幼儿讲故事比赛，举办创建园林绿化城区专题讲座，组织暑期影片观摩活动。年内，区图书馆共向20多家单位赠书，为学习型社会的创建做出积极的贡献。向驻奉部队高炮营、导弹营、司训三营和预备役高炮团赠送有关世界反法西斯战争和抗日战争新书554册，价值1.7万余元；向新筹建的南桥镇江海村农家会所图书室赠书524册，其中新书324册、新期刊40册，新书架2个，价值逾万元；向市工业综合开发区灵芝村图书室赠书403册，期刊312册，价值5000余元；分别向金汇东星村，柘林冯桥村、奉城2个民工工地赠送新书291册，期刊300册，价值6000余元。 （朱佳妮）

【举办“南桥文广杯”少儿伞面绘画比赛】 5月21日，奉贤区南桥镇文广中心和奉贤区图书馆在江海花园文化广场开展奉贤区“南桥文广杯”少儿伞面绘画比赛，为奉贤区公共图书馆服务宣传周拉开序幕。在宣传周里还举办六一“申海杯”少儿诗歌大赛、“奉城文广杯”小学生征文演讲比赛等读书活动。 （朱佳妮）

【举行区图书馆新馆工程开工典礼】 11月28日，奉贤区图书馆新馆工程开工典礼隆重举行。区图书馆新馆选址于南桥镇解放东路南侧，占地面积1.37万平方米，拟建建筑面积约1.6万平方米，计划投资约1.2亿元，由外借、阅览、专题馆、报告厅、多功能厅、展览展示、办公、新华书苑等多个部分组成，是奉贤区迄今为止投资最大的文化建设项目。新馆的设计将体现奉贤区新时期科学文化设施的时代特色，建成后的图书馆将成为综合型、开放性、多功能的现代化公共图书馆，成为奉贤区文献信息资源的收藏中心、交流中心、服务中心和协作协调中心。 （朱佳妮）

【举办图书管理员业务培训班】 5月25日～9月4日，为进一步提高图书管理员的业务素质、管理水平和实际操作技能，迎接2006年上海市乡镇图书馆等级评定工作，区图书馆举办了图书资料基础业务知识培训班。来自全区各镇的26名镇图书管理员参加培训。培训班开设5门专业课，每位学员在理论学习的基础上，再进行上机操作。考核合格者由区文广局颁发结业证书，并以此作为担任公共图书馆管理员资格凭证之一。 （朱佳妮）

【区图书馆送书到军营】 7月27

区广播电视台　　（区文局　供稿）

日，在中国人民解放军建军78周年来临之际，区图书馆专程为驻奉预备役部队、高炮营、南空司训大队三营和导弹营赠送各类图书554册，共计人民币1.7万余元，受到部队官兵的欢迎。1992年始，区图书馆就与驻奉部队建立"双拥"关系，专门为部队图书室整理、加工、分类图书。2005年正逢抗日战争和世界反法西斯战争胜利60周年，区图书馆精心挑选一批反映二战和抗日战争的最新图书送到军营，帮助部队官兵了解历史、研究军事，丰富了部队的文化生活。

（朱佳妮）

2005年奉贤区图书馆、乡镇图书馆业务情况表

馆　名	购书(册次)	购书经费(元)	总流通(人次)	外借(人次)	外借(册次)	藏书总量(册)
区　馆	32894	1500000	324515	228206	277260	325938
南桥镇	3379	68861.9	53813	16676	38740	62912
金汇镇	4796	57417	36080	21919	45043	53223
奉城镇	2760	53889.3	44605	24510	103641	64948
四团镇	1912	23841.5	38924	31937	34583	45164
青村镇	1518	20262.1	33650	21238	51708	41553
庄行镇	3749	45267	38741	31321	46694	41923
柘林镇	3550	36208	40687	20119	40905	47264

（朱佳妮）

档　案

【概况】 2005年，全区档案系统以十六届四中全会、邓小平理论和"三个代表"重要思想为指导，围绕市委市政府召开的全市档案工作会议和区委一届四次全会精神，以档案工作服务机制创新为主题，紧紧围绕奉贤经济社会建设和发展大局，积极开展各项工作，取得全区档案工作新进展。认真开展保持共产党员先进性教育活动，推进档案干部队伍建设。加强调研，认真编制奉贤档案事业"十一五"规划。明确职责，细化方案，认真开展"双结对"活动。9月20日，组织248名专兼职档案人员，听取《上海市档案条例》释解讲座。发动全区830名各单位办公室主任、文秘档案人员参加市档案局举办的"档案知识网络竞赛"月月赛活动。9月下旬开始，对法人、其他组织贯彻实施档案法律、法规的情况，重点建设工程项目档案管理情况和区城建档案室档案移交接收、整理和保管利用情况进行行政检查，进一步促进档案工作依法规范有序地开展。抓基础、抓基层，农业农村档案工作得到巩固和发展。重点加强现代农业和小城镇建设档案管理，积极为农村发展服务，维护广大农民的合法权益。加强社区、居委会档案工作。全区7个镇的9个社区、17个街道、59个居委会建档合格率从上年的85%提高到100%。重视接收、征集，优化馆藏。全年，接收第一批、第二批三峡库区移民档案423册。接收区政府办、柘林镇等5家单位档案共计2709卷(件)，其中永久939卷(件)、长期1712卷(件)、短期58卷(件)。广开各种渠道，征集到多份清代和民国年间完税清单、1份家书以及清代时期由奉贤籍人士所著的《注释道生堂全集》4册。加强政府公开信息送交工作，确保政府公开信息及时开放。现行文件阅览窗口共接收15个政府部门送交的政府信息公开文件累计1346份，其中电子文件127份。接待公民查阅公共信息14人次，查阅信息30件(次)。档案网站点击人数大幅度增加，共达26902人次。接待827人次，利用档案2251卷，为修编县志、校史、厂史、村史发挥积极作用，也为抗日战争胜利60周年纪念活动提供大量档案资料。档案教育稳步发展，培训质量逐步提高。开发档案信息资源，建设"土地征用"等专题数据库。

（樊国红）

【召开档案系统先进表彰大会】 11月30日下午，区档案局召开奉贤区贯彻《上海市档案条例》暨档案系统先进表彰大会。大会对2003年至2004年获得档案工作市二级先进的区体育局等3个单位、区政协办公室等区档案系统15个先进集体、王国英等29名先进工作者颁发奖状、证书和奖金。会上，区档案局局长屠晓就奉贤如何贯彻《中共上海市委办公厅、上海市人民政府办公厅关于深入贯彻实施〈上海市档案条例〉，推动档案事业进一步发展的若干意见》作报告。并对区内的档案工作提出要抓好区档案馆新馆建设，档案数字化建设，馆藏资源建设，开发利用和公共服务建设，重大活动、重大工程和重大科研项目的档案建设、

档案法制建设、档案制度建设以及队伍建设等8项建设。（樊国红）

【严永宫出版个人《档案工作文集》】 5月28日，区档案馆副研究馆员、首批奉贤区专业技术拔尖人才严永官精心挑选和整理了自参加档案工作20年以来所发表在全国各类档案报刊、杂志上的109篇文章，以个人专著形式出版发行，书名《档案工作文集》，共计47.6万字。（樊国红）

【建立首问责任制度】 7月15日，区档案局馆建立首问责任制度。局馆五个科室作为责任单位，局（馆）长、副局（馆）长担任首问责任制领导小组正副组长。局馆各科室专门设立"一岗、一员"，即设置一个摆放席卡的首问接待岗位，安排一名业务熟悉经验丰富的首问接待员。局馆领导还要求首问接待员人要精神，物要整洁，说话要和气，办事要公道。如果对群众上门办事、业务咨询、要求档案指导无法一次完成的，首问接待员要预约好时间，留下联系电话，避免群众多次来回跑。同时，严格执行考核和责任追究制度。（樊国红）

【建立服务承诺制度】 8月5日，区档案局馆以促进构建和谐社会为目标，推行服务承诺制度，作出两项服务承诺和五项便民措施：两项服务承诺即开设查档热线电话：57420639，开设查档服务窗口。五项便民措施即：由两名档案工作者接听电话查档问询；专人负责来信委托查档；开设市民阅档室方便调阅档案；开展预约查档服务；设立现行文件查阅中心和政府公报发放点。（樊国红）

11月4日，召开《档案学术评论的理论与实践》课题评审会。

（区档案局 供稿）

【区档案馆新馆建设项目正式立项】 根据奉贤新城的总体规划及公共档案建设的需要，区档案馆于8月11日向区发展和改革委员会提出《关于上海市奉贤区档案馆新馆建设工程项目建议书的请示》。9月7日，区发展与改革委员会同意立项。该项目选址于解放东路南侧、横泾港东侧、区卫生防疫站西侧区域，占地面积约15700平方米，建筑面积约8000平方米，总投资约5000万元（不包括土地费用）。（樊国红）

【《档案学术评论的理论与实践》课题通过评审】 11月4日，由上海市档案局立项，区档案局承担的《档案学术评论的理论与实践》科研项目顺利通过评审。该课题评审委员会一致认为：该课题选题具有一定的前沿性；《档案学术评论概要》对档案学术评论的理论与实践进行比较系统的研究，初步建立系统理论框架，对于档案学术评论的深入发展具有指导作用。成果在国内档案学界具有领先水平。并建议在进一步完善与充实的基础上，形成更为系统的理论著作，在档案专业教育培训与学术研究活动中加以推广应用。（樊国红）

【市档案局局长一行到奉贤调研】 11月10日，市档案局局（馆）长吴辰、副局（馆）长顾林生等一行7人，到区档案局馆进行调研。市局领导视察了区档案馆现行文件阅览窗口、库房、新馆建造地址以及"中国共产党在奉贤"史料展和"沧桑·辉煌五十年——奉贤县档案馆珍藏展"两大展览。同时，听取区档案局（馆）长屠晓关于奉贤档案事业"十一五"规划编制及档案工作的情况汇报。吴辰对奉贤档案工作所取得的成绩给予充分肯定。（樊国红）

（本栏目编辑 马莉苑）

卫生·体育

综 述

2005年，奉贤卫生事业与体育事业得到同步健康快速发展。卫生系统坚持贯彻落实科学发展观，坚持以人为本的服务理念，加强医院管理探索和研究，拓宽医院管理者思路；着力狠抓医疗质量，完善医疗质控制度；积极落实“双优”服务，推出一系列便民利民实事；重点加大政风行风建设，注重从源头上治理不正之风；不断丰富医院文化内涵，推动医院精神文明建设，较好地完成全年的各项任务。

年内，区体育工作继续贯彻《中共中央、国务院关于进一步加强和改进新时期体育工作的意见》和《中共上海市委、上海市人民政府关于加快上海体育事业发展的决定》精神，大力推行“人人运动计划”，积极开展体育工作，实现全民健身工作扎实有序，竞技体育有所提升的良好局面。

（张华芳　严小军）

医疗服务与管理

【概况】 年内，全区有各类医疗卫生机构43所，其中区级医疗机构7所、防治站所4家、一级医疗机构18所、农场职工医院3所、戒毒机构1所、企事业内部医疗机构12所。全区卫生系统共有职工3750人，其中卫生技术人员3017人，高级职称119人，中级职称698人。实际开放床位4302张，其中老年护理床位1835张。全区完成门急诊人数约为212万人次，收治住院病人约为5.56万人次，区级医院手术人数为9531人次，急诊抢救病人1773人次，抢救成功率为95%。（顾常青）

【医疗救护站奉城分站建成并投入运行】 12月1日，设置在奉城医院内区医疗急救站奉城分站，完成业务用房的改造、基础设施配置等工作，投入运行。区医疗急救站奉城分站的投入使用，使奉贤区的急救半径缩短到10千米左右，平均反应时间缩短到15分钟左右。

（沈志刚）

【奉城镇社区卫生服务中心门诊综合大楼落成】 11月25日，奉城镇社区卫生服务中心门诊综合大楼落成并投入使用。该中心在完成硬件设施改造后，将按照“六位一体”的功能定位，即同一部门同时具有预防、保健、医疗、康复、健康教育以及计划生育技术指导等六项功能，有效实施社区卫生服务项目，全面转换服务功能，为奉城镇广大社区群众提供优质、便捷、价廉的医疗卫生服务。（张华芳）

【庄行镇卫生院标准化建设通过验收】 12月21日，作为市政府实事工程之一的庄行卫生院标准化建设并转化为社区卫生服务中心工作，通过市重大办、市卫生局等部门组成的专家组检查验收。

（沈志刚）

【建成10家社区卫生服务站】 12月16日，被列为区政府实事工程的10家社区卫生服务站通过区重大办、区卫生局组成的验收组验收。分别是：南桥镇的江海、金港、五宅站；青村镇的褚家站；庄行镇的新苑站；四团镇的小荡站；奉城镇的冯家、永益站；柘林镇的团泾站和金汇镇的周家站。（沈志刚）

【为残疾人提供“送康复服务上门”】 年内，区卫生局制定为全区残疾人“送康复服务上门”工作方案，进行人员培训和残疾人康复需求调查，与康复对象签约。至年底，已为约3700名残疾人提供“送康复服务上门”。（沈志刚）

【为因公负伤民警建立抢救绿色通道】 年内，为加强对区内因公负伤公安民警的抢救、治疗工作，使负伤民警得到及时、有效地救治，区卫生系统建立医疗机构急救“绿色通道”（快速抢救通道）。落实奉贤区中心医院为救治的医疗机构，设计制定快速救治流程。

（张华芳）

【建立社区医生联系制度】 年内，对全区离休干部、持有重残证书的残疾人和80岁以上老人，每人指

定一名全科医师作为联系医生；同时，把80岁以上老人列为重点，建立健康档案，提供医疗咨询和上门服务。（沈志刚）

【完成医保事务中心标准化建设】 年内，将原威声饭店大厅作为医保事务中心标准化建设扩建用房，12月中旬基本完成该处服务大厅的装修，12月28日，医保事务中心搬迁至新的服务大厅。被列入全市百家重点服务点建设范围的区8个社区服务点，完成选址、扩建服务台、人员培训、网络建设和设施安装等工作。12月20日，医保服务业务全面下沉到社区服务点。（沈志刚）

【市第六人民医院奉贤分院挂牌】 10月26日，上海市第六人民医院奉贤分院挂牌暨苏州大学教学医院揭牌庆典仪式在区会议中心举行，区中心医院正式委托市六医院经营管理。上海市人民政府副市长杨晓渡，区委书记张立平，上海市卫生局副局长刘国华等领导出席庆典活动。（张华芳）

【区疾病预防控制精神卫生分中心挂牌成立】 12月8日，奉贤区疾病预防控制精神卫生分中心成立揭牌仪式在区精神卫生中心举行。副区长汪黎明、市疾控分中心主任蒋清等领导出席揭牌仪式。（张华芳）

【开展医院管理年活动】 年内，区卫生局积极贯彻落实卫生部提出的"以病人为中心，以提高医疗服务质量为主题"的医院管理年工作要求，结合奉贤实际，制定奉贤区医院管理年活动方案。对2005年的医疗质量控制实施方案和质量考核标准作重新制定，完善和细化质量考核标准，制定出39项医疗工作规章制度、20项护理工作规章制度及11项专业质量控制标准，为全面提高医疗质量奠定基础。（沈志刚）

【举办卫生管理论坛】 年内，为进一步提高医务系统领导干部管理水平，区卫生局于4月～9月举办3期奉贤卫生管理论坛，区卫生局党政领导、正副科室长及全区医疗卫生单位党政主要领导共90多人参加。通过举办讲座、互相交流、课题研究、撰写论文等形式，努力提高卫生系统领导干部的管理能力和知识水平。（沈志刚）

【开展打击非法行医专项行动】 年内，制定《奉贤区打击非法行医专项行动方案》，成立奉贤区打击非法行医专项行动领导小组及办公室。开展以打击地下黑诊所为主的"卫监二号"行动和以查处医疗机构出租、承包科室、未经审批擅自从事性病诊所的"卫监四号"行动。对全区各镇进行专项检查，对群众举报的案件，认真、及时地进行查处。全年共出动人员2680人次，检查医疗机构和诊所121户次，取缔无证行医点138处，责令改正17户次，立案17件，没收非法药品6430千克以及部分器械。（沈志刚）

12月8日，区疾病预防控制精神卫生分中心揭牌。（阮永雄　摄）

【规范医药购销行为】 年内，为加强医药购销的源头治理，把建立健全药品采购组织机构、明确工作职责、规范药品采购流程、制定相关人员廉洁自律规定及加强监督管理等方面作为重点，认真制定《奉贤区医疗机构药品集中采购管理实施办法（试行）》。同时，全区卫生系统的医疗单位制定药品、医疗器械购销的有关制度，规范进货渠道和购销行为。（张华芳）

【建立烤瓷牙加工准入制度】 年内，针对烤瓷牙外加工方面存在的突出问题，制定《关于进一步整顿和规范医院烤瓷牙外加工工作的意见》，建立烤瓷牙加工准入制度，制定烤瓷牙集中采购、委托外加工办法，规范烤瓷牙外加工工作流程，并进一步完善管理机制，着重从源头加以治理医药购销中的不正之风。（张华芳）

【制定区卫生系统医疗设备集中采购管理办法】 年内，为进一步规范医疗设备采购行为，提高医院资金的使用效益，区卫生局在加强调研、学习取经、征求多方意见的基础上，制定《奉贤区卫生系统医疗设备集中采购管理办法》，并成立领导小组和工作小组。该办法从2006年起全面实施。（张华芳）

【弘扬先进典型】 从2月14日开始，区卫生局联合区电视台在《预防与保健》栏目中每两周推出一名德技双馨的医务人员，介绍其先进事迹。全年共播放23期，共报道优秀医务人员18人、优秀集体5家。同时，结合保持共产党员先进性教育活动，举行"党旗映医魂——奉贤区卫生系统优秀共产党员先进事迹报告会"。在此基础上，在《奉贤报》"卫生与保健"专栏中，定期介绍区卫生系统的先进典型。（沈志刚）

【医疗事故技术鉴定】 年内，区医疗事故技术鉴定中心共受理案件 19 件，完成鉴定 15 件。其中，区卫生局医疗事故处理办公室移交 9 件，上海市卫生局医疗事故处理办公室移交 5 件，医患双方共同委托 3 件，其他 2 件，其中构成事故 4 件。（沈志刚）

【创建无烟医疗机构 25 家】 年内，在全区开展创建无烟医疗机构活动，制定并下发《上海市奉贤区创建无烟医疗机构活动实施方案》，25 家医疗机构申报创建。5 月 31 日，其中区中心医院和青村镇社区卫生服务中心两家单位首先通过验收，被授予无烟医疗机构称号；11 月中旬，其余医疗机构均通过验收。（沈志刚）

【献血工作】 年内，共采血 17309 人份，其中计划采血 10013 人份，流动车采血 5870 人份，来血站献血 122 人份，互助献血 35 人份，高校献血 1251 人份，采集血小板 138 个单位。（沈志刚）

卫生防疫与保健

【概况】 年内，全区甲、乙类传染病共计 10 种，总发病率 291.65/10 万，比上年同期下降 14.59%。孕产妇死亡率 0/10 万（不含外来人口），婴儿死亡率 4.45‰（不含外来人口）。全区人均期望寿命 79.31 岁，其中男性 76.81 岁，女性 81.81 岁。（沈志刚）

【12 项措施防范禽流感入侵】 年内，面对禽流感全球蔓延的严峻形势，区卫生局部署 12 项措施严密防范禽流感入侵。加强组织领导和完善工作网络；加强和完善制度建设；进一步完善防控预案；加强疫情监测和及时上报；加强预检分诊，严密鉴别可疑病例；加强培训和演练，提高应急处置能力；加强协调配合，完善联防联控机制；加强健康宣教，提高群防意识；严格执行信息发布制度；认真组织自查和督查；做好防控物资储备，加强

10 月 26 日，举办市第六人民医院奉贤分院挂牌庆典活动。
（区卫生局　供稿）

一线人员防护；统筹安排，进一步落实冬春季各项防病工作。（张华芳）

【加强卫生监督执法】 年内，加大对传染病防治、职业病防治和公共场所卫生、学校卫生、工地卫生、外来人口卫生的监督执法力度。对辖区内急性职业中毒事故的重点行业及小化工企业进行监督检查；对 49 家接触铅、正己烷等企业进行监督执法；多次对辖区内大中型宾馆、浴场、度假村、美容美发等公共场所进行监督检查，并定期追踪复查；对医疗机构的传染病消毒隔离、传染病的报告等管理工作进行督查；多次组织检查学校防病措施的落实情况。（沈志刚）

【实行免费婚前保健服务】 年内，根据相关法律法规及奉贤区的实际情况，区卫生局拟定《关于奉贤区实行免费婚前保健服务工作实施意见的请示》。经区政府批复后，于 6 月 1 日正式实施免费婚前保健服务。（沈志刚）

【全面实施建设健康城区“7121”工程】 年内，为推进实施建设健康城区三年行动计划（2003 年～2005 年），年初通过制定标准、落实措施，提出建设健康城区“7121”工程，即：年内要在全区建成健康村庄示范点 7 个、健康小区示范点 10 个、健康单位示范点 20 个、健康家庭示范户 100 户。至年底，已全面完成建设任务。（沈志刚）

【建设健康城区三年行动计划接受评估】 年内，根据市建设健康城市联席会议要求和区建设健康城区三年行动计划部署，9 月～11 月，在区建设健康城区联席会议领导下，依托相关的 13 个委办局和各镇，通过市民问卷调查、召开各类访谈会、查阅相关建设资料、现场考核项目实施情况等方式，对区三年建设情况进行全面评估。评估结果显示：市民对建设健康城区的知晓率 89.2%，2005 年所定的 87 项建设指标完成 81 项，占指标数的 93.1%，正在推进建设中的指标有 6 项。（沈志刚）

【开展艾滋病免费咨询检测】 年内，制定《奉贤区艾滋病免费咨询检测实施办法》，在区疾病预防控制中心内建立艾滋病免费咨询检测点，设立艾滋病咨询检测热线，确定每周一、三为咨询日。全年共接受咨询 16 人，全部接受免费 HIV 检测。（沈志刚）

学校体育

【概况】 年内，区内学校《学生体质健康标准》实施面 100%，幼儿广播操、跳绳、拍球活动施行面

100%。年内，组织学生参加上海市小学生运动会、中学生运动会、上海市中小学生校园运动会、新民晚报杯足球赛、新闻晨报杯肯德基中小学生暑期篮球赛、上海市首届中小学生体能挑战赛、上海市第二十三届中小学生跳踢比赛以及上海市"苗苗杯"幼儿自编操比赛等各类比赛。举办区中小学生校园田径比赛、乒乓球比赛、篮球比赛、足球比赛、中小(幼)跳踢比赛及上海市旅游风筝会奉贤区中小学生风筝赛。全区学生体质得到进一步增强。（严小军）

【青少年俱乐部管理见成效】 年内，青少年俱乐部通过区社团局"规范化建设"验收。青少年俱乐部工作成效显著，其中实验学校的国际象棋俱乐部内部管理及运作良好，成绩显著，该俱乐部2005年组队参加市级比赛2次，获市级比赛1个团体第三名，1个团体第五名；参加全国比赛4次，获3个团体第一名，2个团体第三名，1个团体第六名。（严小军）

群众体育

【概况】 年内，举行5次以上全区机关、企事业单位干部职工各类体育比赛。3月26日～27日，举办区"和汇杯"公务员乒乓球比赛，全区各委、办、局和镇的40个单位170多名运动员参赛；4月16日～17日，举办"供销社杯"乒乓球比赛，35个单位250多名运动员参赛；6月1日～5日，举办区"伟星杯"企业篮球比赛，15家企业的200多名运动员参赛；6月，举办全区青年健身日活动，500多人参加；11月26日～27日，举办区首届"悦华杯"羽毛球比赛，全区机关、企事业单位38支代表队200多名运动员参赛。通过各类比赛，推动职工体育全面开展。各镇群众体育活动积极开展。四团、南桥镇分别举行乒乓赛，庄行镇举办第一届运动会、第二届"千科杯"乒乓球赛，金汇、柘林、奉城镇分别举办全民健身周展示活动。南桥地区的广场健身舞发展到10个点、5000多人，其影响已向镇、社区辐射，广场健身舞成为区群众体育事业蓬勃发展的重要标志。结合共产党员先进性教育、全民健身周等各类活动，南桥镇社区体质监测站积极为社区居民服务，传授科学健身知识，指导科学健身方法。6月11日，奉城镇、南桥镇代表区参加市第八届社区健身大会"徐家汇杯"排舞比赛，分获中青年组、老年组三等奖。8月27日，"良城杯"家庭乒乓球赛，区派出2支队伍、5个家庭参加比赛，获得中学生组第四名、第六名、第八名。9月24日区组队参加"川沙杯"太极拳比赛，获得二等奖。11月，选派4支队伍参加上海市门球百队大赛，南桥镇门球队获第七名。11月20日，区举办上海市首届"奉旅杯"木兰拳邀请赛，全市14个区近百名运动员参赛。（严小军）

【"全国亿万农民体育健身奖"更名复审】 年内，上海市体育协会、上海市体育工作委员会和区体育局到南桥镇，对1999年和2000年原西渡镇和原江海镇相继获得的"全国亿万农民体育健身奖"进行更名复审。调研复审后，南桥镇被列入"全国亿万农民体育健身奖"名册。（严小军）

【举办区第一届"悦华杯"羽毛球赛】 11月26日～27日，区第一届"悦华杯"羽毛球赛在区体育中心举行，来自全区各机关、企、事业单位的38支代表队、共200多名运动员参加比赛。此次比赛是奉贤区第十届全民健身节系列活动的最后一项重大赛事，也是此届健身节的压轴大戏，比赛活动在新启用的区体育中心羽毛球馆内举行。（严小军）

【滚灯获全国先进乡镇特色体育项目展示奖】 11月9日～12日，奉贤区柘林镇滚灯队受华东六省一市农民体育协会的推荐和委托，代表华东地区参加全国"亿万农民健身活动"先进乡镇特色体育项目展示大会，并获得大会唯一种类奖项——全国"亿万农民健身活动"先进乡镇特色体育项目展示奖。（严小军）

【开展第二次国民体质监测】 年内，根据国家体育总局等10个部委下发的《关于开展2005年国民体质监测工作的通知》精神，年初，专门成立奉贤区国民体质监测领导小组，并制定奉贤区国民体质监测方案和详细的工作方案，组建17人的监测队伍。此次体质监测工作主要在庄行镇存古村、张塘村、庄行幼儿园、南桥镇发展村、江海幼儿园、青村镇岳和村进行，全年共完成体质监测1500人。（严小军）

11月26日～27日，"悦华杯"羽毛球赛在区体育中心举行。（区体育局 供稿）

体育设施建设

【概况】 年内，为配合创建全国文明镇，全区共新建健身点35个。区体育局积极协调规划局、绿化局等有关部门，启动区内2个社区公共运动场建设工程。每个运动场集篮球场、足球场、网球场等多种项目，以满足不同层次群众的健身需求。一批新建场馆在区体育中心落成并投入使用。全年共投入基建、维修资金1200多万元。体育中心坚持全天候对社会开放，全年到体育中心参与健身的市民约50万人次。 （严小军）

【体育中心场馆建设】 年内，一批新建场馆在区体育中心落成并投入使用。9月，区第一个较高标准羽毛球馆竣工，球馆建筑面积1700平方米，总投资300多万元，场馆内共有12片场地。12月，射击馆竣工建成，建筑面积3000多平方米，总投资500万元。新建两片小足球场；改建原游泳池更衣室，翻建二楼800平方米的游泳池更衣室。新建乒乓球馆，总投资300万元，建筑面积800平方米。新建两座飞碟射击发靶房和116平方米的控制室。 （严小军）

【新建健身点35个】 年内，为配合创建全国文明镇，南桥镇增建10个健身点，全区共新建健身点35个。同时对已建健身苑点进行全面检查，及时更新、维修健身器材，确保体育设施的完好率在96%以上，并对全区164个健身苑点进行保险，保证社区健身设施的安全运转。 （严小军）

2005年奉贤区新建健身点情况表

所属地区	地　址	面积(平方米)	器材(件)	所属地区	地　址	面积(平方米)	器材(件)
南桥镇	华亭学校	200	5	南桥镇	沈陆村	400	10
	鸿宝一居	400	10		杨五村	400	10
	鸿宝二居	400	10		关港村	400	10
	鸿宝三居	400	10	青村镇	钱桥卫生院	400	10
	陈湾小区	400	10		桃源村	300	7
	运河二村	400	5		罗神村	400	10
	五宅村	400	10		光明卫生院	400	10
	和谐军营	400	10	庄行镇	冷泾新村	400	10
	解放一居	400	10		庄行新苑(2)	400	10
	解放三局	400	10	柘林镇	立新村	400	10
	金明雅苑	1000	22		新　城	400	10
	街心花园	600	14		东新村	600	14
	南街居委会	400	10	奉城镇	奉城居委	600	14
	六墩村	400	10	金汇镇	北行村	400	10
	庙泾村	400	10	化工区	华星村	400	10
	北新村	400	10		目华新村	1000	22
	灯塔村	400	10		冯桥村	600	13
	张翁村	400	10				

（严小军）

竞技体育

【概况】 年内，全区向上输送运动员10人，其中3人入选市代表团参加第十届全运会。4月，出台《奉贤区体教结合工作若干意见》，体育部门制定并落实《体教结合项目布局学校考核办法》及《考核细则》，以进一步完善教育、教学与运动、训练两者相结合的管理机制和运作机制。承办和参加各类大型体育活动和竞技赛事，先后承办中国足协超级联赛杯足球赛、上海市第六届特奥会自行车比赛、上海市“海湾杯”风筝表演赛、上海市青少年自行车公路锦标赛等。 （严小军）

【体育项目合理布局】 年内，区体育项目布局新开设两个项目：网球、曲棍球。业训项目布局符合奉贤实际。幼、小、初、高梯队基本形成。为提高训练水平，校运动队日常训练由训练中心派出教练员负责，学校配备辅助教练，确保体教结合工作取得实效。区体育局与教育部门共同确定致远高级中学为区级体育传统学校。 （严小军）

【业余训练出成绩】 年内，区体育业余训练培养出一批较高素质的运动员，全年向上输送运动员10人，其中输往二少体3人，嘉定一中（办二线）2 人，奉贤中学（试办二线）5 人。被输送的运动员中，有 3 人入选市代表团参加第十届全运会，其中姜丽萍获女子 4×100 米接力第六名。有 2 名奉贤籍飞碟运动员代表其他省市参加第十届全运会。（严小军）

【承办中邦对申花足球赛赛事】 5 月 19 日，中超杯第一轮第一回合最后一场比赛，中邦和申花的比赛在奉贤体育中心进行。比赛吸引 6000 多名观众到场观战，最终上海申花队以 4 比 1 的比分取胜。此次比赛是奉贤体育中心自 1998 年承担原甲 B 球队上海航星队主场之后再次承办的高级别足球赛事。（严小军）

5 月 19 日，中邦对申花比赛现场。（区体育局 供稿）

2005 年奉贤区承办重要赛事情况表

时间	地点	赛事
5 月 19 日	体育中心	中国足协超级联赛杯足球赛（中邦对申花）
10 月 1 日	海湾旅游区	上海市第六届特奥会自行车比赛
10 月 1 日～5 日	海湾风筝放飞场	全国“同丰杯”精品风筝赛 上海市“海湾杯”风筝表演赛
11 月 19 日	海湾旅游区	上海市青少年自行车公路锦标赛

（严小军）

2005 年奉贤区在训运动员参加竞技比赛获奖情况表

赛事	项目	成绩
全国少年最高级比赛	田径	第六名、第七名、第八名
全国少年最高级比赛	自行车	第二名、第四名、第六名、第七名、第八名
全国大（中）学生气步枪射击赛	射击	2 金 1 铜
上海市射击冠军赛	射击	2 金 3 银 2 铜
上海市少年田径赛	田径	第二名、第三名
上海市射箭锦标赛	射箭	2 金 1 银 3 铜
上海市青少年射击锦标赛、冠军赛	射击	1 金 3 银 4 铜
上海市青少年自行车公路锦标赛	自行车	第二名、第六名、第七名、第八名

（严小军）

（本栏目编辑 马莉苑）

社 会 生 活

人口与计划生育

【概述】 年内，奉贤人口与计划生育工作坚持按照《人口与计划生育法》和《上海市人口与计划生育条例》赋予的职责，继续稳定低生育水平，以人为本，进一步拓展服务和工作领域。深入开展“让奉贤人生活更美好”为主题的“计划生育优质服务先进区”创建活动。积极完善和推进以现居住地为主的人口综合协调和管理机制。进一步夯实基层人口计生工作基础，不断推进计划生育村（居）民自治，全面提升区人口与计划生育服务和管理水平。2005 年，推出两项人性化措施：一是增加报销方式，在原来“出具证明——群众就医——报销经费”方式基础上，增加医疗单位记账方式；二是简化转诊手续，在“镇级——区级——市级”逐级转诊基础上，增加灵活性，群众就近或自愿选择医疗机构，减少转诊环节。

加强宣传力度，营造良好氛围。发挥大众化传媒作用，利用农村有线广播优势开设专题，全年播出 120 多期。开辟电视专题栏目，做到每月有 2 次 30 秒以上的电视报道。邀请著名农民诗人王海为人口计生谱诗 15 首，在《诗芽》上发表，分发 12000 份到全国。开展《条例》宣传月和奖励扶助制度及婚育新风宣传月活动，发信给奖励扶助对象 1300 份，村民小组张贴墙报专刊 200 份，村、居委拉横幅 440 条；开展“健康婚育，我的承诺”活动，100 名青年参加集体婚礼，100 名青年参加“晚婚青年看奉贤”活动，1000 名青年在横幅上签名，10000 名青年签订《计划生育承诺书》；参与区“三下乡”活动，发放避孕药具 2400 多份，分送宣传资料 2000 多份，500 多人参与计生知识竞答；组织征文竞赛；开展世界人口日纪念活动，7 月 11 日，举办区人口与计划生育文艺汇演暨歌诵比赛活动。设计制作 2600 套宣传版面进入社区楼道，15 个滚动式灯箱广告牌亮相于南桥镇最繁华的商业街人民路，下发《家庭计划指南》30000 多本。在区婚管所设立人口计生咨询服务宣传窗口，落实好专职服务人员，发放 1000 多本小册子和 800 多份宣传折页。在南桥镇和奉城镇举办 2 期孕妇培训班，邀请市儿科医院教授为 70 多名准妈妈传授孕期营养、自我保健等知识。在 40 个小区门卫设立 24 小时避孕药具免费领取点。推行《计划生育服务证》制度。为持有《流动人口婚育证明》的外来人员，免费提供计划生育基本项目服务，免费赠阅《让奉贤人生活更美好》小读本。完善免费技术服务工作。 （陈罗真）

【人口与计划生育指标】 年内，全区常住人口出生数 6124 人；户籍人口出生 3475 人，人口出生率 6.80‰，自然增长率 −0.21‰，计划生育率 99.65%；流动人口出生 2649 人，计划生育率 89.54%。

（陈罗真）

【深化计划生育现居地管理】 年内，不断完善现居住地和源头管理相结合的常住人口管理机制。发挥奉贤区霍邱流动人口计划生育协会作用。奉贤区和霍邱县签订《双向管理服务协议书》，实现协会共建、资源共用、生育共管、服务共享。发挥霍邱县驻奉贤劳务输出工作站作用，在户籍地开展技能培训和劳务介绍，逐步形成“双向互动、有序流入”格局。延伸计划生育工作网络。及时与新经济组织签订计划生育协议，落实法定代表人负责制。在 38 个集贸市场、20 多个较大规模的建筑工地设立避孕药具发放点，发放宣传资料 2100 多份，配备计生服务员，实行计生信息奖励制度。完善“三点”管理模式。把好居住点租房关，由房屋租赁中心签订协议；把好分娩点生育通报关，落实专人隔天通报，兑现医务人员奖励；把好工作点验证关，务工单位负责查验和协办《流动人口婚育证明》。 （陈罗真）

【赴安徽省霍邱县研讨流动人口管理】 6 月 2 日～6 日，区人口计生委赴安徽省霍邱县研讨流动人口源头管理。两地计生委就流出地乡镇在务工人员外出前签订合同，出具《流动人口婚育证明》，加强劳务技术培训，强化孕检服务，发挥新成立的奉贤区霍邱流动人口计

划生育协会作用等方面达成共识。（陈罗真）

【开展妇康保险服务】 年内，坚持抓好计划生育妇康保险服务，全年共办理女性安康保险4100多份，办理理赔18件，理赔金额18万元。开展“幸福工程——救助贫困母亲”活动，全区共募集资金40000多元，发放人口计生福利彩票24万多元。（陈罗真）

【加强人口计生队伍建设】 年内，全区各镇、开发区配备专职人口计生干部36人，其中8个镇配备30名专职干部，大专以上学历占73%，35岁以下占41%。在新建小区、城乡结合部、动拆迁地区及时配备宣传员。加强业务培训，举办基层干部培训班，邀请市和区有关专家为120多名基层计生干部授课；积极参加市人口计生委“十五”培训，区人口计生委全体干部和各镇、开发区人口计生办人员共51人参加培训及考试。加强行风建设。坚持把工作“沉”到基层，推行委机关定点联络员和走访村、居委制度，做好党建共建和“双结对”工作，党支部18名党员结对资助18名计划生育贫困女孩。（陈罗真）

【开展婚育新风宣传月活动】 8月30日，奉贤区举行第三届婚育新风宣传月活动开幕式。在开幕式上，举办“美丽青春，健康生活”主题活动，60多名社区青少年参加互动游戏、交流点评、知识竞答、自演小品等活动。区人口计生委、团区委连续两年联合开展婚育新风宣传月活动。在9月1日～30日开展的奉贤区第三届婚育新风宣传月活动期间，开展“健康婚育，我的承诺”、“喜爱奉贤的理由——晚婚青年看奉贤”和流动人口“小手牵大手”宣传服务进家庭活动，组织生殖保健、婚前体检、青春健康教育宣讲团巡回演讲，开展家庭才艺展示、扶助贫困母亲、关爱女孩等活动，进一步倡导健康的婚育观念。（陈罗真）

【开展“小手牵大手”活动】 年内，开展“小手牵大手”服务进万家活动。在44所外来民工子弟学校聘请计划生育宣传辅导员，加强对2万多名学生的人口意识和男孩女孩一样好的教育。畅通宣传资料、知识信息进家庭的新渠道，由这些“小手”牵住4万多双“大手”，带动家长接受计划生育政策法规和生殖健康教育。结合“让女孩在阳光下成长”主题活动，捐助480多名外来贫困女孩就学。拓展服务方式，由原先的外来人口民工子弟学校教育为主改变为深入育龄人群家庭。（陈罗真）

【区领导调研人口计生工作】 2005年的第一个工作日，区长沈慧琪到区人口计生委进行工作调研。3月2日，区委书记张立平来到区人口计生委，专题调研人口计生工作。区委副书记周林官、区人大常委会副主任李吉瑞、薛德初、庄解、区政协副主席许璇黎等领导也先后分别到区人口计生委进行工作调研。（陈罗真）

【召开区计生协会第一次代表大会】 该会议于3月3日召开，市计划生育协会秘书长沈龙英出席会议并讲话。区人口计生委主任、区计划生育协会常务副会长沈明飞作奉贤区计划生育协会第一次会员代表大会工作报告。区委副书记韦源当选为区第一届计划生育协会会长。（陈罗真）

【举办纪念“幸福工程”创立十周年暨募捐仪式】 5月8日，奉贤区举办“幸福工程”创立十周年纪念活动。计划生育协会本着动员群众相互帮助的原则，通过发行人口计生专题福利彩票的形式，募集资金用于独生子女困难家庭，帮助他们走出贫困，走向幸福。（陈罗真）

【区首个流动人口生育文化小区建成】 5月30日，奉贤区金汇镇举行齐缘公寓生育文化小区落成暨外来务工者人口学校揭牌仪式，1000多名外来流动人员享受到公寓式居住管理、家庭式人口计生服务。金汇镇齐缘公寓是奉贤区外来流动人员集中居住管理的示范工程。在小区内，成立外来务工者计划生育协会和人口学校，新增5处生育文化宣传栏，在楼道内增挂20多块家庭计生宣传版面，在门卫设立24小时避孕药具免费领取点，开设《流动人口婚育证明》等计划生育行政事务办理窗口，把人口和计划生育宣传服务送到外来务工者家门口。（陈罗真）

【幸福工程柘林编织加工项目签约】 8月17日，柘林镇编织加工“幸福工程”项目点举行签约、揭牌仪式。该项目点吸纳近300名贫困母亲就业。市计划生育协会副会长刘永良、区委副书记韦源为项目点揭牌并讲话。在签约仪式上，上海市“幸福工程”项目办公室主任沈龙英、奉贤区人口计生委主任沈明飞、柘林镇人民政府镇长沈金华、编织加工公司经理顾品华分别签订贷款协议书。（陈罗真）

婚姻收养

【概况】 全年办理结婚登记4139对，协议离婚1224对，办理收养登记申请67件，办理事实收养2件。在全市率先开展免费婚检，同时在婚姻登记处旁设置“婚姻家庭健康咨询室”，由专家和保健医生为当事人免费提供婚检咨询和优生优育知识。深入社区，广泛宣传婚姻收养方面的法律法规常识。实行周六工作制和中午照常办公制，方便群众办理婚姻事务。（蔡新康）

【深入社区宣传《婚姻法》和《收养法》】 11月中旬至12月中旬，区民政局领导、婚姻收养登记管理所负责人以及区法宣办、区司法局的负责人，到全区7镇12个社区广泛宣传《婚姻法》和《收养法》。同时精心制作12块版面巡展，发放6000余份宣传资料。全区约有万余人观看宣传版面、咨询有关法律法规和政策。区广播电视台、《奉贤报》也作专题报道。区民政局从全区区域调整和镇、村撤并的实际出发，为方便群众了解和掌握有关

的法律、法规知识，决定以社区为重点，不定期地深入社区、深入群众，加强普法宣传，以维护当事人的合法权益。（蔡新康）

社会救助

【概况】 2005年，低保标准调整为农村人均2340元/年，城镇人均300元/月。全区救助对象有41216人(次)，救助金达1135.7万元。年内，慈善基金会奉贤分会筹款502万元，累计筹款达2300万余元。市、区两级慈善机构出资1015.26万元，困难群众有11002人受益。加大城市流浪乞讨救助管理条例的宣传力度，规范救助行为，提高救助服务质量，全年共救助250人次。（蔡新康）

【召开市慈善基金会奉贤区分会第一届全体会议】 原上海市慈善基金会奉贤区办事处更名为上海市慈善基金会奉贤区分会。1月11日，上海市慈善基金会奉贤区分会召开一届一次全会。区委常委、组织部部长钱城乡宣布组成人员名单，由苏新泉、姜金余、周兆熊等老领导任荣誉顾问；沈慧琪任名誉会长；姚海、杜治中、毛啸岳和叶连均任名誉副会长；胡镇寰兼任会长；薛德初、朱德龙、金国强兼任副会长；政府有关部门、镇领导以及人民团体负责人王森龙、马建根等22人兼任委员；金国强兼任分会秘书长。会上，委员们审议通过工作报告以及2005年慈善帮困救济资金的预算安排，通过慈善分会工作制度、会议制度。（蔡新康）

【慈善爱心超市开业】 1月7日下午，区首家慈善爱心超市开业。超市位于南桥镇古华路98号。超市采取"政府示范推动、民间组织运作、社会人人参与、贫困群众受益"的运作模式，采用商业超市实物帮困的方法，把社会捐赠的财物送到贫困群众手中。不仅方便贫困群众挑选自己所需要的生活必需品，而且为社会热心人回报社会、奉献爱心提供新的平台，实现了捐赠网络长效管理的目标。春节前，区民政部门通过各镇社会救助管理所，向低保家庭等发放价值10万元的"爱心购物券"，受助对象凭"爱心购货券"前往慈善爱心超市领取生活用品。（蔡新康）

困难群众在慈善超市领取所需物品（王　伟　摄）

【举办投纸飞机赢取轿车活动】 年内，由东方卫视和上海市慈善基金会奉贤分会举办4次投纸飞机赢轿车活动。活动所得的收入全部用于奉贤区的慈善事业。（蔡新康）

【国际友人参与慈善助学】 近年来，越来越多国际友人通过慈善基金会参与助学。6月，市、区两级慈善基金组织经过调查摸底，在原有基础上又增加18名中小学生接受国际友人助学。至年底已帮助25名中小学生，每年为每名同学支付2500元学杂费。（蔡新康）

【国庆节社会救助388万元】 根据区委、区政府领导的要求和市民政局的安排，奉贤区加大国庆期间的救助力度，推出一系列救助措施，救助金额388万元。主要是审核2005年度第三批大重病医疗救助，人数194人，救助经费40.44万元。对患大重病虽给予医疗救助后但生活仍有困难的375户特困家庭，在国庆期间给予一次性生活困难补助。资助特困家庭子女就读高等院校、中等学校学杂费。向4996名农村三级定补家庭下拨区级救助资金189.43万元。慰问589名农村五保老人。通过上海市慈善基金会奉贤区分会对70名患大重病的特困人员进行救助，向300名就读中等学校的困难学生提供"爱心午餐"。为在9号台风受灾特困家庭、低收入家庭进行救助，受灾家庭228户，给予一次性的生活困难补助。（蔡新康）

【捐款捐衣助灾区】 年内，积极募集衣物帮助四川、云南受灾地区。至11月10日，奉贤区募委会已收到社会各界捐赠的衣被118811件，捐款39万余元。12月，再次募集衣物，至12月22日，全区有13个镇(开发区)，94家单位的21717人参与捐赠活动，其中共产党员10209人。共募集棉被296包761条，毛毯272条，棉衣被15204件，毛衣毛裤20554件，冬衣裤10641件，羽绒服2480件，皮衣371件，其他衣物2768件，共计2047包53057件(条)。（蔡新康）

【奉贤福利企业网站开通】 年内，奉贤福利企业网站正式开通。网站由区民政福利企业管理站、区社会福利企业协会共同创办。包含首页、行政管理、政策法规、协会、会员信息、会刊、留言板等七大版块，面向奉贤福利企业，为残疾职工服务。（蔡新康）

双拥优抚

【概况】 年内，区委、区政府继续加强双拥优抚工作，调整充实区双拥领导小组成员，建立区双拥办并落实专职干部。节庆期间走访慰问驻奉部队官兵，为预备役五团“五全演练”和来奉海训部队做好后勤保障。主要路段设置双拥广告牌，为部队修筑2.4千米双拥路。鼓励退役士兵自谋职业，拥军安置率实现6个100%，即军转干部100%安排到党政机关；团职以上干部100%安排到相应领导岗位；随军随调家属就业100%安置（此外，还帮助尚未符合随军随调条件，但又有实际困难的军嫂提供就业岗位）；对高学历、高技术、有职称的随军家属100%安排到事业单位；退役士兵100%参加免费培训；退役士兵100%得到安置。农村、城镇义务兵及其家属优待金实行统一标准，共支出461.86万元。扩大优抚对象医疗救助范围，完善优抚对象医疗减免标准。春节期间向农村重点优抚对象发放一次性生活补助费28.8万元，为在职、在乡伤残军人发放残疾抚恤（保健）金56.3万元。提高入伍期间农村义务兵及其家属优待金发放标准。从2004年度起对新入伍的农村户籍义务兵优待金与城镇入伍义务兵的优待金实行全区统一标准，消除城乡差别。全区共有军民共建单位68家，年内有14对共建单位获得上海市军民共建社会主义精神文明先进集体称号。（蔡新康）

【区领导慰问海训部队】 7月26日下午，区四套班子领导张立平、周林官、程云华、姚海、张伟伟、薛德初、毛啸岳、崔卫中等赴海湾旅游区3个训练点慰问到奉贤参加海训的部队全体官兵。区委书记张立平代表慰问团向海训部队赠送慰问金9万元。晚上，区委、区政府举行“鱼水情——奉贤人民慰问子弟兵”大型文艺晚会，慰问驻奉部队和海训部队。（蔡新康）

【赴藏看望奉贤籍战士】 8月8日，区武装部部长陈勇、区双拥办副主任钱秀娟及有关镇武装部部长前往西藏拉萨，看望和慰问20名在西藏服役的奉贤籍战士。区武装部、双拥办领导向家乡子弟兵介绍了奉贤经济发展和双拥工作的情况，向奉贤籍20名战士赠送慰问金。（蔡新康）

【统一残疾军人抚恤城乡一体化标准】 年内，根据《军人抚恤优待条例》、上海市民政局、上海市财政局关于提高部分优抚对象抚恤补助标准的通知精神，对全区1373名在乡烈属、残疾军人、老复员军人等重点优抚对象的定期抚恤、定期定量补助标准进行调整，实行在职、在乡残疾军人抚恤补助标准城乡一体化。（蔡新康）

社区建设

【概况】 年内，深化村务公开、民主管理，开展示范村、示范镇创建活动和社区示范（模范）居委会创建活动，广泛推行民主评议村委会干部，强化民主管理。全区8个镇5个开发区中270个村、75个居委会陆续开展村（居）务公开、民主管理示范创建活动。至年底有51个村委会、31个居委会申报创建市级示范村（居）委会。（蔡新康）

【召开区村务公开和民主管理工作推进大会】 1月12日，区委、区政府召开村务公开和民主管理工作推进大会，总结交流经验，部署新一年村务公开工作。区领导韦源、程云华、叶青权、毛啸岳以及区村务公开协调小组成员单位负责人、各镇党政分管领导、村委会主任近300人出席会议。会上对荣获市“先进村民委员会”、“先进村民委员会主任”称号的集体和个人进行表彰，宣读区委办公室、区政府办公室联合下发的《关于推进村务公开和民主管理工作的实施意见》、《关于开展民主评议村委会干部的实施意见》。（蔡新康）

【社会工作者资格考试】 年内，区民政系统的韩丹、陆莹莹2人通过上海市社会工作师资格考试，各镇、开发区、区残联、区福利院等有关单位从事社会工作的180人通过社会工作员资格的考试。至年底，全区共获社会工作师资格证书7人，获社会工作师助理资格证书24人，获社会工作员资格证书180人。（蔡新康）

【召开村务公开和民主管理工作交流会】 8月15日下午，区民政局假座光明社区果乡度假村召开村务公开和民主管理工作交流会。会上，各镇（开发区）总结交流前阶段的村务公开和民主管理工作开展情况。区民政局副局长王士标

7月26日，区委书记张立平（前排右二）等领导看望参加海训的部队官兵。（区民政局 供稿）

对区上半年度的村务公开和民主管理工作进行回顾总结，并对下半年度工作进行部署。 （蔡新康）

【规范居委会建设】 经奉贤区政府第51次常务会议讨论通过，区政府下发《关于加强社区居委会规范化建设的指导意见》。文件从合理设置社区居委会规模，正确定位社区居委会职责、职能，配齐配强社区居委会干部队伍，保障社区居委会干部待遇，完善社区居委会硬件建设，落实社区居委会工作经费和活动经费，加强居民自治和民主管理，加强社区居委会规范化建设等八个方面提出具体的意见和要求。 （蔡新康）

民间组织管理

【概况】 年内，进一步实施民间组织的规范化建设，完善内部管理自律机制，全年有21个民间组织被评为优秀，59个民间组织被评为合格。对121家社会团体、民办非企业单位的会计进行培训。完成上年度162个民间组织的年检工作，其中4个基本合格，11个不合格，2个被注销。年内新登记社团5家，民办非企业单位17家；变更登记社团14家，民办非企业单位14家。 （蔡新康）

【民间组织工作会议召开】 3月23日，召开民间组织工作会议。会议回顾总结上年度民间组织管理工作，通报2005年度工作思路；区水利学会、华欣进修学校等单位交流规范化建设试点经验；阳光培训学校代表10家民办非企业单位宣读《关于开展民办非企业单位自律与诚信建设活动的倡议书》。 （蔡新康）

【市社团局到奉贤调研老年协会】 8月4日下午，上海市社团局副局长姚凯及外社处王正敏处长、张志平副处长等到奉贤调研老年协会工作，并参观了区老年活动中心。 （蔡新康）

【区民间组织促进会成立】 11月10日下午，奉贤区民间组织促进会成立大会在古华山庄会议室召开。会议审议通过区民间组织促进会章程，选举丁秀娟等20人为第一届理事会理事。经第一届理事会第一次会议选举，毛啸岳任名誉会长，戚爱国任会长，王士林任常务副会长，姜洪娟、姜鹤华、褚继平、唐仁军任副会长，丁秀娟任秘书长，吴刚强任副秘书长。 （蔡新康）

【华欣进修学院受表彰】 11月1日，上海市奉贤华欣进修学校被评为上海市社会力量办学（非学历）教学管理优秀院校。此次由上海市教育评估院首评、市教委认可的"教学管理优秀院校"，全市仅4家，华欣进修学校是奉贤区唯一获得此项荣誉的学校。 （蔡新康）

2005年奉贤区新登记社会团体情况表

登记时间	社团名称	单位地址	法人	联系电话
2005.1.20	上海市奉贤区农产品新经济组织联合会	南桥镇南桥路280号	唐仁军	57100627
2005.1.25	上海市奉贤区残疾人事业新闻宣传促进会	南桥镇体育场路20号	韩　康	57421236 37100595
2005.2.3	上海市奉贤区光彩事业促进会	南桥镇解放中路520号	陈祖明	57411218
2005.10.19	上海市奉贤区农业旅游协会	南桥镇南桥路280号	周伯庆	57100627
2005.11.10	上海市奉贤区民间组织促进会	南桥镇新建中路542号	王士林	57421329

2005年奉贤区新登记民办非企业单位情况表

登记时间	单位名称	地址	法人（负责人）	联系电话
2005.1.5	上海社科管理进修学院	南桥镇南桥路262号	袁全国	57414478
2005.1.7	上海新美苑艺术培训学校	南桥镇古华南区716号	金正文	28291617
2005.1.19	上海玖洲进修学校	化工业区目华北路388号	陈跃华	57448015
2005.1.31	上海中特学校	柘林镇浦卫路8658号	刘万友	57456688
2005.2.28	上海奉贤区残疾人康复指导中心	南桥镇体育场路20号	沈国义	57425007
2005.4.4	上海双语小记者新闻培训学校	西渡社区西渡学校	王南山	65226956
2005.4.14	上海奉贤区鸿恩托老所	奉城镇洪北村4组	沈洪仙	57133069
2005.4.26	上海奉贤区泰日光星养老院	金汇镇泰日社区光星村551号	白荣明	57581551
2005.5.9	上海奉贤圆梦业余艺术学校	南桥镇解放中路307号	张虎龙	57428378

续 表

登记时间	单 位 名 称	地 址	法人（负责人）	联系电话
2005.7.4	上海奉贤区民营经济发展促进中心	南桥镇沿江路1号	章一鸣	57418117
2005.7.4	上海奉贤区伊甸敬老院	庄行镇庄北路350号	钱建国	57465563
2005.7.28	上海南亭培训学校	南桥镇育秀路568号	顾洪培	67117311
2005.7.28	上海申隆教育培训中心	青村镇朱蒋村（申隆生态园）	胡士华	57593275
2005.8.8	上海奉贤区钱桥恩霖托老所	青村镇钱桥社区金王村1组	高伟华	57597691
2005.8.8	上海师大旅游规划与发展中心	四团镇华峰路5～66号	高 峻	64322447
2005.10.12	上海奉贤韧钢艺术培训学校	南桥镇南桥路266号	徐韧刚	67109215
2005.10.12	上海金叶职业技能培训学校	南桥镇南中路80号13楼	赵竹强	37100258

（黄晓芦）

残疾人事业

【概况】 至年底，全区共有持证残疾人12239人，比上年增加5.83%。其中肢体残疾5703人，占总数46.6%；视力残疾1115人，占总数9.1%；听语残疾1293人，占总数10.6%；智力残疾3374人，占总数27.6%；精神残疾667人，占总数5.4%；伤残军人87人，占总数0.7%。年内，以市政府实事项目“智障人士阳光行动”和区政府实事项目“开展残疾人康复服务”为契机，加强残疾人事业发展。全年为28名城镇残疾人缴纳社保费用18万元；为84名城镇重残无业人员办理补充养老保险；为109户“老养残”家庭提供家政服务与生活服务；为452名新增重残无业人员提供最低生活保障；为3000余名大病、一户多残及无业残疾人给予一次性补助90万元；为10452名农村残疾人参加农村养老保险与合作医疗补助资金123.30万元。同时，69名残疾人获得医疗补助费10.81万元；1503名残疾人家庭子女及残疾学生获得助学金172.59万元。此外，举办各类培训班8个，培训残疾人426人。区残联还一次性下拨123万余元，在各镇（开发区）设立残疾人帮困救助基金。（马月红）

【“智障人士阳光行动”获益800余人】 “智障人士阳光行动”是2005年市政府实事项目。奉贤作为试点区，结合区内残疾人分布、需求等实际状况，在占地4.33公顷，建筑面积达4260平方米的庄行镇良种繁育场建立智障人士“阳光之家”奉贤基地。同时，在13个镇和开发区、13个社区分别建立智障人士“阳光之家”和智障人士“阳光之家”活动点。至年底，已为841名16岁至35岁智障人士开展教育培训、康复训练、简单劳动、娱乐活动、特奥训练等。其中，全日制培训320人、定期培训275人、上门培训234人、其他培训12人。通过培训，智障人士的生活自理能力、社会交往能力、劳动能力得到提高。（马月红）

【实践“人人享有康复服务”目标】 年内，根据区政府2005年实事项目确定的康复服务工作指标，对10名偏瘫康复对象进行为期10天的集中训练，效果显著；为36名贫困残疾人提供17万余元安装假肢；为59名重残无业人员提供寄养，为1257名残疾人免费发放残疾人用品用具3051件；为2020名残疾人提供免费健康体检；为5138名残疾人提供上门康复服务。同时，完成重残精神病人养护床位100张；资助230名贫困白内障患者实施复明手术；补贴4.5万元用于置换18辆残疾人机动轮椅车。（马月红）

【安置残疾人就业2443人】 年内，超额完成残疾人就业安置指标，全年共安置残疾人就业2443人。其中，以区政府调整农村残保金征缴办法为契机，分散就业1120人；以招聘社区助残员，实现127名助残员上岗；以建立农村残疾人种、养殖扶贫基地，安置大龄残疾人485人；残疾人自主创业83人，集中就业628人。（马月红）

【召开区第一届特奥运动会】 年内，为迎接市特殊奥林匹克运动会的召开，在全区设立社区特奥运动训练点70个，训练特奥运动员2660人。为选拔优秀特奥运动员参加上海市第六届特殊奥林匹克运动会，6月28日，奉贤区第一届特殊奥林匹克运动会在奉贤体育馆开幕。各级领导、运动员、教练员、残疾人代表、观众等近千人参加开幕式。此次运动会是奉贤有史以来的第一次针对智障残疾人举办大规模运动会。13支代表队405名运动员参加了田径、自行车、羽毛球、足球、篮球、乒乓球、举重等7个大项48个小项的角逐。（马月红）

【加强助残工作力度】 年内，为迎接2007年上海世界特奥会及市第六届特奥会的召开，全区开展系列活动，掀起助残高潮。组织首批40名残疾人到区中医医院接受内科、外科、胸科、心电图等6大项27小项免费体检。邀请上海市联康假肢、矫形器有限公司的专家，为36名需安装假肢、矫形器的残疾人服务。开办首期社区残疾人助理员计算机初级培训班，34名助理员参加。举行助残志愿者现场招募暨助残志愿者工作部成立揭牌仪式，近600名市民志愿报名。举办社区特奥运动现场会，在全区

奉贤区第一届特奥运动会足球赛　（区体育局　供稿）

推广社区特奥运动。各级党政领导及有关部门深入社区、镇、村，走访慰问残疾人。全年共有100多家单位的150多名领导，看望了1051名贫困残疾人，送上慰问金、慰问品36.91万元。以开展共产党员先进性教育活动为契机，举行“爱心谱写和谐乐章”——周月章先进事迹报告会。（马月红）

【区人大代表视察《残保法》实施】 6月29日，区人大常委会组织人大代表一行30余人就贯彻实施《残保法》情况进行视察。在奉城镇，他们参观了智障人士“阳光之家”，并饶有兴趣地观看30位智障人士“应知、应会”培训；还参观了在区残联依托上海丰禾农业有限公司建立的奉贤区农村残疾人农业实用技术见习基地和奉贤区残疾人扶贫基地。（马月红）

【汤小泉到奉贤考察】 10月1日，中国残联理事长汤小泉在市残联党组书记曹子平及副理事长罗志坤、季敏的陪同下，到奉考察残疾人工作。座谈会上，汤小泉理事长在听取奉贤区副区长毛啸岳关于残疾人就业、社会保障、培训、康复等工作情况汇报，以及与基层残联理事长代表、残疾人企业家代表、残疾人助理员代表的交谈之后，高度赞扬奉贤区委、区政府和残疾人工作者对残疾人工作的激情，实实在在、切切实实为残疾人服务以及在工作中创造实效的工作作风。（马月红）

【中残联就业服务中心领导到奉贤调研】 11月29日，中残联就业服务指导中心副主任李强就残疾人就业工作到奉贤调研。在听取奉贤区残联理事长谢栋兴“十五”期间奉贤区残疾人就业状况、做法与体会、存在的困难等3个方面的汇报后，李副主任高度赞扬区残疾人劳动就业工作，认为奉贤的残疾人就业工作体现出三个“新”：保障制度新，法制建设新，措施新。（马月红）

【推进城镇残疾人分散就业工作】 全区在实施范围内单位有1635家，其中安排残疾职工单位278家，残疾人571人，对安排残疾人达到或超过比例的204家单位免缴残疾人就业保障金，对未达到规定比例但安排一定比例残疾人就业的74家单位及时返还保障金276万余元。年内，分散安置残疾人就业8人，收取残疾人保障金1395万元。（马月红）

2005年奉贤区参加残疾人体育竞赛主要成绩情况表

时间	地点	比赛名称	成绩
2月~11月	上海	手球、轮滑、保龄球、排球、网球、羽毛球、自行车、足球、乒乓球等9个单项特奥比赛	60名运动员共获得金牌24枚、银牌17枚、铜牌12枚
7月	黑龙江	全国特殊奥林匹克轮滑比赛	11名特奥运动员获得3枚金牌、12枚银牌、4枚铜牌
7月	南京	全国残疾人轮椅击剑锦标赛	张冲获得花剑团体金牌、重剑团体金牌、重剑个人金牌、花剑个人铜牌
10月	上海	上海市第六届特殊奥林匹克运动会	203名运动员获得个人赛金牌67枚、银牌48枚、铜牌31枚，并获得团体项目一等奖4个、二等奖8个、三等奖6个。
11月	意大利	世界残疾人轮椅击剑锦标赛	张冲获重剑个人第三、花剑个人第三

（马月红）

老年人工作

【概况】 至年底，全区60周岁以上户籍老年人口91425人，占户籍总人口18%。其中60周岁~64周岁25779人，占老年总人口28%；65周岁~79周岁53230人，占老年总人口58%；80周岁以上12416人，占老年总人口14%。健在百岁老人10人，其中女性9人。

年内，区老龄工作以市、区政府实事项目为抓手，大力加强老年福利服务设施建设，创建市、区标准化老年活动室32家，为社区老年人开展文化、教育、体育、娱乐活动提供更多设施齐全、功能完备的活动场所；建成4所社会办养老机构，改扩建2所集体办养老机构，新增养老床位457张；积极开展独居老人结对关爱工作，组织、发动助老员、志愿者开展，提供经常问候、热线咨询电话服务、安全状况检查、应急服务、个性化需求服务等，部分老人还纳入居家养老服务对象，由政府为其购买服务；继续推广安康通紧急呼叫援助系统，配备安康通寻访员，为部分独居老人和高龄纯老户家庭日常生活提供电子保姆、贴身卫士的同时，完善后续服务支撑。

贯彻实施《老年人权益保障法》，切实维护老年人合法权益。全年共接待老年人信访5690次，其中来访373次、来信569次、来电4248次。信访内容涉及赡养权340例、住房权196例、财产权207例、婚姻权102例、人身权104例、其他4741例。对信访信的处理，经法院审理的有83例，其中判决31例，调解52例。

大力开展老年教育工作，完善全区老年教育工作网络。利用区老年活动中心资源优势，改善区老年大学、镇级老年学校办学条件。健全老年大学、老年学校长效管理机制。年内，区各级老年学校合计办班372个，学员13770人，占全区老年人口数的15.05%；另外，老年人接受各类社会教育全年5175人次。

支持各类老年文艺、体育团队建设。推动老年骑游、排舞、腰鼓、扁鼓、手掌操、门球等体育健身项目在社区广泛开展；组织老年人参加上海市“党在我心中”中老年歌咏大赛、“夕阳无限美”中老年舞蹈大赛和奉贤区庆祝抗战胜利六十周年大合唱汇演；组织千名老年红色之旅和重阳登高活动。

加强舆论宣传，提高全民人口老龄化意识、自觉维护老年人权益意识，弘扬敬老助老养老良好社会风尚。年内，区政府颁布《奉贤区优待老年人若干规定》，进一步完善有关老年人的优待政策。此外继续开展助养工作，年内100名特困老人、242名解放初期的小乡干部得到区老年基金会和政府的助养补贴。（陈志平）

【区老年人优待规定出台】 10月，区政府下发《上海市奉贤区人民政府印发〈奉贤区优待老年人若干规定〉的通知》，进一步明确各级政府、政府各部门的老龄工作职责。优待内容包括：老年人退养金水平、最低生活保障、医疗保障、居家养老服务、关爱独居老人工作，百岁老人、优抚对象助养标准，以及公益场所、医疗机构、福利设施、司法部门等优待老年人规定。（刘奉强）

【标准化老年活动室创建】 年内，创建标准化老年活动室再度被列入市、区两级政府实事项目。灵芝村、东方红村、方墩村等32家村（居）委的社区老年活动室，通过新建和改扩建达到上海市标准化老年活动室的创建标准，建筑总面积12248平方米，平均面积383平方米，最大的达2217平方米，最小的170平方米。各级总投入资金1936万元，其中市区补贴资金300万元，镇级资金234万元，村级投入1402万元。建成规模最大的上海市化学工业区奉贤分区第二管理小区老年活动中心，建筑面积2217平方米。自2001年以来，全区已累计完成创建标准化老年活动室101家，标准化率30%。（刘奉强）

【安装“安康通”126户】 年内，完成免费安装“安康通”为老紧急呼叫服务援助系统126户。并为100户特殊困难用户发放“慈善安康卡”，持卡用户将由上海市慈善基金会承担一年月租费用。至年末，全区“安康通”用户总数250户。该系统服务功能逐步得到拓展，除遇到紧急、突发情形时提供及时有效的救助外，服务范围已扩大到家政服务项目。（刘奉强）

【区老年大学新校址落成】 2月28日，区老年大学举行新校址落成庆典暨开学典礼。学校设在区老年活动中心六楼，首期开班22个，开设英语、电脑、国画、书法、木兰拳、太极拳、交谊舞、健身舞、歌咏、声乐、电子琴、戏曲、花卉、烹饪、按摩等16个专业，学员总数800多人。（陈志平）

【“康乐无忧”老年人意外保险投保23701人】 年内，由市老龄事业发展中心和新华人寿股份有限公司联合推出实施“康乐无忧”老年人人身意外伤害保险，全区投保人数23701人。金汇镇、农业园区、海港开发区、朱蒋村、协新村等单位由政府、集体出资为全体老年人投保。此险种每份标准保费20元，由新华人寿股份有限公司补贴每位老人每份10元，最高保额10000元。（刘奉强）

区领导与敬老院老人同过小年夜　　（蔡新康　摄）

殡葬管理

【概况】 年内，加大殡葬改革的宣传力度，注重长效管理机制，进一步规范骨灰集中深埋点，加大农村小坟墓碑的整治力度。全年共整治乱葬乱埋小坟墓100穴，动迁原村级深埋点6000穴，还耕绿化用地0.67公顷。加大殡葬实体创建力度，指导海湾寝园、永福园陵档案升市二级先进，指导海湾寝园通过创建上海市一级公墓的评审。加强对公墓地清明、冬至祭扫落葬工作的协调指导，圆满完成清明、冬至的接待服务工作。加大殡仪馆创建力度，顺利完成殡仪馆档案创建市一级先进工作，完善内部管理制度，坚持为民办实事，提高为民服务的质量。殡仪馆坚持履行为社会上5种贫困对象减免费用的承诺，减免各种费用4.5万余元。（蔡新康）

社会保障

【概况】 至年末，全区参加城镇社会保险单位3976家，参加社会保险人数97406人，其中：在职职工70007人；离退休人员27399人。社保基金（养老、医疗、失业、工伤、生育）的历年清欠率和当年基金征缴率均达100%。

（朱国民）

【完成镇保社会保障卡拍摄工作】 年内，镇保保障卡拍摄车行程数千千米，在全区为征地人员拍摄社保卡。至12月底，共完成区内镇保卡拍摄93390人。在顺利完成区内工作的同时，发扬互助协作精神，前往兄弟区县配合他们的镇保卡拍摄工作。（朱国民）

【加强社保基金管理】 年内，为加强社保基金管理，全年共稽核单位221家，9728人次，追缴社会保险费724.7万元，并全部整改到位；依法实施监察43家单位，清欠社会保险费16.4万元；受理仲裁案件87起，按期结案率100%，追缴社会保险费14.5万元。

（朱国民）

【推进小城镇社会保险】 年内，按照“积极稳妥、量力而行、瞻前顾后”的原则，不赶进度，不下指标，保持稳中有升，推进小城镇社会保险（以下简称镇保）。全年参保人数91020人，其中失地农民62572人、特殊人群4650人、养老人员进镇保23798人，涉及资金43.35亿元。下发《关于调整“老城镇户籍”退休老职工退养金补贴的意见》，将退养金补贴标准从每人每月300元提高到330元，自2006年1月1日起实行。（周 峰）

【农村社会养老参保率99%】 年内，继续推进农村社会养老保险工作，全年参保人数100582人，参保率99%以上；征缴农保金6917.12万元，完成年初下达指标175.07%。对农村退休老人实行退养金按月发放制度，领取养老金34892人，金额3057.63万元；有26299人享受市、区、镇财政补贴1967万元。及时为2500名个人账户信息存在错误的参保人员进行更正和清理；完成140名精简回乡人员养老保险关系和资金的划转工作。做好农保、镇保、城保之间的资金转移工作，划转关系2328人、转移资金820万元。（周 峰）

【参加城镇医疗保险96080人】 年内，参加城镇医疗保险人员96080人，其中离退休人员27399人；全年医院城保结算总费用17154万元，其中医保支付费用14255万元。参加镇保人员158300人，其中退休人员39773人；镇保住院人数4763人，总费用2367万元，其中医保支付1218万元；镇保门诊大病人数411人，总费用75万元，其中医保支付51万元。（沈志刚）

【农村合作医疗参保率87.31%】 年内，农村合作医疗保险事业得到进一步发展，农村合作医疗实际参保人数20.60万人，参保率87.31%；合作医疗人均可用资金179元，其中区、镇财政扶助每人30元，企业缴纳每人49元，个人缴纳每人100元。全年镇级基本医疗保障基金3207万元，门急诊补偿总额1632.9万元，普通住院补偿总额1569.8万元，共计补偿资金3202.7万元，占总资金99.87%；区大病统筹资金1193.8万元，有2440名大病病人获得补偿，补偿金额903.6万元。

（沈志刚）

【发放失业保险金1155.39万元】 全年发放失业保险金及医疗补助金1155.39万元，涉及人数32931人次；发放公益性岗位补贴935.01万元，涉及人数10560人。

（周 峰）

【推进外来务工人员综合保险】 年内，建立外来务工人员综合保险推进情况通报制度，每月将有关扩覆、管理情况向各镇、开发区通报。外来务工人员综合保险卡发放用人单位5270户，涉及人数84180人次；接受退卡11353张，办理内外转移557户，涉及人数991人次。（周 峰）

居民生活

【概况】 年内，随着经济与社会的协调发展，全区城镇从业人员平均劳动报酬比上年增长9.8%，职工平均工资增长9.1%，居民生活质量有新的提高。使用天然气及液化气家庭用户27.73万户，比上年增长29.9%，其中天然气用户增长39.6%。全区主要河道基本消除黑臭，城镇污水集中处理率提高30%以上；空气环境质量达到或优于二级的天数占全年95%以上；信息传输计算机服务和软件实现增加值3.44亿元，比上年增长21.7%。人均公共绿地面积9.98平方米，绿地率40.48%，绿化覆盖率41.45%。（李 伟）

【居民收入和储蓄呈上升趋势】 年内，全区城镇从业人员的平均劳动报酬23666元，比上年增长9.8%；职工平均工资20461元，比上年增长9.1%。据农村家庭700户抽样调查，农村居民家庭人均纯收入7959元，比上年增长12.8%。居民储蓄继续增加，年末，全区城

乡居民储蓄存款余额达179.73亿元，当年新增32.23亿元，比年初增长21.9%。 （李　伟）

【改善居民居住环境】 至年末，南桥、奉城的城镇住宅面积累计794.34万平方米，其中南桥镇732.42万平方米；8层以上高层面积累计81.07万平方米，其中当年度建成41.76万平方米，比上年增长32.56万平方米。当年颁证拆除旧住宅建筑面积11万平方米。 （李　伟）

【居民消费水平增长】 全年社会消费品零售总额108.23亿元，比上年增长20.1%。吃穿用烧全面增长。其中，吃类商品40亿元，比上年增长32.5%；穿类商品19.15亿元，比上年增长11.9%；用类商品40.28亿元，比上年增长13.2%；烧类商品1.38亿元，比上年增长78.5%。集市贸易成交额7.41亿元，比上年增长15.3%。市场消费热点向轿车、家居类商品、通信类商品集中的趋势进一步显现。移动电话、家用电脑、建筑装潢材料、化妆品等耐用消费品和小型家用电器销售量均有不同程度增长。餐饮消费旺盛，全年完成营业额20.18亿元，比上年增长30.6%。 （李　伟）

【"十五"期间农民纯收入年均增长8.18%】 "九五"期间，奉贤区农村居民年人均纯收入增加3676元，定基增长85.83%，年平均增长幅度6.39%；在"十五"期间内，年人均纯收入比"九五"期间末增加2588元，增长幅度48.18%，年平均增长幅度8.18%，比"九五"期间4.63%提高3.55个百分点。 （区计委供稿）

【镇保推动农村居民转移性收入增长】 年内，全区落实镇保政策总人数143559人，其中23798人已办理征地养老手续，全区累计发放镇保补贴3.13亿多元。从住户调查资料看，镇保政策的积极推行，带动农村居民年人均纯收入水平上升5个百分点左右，同时也促使农村居民的转移性纯收入提高到872.54元，比上年增长1.65倍，增幅位居市郊九个区县之首。 （区计委供稿）

【家庭生产经营多元化带动农村居民家庭经营性纯收入增长】 年内，从住户调查资料分析，农村居民在种植业和牧业生产方面收入出现减少，但在渔业、交通运输业等方面的家庭经营性收入水平均呈增长势头。2005年，农村居民人均从从事各类种植业生产活动中所得纯收入440.80元，其中从牧业生产经营活动所得纯收入28.80元，分别比上年同期减少15.97%和20.75%；从渔业和交通运输业等生产经营活动所得纯收入，分别比上年增长193元和59元。由于农村居民家庭经营活动的日趋多元化，年内，全区农村居民人均从家庭经营生产活动中所得纯收入644.95元，比上年增长12.91%。 （区计委供稿）

奉贤区"十五"期间农民纯收入情况示意图

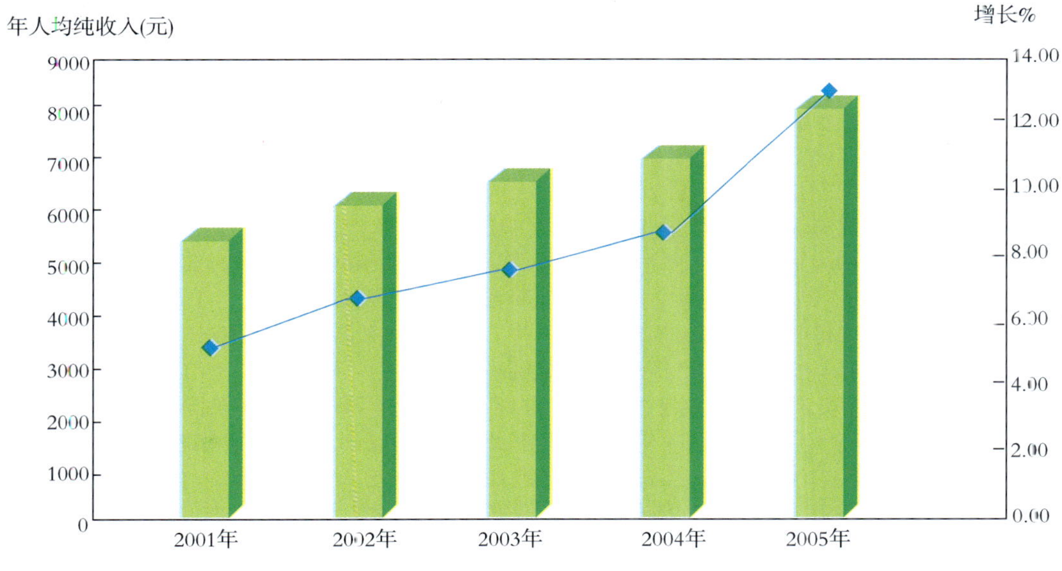

（区计委供稿）

（本栏目编辑　马莉苑）

镇

综　述

2005年,区建制镇由7个增加至8个。9月16日,海湾镇成立挂牌。全区设村民委员会270个,居民委员会75个。年末,共有耕地面积2.68万公顷,农村总户数13.34万户,农村人口29.44万人,农业人口21.49万人。平均每一农村劳动力负担耕地2.08亩,平均每一纯农村劳动力负担耕地7.36亩。各镇平均人口出生率6.8‰,死亡率7.01‰,自然增长率-0.21‰。全年实现镇级增加值154.04亿元,比上年增长12.27%,其中第一、二、三产业增加值分别为9.93、108、27亿元,分别比上年增长2.76%、10.91%、19.81%;实现工农业总产值652.2亿元,比上年增长14.8%,其中工业总产值621.5亿元,比上年增长15.4%。全年各镇招商引资共引进实业型项目内资到位资金81.56亿元,合同外资5.51亿美元;注册型项目共净增税收5.96亿元。固定资产投资共44.08万元,比上年增53.4%。参与合作医疗人数20.6万人,医疗保障人数约25万人。参加农村养老保险10.06万人,发放金额4437万元。年内,青村镇北唐村、庄行镇新华村被列入市宅基地置换试点单位,两村共区域面积11.10平方千米,涉及自然村(宅)136个,住户2624户,享受补贴政策户籍人口7421人。宅基地经置换腾出纯宅基地面积49.27公顷,节余其他建设用地52.40公顷,共节余土地101.67公顷。两镇共投入资金3.22亿元,为6267人办理镇保手续。积极开展扶持经济薄弱村工作,年内有18个经济薄弱村脱贫。（辛　田）

南桥镇

【创建市无障碍设施建设示范镇验收通过】 2月16日,上海市无障碍设施验收检查团对镇内住宅区、村委会、老年活动室、卫生室、健身点、敬老院等无障碍设施建设进行检查验收。近3年,南桥镇在创建“全国文明镇”、“国家卫生镇”、“上海市园林城区”、“上海市文明镇”的推动下,全面推进无障碍设施示范镇创建工作。在建设城区无障碍设施基础上向农村推进,实施村三室一点(村办公室、老年活动室、卫生室、健身点)无障碍设施建设,为残疾人、老人、妇女和儿童等群体创造行动无障碍良好环境。经检查团检查、评定,南桥镇创建无障碍设施建设示范镇验收通过,成为区内首家无障碍设施建设示范镇。（何纪明）

【举行行政管理职能划转交接仪式】 3月29日上午,南桥镇和上海市工业综合开发区举行行政管理职能划转交接仪式,将原属于南桥镇的灵芝、吴塘村整机制划入上海市工业综合开发区。区有关领导出席职能划转交接仪式。（何纪明）

【党团志愿者服务站成立】 6月25日上午,由镇文明办和镇团委共同组建的党团志愿者服务站成立,并举行志愿服务启动仪式。仪式活动结束后,党团志愿者分成5组,分别到人民路、古华路、南桥路、江海路、环城南路进行卫生清扫活动;华亭学校的学生志愿者沿着人民路分发创建全国文明镇的宣传资料。党团志愿者服务站的建立,旨在动员和引导广大党、团员用爱心和实际行动弘扬“我自愿、我奉献、我快乐”的志愿者精神,在服务群众、奉献社会的实践中展示党、团员的时代先进性。（何纪明）

【南桥镇评为“全国文化先进社区”】 10月,由中央文明办、文化部组织的第四届全国“四进社区”文艺展演暨“全国文化先进社区”评选揭晓,南桥镇社区被评为“全国文化先进社区”。上海市共有5个集体和3个个人受到表彰。（何纪明）

【开展招商引资百日竞赛活动】 9月1日,镇招商引资百日竞赛活动拉开帷幕,活动时间至12月10日结束。按照镇党委、政府的统一部署,全镇5个经济园区和各村主攻注册型项目招商,狠抓实业型项目

落实，百日间共引进项目433个，其中注册型项目319项，实业型项目114个，共注册资金6.61亿元。（何纪明）

【创建成全国文明镇】 年内，镇党委、政府把创建全国文明镇列入重要议事日程，运用多种方式开展“创全国文明镇、建和谐文明城、做南桥文明人”系列活动，重视硬件投入，提高文明素质。10月26日，南桥镇被中央精神文明建设指导委员会评为全国文明镇，成为奉贤区第一个全国文明镇。同时，南桥镇江海村被评为全国文明镇村先进单位。（何纪明）

【被评为“全国群众体育先进单位”】 10月13日，南桥镇被评为2001年～2004年度“全国群众体育先进单位”。近年来，南桥镇积极贯彻实施《全民健身计划纲要》，组织开展各类全民健身活动，深化竞技体育改革，在全镇机关、企事业单位及社区中形成全民健身良好氛围。至年底，全镇共拥有健身点90个，健身苑6个；经常参加体育锻炼人数8.7万人次，有健身团队32支；4个文化广场免费向群众开放。（何纪明）

【安培威上海机械制造有限公司落户西渡经济园区】 12月13日，落户西渡经济园区的英国独资企业“安培威上海机械制造有限公司”举行开工典礼仪式。该公司总投资额420万美元、注册资金300万美元。主要从事研发、生产、组装食品机械和饮料机械及其配套设备。副区长倪耀明出席开工典礼仪式。（何纪明）

【进一步开展有线电视“村村通”工程】 区划调整后，新划入的村大都没有安装闭路电视。为进一步开展有线电视村村通工程，该镇采用“村里出一点，镇里补一点，农户拿一点”的方法，共投资334万元，铺设光缆线26.61千米。至年底，新划入的16个村共安装有线电视1358户，最多的一个村安装200多户。（何纪明）

【提高村级干部养老待遇】 年内，为稳定农村基层干部队伍，完善村级干部社会保障机制，镇政府根据现行社会保障政策，结合实际情况，采取村级干部享受社会养老保险措施，规定村级干部已参加农保的可参加镇保，已参加城镇社会保险的可继续参加，若因个人不足缴费年限情况可自主选择参加镇保。对农村退休干部还实行“干龄”补贴，规定干部正职每任职1年每月补贴10元，副职每任职1年每月补贴5元。（何纪明）

10月12日，英国APV公司所属安培威上海机械制造有限公司在西渡经济园区举行奠基仪式。（王　伟　摄）

【光明社区管理服务中心成立】 10月，光明社区管理服务中心成立。上年8月区划调整，将原青村镇光明社区金汇港西侧区域部分划入南桥镇，为加强对这一地区的社区管理，镇党委、政府决定成立光明社区管理服务中心。该中心属区财政全额拨款正科级事业单位，人员编制8人，干部职数按两正三副要求配备。（何纪明）

【建立农村特困家庭临补机制】 年内，为完善镇社会救助管理工作，进一步方便农村特困家庭临时困难救助，根据镇内农村户籍和失地农民人口实际情况，将政府民政临时补助资金下拨到各村，由各村按照政府下拨资金1∶1比例配套，对村内特困家庭作临时困难补助。补助标准一般在50元至200元。全年镇级财政用于农村三级定补、城镇低保及重残无业救助等对象下拨救助资金500余万元。（何纪明）

【江海一居委为老服务工作有特色】 年内，江海第一居委会继续把加强为老年人服务作为一项重要工作抓紧抓好。江海第一居民区形成时间较早，居住老年人较多，至年底，有居民1879户、4772人，其中60岁以上老年人937人，占总人口19.6%，为老年人服务成为居委会工作的主要内容之一。几年来，他们针对居民区老年人多的特点，成立老龄工作领导小组，依托社会力量，党支部、居委会齐抓共管形成合力，不断创新活动载体，开展形式多样的活动，提升服务内涵，社区凝聚力逐年增强。到年末，已组建医疗保健、法律咨询、环境保护、护绿、夜间巡逻、护楼、帮困、关心下一代、科普等10支志愿者队伍，有志愿者415人；创办“金秋老年活动室”，设卫生保健、谈心咨询、棋牌阅览、健身房等活动场所和项目；经常开展医疗保健服务和法律咨询维权活动；利用社区文明学校组织时政学习，举办法制、科普讲座；组织帮困结对，对特困家庭坚持逢年过节、生病住院、家庭困难、重大事情“四个必访”制度等。年内,共与贫困老人结对15户,为贫困老年人家庭安排再就业15人,为70岁以上老人免费体检128人,节日送慰问金1万多元。还开展了为老年家庭清洗空调机、送“重阳糕”、“长寿面”、举办“老少同乐会”、为老服务特色社区“广场文艺联欢”等活动,深受老年人欢迎,也营造了爱老敬老和谐氛围。（王晓梅）

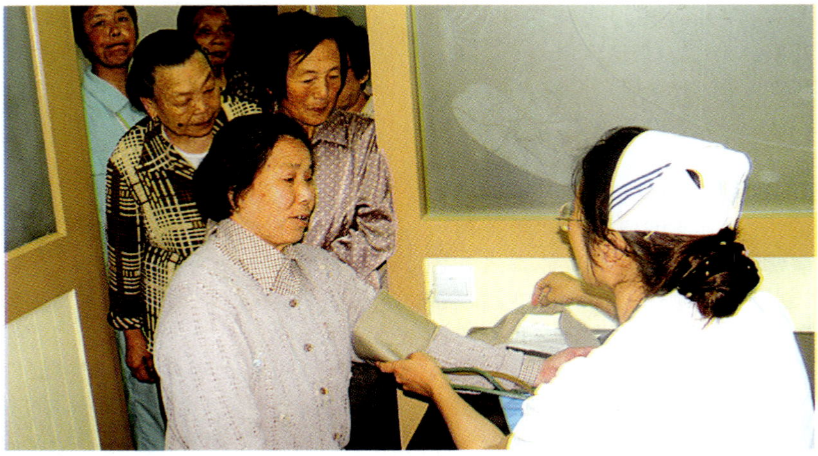

6月1日,江海一居居委和共建单位奉贤区中医医院为小区内70岁以上120多名老年人免费体检。（王　伟　摄）

2005年南桥镇主要社会经济指标情况表

项　目	单　位	数　量	项　目	单　位	数　量
增加值	万元	250000	中小学	所	18
工业销售收入	万元	1051055.2	在校学生	人	24123
工业利润	万元	44433.76	幼儿园	所	10
外贸出口产品拨交额	万美元	16410.98	在园儿童	人	6778
工业企业总数	家	1315	教职工	人	2511
其中:三资企业	家	49	人口出生率	‰	9.09
股份合作制企业	家	265	人口自然增长率	‰	4.24
私营企业	家	978	计划生育率	%	99.67
集体企业	家	14	农村社会养老保险率	%	98
其　他	家	9	小城镇保险人数	人	7853
第三产业增加值	万元	80.00	农村合作医疗投保率	%	95
粮食总产量	吨	11516	财政收入	万元	78000
生猪出栏	头	10650	劳均收入	元	11450
上市蔬菜	吨	74830	人均收入	元	7260
上市鲜奶	吨	1884			
上市鲜蛋	吨	514			
上市水产品	吨	3273			
上市瓜果	吨	9995			

（南桥镇　供稿）

2005年南桥镇村、居委会基本情况表

村、居委会名称	党支部（总支）书记	村委会主任	总面积（平方千米）	耕地面积（公顷）	村民小组（个）	户　数（户）	户籍人口（人）	可支配收入（万元）
沈陆村	王志龙	谢耀齐	4.68	246.52	36	975	2998	475.57
江海村	沈天林	俞保国	6.48	240.62	30	1054	4036	944.74
六墩村	王顺均	陈忠华	5.76	267.30	33	1028	3367	714.27
曙光村	阮仁龙	张　冲	5.74	138.18	20	1016	3122	785.29

续 表

村、居委会名称	党支部（总支）书记	村委会主任	总面积（平方千米）	耕地面积（公顷）	村民小组（个）	户 数（户）	户籍人口（人）	可支配收入（万元）
张翁庙村	阮连权	金建国	5.13	88.96	27	851	3395	612.17
发展村	马金清	马金清	2.52	82.17	14	326	1678	202.74
灯塔村	马永明	万玉龙	5.48	179.35	33	857	3188	432.93
南渡村	张裕明	张裕明	7.45	174.30	33	1300	3178	420.25
金港村	王爱民	王爱民	4.57	74.44	22	511	3152	786.25
华严村	朱新龙	高继光	4.10	190.18	22	852	2250	545.31
益民村	王焕强	王焕强	4.72	128.789	21	841	2231	138.38
关港村	何琴章	何琴章	1.92	105.73	10	582	1434	124.53
北新村	周国强	周国强	3.45	90.40	18	688	1953	92.72
五宅村	金勤明	陈永强	2.45	130.19	15	707	1861	129.25
庙泾村	张吉明	张吉明	1.48	45.11	6	141	998	228.33
光明村	万志孝	万志孝	2.50	4.53	11	620	1505	855.66
杨王村	孙跃明	苏国贤	5.86	209.33	29	1180	2328	457.23
古华一居	萧汉良	李永卫	0.13			1930	4600	
古华二居	陆金芳	阮德明	0.15			1450	4013	
古华三居	林卫芳	林卫芳	0.15			2170	6420	
运河居委	汤雪梅	汤雪梅	0.31			2669	6675	
曙光一居	赵为伟	顾庆珍	0.25			2077	5250	
曙光二居	陈凤芳	蔡耀君	0.41			1820	5500	
北街居委	滕菊华	何兰芳	0.21			1750	4375	
中街居委	李国都	余姗妹	0.22			2217	6651	
解放一居	赵海昌	包红霞	0.24			2269	5728	
解放二居	邹　英	李月华	0.16			2065	4609	
解放三居	戴英莲	张海燕	0.16			2793	6232	
贝港一居	周　兰	周　兰	0.16			2526	6149	
贝港二居	金玉花	金玉花	0.10			1397	4048	
贝港三居	陈宝娥	周　瑛	0.14			2193	5042	
贝港四居	夏悦乡	夏悦乡	0.20			1794	5584	
贝港五居	卫　萍	卫　萍	0.38			1280	4224	
江海一居	黄晓梅	沈爱莲	0.13			1879	4772	
江海二居	张莲华	王晓英	0.12			2668	8004	
江海三居	谢惠萍	徐秀娟	0.14			1754	5100	
江海四居	倪世章	何华仙	0.15			2040	5494	
江海五居	徐　英	徐　英	0.27			2780	8700	
育秀一居	吴慰平	吴慰平	0.17			1800	5600	
育秀二居	缪引华	缪引华	0.19			2509	7780	

续 表

村、居委会名称	党支部（总支）书记	村委会主任	总面积（平方千米）	耕地面积（公顷）	村民小组（个）	户 数（户）	户籍人口（人）	可支配收入（万元）
育秀三居	蔡春华	蔡春华	0.14			1895	5400	
育秀五居	黄秀娥	范全娟	0.15			2364	7328	
育秀七居	朱长宝	龚四妹	0.11			1810	4560	
南街居委	吴莲虞	韩群华	0.20			1664	4160	
阳光居委	陈霞仙	翁梅龙	0.31			2100	4016	
富康居委	朱梅芹	朱梅芹	0.15			1250	2148	
萧塘居委	沈亦农	沈亦农	0.49			3309	9865	
浦江居委	袁爱群	袁爱群	0.14			1797	4379	
水闸居委	高建林	高建林	0.14			1738	4983	
闸园居委	陈爱群	陈爱群	0.61			3414	4486	
鸿宝一居	姚　辉	姚　辉	0.17			1619	3681	
鸿宝二居	王玲珠	王玲珠	0.19			3182	7699	
鸿宝三居	朱菊华	朱菊华	0.56			3440	8792	
新南居委	张水英	张水英	0.99			2454	3681	

（南桥镇　供稿）

奉城镇

【上海奉贤热处理有限公司落户洪西村】 1月8日，上海奉贤热处理有限公司举行开业典礼，该公司落户在奉城镇洪西村，专为造船行业提供铁制品，由上海大隆机器厂、奉贤热处理有限公司、洪西村等3家投资1000余万元，占地面积13340平方米，建筑面积5000平方米。（萧水新）

【召开镇一届二次人代会议】 1月14日，召开镇第一届第二次人民代表大会，出席代表199人，列席代表143人。大会设3项议程：听取和审议镇长陈建平所作政府工作报告；听取和审议财政预决算报告；审议通过关于接受副镇长夏建忠请求辞职的决定。（萧水新）

【上海引凤珍禽合作社有限公司成立】 3月24日，上海引凤珍禽合作社有限公司在奉城镇建国村成立。公司为股份制合作企业，按照民办、民管、民受益的原则及一人一股或一人多股相结合的方式，实行自主经营、自我服务、民主管理。建国村的市"双学双比"女能手王引凤，针对珍禽市场销售越来越规范的实际情况，鼓励养殖户走集约化经营道路。该公司以建国村为基地，辐射11个村、52户养殖户及镇农业园区，主要饲养乌骨鸡为主的特色珍禽，年饲养销售量60余万羽。（萧水新）

【建立奉城社区党总支及办事处】 4月27日，镇党委、政府根据中心镇实际情况，为方便群众办事，更好保持与群众的联系，解决群众实际问题，决定建立中共奉城镇奉城社区总支委员会及办事处。至年底，奉城社区设4个居委会，住户3135户、6144人，其中中共党员256人。（萧水新）

【"晨曦园"老年公寓竣工】 5月9日，"晨曦园"老年公寓在塘外社区（原敬老院地址）竣工。总投资600余万元，占地面积6667平方米，建筑面积5800平方米。"晨曦园"建筑为西班牙风格别墅式样，共7幢、80间套房，单个套房居住面积75平方米和50平方米两种房型，可满足不同需求的动迁户老人租房。至年底，已有20位老人入住。（萧水新）

【确定奉城二中为区知识产权教育试点学校】 6月13日，区有关部门在奉城二中举行"知识产权教育试点学校"揭牌仪式。在区教育局和区知识产权局指导下，该校将知识产权教育列入学校教学计划，通过多种途径开展知识产权普及教育，使学生树立创新意识，尊重知识产权法律意识和道德观念。（萧水新）

【举行全民体育健身展示活动】 6月16日，奉城镇在金叶大卖场奉城店门前举行全民体育健身大展示活动，体育健身爱好者向观众展示了海派秧歌、滚灯舞、斗笠舞、腰鼓、健身操等节目，最后以《军嫂腰鼓》表演结束，参加展示活动的体育健身者2000余人次。（萧水新）

【开展百名青少年禁毒长跑暨签名仪式】 6月26日，镇团委利用国际禁毒日开展以"珍爱生命、远离毒品"为主题的百名青少年禁毒长跑暨签名仪式。活动现场打出一幅幅醒目标语，摆出一块块宣传版面，宣传毒品危害性，提高居民防毒、拒毒和预防爱滋病的意识，不少行人驻足观看。志愿者们到晟丰广场前的"珍爱生活、远离毒品"横幅上签名，并向居民们发放禁毒

宣传资料。 （萧水新）

【区第一届特奥会在奉城举行颁奖仪式】 7月21日，区第一届特殊奥林匹克运动会在奉城举行颁奖仪式，奉城镇34名肢残运动员获得10枚金牌、13枚银牌、6枚铜牌；男子篮球队和男子排球队分别夺得第一名和第二名。 （萧水新）

【举行奉城医院、敬老院结对揭牌仪式】 8月3日，奉城医院和奉城敬老院结对签订《奉城医院敬老服务基地服务协议书》，并举行揭牌仪式。协议书明确奉城医院党团员每月一次为老人们提供医疗卫生咨询和健康检查服务，为每一位老人建立健康档案，免费提供部分药物。给老年人健康提供一份保障。 （萧水新）

【奉城东门汽车站启用】 9月6日，根据中心镇规划动迁新建的奉城东门汽车站竣工启用。东门汽车站位于新筑奉干公路起点，由上海市奉贤区奉城镇投资开发有限公司投资，占地面积14789平方米，建筑面积2150平方米，可供百辆公交汽车运转。 （萧水新）

【上海森万科技园和上海三枪物流配送中心落成】 9月28日，"上海森万科技园暨上海三枪物流配送中心落成"庆典仪式在奉城经济园区举行。森万科技园董事长张忠明、三枪集团董事长兼总经理王卫明为庆典活动剪彩、揭牌。上海森万工业科技有限公司成立于2003年5月，主要从事高科技产品开发、研制。其投资开发的森万科技园占地14.4公顷，上海三枪集团物流配送中心、上海锅炉厂汇华锅炉附件厂等企业落户其内。 （萧水新）

【虫口夺粮取得成效】 年内，由于气候异常导致水稻褐飞虱大面积发生，其中第五代飞虱虫害更为严重，全镇2041.2公顷晚稻受到威胁。镇前后召开7次防虫害会议，组织力量"虫口夺粮"，建立查虫队员2416人，对其中5586户高虫量田块户及时发放防治告知书。因措施及时、到位，确保晚稻仍以亩产575公斤取得好收成。 （萧水新）

【著名演员为老人欢度重阳节助兴】 10月10日，著名演员茅善玉、赵志刚、肖亚等一行10余人，因邀到洪庙社区钻石福利院演出，为87位老年人欢度重阳节助兴。 （萧水新）

【索利王服饰皮具有限公司施工奠基】 10月13日，索利王服饰皮具(上海)有限公司(简称NTS)在奉城工业园举行施工奠基仪式。该公司总投资500万美元，占地3.33公顷，主要生产出口服装。 （萧水新）

【奉城一小举行200周年校庆】 10月22日，奉城第一小学举行200周年(1805年～2005年)校庆活动，1200多名校友代表及有关人士参加庆典活动。奉城第一小学前身为肇文书院，该院创立于清朝嘉庆十年(1805年)，史料记载：时每年由知县到书院审察，照章录取生童，按期开课，延请山长(即院长)主讲，创办人知县艾荣松及绅士金祖锡、宋玉润等。学校随时代的风云变幻而沉浮，校名几度易改，校舍多次搬迁，毁而重建。二百年间涌出一批杰出校友：如李主一、金学成、袁见齐、王家楫、徐宗士、沈福权、董范园、朱英飞、朱纯白等。 （萧水新）

【清扫车、冲洗车走上奉城街头】 10月27日，镇政府投资85万元添置一辆清扫车和一辆多功能高压冲洗车。11月开始作业于该镇南奉公路、城大路、城中路、奉粮路等主要路段，为改善中心镇市容环境创造了条件。 （萧水新）

【上海申龙集贸市场经营管理有限公司开业】 11月18日，位于奉城镇头桥社区的上海申龙集贸市场经营管理有限公司举行开业典礼，该公司占地面积2500平方米，共有20个摊位，固定门面22间。 （萧水新）

【来沪承包者私拉电网致小偷身亡】 11月20日，奉城镇新野村来沪承包种甘蔗的陈公门，因私拉电网致小偷胡某身亡，陈因涉嫌危害公共安全罪，被奉贤区检察院批准逮捕。 （萧水新）

【镇社区卫生服务中心落成】 11月25日，奉城镇洪庙社区卫生服务中心落成并投入使用。该中心为中医特色的一级甲等医院，具有预防、保健、医疗、康复、健康教育、计划生育技术指导等综合服务功能。中心建有主楼、辅助楼，建筑总面积3929平方米，总投资500余万元。 （萧水新）

【成立镇经济发展智囊团】 12月2日，奉城镇聘请15名有关人士，成立经济发展智囊团，为帮助解决工作中的难点、破解奉城经济发展中的瓶颈问题献计献策。副区长杜治中任组长，镇领导向智囊团成员颁发聘书。 （萧水新）

【奉城青年活动中心成立】 12月13日，奉城青年活动中心正式成立。镇党委根据实际情况，把为青年提供免费培训和帮助就业作为青年中心的服务宗旨。"奉城青年活动中心"的成立，将成为凝聚青年、培养青年的重要场所。 （萧水新）

【"平改坡"一期工程完成】 12月，镇"平改坡"一期工程完成，共投入资金620万元，对13幢老住宅平顶屋进行改造，改建总面积5万平方米，并把外墙面粉刷一新。 （萧水新）

2005 年奉城镇主要社会经济指标情况表

项　目	单　位	数　量	项　目	单　位	数　量
增加值	万元	250113	中小学	所	11
工业销售收入	万元	1022392	在校学生	人	8274
工业利润	万元	55089	幼儿园	所	2
外贸出口产品拨交额	万美元	7668	在园儿童	人	1987
工业企业总数	家	1420	教职工	人	886
其中：三资企业	家	22	人口出生率	‰	6.62
股份合作制企业	家	176	口自然增长率	‰	0.35
私营企业	家	1222	计划生育率	%	99.6
第三产业增加值	万元	78068	农村社会养老保险率	%	98.2
粮食总产量	吨	19166	小城镇保险人数	人	23739
生猪出栏	头	64115	农村合作医疗投保率	%	90.1
上市蔬菜	吨	58180	财政收入	万元	69187
上市鲜奶	吨		劳均收入	元	11924
上市鲜蛋	吨	37540	人均收入	元	7666
上市水产品	吨	8454	年末储蓄存款总额	万元	311568
上市瓜果	吨	15456			

（奉城镇　供稿）

2005 年奉城镇村、居委会基本情况表

村、居委会名称	党支部（总支）书记	村委会主任	总面积（平方千米）	耕地面积（公顷）	村民小组（个）	户　数（户）	户籍人口（人）	可支配收入（万元）
灯民	金伯兴	金伯林	1.54	52.7	8	527	1324	500.8
高桥	沈新龙	曹伟若	1.96	114.8	12	585	1413	273.1
陈桥	陈石能	季渭明	2.75	141.2	13	712	1695	52.7
八字	孙南强	孙南强	1.36	60.7	8	354	932	46.0
路口	李建华	李建华	1.59	93.1	9	404	943	46.7
觉民	夏汉兵	夏汉兵	1.43	111.2	10	503	1169	114.1
久茂	杨正超	杨正超	2.18	121.1	13	563	1359	100.8
爱民	陈德官	陈德官	2.16	104.1	13	541	1292	80.4
永益	杨福才	杨福才	1.97	103.7	13	544	1257	127.1
共耕	沈　瑛	沈　瑛	1.06	57.1	6	311	694	37.4
启民	朱仁官	朱仁官	1.16	58.6	6	232	577	29.1
太平	何宝明	夏宝兴	1.00	50.8	7	328	773	119.2
一致	苏红权	苏家龙	2.41	108.7	16	649	1533	150.1
东门	屠彩军	屠彩军	1.10	75.9	5	495	1103	228.4
城东	何德军	王炳才	1.10	74.3	10	511	1179	25.6
南街	王凤芳	王凤芳	0.55	254.6	9	219	358	152.4
奉城	屠卫荣	屠卫荣	0.57	334.7	11	704	1520	26.7
北门	徐建国	冯文华	2.08	115.2	16	662	1487	23.3
白衣聚	董玉标	董玉标	1.20	75.2	9	392	896	40.5
盘灶	周宝生	周宝生	1.76	87.4	12	459	1083	159.0
柴场	姜仁娟	姜仁娟	2.05	87.6	11	569	1345	57.7
洪北	王建明	王建明	1.59	74.1	11	556	1306	112.2

续 表

村、居委会名称	党支部（总支）书记	村委会主任	总面积（平方千米）	耕地面积（公顷）	村民小组（个）	户　数（户）	户籍人口（人）	可支配收入（万元）
洪庙	李秀英	李秀英	1.51	50.1	8	443	1079	188.2
洪西	朱玉林	朱玉林	1.34	71.9	12	385	900	138.7
洪南	王志清	王志清	1.47	53.5	10	467	1159	144.6
协新	瞿　飞	瞿　飞	1.92	100.5	9	520	1234	191.9
同心	施明飞	施明飞	1.28	76.1	9	280	652	120.6
朱新	苏国平	苏国平	2.31	111.3	12	587	1376	104.5
镇北	陆国建	陆国建	2.28	115.2	11	544	1248	295.0
集贤	王林华	王林华	2.62	147.9	15	766	1875	331.8
盐行	陈永贵	蒋国章	2.02	95.0	115	721	405	102.8
墩外	施龙宝	施龙宝	2.19	91.7	12	538	1249	98.2
团结	陈德龙	高生官	1.86	123.2	11	548	1314	91.9
大门	李德庆	吴德龙	2.42	141.9	11	625	1531	138.9
褚聚	褚品章	褚永加	2.99	147.9	14	772	1349	159.8
卫季	蒋建国	金德荣	2.45	124.6	14	663	1666	164.3
胜利	褚同章	褚同章	1.23	40.6	7	322	817	78.9
三角漾	凌寿荣	凌寿荣	1.08	35.6	7	346	829	36.0
海民	张纪明	张纪明	1.60	82.3	10	448	1095	130.2
护海	尹启洪	尹启洪	1.90	76.0	10	486	1127	74.9
陆桥	陶翠萍	陆许华	2.58	137.1	12	661	1624	56.0
花厅	朱建荣	朱建荣	1.79	86.5	8	390	958	82.0
红旗	俞海强	俞海强	2.51	115.1	12	653	1541	76.8
和平	朱　华	朱　华	1.80	91.2	9	371	907	54.8
冯家	杨益官	杨益官	2.01	83.2	12	650	1586	32.7
幸福	唐桂香	唐桂香	2.05	103.7	13	621	1512	60.7
戴家	卫介清	卫介清	2.24	75.5	12	828	1961	57.7
新亚	王文国	王文国	1.44	66.3	10	363	850	67.4
水墩	王桂云	王桂云	1.26	43.8	8	368	870	31.2
联工	王　征	王　征	1.33	61.7	9	324	864	51.7
民爱	方云才	方云才	2.03	78.0	10	504	1261	24.7
二桥	王永清	王永清	2.12	78.1	9	586	1445	157.7
蔡桥	宋家兴	宋家兴	2.53	120.7	11	602	1450	62.2
新市	宋新国	宋新国	1.71	74.9	7	438	1081	18.7
新北	金海荣	金海荣	1.67	63.2	8	404	972	258.7
朝阳	吴育清	吴育清	2.46	103.7	16	689	1650	58.6
南宋	王秋根	王秋根	1.39	57.0	8	370	867	34.3
建国	盛正明	盛正明	2.15	101.4	12	560	1380	41.3
北宋	陈林刚	陈　锋	2.93	130.3	18	781	1906	167.4
奉一居委	张建平	张建平	1.12			1967	3582	
奉二居委	金亚明	金亚明	0.70			1168	2562	
奉三居委	苏德胜	苏德胜	0.24			2244	6732	
奉四居委	钱金洪	钱金洪	0.27			1568	4290	
洪一居委	王吉明	王吉明	1.00			1752	2990	

续 表

村、居委会名称	党支部(总支)书记	村委会主任	总面积(平方千米)	耕地面积(公顷)	村民小组(个)	户数(户)	户籍人口(人)	可支配收入(万元)
洪二居委	王国飞	王国飞	1.00			379	864	
头桥一居委	顾玉初	顾玉初	0.50			933	1528	
头桥二居委	朱群英	朱群英	0.46			1541	1787	
塘外社区居委	刘品芳	刘品芳	0.80			415	672	

(奉城镇　供稿)

四团镇

【向东南亚灾民捐款3万余元】 1月7日,镇红十字会组织机关、企事业单位向东南亚海啸灾区人民捐款,4天中共捐款3.54多万元。57岁的女共产党员方秋仙捐款1000元。捐款活动体现了中华民族一方有难、八方支援的人道主义精神。(陶银龙)

【评出百强纳税金牌企业10家】 2月2日,镇党委、政府在政府小礼堂举行四团镇百强纳税企业表彰大会。上海申贤建筑工程有限公司、上海虹林房地产开发有限公司、上海神仙酒厂、上海光阳建筑工程有限公司等10家纳税大户被授予四团百强纳税金牌企业。(陶银龙)

【一批先进单位和个人受表彰】 3月22日,镇党委、政府在政府小礼堂召开四团镇党建工作暨立功竞赛表彰大会。授予小荡村工业经济发展旗与农业生产丰收旗、横桥村精神文明新风旗、三团港村社会稳定安定旗;曹炎根等10人被评为十大标兵;蔡赛珠等90人获百名能手称号。(陶银龙)

【开展农村劳动力职业技能教育】 3月~5月,镇组织近千名年轻农民进行各种职业技能培训,镇政府投资15万元,开设房产中介(初级)、物业管理(初级)、物流、电子商务、电工操作、园艺、保洁等7个职业课程。经考核,有850名农民取得上海市农村劳动力职业技能教育合格证书,其中获职业资格证书55人、电工安全操作证书45人。(陶银龙)

四团镇组织开展科技、文化、卫生"三下乡"活动,图为文艺演出场景。(四团镇　供稿)

【上海海亮铜业有限公司落户四团】 4月27日上午,由中国海亮集团有限公司投资的"上海海亮铜业有限公司"项目在镇政府小礼堂举行签约仪式,集团董事局主席冯海良、四团镇长吴晓华分别在协议上签字。该公司于8月奠基兴建,总投资18亿元,占地23.33公顷;产品为高节能内螺纹系列铜管。投产后年产铜管约12万吨,年产值50亿元,年纳税1亿元以上。(陶银龙)

【市妇联领导到四团调研】 5月24日,市妇联副主席张静,在区妇联及镇有关领导陪同下,来到镇东村王漪的皮鞋加工厂和镇西村朱正芳的仪表加工厂,就妇女再就业、双学双比等工作进行调研。对两位女性业主下岗后自强不息、艰苦创业精神表示由衷钦佩和赞扬;并与镇长吴晓华交流探讨了妇女工作再就业等情况。(陶银龙)

【四团公共停车场建成】 4月,位于镇区三团港桥东南侧的四团公共停车场建成。停车场建设总投资100万元,占地6600平方米,场面用水泥混凝土浇灌。停车场四周沟渠挺直,沟旁树木葱绿。场内建有管理用房、公共厕所、照明灯等设施,一次可停放各种货车200辆。规范停车,为有效减少镇区交通隐患创造了条件。(陶银龙)

【开展"三下乡"活动】 5月,镇党委组织开展科技、文化、卫生"三下乡"活动。组建一支精练文艺演出团,穿梭于全镇36个村、巡回演出17场次,观看演出观众4000多人次。文艺节目形式多样,有喜闻乐见的沪剧、表演唱、舞蹈、小品等,演出内容紧贴实际,有围绕"镇保"、"动拆迁"等现实情况编创的

地方小戏，深受群众喜爱。（陶银龙）

【建农业种植基地两处】 5月～6月，镇内分别成立“上海帼盛绿色瓜果种植合作社”和“上海海潮农业发展公司”。前者注册资金50万元，总面积20公顷，共有社员47人，是全区成立的第一家瓜果种植、第二家女性带头创建的合作社。后者位于五四村，为尼龙大棚蔬菜种植与农产品深加工一条龙绿色服务基地，占地总面积11.81公顷、建筑面积5200平方米，总投资1600万元。（陶银龙）

【新四平公路景观道路建成】 1月～5月，镇政府共对境内南起A30公路、北至A2高速公路间的新四平公路段进行道路两旁绿化等改建工程，全长2千余米，投资600多万元，栽种花草树木30多种，路灯100多盏，镇区路段两旁铺设彩色水泥道板2000余平方米，另置幽曲小径和休息凉亭等设施，新四平公路建成为一条树木葱郁、绿草如茵的景观道路。（陶银龙）

【举办镇首届“特奥”运动会】 6月12日，镇“残联”在邵厂学校举行首届四团镇特殊奥林匹克运动会，运动会设田径、自行车、篮球、乒乓等13个项目。全镇120名智障运动员参加了体育赛事。经角逐，有31名(男20人、女11人)运动员获奖。这31人代表四团镇参加区、市“特奥”运动会。（陶银龙）

【“麦莎”侵袭经济受损2000余万元】 8月5日至7日，四团境内遭受“麦莎”台风侵袭，房屋倒塌，庄稼受淹，家禽死亡，造成全镇直接经济损失2230余万元，其中民房坍塌134间殃及90户，损失50多万元；毁坏粮食作物合107万元；200公顷地面蔬菜、受损计828.25万元；毁坏果树林面积284公顷、计767万元；家禽死亡26.5万羽、计348万元；水产养殖面积15公顷、约64.5万元。在此过程中，镇党政领导及时下基层组织干部群众进行抗台抢险和生产自救，并做好善后处理，将台风带来的损失降到最低限度。（陶银龙）

【镇平安社区老年活动中心启用】 第18个敬老节前夕，镇平安社区新的老年活动中心落成、启用。活动中心占地面积1000平方米、建筑面积450平方米，总投资55万元；活动中心环境优静，设施配套，运动器械多样，活动项目丰富，为老年人提供了一个舒适的健身休闲好去处。（陶银龙）

【防治稻飞虱】 9月中下旬，全镇1400多公顷双季稻遭十年未遇的第四代褐飞虱侵害。镇政府及时采取防治预案，开展虫口夺粮战斗。成立专门领导小组，建立以农业服务中心为主的116人下乡联络员网络，加强踏勘巡查，及时通报病害信息；投入33.28万元资金，调集人力和器械进行技术指导和药物防治；村级组建1416人次防治队伍，褐飞虱虫害得到有效控制，确保水稻丰收。（陶银龙）

【举办全民健身展示活动】 11月20日下午，镇文广中心在社区文化广场举办全民健身大展示活动。由四团、平安、邵厂三个社区的170多名健身爱好者，以腰鼓、关节操、秧歌舞、手杖操等健身项目竞相表演，吸引诸多百姓驻足观看。（陶银龙）

【创建市一级卫生镇验收合格】 年内，镇党委、政府组织开展市级卫生镇创建工作，总投资4766万元，对有关设施进行重点改建、改造，加强整治力度，经过几个月努力，全镇卫生面貌得到全面改善。11月10日，经上海市卫生镇考核验收组对四团镇环境卫生管理、镇容镇貌、食品卫生、农村改水改厕、健康教育、疫病防治等进行检查，认为各项指标达到市级卫生镇，验收合格。（陶银龙）

【四团农贸市场改建竣工】 年内，镇政府将原四团农贸市场进行全面改造，总投资110万元，总面积2600平方米。改建后的农贸市场，由原来敞开式变为日启夜闭式市场，地面和摊位均铺瓷砖贴面，整洁美观，且分块分类设摊；禁止机动车及自行车入内，四出便捷，清扫勤快，管理有序。（陶银龙）

【改建危桥24座】 年内，镇城镇规划建设科组织人力对全镇农村危桥情况进行实地勘察，以危桥损毁程度为前提，先后对南横河、四团港等河面上24座危桥实施改建，其中建造承重6吨钢筋水泥桥梁18座、15吨5座，总投资420万元，至年底均已竣工通行。（陶银龙）

【镇社区文化活动中心建成启用】 年内，位于鹏程东路南侧的四团镇社区文化活动中心建成启用。活动中心建筑设施分为综合大楼和露天广场两部分，总投资2000万元，占地1.2公顷。党技校、广播电视站设在综合大楼内。四团人将努力把活动中心建设成为精神文明的花园、艺术耕耘的田园、终身教育的校园、文体休闲的乐园、陶冶情操的家园。（陶银龙）

【工业园区基础设施建设日趋完善】 年内，占地面积4.6平方千米的海港开发区四团工业园区建设步伐加快，基础设施建设日趋完善，土地平整，水、电、通信等管网设施到位畅通；二纵三横的黑色柏油道路平坦伸展，路旁栽种香樟、广玉兰等树木1000余株。至年底，优美的环境和齐全的设施已迎来8家企业落户园区。（陶银龙）

【建成四团港护坡石驳岸】 年内，镇政府投资600万元，建造四团港护坡石驳岸，工程全长2千余米，建造面积9000余平方米；并在两岸栽种草皮和树木，为四团港变得水清、河面清洁创造了条件。（陶银龙）

【上海神仙酒城旅游区建造启动】 7月，上海唯一生产白酒的上海神仙酒厂，被区列入奉贤区东部中西文化风情旅游区总体规划之一，9月动工建造。在原酒厂基础上扩建的“神仙酒城”，总投资930多万元，总面积约5万余平方米；景观设置分为进门景观、酒文化展示厅、神仙酿酒工艺流程、酒仙长廊及古井古亭和餐饮、购物、娱乐休闲等五大展区。建成后，将进一步满足广大市民了解中华酒文化的需求，弘扬中华民族传统文化。

（陶银龙）

2005年四团镇主要社会经济指标情况表

项　目	单　位	数　量	项　目	单　位	数　量
增加值	万元	168228	中小学	所	6
工业销售收入	万元	515317	在校学生	人	3815
工业利润	万元	20164	幼儿园	所	3
外贸出口产品拨交额	万美元	1329.91	在园儿童	人	1074
工业企业总数	家	850	教职工	人	553
其中：三资企业	家	8	人口出生率	‰	6.86
股份合作制企业	家	100	人口自然增长率	‰	-0.76
私营企业	家	742	计划生育率	%	98.6
第三产业增加值	万元	52484	农村社会养老保险率	%	100
粮食总产量	吨	13250.9	小城镇保险人数	人	12083
生猪出栏	头	51048	农村合作医疗投保率	%	88
上市蔬菜	吨	60904	财政收入	万元	49087
上市鲜奶	吨	2850	劳均收入	元	11629
上市鲜蛋	吨	2066	人均收入	元	7046
上市水产品	吨	5257	年末储蓄存款总额	万元	156570
上市瓜果	吨	10997.4			

（四团镇　供稿）

2005年四团镇村、居委会基本情况表

村、居委会名称	党支部（总支）书记	村委会主任	总面积（平方千米）	耕地面积（公顷）	村民小组（个）	户　数（户）	户籍人口（人）	可支配收入（万元）
三　坎	肖　芳	苏文新	1.45	49.0	11	570	1463	37.0
镇　东	张天静	徐勤才	2.44	15.3	12	706	1757	30.3
镇　西	范春宝（副）	张新才	1.25	61.4	11	553	1353	10.1
大　桥	黄世英	王仁官	0.86	40.5	6	341	841	16.0
团　南	王卫祖	王卫祖	0.89	20.1	8	393	906	21.9
金　洋	赵建平	赵建平	1.00	42.7	7	389	983	6.7
三　团	顾永初	顾永初	1.49	66.7	10	463	1119	7.0
四　名	王益芳	朱永清	2.13	97.0	16	705	1759	28.6
张　家	邵建明	孙　超	2.56	118.9	12	720	1699	17.5
长　堰	黄华峰（副）		1.65	69.6	10	403	945	11.4
秦　树	秦兴龙	龚彩彬	1.85	83.1	12	501	1207	29.8
小　荡	瞿叶飞	吴林根	1.77	79.2	10	506	1227	68.9
蒲　基	瞿新龙	孙希龙	1.50	65.3	9	371	911	30.4
五　墩	戴建芹	戴建芹	1.89	46.7	13	811	2029	16.1
新　桥	陈佩新	陈佩新	1.74	45.2	12	685	1622	26.2
沈　家	高海兰	张菊梅	1.32	54.0	10	521	1306	32.2
夏　家	夏志林	方三光	1.45	46.0	12	691	1596	13.2
拾　村	李　军	张建娟	1.85	81.3	13	649	1633	13.3
南拾家	庄林芳		1.60	80.3	12	468	1185	10.8

续 表

村、居委会名称	党支部(总支)书记	村委会主任	总面积(平方千米)	耕地面积(公顷)	村民小组(个)	户 数(户)	户籍人口(人)	可支配收入(万元)
渔 村	黄建才	黄芹祖	1.51	70.1	10	472	1164	12.9
石家坎	朱志君	朱君官	1.14	29.8	8	380	988	32.0
渔 洋	周爱芳		2.02	63.3	10	606	1445	6.4
向 阳	陈 平	沙正清	1.03	21.1	9	313	737	14.4
桐 桥	吴玉明	吴玉明	1.50	34.2	8	474	1140	33.7
龙 头	徐胤浩	刘均才	1.47	7.7	8	513	1259	16.0
平 海	高保国	高保国	1.80	74.0	10	579	1396	54.5
三团港	蔡赛珠	蔡赛珠	1.93	92.0	8	480	1120	15.2
五 四	徐 芳	黄水林	2.50	113.3	16	790	1840	19.4
七 古	瞿 泓	瞿 泓	1.51	84.8	7	438	1008	8.6
新 建	徐金军	徐金军	0.58	32.1	3	185	414	3.4
前 哨	季 平	季 平	2.28	77.7	10	577	1374	24.8
砂 碛	唐龙兴	唐龙兴	1.79	94.0	11	575	1340	16.3
横 桥	王福仙	张新龙	1.80	80.4	11	545	1290	20.2
杨家宅	林福娟	李德元	1.59	66.0	10	469	1084	8.7
五 古	狄水新		1.76	82.5	11	561	1283	28.0
良 民	罗水清	罗水清	1.86	42.3	14	665	1556	41.7
四团居委	金雅蓉	彭建国	1.25			497	803	
平安居委	潘月仙		1.63			512	856	
邵厂居委	狄根娟		0.3			301	377	

(四团镇　供稿)

柘林镇

【市农机办到柘林科技结对】 年初，奉海村4组蔬菜种植户费品章成为上海市农机化管理办公室的科技结对户。4月7日，市农机化管理办公室主任项冠凡等一行，在区农委、农机站和镇有关领导陪同下，来到结对户费品章家，送上一台集开沟、耕翻、运输等功能于一体的多功能微耕机。并踏上田头，查看种植的黄瓜、番茄等蔬菜，传授种植技术。　(姚　红)

【召开"三区联动"动迁和宅基地置换工作会议】 4月23日，镇召开"三区联动"(大学城、海湾旅游区、化学工业区开发建设中共性问题的组织协调)动迁和宅基地置换工作会议。为确保工作顺利有序开展，会议宣布成立"三区联动"动迁和宅基地置换工作领导小组，下设政策宣传组、动迁安置组、规划设计组、资金保障组、维护稳定组、工程建设管理组。分管领导副镇长陆雪章对开展宅基地置换工作进行部署，并提出建立相关工作制度，明确各领导小组职责等要求。镇党委书记张弛作讲话，提出要认识做好宅基地置换工作的意义，分析柘林镇宅基地置换工作的特点，落实工作计划、时间节点和责任分工，确保"三区联动"动迁和宅基地置换工作顺利开展。会议由镇长沈金华主持。　(姚　红)

【召开人大代表座谈会】 4月28日上午，为推动"三区联动"动迁和宅基地置换工作开展，镇人大召开有关村人大代表座谈会。在听取"三区联动"动迁、宅基地置换工作汇报后，征询代表的意见和建议，并一一回答代表们提出的问题。会议最后，镇人大主席沈梦龙对在座人大代表提出要求：即要增强五种意识(法律、法规意识、全局意识、责任意识、发展意识、忧患意识)，要发挥好人大代表三个作用(联系选民、反映民意的桥梁作用；对政府工作的监督作用和推进三个文明建设，支持政府工作的代表作用)，在"三区联动"动迁、宅基地置换中发挥五个带头作用(带头宣传政策，按章办事；带头引导村民，做好村民工作；带头动迁安置，做好表率；带头做好亲属工作；带头维护好稳定，维护一方平安)。　(姚　红)

【创建市级文明村通过验收】 近几年，镇党委、政府把"撤三设一"(撤原柘林、胡桥、新寺镇，设新的柘林镇)作为推动精神文明创建工作契机。发动全镇上下积极开展文明单位创建工作。营房、东海、南宅、北宅、窑桥村提出创建市级文明村的工作目标，经过一年多的努力，各项工作取得明显成效。5月，通过市文明办、计生办、公安

局、爱卫办等部门组成的创建市级文明村合格验收。（姚　红）

【成立上海葡萄研发中心】 3月，经中国农学会葡萄分会批准，上海葡萄研发中心在上海玉穗绿苑成立。上海玉穗绿苑位于新寺社区东方红村，占地面积43.3公顷，是集名特优葡萄种植与水产、畜禽养殖为一体的现代生态旅游观光农业基地。5月，为提高葡萄种植科技水平，中国农学会葡萄分会副会长李世诚、修德仁等专程到玉穗绿苑考察，对葡萄研发中心的科研项目进行论证并提出指导性意见。在葡萄研发中心专家指导下，年内，玉穗葡萄种植基地开展优质葡萄产销一体化标准示范区创建工作。7月13日，由市质量技术监督局组织专家对玉穗葡萄基地产销一体化标准化管理工作进行验收。经过专家组标准化管理的逐项打分，"玉穗"牌优质葡萄以86分通过产销一体化标准示范区验收。（姚　红）

【千惠虾业合作社成立】 5月18日，区内第一家集虾类苗种培育、养殖、加工、营销于一体的虾业综合性合作社——千惠虾业合作社成立。千惠虾业合作社实行自主经营、自负盈亏、民主管理、自我发展，以行业协调为起点，家庭经营承包为基础，企业联合发展为目标的新型管理模式，采用一人多股或一股多人的认股方式，通过苗种生产、养殖、产成品加工和营销等行业的股份合作，实施优势互补，为建立虾成品从产地到餐桌的产品质量安全管理体系创造条件。千惠虾业合作社发展社员50家，其中具有一定规模的科技、养殖、加工及营销等企业法人入股社员12家；具有一定生产规模的育苗、养殖、加工及营销等行业38家。合作社社员累计拥有虾类养殖面积286.67公顷，年产虾能力1300吨；拥有虾类苗种培育场4个，年苗种培育能力10亿尾；拥有虾类冷冻加工企业5家，年加工能力2600吨，年产值2900万元；拥有虾类营销法人企业4家及营销经纪人2户，销售量可达1100吨，销售额5000万元。（姚　红）

【成立扶贫帮困基金会】 6月28日，镇扶贫帮困基金会成立。这是区内成立的首家镇级扶贫帮困基金会。基金会以"发扬人道主义精神，开展社会救助，扶助弱势群体"为宗旨，集聚社会各界力量，帮助特殊困难群体，全心全意致力于"为民解困"的慈善事业。基金会筹集到扶贫帮困基金1320余万元。基金会将每年把基金增值部分全部用于扶贫帮困。（姚　红）

【采取虫口夺粮三项措施】 上半年，台风及高温天气的影响，使水稻病虫卷叶螟和褐飞虱大量繁殖。全镇1866.67公顷水稻虫害严重，虽经六次病虫害防治，亩虫量仍高达30万~100万粒，水稻病株从根部一直枯黄到叶稍，对水稻的生长构成严重的威胁。镇农业部门积极采取措施：即认真宣传，分发防治病虫害资料，做到虫害防治工作家喻户晓；组织查虫队伍，重点防治直播稻、轻型栽培稻，做到虫害防治无遗漏；动员广大种植户，切实按照植保部门的病虫情报科学使用农药，水稻虫害得到有效控制。（姚　红）

【市红十字会到柘林慰问】 年内，第15号台风"卡努"给柘林镇造成重大财产损失。在得知灾情后，9月13日下午，市红十字会常务副会长一行在副区长俞凯丰及镇领导陪同下，深入受灾区，了解灾情，向136户灾民送上慰问金7万元、方便面等食品100余箱。表达了党和政府关怀灾民的情意。（姚　红）

【蒲公英家长学校成立】 9月25日，在专为外来民工子弟办学的蒲公英学校建校2年后，蒲公英家长学校正式成立，成为区内首所外来民工子弟家长学校。戴厚环等5名学生家长被学校聘请为首届家长学校委员会成员，行使监督办学情况及参与学校管理的权力，促进提高建校办学质量。（姚　红）

【"海韵馨苑"动工】 10月18日上午，宅基地置换工程"海韵馨苑"打下第一根桩基。为配合上海应用技术学院建设，居住在柘林、夹路、营房、东海村和镇区1号新村的居民要动迁、置换宅基地。"海韵馨苑"是规划在柘林村集中建造的动迁居民住宅小区。小区南至奉柘公路、北至规划道路、东至环城东路延伸段、西至规划道路。南桥路延伸段将纵穿小区至运石河。总占地面积37.36公顷，总建筑面积41.4万多平方米，一期建筑面积10万平方米。工程由柘林置业有限公司负责实施，上海恒业建筑公司承建。（姚　红）

【"两新"组织"双达标"工作成效突出】 年内，镇党委把两新组织"双达标"工作作为党建工作重点，列入党委会专题讨论议程，各级各部门重视，加强领导，形成合办。对开展工作有一定难度的企业，党委书记、镇长直接过问。全镇成立5个工作领导小组，以区域为单位进行地毯式调查摸底，掌握全镇200多家实业型企业、70多家规模型企业的党员数、职工数、工青妇组织设置等情况；落实分工，明确责任。工作小组组长，对分管区域的企业"双达标"实行负责制，并有明确的工作时间节点和任务。领导小组每月召开一次会议，汇总进展情况和工作难点，商讨对策；实施分类指导工作方法，从企业实际出发，采用建、联、转、分等组建模式。职工数100人以上，正式党员3人以上的成立党支部；企业规模较大党员数不足3人或全部为村民党员的村办企业，与就近企业建立联合党支部；工业区内的企业就相近行业或就近区域成立联合党支部；同一业主投资的多个规模企业，成立党总支部，下设若干党支部；外区域来柘企业，原有党组织的，及时将党组织隶属关系和党员组织关系转接到本镇；50人~99人小企业，选派党建工作联络员联系工作；没有党员的企业，积极争取业主支持，向他们推荐党员或由业主主动吸纳党员职工；50人以下企业，委托社区、村、开发区党支部选派党建工作联络员，协助企业抓好党建工作。至年底，全镇新建新社会组织党支部1个,100人以上企业新建企业党支(总)部12个、联合支部2个,组建率100%,正式党员3名以上单位党组织应建率达98.28%。(姚　红)

【水产养殖获得丰产丰收】　年内,柘林镇水产养殖业获得丰收。全镇水产养殖总面积803.93公顷,比上年减少166.67公顷,但南美白对虾、罗氏沼虾、草虾、鱼、蟹等水产品总量比上年增加629.6吨,达到4368吨,增长16.84%;水产品盈利比上年增加2805.9万元,达到3484.9万元,增长413.24%。全镇659户水产养殖户中盈利的626户,亩均盈利3183元,比上年增加2829元,增长约9倍。(姚　红)

【经济普查摸清经济基本单位数】　截至普查标准时间2004年12月31日,柘林镇第一次经济普查登记,摸清基本经济单位总数为6019户。其中:在地单位896户,注册型企业3911户,个体工商户1212户(含无证经营户)。按行业分(不含个体工商户):工业997户,批发零售、餐饮业1928户,行政、服务业1226户,建筑、房产中介、交通运输等655户。(姚　红)

2005年柘林镇主要社会经济指标情况表

项　目	单　位	数　量	项　目	单　位	数　量
增加值	万元	185165	中小学	所	3
工业销售收入	万元	758537	在校学生	人	2000
工业利润	万元	52999	幼儿园	所	1
外贸出口产品拨交额	万元	5982	在园儿园	人	600
工业企业总数	家	480	教职工	人	340
其中:三资企业	家	37	人口出生率	‰	5.47
股份合作制企业	家	35	人口自然增长率	‰	-3.06
私营企业	家	408	计划生育率	%	100
第三产业增加值	万元	28173	农村社会养老保险率	%	100
粮食总产量	吨	15399	小城镇保险人数	人	12970
生猪出栏	头	42293	农村合作医疗投保率	%	98.2
上市蔬菜	吨	33805	财政收入	万元	21011
上市鲜奶	吨	3273	劳均收入	元	7810
上市鲜蛋	吨	3442	人均收入	元	12322
上市水产品	吨	6816	年末储蓄存款总额	万元	119272
上市瓜果	吨	14081			

(柘林镇　供稿)

2005年柘林镇村委、居委基本情况表

村、居委会名称	党支部(总支)书记	村委会主任	总面积(平方千米)	耕地面积(公顷)	村民小组(个)	户　数(户)	户籍人口(人)	可支配收入(万元)
营房村	许文光	戴阿军	4.50	353.33	10	883	2184	75
夹路村	邱宜国	朱国才	2.05	86.67	4	465	1126	50
柘林村	王林龙	王林龙	2.00	56.67	6	390	910	90
东海村	金　杰	金　杰	2.66	80.00	18	733	1702	86
船浜村	彭忠辉	彭忠辉	1.66	73.33	13	620	1483	50
奉海村	刘永林	张志浩	1.40	86.67	10	360	960	50
郊南村	沈国华	沈国华	1.50	73.33	7	320	1100	50
新塘村	平　辉	平　辉	2.34	164.38	14	562	1378	50
前胜村	张明华	张明华	2.68	182.62	14	571	1587	65
虹光村	刘勤华	刘锡年	2.83	186.01	13	628	1772	50
骑塘村	曹丽华	徐金楼	2.04	131.32	11	487	1200	90
南宅村	林叔贤	林叔贤	2.11	145.93	12	368	12181	50

续 表

村、居委会名称	党支部（总支）书记	村委会主任	总面积（平方千米）	耕地面积（公顷）	村民小组（个）	户 数（户）	户籍人口（人）	可支配收入（万元）
北宅村	李银章	李银章	2.51	165.45	13	435	1485	100
翁家村	林岳才	唐洪章	3.44	246.23	10	596	1524	50
东方红村	刘洪士	刘洪士	2.13	149.77	11	450	1100	50
西湾村	肖洪章	肖洪章	2.27	133.33	13	400	1040	100
内河队	刘文龙	刘文龙	0.02	2.60	1	96	220	50
双桥村	孙新权	孙新权	0.98	60.00	13	392	974	40
团泾村	李春梅	李春梅	2.50	183.53	13	405	1060	25
八桥村	张士岳	张士岳	1.68	91.33	9	285	700	30
孙桥村	吴明光	吴明光	3.50	197.53	16	818	2100	30
永革村	孙国平	孙国平	2.00	122.00	11	447	1114	35
大树村	朱玉林	朱玉林	1.38	120.01	14	452	1220	60
迎新村	夏林希	夏林希	2.80	144.67	15	430	1200	40
花园村	夏卫平（副书记）	夏卫平	1.92	108.27	9	399	1091	35
兴隆村	孙家栋	孙家栋	3.00	146.67	10	450	1260	35
永新村	李明华	李明华	1.43	80.41	7	279	745	38
窑桥村	陈雪官	陈雪官	1.352	15.21	9	302	604	40
法华村	何建光		2.80	166.67	16	573	1317	28
立新村	陈士葵	陈士葵	2.89	140.87	15	453	1290	70
柘林居委	杨新华	杨新华	2.00			2130	5000	
新寺居委	杨天才		1.30			771	2254	
胡桥居委	潘思根		1.50			1335	4335	

（柘林镇　供稿）

庄行镇

【86户动迁户入住“庄行新苑”】 1月25日，86户动迁户参加“庄行新苑”安置房第一期抓阄仪式，成为新苑的第一批入住居民。这些居民都是因镇内工业区开发、道路建设等土地征用宅基地置换成为动迁户。“庄行新苑”第一期工程占地面积18.67公顷，建筑面积15万平方米，可居住动迁居民1520户。（沈文平）

【举办金鸡报春绘画比赛】 1月28日，镇文广中心举办“金鸡报春”绘画比赛，参赛的30名选手来自庄行学校和邬桥学校学生。绘画比赛丰富了学生的寒假生活，也挖掘了学生的绘画天分。经过角逐，庄行学校陆家俊的“雄鸡一唱天下白”和邬桥学校杨青梅的“雄鸡图”获得比赛一等奖。（沈文平）

【成立女企业家联谊会】 3月15日，由镇妇联牵头的女企业家联谊会正式成立。联谊会由注册在庄行五大经济园区的实业型企业女企业家自愿组成，有会员16人。活动内容实行双向交流制度，镇妇联向女企业家通报工作情况，女企业家向妇联交流所碰到的问题。活动每季度开展一次，为女性企业业主参与社会活动提供新的平台。（沈文平）

【举行土地联合储备签约仪式】 4月6日，镇政府与市土地储备中心、区土地整理发展中心签署土地联合储备协议。该地块位于庄行镇沙港以西、浦卫公路以东、南亭公路以北、浦南运河以南，储备土地面积70.73公顷。这是区内第一块市、区联合储备的土地。（沈文平）

【成立区首家社区工会联合会】 4月21日，庄行镇邬桥社区工会联合会第一次代表大会在邬桥社区办事处召开。社区工会联合会由邬桥社区机关工会、会计结算中心工会、社区服务中心工会等7家基层工会组成。这是区内成立的第一家社区工会联合会。社区工会联合会的成立，有利于整合工会资源开展工作，提高工作成效。（沈文平）

【举行金星啤酒集团落户签约仪式】 4月22日上午，中国第四大啤酒集团——河南金星啤酒集团落户庄行签约仪式在古华山庄举行。该集团计划投资4亿元，占地

6.67 公顷，建设一家年产 30 万吨的啤酒生产企业。该企业建成后，将结束奉贤无啤酒生产的历史。（沈文平）

【陈豪视察工会干部管理学院】 5 月 12 日下午，市人大常委会副主任、市总工会主席陈豪来到位于庄行镇吕桥村的工会干部管理学院建筑工地，视察工地建设情况，并慰问奋战在一线的施工人员。该工程总占地面积 31 万平方米。（沈文平）

【罗世谦等视察宅基地置换工作】 5 月 17 日上午，市委副书记罗世谦、市十二届人大代表奉贤代表组，在区委书记张立平陪同下，视察庄行镇"三个集中"农民宅基地置换试点工作推进情况。（沈文平）

【4 家高科技企业落户庄行】 5 月 18 日，镇长陆新贤与复旦奥医医学科技公司，上海精达稳压器公司、上海群绿真空保鲜设备公司、上海其胜生物制剂公司签订项目落户协约，4 家企业落户标志着镇级工业产业结构更趋合理。（沈文平）

【形成沪上优质梨生产基地】 7 月 28 日，庄行镇举行"奉叶牌上海蜜梨"推介会。与会的市果品行业协会、市农科院林果研究所等单位嘉宾和各大果品营销企业客商在品尝梨子后认为，该梨脆甜多汁口味好，而且果型美，品质佳，经检测，含有丰富的人体必需的多种氨基酸和维生素、矿物质，达到优质梨要求。年内，全镇 466.67 公顷蜜梨全部进入产果期，成为上海地区面积最大、分布最集中、产业化程度最高的优质梨生产基地。该镇种植蜜梨始于上世纪 90 年代后期，引进沪、浙农科部门培育的"翠冠梨"、"黄花梨"等优良品种，采用品种嫁接、花粉杂交等新技术，培育出优质蜜梨。为打造"奉叶牌上海蜜梨"品牌，在农林和质监部门帮助下制订《上海蜜梨技术操作规范》，建立"蜜梨种植协会"、"奉叶农副产品配送公司"和"奉叶蜜梨种植合作社"，在栽培技术上进行统一指导，并在信息、种苗、技术、包装、销售等方面加强服务，抓住病虫防治、施肥、疏果、套袋、拉枝等每个生产环节，进行现场技术培训等。"奉叶牌上海蜜梨"产地和产品分别由市环境监测中心和市食用农产品质量监督检验站检测，上年初，被认定为"上海市无公害农产品产地"和获得"上海市安全卫生优质农产品"认证。（沈文平）

【姚泾村成为蜜梨之村】 姚泾村位于庄行镇北，该村利用北枕黄浦江没有工业污染的优势，近年大力发展上海蜜梨种植，年内共有种植面积 43 余公顷，成为上海地区种植蜜梨面积最大的一个区域。该村种植的蜜梨运用嫁接技术培育而成。为提高村民种植水平，村里请技术员定期进行培训，严格按科植流程规范操作，产地、产品均获得上海市安全绿色证书。种植上海蜜梨为村民带来财富，年内每亩产梨净收入约 4500 元，提高了村民收入水平。（沈文平）

6 月 28 日，德国德马格起重机械（上海）有限公司在庄行工业园举行新厂房落成典礼仪式。（王昌年　摄）

【庄行消防队成立揭牌】 8 月 4 日上午，上海市奉贤区公安消防支队庄行消防队成立揭牌仪式在邬桥社区举行。市消防局局长陈飞、政委李金文、区长沈慧琪、副区长倪耀明、镇长陆新贤等出席揭牌仪式。新成立的消防队进行了消防实战演练。邬桥社区内设有市内规模较大的仓储物资堆场，成立消防队有利于物资储备安全。（沈文平）

【举行第一届运动会开幕仪式】 10 月 16 日，庄行镇第一届运动会在庄行学校举行开幕仪式。全镇 34 个代表团 1000 多名运动员进场展示风采，其中 680 名运动员进行广播操大会操，其后举行滚灯操、健美操、秧歌舞、舞龙等大型团体操表演，2000 多名观众到场观看演出。（沈文平）

【16 家企业技术改造】 年内，庄行镇加大对企业技术改造力度，积极采用高新技术和先进适用技术改造提升传统产业，着力做强做大潜力产品。全镇共有 16 家企业进行技术改造，投入技改资金 2.3 亿元。（沈文平）

【骨灰集中深埋复耕还田 3.33 公顷】 清明节前，为节约耕田，庄行镇设骨灰集中深埋点，面积 1.53 公顷，将全镇分散在村级骨灰深埋点内的骨灰盒和今后需要埋葬的骨灰盒全部进行集中管理。至年底，已有 236 户 804 只骨灰盒搬迁到深埋点埋葬，复耕还田 3.33 公顷。（沈文平）

【18 名青年应征入伍】 11 月，经严格把关，庄行镇 18 名优秀青年

应征入伍，超额完成区下达的16名征兵任务，其中女性2人。

（沈文平）

【庄行创建成上海市文明镇】 年内，镇党委、政府把创建市级文明镇列入重要议事日程，纳入人代会报告和社会经济发展规划之中。3月23日，召开创建工作动员大会，成立由镇党委书记为组长的创建工作领导小组，下设办公室。另设25个工作组，涉及到镇机关17个部门和8个镇级事业单位。各单位（部门）的行政一把手为创建工作第一责任人，并配备一名干部具体负责创建工作。为确保创建工作全面实施，镇政府预算专项资金，其中精神文明建设经费投入680万元，基础设施投入950万元。经各方努力，庄行镇创建成2004年～2005年上海市文明镇。

（沈文平）

2005年庄行镇主要社会经济指标情况表

项　目	单　位	数　量	项　目	单　位	数　量
增加值	万元	119800	中小学	所	2
工业销售收入	万元	48233.4	在校学生	人	2254
工业利润	万元	44458	幼儿园	所	1
外贸出口产品拨交额	万美元	9197.27	在园儿童	人	659
工业企业总数	家	661	教职工	人	310
其中：三资企业	家	80	人口出生率	‰	6.08
股份合作制企业	家	20	人口自然增长率	‰	－0.45
中私营企业	家	561	计划生育率	%	98.5
第三产业增加值	万元	27300	农村社会养老保险率	%	82
粮食总产量	吨	19235.3	小城镇保险人数	人	13944
生猪出栏	头	46414	农村合作医疗投保率	%	78.3
上市蔬菜	吨	99960	财政收入	万元	13692
上市鲜奶	吨	350	劳均收入	元	11715
上市鲜蛋	吨	2470.4	人均收入	元	7516
上市水产品	吨	4003.3	年末储蓄存款总额	万元	89404
上市瓜果	吨	17041.8			

（庄行镇　供稿）

2005年庄行镇村、居委会基本情况表

村、居委会名称	党支部（总支）书记	村委会主任	总面积（平方千米）	耕地面积（公顷）	村民小组（个）	户　数（户）	户籍人口（人）	可支配收入（万元）
吕桥村	张学员	张学员	1.9	96.88	10	473	1259	54.35
庄北村	顾兴贤	顾兴贤	1.63	73.79	8	446	1140	49.2
东风村	杨祖华	杨祖华	2.28	111.61	12	614	1637	73.85
穗轮村	陈国池	陈国池	1.8	105.7	9	420	1082	71.34
长浜村		周志文	2.78	191.16	16	627	1714	20.77
新村村	鲍友仁	鲍友仁	1.58	110.52	8	386	981	151.78
长堤村	苏爱道	苏爱道	2.48	120.14	11	462	1236	58.69
潘垫村	张祖国	张祖国	2.46	153.45	12	449	1126	94.62
潘南村	邬粉娟	邬粉娟	2.23	121.10	12	366	965	83.58
柴塘村	阮芬飞	阮芬飞	2.25	127.40	13	335	906	87.3
新华村	张留强	张留强	1.64	98.18	6	346	905	66.79
陈行村	段玲芳	段玲芳	2.48	156.97	13	503	1332	93.94
烟墩村	杨志荣	杨志荣	1.87	114.59	11	424	1120	59.99
杨溇村	戴彩英	戴彩英	2.83	157.78	14	602	1571	62.02
姚泾村	宋火良	宋火良	1.71	95.43	10	359	935	66.38

续 表

村、居委会名称	党支部(总支)书记	村委会主任	总面积(平方千米)	耕地面积(公顷)	村民小组(个)	户 数(户)	户籍人口(人)	可支配收入(万元)
芦泾村	王美玲	王美玲	2.11	110.02	11	454	1137	49.75
牛溇村	吴国贤	吴国贤	2.81	155.00	14	549	1465	59.9
存古村	唐海良	唐海良	2.46	162.36	11	504	1346	66.31
西校村	卢仙华	卢仙华	2.79	181.46	16	673	1371	108.05
汇安村	俞品莲	俞品莲	1.58	64.63	5	331	577	70.33
相计村	蒋爱明	蒋爱明	1.52	81.17	6	269	627	55.15
马路村	宋士华	宋士华	1.49	100.1	8	335	366	89.83
张云村	万辉娥	万辉娥	1.77	114.36	11	413	1075	87.26
耀东村	王志明	王志明	2.31	157.96	14	620	1555	77.7
浦秀村	李建华	李建华	2.36	119.22	13	560	1297	94.01
耀光村	金益坚	金益坚	2.27	139.42	14	575	1526	148.94
渔沥村	刘建华	刘建华	2.50	130.48	13	627	1289	94.91
新光村	姚建中	姚建中	2.50	132.65	12	512	1368	39.39
张塘村	朱正华	朱正华	2.56	162.12	11	626	1342	165.69
叶家村	宋育华	宋育华	2.80	152.72	15	623	1540	129.84
牛桥村	陈建辉	陈建辉	3.12	198.94	14	685	1767	100.33
庄行居委	张月妹	张月妹	1.15			621	1015	
邬桥居委	鞠新华	鞠新华	1.50			884	3322	

（庄行镇　供稿）

金汇镇

【“下乡员”扶贫帮困显真情】 春节期间，镇党政主要领导率领由机关、事业单位及村干部组成的群众工作下乡员300多人，走访慰问全镇困难群众家庭364户，个人募捐共计70900元，向他们送上慰问金。（严忠阳）

【建造皮影戏特色文化】 年初，为贯彻《奉贤区文化发展规划纲要（2005～2010）》，建造以皮影戏为特色的齐贤社区特色文化，镇文广中心重组齐贤皮影戏社，成立以90高龄“奉贤皮影戏大王”唐保良为首的老艺人班和由中青年文艺爱好者组成的皮影戏班。复排传统皮影戏剧目和现代儿童皮影戏。6月1日，这两个班社为金汇幼儿园作内部演出。7月初，镇文广中心3人专程去江苏南京考察皮影戏演出活动，学习演出剧目，切磋表演技能。8月下旬邀请南京专家来金汇辅导排练《龟与鹤》、《东郭先生与狼》两出儿童皮影剧。在此基础上帮助齐贤学校成立皮影戏兴趣小组。9月，组队参加中国唐山陶瓷皮影艺术节。“皮影戏”的重新整合，为打造地区特色文化作出努力。（严忠阳）

【建成外来务工人员集中居住公寓房】 年初，为加强外来人员管理建造的奉贤区第一个外来务工人员集中居住区——金汇镇齐缘公寓建成。至年底，已有1000多名外来务工人员入住公寓。齐缘公寓位于齐贤社区百曲村，占地面积2.8万平方米，公寓楼9幢共1.35万平方米、184套，可容纳2500多人居住。公寓区内设篮球场、网球场、健身苑、图书馆、卫生室以及可供2000人就餐的公共食堂。住房内设有独立的卫生设施并安装电话机。集中居住区的管理工作依托政府，成立专门的管理委员会和物业、保安管理网络，体现“集中居住，集中管理，集中服务”的原则，使外来务工人员生活质量得到明显改善。（严忠阳）

【龚学平关心修志工作】 3月，市人大常委会主任龚学平为金汇镇修志工作题写“盛世修志昭示未来服务当代”横匾及《泰日镇续志》、《金汇镇续志》和《齐贤镇续志》3部志书书名。

相关链接：

龚学平1964年参加社会主义教育运动（“四清”）工作队（时为复旦大学中文系一学生），曾吃住在泰日公社明星7组贫协组长冯火根家，在近两年的时间里，他和冯家及当地民众结下深厚感情。2002年10月，龚学平专程到泰日看望冯家夫妇，当他看到冯家二老年迈体弱，生活清苦，便当场捐资相助。由于这层关系，3月初，镇修志办公室去信市人大常会委办公室要求其为续志题词。当时他正在北京参加会议，秘书打电话请示他一口答应。3月底回到上海即挥毫题词，约定4月7日上午会见取物，并要求把冯火根的后代一并带上（冯火根夫妇均已去世）。4月7日上午，龚学平在市人大接待室接见镇长钱勤观、镇党委副书记陆琴以及冯家后代一行5人，详细

了解金汇镇经济建设和社会各项事业的发展情况，对冯家后代的生活学习表示深切关怀。（顾佳羽）

【奉贤燃机发电工程投入发电】 5月，地处金钱公路1328号被列为上海市政府重点工程项目的上海奉贤燃机发电（4×180MW）工程，经过一年多时间的紧张筹建，4台机组中的3台机组已全部完成设备安装及冷态调试。5月28日，上海天然气管网公司正式向该发电工程供气。31日，3台发电机组点火，整机发电试运转，确保市政府6月28日前并网发电的要求。奉贤燃机发电工程由上海柘中集团和美国海乐公司合作建设，总投资9600万美元。燃机发电以天然气为燃料，具有无污染、起停快、调峰能力强的特点。4台机组全部运转投入发电，装机容量可达72万千瓦。（严忠阳）

【刘伦贤视察金汇镇】 6月2日，市人大常委会副主任刘伦贤在镇党政主要领导陪同下，视察落户镇内的上海同福易家丽国际石材陶瓷城、申亚生态林和奉贤燃机发电工程建设情况。视察同福陶瓷城时，他详细了解市场运作情况。当得知国内的亚细亚、诺贝尔等陶瓷品牌企业和西班牙、意大利等国际品牌经销商纷纷入住，同福将成为上海乃至长江三角洲地区最大的综合性建材批发集散地时，对金汇镇大手笔招商取得成果予以充分肯定。在申亚生态林，对金汇镇开发建设中切实保护农民利益，解决失地农民"镇保"的同时，增设林业养护岗位，使农民失地不失岗的做法表示满意。对奉贤燃机发电工程正常运转并网发电后，起缓解市内用电高峰解决电力缺口作用表示肯定。（严忠阳）

【上海欣荣大皇鸽养殖合作社成立】 6月9日，上海欣荣大皇鸽养殖合作社在金汇镇东星村四方养鸽场成立。该社以大皇鸽饲养为主，实行孵化、供苗、饲料、技术、销售等一条龙服务。入股社员30多人，注册资金10万元。（严忠阳）

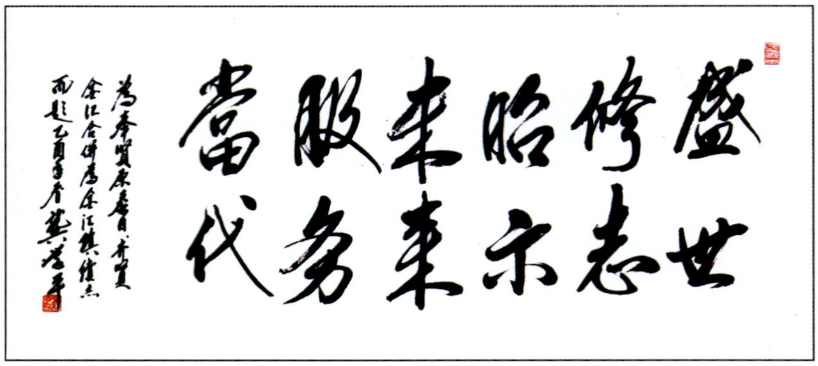

3月，市人大常委会主任龚学平为金汇镇编修续志题词。（余以铭　摄）

【举行第一届全民健身展示活动】 6月11日，金汇镇第一届全民健身展示活动在金汇镇区东街举行。全镇共有健身点30个，分布在金汇、齐贤、泰日3个社区，健身点每天有上百名群众前来参加健身锻炼。为促进全民健身锻炼，举行健身展示活动。展示活动分幼儿、儿童、青年、中年和老年5个年龄段进行，内容设幼儿韵律操、儿童广播操、橡皮筋操、呼吸健身操、职工工间操、拐杖舞等10多个项目，参加人数300多人。（严忠阳）

【加强实业型企业属地化管理】 1月~6月，为加强实业型企业的属地化管理，方便业主就近纳税，增加镇财政税源，有关部门对30多家落户镇内、注册在外的实业型企业做好注册回归工作。全镇注册在镇外的实业型企业70多家，由于异地注册，每月一次的企业纳税往返路程感到十分不便，为此镇经济服务中心征得他们同意后，办理注册地址变更手续，并把工商营业执照逐一送上门。企业的属地化管理，使企业治安、消防、通讯和水、电供应等得到更好服务，也使全镇一年增加财税收入500多万元。（严忠阳）

【政府为农家中小学生就读减负】 年内，为减轻农民子女教育经费负担，镇政府下发《金汇镇农村家庭学生学习费用补助意见》，规定从2005年9月1日起，对持有金汇镇户籍并在镇内学校就读的农民家庭子女学生实行补助政策。补助项目不仅免书籍费、学杂费，还免社会实践费、报刊费、保险费，小学生的晚托费也免交，补助金额相当于学生学期内与教育有关的所有费用总和。凡符合条件的中小学生家长凭学校开具的收费发票到户籍所在村的村委会领取补助金。年内，持有金汇镇户籍并在镇内学校就读的九年义务制中小学生共2000多人，按中学生每学期每人补助520元、小学生每学期每人补助417元计算，镇政府每年投入200多万元为学生上学"埋单"。（严忠阳）

【能率（上海）住宅设备有限公司落户金汇】 9月5日，日本能率株式会社投资的能率（上海）住宅设备有限公司在金汇镇东部奉贤工业B区举行开工奠基仪式。该公司总投资2800万美元，占地16公顷。一期工程将于2006年10月竣工，2007年1月正式投产。日本能率株式会社是世界先进的热水器制造商之一，1993年与上海水仙电器有限公司合作，其产品在上海的市场占有率位居第二，年销售量35万台，销售额4.5亿元。落户金汇的能率（上海）住宅设备有限公司，是日本能率公司株式会社在中国的第二个生产基地。（严忠阳　潘家龙）

【齐贤影剧院健身点评为全国优秀健身点】 9月，国家体育总局表彰一批全国优秀全民健身活动站（点），齐贤影剧院健身点榜上有名。该健身点建立于1999年10月，设有各类健身器材19件。建立伊始，齐贤文化站就健身点的管理工作制订一系列具体措施，成立专门的管理小组，指定专人每天进行打扫卫生和器械养护维修,使健身点环境始终保持整洁,健身器械件件完好。为推进社区群众健身活动,文化站成立健身队,邀请专业人士辅导"练功十八法"、"益寿功"、"健身秧歌"等健身拳操。几年过去后,健身爱好者已普遍掌握腰鼓8节~30节、木兰拳、甩手操等20多种健身活动。其中36名老年人组成的腰鼓队,参加区第一届运动会获"白玉兰"奖;老年人"橡皮筋健骨操"在市级比赛中获奖。为确保科学健身,对有关人员进行培训,至年底,健身站已有5人持有《社会体育指导员证书》,坚持常年为居民健身进行指导,其中1人达到一级社会体育指导员资格。(严忠阳)

【金汇游艇城工程启动】 9月17日上午,举行"上海金汇游艇城"建设一期工程开工典礼。中共中央台湾工作办公室、国务院台湾事务办公室主任陈云林、上海市副市长唐登杰以及区委书记张立平、区长沈慧琪、区人大常委会主任周伟民、区政协主席胡镇寰等区四套班子领导出席开工典礼仪式。区委书记张立平致欢迎词。陈云林等作讲话。金汇游艇城一期工程包括中央游艇岛、游艇泊位码头、游艇俱乐部以及可以承办F1赛艇和国际游艇展销活动的水上运动区和商业活动区。规划在2006年8月前启动河道拓宽整治工程及湿地公园建设,两年内"上海金汇游艇城"建设将具备游艇活动服务和消费的基本功能,至2010年初步建成。(金二新)

【"阳光之家"挂牌启动】 10月18日,金汇镇智障人士"阳光之家"成立挂牌,并从即日起启动智障人士培训工作。"阳光之家"位于泰日社区泰青路231号,总占地面积1500平方米,建筑面积720平方米。内设康复训练室、教室、简易劳动室、棋牌室、保健室、阅览室和资料室等活动场所。年内,该镇有智力残疾者242人,其中16岁~35岁智障人士65人。为使这些弱势群体能走出家门,走进社区,融入社会。"阳光之家"接纳智障学员42人进行全方位培训,其中全日制学员24人,定期培训18人。开设适合智障人士课程,包括语文、数学、体育、美术、唱歌、康复、简易劳动、居家生活等9门。(严忠阳)

【村务公开和民主管理被评为市示范镇】 年内,镇党委、政府把村务公开、民主管理作为村级建设大事抓,成立专门的工作指导小组,不定期召开由村党支部书记、村委会主任参加的村务公开和民主管理专题工作会议。镇民政部门为各村免费制作统一的村务公开栏,设在醒目位置便于群众监督。各村分别健全民主理财制度、管理监督制度和年度考核制度,把村务公开、民主管理作为考核基层干部政绩的重要内容,并将考核结果与村干部奖金挂钩。创建过程中加强五查五看督查工作,即查村民代表会议是否按时召开,看村民群众反映村务公开和民主管理是否正常;查村务公开是否及时、全面、真实,看财务收支是否作为重点内容公开;查公开程序是否规范,看公开的内容和账面数据是否一致;查公开内容是否方便村民了解情况,看公开栏栏目设置情况;查村务监督小组是否发挥作用,是否对每次公开的内容进行审核,看村委会对检查中发现的问题是否落实整治意见,村务公开档案是否及时整理归档等。经上级有关部门验收,村务公开、民主管理工作符合创建标准,被评为上海市村务公开、民主管理示范镇。(严忠阳)

【镇治安联防大队成立】 9月15日上午,镇治安联防大队在镇派出所广场举行成立大会暨出征仪式,区委副书记周林官、区委常委、公安奉贤分局局长程一平、区政法委副书记、区综治办主任迟岳峰以及各镇、开发区的领导出席成立大会。镇治安联防大队由原三个镇级联防队、四个村级区域联防队组建而成。为加强治安管理,镇政府专项拨款购买治安巡逻摩托车21辆、自行车103辆以及警棍、强光灯、对讲机等器械,每年投入500万元。年内,全镇共有镇村两级联防队员201人,分布在镇区、两个社区和35个行政村,根据各自分管的区域进行治安巡逻、设卡检查、守候伏击等治安管理工作,建立起治安防控横向到边、纵向到底的网络化体系。(严忠阳)

【金汇创建成上海市文明镇】 年内,镇党委、政府把创建上海市文明镇列入年度重要工作之一。4月初,成立由镇党委书记任组长、镇长任第一副组长、党委副书记任常务副组长的创建工作领导小组。领导小组下设创建督查、宣传报道、资料汇编、基本建设、环卫市容、综合协调和社事文体7个小组。创建工作提出"党政领导有力"、"经济繁荣发展"、"基础设施完善"、"镇容镇貌良好"、"公共管理高效"、"社会服务全面"、"群众文化繁荣"、"群众参与广泛"和"社会风尚良好"9条一级指标;以此向各责任部门下达二级指标43条,各责任部门将任务再责任到人。创建工作分宣传发动、责任实施、创建督查、创建总结及检查验收5个阶段进行。制订了党政领导责任制和部门分工负责制、目标管理考核制、定期联席会议制、定期督促检查制和档案资料收集汇总五项工作制度,确保创建工作有步骤、有组织、有计划、规范化地全面推进。12月4日,举行"创建文明城镇、构建和谐金汇"志愿者服务大行动启动仪式,区委常委、宣传部长姚海等领导出席启动仪式。有1000多人在"人人参与创建文明镇"的横幅上签名。启动仪式后,11支志愿者队伍1500余名志愿者分赴各服务点,开展扶贫帮困、交通协勤、环境整治和法律援助等社会公益活动。经过各方努力,金汇镇成功创建2004年~2005年上海市文明镇。(严忠阳)

2005 年金汇镇主要社会经济指标情况表

项 目	单 位	数 量	项 目	单 位	数 量
增加值	万元	130231	中小学	所	3
工业销售收入	万元	970460	在校学生	人	5703
工业利润	万元	45991	幼儿园	所	1
外贸出口产品拨交额	万美元	12712.91	在园儿园	人	985
工业企业总数	家	1296	教职工(全部教师、职工)	人	649
其中:三资企业	家	37	人口出生率	‰	3.5
股份合作制企业	家		人口自然增长率	‰	-0.91
私营企业	家	1259	计划生育率	%	99.5
第三产业增加值	万元	12136	农村社会养老保险率	%	97.96
粮食总产量	吨	12958	小城镇保险人数(镇保)	人	14292
生猪出栏	头	49510	农村合作医疗投保率	%	98.5
上市蔬菜	吨	106260	财政收入	万元	18820
上市鲜奶(牛奶总产量)	吨	1920	劳均收入	元	12504
上市鲜蛋	吨	1542	人均收入	元	7892
上市水产品	吨	2969	年末储蓄存款总额	万元	151749
上市瓜果	吨	9073			

(金汇镇 供稿)

2005 年金汇镇村委、居委基本情况表

村、居委会名称	党支部(总支)书记	村委会主任	总面积(平方千米)	耕地面积(公顷)	村民小组(个)	户 数(户)	户籍人口(人)	可支配收入(万元)
金汇村	余岳成	余岳成	2.01	62.05	12	627	1516	114
金建村	夏岳明	夏岳明	1.65	76.47	9	435	1135	67
金星村	徐飞龙	徐飞龙	2.50	94.27	16	720	1892	37
东星村	王秀明	王秀明	2.43	0	13	607	1577	206
继光村	夏德荣	夏德荣	2.38	78.05	13	630	1749	101
新强村	乔益林	乔益林	2.58	123.36	13	599	1601	65
新联村		陈雪章(负责人)	0.40	8.89	2	124	300	18
白沙村	徐德明	徐德明	2.02	47.90	6	293	741	64
行前村	陈引官	陈引官	1.45	70.00	8	262	678	68
陆家村	徐卫星	徐卫星	1.49	89.69	7	228	715	62
李家村	李吉琴	李吉琴	1.50	63.4	8	312	916	42
百曲村	程正祥	徐荣连	2.80	87.76	12	728	1870	126
沿港村	徐秋林	徐秋林	2.43	138.17	9	429	1286	65
北行村	沈兴弟	沈兴弟	1.32	69.73	7	322	873	60
南行村	潘保华	潘保华	1.81	96.04	8	469	1216	100
齐贤园艺场	张国富	张国富	0.53	7.87	2	133	259	26
国光村	周德才	周德才	2.10	44.33	13	545	1421	89
光耀村	王文华	王文华	2.08	97.46	10	556	1426	78
光辉村	沈安明	沈安明	3.49	155.38	18	895	2312	89
光星村	盛金奎	盛金奎	1.80	97.71	10	393	1091	92
明星村	沈正观	沈正观	2.35	3.14	13	554	1552	59
北丁村	沈国才	沈国才	1.94	93.40	11	395	992	78

续 表

村、居委会名称	党支部（总支）书记	村委会主任	总面积（平方千米）	耕地面积（公顷）	村民小组（个）	户 数（户）	户籍人口（人）	可支配收入（万元）
木行村	闵根章	闵根章	2.17	134.00	13	420	1078	67
南陈村	沈桂宝	沈桂宝	1.87	103.93	9	401	1015	60
乐善村	金明均	金明均	2.72	65.43	13	637	1726	45
行南村	沈云甫	沈云甫	1.32	80.45	10	282	759	58
陆厍村	龚保才	龚保才	1.57	94.87	9	301	756	45
梁典村	钟爱平	钟爱平	3.30	171.67	18	604	1628	134
面丈村	乔宝国	乔宝国	1.82	91.60	10	355	920	62
吴窑村	盛桂贤	盛桂贤	2.24	124.51	14	450	1113	55
资福村	翁龙官	翁龙官	2.04	109.00	13	423	1071	28
梅园村	王根富	王根富	3.05	112.30	14	712	1886	70
姚堂村	范天才	范天才	1.98	60.00	10	447	1230	69
周家村	沈林章	王飞龙	1.80	87.00	8	422	1101	20
华星村	夏炎伯	夏炎明	1.73	81.00	7	348	918	57
墩头村	吕根明	吕根明	1.97	82.00	11	409	1006	29
金汇居委会	陈　妹	陈　妹	0.70			415	745	
齐贤居委会	朱正龙	朱正龙	0.58			586	994	
泰日居委会	卫林华	卫林华	1.00			852	1488	

（金汇镇　供稿）

青村镇

【刘伦贤等调研“三个集中”试点工作】 1月13日，上海市人大常委会副主任刘伦贤、区人大常委会主任周伟民等在镇主要领导陪同下，调研镇“三个集中”试点工作。刘伦贤副主任在听取镇领导汇报后指出：推进宅基地置换试点工作，必须结合农村特点，适合农民要求，落实好相关政策，让农民真正得到实惠。（顾煜平）

【北唐村动迁户签约顺利】 年初，经过镇宅基地置换领导小组和村党政领导干部广泛深入的宣传发动，以及耐心细致的思想工作和全面周到的服务，按照宅基地置换试点工作实施办法精心操作，在广大农户的积极配合下，至2月底，北唐村“三个集中”建设基地内的首批176户农户全部签订动迁协议，签约率100%。至年底，已与第四批动迁户签约，全年总签户数800余户。（顾煜平）

【举行宅基地置换集中建房开工典礼】 3月8日下午，青村镇宅基地置换集中建房开工典礼在北唐村隆重举行，标志着被列入上海市首批宅基地置换试点先行镇之一的青村镇宅基地置换试点工作进入实质性阶段。区委书记张立平、区人大常委会主任周伟民、区委常委、副区长杜治中、政协主席胡震寰等区四套班子领导和镇主要领导叶军平、韦美芳等出席开工仪式。区领导要求：集中建房建设要高起点、高标准、出精品，要有推广价值，要真正让动迁户安心放心。经过施工单位精心组织和建筑工人的艰苦努力，至年底，已建成居住房131幢27万平方米。（顾煜平）

【褚家村集贸市场建成开张】 3月初，投资11万余元、总面积400平方米的褚家村集贸市场建成开张。集贸市场位于南奉公路西北侧，交通便利。建设集贸市场，既解决多年在南奉公路上乱设摊、影响交通和周边环境的问题，又为村民的农副产品交易提供避风遮阳的固定场所。（顾煜平）

【区首家社区党工委成立】 年内，镇党委、政府贯彻落实区委、区政府《关于加强撤制社区工作的若干意见》精神，通过深入调研，提出“巩固、调整、拓展”社区工作思路，将光明、钱桥社区党组织设置由党总支部委员会分别改建为社区工作委员会，进一步加强社区党的建设，改进和完善社区管理方式。3月29日，光明和钱桥社区工作委员会正式成立，并举行揭牌仪式，青村镇成为区内第一个设立社区工作委员会的镇。（顾煜平）

【区首家旅游协会成立】 3月30日上午，青村镇旅游协会成立。这是区内成立的第一家镇级旅游协会。青村镇境内有较丰富的旅游资源，旅游协会的成立，对拓展镇的旅游产业，促进旅游相关单位之间的交流和合作，提高旅游服务水平和知名度，将起积极作用，也标志着青村镇旅游业由自然型、粗放型向组织化、规范化转变。

（顾煜平）

【组建非公企业党支部6个】 上半年，在考察非公企业经营状况、党员状况、领导班子组成情况以及企业要求建立党组织的意向后，经镇党委研究决定，上海阿爱姆电器有限公司、上海格米兰化妆品厂、上海施威专用焊接设备厂、上海德朗能电池有限公司、上海贤奉建筑发展有限公司、上海万象木业有限公司等6家非公企业建立党支部。

（顾煜平）

【“麦莎”来临前安全转移民工3200余人】 8月5日，在第九号台风“麦莎”来临之前，镇党委、政府及时召开紧急会议，迅速启动民工应急转移预案，在“北唐新苑”工地施工的3200余民工安全转移。同时，妥善安置居住在危房内的村民和外来打工者185人。

（顾煜平）

【西张村出资奖励大学录取生】 8月6日，西张村举行仪式，为村内高校录取的6名新生表示祝贺，并发给每人助学奖励金1500元。年内，该村累计用在补助和奖励学生的资金2万余元，重教重人才的氛围在西张村悄然形成。（顾煜平）

【成立助老协管员队伍】 年内，青村镇为关爱独居老人建立长效管理机制。政府出资购买服务，成立一支由50个农村富余劳动力组成的助老协管员队伍，专门为全镇独居老人提供关爱服务，实施动态管理。为全镇需要服务的170个独居老人发放联系卡，建立工作记录册等台账，并与他们签订承诺协议书。（顾煜平）

【举行黄桃种植科技示范基地揭牌仪式】 8月19日，为进一步提高黄桃品质，推行科技兴农、富民战略，青村镇举行“奉贤区首届锦绣黄桃擂台赛暨市农科院奉贤科技示范基地”揭牌仪式。市农委、农科院以及区农委的领导专程前来祝贺。副区长俞凯丰、镇长马建根出席揭牌仪式。经过激烈的角逐，湾张村蒋耀弟种植的锦绣黄桃获擂台赛金奖。（顾煜平）

【智障人士“阳光之家”成立】 年内，为切实提高智障人士的生活自理能力、社会交往能力和简单的劳动能力，让他们走出家庭，融入社会，青村镇在镇敬老院成立智障人士“阳光之家”。95名智障人士从此有了第二个“家”。（顾煜平）

【申隆生态园列为全国农业旅游示范点】 年内，继“青村世外桃源”和“申隆生态园”两个农业旅游景点被定为上海市第一批农业旅游示范点后，“申隆生态园”又经国家旅游部门评审验收，正式列为全国农业旅游示范点。该部门考证认为：“申隆生态园”很好地展现了农村劳动生活的场景，让人在游玩中体验和了解传统与现代都市农业的特色，同时又充分体现人与自然和谐相处的理念。至年底，已接待各类游客万余人。（顾煜平）

【创建市一级卫生镇通过验收】 11月10日，青村镇创建市一级卫生镇通过市、区有关部门合格验收。年内，镇党委、政府把创建市一级卫生镇列为年度政府实事工程之一，提交镇人代会讨论通过。成立由镇长牵头24人组成的创建工作领导小组，下设7个责任小组。各基层单位相应建立由2人~3人组成的工作班子，党支部书记任组长。上下之间建立联络员制度，并制订创建工作目标责任书和考核细则下发各单位。积极营造创建氛围，利用媒体加大宣传力度，使创建工作人人皆知，众人参与。为保障创建工作全面实施，镇政府共投入资金3688万元。其中投入550万元，用于南奉公路景观道路改造工程，两侧铺设彩道板8750平方米，架设太阳能路灯60盏；投入900万元，动拆迁原农贸市场，建造新农贸市场；投入200万元，创建振兴路市容环境示范街，硬化路面长度980米，铺设彩道板4780平方米；投入170万元，新建文化广场占地2200平方米；投入190万元，新建和改造公共厕所20座、垃圾房20间，设置镇区主要道路和街道新型果壳箱130套；投入18万元，刷白南奉公路两侧建筑物墙体和镇区居民楼楼道39700平方米；投入57万元，安置公益广告牌和宣传栏、制作宣传旗帜和标语；投入485万元，改造和疏浚镇区主要河道；投入1100万元，用于南奉公路，浦星公路绿化带建设和镇区绿地建设，文化广场、农贸市场等区域新增绿化面积1500平方米，镇区主要道路和商业街放置大型花盆90套，人民路、振兴路等路段补绿1200平方米。镇区绿地面积达到36.57万平方米，人均绿地面积13.8平方米，绿化覆盖25.4%，绿化休闲景点10个。

（顾煜平）

【金王村建设农家会所】 12月2日，金王村举行村农家会所奠基仪式。会所集村委会办公室、老年活动室、健身活动室、婚丧喜事食堂、百姓戏台等设施为一体，是一处既是村委会所在地，又是农家百姓休闲、娱乐的现代化活动场所。

（顾煜平）

【继芳桥移位修复工程竣工】 9月始，经过3个月的紧张施工，距今已有四百多年历史，建于明万历年间的继芳桥整体移位修复工程，于12月15日正式竣工。继芳桥原址光明镇东街，民间有换糖人一诺千金建造该桥的传说，故俗称“糖桥”，远近闻名。桥有三孔，工艺精细，对接严密，桥身坚固，为奉贤境内石拱桥之冠。1978年开凿金汇港时被泥土填埋。2005年春，经市文物管理委员会和区政府批准，将古桥挖掘移建于青村镇西街市河上（原文星桥桥址）。移位修复后的继芳桥，保持了原来的风貌。（顾煜平）

2005 年青村镇主要社会经济指标情况表

项　目	单　位	数　量	项　目	单　位	数　量
增加值	万元	198598	中小学	所	3
工业销售收入	万元	669718	在校学生	人	2483
工业利润	万元	38019	幼儿园	所	1
外贸出口产品拨交额	万美元	7569	在园儿童	人	644
工业企业总数	家	2216	教职工	人	328
其中：三资企业	家	19	人口出生率	‰	4.8
股份合作制企业	家	38	人口自然增长率	‰	-1.4
私营企业	家	2159	计划生育率	%	99
第三产业增加值	万元	39656	农村社会养老保险率	%	90
粮食总产量	吨	11178	小城镇保险人数	人	17380
生猪出栏	头	62692	农村合作医疗投保率	%	87.1
上市蔬菜	吨	65896	财政收入	万元	17604
上市鲜蛋	吨	1360	劳均收入	元	12017
上市鲜奶	吨	2898	人均收入	元	7834
上市水产品	吨	13217	年末储蓄存款总额	万元	46571
上市瓜果	吨	13171			

（青村镇　供稿）

2005 年青村镇村、居委会基本情况表

村、居委会名称	党支部（总支）书记	村委会主任	总面积（平方千米）	耕地面积（公顷）	村民小组（个）	户数（户）	户籍人口（人）	可支配收入（万元）
朱店	陈妙洪	朱志华	2.61	110	15	650	1492	142
钟家	毛菊新	毛菊新	1.85		10	492	1187	121
姚家	徐佩华	徐佩华	2.61	100	13	685	1606	113
朱桥	顾益兴	顾益兴	1.61	86	9	440	1002	41
李窑	谢锦文	彭志芳	3.18	138	18	892	1979	186
于庄	苏寒林	谢银芳	2.17	117	13	491	1144	83
方墩	郏国良	郏国良	1.61	58	11	393	894	117
岳和	朱瑞国	朱瑞国	1.69	62	8	394	914	165
王家	瞿国均	张惠仙	3.12	194	16	627	1425	202
陶宅	季引莲	路宝来	2.18	82	14	468	1058	88
民安	吴祖良	刘伯春	2.47	98	14	648	1462	73
吴家	周伯庆	张正权	1.74	60	11	450	1008	43
北唐	季国章	朱仁贤	5.86	124	33	1798	4160	132
褚家	蒋国庆	陆国仁	2.10	54	8	399	999	175
湾张	袁明章	袁明章	1.93	93	9	336	846	172
工农	焦　锋	焦　锋	1.50	71	7	310	725	96
解放	丁月明	丁月明	1.58	84	7	310	715	45
张弄	张国林	张国林	2.56	596	11	646	1526	175
友谊	胡本凡	胡本凡	1.85	3	8	362	859	99
罗神	韩国林	韩国林	1.34	45	6	413	907	76
周陆	马立成	马立成	2.03	60	11	619	1497	66
桃园	高国民		1.87	91	11	494	1191	58

续 表

村、居委会名称	党支部(总支)书记	村委会主任	总面积(平方千米)	耕地面积(公顷)	村民小组(个)	户 数(户)	户籍人口(人)	可支配收入(万元)
竹筱	吴忠明	邱琴其	2.21	110	12	596	1434	52
滕家	周林根	周林根	1.55	74	8	504	1173	46
朱蒋	郭建栋	郭建栋	1.63		8	509	1280	55
丁夏	沈桃良	沈桃良	2.21	56	13	445	1073	45
元通	王伯才	王伯才	2.40	131	10	467	1123	53
金王	王洪辉	王洪辉	1.20	48	5	354	8131	38
吴房	平安华	平安华	1.98	85	10	469	1119	61
西张	张德辉	张德辉	1.56	60	8	427	990	134
花角	钱恩弟	钱恩弟	1.78	76	9	357	838	50
石桥	沈国平	沈国平	1.52	58	8	426	1053	139
海边	张明兴	张明兴	2.08	80	9	710	1708	131
草庵	倪德龙	倪德龙	1.12	49	6	389	960	31
南张	刘国兴	卫正东	1.12	38	8	364	895	75
青村居委	卫国珍	卫国珍	0.94			922	1523	
光明居委	王金仕(兼)		0.15			254	418	
钱桥居委	张国光(兼)	陈祖士(兼)	0.13			577	823	

(青村镇　供稿)

海湾镇

【召开市属农场行政管理属地化移交工作协调会】 3月25日上午,中共上海市委常委、副市长冯国勤,副市长周太彤主持召开专题会议,研究奉贤区域内市属农场行政管理属地化移交工作。会议认为,实施市属农场行政管理属地化是市委、市政府领导明确推进的一项重要工作。会议确定四项意见:建立市属农场行政管理属地化推进小组;进一步细化移交工作方案;加强条块配合和部门支持;注意稳妥稳步稳定推进。市政府副秘书长柴俊勇、吉晓辉及市发展改革委、民政局、农委、国资委、教委、财政局、房地资源局、公安局、劳动保障局、卫生局、工商局、市政局、上海农工商集团总公司和奉贤区政府等部门、单位的负责同志参加了会议。(洪　光　朱　筠)

【举行市属农场行政管理属地化移交工作签字仪式】 8月16日下午,奉贤区域内市属农场行政和社会管理属地化移交工作签字仪式在市政府小礼堂举行。市委常委、副市长冯国勤,副市长周太彤出席签字仪式并作重要讲话。推进农场行政和社会管理属地化,是市政府实施政企分开、政事分离,加快国企改革、完善经济体制改革的一项重要工作,也是转变政府职能、加强社会管理,构建和谐社会的重要内容。会议议定三项意见:加强领导,团结协作,精心组织;规范操作,严格纪律,平稳实施;加快体制建设,促进协调发展,深化属地改革。市政府副秘书长柴俊勇以及市农委、经委、国资委、教委、民政局、劳动保障局、财政局、规划局、房地资源局、水务局、卫生局、人事局、消防局、上海警备区、奉贤区政府、农工商集团等部门、单位的负责人参加签字仪式。

(洪　光　朱　筠)

9月2日,区委书记张立平(中)调研海湾镇筹备工作情况。

(海湾镇　供稿)

【张立平对海湾镇筹备工作提出工作要求】 9月2日,区委书记张立平到海湾调研,在座谈会上,对党政领导班子提出工作要求:即要珍惜合作共事的机会,加强团结,树立为海湾地区群众服务、为海湾人民造福的思想,努力建设世界级城市的海滨新城镇;要充分挖掘和利用好海湾地区的资源,做细做好规划,一手抓稳定,一手抓发展,努力提高和改善老百姓的生活;要保持良好的精神状态,边磨合、边规范、边推进各项工作;要关注群众生活的热点,保证学校、医院正常运转,抓好园林城区创建、招商引资以及抓好社会治安、再就业等工作;要结合先进性教育,增进班子人员间的相互了解,进一步统一思想,加快磨合运转,尽快形成班子整体合力。 (洪 光 朱 筠)

【海湾镇成立揭牌】 9月16日,区委、区政府召开海湾镇成立大会暨举行揭牌仪式。上海市农业委员会主任袁以星、中共奉贤区委书记张立平为海湾镇党工委揭牌;奉贤区人民政府区长沈慧琪、上海农工商(集团)有限公司总裁曹树民为海湾镇管理委员会揭牌;奉贤区人大常委会主任周伟民、政协奉贤区主席胡镇寰为海湾镇人大工作联络处揭牌。成立大会上,区委书记张立平要求海湾镇新班子珍惜合作共事机会,保持良好精神状态,尽快形成整体合力,一手抓发展,一手抓稳定,努力建设世界级城市的海滨新城镇。市农委主任袁以星希望新班子缩短磨合期,顺利完成对接,加快建立行为规范、运转协调、公正透明、廉洁高效的镇政府行政管理体制和运行机制,努力建设责任政府、服务政府、法制政府。成立大会和揭牌仪式由区委常委、副区长杜治中主持。海湾镇党工委书记周龙华致辞。市、区、农工商(集团)、区属各部、委、办、局以及各镇、开发区、和企业集团公司等单位的领导参加成立大会和揭牌仪式。

(洪 光 朱 筠)

·相关链接·

海湾镇概况

海湾镇,2005年9月16日成立挂牌。成立海湾镇,筹备工作用了近2年时间。2003年11月12日,上海市人民政府下发沪府(2003)109号文件,批复同意设立奉贤区海湾镇。是年11月21日,区委、区政府发文成立海湾镇筹备组。2004年4月,成立海湾镇筹备组党组。2005年3月25日上午,市委常委、副市长冯国勤、副市长周太彤主持召开市属农场行政管理属地化移交工作。是年8月16日下午,奉贤区域内市属农场行政和社会管理属地化移交工作签字仪式在市政府小礼堂举行。

海湾镇区域位置:南傍杭州湾,有25千米海岸线,东邻南汇区芦潮港,西接上海化学工业区,北与四团、奉城、青村、柘林镇接壤。范围包括原五四、星火农场,上海海湾国家森林公园,星火工业开发区和奉贤海湾旅游区。总面积90.25平方千米,常住人口52692人,户籍人口10586人。设五四、燎原、星火3个社区服务中心、6个居委会。海湾镇机关办公地点位于星火农场海庆路1号。 (海湾镇 供稿)

【沈慧琪对海湾镇工作提出3项要求】 9月19日下午,区长沈慧琪率区政府办公室、财政局、教育局、卫生局、人事局、土地规划局等部门领导前往海湾镇进行工作调研。听取镇党工委、管委会前阶段工作情况汇报后,在肯定新班子工作的同时,提出3项要求:即要促进平稳发展。从区域的实际出发,想清楚,看明白,发挥优势、取长补短,科学认证基础上做好区域发展规划,把海湾镇建设成别具一格的海滨新镇;要促进平稳对接。对涉及的人、财、事要做好过细的工作,坚持公开、公平、公正的原则,确保对接工作有序推进;促进平稳过渡。注意移交对接过程中出现的各类矛盾和问题,并及时予以化解,继续做好地区环境卫生及社会综合治理等工作,确保社会各项事业健康发展。 (洪 光 朱 筠)

【组织海湾人民看奉贤活动】 10月16、17日,镇党工委以“走进奉贤、融入奉贤”为主题,分两批组织开展“海湾人民看奉贤”活动。共400多名干部职工和居民群众代表参加这次活动。参观游览了上海市工业综合开发区、上海化学工业区奉贤分区、上海申隆生态园、海湾旅游开发区等,增进了对奉贤的了解,增强融入奉贤、共建家园的信心和责任感。

(洪 光 朱 筠)

【举办机关及分支机构工作人员培训班】 11月3日起,为提高镇机关、分支机构工作人员政治、业务理论、管理水平和工作技能,适应工作职能转变,镇有关部门组织开展理论业务系列培训活动。培训活动利用每周四晚上进行,邀请区党校、规划局等领导、专家授课辅导。培训内容包括《奉贤区域规划及海湾中心镇规划》、《完善社会保障,维护群众权益》、《做一个人民满意的好干部》等,培训活动共安排8讲,历时2个月。每次参加培训的镇机关、分支机构工作人员110多人。 (洪 光 朱 筠)

【胡镇寰等政协领导到海湾镇调研】 11月15日,区政协主席胡镇寰等政协领导到海湾镇调研,并到中港居委会、五四中学等单位进行实地查看。要求海湾镇工作以党的十六届五中全会精神为指针,高起点高标准编制好经济与社会发展规划;从镇的实际情况出发,拓展工作思路,发挥区域优势,不断推进经济及社会各项事业的协调发展;领导班子要心系百姓,勤政为民,切切实实为地区百姓排忧解难,做好事,办实事,进一步树立新镇政府良好形象。

（洪　光　朱　筠）

【周伟民等人大常委会领导到海湾镇调研】　11月29日，区人大常委会主任周伟民等人大常委会领导到海湾镇了解新镇成立后各项工作进展情况，给予前一阶段工作充分肯定，指出平稳过渡的指导思想，明确并已转化成实际的效果；发展思路清晰；对接的措施积极稳妥。针对存在的环境、城建、基础设施落后等问题，鼓励新班子积极应对困难、采取措施，继续保持良好的精神状态，使海湾镇的各项工作尽快融入奉贤。

（洪　光　朱　筠）

【机关建设引入竞争机制】　年内，海湾镇成立前，镇筹备小组对原社区范围内的用工人员进行调查摸底，配合区有关部门开展人员对接、转性（企业人员转为事业编制人员）、移交工作。海湾镇成立后，镇党工委根据《党政干部选拔任用工作条例》，对拟任机关科室、事业单位的领导干部经过民主推荐、民主测评、组织考察、公示等程序，按照德、能、勤、绩、廉的标准，共考核任用机关科室、事业单位正副科长和正副主任25人，其中18人由企业人员转为事业人员。机关及分支机构工作人员实行聘任制度，对原机关、分支机构工作人员113人进行笔试、面试，经公示后录用事业单位工作人员51人。对符合干部条件的3人进行公务员调任、考试后录用为公务员。对社会保障中心、社区服务中心等单位16个工作岗位的人员录用，采取社会招聘和内部竞岗相结合的方式，其中4个岗位采取竞争上岗方式，择优录用。在落实企业人员转为事业人员的工作过程中，做好深入细致的思想政治工作，做到公开、公平、公正。至12月31日，原海滨社区机关及分支机构工作人员137人人事关系全部转入奉贤区海湾镇，其中3人为公务员，从企业转入海湾镇事业单位编制69人，另从奉贤区和市农场局事业单位编制转入海湾镇5人。

（洪　光　朱　筠）

【开展园林城区创建工作】　年内，在区创建上海市园林城区工作中，全镇共拆除违章建筑261平方米，完成浦星公路至新四平公路绿化景观道路改造25千米，实现景观大道路边补绿66760平方米，为打造南上海海滨新镇绿色风景作出努力，获得区“创建上海市园林城区先进集体优胜奖”。

（洪　光　朱　筠）

2005年海湾镇社区服务中心、居委会基本情况表

社区服务中心（居委）名称	党支部（总支）书记	社区服务中心（居委）主任	总面积（平方千米）	居民小组（个）	户数（户）	户籍人口（人）
五四一兴居委会	黄　美	黄　美	1111	6	702	1187
五四中港居委会	李　刚	李　刚	144	21	2555	4862
五四洪卫居委会	傅秋英	傅秋英	462	5	611	995
燎原居委会	朱士芳	朱士芳	363	13	1539	2777
星火第一居委会	瞿菊芳	商文珍	105	17	2212	4042
星火第二居委会	徐剑英	郑霞萍	87	73	1429	3047

（海湾镇　供稿）

（本栏目编辑　蒋新甜）

人 物

领导人物

【张立平】 男，1953 年 11 月生，汉族，上海市人，文化程度大学，经济学硕士，高级经济师职称，1969 年 11 月参加工作，1979 年 3 月加入中国共产党，现任中共上海市奉贤区委书记。

张立平，1969 年 11 月至 2004 年 2 月，历任呼玛县林业指挥部计划员，省 18 站林业局宣传部干事、曙光林场团委副书记，上海市徐汇区湖南街道办事处工作人员，上海市无线电十八厂工人、团委书记、车间党支部副书记，上海市仪表电讯工业局团委副书记、团委书记，上海市仪表电讯工业局党委委员、宣传处处长、企管处处长，党委副书记、局仪电国资管理公司副总经理，上海仪电控股（集团）公司党委副书记、副董事长，党委副书记、总裁，上海轻工控股（集团）公司党委书记、董事长，2004 年 2 月起历任中共奉贤区委常务副书记（正局级），书记。

【周伟民】 男，1948 年 1 月生，汉族，浙江兰溪人，文化程度大学，技术职称高级经济师，1973 年 5 月加入中国共产党，1968 年 11 月参加工作，现任上海市奉贤区人大常委会主任。

周伟民，1968 年 11 月至 2003 年 7 月，历任上海市商业储运公司航路储运部工人，党办工作人员、副主任，航路储运部副主任，上海财经大学贸易经济系学员，上海市委研究室经济处干部、副处长、正处级调研员、处长，上海市人民政府协作办公室副主任，2003 年 7 月起任上海市奉贤区人大常委会主任。

【沈慧琪】男，1950 年 10 月生，汉族，上海市人，文化程度大学，技术职称经济师，1974 年 5 月加入中国共产党，1968 年 11 月参加工作，现任中共奉贤区委副书记、区人民政府区长。

沈慧琪，1968 年 11 月至 2001 年 10 月，历任上海市川沙县城镇公社生产队长、团支部书记、民兵连长，上海市川沙县城镇乡团委书记、党委秘书，上海市财经大学财政金融系学员，上海市川沙县财政局预算股干部、税政股副股长，上海市川沙县财政局、税务局副局长，党委书记、局长，上海市川沙县副县长，上海市浦东新区工商局党组书记、局长，上海市浦东新区农村发展局局长，上海市嘉定区委常委、副区长，上海市奉贤县委副书记、县人民政府县长，2001 年 10 月起任上海市奉贤区委副书记、区人民政府区长。

【胡镇寰】 男，1942 年 11 月生，汉族，浙江余姚人，文化程度大专，技术职称高级政工师，1979 年 6 月加入中国共产党，1960 年 5 月参加工作，现任政协上海市奉贤区委员会主席。

胡镇寰，1960 年 5 月至 2001 年 8 月，历任中科院上海电子学研究所第四研究室见习员，中科院华东技术物理研究所第二研究室见习员、办公室秘书，中国人民解放军南字 834 部队工作人员，中科院上海技术物理研究所办事组工作人员，上海市科技五七干校学员，中科院上海技术物理研究所政宣组干部、政治部宣传科科员、副科长，华东师范大学中国语言文学系秘书学专业学员，中科院上海技术物理研究所宣传处副处长、负责人，上海市科技党委办公室副主任、主任，上海市科技党委秘书长，2001 年 8 月至 2001 年 10 月在政协上海市奉贤区委员会工作，2001 年 10 月起任政协上海市奉贤区委员会主席。

区党政机关、镇（开发区）、团体、直属公司主要负责人名录

中国共产党奉贤区委员会

书　记：张立平
副书记：沈慧琪
　　　　韦　源
　　　　周林官
　　　　顾顺祥
常　委：钱城乡
　　　　程云华（女）

姚　海
杜治中
陆勇华(2月免)
程一平(2月任)
张伟伟
区委办公室主任:
季伯明(6月免)
包蓓英(女,6月任)
组织部部长:
钱城乡
宣传部部长:
姚　海
统战部部长:
程云华(女)
政法委员会书记:
周林官
综合党工委书记:
钱城乡
社会党工委(8月建立)书记
陆建国(8月任)
精神文明建设委员会办公室主任:
邵惠娟(女)
防范和处理邪教问题领导小组办公室主任:
朱山荣
老干部局局长:
谢敬党
机关党工委书记:
徐明云
政策研究室主任:
褚培余
信访办公室主任:
韩权民
史志办公室主任:
丁惠义
党校校长:
韦　源(兼)
曹平生(常务副校长主持工作)
社会主义学院院长:
程云华(女,兼)
奉贤报社总编:
杨安安
总工会党组书记:
黄金泉(3月免)
金国强(3月任)
共青团奉贤区委员会党组书记:
许国田
妇女联合会党组书记:
吴　梅(女)
工商业联合会党组书记:
陈祖明
发展和改革委员会党组(8月更名,原发展计划委员会党组)书记:
陶建雄(8月自然免除)
马勤根(8月任)
经济党工委(8月整合组建)书记:
姚林章(8月任,1月~7月空缺)
商业委员会党委(8月撤销)书记:
姚林章(8月自然免除)
对外经济委员会党组书记:
褚建平(4月任,1月~4月,副书记,主持工作)
农业党工委书记:
蒋新群(6月免)
吴四军(6月任)
建设和交通党工委(8月更名,原建设和管理党工委)书记:
陈贯中(8月任)
科学技术委员会党组书记:
朱珍梅(女)
人口和计划生育委员会党组书记:
沈明飞
市公安局奉贤分局党委书记:
陆勇华(2月免)
程一平(2月任)
人民检察院党组书记:
潘祖全
人民法院党组书记:
苏永侃
司法局党委书记:
黄保卫(2月免)
朱洪仁(2月任)
人事局党组书记:
康品官
劳动和社会保障局党委书记:
姚香帆(2月免)
张惠康(2月任)
民政局党委书记:
金国强(3月免)
戚爱国(3月任,8月免)
陈祖培(8月任)
财政局党组书记:
戚爱国(3月免)
施新官(3月任)
审计局党组书记:
陶永平
教育局党委书记:
蒋新群(6月任,1月~5月空缺)
卫生局党委书记:
朱国平(8月任,1月~7月空缺)
文化广播电视管理局党委书记:
王建华(女)
体育局党组书记:
徐正文
环境保护局党组书记:
王文飞
规划管理局党组书记:
邢正才
房屋土地管理局党委书记:
唐耀兴
水务局党委书记:
王德火
国有资产监督管理委员会党组(8月更名,原国有资产管理办公室党组)书记:
刘德仁(8月任)
民防办公室党组书记:
陈洪明
协作办公室党组(8月撤销)书记:
吴召忠(1~8月副书记主持工作,8月自然免除)
档案局党组书记:
茹兆炎
住宅发展局党组(8月撤销)书记:
陈祖培(8月自然免除)
残疾人联合会党组书记:
谢栋兴
投资管理服务中心党组书记:
钱凤亭
上海市工业综合开发区党工委书记:
张秀珍(女)
海湾旅游区党工委书记:
方昌平
上海化学工业区奉贤分区党工委书记:
吴四军(6月免)
季伯明(6月任)
现代农业园区党工委书记:
蒋雪桃
海港综合经济开发区党工委书记:
季法明
建设投资有限公司党组书记:
殷宜礼
交通实业有限公司党委书记:
金梦章
粮油总公司党委书记:
冯永明
工业总公司党委书记:
薛祖国
南方经济发展(集团)有限公司党委书记:
江为民
供销合作社党委书记:
陆慧仙(女)
畜牧水产实业有限公司党委书记:
孙文龙
城建(集团)有限公司党委书记:
陈鹤森

华龙企业集团党委书记：
陈 龙
凯托（集团）有限公司党委书记：
王梅芳（女）
古华药业（集团）有限公司党委书记：
朱宗禧
广电电气（集团）有限公司党委书记：
严怀忠
柘中（集团）有限公司党委书记：
陆仁军
航星机械（集团）有限公司党委书记：
吴雪超
建工（集团）有限公司党委书记：
陈自力（6月免）
屠国勤（6月任）
新高潮（集团）有限公司党委书记：
陈春良
开伦造纸（集团）有限公司党委书记：
朱政谊（女）
轻工玻璃有限公司党委书记：
蔡金忠
恒达科技发展股份有限公司党委书记：
史顺成
电子工程设计研究院有限公司（7月建立）党委书记
陆宝权（7月任）

奉贤区人民代表大会常务委员会
主 任：周伟民
副主任：叶菁权
张根舟
李吉瑞
薛德初（10月退休）
庄 解（女）
人大常委会办公室主任：
徐建平
人大常委会代表工作室主任：
朱立夫

奉贤区人民政府
区 长：沈慧琪
副区长：杜治中
俞凯丰
倪耀明
汪黎明（女）
毛啸岳（12月调离）
崔卫中
徐剑萍（1月任）
区政府办公室主任：
唐 韧
机关事务管理局局长：
杜元康
信访办公室主任：
韩权民
发展和改革委员会（8月更名，原发展计划委员会）主任：
陶建雄
统计局局长：
陶建雄（8月免）
戴光岳（8月任）
经济委员会主任：
张 琪（8月兼任粮食局局长）
招商办主任：
吴召忠（8月任）
旅游事业管理局（8月建立）局长：
蒋德川（8月任）
安全生产监督管理局局长：
杨金章
商业委员会（8月撤销）主任：
马勤根（8月自然免除）
对外经济委员会主任：
褚建平（4月任，1月～3月，副主任，主持工作）
农业委员会主任：
李伯才
建设和交通委员会（8月更名，原建设和管理委员会）主任：
吴保国
科学技术委员会主任：
朱珍梅（女）
信息化委员会主任：
张正林
人口和计划生育委员会主任：
沈明飞
监察委员会主任：
陈纪荣
市公安局奉贤分局局长：
陆勇华（2月免）
程一平（2月任）
司法局局长：
黄保卫
人事局局长（机构编制委员会办公室主任）：
康品官
劳动和社会保障局局长：
姚香帆
民政局局长：
金国强（3月免）
戚爱国（3月任）
财政局局长：
潘妙龙（3月免）
施新官（3月任）
审计局局长：
陶永平
教育局局长：
王森龙
卫生局局长：
宋志红（女）
文化广播电视管理局局长：
钱光辉
体育局局长：
徐正文
环境保护局局长：
王文飞
规划管理局局长：
李志宏（8月任，1月～8月，副局长，主持行政工作）
房屋土地管理局局长：
吴国清
水务局局长：
金 星
档案局局长：
茹兆炎（8月免）
屠 晓（8月任）
国有资产监督管理委员会（8月更名，原国有资产管理办公室）主任：
刘德仁（8月任）
民防办公室主任：
陈洪明
协作办公室（8月撤销）主任：
吴召忠（1月～8月，副主任，主持工作，8月自然免除）
住宅发展局（8月撤销）局长：
陈祖培（8月自然免除）
交通管理局（8月撤销）局长：
（1月～7月空缺）
民族宗教事务办公室主任：
朱国平（8月免）
台湾事务办公室主任：
薛祖亮
侨务办公室主任：
屠伟祥（女）
社会治安综合治理委员会办公室主任：
迟岳峰
投资管理服务中心主任：
钱凤亭（常务副主任，主持工作）
上海市工业综合开发区管理委员会主任：
倪耀明（兼）
海湾旅游区管理委员会主任：
房同盟
上海化学工业区奉贤分区管理委

员会主任:
黄祖光(6月免)
季伯明(6月任)
现代农业园区管理委员会主任:
朱德才
上海海港综合经济开发区管理委员会主任:
徐建龙
建设投资有限公司总经理:
殷宜礼
上海市工业综合开发区有限公司总经理:
李　臻
化工分区发展有限公司董事长、总经理:
黄祖光
交通实业有限公司总经理:
金梦章
粮油总公司总经理:
李仁初
工业总公司总经理:
薛祖国
南方经济发展(集团)有限公司总经理:
江为民
供销合作社主任:
丁春瑜
畜牧水产实业有限公司总经理:
孙文龙
城建(集团)有限公司董事长:
唐爱国
华龙(集团)有限公司董事长:
陈　龙
凯托(集团)有限公司总裁:
蔡瑞贤
古华药业(集团)有限公司董事长:
朱宗禧
广电电气(集团)有限公司董事长:
严怀忠
柘中(集团)有限公司董事长:
陆仁军
建工(集团)有限公司董事长:
陈自力(6月免)
屠国勤(6月任)
开伦造纸(集团)有限公司董事长:
毛　来
轻工玻璃有限公司董事长:
张承珂
恒达科技发展股份有限公司董事长:
史顺成
电子工程设计研究院有限公司总经理:
陆　栋

中国人民政治协商会议奉贤区委员会

主　席:胡镇寰
副主席:程云华(女)
　　　　许璇黎
　　　　张　琪
　　　　朱全忠
政协秘书长:杨林才
政协办公室主任:杨林才
政协专委会办公室主任:余浩洁

中国共产党奉贤区纪律检查委员会

书　记:顾顺祥
副书记:陈纪荣
　　　　王少峰
常　委:何天龙(8月免)
　　　　孙鸿萍
　　　　朱世林(8月任)
　　　　赵石国(8月任)

区人民法院、人民检察院

法院院长:苏永侃
检察院检察长:潘祖全

镇党委、政府、人大

南桥镇党委书记:
马天龙
南桥镇镇长:
汪　鸣
南桥镇人大主席:
朱国清
奉城镇党委书记:
陈建庆
奉城镇镇长:
陈建平
奉城镇人大主席:
陈国法
金汇镇党委书记:
施连规
金汇镇镇长:
钱勤观
金汇镇人大主席:
王裕仁
庄行镇党委书记:
施新官(3月免)
吴雅奎(3月任)
庄行镇镇长:
吴雅奎(3月免)
陆新贤(3月任)
庄行镇人大主席:
陆新贤(3月免)
吴雅奎(3月任)
柘林镇党委书记:
张　弛
柘林镇镇长:
沈金华
柘林镇人大主席:
沈梦龙
青村镇党委书记:
叶军平
青村镇镇长:
马建根
青村镇人大主席:
韦美芳(女)
四团镇党委书记:
杨汉荣
四团镇镇长:
吴晓华
四团镇人大主席:
顾冲明
海湾镇筹备组党组(8月撤销)书记:
周龙华(自然免除)
海湾镇筹备组(8月撤销)组长:
周龙华(自然免除)
海湾镇党工委(8月建立)书记:
周龙华(8月任)
海湾镇管委会(8月建立)主任:
陈　静(女,8月任)
海湾镇人大工作联络处(8月建立)主任:
瞿　军(8月任)

区群团部门

总工会主席:
黄金泉(3月免)
张根舟(兼,3月任)
金国强(3月起,常务副主席,主持工作)
团区委书记:
许国田
妇联主席:
吴　梅(女)
科学技术协会主席:
张德葵
残疾人联合会理事长:
谢栋兴
归国华侨联合会主席:
庄　解(女)
工商业联合会会长:

张 琪
陈祖明(常务副会长,主持工作)

新闻人物

【万志孝】 男,1953年11月生,汉族,初中,中共党员,上海市奉贤区南桥镇光明村党总支书记、村民委员会主任,2005年度全国劳动模范。

万志孝于1998年11月应家乡党组织之召回村任村党支部书记,上任伊始,仅用400多天时间,彻底改造了村里的电网,解决村民日常生活用电,又对村里仅有的3个亏损共350万元的企业进行改制,并利用大亭公路改建为高速公路后的效应,调整光明村产业结构,提出以第二、第三产业为主导,以第一产业为辅的产业发展新思路。经过四年的开发建设,到2005年底,已签约的实业型企业用地10公顷,落户企业102家,新增注册型企业150家,实现工业销售产值5.53亿元,实现利润2884万元,全村可支配财力达2000万元。

在发展经济的同时,万志孝始终将民心工程作为建设社会主义新农村,构建和谐社会的重点。为改善村民居住条件,结合工业园区规划,投入4000多万元建造农民新村;为改善村民业余文化生活,投入200多万元普及有线电视,增添电信设施。几年来,光明村先后被评为"市五好村党支部"、"市级卫生村"、"奉贤区文明村"、"市调解工作先进集体"、"区计划生育先进集体"、"区平安大道先进集体"、"区先进老年活动室"、"镇社会保障先进集体"等荣誉,他先后两次被评为上海市劳动模范。

【朱火明】 男,1945年7月生,汉族,中共党员,中专,经济师,上海南桥变压器有限责任公司总经理、党总支书记。曾获1997年上海市劳动模范、2003年上海市员工信赖的好经理,2005年获全国劳动模范称号。

1991年起,他先后担任副厂长、厂长、总经理,注重科技创新,发挥集体智慧,使公司由小到大,逐步发展成为一个年产值超3亿元的中型企业。由于多年劳累,1997年被查出患尿毒症。患病期间,他坚持边工作边治疗。1998年,他主持决策在上海市综合工业开发区征地4公顷,投资5000万元建造一座现代化、花园式新厂,为企业进一步发展奠定基础。此后,新产品不断问世,新S9系列变压器、S9-M全密封变压器、KYN44型高压柜、GHT型低压、ZGS9型组合式变压器、ZBW预装式变电站、S11卷铁芯变压器、35kV变压器、ZBW4型变压器相继开发成功,给企业带来巨大经济效益。其中:1项获国家级火炬计划项目,4项获国家专利,2项获上海市专利新产品。

1997年,企业通过ISO9002国际质量体系认证,生产经营过程中他实施"七个抓"管理工作理念,即:培训、质检、质保、工序、协作、成品、服务。并提出对顾客实施"服务24小时到现场,售后服务终身制"的承诺。他还注重人才梯队的培养,每年选派优秀员工赴沈阳、西安学习变压器、电气专业知识。贯彻民主管理原则,坚持职代会制度,实行厂务公开,认真履行集体合同和个人劳动合同。企业效益好了,他注重关心职工福利,回报社会,几年来,捐赠希望小学等社会捐款达100万元;每年组织职工疗休养或旅游的支出超过300万元,在企业内形成了"企业爱职工,职工爱企业"的良好氛围。

【何德良】 男,1951年6月生,汉族,中共党员,现任奉贤区柘林镇农业服务中心主任兼上海奉贤绿都农业合作社理事长。先后担任过生产队队长、村农副主任、公社种畜场场长、乡副业公司经理、镇农业科长和农业服务中心主任。曾获奉贤县优秀生产队长,"奉贤十佳"杰出农民企业家,奉贤区先进工作者、优秀共产党员,上海市劳动模范,2005年第五届全国农村基层干部十大新闻人物。全国五一劳动奖章等荣誉。

1998年至今,他在担任镇农业科长、农业服务中心主任岗位上,谋划现代农业发展新思路,传播农业科学技术,积极推进农业产业结构调整,不断拓宽农民增收渠道。2004年,全镇农业增加值达1.33亿元,实现产值4亿元,农民人均收入比上年提高10%,获该年度中共奉贤区委、区人民政府颁发的"丰收杯"特等奖。他为发展镇特色农业,使农业增效、农民增收,不断调整种植结构,组织了丰元、农友等五个粮食专业合作社。落实种植水稻面积1566.67公顷,平均亩产582公斤,总产量13677吨,总产值2461.86万元。其间建立106.67公顷水稻示范方,引进优质水稻种子4万公斤,有效保证粮食生产计划和任务。结合传统农业优势,发展"葡萄之乡"特色。在他的牵头下成立"上海玉穗葡萄基地",成为市科技项目,创出品牌。同时辐射周边农民开展种植,种植面积共420公顷,产值2196万元。在此基础上又建立一批花卉合作社基地,不仅吸收了农村富余劳动力,又提高了农民收入。2004年12月,他创立"上海柘林绿都农业合作社有限公司",成为上海首家以农民家庭承包经营为纽带的农民专业合作社。实行"承包经营加集体经营"的双层经营体制。首期425户农户、146.67公顷土地入社,通过有效运转,农民土地使用后实现保底利润每亩200元,参加年末分红每亩600元。同时安置农民就业岗位500多个,每人年增加收入6000元~10000元。

【钱光辉】 男,1949年1月生,汉族,中共党员,现任奉贤区文化广播电视管理局局长。先后获奉贤县"十佳公仆",奉贤区先进工作者,上海市精神文明建设优秀组织者,上海市群文工作先进个人,2005年获全国文化系统先进工作者称号。

1992年,奉贤提出争创全国文化先进县的目标,钱光辉多方奔走,争取到县、市以及文化部的支持,带领全局干部群众建成文化馆、二星级电影院、上海市第一支农民铜管乐队等,1995年奉贤通过国家文化部验收,在全上海第一家被命名为"全国文化先进县"。重视一流文化品牌的培育和创建。奉贤滚灯就是在他的带领下,从濒临失传的窘境中挖掘、扶植并不断成长,成为奉贤、上海乃至全国民间艺术的一支奇葩,曾在第三届全国农民运动会、第八届全国运动会、国庆五十周年北京游园等全国性重大活动中展演,受到江泽民、杨尚昆等党和国家领导人的好评。胡桥镇也因滚灯而被评为全国民间艺术之乡。

为丰富群众的精神文化生活,钱光辉在1996年倡导并组织"文化下乡百日行"活动,全县各文化单位在100天时间内以文艺节目、电影、图书、展览等形式为全县每一个村的老百姓服务。后来,此项活动又和中央、市的"三下乡"活动结合起来,坚持每年一次"宣传大篷车"活动至今。2002年起,发起每年一届由社会出资、政府协调、群众参与的"相约滨海之夏"活动。这项已举办三届的大型群众文化活动成为奉贤文化的一大品牌。2003年,主持举办了"高雅艺术进奉贤演出月"活动,邀请芭蕾舞、交响乐、歌剧、舞剧等高雅艺术团,到奉贤演出,使奉贤人民在自己的家门口欣赏到《白毛女》、《江姐》、《金舞银饰》等一大批经典艺术作品。作为上海戏剧家协会的会员,他曾先后创作歌颂改革开放的小戏《说话算数》、歌颂新时期农村面貌大变样、农民脱贫致富的大戏《三接新娘》和歌颂干部清正廉洁的《大树底下》、《悠悠琴声对明月》等一批优秀剧作。2005年,就加快农村城市化这个主题,他创作出沪剧小戏《相约十二点》,在上海市十月业余剧展比赛中获金奖,并获全国人口文化奖铜奖。钱光辉还十分重视对业余创作人员的培养,经他指导由奉贤业余作者创作的大戏《红玫瑰》参加市汇演时获得创作、导演、演出等五个第一名。小戏小品《晨曲》、《龙凤镜》、《特种兵》获得最佳创作奖。他重视群众文化理论研究工作,先后发表《论文化市场的发展和管理》、《农村文化建设一定要与经济发展社会进步相适应》等学术论文。

【周月章】 男,1955年3月生,汉族,中共党员,金汇镇社会保障科副科长。

1981年,调乡政府办公室负责民政工作,自此便与残疾人结下不解之缘。1991年,金汇乡成立残联,他兼任残联干部。2002年,任金汇镇残联理事长。24年来,周月章无怨无悔默默奉献于残疾人事业。1986年,经他奔波协调,成立金汇乡第一家福利企业——上海五兴电子玩具厂,首批吸纳40多名残疾职工。1996年后,福利企业普遍不景气,当时就业年龄段的无业残疾人有近百人。为此他多次呼吁实施农村残疾人分散就业措施。1999年,农村残疾人按比例分散就业工作全面推开,在他的努力下,金汇镇有50多家企业分散安置残疾人100多人。他先后共为560名残疾人帮助找到了就业岗位。为稳定就业残疾人工作岗位,他还要求用工单位与被安置残疾人签订劳动用工协议。

1998年10月,周月章把一个遗弃在金汇港桥边已奄奄一息、体重仅0.8千克的女婴紧急送往市儿童医院抢救,捡回了一条生命。出院后,领回家中精心照料3个月。此后,有一乔姓智残人家领养了该女婴,但他很不放心,隔三差五买些吃的穿的物品去看望。转眼该孩子上幼儿园,周月章干脆把孩子接到自己家中,为其支付学费,添衣购物,每天接送上学。八年来,乔家的女儿由周家呵护照顾,在本地成为一段佳话。

为摸清农村贫困户的情况,周月章跑遍全镇每个村组,不断建立健全结对帮扶制度并组建志愿者助残队伍,先后与200余名助残对象签定服务责任书,他用奉献书写人生,曾先后荣获"市残联优秀个人"、"市民政实事工程记功"、"市侨联先进工作者"、"区优秀群众工作下乡员"等14项荣誉及奖励。2005年8月,被评为全国优秀乡镇残联理事长。9月19日,中共奉贤区委结合保持共产党员先进性教育活动,在区会议中心举行"周月章同志先进事迹报告会"。

【李伯才】 男,1953年10月生,中共党员,大专,奉贤区农业委员会主任。奉贤县十二届、奉贤区一届、二届人大代表,2005年获全国三农十大新闻人物"创新奖"。

李伯才长期在农业工作第一线,2003年,针对农民因为买了假种子、假农药影响收成,因水质问题使鱼虾受损却投诉无门等现象,根据《农业法》及上海市政府有关法规、文件精神,将原分散的农林牧副渔各执法职能部门组合起来,成立农业综合执法大队,通过整合

资源、优化结构，为农民和农业撑起“保护伞”。2003 年因非典使南方航班减少甚至停飞，区内近 4000 公顷虾塘面临空塘的危险，全区虾农将会造成 2 亿元以上的直接经济损失，他决断由农委筹资 300 万元，包下 15 架次飞机抢运虾苗，使虾农避免了经济损失。2004 年，为突破土地资源等“瓶颈”，使奉贤水产业持续发展，他提出“南繁北养”计划，走异地养殖之路，在海南岛建立虾苗繁育基地，在新疆开辟养殖基地。到 2005 年，奉贤水产企业和养殖户先后在市内的松江、青浦、南汇等区县及海南、新疆、广东、江苏、浙江等地发展异地水产养殖，总面积达 2000 余公顷。

为提供市场信息，解决农产品销售渠道，他效力于农民经纪人队伍和农村合作经济组织建设。2002 年起，全区农民经纪人队伍壮大、发展，达 5500 多人，建立起 250 多家农业产业化龙头企业，成立 8 大农业专业协会、108 个分会，组建 82 个农民专业合作社，通过提高农业组织化程度增强农业抗自然与市场风险的能力。以工业化理念打造都市农业，以商业化手段经营农业，加强奉贤农业向质量型和功能型转变。2005 年 9 月，奉贤区农业旅游协会成立，申隆生态园、青村“世外桃源”等农业旅游景点成为市民亲近自然的好去处，使奉贤农民又多了一条就业、致富的路。顺应国家开发西部、振兴东北的战略决策，2005 年 8 月，全国第一个跨地区的合作联社“沪哈粮食生产合作社”成立，通过建立产销衔接，利益再分配的两地合作机制，打造绿色身份证大米。合作社拥有社员 3163 户，种植面积近千公顷，带动周边面积近万公顷，奉贤农业又走出了一条两地优势互补、经济联动、受生产者和消费者欢迎的双赢新路。

【胡里清】 男，汉族，1963 年 9 月生，理学博士，高级工程师。曾先后在美国、加拿大留学并从事燃料电池研究，1998 年 5 月回国。现任上海神力科技有限公司总经理兼技术总监，上海市第十届政协委员，2005 年被评为上海市科技精英。

胡里清是中国燃料电池研究领域的著名专家和学者，氢经济时代的先行者。他拥有自主知识产权体系，申请中美专利 249 项，其中实用新型专利授权 70 项，发明专利授权 10 项，外观专利授权 6 项。开发的质子交换膜燃料电池核心技术：常压运行技术路线、三合一膜电极技术、催化剂降铂技术等达到国内领先、国际先进水平。作为课题第一负责人，他连续 4 年承担 3 轮“十五”863 计划电动汽车重大专项“燃料电池发动机 1”课题，获得国家科技部拨款和上海市政府的配套资金支持超过一亿元。开发了 30 千瓦～50 千瓦轿车用燃料电池发动机 14 台，60 千瓦～150 千瓦城市客车用燃料电池发动机 6 台，分别装载在整车单位同济大学“超越”系列的燃料电池轿车和清华大学“清能”系列的燃料电池城市客车上。其中“超越 3 号”单车累计运行超过 10000 千米，“清能 1 号”单车累计运行超过 15000 千米。开发的燃料电池游览车，在国内同类车中首辆实现销售。2006 年 3 月，神力科技与苏州金龙、安徽安凯分别合作研制两辆燃料电池城市客车，成为国内最早由企业按照产业化要求生产的燃料电池城市客车。其中“创新 1 号”燃料电池城市客车于 2006 年 3 月 28 日～30 日参加了在上海举办的 2006 世界客车博览亚洲展览会，是展览会近 50 辆大客车中唯一的一辆燃料电池城市客车，引起轰动。在上海交通大学 2006 年 4 月 8 日的校庆中亮相后，赢得国家领导人的高度评价和赞誉。

（本栏目编辑　张继强）

荣　誉　榜

先进个人

【2005年全国劳动模范】

朱火明　万志孝

【全国文化系统先进工作者】

钱光辉

【全国方志先进工作者】

蒋新甜

【全国宗教工作系统“四五”普法工作先进个人】

万　泉

【全国关心下一代先进工作者】

张明勋

【全国食（药）用菌行业优秀企业家】

毛传福

【九三学社中央先进社员】

钟　敏

【全国社会服务工作先进个人】

朱全忠

【全国党校人口理论教育工作先进个人】

曹平生

【全国民族团结进步模范个人荣誉称号】

瞿　军

【全国优秀乡镇残联理事长】

周月章

【全国农村科普工作先进个人荣誉称号】

苏　华

【第五届全国农村基层干部十大新闻人物】

何德良

【救助贫困母亲幸福工程优秀工作者】

范秀华

【2001～2005年度全国婚育新风进万家活动先进个人】

马明芳　周育红

【全国第一次经济普查国家级先进个人】

沈　红　闵仁辉　高国明

【全国群众体育先进个人】

黄爱平

【全国三农人物创新奖】

李伯才

【全国农业技术推广先进工作者】

黄　伟

【全国养殖证制度建设工作先进个人】

毕　峰

【全国农业技术推广（经营）先进工作者】

翁大钢

【全国农村妇女“双学双比”活动女能手】

盛秀珍

【全国乡镇企业系统优秀财会工作者】

王　清

【上海市科技精英】

胡里清

【上海市地方志系统先进工作者】

蒋新甜

【上海市优秀党务工作者】

季伯明　王德火　罗明

【上海市优秀共产党员】

李德云　周月章　绍　甫

【上海市“两新”组织先进个人】

陆　琴　周志军　沈增兵

沈守兵　唐龙清　高吉良

王新其　史顺成　梁立章

胡剑业

【上海市绿化先进个人】

张　瀚

【上海市统计工作先进工作者】

胡菊萍

【上海市先进信访干部】

胡顺红　顾永良

【上海市水务局供水行业先进个人】

陈根宝

【上海市水务稽查工作先进个人】

王福新

【上海市水务建设工程质量监督系统先进工作者】

张　燕　张　荣

【2003～2005年度上海市河道整治先进个人】

张　瀚　彭红卫

【上海市国家税务局、上海市地方税务局二等功】

陈晓峰　初　玲

【上海市国家税务局、上海市地方税务局嘉奖】

褚勇华

【上海市关心下一代工作先进个人】

张明勋　吴惜莲　施车锋

【上海市老干部局优秀青年干部结对活动优秀个人奖】

周兆熊　刘伯勋　董丽红

毛建东

【上海市读书结对活动优秀指导奖】

郭雪萍　杨　健　王能百

倪兴龙

【上海市老青结对创建示范文明小区活动忘年好友奖】

纪东官　汤东英

【上海市优秀老干部社会帮教志愿者】

柯联章　俞德贵

【上海市重大工程立功竞赛建设功臣】

徐新根

【上海市重点工程立功竞赛市容环卫综合赛区先进个人】

高　健

【上海市重大工程立功竞赛记功】

殷光范　凤建军　陈德官

陈正元　胡洪洲　顾军政

陈　凯　陶　立

【上海市重大工程立功竞赛优秀组织者】

刘　平

【住宅建设立功竞赛建设功臣（记功）】

吴四劳

【土地费征管工作表扬个人】

沈　燕

【上海市食品药品监督系统“食品药品监管卫生”先进个人】

张惠献　唐剑凡　李　青

【中国农业发展银行上海市分行先进工作者】

杨　琼

【第二届嘉华杯摄影大奖赛铜奖】

刘梦樱

【社会服务工作先进个人】

唐　巍

【上海市优秀园丁奖】

胡菊芳

【上海市食品生产监督管理先进个人】

朱洪芳

【民建上海市委先进个人】

王爱国　王頣玖

【致公党上海市委优秀党员】

张连官

【致公党上海市委优秀组织工作者】

傅　雷

【九三学社市委先进社员】

王宗文

【上海市用户满意服务明星称号】

方灵敏

【上海市振兴中华读书活动读书奖】

沈国弟

【上海市信息委优秀党务工作者】

夏伯余

【上海市归侨侨眷先进个人】

张　惠　陈秀晔　胡剑业

【上海市侨联工作先进个人】

周兵章　钟　凌

【上海市第五次全国体育场地普查先进个人】

龚　敏

【上海农工商（集团）有限公司优秀工会工作者】

陈勇辉

【上海市2004～2005年社区残疾人工作助理员先进个人】

江莲云（女）　裴桂莲（女）

卫勤芳（女）　钟　明

【上海市防震减灾工作优秀工作者】

丁世忠

【上海市防震减灾工作宣传先进个人】

陈　刚

【上海市民营科技企业统计年报工作先进个人】

张永华

【上海市科技统计先进个人】

张永华

【上海市装备科技动员工作先进个人】

朱冬军

【上海市技术合同管理先进个人】

朱冬军

【上海市第一次经济普查工作市级先进个人】

孙　毅　姚　红　陆卫文

王咏梅　潘莉莉　季小弟

【上海市军事设施保护工作先进个人】

叶小弟

【上海市幸福工程·救助贫困母亲行动先进个人】

范秀华

【上海市教工暑期休养优秀领队】

顾新明

【上海市安置移民先进工作者】

何秀丽

【上海市政法委统化解信访矛盾工作先进个人】

迟岳峰

【2004～2005年度上海市社会治安综合治理先进工作者】

迟岳峰　汪　鸣　沈国旺

潘　军　薛祖国　夏春亮

【2004～2005年度上海市“双学双比”活动先进工作者】

蒋梅娟

【上海市“百万家庭网上行”计划三年实施优秀工作者】

蒋梅娟

【争创“人民满意活动”先进个人】

张　真　夏海洪　王忠平

张文忠　张　辉　王惠兴

汤海涛　徐文斌　萧振兴

尤　杰　张洁锋　潘月龙

金　杰　唐建忠　陆海空

【集中处理群众信访问题工作先进个人】

卫安定　顾惠萍

【在2005年度深挖破案工作中成绩显著的个人】

张　刚

【在联合国海地任务区维和工作中作出突出成绩的个人】

顾群欢

【打击水上“盗、运、销”违法犯罪活动先进个人】

陈卫东

【2003～2005年度上海市纪检监察工作先进个人】

吕林根

【上海市优秀带教民警】

董　伟

【"提高行人和骑车人守法率"交通宣传整治活动管理能手】

方　华

【集中打击赌博违法犯罪活动专项行动先进个人】

朱健康

【上海市见义勇为先进分子】

苏寒林

【上海市安全行车先进管理干部】

陈妙根

【上海市文明安全机动车驾驶员】

杜春杰

【上海市先进居委会主任】

张建平

【上海科技节科普贡献奖】

季明新　胡伟国

【上海市职工互助保障工作先进个人】

卫振华

【上海市文明安全机动车驾驶员】

唐晓弟

【2004～2005年度上海市周边学校及周边治安综合治理先进个人】

陈玉飞

【上海市优秀网吧义务社会监督员】

胡自力

【2005年度上海市农业基点调查先进个人】

唐林辉

【上海市志愿者活动优秀志愿者】

刘彩珍

【上海市信访工作先进个人】

凌明权

【上海市优秀婚姻登记员】

韩　丹

【上海市"双学双比"竞赛活动女能手】

尤菊华

【上海市文明城区2004～2005年度上海市精神文明建设优秀组织者】

陆　琴

【上海市农业科技入户工作先进技术指导员】

钱非凡

【上海市农技培训及技能监定工作先进工作者】

郭萱昊　袁联国

【上海市农业广播电视教育先进工作者】

郭萱昊　王　燕

【上海市志愿者活动优秀志愿者】

陈　薇

【上海市水产技术推广先进工作者】

叶军强

【上海市农技信息工作进步奖】

王建军

【上海市古树名木保护先进个人】

陈继鸣

【上海市重点工程实事立功竞赛园林绿化赛区先进个人】

袁明光

【检疫执法先进个人】

裴　峰

【上海市科学技术进步三等奖】

金巧玲　罗玉莲　冯　磊
张之桐　徐召民　连银娟

【上海农村商业银行先进工作者】

胡仙华

先进集体

【全国文明镇】

南桥镇

【全国文明村镇先进单位】

南桥镇江海村

【全国精神文明建设先进单位】

上海鼎丰酿造食品有限公司
上海实业振泰化工有限公司

【全国群众体育先进单位】

南桥镇

【全国水资源管理先进单位】

奉贤区水资源管理所

【对台宣传工作先进单位】

奉贤区台办

【全国关心下一代工作先进集体】

奉贤区关心下一代工作委员会

【中国专利20年优秀成果展特别金奖】

上海青长果蔬汁有限公司

【全国食(药)用菌行业优秀名牌产品奖】

上海大山合集团有限公司

【第三届中国国际农产品交易会畅销产品奖】

上海大山合集团有限公司

【中国统一战线宣传先进单位】

上海市奉贤区委统战部

【九三市委先进集体】

九三学社奉贤区委科技支社

【全国婚育新风进万家活动先进乡、镇、街道】

柘林镇人民政府

【2005～2010年全国实施妇女儿童发展纲要示范单位】

奉贤区妇女儿童工作委员会

【2005年度全国"双学双比"竞赛活动先进集体】

上海市奉贤区妇女联合会

【全国三八红旗集体荣誉称号】

上海警备区海湾女子民兵哨所

【全国一级公安派出所】

青村派出所

【全国人口文化工作先进集体】

青村镇计划生育办公室

【2005年全民健身周先进单位】

奉城镇人民政府

【全国优秀全民健身活动站】

金汇镇齐贤影剧院健身点

【三峡工程库区农村移民外迁工作先进单位】

金汇镇人民政府

【全国农业系统"四五"普法工作先进】

上海市奉贤区农业委员会

【全国农业广播电视教育先进集体】

上海市农业广播电视学校奉贤分校

【上海市先进基层党组织】

南桥镇党委

【上海市文明镇】

金汇镇　庄行镇

【上海市文明单位】

上海德华国药制品有限公司

上海福达制药有限公司

上海奉贤建设投资有限公司

上海市电信有限公司奉贤电信局

【上海市文明信访室】

中共上海市奉贤区委信访办公室

上海市奉贤区人民政府信访办公室

【上海市水闸调水工作先进单位】

奉贤区水闸管理所

【上海市水务稽查先进集体】

奉贤区水务稽查大队

【上海市排水稽查文明窗口】

奉贤区水务稽查大队

【上海市河道水闸行业稽查规范达标窗口】

奉贤区水务稽查大队

【上海水文资料评比优秀奖】

奉贤区水文站

【上海市防汛测报工作优秀奖】

奉贤区水文站

【上海市志愿者活动先进集体】

奉贤区排水运行管理中心

【上海市安全保卫合格单位】

奉贤区排水运行管理中心

【上海市中心区域黑臭河道水质监测工作优胜集体】

奉贤区排水运行管理中心

【上海市先进质监站】

奉贤区水务质监站

【市局级治安保卫先进集体】

奉贤区水务局政策法规科

【上海市社会先进团体】

奉贤区水利学会

【上海市统计工作先进集体】

上海市奉贤区统计信息中心

【2004～2005 年度上海市对台工作(调研)表彰单位】

奉贤区台办

【上海市区县密码工作先进单位】

中共上海市奉贤区委机要局

【上海市工商联系统宣传通讯工作先进】

奉贤区工商联

【上海市模范职工小家】

上海航星机械(集团)有限公司钣金工会小组

【上海市工会组建工作先进单位】

上海市奉贤区总工会

【上海市工会财务竞赛一等奖】

上海市奉贤区总工会

【土地费征管工作表扬单位】

奉贤区土地费征收管理所

【上海市档案系统“四五”普法先进集体】

上海市奉贤区房屋土地管理局档案室

【上海市重大工程立功竞赛优秀集体】

奉贤区创建上海市园林城区指挥部办公室

奉城镇规划建设管理科

上海贝港建设开发有限公司

【食物中毒调查处理技术练兵活动食品卫生知识竞赛单项三等奖】

上海市奉贤区食品药品监督所

【食物中毒调查处理技术练兵活动二等奖】

上海市奉贤区食品药品监督所

【第一届职工运动会优秀组织奖】

上海市奉贤区食品药品监督所

【国防动员演练先进单位】

奉贤区

【上海市军民共建社会主义精神文明先进集体】

上海市电信有限公司奉贤电信局

【上海市文明班组】

上海市电信有限公司奉贤电信局南桥分局市话组

【上海市关心下一代工作先进集体】

奉贤区关心下一代工作委员会

【上海市社区老少结对共建活动优胜奖】

奉贤区关心下一代工作委员会

【老干部同优秀青年结对争做“三个代表”重要思想实践者活动优秀组织奖】

中共奉贤区委老干部局、共青团奉贤区委员会

【上海市老干部同青少年结对读书忘年交活动优秀组织奖】

南桥镇党工委、奉城高级中学

【上海市老干部社会帮教志愿者优秀组织奖】

奉贤区关心下一代工作委员会

【上海市老干部同青少年结对共建“爱心信息工程”活动优秀组织奖】

奉贤老干部活动室

【民建市委先进支部】

民建奉贤区委三支部

【市财税系统“读书征文活动”优秀组织奖】

奉贤区税务局

【市财税系统“税收宣传月活动”特色项目奖】

奉贤区税务局

【上海市侨联工作先进集体】

奉贤区卫生局侨联义务夜门诊

【一级居委会】

海湾镇燎原居民委员会

【上海市社区建设示范居委会】

海湾镇五四社区中港居委会

【上海市科技统计先进集体】

奉贤区科学技术委员会

【上海民营科技企业统计年报工作先进集体】

奉贤区科学技术委员会

【上海市刑释解教人员安置帮教工作先进集体】

柘林镇北宅村

【第一次全国经济普查先进集体】

柘林镇　青村镇　奉城镇

【上海市五四特色团组织】

共青团奉贤区柘林镇委员会

【上海市远程教育组织奖】

柘林镇远程教育接收站

【上海市《花园单位》】

上海市奉贤区新寺学校

【2004～2005 年度上海市社会治安综合治理优秀单位】

奉贤区　金汇镇　青村镇

共青团奉贤区委员会

奉贤区文化广播电视管理局

【2004～2005年度上海市社会治安综合治理先进集体】

奉贤区海湾旅游区管委会

青村镇

【上海市第四届“妇女发展实事奖”】

奉贤区妇女儿童工作委员会

【上海市妇女工作优秀项目（品牌）】

奉贤区妇女联合会

【上海市五四红旗团组织】

共青团奉贤区海湾旅游区委员会

【上海市公安系统争创“人民满意活动”先进集体】

上海市公安局奉贤分局交警支队南桥中队

奉贤区看守所

青村派出所

江海派出所

头桥派出所

【集中处理群众信访问题工作先进集体】

上海市公安局奉贤分局交警支队

【上海市第四批“老年维权示范岗”】

上海市公安局奉贤分局南桥派出所

【深挖精品案铜奖】

上海市奉贤区看守所

【“四五”普法先进集体】

青村镇

【上海市民族团结优秀社区】

青村镇

【上海市“双学双比”竞赛活动先进协调组织】

青村镇“双学双比”活动协调小组

【上海市庭院文明村示范村】

青村镇褚家村

【上海市幸福工程救助贫困母亲行动先进集体】

青村镇计划生育协会

【2003～2005年度上海市安全文明校园】

青村中学

【上海市老龄工作先进单位】

奉城镇塘外社区居委

【园林绿化赛区先进集体】

上海市奉贤区林业署

【种子行业诚信企业】

奉贤区种子服务中心

【上海市农业机械化管理工作一等奖】

奉贤区农机管理站

【“农经站”综合工作考评AA级】

奉贤区农委农村经营管理站

【上海市渔政管理工作考核第二名】

奉贤区渔政管理检查站

【农业转基因执法工作先进集体】

奉贤区农业综合执法大队植检中队

【上海农村商业银行先进单位】

上海农村商业银行青村支行

【2005年度信息工作表扬单位】

上海市奉贤区委统战部

【2005年度督查工作先进单位】

上海市奉贤区委统战部

【2005年度A级团委】

共青团奉贤区委员会

（本栏目编辑　张继强）

2005 年奉贤区的一天

指　　标	单　位	2005 年	2004 年
增加值	万　元	6120.3	4878.8
工农业总产值	万　元	20208.1	15026.0
规模以上工业企业主营业务收入	万　元	14076.9	12259.6
固定资产投资完成额	万　元	3180.2	2455.6
社会消费品零售总额	万　元	2965.2	2468.3
出口产品总额	（万美元）	329.9	292.4
财政收入	万　元	1660.4	1190.3
城乡居民储蓄余额	万　元	4924.0	4041.0
自来水供应量	万　吨	17.1	15.0
用电量	万千瓦时	787.6	628.1
邮政电信业务总量	万　元	25.9	23.2
生猪出栏数	头	1024.1	1185.8
家禽产量	羽	36547.9	35865.8
鲜　蛋	吨	47.5	47.7
牛奶产量	吨	36.9	29.5
蔬菜产量	吨	106.9	89.1
房屋竣工面积	平方米	3591.9	7856.6
医院诊疗总人次数	人　次	5814.9	5138.6
人口出生数	人	10	10
人口死亡数	人	10	9
结婚登记数	对	12	14

2005年奉贤区行政区划基本情况表

单位:个

镇(区)域名	镇政府	村委会	村民小组	居委会	居民小组
合　计	8	270	3179	75	1610
南桥镇	1	17	374	37	1176
奉城镇	1	59	625	9	78
庄行镇	1	31	400	3	18
金汇镇	1	35	367	3	67
四团镇	1	36	370	3	71
青村镇	1	35	377	3	45
柘林镇	1	29	336	3	37
海湾镇	1			7	56
海湾旅游开发区		1	8	1	8
上海市工业综合开发区		9	100	4	38
上海市化工区奉贤分区		2	27	2	16
奉贤区现代农业园区		9	105		
海港综合开发区		7	90		

说明:上海市工业综合开发区和奉贤现代农业园区行政区域属于南桥镇;化工区奉贤分区行政区域属于柘林镇;海湾旅游区行政区域属于海湾镇;海港综合开发区行政区域属于四团镇。

2005年奉贤区土地面积情况表

	单　位	2005年	2004年	同比±%
一、土地面积	平方千米	704.94	704.94	0.00
其中:区属	平方千米	628.48	628.48	0.00
市属农场	平方千米	76.46	76.46	0.00
二、人口密度	人/平方千米	726.20	724.57	0.22
三、区属耕地面积	公　顷	26791.00	27584.60	-2.88
其中:国有耕地	公　顷	29.40	29.40	0.00
集体耕地	公　顷	25061.00	25814.60	-31.38
农民自留地	公　顷	1700.60	1740.60	-2.30
四、平均每一农村劳动力负担耕地	市亩/人	2.08	1.85	12.69
五、平均每一纯农村劳动力负担耕地	市亩/人	7.36	6.63	10.99

2000年~2005年奉贤区主要社会经济指标发展情况表

	单　位	2000年	2001年	2002年	2003年	2004年	2005年	2000年~2005年年均增长率%
一、年末总人口	人	504163	504977	506916	508721	510780	511927	0.31
其中:非农业人口	人	145563	150642	161372	166382	216622	297015	15.33
二、社会劳动者	人							
1、年末职工人数	人	47005	41527	48668	60852	74551	75713	10.00
全民所有制职工	人	24604		22119	20439	27757	30209	4.19
集体所有制职工	人	15537		19265	14389	12985	10485	-7.56

续 表

	单位	2000年	2001年	2002年	2003年	2004年	2005年	2000年~2005年年均增长率%
2、农村总劳动力	人	215835	220859	226333	219319	224091	193141	-2.20
第一产业劳动力	人	70855	68611	69190	64945	62406	54609	-5.08
第二产业劳动力	人	104416	110742	122602	117547	125082	112937	1.58
第三产业劳动力	人	40564	41506	34541	36827	36603	25595	-8.80
三、全区增加值	万元	861265	968029	1100445	1417314	1780773	2233924	21.00
第一产业	万元	79449	85230	89202	93791	96544	99283	4.56
第二产业	万元	495532	561707	651004	908291	1165445	1476668	24.41
其中:工业	万元	452782	515902	598975	844433	1084276	1366073	24.71
第三产业增加值	万元	286284	321092	360239	415232	518784	657973	18.11
三次产业比重	%	100	100	100	100	100	100	0.00
第一产业	%	9.22	8.8	8.1	6.6	5.4	4.4	-13.59
第二产业	%	57.54	58.03	59.2	64.1	65.5	66.1	2.81
其中:工业	%	52.57	53.29	54.4	59.6	60.9	61.2	3.07
第三产业增加值	%	33.24	33.17	32.7	29.3	29.1	29.5	-2.39
四、工农业总产值(现行价格)	万元	2528877.6	2879912	3480190	4998529	5484492	7375957	23.87
其中:工业	万元	2289808.6	2620932	3201414	4699278	5179766	7070665	25.29
五、农　业								
1、年末耕地面积	公顷	29317.4	28640.1	28129	27837.8	27584.6	26791	-1.79
2、农业总产值(90不变价格)	万元	129955	141583	154094	163490.8	153036.9	147527.4	2.57
其中:种植业	万元	48543	49845	48021	46997	51142.2	49610.8	0.44
林业	万元	1249	2344	9283	12991	7608.4	5238.6	33.21
畜牧业	万元	53107	53771	53462	52244	50736.4	42997.8	-4.14
渔业	万元	27056	35623	43328	50664	42630.8	48490.8	12.38
农林牧副渔服务业					594.8	919.1	1189.5	
3、农业总产值(现行价格)	万元	239069	258980	278776	300751	304726	305292.2	5.01
其中:种植业	万元	102186	107082	112517	109832	123110.7	128482.5	4.69
林业	万元	2281	3956	12947	13858	9611.3	5967.5	21.21
畜牧业	万元	93717	97514	86308	89521	92251.8	80977.6	-2.88
渔业	万元	40885	50428	67004	86040	77434.2	86864.6	16.27
农林牧副渔服务业					1500	2318	3000.0	
4、主要农副产品								
粮食总产	吨	181510	150488	130109	96932	104192	107524	-9.94
棉花总产	吨	259	264	122	122	122		-100.00
油菜籽总产	吨	19586	14152	6316	9982	5914	6347	-20.18
蔬菜总产	吨	475000	591435	636038	664493	657930	461988	-0.55
生猪出栏	万头	50.2	54.9	52.04	50.69	43.28	37.38	-5.73
家禽出栏	万羽	2045.6	1992	1954.4	1736.7	1309.1	1334	-8.19
鲜蛋产量	吨	21611	21073	20408	20000	17400	17349	-4.30
牛奶产量	吨	9727	10850	12306	12237	10759	13459	6.71
水产品产量	吨	22887	30467	34574	39593	32524	39007	11.25

续 表

	单位	2000年	2001年	2002年	2003年	2004年	2005年	2000年～2005年年均增长率%
其中:淡水产量	吨	20800	27832	31991	36617	30139	37772	12.67
六、工　业			0					
1、工业总产值(现行价格)	万元	2289808.6	2620932	3201414	4699278	5179766	7070665	25.29
2、主营业务收入	万元	2218215	2218215	3146740	4457130	5033632	6738675.7	24.89
3、税金总额	万元	55625	52132	60376.2	152364	194057.5	293970.5	39.51
4、利润总额(含所得税)	万元	78361.1	121013.8	127596	197938	192228	286376.9	29.59
5、固定资产原值	万元	917319.8	964608.3	1088940	1337707	2316359.9	2566354.5	22.85
七、商　业								
1、商品销售额	万元	764018	966769	1131120	1321586	1581005	2081117	22.19
2、社会消费品零售总额	万元	411298	541102	631425	739039	900924	1082292	21.35
3、集市贸易成交额	万元	41002	48992	50852	53712	64313	74125	12.57
八、运输、邮电业								
1、货运量	万吨	119.62	127	223.78	180.5	208.6	207.87	11.69
陆运	万吨	1185.7	125	223.78	180.5	208.6	207.87	-29.41
2、货物运输周转量	万吨千米	6751.6	6028	3798.75	3921.79	4333.2	3966.37	-10.09
陆运	万吨千米	5690.3	5880	3798.75	3921.79	4333.2	3966.37	-6.96
3、邮政、电信业务总量	万元	19940	7266.9	14024	7816	8452	9450	-13.87
九、固定资产投资								
1、完成投资额	万元	253143	307679	360748	554382	896281	1160765	35.60
房地产投资额	万元	87628	91067	100851	157328	262099	297924	27.73
其中:第一产业	万元	3295	2920	1994	8388	28915	18223	40.78
第二产业	万元	135742	176189	214712	306238	496661	485976	29.06
第三产业	万元	114106	128570	144042	239756	370705	656566	41.90
2、房屋竣工面积	平方米	1157467	1201243	1205258	1287240	2871327	1311052	2.52
其中:住宅	平方米	598177	477476	350501	312601	1039535	1189058	14.73
3、房地产中房屋销售面积	平方米	633517	582471	391947	380494	1466483	1407299	17.31
实际销售额	万元	121377	119176	84077	94475	476455	476988	31.48
十、对外贸易								
1、外商直接投资签约项目数	个	77	103	122	134	136	173	17.57
其中:中外合作	个	7	7	6	4	0	0	-100.00
中外合资	个	36	39	49	38	49	55	8.85
外商独资	个	34	57	78	81	87	118	28.26
2、三资企业合同总投资	万美元	11604.6	22419	28628.7	32815.9	48300	55096.07	36.55
其中:中外合作	万美元	1478.5	3231.9	2240	4010		440	-21.53
中外合资	万美元	7270.5	6838.7	3602	6010.7	12638.3	7299.72	0.08
外商独资	万美元	2846.7	12348.5	22786.63	22795.2	35661.7	47356.35	75.47
3、进出口产品总额	万美元	36109.9	46925.2	74334.9	125113.8	162567	175781.26	37.24
其中:出口产品总额	万美元	23055.3	28498.6	45658.7	81308.4	106726	120416.97	39.18
进口产品总额	万美元	13054.6	18426.6	28676.2	43805.4	55841	55364.29	33.50
十一、财　政								

续 表

	单位	2000 年	2001 年	2002 年	2003 年	2004 年	2005 年	2000 年～2005 年年均增长率%
1、财政收入	万元	120024	157926	221741	322374.5	387271.3	606054.2	38.24
其中:区级财政	万元	53361	91986	97857	147221	217255.76	311540.26	42.32
2、财政支出	万元	79550	114637.3	161587	213567	278717	404019.73	38.41
十二、教育卫生								
1、各类学校	个	127	113	118	118	89	81	-8.60
教职员工数	人	7690	7298	7032	7152	6914	6919	-2.09
其中:教师	人	4549	3957	4357	4541	4353	4636	0.38
在校学生人数	人	75305	70997	69744	72416	69726	71605	-1.00
2、各类卫生机构数	个	195	119	79	44	45	43	-26.09
职工人数	人	4180	4006	3914	3859	3866	3750	-2.15
其中:卫技人员	人	3339	3186	3099	3072	2474	2451	-6.00
病床张数	张	2596	3434	4008	4248	4340	4302	10.63
十三、人民生活								
1、城镇职工年工资总额	万元	64265.6	67469.9	84040.8	116099	140965	156722	19.52
2、城镇职工年平均工资	元	13539	15376	17291	19192	18762	20480	8.63
3、农民劳均收入	元	6186	6891	7531	8506	9971	11912	14.00
4、农民人均收入	元	3574	4027	4501	5282	6206	7556	16.15
5、城镇居民储蓄余额	万元	856875	955633	1135846	1368902	1474960	1797251	15.97

说明:进出口总额从2000年起按海关出口数为准,计量单位为万美元。

2005 年奉贤区生产总值情况表

单位:亿元

	2005 年		2004 年		现价增长%	可比增长%
	现 价	不变价	现 价	不变价		
合 计	229.02	217.34	176.62	171.33	29.7	26.9
第一产业	9.76	8.21	9.83	8.72	-0.7	-5.8
第二产业	158.72	153.42	113.74	112.70	39.5	36.1
工业	145.83	143.20	103.04	104.01	41.5	37.7
建筑业	12.89	10.22	10.70	8.69	20.5	17.6
第三产业	60.54	55.71	53.05	49.91	14.1	11.6
交通运输仓储业邮政业	1.51	1.46	1.11	1.11	36.0	31.5
信息、计算机、软件	7.12	6.86	6.15	5.94	15.8	15.5
批发和零售业	9.72	10.00	8.98	9.17	8.2	9.1
住宿和餐饮业	2.02	2.04	1.75	1.87	15.4	9.1
金融业	6.44	5.83	5.53	5.17	16.5	12.8
房地产业	10.30	7.51	8.20	6.27	25.6	19.8
居民服务和其他服务业	1.60	1.39	1.48	1.31	8.1	5.1
其他行业	21.83	20.62	19.85	19.07	10.0	3.1

2005 年奉贤区增加值情况表

单位:万元

	2005 年	2004 年	2005 年比04 年现价增长 ± %	2005 年比04 年可比增长 ± %	2005 年比重%	2004 年比重%	2005 年缩减指数%
增加值	2233924	1780773	25.4	22.5	100.00	100.00	102.4
1. 第一产业	99283	96544	2.8	-3.8	4.44	5.42	106.9
2. 第二产业	1476668	1165445	26.7	23.6	66.10	65.45	102.5
工业	1366073	1084276	26.0	22.9	61.15	60.89	102.5
建筑业	110595	81169	36.3	32.8	4.95	4.56	102.6
3. 第三产业	657973	518784	26.8	24.8	29.45	29.13	101.6
运输邮电仓储	23218	24842	-6.5	-8.0	1.04	1.40	101.6
信息传输、计算机服务和软件业	72149	34340	110.1	110.1	3.23	1.93	100.0
批发零售	115938	100143	15.8	16.2	5.19	5.62	99.6
住宿和餐饮	33572	33280	0.9	0.2	1.50	1.87	100.7
金融保险	62693	74594	-16.0	-17.6	2.81	4.19	102.0
房地产	118987	75302	58.0	49.1	5.33	4.23	106.0
社会服务	16272	14800	9.9	8.5	0.73	0.83	101.3
其他服务业	215144	161483	33.2	31.8	9.63	9.07	101.1

2005 年奉贤区各镇增加值情况表

单位:万元

指标名称	合计			第一产业			第二产业			第三产业		
	2005 年	2004 年	同比 ± %	2005 年	2004 年	同比 ± %	2005 年	2004 年	同比 ± %	2005 年	2004 年	同比 ± %
合计	1540424	1372035	12.27	99283	96619	2.76	1082650	976193	10.91	358491	299223	19.81
南桥镇	238115	183097	30.05	8000	7438	7.56	149354	120659	23.78	80761	55000	46.84
奉城镇	179406	211353	-15.12	21219	20029	5.94	98762	135677	-27.21	59425	55647	6.79
庄行镇	101254	106230	-4.68	11864	14381	-17.50	78152	71272	9.65	11238	20577	-45.39
柘林镇	133543	145532	-8.24	14190	13120	8.16	105094	110205	-4.64	14259	22207	-35.79
金汇镇	130231	149609	-12.95	12341	12235	0.87	105754	110874	-4.62	12136	26500	-54.20
青村镇	198598	161669	22.84	15610	13017	19.92	143332	122718	16.80	39656	25934	52.91
四团镇	168228	113860	47.75	12806	14230	-10.01	102938	68360	50.58	52484	31270	67.84
海湾镇	4499			0			0			4499		
海湾旅游开发区	32524	30146	7.89	139	111	25.23	15777	13706	15.11	16608	16329	1.71
工业综合开发区	106405	74597	42.64	290	264	9.85	69752	51318	35.92	36363	23015	58.00
现代农业园区	24266	28032	-13.43	371	774	-52.07	20595	18776	9.69	3300	8482	-61.09
化工区奉贤分区	41466	21863	89.66	921	1020	-9.71	21432	13862	54.61	19113	6981	173.79
海港开发区	5692	0		1532			3361			799		
星火开发区	176197	146047	20.64	0	0		168347	138766	21.32	7850	7281	7.81

2005 年奉贤区工农业总产值情况表

单位:万元

	2005 年	2004 年	2005 年比 2004 年 ± %
现价工农业总产值合计	7375957.2	5484492.0	34.5
一、农业总产值	305292.2	304726	0.2
1、种植业	128482.5	123110.7	4.4
2、林业	5967.5	9611.3	-37.9
3、牧业	80977.6	92251.8	-12.2
4、渔业	86864.6	77434.2	12.2
5、农林牧副渔服务业	3000.0	2318	29.4
二、工业总产值	7070665	5179766	36.5
内资	4054715.0	2698482	50.3
港澳台	1014225.0	774987	30.9
外商	1997750.0	1706296	17.1

2005 年奉贤区各镇(开发区)工、农业总产值情况表

单位:万元

	合　计	工　业	农　业
合　计	6522427.3	6215547.3	306880.0
南桥镇	1003899.1	978719.1	25180.0
奉城镇	909157.8	844811.8	64346.0
庄行镇	494247.0	455976.0	38271.0
金汇镇	804109.7	764337.7	39772.0
四团镇	252264.3	213459.3	38805.0
青村镇	563983.3	516681.3	47302.0
柘林镇	557075.6	513357.6	43718.0
海湾旅游开发区	48564.0	48012.0	552.0
上海工业综合开发区	843076.5	842287.5	789.0
上海化工区奉贤分区	110090.0	107707.0	2383.0
现代农业园区	107684.8	106563.8	1121.0
海港开发区	12367.4	7726.4	4641.0
星火开发区	815907.8	815907.8	
附:全区合计	7375957.2	7070665.0	305292.2

1997 年~2005 年奉贤区公有资产情况表(一)

单位:户

项　　目	1997 年	1998 年	1999 年	2000 年	2001 年	2002 年	2003 年	2004 年	2005 年
合　计	1884	1626	1458	1286	1224	1076	1030	950	957
1、国有资产小计	451	428	429	465	457	438	453	445	458
经营性	193	155	279	167	165	124	135	159	170
非经营性	258	273	150	291	292	308	312	284	281
建设项目				7		6	6	2	7

续 表

项　　目	1997 年	1998 年	1999 年	2000 年	2001 年	2002 年	2003 年	2004 年	2005 年
2、城镇集体小计	364	323	284	144	90	84	76	71	42
集体企业	341	302	263	123	69	63	55	50	42
金融企业	23	21	21	21	21	21	21	21	0
3、农村集体小计	1069	875	745	677	677	554	501	534	457
镇级	613	458	359	327	323	229	198	141	47
村级	456	417	386	350	354	325	303	293	410

1997 年～2005 年奉贤区公有资产情况表(二)

单位:亿元

项　　目	资　产　总　额								
	1997 年	1998 年	1999 年	2000 年	2001 年	2002 年	2003 年	2004 年	2005 年
合　计	210.5	237.3	240.3	203.8	219.58	240.1	308.79	368.2	350.90
1、国有资产小计	46.9	76.8	84.9	96.6	103.58	115.5	162.37	232.29	290.80
经营性	29	50.5	63.8	75.5	78.90	82.7	117.54	171.31	203.23
非经营性	17.9	26.3	21.1	21.1	23.70	31.5	42.79	58.86	77.76
建设项目				0	0.98	1.3	2.04	2.12	9.82
2、城镇集体小计	80.4	91.5	106.8	60.6	78.20	91.3	116.10	104.36	10.38
集体企业	43.1	54.5	67.9	17.5	12.50	11.8	10.23	10.81	10.38
金融企业	37.3	37	38.9	43.1	65.70	79.5	105.87	93.55	0
3、农村集体小计	83.2	69	48.6	46.6	37.80	33.3	30.32	31.55	49.72
镇级	58.1	44.5	32.9	32.9	27.20	20.9	19.58	20.14	22.48
村级	25.1	24.5	15.7	13.7	10.60	12.4	10.74	11.41	27.24

1997 年～2005 年奉贤区公有资产情况表(三)

单位:亿元

项　　目	负　债　总　额								
	1997 年	1998 年	1999 年	2000 年	2001 年	2002 年	2003 年	2004 年	2005 年
合　计	156.0	168.2	166.0	141.8	164.1	178.2	240.44	288.17	253.16
1、国有资产小计	34.2	50.4	55.6	61.9	70.1	76.4	114.76	175.58	220.58
经营性	23.1	36.1	6.5	55.9	63.3	65.1	97.20	147.58	174.91
非经营性	11.1	14.3	49.1	6.0	6.6	10.9	17.02	27.68	39.44
建设项目					0.2	0.4	0.36	0.31	6.23
2、城镇集体小计	64.6	73.2	83.0	52.2	71.1	84.3	109.05	97.02	4.30
集体企业	28.3	37.0	44.9	9.8	6.3	5.7	4.40	4.77	4.30
金融企业	36.3	36.2	38.1	42.4	64.8	78.6	104.65	92.25	0
3、农村集体小计	57.2	44.6	27.4	27.7	22.9	17.5	16.63	15.57	28.28
镇级	42.7	31.1	20.8	22.1	17.3	12.4	12.23	11.6	15.07
村级	14.5	13.5	6.6	5.6	5.6	5.1	4.40	3.97	13.21

1997年~2005年奉贤区公有资产情况表(四)

单位:亿元

项　　目	所　有　者　权　益								
	1997年	1998年	1999年	2000年	2001年	2002年	2003年	2004年	2005年
合　计	54.5	69.1	74.2	61.8	55.4	61.8	68.35	80.03	99.74
1、国有资产小计	12.7	26.4	29.3	34.4	33.5	39	47.61	56.71	70.24
经营性	5.9	14.5	14.7	19.3	15.6	17.5	20.34	23.72	28.32
非经营性	6.8	11.9	14.6	15.1	17.1	20.5	25.59	31.13	38.32
建设项目					0.8	1	1.68	1.81	3.6
2、城镇集体小计	15.8	18.3	23.7	8.5	7	7	7.05	7.34	6.08
集体企业	14.8	17.5	23	7.7	6.2	6	5.83	6.04	6.08
金融企业	1	0.8	0.7	0.8	0.8	1	1.22	1.30	0
3、农村集体小计	26	24.4	21.2	18.9	14.9	15.8	13.69	15.98	21.44
镇级	15.4	13.4	12.2	10.9	9.9	8.5	7.35	8.54	7.4
村级	10.6	11	9	8	5	7.3	6.34	7.44	14.04

2005年奉贤区总户数、总人口情况表

	总户数(户)		总人口(人)		其　　中					
					男　(人)		女　(人)		非农业人口(人)	农　业人口(人)
	2005年	2004年	2005年	2004年	2005年	2004年	2005年	2004年	2005年	2005年
合　计	209417	207575	511927	510780	252257	251389	259670	259391	297015	214912
南桥镇	52363	52978	132482	135748	65903	67530	66579	68218	105895	26587
江海社区	19748	19939	49469	50420	24401	24953	25068	25467	38988	10481
西渡社区	12136	11348	29290	23153	14596	13987	14694	14166	16120	13170
奉城镇	37307	37204	86486	86998	42194	42334	44292	44664	42458	44028
头桥社区	11221	11191	26467	26308	12993	12909	13474	13399	8869	17598
塘外社区	5828	5746	13736	13669	6718	6657	7018	7012	5565	8171
洪庙社区	7708	7847	17161	17316	8338	8390	8823	8926	9591	7570
庄行镇	16794	16803	42706	42586	20916	20865	21790	21821	17673	25033
邬桥社区	7783	7859	19685	19674	9657	9652	10028	10022	7219	12466
金汇镇	18611	18682	47252	46999	23200	23072	24052	23927	20769	26483
齐贤社区	3986	4024	10091	10117	4889	4922	5202	5195	4628	5463
泰日社区	10460	10456	26571	26385	13122	13004	13449	13381	9882	16689
四团镇	20690	25170	48718	59463	24093	29223	24625	30240	17728	30990
邵厂社区		5116		11630		5742		5888		
平安社区	8869	8417	20127	19509	10023	9544	10104	9965	8439	11688
青村镇	20688	20212	46950	46601	22850	22659	24100	23942	22036	24914
钱桥社区	8160	7962	18955	18886	9243	9185	9712	9701	7077	11878
光明社区	2636	2607	6114	6128	2951	2971	3163	3157	2678	3436
柘林镇	20364	20054	51753	51462	25219	25021	26534	26441	26523	25230
新寺社区	5451	5334	13283	13181	6486	6397	6797	6784	5404	7879
胡桥社区	6193	6134	15884	15890	7782	7775	8102	8115	4965	10919

续　表

	总户数(户)		总人口(人)		其　中(人)					
					男　(人)		女　(人)		非农业人口(人)	农　业人口(人)
	2005 年	2004 年	2005 年	2004 年	2005 年	2004 年	2005 年	2004 年	2005 年	2005 年
海湾镇	5302	5418	10586	10813	5965	6113	4621	4700	10568	18
五四社区	2237	2325	4563	4714	2542	2634	2021	2080	4561	2
星火社区	3065	3093	6023	6099	3423	3479	2600	2620	6007	16
海湾旅游开发区	1875	1849	4627	4873	2400	2509	2227	2364	4627	0
工业综合开发区	6452	4811	16922	12765	8278	6173	8644	6592	12935	3987
现代农业园区	4367	4394	12402	12372	5938	5890	6464	6482	11236	1166
海港开发区	4604		11043		5301		5742		4567	6476

2005 年奉贤区财政收入情况表

单位:万元

	2005 年	2004 年	2005 年比 2004 年 ± %
合　计	606054.20	434467.52	39.5
其中:财政	33803.80	23529.23	43.7
税务	572250.40	410938.29	39.3
一、中央收入	274043.29	207129.93	32.3
1、增值税	172755.89	131778.91	31.1
其中:免抵调解增值税	28000.64	16410.41	70.6
出口货物退增值税	47332.36	28145.88	68.2
2、消费税	4820.27	2130.54	126.2
3、营业税		6.59	
4、企业所得税	70612.90	53234.27	32.6
5、个人所得税	25385.40	19619.56	29.4
其中:个人储蓄利息税	2909.42	2666.38	9.1
车辆购置税	72.65		
6、行政性收费收入	377.56	338.88	11.4
7、排污费收入	18.62	21.18	-12.1
二、市级收入	20470.65	10081.83	103.0
其中:增值税	2023.27	82.66	2347.7
营业税	201.89	20.34	892.6
个人所得税	2228.57	1779.48	25.2
耕地占用税	4779.37	1240.33	285.3
契税	3641.50	2296.79	58.5
教育费附加税	2838.79	1764.84	60.9
河道管理费	3407.65	2483.02	37.2
三、区级收入	311540.26	217255.76	43.4
其中:财政	24986.75	19632.05	27.3
税务	286553.51	197623.71	45.0
其中:增值税	55562.00	43843.61	26.7

续 表

	2005 年	2004 年	2005 年比 2004 年 ± %
营业税	151590.50	96744.48	56.7
个人所得税	14695.03	11300.22	30.0
城市维护建设税	4844.17	3507.95	38.1
契税	20573.29	12907.32	59.4
企业所得税	47100.37	35477.48	32.8
其中:国有企业所得税	359.77	224.53	60.2
集体企业所得税	1095.67	942.06	16.3
私营企业所得税	30863.14	24885.92	24.0
外资企业所得税	3778.10	3250.04	16.2
股份制企业所得税	10843.12	6048.15	79.3
印花税	7655.94	2631.60	190.9
罚没收入	1325.59	4617.62	-71.3
行政性收费收入	2484.65	1814.90	36.9
附:代征市级收入			
基金收入	6648.03	151.00	4302.7
1、散装水泥专项资金收入	89.88	81.00	11.0
2、城镇公用事业附加收入	70.00	70.00	0.0
3、农业土地开发出让金	6488.15		

2005 年奉贤区财政支出情况表

单位:万元

科　　目	2005 年	2004 年	2005 年比 2004 年 ± %
支出合计	404020	278717	45.0
一般预算支出	396333	277772	42.7
其中:市专款支出数	21155	9272	128.2
区级支出	234833	170440	37.8
一、基本建设支出	47105	15500	203.9
二、企业挖潜改造奖金支出	27308	21405	27.6
三、农口合计	11426	9621	18.8
1、农业支出	6041	5177	16.7
2、林业支出	630	479	31.3
3、水利和气象支出	4755	3965	19.9
四、工业交通等部门事业费	1065	817	30.3
五、文体广播等事业费	3017	2547	18.5
1、文化事业费	1056	768	37.4
2、体育事业费	378	357	5.8
3、档案事业费	186	171	9.0
4、地震事业费	10	10	0.0
5、广播电影电视事业费	366	305	19.9
6、计划生育事业费	699	596	17.3
7、党政群干部训练事业费	323	340	-4.9

续 表

科　　目	2005 年	2004 年	2005 年比 2004 年 ± %
六、教育事业费	35656	31267	14.0
七、科学事业费	475	385	23.3
八、医疗卫生支出	12468	10929	14.1
其中:行政事业单位医疗	4356	4247	2.6
九、税务统计财政审计等部门事业费	6732	5151	30.7
十、抚恤和社会福利救济费	5637	4147	35.9
十一、社会保障补助支出	10902	11059	-1.4
十二、行政管理费	18892	16342	15.6
十三、公、检、法司支出	18707	16344	14.5
十四、城市维护费	4568	3300	38.4
十五、政策性补贴支出	601	210	185.7
十六、城教附加支出	5066	3782	34.0
十七、其他支出	25209	17633	43.0
超收返回支出	161500	107332	50.5
基金预算支出	7687	945	713.4

2005 年奉贤区固定资产投资完成额情况表

（按构成分）

单位:万元

	合　计	城镇投资	农村非农户投资	房地产开发投资
一. 本年完成投资额	1160765	422080	440761	297924
1、建筑工程	762153	269318	282304	210531
2、安装工程	45989	25342	15192	5455
3、设备、工具、器具购置	203454	81200	121632	602
4、其他费用	149189	46220	21633	81336
按产业结构分				
1、第一产业	18223	17932	291	
2、第二产业	485976	113483	372493	
3、第三产业	656566	290665	67977	297924
本年新增固定资产	824299	270038	320597	233664
二. 资金类				
本年资金来源合计	1764103	669098	526770	568235
1、上年末结余资金	325503	211060		114443
2、本年资金来源小计	1438600	458038	526770	453792
其中:国家预算内资金	1040	1040		
国内贷款	207447	45651	97006	64790
引进外资	76323	73434	2889	
自筹资金	930609	337913	416323	176373
其中:区自筹	210047	186542	23505	
企事业自筹	544189	151371	392818	
其他资金来源	233181		10552	222629

续 表

	合 计	城镇投资	农村非农户投资	房地产开发投资
三:本年竣工房屋面积(m2)	3068577	317051	1440474	1311052
其中:住宅	1189058			1189058
四:本年施工项目个数(个)	372	121	251	
本年全投项目个数(个)	324	84	240	

2005 年奉贤区固定资产投资完成额情况表

(按注册类型分)

单位:个、万元、平方米

名 称	施工项目数	竣工项目数	计划总投资	本年完成投资额合计	本年完成投资额中				本年新增固定资产	房屋施工面积	房屋竣工面积
					建筑工程	安装工程	设备购置	其他费用			
合 计	372		1907090	862841	551622	40534	202832	67853	590635	3081810	1757525
国 有	41		355275	183641	174280	2698	2757	3906	112681	227746	126646
集 体	19		95957	13898	13513	0	385	0	34729	11050	11050
股份合作	8		16948	10093	4659	332	4277	825	9837	32820	32820
国有与集体联营	1		2030	1500	0	0	1500	0	1500	0	0
国有独资公司	2		5200	2425	2425	0	0	0	3700	18500	18500
其它有限责任公司	35		199212	55627	46197	0	7881	249	41008	400656	189202
股份有限公司	20		147200	63740	35479	6065	19378	5817	65541	135180	92888
私营独资	32		247693	70871	16660	12750	30117	11344	27572	78181	55855
私营合伙	1		3600	1010	510	0	500	0	1010	1800	1800
私营有限责任公司	143		386884	212484	126888	3337	53696	28563	163904	1557430	999929
私营股份有限公司	28		29157	19797	10173	235	4820	4569	13483	143556	115656
其它内资	1		75	75	42	11	10	12	75	670	670
与港澳台商合资经营	3		8310	6980	480	400	6100	0	6680	9000	0
与港澳台商合作经营	1		8000	6538	6538	0	0	0	0	0	0
港澳台商独资	5		10064	3749	200	0	3494	55	4055	4605	1505
港澳台商投资股份有限公司	3		19000	8665	7953	312	400	0	0	5000	0
中外合资经营	13		287049	149579	86821	15442	43043	4273	62364	366612	42000
外商独资	14		83936	49669	18204	1952	23573	5940	40996	82436	62436
外商投资股份有限公司	2		1500	1500	600	0	900	0	1500	6568	6568

2005 年奉贤区百户农村住户调查基本情况表

项 目	单 位	2005 年	2004 年
一、调查户数	户	100	100
二、常住人口	人	282	295
三、整半劳动力	人	207	236
四、乡镇企业人数	人	92	99
五、外出劳动力	人	38	43
六、劳动力文化程度	人	207	236
其中:文盲或半文盲人数	人	8	17
小学程度人数	人	49	44
初中程度人数	人	100	101
高中程度人数	人	33	30

续 表

项　　目	单 位	2005 年	2004 年
中专程度人数	人	10	29
大专及以上人数	人	7	15
七、年末固定资产原值	万元	12.7	20.5
八、经营耕地面积	公顷	12.8	13
九、年末住房面积	平方米	19023	19639
年末住房价值	万元	1984.5	1016.9
十、参加合作医疗	户	89	90

2005 年奉贤区百户农村住户人均全年收支情况表

单位:元

项　　目	2005 年	2004 年	2005 年比 2004 年 ± %
一、全年总收入	9154	7502	22.02
(一)工资性收入	5664	5835	-2.93
其中:1、非企业组织收入	687	1237	-44.51
2、本地企业得到收入	3492	3492	0.00
3、外出从业得到收入	1485	1106	34.27
(二)、家庭经营性收入	1721	859	100.35
其中:1、农业收入	772	766	0.78
2、牧业收入	64.3	64	0.47
3、渔业收入	819	5	
(三)、财产性收入	408	410	-0.49
其中:1、利息	11	20	-45.00
2、股息		11	-100.00
3、租金	226	241	-6.22
(四)、转移性收入	1361	367	270.84
1、亲友赠送收入	205	158	29.75
二、全年总支出	8522	7279	17.08
1、家庭经营费用支出	956	240	298.33
2、生活消费支出	6853	6506	5.33
3、转移性支出	614	531	15.63
三、全年家庭纯收入	7959	7056	12.80

2005 年奉贤区百户农村住户人均生活消费现金支出情况表

单位:元

项　　目	2005 年	2004 年	2005 年比 2004 年 ±%
生活消费支出现金	6459	6108	5.75
一、食　品	2082	1488	39.89
1、购买食品	1828	1134	61.20
2、食品消费服务支出	255	355	-28.25
二、衣　着	287	273	5.38
服　装	285	176	61.93
三、居　住	1004	1852	-45.79
住　房	95	982	-90.33
四、家庭设备	463	371	24.83
1、购买家庭设备用品支出	439	366	19.95
2、家庭设备服务消费支出	24	5	380.00
五、医疗保健	569	559	1.79
六、交通通讯	714	537	32.96
七、文化娱乐用品及服务	1124	879	27.87
1、文化教育娱乐用品	299	310	-3.55
2、文化教育娱乐服务	772	569	35.68
八、其他商品和服务	215	148	45.27
1、商品性支出	148	51	198.00
2、服务支出	67	97	-30.93

2005 年奉贤区百户农村住户收入水平分组分配表

分　组　指　标	单　位	2005 年	2004 年
年人均纯收入	元	7959	7056
人均纯收入最高户	元	22299	20527
人均纯收入最低户	元	1229	914
20% 低收入户	户	2837.68	2251.07
20% 偏低收入户	户	5277.75	4112.20
20% 中等收入户	户	7304.00	6143.86
20% 偏高收入户	户	9688.02	8675.01
20% 高收入户	户	14582.14	13894.79

（本栏目编辑　张奎珍）

附　录

文件选目

中共上海市奉贤区委文件

奉委[2005]2号　关于在全区党员中开展以实践“三个代表”重要思想为主要内容的保持共产党员先进性教育活动的实施办法(2005/1/25)
奉委[2005]6号　关于深入开展“双结对”活动的实施意见(2005/2/25)
奉委[2005]7号　关于进一步促进农民增收的若干意见(2005/3/9)
奉委[2005]8号　关于奉贤区贯彻落实市加强党风廉政建设干部大会情况报告(2005/3/21)
奉委[2005]9号　关于2005年对区直属公司(社)领导班子成员考核奖励的意见(2005/4/27)
奉委[2005]10号　关于2005年对各镇党政领导班子综合考核意见(2005/4/27)
奉委[2005]11号　关于2005年对各经济开发区领导班子成员综合考核意见(2005/4/27)
奉委[2005]12号　关于印发《奉贤区文化发展规划纲要(2005～2010年》的通知(2005/5/16)
奉委[2005]14号　关于在全区开展“平安奉贤”创建工作的意见(2005/6/21)
奉委[2005]15号　关于加强来奉人员管理服务共建平安奉贤的工作意见(2005/6/22)
奉委[2005]16号　关于印发《奉贤区科教兴区规划纲要(2005～2010年)》的通知(2005/7/4)
奉委[2005]17号　关于奉贤区政府部分机构和职能调整方案的报告(2005/7/25)
奉委[2005]19号　关于发挥处级单位党委(党组)核心作用的实施意见(2005/8/25)
奉委[2005]20号　关于奉贤区贯彻落实市加强党风廉政建设干部大会情况报告(2005/9/7)
奉委[2005]24号　关于制定奉贤区国民经济和社会发展第十一个五年规划的建议(2005/12/21)
奉委[2005]25号　关于贯彻落实《建立健全教育、制度、监督并重的惩治和预防腐败体系实施纲要》的意见(2005/12/21)

奉贤区人民政府文件

沪奉府[2005]1号　奉贤区人民政府关于加强奉贤区工业技术创新和技术改造的意见(2005/1/4)
沪奉府[2005]2号　奉贤区人民政府批转区科委、区科协拟定的《奉贤区2005～2007年科技兴区推进计划》的通知(2005/1/4)
沪奉府[2005]6号　奉贤区人民政府关于上报《奉贤区海湾地区宅基地置换试点方案》的请示(2005/1/6)
沪奉府[2005]9号　奉贤区人民政府关于印发奉贤区农村合作医疗基本保险管理暂行办法补充意见的通知(2005/1/14)
沪奉府[2005]11号　奉贤区人民政府印发关于“老城镇户籍”退休老职工退养金和医疗保障意见的通知

(2005/1/28)

沪奉府[2005]13 号　奉贤区人民政府印发《关于加强征用土地补偿费用管理的若干意见》的通知(2005/2/4)

沪奉府[2005]14 号　奉贤区人民政府关于下达 2005 年度创建上海市园林城区工作任务的通知(2005/2/5)

沪奉府[2005]15 号　奉贤区人民政府关于调整南桥镇范围内住宅建设配套费征收标准的通知(2005/2/6)

沪奉府[2005]17 号　奉贤区人民政府关于批转区房地局、区计委《关于调整本区城市房屋拆迁补偿安置区域类别和最低补偿单价标准的请示》的通知(2005/2/23)

沪奉府[2005]18 号　奉贤区人民政府关于批转区房地局、区计委《关于调整本区征用集体所有土地房屋拆迁补偿安置区域类别和补偿标准的请示》的通知(2005/2/23)

沪奉府[2005]20 号　奉贤区人民政府关于下达二 00 五年新增就业岗位等指标的通知(2005/2/25)

沪奉府[2005]21 号　奉贤区人民政府关于 2005 年度招商引资奖励办法的通知(2005/3/1)

沪奉府[2005]22 号　奉贤区人民政府关于表彰二 00 四年度奉贤区财富一百强的通知(2005/3/2)

沪奉府[2005]29 号　奉贤区人民政府关于印发《奉贤区地震应急预案》的通知(2005/4/5)

沪奉府[2005]30 号　奉贤区人民政府印发区残联关于调整农村残疾人就业保障金征收办法的意见的通知(2005/4/13)

沪奉府[2005]31 号　奉贤区人民政府关于批转区监察委、区府法制办、区计委、区投资管理服务中心、区财政局《关于在本区开展项目建设程序中收费项目清理整顿的请示》的通知(2005/4/14)

沪奉府[2005]34 号　奉贤区人民政府关于认真做好二 00 五年度防汛防台工作的通知(2005/4/18)

沪奉府[2005]40 号　奉贤区人民政府关于公布第二批废止的规范性文件的通知(2005/5/3)

沪奉府[2005]49 号　奉贤区人民政府关于上海埃力生石油化纤有限公司项目审批过程中违反《环境影响评价法》的情况报告(2005/5/26)

沪奉府[2005]55 号　奉贤区人民政府关于印发《在本区行政机关开展效能建设的工作意见》的通知(2005/6/9)

沪奉府[2005]57 号　奉贤区人民政府批转区招商办《关于开展经济园区服务年活动的请示》的通知(2005/6/9)

沪奉府[2005]62 号　奉贤区人民政府关于印发《奉贤区城市规划编制与审批管理工作的意见》的通知(2005/6/27)

沪奉府[2005]68 号　奉贤区人民政府关于批转区综治办《关于加强来奉人员管理服务机构组织建设的实施意见的请示》的通知(2005/7/12)

沪奉府[2005]69 号　奉贤区人民政府关于鼓励支持和引导非公有制经济发展的实施意见(2005/7/13)

沪奉府[2005]74 号　奉贤区人民政府批转区退役士兵安置工作联席会议办公室《关于下达 2005 年度转业士官、残疾军人、带病回乡退役士兵安置任务的请示》的通知(2005/7/21)

沪奉府[2005]75 号　奉贤区人民政府关于印发《上海市奉贤区旅游发展总体规划[2005～2015 年]》的通知(2005/7/25)

沪奉府[2005]79 号　奉贤区人民政府批转区国资办《关于加强部、委、办、局[人民团体]所属企[事]业单位资产监管意见的请示》的通知(2005/7/28)

沪奉府[2005]82 号　奉贤区人民政府关于表彰第二批三峡移民接收安置工作先进集体、先进个人的决定(2005/8/4)

沪奉府[2005]84 号　奉贤区人民政府关于印发上海市奉贤区人民政府工作规则的通知(2005/8/8)

沪奉府[2005]88 号　奉贤区人民政府关于成立 2005 年上海旅游节第八届旅游风筝会组委会的通知(2005/8/26)

沪奉府[2005]94 号　奉贤区人民政府关于印发《奉贤区现代商贸服务业发展规划纲要[2005～2020 年]》的通知(2005/9/5)

沪奉府[2005]96 号　奉贤区人民政府关于建立上海市奉贤区海湾镇管理委员会的通知(2005/9/8)

沪奉府[2005]101 号　奉贤区人民政府印发《关于加强社区居委会规范化建设的指导意见》的通知(2005/9/20)

沪奉府[2005]103 号　奉贤区人民政府批转区公安分局《关于确定本区重点企业事业单位的请示》的通知(2005/9/22)

沪奉府[2005]107 号　奉贤区人民政府印发《奉贤区优待老年人若干规定》的通知(2005/10/9)

沪奉府[2005]112 号　奉贤区人民政府关于印发《奉贤区水环境综合治理三年行动计划的实施意见》的通知(2005/10/20)

沪奉府[2005]113 号　奉贤区人民政府奉贤区人民武装部 2005 年冬季征兵命令(2005/10/21)

沪奉府[2005]114号　奉贤区人民政府奉贤区人民武装部关于表彰2004年度征兵工作先进单位和先进个人的通报(2005/10/24)

沪奉府[2005]115号　奉贤区人民政府关于批转区国资委《关于开展已改制区属国有(集体)企业核销的应收账款专项清理工作的请示》的通知(2005/10/26)

沪奉府[2005]123号　奉贤区人民政府关于下达2006年我区土地整理、复垦计划任务的通知(2005/11/8)

沪奉府[2005]125号　奉贤区人民政府关于切实加强违法用地执法检查的通知(2005/11/18)

沪奉府[2005]126号　奉贤区人民政府关于给予公安奉贤分局"冯桥村事件"维稳专案组记集体三等功的决定(2005/11/18)

沪奉府[2005]127号　奉贤区人民政府关于本区开展全国第二次农业普查工作的通知(2005/11/22)

沪奉府[2005]128号　奉贤区人民政府关于本区深入贯彻《工会法》支持工会工作的通知(2005/11/24)

沪奉府[2005]129号　奉贤区人民政府关于印发《奉贤区行政效能投诉暂行办法》的通知(2005/11/28)

沪奉府[2005]140号　奉贤区人民政府关于批转区发改委、区建交委《关于本区单位生活垃圾处理收费标准的请示》的通知(2005/12/15)

沪奉府[2005]142号　奉贤区人民政府关于印发《关于进一步完善农村特困家庭人员中大重病患者医疗帮困的意见(试行)》的通知(2005/12/20)

沪奉府[2005]143号　奉贤区人民政府关于关于印发《奉贤区农村合作医疗基本保险、大病住院保险实施办法的补充意见》的通知(2005/12/20)

沪奉府[2005]145号　奉贤区人民政府关于2006年度招商引资奖励办法的通知(2005/12/22)

沪奉府[2005]147号　奉贤区人民政府关于批转区知识产权局拟定的《奉贤区知识产权战略行动推进计划(2006年~2010年)》的通知(2005/12/26)

沪奉府[2005]152号　奉贤区人民政府关于进一步加强奉贤区绿化林业行业长效管理意见的通知(2005/12/31)

沪奉府[2005]153号　奉贤区人民政府关于评选2005年度奉贤区"财富百强"企业活动的通知(2005/12/31)

中共上海市奉贤区委办公室文件

奉委办[2005]1号　关于转发《奉贤区关于进一步加强社区统战工作的实施意见[试行)》的通知(2005/1/5)

奉委办[2005]3号　关于印发《奉贤区推进村务公开和民主管理工作的实施意见》、《关于开展民主评议村委会干部的实施意见》的通知(2005/1/12)

奉委办[2005]4号　关于印发《2005年奉贤区信访工作要点》的通知(2005/1/13)

奉委办[2005]5号　关于落实我区第一季度社会稳定工作职责分工的通知(2005/1/10)

奉委办[2005]6号　关于印发《关于进一步加强领导接待群众来访工作的若干规定》等文件的通知(2005/1/13)

奉委办[2005]8号　关于表彰2004年度党委系统信息、督查和密码传真通信工作先进的决定(2005/1/19)

奉委办[2005]12号　关于转发市维稳办《关于进一步加强进京上访人员劝返稳控工作的通知》的通知(2005/3/5)

奉委办[2005]13号　关于实施部门简报电子化的通知(2005/3/7)

奉委办[2005]14号　关于印发《关于奉贤区社区青少年事务管理工作考核办法的实施意见》的通知(2005/3/1)

奉委办[2005]15号　关于印发《中共上海市奉贤区委保密委员会2005年工作要点》的通知(2005/3/15)

奉委办[2005]16号　关于表彰2004年度经济薄弱村脱贫工作的决定(2005/4/7)

奉委办[2005]17号　关于落实我区第二季度社会稳定工作职责分工的通知(2005/4/12)

奉委办[2005]18号　关于做好"五一"期间维护社会稳定工作方案(2005/4/27)

奉委办[2005]19号　关于做好2005年党建工作百分考核的意见(2005/5/23)

奉委办[2005]22号　转发《关于奉贤区广播电视有线网络清产核资工作实施意见》的通知(2005/6/29)

奉委办[2005]24号　转发《关于进一步推进厂务公开民主管理工作的实施意见》的通知(2005/7/7)

奉委办[2005]25号　关于落实我区第三季度社会稳定工作职责分工的通知(2005/7/11)

奉委办[2005]27号　关于各级党政机关在建设节约型城市中积极发挥表率作用的通知(2005/7/19)

奉委办[2005]31号　关于预备役五团一营参加"五全"演练的情况通报(2005/8/4)

奉委办[2005]32号　关于认真学习贯彻中共上海市委八届七次全会精神的通知(2005/8/2)

奉委办[2005]34 号　关于转发《中共上海市委办公厅、上海市人民政府办公厅转发〈市纪委、市委组织部、市监察委、市财政局、市人事局、市审计局关于严肃纪律加强公务员工资管理的意见〉的通知》的通知(2005/8/8)
奉委办[2005]40 号　关于成立奉贤区增强共青团员意识主题教育活动顾问团的通知(2005/9/27)
奉委办[2005]42 号　关于落实我区第四季度社会稳定工作职责分工的通知(2005/10/10)
奉委办[2005]44 号　转发关于处理涉台突发事件的工作规范的通知(2005/10/14)
奉委办[2005]52 号　关于开展创建"法治建设先进单位"活动总结评选工作的通知(2005/12/30)
奉委办[2005]53 号　关于认真学习贯彻市委八届八次全会精神的通知(2005/12/30)

奉贤区人民政府办公室文件

沪奉府办[2005]1 号　奉贤区人民政府办公室转发区民政局关于开展对印度洋海啸灾区民间捐赠活动实施意见的通知(2005/1/6)
沪奉府办[2005]2 号　奉贤区人民政府办公室关于建立奉贤区校车管理及学校周边交通安全整治工作联席会议制度的通知(2005/1/14)
沪奉府办[2005]4 号　奉贤区人民政府办公室关于印发 2005 年区政府重点工作安排的通知(2005/2/4)
沪奉府办[2005]5 号　奉贤区人民政府办公室关于印发 2005 年区政府要完成的与人民生活密切相关的实事的通知(2005/2/4)
沪奉府办[2005]6 号　奉贤区人民政府办公室关于成立浦东铁路(奉贤段)建设前期动拆迁工作指挥部的通知(2005/2/6)
沪奉府办[2005]7 号　奉贤区人民政府办公室关于成立上海市奉贤区重大工程建设项目协调小组的通知(2005/2/7)
沪奉府办[2005]8 号　奉贤区人民政府办公室关于区政府领导工作分工调整的通知(2005/2/8)
沪奉府办[2005]9 号　奉贤区人民政府办公室关于调整区道路交通安全联席会议成员名单的通知(2005/2/16)
沪奉府办[2005]10 号　奉贤区人民政府办公室关于做好部委办局、人民团体所属企(事)业单位资产清理工作的通知(2005/2/22)
沪奉府办[2005]11 号　奉贤区人民政府办公室印发《关于二00五年促进就业目标责任考核意见》的通知(2005/2/25)
沪奉府办[2005]12 号　奉贤区人民政府办公室关于建立上海市奉贤区市容环境综合建设和管理联席会议的通知(2005/2/28)
沪奉府办[2005]13 号　奉贤区人民政府办公室关于成立奉贤区农村信用合作社改制领导小组的通知(2005/3/1)
沪奉府办[2005]14 号　奉贤区人民政府办公室转发区环境保护和环境建设协调推进委员会办公室《2003～2005 年环保三年行动计划 2005 年工作计划及任务分解》等的通知(2005/3/3)
沪奉府办[2005]15 号　奉贤区人民政府办公室关于转发区卫生局制订的《2005 年奉贤区无偿献血工作实施意见》的通知(2005/3/3)
沪奉府办[2005]17 号　奉贤区人民政府办公室转发区农委等三部门关于奉贤区粮田基础设施建设的实施意见的通知(2005/3/9)
沪奉府办[2005]19 号　奉贤区人民政府办公室关于进一步做好本区行政处罚实施主体清理工作的通知(2005/3/16)
沪奉府办[2005]20 号　奉贤区人民政府办公室转发区监察委拟定的《2005 年奉贤区行政监察工作意见》的通知(2005/3/22)
沪奉府办[2005]21 号　奉贤区人民政府办公室转发区纠风办拟定的《2005 年奉贤区纠风工作意见》的通知(2005/3/22)
沪奉府办[2005]22 号　奉贤区人民政府办公室关于印发《2005 年奉贤区政务公开工作意见》的通知(2005/3/22)
沪奉府办[2005]23 号　奉贤区人民政府办公室转发区教育局《关于切实加强校车管理及学校周边交通安全工作的意见》的通知(2005/3/29)
沪奉府办[2005]24 号　奉贤区人民政府办公室关于进一步加强本区基层食品安全监管工作的通知(2005/3/29)
沪奉府办[2005]25 号　奉贤区人民政府办公室关于成立奉贤区房屋拆迁基地巡查组的通知(2005/3/29)

沪奉府办[2005]26号	奉贤区人民政府办公室转发区供销社关于切实做好农资供应工作承担本区农资市场责任的报告的通知(2005/3/30)
沪奉府办[2005]27号	奉贤区人民政府办公室转发区教育局等三部门《关于免除本区义务教育阶段城镇低保、农村三级定补贫困家庭子女书薄费、杂费的请示》的通知(2005/4/4)
沪奉府办[2005]28号	奉贤区人民政府办公室关于做好本区1%人口抽样调查工作的通知(2005/4/20)
沪奉府办[2005]29号	奉贤区人民政府办公室关于建立奉贤区粮田基础设施建设工程推进协调小组的通知(2005/4/6)
沪奉府办[2005]30号	奉贤区人民政府办公室关于调整奉贤区防汛指挥部组成人员的通知(2005/4/20)
沪奉府办[2005]31号	奉贤区人民政府办公室关于切实做好"五一"黄金周期间安全生产工作的通知(2005/4/21)
沪奉府办[2005]33号	奉贤区人民政府办公室转发区残联《关于落实市、区政府实事项目的实施意见》的通知(2005/4/30)
沪奉府办[2005]34号	奉贤区人民政府办公室关于启用"上海市奉贤区文化市场行政执法大队"印章的通知(2005/5/12)
沪奉府办[2005]35号	奉贤区人民政府办公室关于启用"奉贤区粮田基础设施建设工程推进协调小组办公室"印章的通知(2005/5/16)
沪奉府办[2005]36号	奉贤区人民政府办公室关于启用"上海市奉贤区人民政府法制办公室"印章的通知(2005/5/16)
沪奉府办[2005]37号	奉贤区人民政府办公室关于调整奉贤区地名委员会成员的通知(2005/5/16)
沪奉府办[2005]39号	奉贤区人民政府办公室转发区公安分局等部门制定的《奉贤区消防基础设施建设2005年~2007年三年行动计划》的通知(2005/5/23)
沪奉府办[2005]40号	奉贤区人民政府办公室转发区卫生局等四部门《关于奉贤区实行免费婚前保健服务工作实施意见的请示》的通知(2005/5/30)
沪奉府办[2005]41号	奉贤区人民政府办公室转发区农委关于进一步做好农村土地承包经营权流转管理工作的请示的通知(2005/6/7)
沪奉府办[2005]42号	奉贤区人民政府办公室转发区统计局《关于调整与健全城乡住户抽样调查制度的请示》的通知(2005/6/10)
沪奉府办[2005]43号	奉贤区人民政府办公室转发区安监局关于在全区开展《上海市安全生产条例》落实情况检查的请示的通知(2005/6/15)
沪奉府办[2005]45号	奉贤区人民政府办公室关于在全区机关事业单位开展节约用电活动的通知(2005/7/5)
沪奉府办[2005]46号	奉贤区人民政府办公室转发区机管局等四部门关于严格公务车辆管理的若干规定的请示的通知(2005/7/6)
沪奉府办[2005]47号	奉贤区人民政府办公室转发区非农用地补偿工作联席会议办公室《关于认真做好2005年上半年度用地补偿工作情况统计的通知》的通知(2005/7/6)
沪奉府办[2005]48号	奉贤区人民政府办公室关于转发区经委区招商办关于奉贤区2005年度工业厂房招商工作考核办法的通知(2005/7/8)
沪奉府办[2005]55号	奉贤区人民政府办公室转发区监察委、区政府法制办《关于对本区各级行政机关贯彻执行行政许可法情况开展专项检查的意见》的通知(2005/7/28)
沪奉府办[2005]57号	奉贤区人民政府办公室关于印发奉贤区政府常务会议制度 奉贤区政府系统全区性大会管理制度的通知(2005/8/4)
沪奉府办[2005]59号	奉贤区人民政府办公室关于建立奉贤区水环境治理工作联席会议制度的通知(2005/8/9)
沪奉府办[2005]62号	奉贤区人民政府办公室转发上海市人民政府法制办公室关于印发行政许可法律文书样式(试行)的通知的通知(2005/8/18)
沪奉府办[2005]65号	奉贤区人民政府办公室转发区教育局《关于开展第二十一届教师节庆祝活动的请示》的通知(2005/8/25)
沪奉府办[2005]67号	奉贤区人民政府办公室关于成立上海市奉贤区安全生产委员会的通知(2005/8/30)
沪奉府办[2005]68号	奉贤区人民政府办公室关于上海市奉贤区人民政府办公室职能配置、内设机构和人员编制方案的请示(2005/9/2)
沪奉府办[2005]69号	奉贤区人民政府办公室关于调整奉贤区电力设施保护和反窃电工作领导小组成员的通知(2005/9/2)

沪奉府办[2005]72 号	奉贤区人民政府办公室关于转发区财政局《关于奉贤区 2006 年部门预算编制的请示》的通知(2005/9/7)
沪奉府办[2005]74 号	奉贤区人民政府办公室关于成立上海市第六届特殊奥林匹克运动会奉贤赛区组委会的通知(2005/9/12)
沪奉府办[2005]75 号	奉贤区人民政府办公室关于建立奉贤区诚信体系建设联席会议制度的通知(2005/9/12)
沪奉府办[2005]83 号	奉贤区人民政府办公室关于重大决定草案网上公开的通知(2005/9/27)
沪奉府办[2005]84 号	奉贤区人民政府办公室转发《上海市人民政府办公厅转发市闲置厂房租赁场所安全专项整治工作小组办公室关于本市开展闲置厂房租赁场所安全管理专项整治工作意见的通知》的通知(2005/10/8)
沪奉府办[2005]86 号	奉贤区人民政府办公室关于印发上海市奉贤区国有资产监督管理委员会职能配置、内设机构和人员编制方案的通知(2005/10/11)
沪奉府办[2005]87 号	奉贤区人民政府办公室关于印发上海市奉贤区安全生产监督管理局职能配置、内设机构和人员编制方案的通知(2005/10/11)
沪奉府办[2005]88 号	奉贤区人民政府办公室关于印发上海市奉贤区房屋土地管理局职能配置、内设机构和人员编制方案的通知(2005/10/11)
沪奉府办[2005]89 号	奉贤区人民政府办公室关于印发上海市奉贤区卫生局职能配置、内设机构和人员编制方案的通知(2005/10/11)
沪奉府办[2005]90 号	奉贤区人民政府办公室关于印发上海市奉贤区红十字会职能配置、内设机构和人员编制方案的通知(2005/10/11)
沪奉府办[2005]91 号	奉贤区人民政府办公室关于印发上海市奉贤区经济委员会职能配置、内设机构和人员编制方案的通知(2005/10/11)
沪奉府办[2005]92 号	奉贤区人民政府办公室关于印发上海市奉贤区发展和改革委员会职能配置、内设机构和人员编制方案的通知(2005/10/11)
沪奉府办[2005]93 号	奉贤区人民政府办公室关于印发上海市奉贤区建设和交通委员会职能配置、内设机构和人员编制方案的通知(2005/10/11)
沪奉府办[2005]94 号	奉贤区人民政府办公室转发上海市奉贤区信息化委员会关于加强“上海奉贤”门户网站管理的请示的通知(2005/10/12)
沪奉府办[2005]95 号	奉贤区人民政府办公室转发上海市奉贤区信息化委员会关于加强对网上信箱管理的请示的通知(2005/10/12)
沪奉府办[2005]98 号	奉贤区人民政府办公室关于成立奉贤区 2005 年冬季征兵工作领导小组的通知(2005/10/21)
沪奉府办[2005]99 号	奉贤区人民政府办公室转发区安委办拟定的奉贤区安全生产综合监管工作流程方案的通知(2005/10/24)
沪奉府办[2005]100 号	奉贤区人民政府办公室关于沪奉府(2004)62 号文、沪奉府(2004)94 号文、沪奉府办(2004)147 号文修改情况的通知(2005/10/26)
沪奉府办[2005]101 号	奉贤区人民政府办公室关于做好本区第二次全国残疾人抽样调查工作的通知(2005/10/27)
沪奉府办[2005]103 号	奉贤区人民政府办公室关于原区自来水公司更改隶属关系的通知(2005/11/7)
沪奉府办[2005]104 号	奉贤区人民政府办公室关于上海市奉贤区突发公共事件应急委员会办公室机构设置和人员编制的请示(2005/11/8)
沪奉府办[2005]105 号	奉贤区人民政府办公室关于调整奉贤区整顿和规范市场经济秩序领导小组组成人员的通知(2005/11/15)
沪奉府办[2005]106 号	奉贤区人民政府办公室印发关于迎接市检查组开展津贴补贴清理情况调研核查工作的通知(2005/11/18)
沪奉府办[2005]107 号	奉贤区人民政府办公室转发区经委等部门《关于促进本区工业企业节约集约使用土地的若干意见的请示》的通知(2005/11/29)
沪奉府办[2005]109 号	奉贤区人民政府办公室转发市公安局奉贤分局《关于加强 2006 年烟花爆竹消防安全管理工作的请示》的通知(2005/12/5)
沪奉府办[2005]110 号	奉贤区人民政府办公室关于区政府领导工作分工调整情况的通知(2005/12/5)
沪奉府办[2005]111 号	奉贤区人民政府办公室转发区审计局区经委《关于审核 2005 年度招商引资项目到位资金的请示》的通知(2005/12/12)
沪奉府办[2005]112 号	奉贤区人民政府办公室转发区专项工作办公室关于认真做好 2005 年度非农用地

	补偿和返沪支青工作情况统计的通知的通知(2005/12/14)
沪奉府办[2005]113 号	奉贤区人民政府办公室转发《关于做好 2006 年元旦、春节期间帮困送温暖工作的请示》的通知(2005/12/16)
沪奉府办[2005]114 号	奉贤区人民政府办公室关于建立奉贤区社会治安综合治理委员会铁路护路联防领导小组的通知(2005/12/20)
沪奉府办[2005]116 号	奉贤区人民政府办公室关于成立上海现代农业服务区建设工作领导小组的通知(2005/12/23)
沪奉府办[2005]117 号	奉贤区人民政府办公室转发上海市人民政府办公厅关于切实加强本市今冬明春安全生产工作的通知的通知(2005/12/26)

服务机构名录

2005 年奉贤区人才、就学、就业、保险、投资服务机构情况表

单位名称	负责人	电　话	邮　编	单位地址
奉贤区人才开发服务中心	姚建平	57420093	201400	南桥镇菜场路 1169 号
奉贤区职工培训学校	季　国	37118011	201400	南桥镇沪杭公路 2150 号
奉贤区教育局招生办公室	褚建平	57410586	201400	南桥镇南桥路 446 号
奉贤区就业促进中心	金建华	67117794	201400	南桥镇人民南路 150 号
奉贤区社会保险事业管理中心	严永良	67116308	201400	南桥镇人民南路 156 号
奉贤区农村社会养老保险事业管理中心	张肇锋	37112522	201400	南桥镇人民南路 156 号
奉贤区投资管理服务中心	钱凤亭	67100584	201400	奉浦大道 111 号 8 楼

2005 年奉贤区会计、资产评估、审计、税务、土地、物价服务机构情况表

单位名称	负责人	电　话	邮　编	单位地址
上海华诚会计师事务所	陈伟国	57420044	201400	南桥镇南桥路 296 号
奉贤区农业经营管理站	翁大钢	67189235	201400	解放东路 8 号农委大楼内
上海奉贤产权经纪公司	张　寅	57180838	201400	南桥镇解放东路 249 号
上海宏贤资产评估有限公司	潘文斌	57100378	201400	解放中路 51 号
上海市奉贤区资产监督管理中心	刘德仁	57105248	201400	南桥南奉公路 1 号育秀公寓 19 楼
上海奉叶税务师事务所有限公司	宋富章	57416181	201400	南桥镇宏伟路 24 号
奉贤区房屋土地管理局土地管理科	朱坤祥	57181742	201400	南桥镇南亭公路 1 号
奉贤区房屋土地执法中队	李文明	57181794	201400	南桥镇南亭公路 1 号
奉贤区征地事务管理所	王祖国	57184473	201400	南桥镇南亭公路 1 号
奉贤区房地产测绘所	徐克明	57184470	201400	南桥镇南亭公路 1 号
奉贤区物价检查所	何葆毓	57420907	201400	南桥镇解放中路 456 号
上海市价格认证中心奉贤分部	朱雪利	57412415	201400	南桥镇解放中路 456 号
上海市道路交通事故物损评估中心奉贤站	张才明	67107159	201400	南桥镇杭南公路 5950 号交警支队内
奉贤区农村抽样调查队	戴光岳	57420165	201400	南桥镇解放中路 502 号

2005年奉贤区工商行政管理服务机构情况表

单位名称	负责人	电　话	邮　编	单位地址
工商管理局奉贤分局检查支队	屠　伟	57412131	201400	南桥镇解放东路187号
工商奉贤分局南桥工商所	殷建良	57414240	201400	南桥镇人民中路188号
工商奉贤分局柘林工商所	谢冬敏	37504003	201424	柘林镇沪杭公路3369号
工商奉贤分局庄行工商所	刘珍云	57406881－8204	201402	庄行镇邬桥社区办事处内
工商奉贤分局金汇工商所	钱志平	57570298	201403	金汇镇齐贤社区大院
工商奉贤分局青村工商所	张　伟	57471900	201406	光明社区大院内
工商奉贤分局奉城工商所	黄宝贵	57172155	201408	奉城镇塘外社区航塘公路5005号
工商奉贤分局四团工商所	吴乐天	57541168	201413	四团镇平安社区安居路11号
工商奉贤分局海湾工商所	王　琦	57505160	201416	星火开发区民乐路101号

2005年奉贤区律师、公证、民政服务机构情况表

单位名称	负责人	电　话	邮　编	单位地址
上海市奉浦律师事务所	晋　松	57411003	201400	南桥镇立新中路80号
上海市古华卫根龙律师事务所	卫根龙	57410061	201400	南桥镇古华路793号3楼
上海市九鼎律师事务所	唐桂华	67119531转9536	201400	南桥镇气象路2号
上海市昆仑律师事务所	赵忠敏	67184411	201400	南桥镇解放东路81号
上海市龙襄律师事务所	童　迅	57417119	201400	南桥镇解放西路146～150号
上海汤卫忠律师事务所	汤卫忠	67194166	201400	南桥镇南亭公路296～298号
上海徐卫红律师事务所	徐卫红	57415668	201400	南桥镇古华路523号
上海沈国英律师事务所	沈国英	57105893	201400	环城东路1811号
奉贤区公证处	秦保国	57103678转17	201400	南桥镇古华南区808号101室
奉贤区民政福利企业管理站	王　平	57101980	201400	南桥镇新建西路135号
奉贤区殡葬管理所	韩来兴	57421581	201400	南桥镇新建中路542号
奉贤区婚姻收养登记管理所	韩　丹	57421090	201400	南桥镇新建中路542号
军队离休干部休养所	杨贤明	57420623	201400	南桥镇解放新村448号101室
奉贤区福利院	包洪平	67115965	201400	南桥镇古华南路98号
奉贤区老龄工作委员会办公室	汪美杰	57420416	201400	南桥镇新建中路542号
奉贤区烈士陵园	殷发祥	57471273	201406	光明镇沿浦公路3030号
奉贤区殡仪馆	奚水平	57472474	201406	光明镇金齐公路3008号
奉贤区救助站	杨金财	57473239	201406	光明镇文化路7号
奉贤区老年活动中心	陆仁龙	37100762	201400	南桥镇人民中路172弄17号(周家弄内)
奉贤区消费者协会	张国权	37111095	201400	南桥镇人民中路188号11楼

2005年奉贤区交通、旅游管理服务机构情况表

单位名称	负责人	电　话	邮　编	单位地址
奉贤区陆上交通管理所	朱剑峰	57107276	201400	南桥镇沪杭公路2181号
奉贤区航务管理所	张伟仁	57416340	201400	南桥镇环城东路1168号
奉贤区城市交运运输管理署	朱剑峰	57107270	201400	南桥镇沪杭公路2181号
奉贤区汽车检测维修中心	贾建明	67103228	201400	南桥镇沪杭公路1778号
奉贤区城市交通执法大队	朱剑峰	57107270	201400	南桥镇沪杭公路2181号
上海奉贤旅行社	何伟成	57106312	201400	南桥镇南桥路70号
上海奉浦旅行社有限公司	张伟明	57187728	201400	南桥镇解放中路278号
上海南桥旅行社	杨　勇	67199098	201400	南桥镇新发展街89号
上海南上海旅行社有限公司	卫芳玲	67115355	201400	南桥镇古华路312号
上海古华旅行社	顾志军	57415569	201400	南桥镇育秀路911号
上海康德旅行社	顾天惜	57424779	201400	南桥镇解放中路276号
上海雪峰旅行社	杨雪华	57180418	201400	南桥镇解放中路181号
奉贤区旅游咨询服务中心	王　薇	57424780	201400	南桥镇解放中路276号
上海威声旅行社	吴建旻	37111784	201400	南桥镇川南奉公路9201号
上海海景旅行社	朱才明	67116498	201400	南桥镇古华路470号
上海振奉旅行社	李振东	67185218	201400	南桥镇解放东路432～434号
上海春秋旅行社奉贤分部	孟吉高	57426066	201400	南桥镇解放中路504号
上海新世界旅行社	汤瑞金	57421251	201400	南桥镇江海路312号
上海凌海旅行社	刘　燕	67199265	201400	南桥镇新建西路537号
上海中亭旅行社	顾海军	57106678	201400	南桥镇新发展商业街1号
上海风光旅行社	滕永葵	37111826	201400	南桥镇人民路80弄5号
上海超新旅行社	王凤英	37112206	201400	南桥镇古华路364号
上海星天旅行社	唐国良	67186428	201400	南桥镇新建东路450号
上海天欧旅行社	周贤良	57180460	201400	南桥镇解放中路508号
上海申隆旅行社	胡士华	57593275	201407	青村镇申隆生态园旅游部解放中路508号
上海侨泰旅行社	陶　钧	52130922	200041	南京西路555号555大厦226室
上海新禾旅行社	刘加文	57428398	201400	南桥镇南桥路188号(工会大厦)505室
上海奉工旅行社	陆　英	57106212	57106212	南桥镇南桥路188号(工会大厦)701室
上海远方旅行社	李美娟 邹元放	57425082 57425001	201400	南桥镇南桥路466号
上海新宏旅行社	王志敏	57411188	201400	人民中路263号
上海金来旅行社	周来宝 金音权	57414136 57414137	201400	南桥路134号
上海鹏飞旅行社	朱鹏飞	57104326	201400	南奉公路9275弄15号
上海神仙旅行社	严志东	57429685	201400	解放中路458号

2005年奉贤区市政、房产、建设管理服务机构情况表

单位名称	负责人	电话	邮编	单位地址
奉贤区规划管理局	李志宏	67192008	201400	南桥镇江海路1号
奉贤区环境卫生管理局	沈立春	57107371转8000	201400	南桥镇南亭公路303号
奉贤区水资源管理所	彭红卫	67188350	201400	南桥镇解放东路18号3号楼
奉贤区公路市政管理署	焦家林	57183008	201400	南桥镇沿江路18号
奉贤区绿化管理局	徐新根	57414758	201400	南桥镇解放中路235号
奉贤区自来水公司	岑国相	57420482	201400	南桥镇育秀路118号
上海奉贤燃气有限公司	姜海龙	57183494	201400	南桥镇新建西路220号
奉贤区液化气供应中心	陈　明	67180090	201400	南桥镇新建东路42号
奉贤区农村能源办公室	卫志南	57187808	201400	南桥镇菜场路146号
奉贤区液化气储配站	卫志南	57108644	201400	江海镇秀南村13组
奉贤区房屋土地管理局拆迁管理科	蒋德良	57184474	201400	南桥镇南亭公路1号
奉贤区房土局测绘成果管理办公室	王凤英	57183469	201400	南桥镇南亭公路1号
奉贤区房地产交易中心	王祖国	57184471	201400	南桥镇南亭公路1号
奉贤区住房公积金运用中心	翁大粮	57186227	201400	南桥镇南亭公路1号
奉贤区建筑企业管理所	胡　怀	67185885	201400	南桥镇城乡路333号
奉贤建设工程质量监督站	张　移	67185885	201400	南桥镇城乡路333号
奉贤区建设工程安全监督站	胡　怀	67185885	201400	南桥镇城乡路333号
奉贤区发展新型墙体材料办公室	俞立人	57420570	201400	南桥镇解放中路502号
奉贤区土地费征收管理所	王星平	57186743	201400	南桥镇南亭公路1号
奉贤区建筑市场整顿办公室	张　移	67185838	201400	南桥镇城乡路333号
奉贤区招投标管理办公室	胡　怀	67185778	201400	南桥镇城乡路333号
上海市建设工程质量检测中心奉贤分中心	胡　怀	67185885	201400	南桥镇城乡路333号
上海市建设工程交易管理中心奉贤分中心	胡　怀	57410119	201400	南桥镇城乡路333号
奉贤区建筑材料质量监督站	胡　怀	67185885	201400	南桥镇城乡路333号
奉贤区精达建筑工程监理有限公司	闻仁龙	67186858	201400	南桥镇城乡路333号

2005年奉贤区技术监督、环境监测、劳动、安全管理服务机构情况表

单位名称	负责人	电话	邮编	单位地址
上海市奉贤区计量质量检测所	张去病	67180515	201400	南桥镇南奉公路8833号
上海市奉贤区质量技术事务所	刘振岳	67180683	201400	南桥镇南奉公路8833号
上海市奉贤区质量技术监督稽查队	金振华	67180693	201400	南桥镇南奉公路8833号
上海市奉贤区环境监察支队	翁振华	57410280	201400	南桥镇华苑路19号
上海市奉贤区环境监测站	翁一峥	57102407	201400	南桥镇华苑路19号
上海市奉贤区特种设备监督所	潘慧明	57420099	201400	南桥镇江海路314号
上海市奉贤区食品生产监督所	李永明	57197088	201400	南桥镇南奉公路8833号
奉贤区公安分局指挥室“110”报警服务台	杨慧平	57410253	201400	南桥镇南奉公路955号
上海市保安服务总公司奉贤区公司	何群欢	57195000	201400	南桥镇保安路9号
奉贤区公安分局交警大队事故受理室	袁文杰	57426399	201400	南桥镇航南路5950号
奉贤区公安分局信访办公室	顾慧萍	57426071转69208	201400	南桥镇南奉公路955号

2005年奉贤区科技、文化、医疗、卫生、体育管理服务机构情况表

单位名称	负责人	电　话	邮　编	单位地址
奉贤区档案馆	屠　晓	57420169	201400	南桥镇解放中路502号
奉贤区文化馆	钱国弟	57181105	201400	南桥镇解放中路307号
奉贤区图书馆	徐之敬	57411929	201400	南桥镇解放中路487号
上海新华书店奉贤店	盛兴国	57102740	201400	南桥镇古华路807号
奉贤区博物馆	夏德官	67115211	201400	南桥镇解放东路121号
奉贤区电影发行放映管理站	钱界平	57420526	201400	南桥镇新建西路25号
奉贤区文化市场管理办公室	卢明华	57191478	201400	南桥镇解放东路116号
奉贤区文化行政执法大队	唐　辉	37100687	201400	南桥镇解放中路289号
奉贤区疾病预防控制中心	孙　琪	57193442	201400	南桥镇解放东路181号
奉贤区卫生局卫生监督所	唐天明	37111421	201400	南桥镇南奉公路9244号
奉贤区医疗保险事务中心	张恩源	57421822	201400	南桥镇南奉公路44号
奉贤区妇幼保健所	楼造慧	57410930	201400	南桥镇华苑路6号
奉贤区血站	盛　李	67116046	201400	南桥镇大寺路15号
奉贤区医疗救护站	韩吉林	67192592	201400	南桥镇沪杭公路2183号
奉贤区体育中心	刘伟红	57195517	201400	南桥镇古华南路100号
中国奉新风筝放飞场	施东贤	57120473	201418	海湾旅游区团结塘路8号
有线电视收费处	赵建明	57181939	201400	南桥镇城乡路有线电视营业室
有线电视安装维护部	赵建明	57411161	201400	南桥镇城乡路有线电视营业室

2005年奉贤区农业服务机构情况表

单位名称	负责人	电　话	邮　编	单位地址
农业信息服务中心	朱华燕	67189230	201400	南桥镇解放东路8号
农业行政许可受理中心	侯德明	67189247	201400	南桥镇解放东路8号
奉贤区渔政管理检查站	潘顺贤	67112500	201400	南桥镇南庄路430号
奉贤区水产技术推广站	顾德平	67189860	201400	南桥镇解放东路8号
奉贤区奶牛管理站	姜建忠	67107352	201400	南桥镇环城东路800号
奉贤区动物疫病控制中心	沈　强	67103782	201400	南桥镇环城东路800号
奉贤区林业署	袁明光	67193593	201400	南桥镇南亭公路539号
奉贤区食用菌技术推广站	李国贤	67189869	201400	南桥镇解放东路8号
奉贤区农业技术学校	费国良	57427761	201400	南桥镇南桥路280号
奉贤区农业技术推广中心	钱非凡	67189820	201400	南桥镇解放东路8号
奉贤区蔬菜技术推广站	曹欢欢	67189891	201400	南桥镇解放东路8号
奉贤区农机管理站	张之桐	37118951	201400	南桥镇军民路12号
奉贤区农业经营管理站、农业土地承包管理中心	翁大钢	67189235	201400	南桥镇解放东路8号
奉贤区种子服务中心	徐跃明	57427621	201400	南桥镇体育场路20号
奉贤区庄行良种繁育场	薛祖兴	57466632	201415	庄行镇南首
奉贤区海滨良种繁育场	薛祖兴	57120418	201418	奉贤区奉炮公路448号
上海奉贤区特种畜禽良种繁育场	薛祖兴	57120424	201418	奉贤区奉炮公路448号
奉贤区植保站	蒋建忠		201400	南桥镇军民路12号

（本栏目编辑　张继强　张奎珍）

索 引

说 明

(1)本索引采用主题分析方法编制,按主题词首字汉语拼音字母顺序排列。

(2)栏目标题用黑体标明。表格标题在页码后另注有“表”字,图片后另注有“图”字样。

(3)索引名称后面的数字表示内容所在的页码,数字后面的a、b、c表示该页码版面从左至右的栏别。通栏文章所作的索引,页码后面无栏别之分。

(4)为便于读者检索,党政机关、企事业单位名称一般不冠以“上海”、“奉贤”、“区”,如“政府”、“民政局”,易产生歧义的除外,如“奉贤中学”、“奉贤旅行社”等。

(5)内容有交叉的,在本索引中将重复出现。

A

B

C

D

F

H

J

K

L

M

N

S

T

W

(本栏目编辑　马莉苑)

奉贤区南桥镇

环境卫生管理所

所长：徐从群

南桥镇环卫所前身为南桥镇清洁所，由南桥镇政府领导。1981年划归县建设局。1986年5月23日改名为南桥镇环卫所。1997年3月18日重新划归南桥镇政府领导，业务上属区环卫局指导。为全民事业单位，级别正科。2004年10月，环卫所进行体制改革，实行事企分开。同年11月，成立上海群欣市政发展有限公司。

南桥镇环卫所依据国务院颁布的《城市市容环境卫生管理条例》、上海市人大常委会颁布的《上海市市容环境卫生管理条例》及《上海市市容环境卫生管理条例实施细则》的规定，负责南桥新城167万平方米道路保洁、垃圾收集处置、环卫公共设施的管理及23个村的农村生活垃圾收集处置工作。

研究环境卫生工作

地址：上海市奉贤区南桥镇
南奉公路1197号
电话：021－67183600
传真：021－67180278

江南的巴塞罗那——

奉城中心镇

奉城中心镇是上海市重点规划和建设的试点城镇之一，是上海奉贤东部地区的经济、文化、信息中心。奉城中心镇属江南古镇，始建于明代距今已有六百多年历史，镇内万佛阁闻名海内外，“中共奉贤县委旧址”等一批文物古迹和革命史迹至今被完好保存在古镇之中。

中共奉贤县委旧址

奉城中心镇的规划以及城市设计方案，充分体现西班牙城镇建筑风貌和建设理念，强调人·城市·自然的密切交融，在城镇功能布局、城镇结构上强调交通、景观、绿化、旅游等功能的相互融合。

在一期2平方公里的土地上，西班牙马西亚设计事务所在设计中完美展现了西班牙巴塞罗那地域风情，这里既有湖泊、草坪、棕榈树等传统的西班牙别墅环境，又有大风车、水平台等欧式风光。兰博路是贯串中心镇的景观大道，设有有轨观光电车、酒吧屋、商业中心、市政厅、宾馆、教堂等标志性建筑，丰富了新城区建筑艺术的内涵。

奉城中心镇是上海城市发展战略的示范城镇，中心镇将建设成为南上海的经济、旅游重镇和具有独特风貌、中西文化交融、布局合理、功能完善的二十一世纪生态型城镇。

奉城商都

康碧苑

奉德苑

总地产开发商：上海奉城中心镇投资开发有限公司　　邮编：201411
地址：上海市奉贤区奉新公路7306号　　电话：021－57513012

乐乐宝都

娜欧佳苑

青村镇北塘村

村党总支书记　季国章

村党总支、村委会领导班子

北唐村位于青村镇东，于2004年11月1日由原来的北港村和唐家村合并而成。合并后的北唐村总面积5.86平方千米，有土地595.77公顷，耕地面积124公顷。全村总户数1798户，总人口4160人。参加镇保人数3369人。至2005年末，有村民小组33个，私营企业48家，三资企业1家。村设党总支部，有中共党员145人，村党总支部、村民委员会两委班子人员共6人。年内，实现工农业总产值8692.2万元，其中工业总产值8232.4万元，全年可支配收入132万元，农村劳动力年均收入2798元。2005年，北唐村列入上海市宅基地置换试点单位，年内，签订宅基地置换协议农户800余户，新建农民集中居住小区“北唐新苑”，建成居住房131幢27万平方米。

落户北塘村企业一瞥

QING CUN ZHEN BEI TANG CUN

村老年活动室

塑料大棚西瓜种植

北唐村村委会

村党总书记：季国章
村委会主任：朱仁贤
地址：奉贤区青村镇东
邮编：201414
电话：021－57561613　　57561601

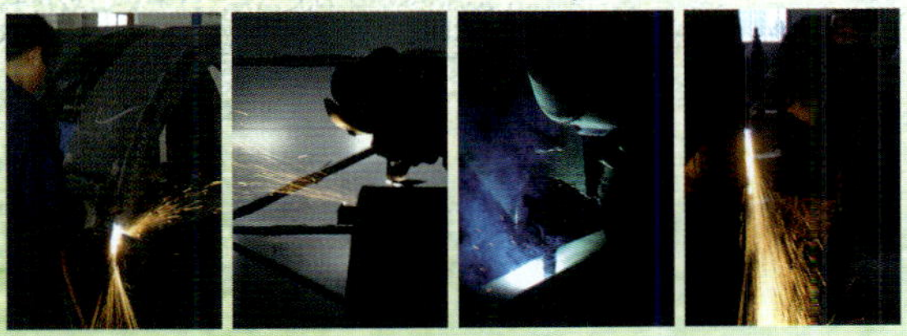

四团镇新

党支部书记、主任：徐金军

新建村位于四团镇东南边缘，东与南汇区彭镇相邻，南与海湾镇五四社区仅隔一河。全村耕地面积 480 亩，设有 3 个村民小组，共计 182 户，村民

党支部、村委会成员

418 人。

近年来，村党支部、村委会以“三个代表”重要思想和党的十六大精神为指导，以经济建设为中心，以提高全村物质文化水平为目标，大力加强共产党员先进性教育，促进社会主义新农村建设。经过全村干部群众的奋力拼搏，三个文明建设取得了新的成绩。2005 年通过招商引资实现税收 1200 多万元，享受财政返税 70 多万元。

几年来，新建村先后获得市级卫生村、市级敬老村、市级安全小区、市级老年活动示范点、市级五好村党支部、区级文明单位、区绿化先进单位、区拥军优属先进单位、创建法制先进单位等多项荣誉。

建村

地址：上海市奉贤区四团镇新建村　电话：021-57142503（专真）　邮编：201413

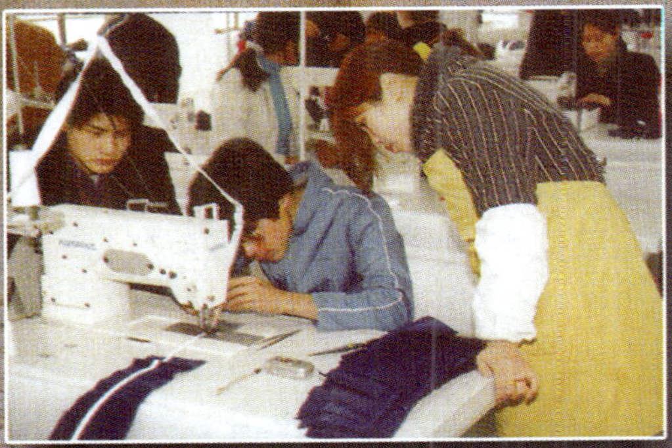

晶晶纸袋厂车间

上海帝贝服饰有限公司

上海市公安局奉贤分局
交警支队

支队领导召开动员会

奉贤交警支队有在编警力 172 人，袁文杰任支队长，顾其荣任支队政委。2005 年，支队狠抓队伍建设，创新举措、完善机制，全力开展降事故、保畅通专项整治行动，取得较好的工作成绩，经政风行风测评，人民评价为满意。支队先后被推荐为市局“大接访”活动先进集体、区“四五”普法先进集体；南桥中队荣记区集体行政三等功；2 人次获市重点实事工程立功竞赛先进个人；9 人次获市局、分局、总队专项行动先进个人。全年支队累计抄告各类交通违法行为 157909 起；查破各类案件 418 起，刑事拘留 87 人，治安拘留 227 人，治安罚款 100 人，抓获网上在逃人员 7 人；道路交通死亡事故同比下降 10%。

指挥操演练

支队全体民警，坚持严格执法、热情服务，队伍建设和业务建设两方面都取得了可喜成绩。在开展“提高行人、骑车人守法率”宣传整治活动、预防重特大事故百日竞赛活动，和争创南桥镇园林城区的专项整治中，全体民警以高昂的姿态、饱满的精神状态、扎实的工作作风圆满地完成任务，充分展示了广大交警同志顽强的拼搏精神和特别能战斗的风貌。

民警排堵保畅

以保持共产党员先进性教育活动为契机，坚持“向素质要警力，向规范要形象”的工作思路，努力提升队伍形象。全年民警累计为民做好事 1000 余起，收到群众表扬信 32 封、锦旗 12 面。

交通管理能手在汇报演练

大练兵大比武

交通安全宣传

地址：上海市奉贤区航南公路 5950 号　邮编：201400　电话：021-57183919 或 021-57183924

上海市电力公司

奉贤供电分公司

上海市电力公司奉贤供电分公司隶属于上海市电公司市东供电公司，现有员工328人，供电范围包括奉贤区全境及南汇区航头、芦潮港，闵行区陈行、鲁汇，上海化学工业开发区等地区，供电面积约704平方公里。

至2005年底，管辖220千伏变电站2座，110千伏变电站2座，35千伏变电站28座，主变64台，主变总容量1834兆伏安；35千伏及以上线路47条，总长度426公里。

2005年，全年售电量28.74亿千瓦时；售电收入20.06亿元；用电总户数315648户；电费回收率100%；行风测评连续四年名列奉贤区公用事业单位首位。

35千伏变电站

多年来，奉贤供电分公司在市东供电公司的领导下，以安全生产为基础，经济效益为中心，优质服务为宗旨，科技进步为手段，内强素质，外树形象，努力为满足奉贤区工农业生产、市政建设和人民生活提供合格、不间断的电力，为振兴奉贤经济作出了应有的贡献。先后荣获电力工业部电力“三为服务”达标单位，电力工业部农村电气化县称号，国家电力公司县级供电局双文明单位，华东电力公司“为人民服务、树行业新风”示范窗口称号，中共上海市农村工作委员会、上海市农业委员会文明单位等称号。

目前，奉贤供电分公司正紧紧围绕国家电网公司建设“一强三优”现代公司战略目标和“三抓一创”工作思路，不断加强着分公司的“员工能力、电网能力、发展能力”的建设，积极推进着企业资源管理工程的建设，以全面提升分公司的综合竞争力，为满足地方国民经济和社会发展，全面建设社会主义新郊区、新农村做出新的贡献。

营业大厅

营业室外貌

地址：上海市奉贤区南桥镇沪杭公路6号
电话：021－57412620
传真：021－57413487
邮编：201400

园区主任：姚棣光

南桥经济园区经上海市农业委员会批准建立。园区地处奉贤政治、经济、文化、信息中心，区委、区政府的所在地——南桥镇。

几年来，南桥经济园区坚持以邓小平理论和“三个代表”重要思想为指导，依托南桥镇特定的地理位置和投资环境等优势，大力发展第三产业。园区党政班子凝成一股劲，全心协力搭平台、招商引资，使园区的经济保持稳定、快速、健康发展。至 2005 年底，园区已落户企业 1518 家，实现三产销售总量 31 亿元，工业产值 3 亿元，上缴税收 1.4 亿元。

园区发展以“鼓干劲、争上游、创一流”为工作理念，使南桥经济园区成为投资环境优美、市场繁荣、管理规范、人际和谐的现代商业区。

南桥经济

址：南桥镇解放东路过 A4 高速公路往东 50 米
话：021-67183487　021-67183637
真：021-37188055

中国电信集团上海市电信有限公司

局长兼党委书记：夏伯余

奉贤电信局隶属于中国电信集团上海市电信有限公司，主要负责奉贤行政区内的电信经营服务、网路运行维护工作。主营业务有：固定电话业务、无线市话业务、宽带业务、数据业务、卡类业务、综合布线、系统集成及通信配套服务等。服务面积 704 平方公里，服务人口近 80 万。目前奉贤交换机容量达 30 万门，电话用户 23 万多户，宽带用户 5 万多户，小灵通用户 8 万多户。作为上海电信一支重要的组成力量，奉贤电信传承百年电信优秀的企业文化，坚持人本理念，高举服务、创新大旗，走出一条可持续发展之路。全局员工用勤劳和智慧在上海郊区通信史上连续创下 8 个第一，近年来又多次进入奉贤财富 50 强、100 强企业榜，并先后荣获上海市文明单位、上海市拥军优属模范单位等荣誉称号。

奉贤信息大楼

团结拼搏同创价值

和谐创新共享繁荣

奉贤电信局

原信息产业部部长吴基传视察奉贤电信局

上海市副市长严隽琪（右五）、杨雄（左四）参观奉贤电信局

奉贤区委书记张立平（左三）到奉贤电信局调研

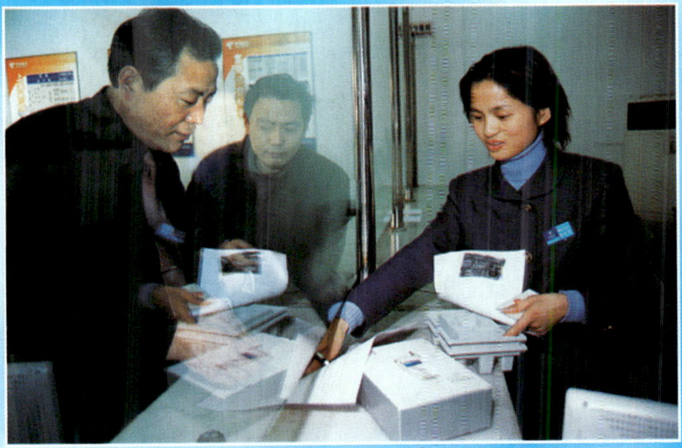

上海市用户满意服务明星——方灵敏受理用户申请小灵通业务

团结拼搏 同创价值 和谐创新 共享繁荣

地址：上海市奉贤区南桥镇解放东路169号
电话：021－67130909
传真：021－67180907
邮编：201400

上海信莱置业有限公司

碧海金沙·嘉苑

“碧海金沙·嘉苑”项目位于奉贤区的海湾旅游度假区， 旅游区风景优美，种植有万亩世纪森林，承担了对上海都市优质空气流动的绿肺和绿色通道功能，区域按《环境空气质量标准》中的一级标准进行评价，各项指标均超过要求，达到国际清洁级标准。约3平方公里、海岸长度为3.6公里的“碧海金沙”示范区主体建设完成，各项配套正在进行，海水变蓝等关键技术的效果已经实现，2006年7月中旬开放迎宾，海湾旅游区2005年度旅游人流量已达100万人次。

“碧海金沙·嘉苑”项目基地东南西北分别为海湾路、海马路、海乐路和海思路，地块北面有丰富的教育资源----华东理工大学、上海师范大学、上海应用技术学院、上海商学院、上海药学院、上师大附属厚德实验学校。项目占地总面积40.4万平方米，总建筑面积约31.3万平方米，其中住宅总面积27.8万平方米，商业2.4万平方米，公建配套面积 1.1万平方米，含商业小镇和独立别墅、联排别墅、多层公寓等多种住宅类型，并布置集中商业及会所和配套用房。在小区建设过程中，上海信莱置业有限公司作为项目开发商采用“全寿命周期”全

新概念指导项目开发。节能住宅建设不仅仅局限在住宅单体维护材料节能上，而是涵盖包括单体维护材料、室内设备、小区运行等全方位节能节水的有机整体，实质上是构建一个“节约型社区”。采用国家提倡、符合上海地区现状的各项先进并产业化成套技术：全部采用钢结构住宅，充分体现环保的理念；采用外墙外保温技术系统，窗采用断热铝合金中空玻璃，充分体现50%以上节能效果；采用法国无源湿感新风系统，充分体现对人性的关怀；户户采用平板式太阳能热水系统，利用了绿色能源，为居民节省大量运行费用；VRV中央空调的采用，不仅对环境进行了保护而且大大降低电能耗，节约社会电力资源使居民受益。采用雨水回收利用系统以及节水器具，提高小区的节水率和回用率，节约水资源；采用分质供水系统，饮用水直接进户；小区采用智能化技术，包括安防系统和智能化信息系统等智能化技术，极大地提高居民的安全性及舒适性等。“碧海金沙嘉苑”项目的开发建设以生态、健康为主题，通过对新世纪人居环境的重新思考和定位，提升、延伸、汇集住宅品牌效应，突出高科技智能化与生态建筑相结合的现代生活理念，是奉贤创建的第一个上海市一级生态型住宅小区。

地址：上海奉贤区南桥镇
南桥路188号8楼
电话：021－57415079（传真）
021－57415192（总）
销售热线：021－57127127
021－54256616
021－54256618
邮编：201400

商宝公寓

地址：上海市工业综合开发区
韩村路韩宜路口
电话：021－67102832

无限家居，让您自由自在享受生活

上海商宝房地产开发有限公司成立于 2004 年 5 月，公司秉承“诚信为社会服务”的立业理念，以卓越的建筑品质为建筑的生命线，以人性自然的产品为依托，将多年在奉浦的建设经验奉献给腾飞中的上海市工业综合开发区。

目前，上海商宝房地产开发有限公司正以雄厚的资金、人才和管理实力，精心打造位于上海市工业综合开发区景观大道韩宜路上的小高层住宅——商宝公寓。它将成为奉浦地区具有生活氛围、升值潜力的景观式住宅之一。

上海商宝房地产开发有限公司

SHANG BAO

示意

正阳世纪星城

——南桥首府 人居地标

正阳世纪星城以其不可复制的中心地段、成熟完善的配套设施、生态自然的社区绿化、有口皆碑的品牌服务，在南桥形成了一股“为正阳世纪星城为尊”的居住观念，和“非正阳世纪星城不买”的口碑力量。“现实兑现理想”，正阳世纪城在南桥，甚至奉贤傲然称雄。

1、国际级前瞻规划、打造奉贤南桥镇中心高档住宅

正阳世纪星城地处奉贤南桥的核心地块，总用地面积接近 100 万平方米。由现代建筑设计（集团）主持项目总体规划，在社区内规划出更多尽显人文关怀的自然景观空间、商业生活设施与人文艺术小品，以其良好的规划理念入围全国“人居经典”设计大奖，并荣膺“第三届上海优秀住宅”规划设计奖项。

2、水绿景观主题：内庭内湖，纯美双景

水绿主题是正阳世纪星城规划的核心特色，纵横交错的人工水系、紧依社区的自然河道新横泾港。别具风格的现代建筑，以及思相四溢的主题雕塑小品。设计方案从 30000 平方米的中央水景公园，到贯穿社区南北的百米中轴绿色十字长廊。从 1000 米长 20 米宽的水岸长廊，到郁翠葱茏的组团中心大草坪，体现半私密性曲径通幽的小尺度宅前花园，社区 15 万平方米集中绿地面积与 45% 的绿花率为追求人与自然的好结合提供理想的场所。

3、建筑群落富有韵律感

住宅设计强调环保节能概念，有效地使资源达到最优。一二期建筑形态主要以多层和小高层为主，三期以低层和多层为主，形成南低北高的建筑形态。住宅设计估到户户朝南，并以起居室为中心，动静分离，居寝分离、污洁分离。提高住户面积的使用率和舒适程度，立面设计以整体和谐、简洁明快、精致高雅为原则，突出建筑成组的韵律感。

4、高档、完善的公建配套、营造极具特色的国际化气质

正阳世纪星城 6 万平方米的商业，极具国际化时尚风情。从易初莲花购物中心，到社区入口的 OpenMall 时尚休闲街，到休闲中心商业街，无不彰显出整个社区时尚高雅的生活气质。另外，毗邻玫瑰河岸的“星城幼儿园”，更是规划出了大面积私密性的庭院空间，干道植栽让园区与外界形成天然的屏障，不仅让园内儿童有充分接触自然的机会，而且营造出的空间归属感更让他们得到充分的安全保障。规划中的“九年制一贯制学校”，位于规划二期中的东端，分中学部和小学部，是具有一流师资、一流管理、一流质量，高起点、高品位的现代化学校。

5、集中运用“四新”技术

在正阳世纪星城的定位上，我们始终将生态节能环保的理念放在首位考虑。雨水收集系统的应用，雨水经过收集处理后用于小区绿化浇灌和景观补充水、道路洒水等，引领奉贤、甚至上海住宅小区节水工作的新方向。为保证小区内的水体清洁，采用了新型的景观水处理方式，确保水质达到景观 C 级水标准。住宅的建筑顶层自然结构全部应用太阳能热水器，公共绿化中部分采用太阳能草坪灯。另外，社区采取了二星级标准配置的智能化系统、非晶合金箱式变压器、垃圾压缩处理等都综合考虑了提高住宅使用性能、节约利用资源的宗旨。

所获奖项

2005 年上海最具投资潜力楼盘样本

2005 年最受欢迎楼盘评选活动“综合金奖”

2005 年读者喜爱的宜居住宅创新建筑奖

2005 年 5 月上海奉贤正阳置业有限公司荣获“居住文化营造贡献奖”

2005 年 8 月中国绿色地产关注品牌企业特别奖

2005 年 8 月中国绿色建筑生态住宅创新示范综合大奖

Cheerful city Wonderful life...

上海奉贤正阳置业有限公司

——上海房地产企业的品牌标杆

正阳世纪星城的开发商为上海奉贤正阳置业有限公司，由上海正阳（集团）有限公司与上海新发展房地产开发有限公司于 2003 年 2 月共同投资组建，注册资金人民币壹亿元。

投资商：上海正阳（集团）有限公司

成立于 1995 年，是一家大型集团性民营企业，主营房地产开发，所开发项目都取得了巨大的成功，达 30 万平方米规模的“上海映象”，荣获了由市住宅产业协会、市房地产业协会等行业协会认证的多个奖项。2001 年至今，开发了位于浦东康桥的集中科大上海研究生院、高尚别墅区于一体的“中科大学村”，总开发量 50 万平方米，连续多年荣获建设部主办的全国住宅人居经典规划建筑金奖和“上海房地产开发企业 50 强”称号。

上海新发展集团有限公司

新发展集团有限公司，是以房地产、酒店、建筑装饰为主体的多元化发展的综合性民营企业集团。公司现拥有上海新发展房地产开发有限公司、上海新发展装饰有限公司、菲林格尔木业（上海）有限公司、上海圣淘沙大酒店有限公司等各类实业企业 11 家，资产总额 20 亿元，是一家实力雄厚，规模较大的集团公司。

Cheerful city Wonderful life 中央领地 领衔生活

hot line 星城热线 67185666

投资商:上海正阳投资集团有限公司&上海新发展集团有限公司 开发商:上海奉贤正阳置业

棕榈滩海景酒店

Address: 1888Haiou Road, Fengxian, Shanghai 201418 P.R China
地址：奉贤区海湾旅游区海鸥路1888号　邮编：201418
Website网址：www.hojochina.Com　Hotline电话：021—57121777

Howard Johnson®
Resort & All Suites Hotel
棕榈滩海景酒店
棕榈滩豪生全套房酒店

中国农业银行
AGRICULTURAL BANK OF CHINA

奉贤支行

地址：上海市奉贤区南桥镇
南桥路 380 号
电话：021—57422445
邮编： 201400

行长：向志良

2005 年，奉贤支行全面贯彻落实分行工作会议精神，以科学发展观为统领，强化市场营销和风险控制，迎难而上，奋力开拓，取得新的成绩。一是以发展为第一要务，经营规模和效益实现新增长。至年底，全行各项存款余额 90.46 亿元，比年初增加 11.34 亿元，各项贷款余额 68.3 亿元，比年初增加 13 亿元。全行实现国际结算 2.5 亿美元，结售汇 1.9 亿美元；银行卡发卡总量比年初增加 94421 张，卡消费额 7.1 亿元；在线银行业务交易量达 5.9 亿元；代理发行国债 3593 万元，代销基金 2735.13 万元，代理保险 5874 万元。全行实现中间业务收入 1436 万元。二是强化对重点客户、系统性客户和优质房地产项目的营销服务，进一步调整优化客户结构。积极探索个人业务主动营销、差别服务模式，加强个人客户经理队伍建设，推行个人 VIP 服务。加大新产品推介运用力度，大力开展系列营销宣传活动，积极推广"伴你成长"、"金钥匙"、"金穗"、"95599"、"汇利丰"等品牌，市场营销水平不断提升。全力做好数据上收和系统升级切换工作，发挥科技支撑和先导作用，提高客户服务和管理水平。三是重点强化信贷管理环节，风险抵御和基础管理能力进一步提高。坚持审慎信贷政策，加强授权授信管理，建立健全贷前审查和贷后管理制度，严防资产风险。加大风险资产退出和不良资产清收力度，共退出潜在风险关注类贷款 2 亿元，清收不良贷款本息 10302 万元，盘活不良贷款 5033 万元，保全资产 4750 万元。加强业务检查和网点管理，认真配合上级审计单位对支行的检查，规范经营管理行为。积极倡导规范管理文化，坚持抓好安全保卫工作，有效避免各类案件和事故的发生。四是以开展保持共产党员先进性教育活动为契机，逐步建立先进、和谐、高效的干部员工队伍，深入推进党风廉政建设，保障业务经营的健康发展。

中国工商银行 奉贤支行

INDUSTRIAL AND COMMERCIAL BANK OF CHINA

地址：上海市奉贤区南桥镇南中路48号
电话：021－57102768
传真：021－57102768
邮编：201400

2005年10月28日，中国工商银行成功完成股份制改制工作，成为一家股份制商业银行。支行全称更名为：中国工商银行股份有限公司上海市奉贤支行。

年内，支行各项人民币存款余额较年初增长15.48%，各项人民币贷款余额较年初增长19.09%，存贷款比达90.41%；中间业务收入占营业收入的比重由上年的4.07%上升至5.62%。同时，支行中间业务收入在支行利润的占比由上年同期的11.07%上升至12.19%；本外币封闭利润较上年增加3.67个百分点；人均经营利润为90.05万元。

工商银行奉贤支行（南桥镇南中路48号）

工商银行西渡支行
（南桥镇西渡社区西闸公路1719号）

工商银行古华支行（南桥镇解放中路296号）

2005年业绩突出表现

转变观念，认清形势，奋力拓展市场

支行广大干部员工积极转变观念，认真分析区域经济形势，细分目标市场、积极研究对策，及时调整策略；加强业务培训，加强客户经理日常管理。经过支行干部员工一年的共同努力，很好地完成了年初分行下达的任务，经营效益再创历史新高。

加快网点改造，提升网点核心竞争力

年内，支行对营业部、西渡支行和古华支行相继进行装修改造，并以崭新的面貌重新开业。“老店新开”后经营活力明显凸现：一是经营业绩迅速提高，自助机具的使用率大大提高；二是网点布局明显优化，将一体化的营业空间进行了功能区分（五个分区：咨询休息区、现金服务区、自助服务区、非现金服务区和贵宾服务区）。合理的布局，使业务流程更为优化，工作效率进一步提高。三是经营理念发生转变，“以客户服务为中心”的经营理念正逐步融入到每位员工的日常工作中。为客户提供优质、高效的服务，满足不同客户群的不同理财需求，进一步识别、争揽和维护高端客户，不断提高优质客户的占比。通过设置优质客户“绿色通道”，吸引了众多高端客户办理理财业务，提升了网点服务价值量。

上海银行
Bank of Shanghai

奉贤支行

行长：胡 敏

上海银行奉贤支行成立于 2002 年 7 月 29 日。自开业以来，在总行和支行党组的正确领导下，求真务实，锐意进取，各项业务取得长足发展。

上海银行奉贤支行主要办理人民币贷款；办理结算和票据贴现；代理发行、代理兑付政府债券；办理地方财政周转使用资金的委托贷款业务；提供信用证服务及担保；办理外汇贸易，非贸易结算；办理资信调查、咨询、见证业务；代理收付款项及代理保险业务；经中国人民银行批准的其他业务。

上海银行奉贤支行继续秉承“奋发图强，励精图治”的企业精神，加快金融创新步伐，努力构建“服务范围更广，内容更充实，方式更具特色”的多元化金融服务体系，竭诚为社会各界提供安全、高效、便捷的现代金融服务。

地址：上海市奉贤区南桥镇
南奉公路 9639 号
电话：021－67117622
传真：021－67117623
邮编：201400

上海农村商业银行 Shanghai Country Commercial Bank 奉贤支行

2005年是奉贤农村信用合作社具有历史意义的一年。9月，奉贤农村信用合作社正式转制为上海农村商业银行奉贤支行。

年末，上海农村商业银行奉贤支行各项存款余额587667万元，其中集体存款196707万元，储蓄存款390551万元，储蓄存款比年初增加70201万元，增幅达22%。各项贷款余额306168万元，比年初下降80691万元，主要是置换和主动调整的原因。但个人贷款通过结构调整，正呈上升趋势，特别是个人住房按揭贷款。不良贷款余额8761万元，比年初下降33065万元，主要是通过置换压降，使支行的资产质量得到显著改善。如意储蓄卡发卡量继续扩大，达到243141张，比年初增加76505张。全年实现账面利润206万元。

地址：上海奉贤区南桥镇南奉公路9780号
电话：021－57106247
传真：021－57106307
邮编：201400

客户服务中心（962999）

2006年，支行主要开展以下工作：

一、积极推进个人金融业务。
二、认真贯彻宏观调控政策，努力调整信贷结构。
三、强化资产保全功能，大力清收不良资产。
四、加强内部管理，强化风险控制。
五、开展先进性教育，提高党员思想素质。
六、认真部署、全面完成改制任务。

上海安信农业保险股份有限公司

SHANGHAI ANXIN AGRICULTURAL INSURANCE CO., LTD.

种植业保险

总经理：施进官

上海安信农业保险股份有限公司是根据党中央和国务院有关精神，在上海市委、市政府的领导下，按照《中华人民共和国公司法》、《中华人民共和国保险法》等有关法律法规，由上海市、区（县）等十一家国有资产经营公司募集发起，并经中国保险监督管理委员会批准设立的我国第一家专业性股份制农业保险公司。

公司经营主要目标：推进上海农村保险事业稳定、健康发展，更好地发挥保险在上海都市型现代农业建设中的积极作用，按照国家有关政策法规，通过保险手段为上海农业、农村、农民在生产、经营活动中遭受自然灾害和意外事故提供经济补偿，为加快上海农业现代化、城乡一体化建设提供保障。

养殖业保险

作为探索建立我国政策性农业保险制度的一个试点，公司采取的是“政府扶持推动、市场化运作”的经营模式，除传统的种植业和养殖业保险外，还将经营经保险监督部门批准的财产保险、责任保险、短期人身意外伤害保险和健康保险等。公司经营财产、责任保险等按商业化运作，通过这些险种的收益来弥补种、养业保险可能产生的亏损，实行“以险养险”。

公司按照现代企业制度要求和公司法的规定，实行一级法人制度，按市场化运作方式，实行独立核算，自主经营，实现经济效益和社会效益的有机统一。

农村建房保险

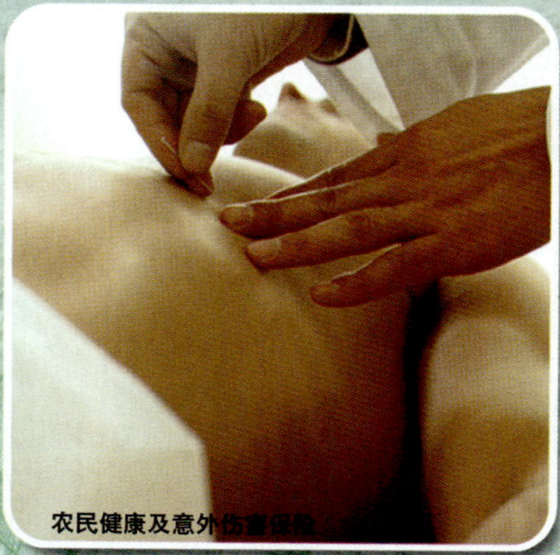
农民健康及意外伤害保险

其他商业保险

业务范围

农业保险，财产损失保险，责任保险，法定责任保险，信用保险和保证保险，短期健康保险和意外伤害保险，其他涉及农村、农民的财产保险业务，上述业务的再保险业务。

总公司

地址：上海市中山南路969号17F　邮编：200011

电话：021-63355533　传真：021-63355501

网址：www.aaic.com.cn　电邮：pub@aaic.com.cn

奉贤支公司

地址：上海市奉贤区南桥镇解放东路17-21号

邮编：201400　电话：021-67186485　021-6718624(

传真：021-67182496

2005 是上海移动的执行年，奉贤分公司围绕公司执行年的工作要求，务实管理，自主创新，在主动营销、规范服务、基站维护上取得一定成绩。

网点建设上，分公司在年初新增西渡和金汇两个服务网点，方便周边用户办理各类移动业务，进一步增进客户感知；在服务营销上，分公司通过启动客户数据库管理以及“三个强化”，即强化基础管理、教育培训和绩效考核，进一步追求客户满意度；在基站维护上，通过 7×14 的蹲班制度，以及设备维护和业务发展的有机融合，进一步缩短故障时限，提高网络运行质量；在队伍建设上，结合共产党员先进性教育活动和共青团先进性教育主题活动，通过积极开展各种团队活动，凝聚团队力量，提升团队风貌。

上海移动奉贤分公司南桥营业厅

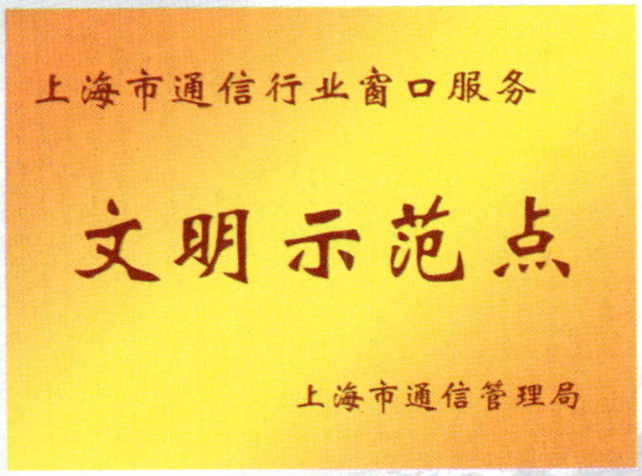

奉贤分公司在 2006 年的工作中，将继续围绕“十一五”规划，明确责任目标，加强队伍建设，以人为本探索员工管理模式，追求员工满意、客户满意、社会满意，实现经济、环境、社会和谐发展。

上海移动奉贤分公司

地址：上海市奉贤区南桥镇解放东路 169 号信息大楼 11 楼
邮编：201400　电话：021-67180370　传真：021-67180300

上海奉贤大众汽车客运有限公司

1998 年 5 月 1 日，现任上海市长，时任上海市副市长韩正视察公司

上海奉贤大众汽车客运有限公司成立于 2001 年 12 月 18 日，由大众交通（集团）股份有限公司、上海大众汽车租赁有限公司共同出资组建，注册资本 15167.43 万元，系大众交通（集团）股份有限公司全资子公司。2005 年，公司资产总值为 4.2 亿元，年创利税 1080 万元。

公司主要经营出租汽车业务。拥有市区出租汽车 1822 辆，已全部委托市区大众公司管理，区域性出租汽车 83 辆。

公司将把大众品牌的效应注入到奉贤客运市场中，以“奉贤大众、服务大众”为服务宗旨，发扬“从严管理、风正务实”的大众企业精神，积极倡导一流的管理，培养一流的员工，用规范的操作、优良的服务，在广大市民中树立良好的形象，打造大众的品牌，为奉贤区的经济发展作出贡献。

地址：上海市奉贤区沪杭支路 20 号
传真：021-57102683
邮编：201400
E-mail：fxdz@sh.cnurinet.net

南方国際购物中心

南上海超级商业航母，都市休闲娱乐中心

上海南方国际购物中心有限公司成立于 2002 年，公司注册资本为 3800 万元，系中国商业联合会会员单位。

公司拥有一支由 50 名高素质管理和专业技术人才组成的高效率开发团队，并按现代管理模式，积极完善组织架构，下设办公室、财务管理部、投资发展部、营销企划部、产业管理部、招商部等。

上海南方国际购物中心有限公司拥有多年专业从事商业地产开发和经营管理经验，已开发杭州湾建材交易市场、浦南钢材交易市场、南桥金海马家具城等多处商业物业。公司主要开发的上海南方国际购物中心，坐落于奉贤“南桥新城”的核心区域，项目占地面积约为 52 公顷，为奉贤区重点项目之一，是奉贤区服务业集聚中心。

上海南方国际购物中心有限公司在开发的过程中将坚持高起点规划、高质量建设、高标准管理的建设理念，倾力打造南方国际购物中心这一商业航母，将建成为一座跨越“现代与传统”、衔接“高档次和低消费”，兼备“商业性、娱乐性和游览性”为一体的新时尚购物中心。

SNFIC

开发商：上海南方国际购物中心有限公司
地址：上海奉贤区南奉公路 8589 号
邮编：201400
电话：021—67182222（总机）
传真：021—67188912
网址：www.sh-nanfang.com
E-mail:snfic@sina.com

上海南方国际购物中心有限公司总裁：江为民

www.sh-nanfang.com

财富热线：021-67187666

项目简介

上海南方国际购物中心总建筑面积 35 万平方米，总投资约 20 亿元，规划了品牌主力百货、五星级酒店、甲级写字楼、国际大卖场、国际服装城、酒店式公寓、品牌餐饮、大型娱乐等业态，真正形成一个集购物、餐饮、休闲、游乐、商务等业态于一体的“一站式”超级购物乐园。

上海国际水产城

（上海国际水产科技园）

SHANGHAI INTERNATIONAL AOUATIC PRODACT TOWN

建设目标

设计成为立足以上海为龙头的长三角地区，面向全国，辐射全球，集水产贸易、科研、加工于一体的国际水产综合功能区。

政策优势

上海奉贤现代农业园区是国家级农业园区。

上海国际水产城属于农业项目，正是当前宏观政策的扶持重点，也是当前的市场热点。

合作方式

1、上海国际水产展览交易中心：联合建设、出售、出租、定制商铺。

2、物流配送区：合作建设、租赁、定制仓储用房。

3、研发与商业配套功能区：以出售为主，租赁为辅。

4、水产综合加工区：厂房定制、联合建设、租赁、出售。

上海国际水产城

建设背景

1、海洋经济飞速发展：2003 年中国海洋经济总产值突破 1 万亿元。其中长三角地区的总产值为 3000 亿元。

2、中国是世界第一渔业大国，2003 年中国水产品进出口总量 443 万吨，进出口总额 79 亿美元。其中出口额为 54 亿美元，占农产品出口额 25%。

农业部副部长牛盾（右）与上海国际水产城董事长蒋澮良合影

组成

上海国际水产城按照科工贸一体化的建设规划，设立贸易区、水产品综合加工区、研发与商业综合区、物流配送区。其中贸易区即上海国际水产展览交易中心占地 40 公顷，总建筑面积为 42 万平方米。

功能

国际水产研发中心，上海国际水产展览交易中心、电子商务与信息中心、水产物流基地、水产品出口加工基地、水产品交易区、综合配套商业服务区。

位置与交通优势

1、北靠黄浦江，南临杭州湾，与上海市工业综合开发区毗邻。

2、上海莘奉金高速公路、大亭高速公路和建设中的轻轨、磁悬浮列车、浦东铁路区途经奉贤区。

3、“黄金水道”黄浦江、金汇港和浦南运河依傍而过，离上海芦潮港国际集装箱深水港码头 40 千米。

4、距上海虹桥国际机场和浦东国际机场约 35 千米。

社会效益

预计项目全部建成以后，年交易量和产值可达 200 亿元。同时可带动就业、职业教育、运输服务、出口等相关产业的发展，逐步形成以水产品为纽带的综合产业链。

支持单位

中国农业部渔业局
中国渔业协会、中国水产流通与加工协会
上海市发改委、市农委、市经委
上海市水产办、上海水产行业协会

地址：上海市奉贤区大叶公路现代农业园区内
邮编：201400
电话：021-67105500　67105588
传真：021-67105333
网址：www.shfishery.com
E-mail: zitiantouzi@163.com

亚东石化（上海）有限公司（OPC）成立于2003年1月，由台湾企业远东集团（FEG）独资设立，投资金额约3亿美元。公司生产基地位于杭州湾畔的上海市星火开发区，占地面积431627平方米，有员工300余人。

亚东石化（上海）PTA厂－全厂图

母公司远东集团由纺织崛起，历经半个世纪持续的投资扩展，集团经营领域已涵盖石化、人纤、纺织、水泥、百货等十余个行业，资产总额超过1800亿元，营业金额达500亿元，股东人数达44万人。

公司以生产精对苯二甲酸（PTA）为主，采用杜邦公司最先进的工艺流程，在生产最高质量的PTA同时达成最低能耗、最高转化率、及符合最严格的安全及环保标准，旨在建立世界一流水平的现代化石油化工厂，满足自用、兼顾市场对PTA的需求，为国民经济增长作出应有贡献。

亚东石化（上海）PTA厂－开始进行试车

亚东石化（上海）PTA厂－主制程区正进行蒸汽吹洗管线

亚东石化（上海）PTA厂－化验室一角

公司年产PTA 60万吨，于2006年4月投产营运，年营业额40余亿元。

公司秉承远东集团“诚、勤、朴、慎”的立业精神，以人为本，倡导团队协作和个人能力的发挥，追求公司与个人目标的双赢。

亚东石化（上海）PTA厂－夜景

Http://www.opsc.com.cn

亚东石化（上海）有限公司

地址：上海星火开发区白沙路133号
电话：86-21-57505780（总机）
传真：86-21-57505770
网址：www.opsc.com.cn
邮编：201419

上海石油金山分公司

CHINA PETROLEUM & CHEMICAL CORPORATION

中国石化集团是一家大型的国有企业，并向海外上市，是世界五百强排名第 31 位的知名企业。

上海金山石油分公司是中石化销售公司下属子公司，以零售业为主，销售石油制品，主营汽油、柴油和长城润滑油等产品。分公司辖有 56 座加油站，5 个发卡网点，2 个石油经营部，分公司本部坐落于奉贤区南桥镇解放中路 279 号。

金山公司技术力量雄厚，以强大网络技术为平台，利用先进的 ERP 信息等科技手段来支撑整个销售系统，引进先进的 SHE 管理理念，员工服务意识强、态度诚恳，是各企事业单位购油的理想场所。

地址：上海市奉贤区解放中路 279 号　电话：021-57102924　传真：021-57102958　邮编：201400

上海大祥化学工业有限公司

在不起眼的地方大放光芒，坚定地生根在每个人的生活当中。

在知识汇集型企业 SENKA，公司非常强调科学技术，公司之所以能生产出高品质的独创产品是因为公司的员工都掌握着先进的科学知识和技术。“向未知的领域挑战”是公司的口号。公司致力于通过在化学工业上的努力工作来促进绿色环境的改善和增强顾客对公司产品的信赖。

上海大祥化学工业有限公司是日本 SENKA 株式会社为拓展中国市场，满足国内纺织印染行业需求的生产、销售基地。公司以精密化学品为主杆，其产品的品质和性能完全由日本 SENKA 株式会社监督管理。公司将竭诚为广大客户提供高品质的产品和最优质的服务。面对新世纪的挑战，公司将与时俱进、锐意进取提供紧跟行业潮流的新型纺织印染助剂。

上海大祥化学工业有限公司

滋贺县湖南工厂

上海大祥化学工业有限公司上海办事处

上海事务所:
浦东张杨路838号华都大厦19楼B.C座
电话:021-58204356 68769493
传真:021-58207928
邮编:200122
E-mail:daxiang@online.sh.cn

工厂:
上海市奉贤区青村镇城乡路47号
电话:021-57560808 57561529 57560889 57565808
传真:021-57560996 57568640

SENKA泰国分公司

SYSTEM CERTIFICATION ISO 9001:2000 SGS

SYSTEM CERTIFICATION ISO 14001 SGS

Pilarquim (Shanghai) Co., Ltd.

for Quality Harvest....

YUENFA 1961

允发化工（上海）有限公司，成立于 1997 年 7 月，是由台湾允杰股份有限公司、美国 PILAR（USA）CO. 和加拿大 PILAR AGRISCIENCE（CANADA）CO. 合作创办的。主要从事农药及化学品之生产、加工、分装及其成品出口，至今已畅销全球 90 多个国家和地区。

公司占地面积 9 万多平方米，总投资 1780 万美元。有员工 150 人，大学以上文化程度的员工占 40% 以上。产品以高效低毒、低残留的新型除草剂、杀菌剂、杀虫剂、植物生长调节剂为主。

2000 年 10 月，公司品管部通过中华人民共和国化学工业部的二级质检机构的认证。

副董事长：蔡启志 先生
Mr. Robert TSAI

2002 年，公司通过 SGS 的 ISO 9001:2000 质量体系认证和 ISO 14001:2004 环境体系认证，2005 年 6 月通过升级版本。
2002-2003 年，公司已申请两项新产品的制造发明专利。
2003 年，公司通过上海市高新技术企业的认证。
2005 年 5 月，公司取得上海市安全生产许可证。

近年来公司相继获得由上海市外国投资工作委员会、上海市外经贸委、上海外商投资企业协会颁发的全国外商投资双优企业证书、奉贤区出口创汇先进企业等荣誉证书。

WE ARE ALWAYS DOING A LITTLE BIT MORE THAN THE MAXIMUM!

P - Professionalism
I - Innovation
L - Leadership
A - Assurance
R - Reliability

允发化工（上海）有限公司

地　　址：上海市奉贤区金汇镇航塘公路 1500 号
法人代表：林素贞
电　　话：（86-21）57589888
传　　真：（86-21）57589666
邮政编码：201405
E-MAIL：sha@pilarquim.com
网　　址：HTTP://www.pilarquim.com

上海实业振泰化工有限公司

荣获 ISO9001:2000 标准质量管理体系认证

总经理：王贵仁

公司始名奉贤盐化厂，创建于 1970 年 9 月，为华东师范大学教育基地。1996 年，上海振泰化工总厂与上实国际投资有限公司合资经营建立上海实业振泰化工有限公司。公司拥有资产 6974 万元，占地面积 17000 平方米，建筑面积 15000 平方米，员工 218 人，其中大、中专文化程度 90 余人，专业技术人员 70 余人。2005 年完成工业总产值 8519 万元，产销率达 102.76%，实现销售收入 8928.97 万元，完成主营业务利润 2450.12 万元，营业利润为 722.97 万元，外贸出口创汇总额 133.6 万美元。2005 年生产特种氧化镁产品 12800 吨，出口 1737 吨，占总量 14%，产量、销售、创汇均创历史最高纪录。

特种氧化镁系列产品

公司主要经营特种硅钢级氧化镁、特种电工级氧化镁、电热元件、助剂等产品。特种氧化镁产品先后被列为上海市星火计划、国家火炬计划，获市星火二等奖、国家星火三等奖、国家科技成果奖，还被评为国家级、市级新产品。企业通过 ISO900:2000 标准质量管理体系认证。“振泰”牌特种氧化镁连续四年获得上海市名牌产品和上海市著名商标称号。公司还获得全国模范职工之家、全国精神文明建设先进单位、全国守合同重信用企业、上海市文明单位、上海化工诚信企业、上海市高新技术企业、上海市外商投资先进技术企业等荣誉称号。

地址：奉贤区南桥镇运河北路 88 号
电话：021-57412191
传真：021-57413848
邮编：201400

APP

金奉源纸业

金鹿牌

环牌

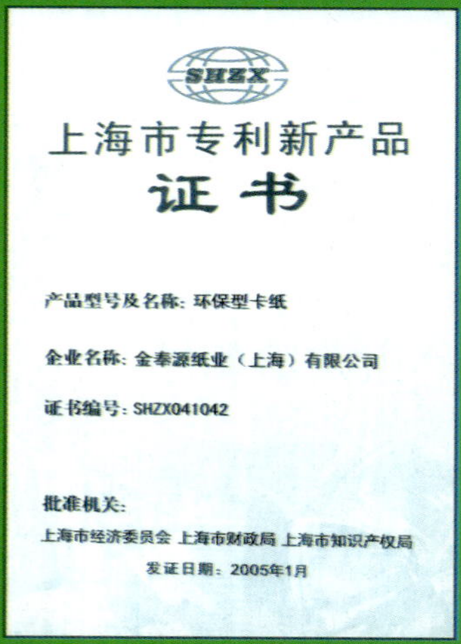
SHZX

上海市专利新产品

证书

产品型号及名称：环保型卡纸

企业名称：金奉源纸业（上海）有限公司

证书编号：SHZX041042

批准机关：

上海市经济委员会 上海市财政局 上海市知识产权局

发证日期：2005年1月

Z专利证书

金奉源纸业位于上海市奉贤区星火开发区，成立于2004年5月，占地面积40万平方米，现有员工400余名，年产高档涂布白纸板和白卡纸11万吨。

金奉源从芬兰引进3200毫米纸机和造纸设备，纸机车速达300米/分；公司十分重视废纸回收利用，并从芬兰、挪威、美国引进先进的废纸加工设备，目前已建成日产量150吨的脱墨生产线。

在发展生产的同时，金奉源非常注重环境保护工作，先后投资2500多万元人民币，从加拿大引进先进的治污工艺和配套设备，目前，公司已采用国际上较为先进的SBR污水生化处理技术，对污水进行全面的综合处理，使各项指标均达到国家规定标准。

金奉源主要产品有：环牌白卡纸，金鹿牌烟包白卡纸及电子元件载体纸板，食品级白卡纸等。其中有“环保型卡纸”获得上海市首批专利新产品认定。

公司地址：上海市奉贤区星火开发区莲塘路251号　　传　　真：57502816
电　　话：57505588转公司各部　　邮政编码：201419

Intime
PLASTICS

Welcome to enjoy our inflatables

上海盈泰塑胶有限公司是一家具有进出口自主经营权的中外合资企业。

公司坐落于奉贤区奉城镇南奉公路681号。是一家生产PVC薄膜、PVC吹气玩具、PVC人造革的大型生产厂家。产品品种齐全，工艺先进，质量稳定，价格合理，远销欧盟、美国、东南亚、俄罗斯等国家和地区，深受客户好评和喜爱。

公司始终奉行“超越自我，追求卓越”的质量方针，一贯坚守“顾客至上，诚信经营”的服务宗旨，始终坚持“团结务实、严谨创新”的敬业精神，竭诚与各界朋友一起开拓我们共同的事业。

Located in No. 681 Nanfeng Road Fengxian District, Shanghai, with an area of 70,000 square meters, Shanghai Intime Plastics Co., Ltd. is a Sino-German joint venture professionally manufactures PVC films, PVC inflatable toys and PVC leatherettes. We provide complete series of inflatable products with advanced technology, excellent quality and reasonable price. Our products have received good reputation at home and abroad, and sell well all over the world including Europe, America, Southeast Asia, and Russia etc.

We keep exceeding and take quality as the soul of the enterprise. Customer first and honest operation is the objective we always carry out.

We look forward to a good business relationship with you!

上海盈泰塑胶有限公司

SHANGHAI YINGTAI PLASTICS CO., LTD.

Add.: NO. 681, NANFENG ROAD, FENGCHENG TOWN, FENGXIAN DISTRICT, SHANGHAI (201411), CHINA.
地址：上海市奉贤区奉城镇南奉公路681号
电话：0086 21 57523111/57526222/57526333
传真：0086 21 57526555 邮编：201411

SOCO 索谷

上海索谷电缆集团有限公司
SHANGHAI SOCO CABLE GROUP CO.,LTD

上海索谷电缆集团总部设于亚洲金融经济中心的中国上海，交通便捷，地理位置优越，集团总占地面积250000平方米，2002年公司投巨资在上海市工业综合开发区建立索谷高新工业园。集团拥有固定资产超亿元，有5家全资子公司、国内外销售公司和办事处200多家，是集科研、开发、生产、销售为一体的大型综合性集团企业，一直以来是华东地区最主要的电线电缆生产企业。

自创办以来公司坚持技术进步、理念创新，不断加强内部管理，与时俱进、开拓进取，企业规模不断发展壮大，集团拥有领先的生产流水线和检测设备，严格按照国家标准和国际标准组织生产，从原材料购进到成品出库实行全程控制。企业以完善的质量管理通过ISO9001：2000国际质量体系认证，全部产品均获得国家工业部质量技术监督局颁发的生产许可证及国家强制性CCC认证，矿用产品均通过国家安全局煤碳部MA认证，船用产品均通过中国船级社CCS认证。

名牌优先的产品源自于现代企业的发展攻略。励精图治，索谷建立了齐全完善的产品体系，主要生产 110 千伏及以下高低压电力电缆、交联电力电缆、环保分支电缆、控制电缆、计算机电缆、绝缘架空电缆、硅橡胶电缆、船用电缆、矿用电缆、耐高温耐火电缆、补偿电缆、特种电缆及电缆桥架、母线槽、电缆附件等十多个大类，数千个品种，广泛用于电力、冶金、石油、化工、国防、煤矿、交通、港口、建筑等行业。产品畅销全国各地及远销东南亚等国家和地区，深受广大客户的信赖。

面对新的市场竞争态势和全球经济一体化的格局，索谷集团将秉承“素质决定实力”的发展理念，坚持“诚信为本，勇于创新，锐意进取、稳健发展”的经营方针，大力推进技术创新，资本运营，国际化拓展三大战略，全面推动索谷集团由传统企业向高新技术产业转型，全力打造“实力型企业”，实现“索联东西，谷通南北”的美好前景。

地址：上海市工业综合开发区
陈桥路 1887 号
电话：021－67102988　67102998
传真：021－67105056
网址：Http：//www.shsoco.com
E-mail：sales@shsoco.com

天地上海采掘装备科技有限公司

总经理：张世洪

天地上海采掘装备科技有限公司是天地科技股份有限公司的控股子公司。公司 2003 年 8 月 11 日注册成立，注册地：上海市工业综合开发区，注册资金 4000 万元，其中天地科技股份有限公司出资 3600 万元，占出资金额的 90%，山西晋城无烟煤矿业集团公司出资 400 万元，占出资金额的 10%。公司主要经营电子环保设备，矿山机电产品的设计、生产、销售，煤矿采掘工作面配套设计，设备选型，技术开发、咨询等。公司目前的主要任务是：负责采掘机械产业化生产基地的建设。

1020型采煤机

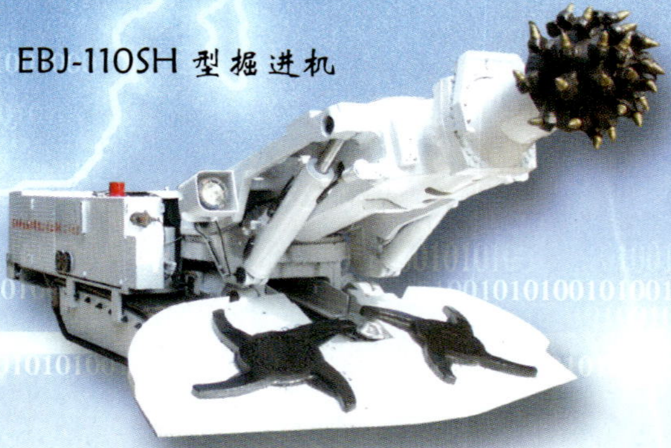

EBJ-110SH 型掘进机

MG375-W 型采煤机

EBJ-132SH 型掘进机

EBJ-160SH 型掘进机

地址：上海市奉贤区南桥镇环城东路 168 号
邮编：201401
电话：021－67100501
传真：021－64689630
邮箱：daijp@sina.com
网址：http://www.tdtec.com

FUJI ELECTRIC

上海富士电机开关有限公司

地址：上海市奉贤区南桥航南公路 1557—1559 号
电话：021—57181234
传真：021—57181448
邮编：201400

总经理：高桥健二

日本富士电机株式会社成立于 1923 年，是世界著名的跨国集团，日本最大的综合机电产品制造企业之一，至今已有七十多年历史。

上海富士电机开关有限公司和上海富士电机变压器有限公司是日本富士电机株式会社于 1997 年 4 月兴办的企业，专业生产经营 VC—V12 型中置式高压配电柜、HS 系列真空断路器和 SCLB8 系列三相和单相树脂绝缘干式变压器等产品，使用“FUJI ELECTRIC”（富士电机）商标。产品与东京中央研究所开发的产品技术同步，具有当前世界先进水平。公司坐落在上海市奉贤区内，投资总额 36 亿日圆（约合 2.8 亿人民币），占地 38200 平方米，现有建筑面积 12300 平方米。有职工 200 余人，其中技术与管理人员中大专及以上学历人数占 95% 以上，生产现场作业工人具有高中或中专以上学历人数占 95% 以上。公司从国内外引进、聘用了一批多年从事专业设计、工艺和试验的工程技术和管理人才，在国内同行企业中占有人才和技术方面的优势。

公司十分重视产品质量，购置的生产设备都是当代专业生产设备中最为先进的一流设备，以确保加工制造的零部件的精度和质量要求。在日常生产管理中，公司严格贯彻 ISO9001 标准，并于 1999 年 6 月顺利通过法国船级社 BVQI 公司的 ISO9001 质量体系认证，于 2002 年 8 月获得英国质量与环境国际质量认证有限公司（QEC）颁发的 ISO9001:2000 质量保证体系认证证书，2003 年 10 月通过中国国家强制性产品（CCC）认证，2004 年 5 月通过第三轮 ISO9001:2000 认证。上海富士电机变压器有限公司于 2000 年被授于国家高新技术企业称号。

目前，公司产品除销往国内各地外，其中干式变压器约 40% 产品返销至日本国内。富士电机产品已安全可靠地运行在国内外的电力、建筑、化工、冶金、机械、石化、机场及交通运输等各个领域。

除此之外，公司还拥有完善的质量信息传递和售后服务体系，配有专门的售后队伍，随时为广大用户提供各方面的服务。

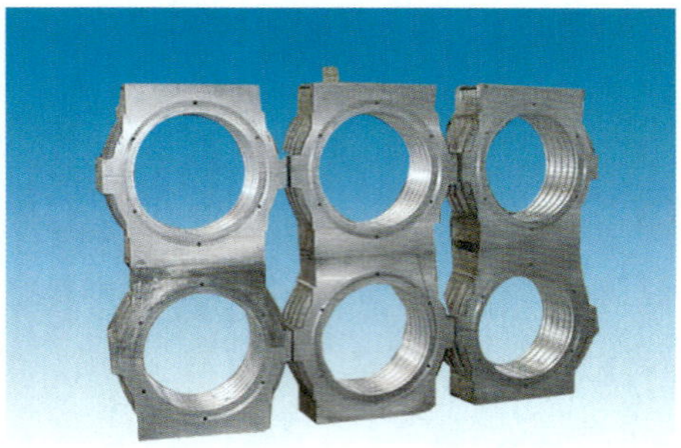

上海金剑机械制造有限公司

上海金剑机械制造有限公司是以生产整套塑料波纹管成型设备的专业性生产企业。主导产品塑料波纹管成型机参照西德、意大利等国同类产品研制而成，设计合理，运转平稳，操作方便，成型模具经过氮化、镀铬处理，经久耐用，深受用户欢迎。产品远销全国各省市及欧美、东南亚等地区和国家。

BW-Ⅰ型塑料波纹管成型机专用于生产Φ9-Φ40 毫米单壁塑料波纹管，用作洗衣机进排水管、汽车线索套管、灯具装饰波纹管、建筑装潢穿线等的塑料波纹管的生产；BW-Ⅱ型塑料波纹管成型机专用于生产Φ41-Φ100 毫米单壁塑料波纹管，用作吸尘吸管、通风管的生产；BW-Ⅲ型塑料波纹管成型机专用于生产Φ90-Φ160 毫米双壁波纹管，用作通讯电线电缆、供电电线、电缆穿线及双壁波纹管的生产；BW-Ⅳ型塑料波纹管成型机专用于生产Φ200-Φ630 毫米双壁波纹管和Φ150-Φ1200 加筋双壁波纹管，用作市政建设的排水排污双壁波纹管的生产。

公司以科技求发展，以质量求生存，以品种求发展，以管理求效益，竭诚为广大国内外用户提供优质服务。

上海日野发动机有限公司于 2004 年底搬入位于上海市工业综合开发区的新厂房后，秉承日本日野自动车株式会社的强项——车用发动机技术，生产满足国内市场大型客车、重型汽车、水泥搅拌车需要的大功率 P11C 发动机。2005 年 4 月进入批量生产后，生产的 P11C 系列发动机全面满足国内车用 320-380 马力发动机的市场需求。

总经理：五岛健次郎　副总经理：王根生

P11C 发动机是兼顾性能、耐久性的平衡而开发的，采用电控共轨等 17 项专利技术，是一款达到世界级水准的大功率柴油发动机。2005 年底北京宣布提前实施欧 3 标准，上海日野成为目前国内唯一可以批量生产欧 3 排放发动机的制造商。在向中国整车制造提供高水准、高品质发动机的同时，上海日野始终视环境保护为己任，在注重经济效益的同时，将社会责任铭记于心。上海日野 P11C 发动机现有欧 2、欧 3 两种排放的机型，采用 EGR 及后处理技术后，将来更可满足欧 4、欧 5 的排放要求。

上海日野拥有综合素质相当高的中日双方共同协作的团队，秉承丰田精益生产管理模式，引进日野先进的发动机制造工艺技术和生产、质量管理体系，确保产品达到日野的质量标准。

地址：上海市奉贤区环城东路 179 号
电话：021－67108800
传真：021－67108496
邮编：201401
网址：www.shanghaihino.com
服务热线：800－820－8551

上海日野发动机有限公司

BEARING
CW
Never Stop Being Perfect

永远追求完美

上海中隆轴承有限公司是由中国慈兴集团为主投资的一家现代化轴承生产企业。公司位于上海市工业综合开发区内，占地面积 88800 平方米，注册资本为 2000 万美元。

上海中隆轴承有限公司采用先进的自动化设备在洁净的现代化厂房进行生产，主导产品为内径 3 毫米~30 毫米高精度低噪音深沟球轴承，设计年生产能力为 1 亿套。企业管理模式为符合 ISO/TS16949 质量管理体系和 ISO14000 环境管理体系的现代企业管理体制，通过多层次的教育培训，培养满足各岗位技能需求的员工，充分发挥全员的智慧，谋求“质量第一，效益卓越”的经营目标。公司是中国慈兴集团大规模、快速融入国际市场的依托。

总裁：胡先根

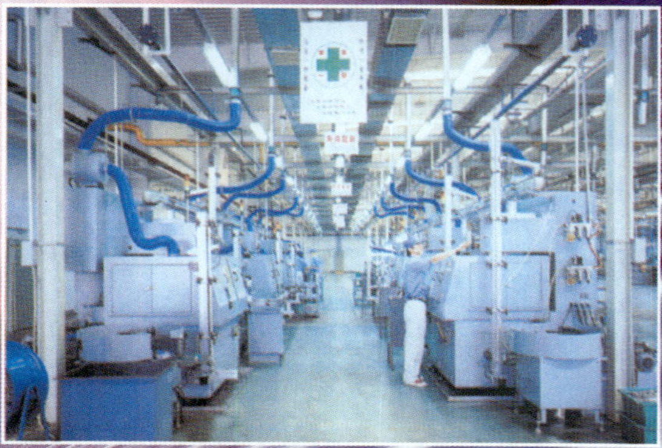

全自动磨加工线

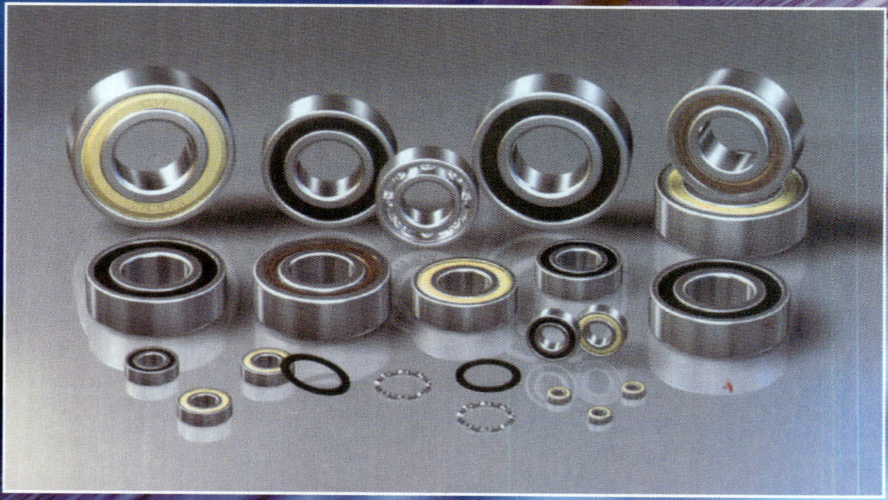

产　品

地址：上海市工业综合开发区
奉浦大道 28 号
电话：021－67102995
传真：021－67103068
邮编：200014

上海中隆轴承有限公司

上海中隆轴承有限公司全景

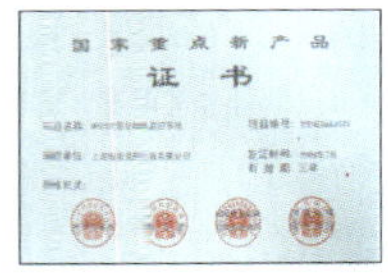

上海新航星集团·上海航星通用电器有限公司

董事长：何志明

行善、明志、创新、自强。上海新航星集团属下上海航星通用电器有限公司在企业经营、发展过程中，始终贯彻上述企业精神和道德准则，不断创新、创造、标新立异。独特的企业文化和以人为本的现代化管理模式创造了企业持续、高效、快速发展之路。

在集研发、引进、制造和销售智能化配电管理系统、智能型输配电成套开关设备的基础上，上海航星通用电器有限公司依靠高、精、尖人才资源优势，与多家知名高校联手合作，围绕边缘学科产业，实现强电、弱电、微电的“三电”联动，快速形成和打造“航星电器”品牌。企业先后荣获：上海市文明单位、上海市高新技术企业、上海市外商投资先进技术企业、上海市非公企业五好党支部、上海市重合同守信用 AAA 级单位、上海市银行资信 AAA 级单位、上海市专利重点试点企业、上海市劳动和社会保障先进企业、上海市职业见习基地、2005 年上海实力企业 · 上海成长型企业之一，是奉贤区首家科技领军企业。多项产品技术居国际领先地位，其中拥有自主知识产权的 MP2000 智能配电管理系统获国家重点新产品证书、上海市优秀发明一等奖、上海市火炬计划项目证书；具有国际先进水平的 ZYN-40.5KV 嵌装移开式高压开关设备获上海市重点新产品证书；多项产品获行业名优产品证书；拥有专利近 50 项，在引进国际知名品牌的基础上加以消化吸收并获重大突破。产品畅销全国各地，并成功走向国际市场，2005 年实现核心产品销售 2.2 亿元，比上年增长 30% 以上。

根据上海新航星集团的规划，决定以上海航星通用电器有限公司为主要工业基地，构建机电一体化的高技术产业园区，为企业跨越式发展奠定更好的条件，争取更大的作为。公司将继续加大投入，引进和重用杰出人才，走高新技术发展之路，实现集成创新和自主创新相结合的战略，为奉贤全面打造一业特强的输配电产业作出卓越的贡献。

地址：上海市奉贤区莘奉金公路奉金大道1号　电话：021－57430000　传真：021－57430001　邮编：201401

流水线

3.5KV开关柜

10KV开关柜

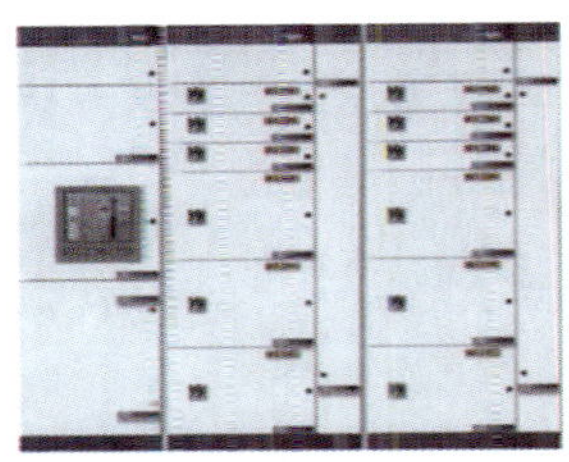
BLOKSET开关柜

太阳能系统

风电场

上海新能源环保工程有限公司是上海电力实业总公司、上海环保成套有限公司和上海工业投资（集团）有限公司共同出资于 1999 年 4 月 8 日组建的有限责任公司。

公司的宗旨是，依托国家对新能源和环保产业的支持，充分发挥各投资方的优势，实现“强强联合”，为加快上海电力建设，优化能源结构，积极开发和推广利用清洁能源和可再生能源，保护城市生态环境作出应有的贡献。

公司已开发和建设的项目有：

- **上海奉贤海湾风力发电工程**。这是上海首座风力发电场，填补了上海风力发电的空白。装有 4 台 850 千瓦先进的变桨、变速、恒频风力发电机，于 2003 年 10 月 31 日并入电网试运行。2004 年 1 月 1 日正式投入商业运行。至 2005 年底为上海电网提供了 1332 万千瓦时“绿色”电能，并为上海推行“绿色电价”机制提供了基础。

- **上海 10 千瓦网太阳能发电示范系统**。这是上海第一家真正并网发电的太阳能光伏发电系统。2002 年 11 月安装完成并投入试运行。经过一年的试运行和大量的试验研究工作，于 2004 年 6 月通过项目的鉴定，为探索太阳能光伏发电进入城市电网发挥了重要作用。该系统至 2005 年底已为电网提供约 22671 千瓦时电能。

  居民屋顶太阳能并网光伏发电系统。这是首次安装在居民屋顶上的太阳能并网光伏发电系统，在青浦区某居民小区的两家居民志愿者的屋顶上，分别安装了 6.6 千瓦和 3.3 千瓦并网光伏发电系统，于 2004 年 11 月投入运行，情况良好。有阳光的白天满足居民自用电后，剩余的光伏电能可并入电网，晚上居民用电由电网提供，这为推广应用城市居民屋顶太阳能并网光伏发电系统作出突破性的尝试。

- **太阳能热水系统**。为大型用户提供多套大型太阳能热水系统（200 根太阳能集热管）。实践证明，节电效果明显。

2004 年上海新能源环保工程有限公司被评为年度上海最具发展潜力科技型企业（五星级企业）。

现在，公司已改制成中外合资企业，正在引进外资，准备在奉贤扩建风力发电场。

地址：上海市江西中路181号3楼
电话：021-63214707
传真：021-63216144
邮编：200002

奉贤风电扩容（一期）场址效果图

上海新能源环保工程有限公司

风电场全景

上海鼎中保鲜科技有限公司

SHANGHAI DINGZHONG FRESH-KEEPING SCIENCE AND TECHNOLOGY LTD.

上海鼎中保鲜科技有限公司，坐落于奉贤区西渡工业开发园区内，占地面积 38628 平方米，其中生产厂房占地 8000 平方米，科研及办公用房 1500 平方米。多年来，公司致力于食品保鲜的研究和开发，先后多次获得国家发明专利和实用新型专利。2004 年 8 月，荣获中国国际专利技术与产品交易会金奖，并被列入上海市高新科技产业化推进项目、上海市火炬计划项目及中国高新技术产业导报“重点推荐项目”。2005 年通过市产品质量鉴测中心的质量鉴定，成为国家科技部技术市场协会会员企业。

公司工作目标：**不论用户对食品保鲜的要求多么复杂，我们都将提供基于平衡高效、最短的设备回收期节省能源的最优化解决方案。你的需求，也就是我们的追求。**

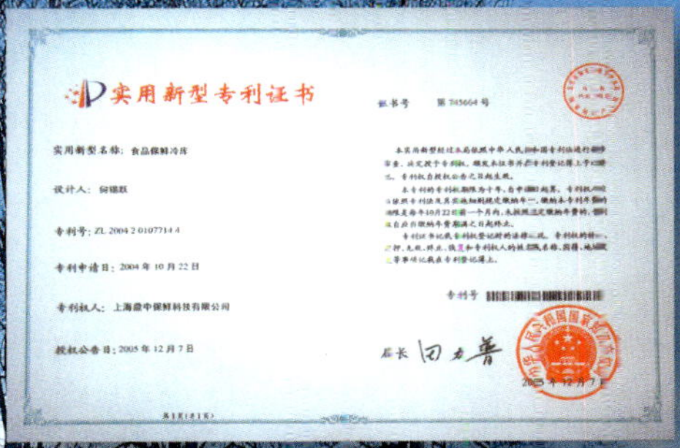

地址：上海市奉贤区西渡工业区奉金大道 668 号
邮编：201401
电话：021-57436676（总机）
传真：021-57432419

保鲜柜生产车间

保鲜柜生产车间

SHANGHAI DINGZHONG
FRESH-KEEPING
SCIENCE AND TECHNOLOGY LTD.

SGC

公司的合资企业 – 上海维特兴沪玻璃有限公司

奉贤区委书记张立平与意大利塞维斯集团总裁巴索先生为公司合资企业揭牌

Shanghai Glass Co., Ltd.

上海轻工玻璃有限公司是荟萃上海日用玻璃行业精华，具有经济实力、专业技术、善于经营的实体型公司。公司拥有一批具有一定规模的生产企业及与主营业务相关的商贸子公司。公司的进出口业务主要经营玻璃器皿、玻璃瓶罐、艺术玻璃等各类玻璃制品及保温容器和各类塑料、不锈钢、搪瓷制品。公司经营宗旨是提供最惠的价格，一流的品质，最佳的服务。

上海轻工玻璃有限公司以其独特的经营思路，超前的战略规划，稳健的发展步履，显示出公司持续发展旺盛的生命力。

上海轻工玻璃有限公司

地址：上海市黄陂南路 688 号　邮编：200025

电话：021–63850972　传真：021–63840955

网址：www.shanghai–glass.com

BRIGHT ADIRY & FOOD

上海乳品四厂有限公司

随 时 随 地 的 新 鲜

地址：上海市奉贤区星火农场星火公路2350号
邮编：201419
电话：021－57501148
传真：021－57505315

上海乳品四厂有限公司坐落在奉贤海湾旅游风景区内，占地面积近 70 亩。其中厂区绿化面积 18000 平方米，绿化率达 38.7%。厂区内绿树环绕，充满着鸟语花香，视野十分开阔。寓意“蓝天白云”色彩的厂房掩映其中，素有花园工厂之美誉。公司技术力量雄厚，产品制造工艺先进，现有固定资产 7500 万元，在册员工 350 人，年产值 3.19 亿元，年销售额 3.2 亿元，实现年利税 2000 万元。公司曾多次排名于上海市统计中心公布的年工业企业 500 强内。

“客户是上帝，质量无止境”是乳品四厂有限公司对广大消费者的郑重承诺，广大消费者十分信赖乳品四厂有限公司的乳制产品。

伟星管业
WEIXING PIPELINE

伟星集团

上海新型建材有限公司

地址：上海市奉贤区金汇经济园区
大叶公路 4601 号伟星工业园
电话：021－57489999
传真：021－57489811
邮编：201404

伟星集团上海新型建材有限公司，是伟星集团下属的全资子公司，专业生产经营多种新型塑料管道及功能型复合材料。公司设备配置完善，技术实力雄厚，是典型的创新型制造企业。公司产品主要有 M－PP 高压电力护套管、PB（聚丁烯）给水／采暖管道、PE－RT（耐热聚乙烯）采暖管道、PP－R 冷热水管道及 PP－R 铝塑、PP－R／纤维复合管道及煤矿用聚乙烯管道等。公司拥有多条进口的管材生产线、管件注塑机。随着新生产设备的引进和新产品开发，公司生产规模仍在进一步扩大。公司已先后通过 ISO9001 质量体系和 ISO14000 环境体系的认证；配备了齐全的研发和检测设备，并拥有一支具备一定专业知识和创造力的技术团队。同时，公司在全国各大中城市均设立了经销网点及服务中心，形成了市场开拓与售后服务的良性互动，已连续两年被评为上海市最放心产品、消费者最满意产品、最具优质服务奖以及最具综合实力金楹奖。同时高性能纤维／聚丙烯三层结构复合管已获得国家专利，多孔型的铝塑复合管正在申报国家专利。相关产品归并为上海市高新技术转化项目。这使伟星在竞争激烈的国际都市——上海，仍能占据主流，抢占市场制高点。

上海双桦汽车空调配件有限公司

SHANGHAI SHUANG HUA AUTOMOBILE AIR CONDITIONER PARTS CO。, LTD

上海双桦汽车空调配件有限公司系中外合资企业，成立于1997年，专业生产世界上各种车型的层叠式蒸发器和平行流冷凝器、机油冷却器、增压空气冷却器，集研发、制造、销售于一体，年产量达200万台（套）。公司具有为国内国际汽车厂OEM配套的能力，可根据客户需求研发、制造出各种车型的平行流冷凝器和层叠式蒸发器系列产品。

上海双桦建立了一整套有效的产量质量控制体系，先后通过了ISO9000质量体系认证和TS16949质量体系认证。同时公司从国外引进的检测器具和设备，以确保从原材料购入至产品产出的全过程。在产品设计开发方面，公司拥有汽车空调综合性能试验室，能进行蒸发器、冷凝器、暖风机和汽车空调系统的各项性能试验，并拥有中冷器风洞试验台、中冷器高低温冷热交变试验台和油冷器传垫性能试验台，能完成中冷器、油冷器的性能试验，试验设备在国内处于领先地位。

蒸发器系列

冷凝器系列

公司拥有一支高素质的技术人才队伍，能跟踪世界最先进的技术和设备，不断的进行技术更新和改造，拥有足够的技术、设备和能力，为客户提供更完善的服务。

公司座落于上海奉贤区柘林镇经济园区，现有员工800余人，占地100000平方米，建筑面积45000多平方米。

地址：上海市奉贤柘林镇科工路

传真：021—57458864

电话：021—57453066

邮编：201417

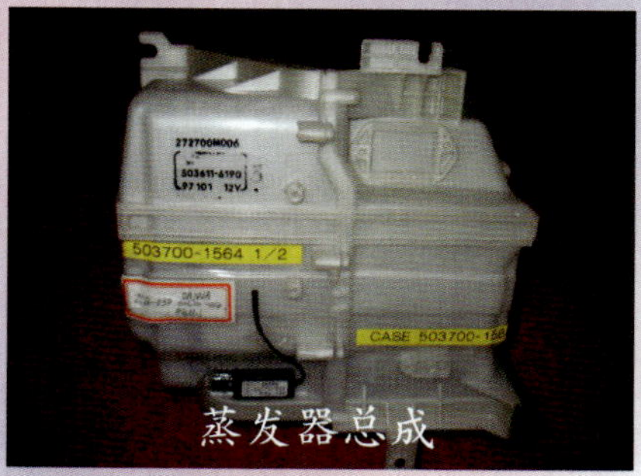
蒸发器总成

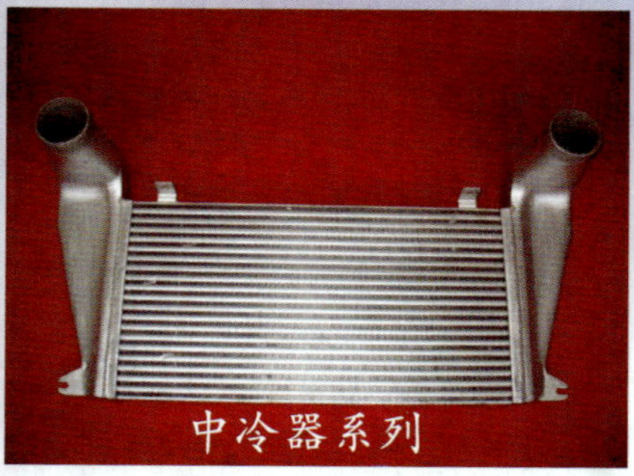
中冷器系列

DEMAG
Cranes & Components

德马格起重机械（上海）有限公司是德国德马格起重机械有限公司于1994年12月在中国上海成立的全独资企业。拥有 180 多年悠久历史的德马格起重机械有限公司，是当今世界上物料输送领域产品范围最广、技术最先进的企业。

上海子公司，是德马格起重机械有限公司在海外的第18个子公司，主要生产、制造、销售德马格产品，并提供物料输送技术。作为世界同行中的领先企业．公司拥有最先进的专业技术和极富创造力的工程师，并且拥有经过严格训练的工程服务人员以及可靠的零配件供应，为产品的保养及售后服务提供了保障。在所有的产品和服务中始终坚信和执行一个共同的企业理念：质量第一，信誉第一。

目前，德马格已在飞机制造业、机械制造业、汽车业、化工业、食品业、造纸业，钢铁业以及垃圾焚烧处理等领域均取得骄人成果。

实现物料输送技术和物流技术现代化，对提高工业企业的生产竞争力至关重要，公司将致力于加速中国这一现代化进程。

德马格起重机械（上海）有限公司

地址：　上海市奉贤区庄行欧洲工业园区叶庄公路125号
电话：　(86-21)3718 2222
传真：　(86-21)5746 4558
Email：　info@demagcranes.com.cn
网址：　www.demagcranes.com.cn
邮编：　201415

上海文正笔业有限公司

上海文正笔业有限公司成立于 2003 年，位于上海市工业综合开发区内，占地面积 40000 多平方米，建筑面积 30000 平方米。生产、生活设施齐全，布局合理。

公司前身为专业笔模制造厂，技术精湛。近年来，公司坚持以客户需求为导向，加强产品创新，先后设计出一大批款式新颖、性能优良、拥有自主知识产权的热销产品；同时公司还十分注重产品质量，建立健全了品控体系，检测设备齐全，管理制度完善，严格要求，一丝不苟，产品合格率 100%，深受客户信赖。

公司有员工 1500 多人，其中管理人员 50 人，专业技术人才 80 人，质检人员 40 余人；同时公司拥有 100 余台套先进的数控注塑机及 50 多台各类模具加工设备。雄厚的技术实力、强大的研发能力、先进的生产设备、高效的生产管理，使公司在短时间内取得长足发展，获得了“中国制笔名牌”等多项殊荣。

2005 年，公司年产圆珠笔、中性笔、活动铅笔、走珠笔及荧光等各类书写笔逾 3 亿支，其中 80% 以上远销到欧美、俄罗斯、东南亚等 30 多个国家和地区。

公司一贯秉承“追求卓越、拒绝平庸”的经营理念，视客户满意为公司最高目标，全神贯注、精益求精，不断超越自我。

装配车间

笔芯制造

模具中心

公司餐厅

注塑车间

拒绝平庸

追求卓越

地址：上海市奉贤区南桥镇环城西路 1500 号
电话：021－67108666
传真：021－67102486

荣佳服饰（上海）有限公司

荣佳服饰（上海）有限公司是香港荣泰公司的全资附属机构，是一家专业做服装（主要是茄克和风衣）的港商独资公司。

香港荣泰公司自1988年在香港成立以来，主要销售服装和服装辅料。公司从1995年开始成为美国主要茄克成衣进口商 LONDON FOG/PACIFIC TRAIL 在远东地区的生产代理商。至今，承接大量美国茄克风衣的生产，主要生产基地在上海及周边地区。

根据形势的发展，特别是WTO在2005年以后的情况变化，公司制定长远的发展目标，并于2003年在上海郊区奉贤区奉城工业区购置了25亩土地，同时成立了荣佳服饰（上海）有限公司。

本公司规划并开始在25亩土地上建造现代化标准厂房，预计在半年之后可投入生产，提高公司在上海地区的生产能力。

地址：上海市奉贤区奉城镇奉粮路838号
电话：021－57514616　　联系人：李清琦

上海办事处地址：上海市延安西路895号16楼AB座
电话：021－62253413　　联系人：穆经荣

MERCURY
水星家纺

上海水星家用纺织品有限公司

上海水星家用纺织品有限公司创立于1987年，是一家集研发、设计、生产、销售于一体的综合性家纺企业，综合实力在同行业排名前列。公司注册资本3000万元，拥有各类专业技术人员155人，员工总数1200余人。公司自成立以来，就施行品牌战略，采取品牌特许连锁专卖运营的营销模式，目前拥有专卖店和店中店1000家，形成业务涵盖全国的销售网络。

本着“服务社会、回报社会”的方针，公司积极加强产品品质管理，生产过程中各个环节都严格按照国际质量认证体系ISO9001标准执行，进一步加大产品开发力度，完善和提升产品结构，大力拓展和规范专卖营销网络。公司在吸收国内外先进技术的同时不断推陈出新，先后开发了**套件系列、单件组合系列、被子系列、枕芯系列、儿童系列、毛毯系列、床垫系列、靠（座）垫系列、餐厨系列、毛浴巾系列、夏令用品系列**等10多个系列、数百个品种。公司通过塑造“快速、和谐、卓越”的新型企业文化，进一步推进企业由制度管理向文化管理迈进，在根本上打造企业核心竞争力。2000年，在业内率先通过ISO9001国际质量体系认证；2001年，水星商标被评为浙江省著名商标；2002年，全国床上用品行业销售排名第五；2003年上海市场占有率9.29%，获“上海名牌产品”证书；2004年获“中国免检产品”证书；2005年，公司实现销售额1.5亿元。

址：上海市奉贤区沪杭公路1487号
话：021－57435888
真：021－57435777
址：Http://www.shuixing.com.cn

上海商學院

SHANGHAI BUSINESS SCHOOL

上海商学院是全国 700 所、上海 30 所本科院校之一，上海市文明单位，具有 55 年建校和发展史，前身是中央税务学校华东分校。

学院现有专任教师 400 余人，其中博士生、研究生以上学历占 30.13%，副高以上职称占 33.52%，拥有一支百余名由国内外著名企业集团董事长、总裁等高级管理人员组成的客座教授队伍。目前全日制在校生 10000 多名，下设财会金融学院、管理学院、国际交流学院、外语学院、艺术设计学院、计算机与电子工程学院、新闻与传播学院、成人教育学院等 8 个二级学院以及国际经济贸易系、法律行政系、食品工艺技术系等 3 个直属系部，有 6 个本科专业、43 个高职专业和 7 个中外合作专业，其中 2 个国家级和 1 个市级的教学改革试点专业；连锁经营管理专业作为教育部专业目录外的本科专业，被上海市教委批准为本科教育高地建设项目。良好的教学资源、正确的办学定位，不断深化的教学改革进一步提升了教学质量，学生综合素质明显提高。近年来，学生在大学生数学建模竞赛等活动中多次荣获上海赛区和全国比赛一等奖，取得丰硕成果。2000 年以来，学院毕业生就业率连续保持在 95%以上，位居上海高校前列。

水景

图书馆

改革开放以来，学院先后建立上海连锁经营研究所、上海电子商务教育研究所、现代发展研究院、日本商业研究所、日本学研究所、上海市高校商贸类职业技能鉴定所、全国高职高专教育师资培训基地、上海商业人才开发服务中心等体现办学特色和学科优势、具有一定社会影响力的科研和培训机构，完成了一批具有前瞻性、综合性，学术价值较高的研究课题，为国家、上海经济等领域的重大改革提供依据，产生了良好的社会效益；创办了公开出版学术刊物《上海商学院学报》，主办国内商贸类核心刊物《上海商业》，并协办中国经济类核心期刊《华东经济管理》等杂志。

地址：上海市奉贤区奉浦大道 123 号 邮编：201400 电话：021-67105343